森岡　浩［編］

甲子園高校野球人名事典

選手・監督から審判・解説者まで

東京堂出版

刊行にあたって

現在の甲子園大会が始まったのは、1915年夏のことである。東北から九州まで、10地区の代表が豊中グラウンドに集まって、初めての全国大会が開催された。予選に参加したのは73校、北海道や関東（東京を除く）、北信越など、予選に参加しなかった地域も多い。

以来90年、開催地は甲子園に移り、予選に参加する学校も4,000校を超えた。今や“甲子園”は高校野球の代名詞となり、春夏の大会は国民的な風物詩ともなっている。そのため、本書においても、特にことわりがない限り、“甲子園”とは、大会の開催場所に関係なく、春夏の全国大会を指すものである。

“甲子園”の魅力は、誰でも関係者になりうる、ということである。プロ野球の選手になるということは、ごく限られた特殊な才能の持ち主だけに与えられた特権である。また、プロ野球の関係者になるということも難しい。そもそもプロ球団は大都市にしかないため、地方在住者にとっては、プロ野球とはテレビで見るスポーツでしかありえない。

それに対して、“甲子園”の出場校は全都道府県に及んでいる。出場校の総数は900校を超え、しかも毎年初出場の学校が甲子園に姿をみせる。この数は、女子校も含めた全高校の約6分の1を占めているのだ。甲子園出場校には、歴史の古い名門校や、大規模私立高校なども多く、「母校が甲子園に出場したことがある」という人の数は、人口の2割近くに及ぶはずである。さらに、選手の家族や親戚、学校や地域の関係者といった人まで含めると、“甲子園に関係したことのある人”というのは、全スポーツの中でも圧倒的な多数であることは間違いない。

今までに甲子園出場した選手や監督の総数はおそらく数万人に及ぶはずである。プロ野球に進むのは、そのうちのごく一握りで、大多数はアマチュアとして選手生活を終える。こうしたアマチュア選手の情報は歴史の中に埋もれてしまうことが多い。プロで長く活躍すれば、「～選手の高校時代は･･･」と取り上げられることも多いが、そうでなければ、人の記憶の中に残っているだけである。

しかし、記憶に残っているだけではいずれ消えてしまう。記録に残せるうちに残しておこう、と編集したのが本書である。従って、本書に収録した人物は、プロでの活躍などはあまり考慮していない。高校（中等学校）野球として、記録や記憶に残る選手かどうかを基準とした。また、打者ならホームラン何本以上、投手なら何勝以上とか、そういった数値的な基準も一切設けていない。一定数の試合をこなすプロと違い、トーナメントの大会では、通算成績はあまり意味をなさないからである。結果的に優勝投手は収録されている率が高いが、１回戦で負けた投手も収録されている。

本書は“甲子園”とうたっているが、収録範囲は明治までさかのぼる。明治・大正時代は、全国大会に出場した選手・監督だけでなく、中等学校野球の発展に寄与した人物を収録した。昭和以降は、実際に選手・監督・コーチ・審判などとしして全国大会に出場した人物に限定し、一部にアナウンサーや解説者、高校野球連盟の会長なども含んでいる。そのため、野茂英雄や落合博満など、甲子園と縁の無かった選手は収録していない。

高校野球を扱った人名事典というのは本邦初であろう。過去には主な選手を扱ったムックはいくつかある。しかし、そうしたものは“戦後”の“選手”に限定しているものがほとんどである。

今の高校野球の隆盛を考えるとき、明治から大正にかけて、野球の普及に尽力した多くの先人達がいたことを忘れてはいけない。野球発展のためにあえてライバルの香川商（のちの高松商）を指導した高松中の鈴木義伸を始め、八戸中の大下常吉、秋田中の伊藤勝三、桐生中の稲川東一郎、敦賀商の外海省三、鳥取中の芝田茂雄など、各地に先人達がいたのである。こういった、今まであまり取り上げられることの無かった人物も積極的に収録した。

また、監督の収録率が高いのも特徴の一つである。現在、選手として甲子園に関ることができるのは２年半、大会にして５大会である。旧制時代は最大５年間10大会まで可能だが、実際に10大会に出場した選手はいない。しかし、監督としては、10年以上高校野球に関係することは珍しくない。甲子園に10回以上出場した監督も多数いる。弱小校を率いることが多いため甲子園の出場回数は少ないが、地元では名監督として評判の高い監督というのも各地にいるはずだ。本書では可能な限りこういった監督も収録するよう心掛けたつもりである。

今では、甲子園に出場するような学校では部長とは別に専任の監督がいることは当然だと思われている。しかし、一般の公立高校では部長の先生が監督を兼任していることは珍しくない。1960年頃までは甲子園に出場するような学校でも、専任監督を置いていないことは別に珍しくなかった。こういった学校では、甲子園出場が決まると、その時だけOBや、つながりのある大学関係者などがベンチに入って采配を振るうこともあった。そのため、今となっては、“監督”が誰だったのかを特定できないチームも存在している、ということを頭の片隅において、読んでいただければ幸いである。

収録にあたってもう一つ大きな特徴がある。それは、高校野球＝地域代表という特性をいかすために、各県から５人はかならず収録したことである。つまり、５人×47都道府県＝235人を基本とし、そこに300人を追加して、合わせて535人が全収録人数である。その結果、高校野球のマイナーな県ほど収録基準が甘く、一方、高校野球が盛んで有名選手の多い都府県ほど、収録基準が厳しくなっているが、高校野球の特性としてご理解いただきたい。

なお、2004年４月現在で高校に在学中の選手と、未成年の大学生は収録対象外とした。

本書のもう一つの大きな特徴が、実際に全国大会に出場した選手には、成績を収録したことである。スポーツ選手に対して成績を付与することは当たり前のように感じるが、過去に出版されたムックなどでも、何回戦まで進出というデータはあっても、個々の試合の成績は掲載されていないことが多い。今回は春夏の公式記録集を参照して、個々の選手の成績を掲載した。その結果、甲子園に３回出場といいながら、うち２回は、実際には補欠としてほとんど出ていないとか、意外なことがわかる場合もある。

ただし、1955年頃までは公式記録にも不備が多い。当時は打点数や奪三振数はあまり重要と考えていなかったらしく、一部に掲載されていないものがある。また、投手が継投した場合も、一括した投手記録しかなく、個々の投手の記録は省略されていることも多い。こういった記録不備の試合については、当時の新聞記事をもとに記録を集計した。しかし、まだ大会がマイナーな存在だった大正時代や、新聞そのものが極端に薄かった昭和20年代では、高校（中等学校）野球の結果は、スコアとメンバー表、それに簡単な短評しか掲載されていない。それらの試合についても、各校野球部の部史などを参考にしてできるだけ補訂してあるが、わからなかったものも多く、不明欄には「＊」記号を付与してある。今後、判明し次第数字を埋めていきたいと考えている。

本書に収録した人物は、その成績に関係なく、すべて日本の高校野球史をかざるスーパースター達である。しかし一読すれば、プロ野球のスーパースター達と比べて、今までいかに扱いが小さいかったかを実感させられる。アマチュアだから、といわれればそれまでだが、アマチュアだからこそ、歴史として語り継いでいきたい人達である。

ぜひ本書を読んで、その偉業に思いを馳せていただきたい。

著者記す

凡例

1）収録基準

・明治・大正時代は、中等学校野球の発展に寄与して人物が対象。

・昭和以降は、全国大会に出場した選手・監督・コーチ・審判、及び、高等学校野球連盟の歴代会長を収録。なお、解説者・アナウンサーなど、“甲子園関係者”も収録した。

・2004年4月現在、高校在学中の選手と、未成年の大学生は収録対象外とした

・人選はまず各県から5人ずつ、計235人を選び、これに300人を追加して、合わせて535人とした。

2）用語・記録について

・“甲子園”という用語は、その開催場所をとわず、春夏の全国大会を指している。ただし、1942年に文部省主宰で行われた全国大会（通称は幻の甲子園）は除く。

・各記録は「全国高等学校野球選手権大会史」（朝日新聞社）と「選抜高等学校野球大会史」（毎日新聞社）をもとに作成した。データが不十分な部分については、当時の朝日新聞・毎日新聞の記事を参照、さらに各県高野連の連盟史や各校野球部史をもとにして補充したが、それでも不明な部分については、「＊」を付与した。

・記録は2004年選抜大会終了時点まで。

甲子園高校野球人名事典

あ

阿《あ》井《い》 英二郎《えいじろう》（東農大二高）

プロ野球OBが高校球界に復帰する道を開いた功労者。

1964年9月29日茨城県稲敷郡美浦村に生まれ、群馬県の東京農大二高に進学。2年の秋に捕手から投手に転向し、'82年夏にエースで4番を打って甲子園に同校を初出場させた。

甲子園では、初戦で川之江高校を降した後、2回戦で新谷博（駒沢大－日本生命－西武）がエースの佐賀商と対戦。1回表先頭打者のピッチャーライナーを右足で止めようとして足首を負傷、7回まで投げたものの降板して病院に運ばれた。阿井投手は高校入学直前に父が急死、甲子園には右ポケットに遺影を入れて登板しており、しばしばポケットに手を入れては父に語りかけながらの投球をつづけたという。

卒業後はヤクルトのドラフト3位指名でプロ入り。のちロッテに転じて10年間のプロ生活で17勝をあげた。

引退後は医療機器メーカーに勤務するかたわら日大通信課程で教員資格を取得。'97年、プロ野球経験者の高校球界への復帰が厳しいなか、茨城県の私立つくば秀英高の教諭に就任。その後規定が緩和されて'99年4月にアマ資格を取得、野球部監督に就任して夏の県予選に初出場した。以後、短期間で同校を県内の有力校に育てている。

高校野球とプロ野球の断絶時代が長く続いたなかでの高校球界へのチャレンジは共感を呼び、両者の垣根の緩和に大きな役割を果たした。阿井以降、高校野球の指導者を目指すプロ野球OBが増え、交流が進んでいる。

【甲子園投手成績】（東京農大二高）

		対戦相手	回	安	振
1982夏	1	川之江高	9	6	6
	2	佐賀商	7	11	1

愛甲《あいこう》 猛《たけし》（横浜高）

1980年夏に全国制覇した横浜高校のエースで4番打者。

1962年8月15日神奈川県逗子市に生まれる。久木小時代に逗子リトルで野球を始める。久木中時代から投打の中心として評判だった。横浜高校に進み、1年生の'78年夏にはエースで8番打者として甲子園に出場。初戦では徳島商をわずか4安打で完封。2回戦で県岐阜商に敗れたが、そのダイナミックなフォームから繰り出す速球で注目を集めた。

3年になった'80年夏にはエースで3番を打って出場、大会前に全国制覇を宣言するなど、強心臓ぶりも注目された。初戦の高松商戦と2回戦の江戸川学園取手高戦は大差がついたために終盤で降板したが、3回戦の鳴門高戦では5安打完封、準々決勝・準決勝は僅差で投げ勝った。決勝戦では1年生の荒木大輔（ヤクルト・横浜）がエースの早実と対戦、この試合は途中降板して川戸に継投したが、宣言通り全国制覇を達成した。

同年秋のドラフト会議では、希望していなかったロッテが1位で指名、顔を歪める映像が生中継のテレビで全国に放映された。しかし拒否せずに入団、投打どちらでいくかが注目された。当初は投手として登録されたが、'84年に野手に転向、のち4番も打ってロッテの中心打者として長く活躍した。'96年中日に転じ、2000年に引退した。

【甲子園投手成績】（横浜高）

		対戦相手	回	安	振
1978夏	2	徳島商	9	4	11
	3	県岐阜商	8	5	9
1980夏	1	高松商	$8\frac{2}{3}$	6	4

	2	江戸川取手高	7	2	8
	3	鳴門高	9	5	6
	準々	箕島高	9	7	9
	準決	天理高	9	4	10
	決勝	早実	5	9	4

【甲子園打撃成績】（横浜高）

		対戦相手	打	安	点
1978夏	2	徳島商	4	1	0
	3	県岐阜商	2	0	0
1980夏	1	高松商	4	2	2
	2	江戸川学園取手高	5	2	1
	3	鳴門高	4	1	0
	準々	箕島高	5	1	1
	準決	天理高	4	0	0
	決勝	早実	5	2	1

赤《あか》根《ね》谷《や》 飛《ひ》雄《ゆ》太《た》郎《ろう》（秋田商）

秋田商で選手・監督として活躍。

1916年1月5日秋田市に生まれる。名前は「ひおたろう」ともいう。秋田商業に進んで左腕投手として活躍、'35年にはエースとして甲子園に出場した。法政大学、帝国石油を経て、'48年に33歳でプロ野球・急映に入団した。翌年には東急と球団名が変わり、2年間で22試合に登板、2勝6敗の成績だった。

同年退団、'50年に母校・秋田商の教諭となり、'52年秋に監督に就任。'56年には春季東北大会で優勝したが、同日病気で倒れて監督を辞任した。辞任後も自宅にブルペンを作って秋田商業の有望な選手を鍛えていた。ここで秋田商業入学以来赤根谷に直接指導を受けたのが、大館出身の石戸四六投手（産経）である。秋田商業は'58年夏に石戸を擁して甲子園に出場した。これは、赤根谷自らエースととして登板して出場以来、23年振りのことであった。1969年8月22日53歳で死去。

【甲子園投手成績】（秋田商）

		対戦相手	回	安	振
1935夏	2	桐生中	9	1	13
	準々	愛知商	8	9	3

赤嶺《あかみね》 賢勇《けんゆう》（豊見城高）

豊見城高校を一躍全国的に有名にした投手。

1958年5月20日沖縄県那覇市久米に生まれる。豊見城高に進学して栽監督の指導を受け、2年生の'75年選抜に出場。準々決勝で東海大相模高校を9回まで抑えて一躍注目を集めた。

翌'76年には春夏連続して出場し、夏は再び準々決勝まで進出。敗れたものの星稜高を4安打に抑えて、豊見城高校は全国的に有名になった。

同年秋には大学進学を表明していたが、巨人がドラフト2位で指名して入団。赤嶺の巨人入りは、地元紙琉球新報の1976年十大ニュースに第10位でランキングされている。右肩故障のため、7年間在籍して、わずかに4試合7イニングしか登板できなかった。'83年に引退して、東京佐川急便に入社。'90年妻の出身地の山形に転じた。

2001年夏、長男の悠也が日大山形高校の8番・レフトで県大会に出場、決勝まで進んで話題になっている。

【甲子園投手成績】（豊見城高）

		対戦相手	回	安	振
1975春	1	習志野高	9	2	8
	2	日大山形高	9	9	7
	準々	東海大相模高	$8\frac{2}{3}$	8	12
1976春	1	土佐高	9	9	6
1976夏	2	鹿児島実	9	9	3
	3	小山高	9	5	3
	準々	星稜高	8	4	4

阿《あ》久《く》沢《さわ》 毅《つよし》（桐生高）

1978年の選抜で2試合連続本塁打を放ちながら、高校で硬式野球を断念したスラッガー。戦後、プロ入りしなかった最強の打者である。

1960年8月5日群馬県に生まれる。桐生高に進学して当初はエースだったが、2年秋に手首を骨折して一塁手に転向した。

'78年、桐生高の一塁手として春夏連続して甲子園に出場。選抜では、初戦の豊見城高戦で、1回裏に1死二塁から右中間を破る同点タイムリー二塁打を打つと、3回にはスクイズを決めて勝利に導いた。2回戦の岐阜高戦でホームランを含む4安打を打つと、準々決勝の郡山高戦では池上投手からライトラッキーゾーンに2試合連続のホームラン。これは王貞治以来20年振りの記録であった。

夏は初戦で膳所高に大勝。この試合では、三塁打を含む2安打で2打点をあげる一方、8回からはエース木暮をリリーフして2イニングをノーヒットに抑えている。2回戦の県岐阜商戦でも、9回表2死から木暮をリリーフし、打者1人を抑えた。

183cm、80kmという巨漢ながら、打つだけでなく一塁の守備もよく、また選抜の準決勝の浜松商戦では、相手がバント守備体勢に入る間隙をついて二塁から三塁に盗塁するなど、走攻守三拍子揃った選手として活躍した。

秋には各球団からドラフト指名の打診があったが拒否して進学を表明。早大のセレクションにも合格し、スポーツ紙でも早大入りが報道された。しかし、実際に進学したのは地元の国立大学・群馬大学であった。野球でしか自分の能力を計ろうとしない周囲に対する反発だったといもいわれる。

群馬大学では準硬式でプレーし、卒業後は2年間の小学校教諭を経て、県立太田高校教諭となり、その後は、母校・桐生高校や渋川高校などの監督をつとめている。

【甲子園打撃成績】（桐生高）

		対戦相手	打	安	点
1978春	1	豊見城高	3	1	2
	2	岐阜高	5	4	1
	準々	郡山高	4	1	1
	準決	浜松商	2	1	0
1978夏	1	膳所高	5	2	2
	2	県岐阜商	4	0	0

【甲子園投手成績】（桐生高）

		対戦相手	回	安	振
1978夏	1	膳所高	2	0	1
	2	県岐阜商	0⅓	0	0

浅《あさ》井《い》 純哉《じゅんや》（金沢高）

金沢高校の監督。1957年7月13日石川県輪島市に生まれる。金沢高では内野手兼投手としてプレーしたが、在学中は同校の低迷期で、いい成績はあげられなかった。国士舘大学では準硬式に転じて投手をつとめた。

'81年に母校・金沢高校のコーチとなり、'93年9月に監督に就任。直後の'94年の選抜では中野真博投手が完全試合を達成している。

通学のできない遠方の選手を自宅に下宿させるなど、選手を公私ともに面倒をみている。

主な教え子に、中野真博（青山学院大－東芝）、堂義和（明治乳業）、大松尚逸（東海大）、中林祐介（阪神）らがいる。

【甲子園監督成績】（金沢高）

1994春	1	○	3－0	江の川高
	2	●	0－4	PL学園高
1996夏	2	○	4－2	北海高
	3	●	3－4	前橋工
1997夏	1	●	4－5	仙台育英高
2001春	1	○	5－1	安積高
	2	●	1－4	常総学院高
2001夏	2	○	13－4	滑川高
	3	●	1－3	平安高
2003夏	1	●	4－7	木更津総合高

2004春	1	○	8－6	佐賀商
	2	●	1－6	東海大山形高

浅《あさ》井《い》 礼三《れいぞう》（成田中）

戦後すぐに成田中学・高校を強豪校に育てたコーチ。千葉県成田市の公式サイトでも、地元を代表する人物として紹介されている。

1917年11月15日千葉県成田市本町に、旧佐倉藩士の一族である浅井儀助の三男として生まれる。当時、実家は燃料商であった。

成田中学で野球部に入り、'35年早大に進学。好打者でならし、'40年春には東京６大学の首位打者を獲得した。

戦後、母校・成田中学で木内信三監督のもとコーチに就任。早大式のスパルタ指導を導入、同校は'46年から３年連続して甲子園に出場するなど、一躍強豪校となった。

その後は、姉が大昭和製紙の斉藤了英社長夫人だった縁から同社の子会社・秀美堂印刷の常務となり、'49年からは大昭和製紙の監督に就任。'53年には都市対抗で優勝している。

1985年５月26日心不全のため67歳で死去した。

安《あ》次《し》嶺《みね》 信一《しんいち》（興南高）

1968年に“興南旋風”を巻き起こした興南高校のエース。米軍で働いていたフィリピン人の父親と日本人の母親の間に生まれる。「安次嶺」は母親の姓である。

興南高校に進学してエースとなり、1968年夏に甲子園に出場。初戦で岡谷工を我喜屋との継投で降すと、岐阜南高、海星高、盛岡一高は完投で撃破して、沖縄県勢として初めて準決勝まで進出した。勝つたびに宿舎には差し入れや手紙が殺到したが、滞在日程が長引いたため、用意していた費用は底をつき、米軍のアンガー高等弁務官の援助でなんとかしのいでいたという。大阪の興国高校との準決勝では那覇市内の繁華街から人の姿が消えたといい、市役所の職員も中継を観ていたため、市の機能が一時的に麻痺したといもいわれる。しかし、連投の疲労で右肘が痛み、３回途中で降板、試合は０－14と大敗した。それでも帰郷すると那覇市内でパレードが行われ、10万人の市民が繰り出す大騒ぎとなった。

卒業後、日本国籍を取得、父の姓が「タンガリン」だったことから、「多賀」という姓にしている。その後は地元で日本通運に勤務。

【甲子園投手成績】（興南高）

		対戦相手	回	安	振
1968夏	1	岡谷工	9	7	5
	2	岐阜南高	9	9	2
	3	海星高	9	5	6
	準々	盛岡一高	9	10	8
	準決	興国高	2⅓	5	0

阿《あ》天坊《てんぼう》 俊明《としあき》（銚子商）

1965年夏の甲子園で準優勝した銚子商の駿足・好打の３番打者。

千葉県銚子市生まれ。銚子商に進学してショートで３番を打ち、1965年夏の甲子園に出場。２回戦の帯広三条高戦では、先制とダメ押しの２本の三塁打を含む３安打を打った。準決勝の高鍋高戦で牧憲二郎投手にノーヒットに抑えられると、８回に四球で出塁し、二盗・三盗をみせて同点のホームを踏むなど、駿足好打の選手として活躍した。大会通算して５盗塁を決めている。

この年の秋に始まった第１回ドラフト会議では南海が２位で指名。１位指名は阿天坊を抑えた高鍋高校の牧憲二郎だった。しかし、入団を拒否して立教大に進学。卒業後は新日鉄室蘭で２年間プレーした後、帰郷して家業の海産物問屋・阿天坊を継いだ。なお、1970年夏の甲子園に出場した銚子商の一塁手・阿天坊義則は弟である。

【甲子園打撃成績】(銚子商)

		対戦相手	打	安	点
1965夏	1	京都商	4	2	0
	2	帯広三条高	5	3	1
	準々	丸子実	4	1	1
	準決	高鍋高	3	0	0
	決勝	三池工	4	0	0

穴沢《あなざわ》 建一《けんいち》 (成田高)

1952年夏に当時の奪三振タイ記録21をマークした成田高校の投手。千葉市に生まれるが、6歳で父を亡くし、1945年7月の空襲で焼け出されて、母の実家のある成田市に転じた。

成田高校に進学すると、1年でエースとなり、1952年夏に甲子園に出場。山城高、水戸商と降したあと、準々決勝で函館西高と対戦した。この試合は1－1の同点で延長戦となり、15回に3点をあげて勝ったが、21奪三振を記録。これは、徳島商の板東英二が延長18回で25奪三振を記録するまで大会タイ記録だった。翌日の準決勝では芦屋高に3点を奪われて敗れた。

卒業後は明大に進学、秋山登とともに優勝に貢献。大昭和製紙でも活躍したあと、引退後は副社長斉藤滋与史の秘書となる。その後、斉藤の衆院議員転身とともに、そのまま秘書官となった。

【甲子園投手成績】(成田高)

		対戦相手	回	安	振
1952夏	1	山城高	9	2	9
	2	水戸商	9	8	4
	準々	函館西高	15	14	21
	準決	芦屋高	8	6	5

安仁屋《あにや》 宗八《そうはち》 (沖縄高)

復帰前の沖縄を代表する名投手。

1944年8月17日沖縄県那覇市に生まれる。沖縄高でエースとなり、'62年夏、南九州予選で宮崎県の大淀高を降して甲子園に出場。1県1校を除いて、沖縄県勢が地区予選を勝ち抜いて甲子園に出場したのは、史上初めての快挙であった。甲子園では1回戦で強豪・広陵高と対戦し、4回1死までノーヒットに抑える健闘をみせたが、終盤に打ち込まれ、12安打を喫して初戦で敗れた。

卒業後は琉球煙草でプレー。'63年の都市対抗南九州予選に出場し、初戦の対電電九州戦で延長18回3－4で惜敗したが、大分鉄道局に補強されて都市対抗に出場。沖縄社会人球界から初めて都市対抗に出場した。'64年広島に入団し、'65年からローテーション投手として活躍。'66年7月31日対巨人戦(広島, 2－0)では9回2死から黒江にヒットを打たれ、ノーヒットノーランを逃がした。'68年には23勝11敗、防御率2.07をマーク。'75年阪神に移籍するが、'80年広島に戻る。'81年に引退するまで、通算119勝124敗22S。オールスター出場3回。引退後は広島で投手コーチをつとめ、'94年から二軍監督。

甲子園での実績はないが、現在の強豪県・沖縄の基礎を築いた名投手の一人である。

【甲子園投手成績】(沖縄高)

		対戦相手	回	安	振
1962夏	1	広陵高	9	12	6

阿部《あべ》 慶二《けいじ》 (PL学園高)

選抜史上初の1大会3本塁打を記録した選手。

1961年4月20日大阪府岸和田市に生まれる。岸和田光陽中学を経て、PL学園高に進学。'79年の選抜では、ショートで7番を打って出場。

２回戦の宇都宮商戦は２－６と大きくリードされて迎えた8回裏、２点を返して2死三塁という場面で打席に入った。この打席、好投の笈川投手に初球のカーブを空振り、２球目のシュートは降り遅れでバックネットへのファウルとまるでタイミングが合っていなかったが、ファウルで粘って２－２からの8球目、内角の直球をたたくと、打球は一直線でレフトラッキーゾーンに飛び込む２ランホームランとなり、同点に追いついた。さらに10回裏、1死二塁で打席に入ると、今度も１球ファウルのあとの２球目、真ん中低めの直球をレフトラッキーゾーンに2打席連続のサヨナラホームランを打ち込んだ。

続く準々決勝の尼崎北高戦でも、8回裏無死二三塁の場面で、途中からリリーフした楢原投手の外角高めの球をライトにホームラン、選抜史上初の１大会３本塁打を記録した。

準決勝の箕島高戦では３－３で迎えた延長10回裏1死一三塁の場面で、急遽リリーフ投手として登板した。公式戦ではほとんど登板経験はなかったが、この試合では7回以降鶴岡監督から攻撃の合間に投球練習を指示されていた。しかし、準備不足は否めず、嶋田宗彦への初球がいきなり外角低めへの暴投となって、三塁ランナーの石井毅がホームインしてサヨナラ負けとなった。

卒業後は、社会人のヤマハ発動機を経て、'83年ドラフト６位で広島に入団。'84年８月８日対巨人戦（後楽園，槙原投手）に一軍初出場、いきなり初打席初本塁打を記録してデビュー。以後、三塁手兼代打として出場したが、５年間の在籍で18打数2安打という成績に終わった。'88年に引退後はコーチをつとめる。

【甲子園打撃成績】（PL学園高）

		対戦相手	打	安	点
1979春	1	中京商	3	1	0
	2	宇都宮商	4	3	4
	準々	尼崎北高	4	2	3
	準決	箕島高	4	0	0

安部《あべ》 伸一《しんいち》（境高）

1984年夏に９回までノーヒットノーランに抑えながら、延長戦で敗れた投手。

島根県の八束中学から鳥取県境港市の県立境高校に進学。1984年夏にエースで９番を打って甲子園に出場。初戦で法政一高と対戦、岡野憲優投手との投手戦となった。両投手ともできはよかったのだが、とくに安部は桂木監督が「入学以来最高のでき」という完璧なピッチングで、速いスライダーを軸にした緩急をつけた投球で、３回に先頭打者をストレートの四球で歩かせた以外は、法政一高打線を完全に抑え込んでいた。

法政一高打線は途中から、下位打者はバントの構えからのヒッティングに切り替えたが、それでも全く打つことはできなかった。

一方、法政一高の岡野投手は超スローボールを駆使し、境高打線は全くタイミングがあわない。7回には２死一二塁、８回には１死一二塁と攻めながら、得点をあげることはできなかった。

結局９回を終わって岡野投手は４安打１四球、安部投手は１四球のみの無安打に抑えており、本当ならここでノーヒットノーランであった。しかし、両チームとも得点が入らないため、試合は延長戦に突入してしまった。

そして運命の延長10回の裏。安部は７球で簡単に２死をとって、３番の末野選手を迎えた。ここで初球のスライダーがまん中高めに痛恨のコントロールミス、初球を狙っていた末野がフルスイングすると、打球は左中間のラッキーゾーンに飛び込み、サヨナラホームランとなった。10回２死までノーヒットノーランに抑えながら、初安打がサヨナラホームランという残酷な結果になったのである。

試合後境港に戻ると、地元では大変な騒ぎになっていた。悲劇のヒーローは、「飲食店はただ。新しい学生服もただで作ってもらい、手紙もダンボールで２、３箱届いた」という。また、甲子園で桑田真澄（PL学園高）に継ぐMax143kmをマークしたことから、プロからの誘いもあったが、173cmと小柄なこともあり、叔父が勤務していた三菱重工三原に入社した。しかし、フォームを改造したこともあって試合にはほとんど出られず、22歳で腰椎ヘルニアを患い、24歳で現役を引退した。その後も同社に勤務している。

【甲子園投手成績】(境高)

		対戦相手	回	安	振
1984夏	1	法政一高	10⅔	1	10

新垣《あらかき》 渚《なぎさ》 (沖縄水産)

史上初めて甲子園で150kmをマークした沖縄水産の投手。

1980年5月9日沖縄県那覇市に生まれる。泊小学校2年で野球を始め、当初は捕手であった。4年の時に投手に転向。真和志中を経て、沖縄水産高に進学し、栽弘義監督の指導を受ける。やがて豪速球投手として注目を集めるようになり、2年秋の九州大会では背番号10ながら、対玉名高戦で18奪三振、準決勝の東筑高戦では5回参考ノーヒットノーランを達成した。

3年生の'98年には春夏連続して甲子園に出場。甲子園でも151kmをマークしたが、ともに初戦で敗れた。甲子園大会で公式に150kmをマークした最初の選手であるが、背番号10で"控え"投手扱い(実際にはダブルエース)だったことと、同期に"怪物"松坂大輔投手(横浜高ー西武)がいたため、それほど注目度は高くなかった。

むしろ新垣の名前が高校野球ファン以外にも知れわたったのは、同年秋のドラフト会議の後である。新垣はダイエー球団を希望し、その他のチームの場合は九州共立大学に進むことを正式に表明していた。会議ではオリックスが1位で指名したため、これを拒否して発表通り九州共立大に進学することを発表した。このこと自体には全く問題ないが、この際に、オリックス球団のスカウトが自殺したため、社会問題に発展したのである。大学では4年秋の対九州産大戦では156kmの大学生最速をマーク、2002年秋のドラフト会議ではダイエーの自由枠指名選手となって希望通りダイエーに入団、1年目から一軍で活躍している。

【甲子園投手成績】(沖縄水産)

		対戦相手	回	安	振
1998春	1	浦和学院高	4	1	7
1998夏	1	埼玉栄高	6	5	4

荒《あら》木《き》 大輔《だいすけ》 (早実)

高校野球史を代表するアイドルの一人。

1964年5月6日東京都調布市に生まれる。小学校で野球を始めて調布リトルに入り、6年の時にエースとして世界選手権で優勝した。

早実に進学、1年生の'80年夏には控え投手としてベンチ入りしたところ、夏の東東京大会の直前にエースの芳賀投手が故障し、予選から急遽エース格で登板することになった。ここで予選を制して甲子園に出場し、大輔ブームを巻き起こすことになった。

1年生にもかかわらず、初戦で北陽高を1安打で完封すると、以後、44⅓イニング無失点をつづけ、決勝戦まで進出したのである。上級生に囲まれてマウンドを死守する名門校の1年生エースというだけでなく、ルックスも申し分なく、甲子園の女性ファンに大きな人気を巻き起こした。そして、決勝戦でついに力尽きて降板、目標が達成できなかったことにより、その人気はさらに増幅したのである。

以後、荒木は在学中の5回のチャンスにすべて甲子園に出場した。そして、好投しながらもすべて途中で敗れ、結局1年夏の準優勝以上の成績を残すことはできなかった。とくに、最後の大会となった'82年夏、準々決勝で対戦した池田高の強力打線につるべ打ちにあった際には、女子高生の悲鳴のような叫びが甲子園の銀傘にこだました。この試合、実に7イニングで17安打を浴びて大敗した。

荒木の人気の秘密には、日本人特有の判官贔屓も大きい。常に、あと少しのところで負けてしまう、ということが人気をさらに押し上げたのである。また、「早実」というブランドも見逃すことはできない。かつての早実は野球強豪校というイメージだったが、この頃には甲子園からも遠ざかり、一般には進学校とみなされていた。それも、早稲田大学系属校として、一定の条件で早稲田大学に推薦で進学できるという、人気校となっていたのである。

もう一つ荒木人気の特徴がある。それは、女子高生といった世代だけではなく、既婚女性にも高い人気があった。その証拠に、この直後から男の子の名前の人気No.1は「大輔」になるのである。そして、18年後の甲子園大会には各地から「大輔」という名前を持った選手が集まってきた。その大会を制した横浜高のエースは、やはり荒木大輔に因んで名づけられた松坂大輔投手である。

卒業後はドラフト1位指名でヤクルトに入団。1年目には一軍に上がり、3年目から定着したが、のちに肩をいためたため、あまり活躍できなかった。ヤクルト・横浜合わせて14年間在籍し、通算39勝49敗2S。

【甲子園投手成績】(早実)

		対戦相手	回	安	振
1980夏	1	北陽高	9	1	4
	2	東宇治高	$8\frac{1}{3}$	4	3
	3	札幌商	9	4	10
	準々	興南高	9	3	9
	準決	瀬田工	9	7	6
	決勝	横浜高	3	1	7
1981春	1	東山高	7	9	7
1981夏	1	高知商	9	1	10
	2	鳥取西高	8	8	4
	3	報徳学園高	$9\frac{2}{3}$	11	3
1982春	1	西京商	9	7	5
	2	岡山南高	9	4	4
	準々	横浜商	9	11	7
1982夏	1	宇治高	8	6	5
	2	星稜高	9	6	7
	3	東海大甲府高	9	8	7
	準々	池田高	7	17	4

荒武《あらたけ》 康博《やすひろ》 (報徳学園高)

1965年夏から2年連続して夏の甲子園に出場した報徳学園高の強打の捕手。

1948年9月14日兵庫県に生まれる。報徳学園高で捕手として活躍、2年生の'65年夏に谷村智博(関西学院大－鐘淵化学－阪神－阪急)とバッテリーを組み、5番を打って甲子園に出場。準々決勝まで進んで三池工と対戦、9回裏にボークで追いつかれ、延長戦で敗れた。

翌'66年夏は前田正広とバッテリーを組み、4番打者として連続出場。1回戦の津久見高戦で3打数3安打と活躍すると、2回戦の竜ヶ崎一高戦の第3打席で大会史上8本目の満塁ホームランをレフトラッキーゾーンに打ちこんで、強打の捕手として注目を集めた。

同年秋の第2次ドラフト会議では西鉄から1位で指名されてプロ入りし、強打を活かして一塁手に転向したが、在籍5年間で1本塁打しか打てなかった。'71年で引退後ゴルフの修行を始め、'76年には元甲子園優勝投手のジャンボ尾崎(尾崎正司＝将司)に弟子入り。'84年に32歳でプロゴルフテストに合格すると、翌'85年には千葉県八千代市にゴルフスクールなどを経営するプロジェクト・エーを設立している。

【甲子園打撃成績】(報徳学園高)

		対戦相手	打	安	点
1965夏	1	広陵高	4	0	0
	2	熊谷商工	3	1	0
	準々	三池工	4	1	0
1966夏	1	津久見高	3	3	1

	2	竜ケ崎一高	5	2	4
	準々	平安高	3	1	0
	準決	中京商	3	1	0

有田《ありた》 二三男《ふみお》（北陽高）

1973年夏にノーヒットノーランを達成した北陽高校の投手。

1955年4月10日大阪府岸和田市に生まれる。北陽高に進んでエースで5番を打ち、'73年春夏連続して甲子園に出場。選抜では開幕試合で作新学院高と対戦、江川投手に19奪三振を喫して完敗した。

夏は初戦で秋田高と対戦、１番打者の山谷に２安打されたのみで完封。３回戦の高鍋高戦では２四球のみのノーヒットノーランを達成。投球数は136球、外野への飛球はわずかに4つだけという完璧な内容だった。しかし、翌日の準々決勝では、１回先頭打者から２連続四球を出すなど不調で、今治西高打線に15安打を浴びて敗れた。

同年秋のドラフト会議では近鉄から2位で指名されて入団したが、5年間で登板したのはわずかに2試合、1勝もできないまま'79年に引退した。翌'80年からは巨人の打撃投手をつとめる。

【甲子園投手成績】（北陽高）

		対戦相手	回	安	振
1973春	1	作新学院高	8	8	9
1973夏	2	秋田高	9	2	7
	3	高鍋高	9	0	9
	準々	今治西高	9	15	4

有藤《ありとう》 通世《みちよ》（高知高）

1964年に高知県勢として初優勝した高知高のエースで4番打者だが、死球のため試合にはほとんど出場していない悲運の選手。プロ入り後は道世という漢字を使用した。

1946年12月17日高知県高岡郡宇佐町（現・土佐市宇佐町）に生まれる。宇佐中学（現・土佐南中）では籠尾良雄監督の指導を受け、高知高校に進学した。高知高校ではエースで4番を打ち、'64年夏甲子園に出場した。しかし、外野手として出場した初戦で死球に遭い、以後試合に出られなかった（チームは優勝）。そのため、投手としての登板記録はない。

近畿大学を経て、'68年秋のドラフト１位でロッテに入団。1年目に打率.285、21本塁打で新人王を獲得すると、以後、走・攻・守３拍子そろった選手として活躍した。'70年からは13年連続オールスターに出場したほか、'77年には打率.329で首位打者を獲得。プロ通算2057安打、348本塁打で数少ない大卒の名球会会員でもある。'86年引退、'87年～'89年にはロッテの監督もつとめている。のちＴＢＳ解説者となる。

有馬《ありま》 信夫《のぶお》（都立城東高）

都立城東高校を甲子園に出場させた監督。

1961年東京生まれ。都立調布北高に４期生として進学。日体大では３年生から２年間、母校・調布北高野球部の監督をつとめた。

卒業後、定時制高校を経て、1991年城東高の保健体育教諭となり、翌'92年秋から野球部監督もつとめる。'93年東東京大会で初めて８強入りし、'99年夏に都立としては西東京地区の国立高以来19年ぶりに優勝し、甲子園に出場した。

東京では、戦前から大学附属中学を中心とした私学が圧倒的に強く、公立校の甲子園出場は２回のみであった。それも、東京高師附属中（現・筑波大学附属高，国立）の出場は戦後の混乱期のため、都立国立高校の出場は市川投手の変則モーションによるとされ、実力での都立高校出場は絶望と思われていた。しかし、有馬監督率いる城東高は真向勝負で強豪を降して甲子園に出場、都立高校野球部に大きな希望を与えることになった。

甲子園では初戦で優勝候補の智弁和歌山高校と対戦、4000人の大応援団の声援を受けて前半は押し気味だったが、自力の差はいかんともしがたく、2－5で敗れた。

2001年4月都立保谷高校に異動したが、城東高は同年夏に2回目の甲子園出場を果たしている。その2年後の'03年には都立雪谷高校が東東京代表となるなど、都立高校が甲子園に出場する下地をつくった功績は大きい。

教え子には、城東高時代の福永泰也（東京学芸大）、小松崎豊（日体大）らがいる。

【甲子園監督成績】（都立城東高）

1999夏	2	●	2－5	智弁和歌山高

有本《ありもと》 義明《よしあき》（芦屋高）

戦後の旧制・新制切替え時に活躍した芦屋高校のエース。

1931年6月1日兵庫県に生まれる。小学校の時から野球好きの父の影響で野球をしていたが、旧制芦屋中学に入学した頃には戦争のため野球部は活動していなかった。

終戦直後の'45年10月から練習を始めてエースとなり、翌'46年夏の戦後第1回の大会に兵庫県代表として出場した。この時の県大会では、準決勝で灘中と対戦、12－0とリードしていた5回裏に一挙に12点を取られたこともあるという。全国大会では城東中を5安打に抑えながら6失点で完敗。

'48年、芦屋中学5年生の時に新制に切り替わり、新制芦屋高校の2年生となった。この年の夏にも甲子園に出場。翌年には春夏連続出場を果たし、選抜では決勝戦で北野高校と対戦、シーソーゲームの末に延長戦で敗れて準優勝となった。夏もベスト8まで進出。

卒業後は慶大で二塁手として活躍、その後はスポーツニッポン新聞社で運動部長などをつとめ、のちフリーとなる。'93年～'95年にはダイエーの二軍監督をつとめた。

【甲子園投手成績】（芦屋中）

		対戦相手	回	安	振
1946夏	1	城東中	9	5	2

（芦屋高）

		対戦相手	回	安	振
1948夏	1	桐蔭高	9	9	4
1949春	1	慶応二高	9	11	＊
	準々	大鉄高	9	6	＊
	準決	小倉高	9	3	＊
	決勝	北野高	12	8	6
1949夏	1	瑞陵高	9	3	4
	2	静岡城内高	9	6	2
	準々	高松一高	＊	＊	＊

注）1949年選抜の3試合の奪三振数は不明。また同年夏の準々決勝は村上投手と継投、有本のみの詳細な成績は不明

アン（東洋大姫路高）

甲子園史上初のベトナム国籍のエース。

1985年4月24日長崎県大村市の難民定住施設で生まれる。名前は正しくは、グエン・トラン・フォク・アン。両親はベトナムから逃れてきたボートピープルである。生後まもなく兵庫県姫路市の定住施設に移る。

アンが野球を始めたのは、姫路市立城東小5年の時である。ベトナムでは野球が行われていなかったため、家族は野球が全くわからず、兄が本を読んで勉強しては、アンに指導した。東光中学時代に投手として頭角を現わすようになり、東洋大姫路高校に特待生として進学した。日本語の拙い父の収入だけでは生活は苦しく、特待生でなければ高校進学はできなかったという。

2001年夏、1年生で早くもベンチ入りして甲子園に出場。初戦の岐阜三田高戦では先発、2回戦の如水館高戦ではリリーフ投手として好投し、在日ベトナム人2世という話題性だけでなく、その実力でも注目を集めた。

2年秋には主将となり、'03年の選抜には

エースとして出場。3回戦の鳴門工戦では1安打15奪三振で完封。続く準々決勝の対花咲徳栄高戦では延長15回を投げて引分け再試合となり、翌日にリリーフ投手として登板して勝利した。しかし、準決勝では疲労から打ち込まれて敗れた。夏は県大会決勝で神港学園高に敗れた。

秋のドラフト会議では8球団から指名の打診があったというが、上位指名でなければ社会人入りを表明したために指名されず、東芝に入社した。

ボートピープル出身のエースと簡単にいうが、野球の行われていない国から命からがら逃れてきた家族の子供が、その実力だけで層の厚い高校野球のトップクラスに立つことは奇跡に近く、アンの活躍は、在日ベトナム社会に勇気を与えつづけている。なお、アン自身は日本生まれのためベトナム語を話すことはではないが、両親の喋るベトナム語は理解できる。

【甲子園投手成績】(東洋大姫路高)

		対戦相手	回	安	振
2001夏	1	岐阜三田高	4	4	3
	2	如水館高	1	0	2
	3	日南学園高	2⅓	4	2
2003春	2	岡山城東高	9	4	7
	3	鳴門工	9	1	15
	準々	花咲徳栄高	15	11	11
		花咲徳栄高	3	1	4
	準決	広陵高	9	15	8

い

井《い》神《がみ》 国彦《くにひこ》(防府商)

1974年夏の甲子園優勝投手。

1956年4月17日山口県防府市富海に生まれる。国府中学を経て、防府商業に進学、当初は遊撃手で、練習の際にはフリー打撃の投手もつとめていた。のち投手に転向し、'74年夏に甲子園に出場。初出場で準優勝を果たした。

井神の急速はわずかに120km台にすぎず、準優勝できた秘密は、針の穴を通す制球力といわれた、そのコントロールにあった。甲子園初戦の延岡高戦は無四球で完封したが、この試合ではフォアボールはおろか、3ボールすら一度も記録しなかった。2ボールまでいったのもわずかに2人だけだったという。3回戦、準々決勝もいずれも四球を与えず、3試合連続無四球試合を記録している。準決勝の鹿児島実業戦で初めて四球を与えた選手が投手の定岡正二であった。すでにアイドルとして絶大な人気を得ていた定岡に対し、打たれたくないばかりに力んでしまったという。決勝では銚子商にこの大会予選を通じて最多となる2四球を与えて6失点、8回途中で降板した。この1974年という年は高校野球に金属バットが導入された年である。打高投低時代が訪れるなか、井神の完璧なコントロールがより一層注目を集めたのも事実である。

卒業後は専修大学を経て帰郷し、地元の総合商社に勤務している。

【甲子園投手成績】(防府商)

		対戦相手	回	安	振
1974夏	2	延岡高	9	3	4
	3	福岡第一高	9	6	6
	準々	郡山高	9	9	0

	準決	鹿児島実	9	6	2
	決勝	銚子商	7⅔	6	0

井口《いぐち》 和人《かずひと》（京都商）

1981年夏に準優勝した京都商のエース。

京都市に生まれ、修学院中学から京都商（現・京都学園高）に進学。２年でエースとなるが、この年の夏は府大会決勝で東宇治高に敗れた。３年生の1981年春季京都府大会では、２回戦で20奪三振、準々決勝では21奪三振のノーヒットノーランを達成している。

同年夏に甲子園に出場したが、京都府大会ではあまりよくなく、打力で勝ち上がってきたうえ、甲子園の２回戦・３回戦でも球が走らず、サヨナラ勝ちの辛勝だった。そのため、とくに評判にもなっていなかったが、準々決勝の和歌山工戦で４安打完封。続く準決勝も鎮西高から13三振を奪って連続完封した。決勝では、金村義明（近鉄）がエースで４番を打つ報徳学園高と対戦。圧倒的不利の下馬評をよそに投手戦を繰り広げ、０－２で惜敗した。

大会前にはとくに話題にもならず、大会後も序盤は不調だったため、準々決勝以降の活躍にファンは驚いた。168cmという小柄な体から繰り出す140kmの速球から、母校の大先輩の名を借りて“沢村２世”と呼ばれた。

同志社大に進学して関西６大学リーグ（当時）で通算21勝をマーク。卒業後はトヨタ自動車でプレーした。

【甲子園投手成績】（京都商）

		対戦相手	回	安	振
1981夏	2	前橋工	9	10	4
	3	宇都宮学園高	11	9	12
	準々	和歌山工	9	4	10
	準決	鎮西高	9	5	13
	決勝	報徳学園高	8	7	4

井口《いぐち》 新次郎《しんじろう》（和歌山中）

大正時代に黄金期を築いた和歌山中学の主力選手の一人。

1904年6月7日和歌山県に生まれる。和歌山中学（現・桐蔭高）に進学し、1年の時に矢部早大監督のすすめで左打ちに転向した。'21年遊撃手で3番を打ち、リリーフ投手も兼任して甲子園に出場し、優勝。

翌年はエースで４番を打って主将も兼ねて出場。全試合完投してすべて2桁奪三振を記録、２連覇を達成した。決勝では神戸商を5安打12奪三振に抑える一方、打っては5打数3安打と投打にわたって活躍した。2年間に出場した8試合すべてでヒットを打っている。

早大では三塁手として活躍、１年から卒業まで４番を打ちつづけ、主将も2年間つとめている。

卒業後は毎日新聞に入社、日本高野連評議員、日本野球連盟参事、全日本軟式野球連盟副会長などを歴任した。1985年9月24日81歳で死去した。'98年に殿堂入りしている。

【甲子園投手成績】（和歌山中）

		対戦相手	回	安	振
1922夏	1	早実	9	3	11
	準々	立命館中	9	5	11
	準決	松本商	9	3	14
	決勝	神戸商	9	5	12

【甲子園打撃成績】（和歌山中）

		対戦相手	打	安	点
1921夏	2	神戸一中	6	2	*
	準々	釜山商	5	3	*
	準決	豊国中	6	4	*
	決勝	京都一商	4	1	*
1922夏	1	早実	4	1	1
	準々	立命館中	4	1	0
	準決	松本商	3	1	2
	決勝	神戸商	5	3	*

注）一部の試合で打点数が不明

池《いけ》内《うち》 定《さだ》雄《お》（四日市高）

三重県高校野球界の功労者。1917年三重県四日市市に生まれる。'34年に富田中学（現・四日市高校）を卒業して駒沢大学に進学。

1940年に卒業すると、母校・富田中学の教諭に就任。終戦直後の'45年9月に同校の野球部を復活させて部長に就任、以来'70年までの25年間一貫して同校部長をつとめた。

'48年の学制改革で三重県高等学校野球連盟が結成されると初代理事長に就任、こちらも'69年までの22年間つとめた。この間、'55年夏には全国制覇を達成している。2000年1月4日82歳で死去。著書に「球児とともに」（自費出版）がある。

池《いけ》田《だ》 善《ぜん》蔵《ぞう》（尾道商）

尾道商業黄金時代を築いたプロ野球出身の監督。

1923年11月25日広島県尾道市に生まれる。尾道商業を経て、慶大でプレーし、戦後の'47年プロ野球・太陽に入団。以後、'48年金星、'49～'51年大映、'52～'54年阪急でプレーした。この間、'48年からは2年連続して2桁勝利をあげている。プロ通算8年で46勝68敗。

退団後、母校・尾道商業の監督に就任。'58年夏に甲子園に出場すると、'68年までの間に4回出場。'64年選抜では小川邦和投手（早大－日本鋼管－巨人－広島ほか）を擁して準優勝するなど、決勝戦に2回駒を進めて、同校の黄金時代を築いた。

主な教え子には、前述の小川のほか、青山勝巳（大洋－近鉄）、田坂正明（南海）などがいる。

【甲子園監督成績】（尾道商）

1958夏	1	○	3－2	福島商
	2	●	4－6	海南高
1964春	1	○	3－1	日南高
	2	○	2－0	海南高
	準々	○	6－2	市西宮高
	準決	○	4－0	博多工
	決勝	●	2－3	徳島海南高
1967春	1	●	6－11	三田学園高
1968春	1	○	2－1	佼成学園高
	2	○	2－0	市神港高
	準々	○	2－1	名古屋電工
	準決	○	3－1	倉敷工
	決勝	●	2－3	大宮工

池《いけ》田《だ》 政《まさ》雄《お》（松商学園高）

1975年から6年連続して夏の甲子園に出場した松商学園高校の監督。

1934年長野県松本市に生まれる。松商学園高を経て、明大に進学、島岡監督の部屋係を担当していたが、病気のため3年で退部。'57年に卒業後はテレビ関係の仕事についた後、帰郷して父が役員をつとめる松本タクシーに入社。のち取締役に就任。

'74年秋に母校・松商学園高に招聘されて同校事務職員となり、監督に就任した。翌'75年の夏に甲子園に出場すると、以後6年連続して甲子園に出場している。

主な教え子に、川島正幸（ロッテ）、川村一明（プリンスホテル－西武－ヤクルト）などがいる。

【甲子園監督成績】（松商学園高）

1975夏	2	●	3－5	東海大相模高
1976夏	2	●	0－1	ＰＬ学園高
1977夏	1	●	0－7	福井商
1978夏	1	●	0－6	天理高
1979夏	2	●	2－9	池田高
1980夏	1	●	0－2	高知商

池永《いけなが》 正明《まさあき》（下関商）

1963年春夏連続して甲子園の決勝に進出、選抜では優勝した下関商のエース。

1946年8月18日山口県豊浦郡豊北町矢玉に生まれる。神玉中で野球を始めたが、陸上選手としても活躍し、三種競技（走り高跳び・砲丸投げ・80m障害）で県中学記録を樹立している。

下関商に進学し、2年生の'63年選抜にエースとして甲子園に出場。すでに大会屈指の好投手として注目されていた。

初戦で明星高を3安打完封で降すと、2回戦では海南高の2年生エース山下慶徳（ヤクルト）と延長16回を投げ合い、自らのサヨナラヒットで辛勝。準々決勝の御所工戦も9回に逆転で辛勝したのち、決勝では北海高を完封して優勝した。

夏は山口県大会準々決勝の柳井高校戦では完全試合を達成。さらに準決勝、決勝と3連投ですべて完封して甲子園に出場した。

甲子園でも初戦で富山商を15奪三振で完封。2回戦も松商学園高を完封したが、背中と左肩を痛めたため、3回戦の首里高戦では登板しなかった。準々決勝で桐生高に辛勝したあと、準決勝の今治西高戦では肩の痛みから球威がなく、7回に追いついて、9回代打坂本太平の決勝打で薄氷の勝利を得た。決勝戦では選抜の初戦に完封した明星高と対戦、明星打線を4安打に抑えたものの初回に内野守備の乱れから2点を奪われ、1－2で敗れて春夏連覇はならなかった。

翌'64年選抜にも出場したが、指に故障があったため、初戦の博多工戦で1死満塁から3連続押出しを与えるなど振るわず敗れた。夏は県予選で早鞆高校（甲子園準優勝）に敗れた。

'65年に卒業後は西鉄に入団、1年目から20勝をあげて新人王を獲得。'67年には23勝14敗で最多勝を獲得するなど西鉄のエースとして活躍。23歳で通算100勝をあげたが、'70年5月の黒い霧事件で永久追放された。のち福岡・中洲でバー「ドーベル」を経営。池永自身が積極的に八百長にかかわっていたわけではないとされ、永久追放の解除を求める声が大きい。

【甲子園投手成績】（下関商）

		対戦相手	回	安	振
1963春	1	明星高	9	3	8
	2	海南高	16	12	5
	準々	御所工	9	9	7
	準決	市神港高	9	5	4
	決勝	北海高	9	9	6
1963夏	1	富山商	9	4	15
	2	松商学園高	9	6	8
	3	首里高	未登板		
	準々	桐生高	9	7	6
	準決	今治西高	9	9	4
	決勝	明星高	9	4	5
1964春	2	博多工	9	7	8

池西《いけにし》 増夫《ますお》

NHK高校野球放送の名解説者。1932年5月12日愛媛県西条市生まれ。西条北高校（現在の西条高校）2年の1949年秋には外野手として県大会準決勝まで進出、3年夏は捕手となって工藤繁（関西大）とバッテリーを組んだ。

関西大学を経て、電電近畿に入社。現役引退後は監督となって、'65年の都市対抗では優勝している。'69年帰郷して家業である和菓子の老舗・亀生堂の経営を継いだ。一方、'68年NHKの解説者に就任、以後'88年までの21年間つとめた。

池辺《いけべ》 啓二《けいじ》（智弁和歌山高）

2000年に脅威の破壊力で春夏連続して甲子園の決勝まで進み、夏には全国制覇した智弁和歌山高校の4番打者。

1982年8月23日和歌山市に生まれる。小4の時に野球を始めて左腕投手となる。高積中学でも投手だったが、2年秋に故障して外野手に転向した。2歳上の兄が通っていた智弁和歌山高に進学、1年夏には県大会にも出場したが、甲子園ではベンチ入りできなかった。

2年生の'99年夏はセンターで5番を打って甲子園に出場したが、開幕直前に肺炎となり、あまり活躍できなかった。

翌年には4番打者となって春夏連続出場し、ともに決勝まで進出。選抜では東海大相模高校に敗れたが、夏は全国制覇を達成した。このチームは驚異的な破壊力で恐れられたが、その中心打者として活躍したのが池辺であった。

結局、甲子園で15試合を戦って、ヒットが打てなかったのは、3年春の準々決勝で柳川高の香月投手に4打数無安打に抑えられた試合だけであった。

卒業後は慶大に進学し、中軸打者として活躍している。

【甲子園打撃成績】(智弁和歌山高)

		対戦相手	打	安	点
1999夏	2	都立城東高	4	1	0
	3	尽誠学園高	4	1	0
	準々	柏陵高	4	2	2
	準決	岡山理大付高	4	2	0
2000春	1	丸亀高	4	3	3
	2	国士舘高	4	2	3
	準々	柳川高	4	0	0
	準決	国学院栃木高	3	2	0
	決勝	東海大相模高	4	1	0
2000夏	1	新発田農	6	3	2
	2	中京大中京高	5	3	1
	3	PL学園高	5	1	3
	準々	柳川高	4	1	1
	準決	光星学院高	4	2	2
	決勝	東海大浦安高	5	2	0

石井《いしい》 毅《たけし》(箕島高)

1979年に春夏連覇した箕島高校のアンダースローのエース。

1961年7月10日和歌山県有田市に生まれる。箕島高校とは有田川を挟んですぐのところであった。小学校4年の時に自らチームを結成、隣町の大会に参加していた。保田中ではエースで4番を打ち、2年の時に県大会で優勝。当時は上手投げだった。

選抜で2度目の優勝を果たした箕島高校に進学、1年の夏休みに尾藤監督の勧めでアンダースローに転向、秋の新チームからエースとなり、嶋田宗彦(阪神)とバッテリーを組んだ。翌'78年春から4季連続して甲子園に出場。2年の選抜では初戦の対黒沢尻工戦で毎回奪三振を記録し、準決勝まで進出したが、スタミナ切れで握力がなくなったのが敗因だった。夏は右の速球派投手・上野敬三と併用されたがやはり3回戦で敗退。

翌'79年は上野がショートにコンバートされ、石井は大黒柱となる。選抜の準決勝でPL学園高校を延長戦で降すと、決勝では香川－牛島という甲子園史上の残る強力バッテリーと打撃戦となり、3度目の優勝を果たした。続く夏の大会では3回戦で星稜高校と延長18回の球史に残る激闘を制し、春夏連覇を達成した。甲子園通算14勝は当時の戦後最高記録だった。

卒業後は、嶋田とともに住友金属に入社し、'82年の都市対抗で優勝、橋戸賞も獲得した。同年ドラフト3位で西武に入団したが、持病のヘルニアに苦しみ、'88年引退。プロ通算8勝4敗4S。その後は有田市に戻り、みかん販売などを手がけたのち、スポーツジムを経営する一方、少年野球の指導をしている。なお、引退後の名前は木村竹志である。

【甲子園投手成績】(箕島高)

		対戦相手	回	安	振
1978春	1	黒沢尻工	9	6	13
	2	小倉高	9	4	8

	準々	PL学園高	9	6	4
	準決	福井商	2⅓	5	1
1978夏	1	能代高	9	2	7
	2	広島商	9	7	3
	3	中京高	9	8	4
1979春	2	下関商	9	7	4
	準々	倉吉北高	9	7	13
	準決	PL学園高	10	9	7
	決勝	浪商高	9	13	5
1979夏	2	札幌商	9	7	10
	3	星稜高	18	19	16
	準々	城西高	9	7	10
	準決	横浜商	9	8	7
	決勝	池田高	9	8	5

石《いし》井《い》 藤吉郎《とうきちろう》（水戸商）

早大で選手・監督として鳴らし、全日本チームのの監督もつとめるなど、大学・社会人の名監督として有名だが、母校・水戸商の監督として甲子園にも出場している。在学中の1942年には文部省主宰の全国大会で好投した。

1924年３月16日茨城県東茨城郡磯浜町（現・大洗町）に生まれる。家は代々続く旅館で当時は大洗ホテルを経営しており、その一人息子である。幼い頃に母が結核となって家を出て療養生活に入り、まもなく死去した。磯浜小から水戸商に進学し、野球部に入部すると、１年でライトのレギュラーとなり、８番を打つ。２年で５番となり、３年では３番を打つかたわら、エース砂押邦信（のち立教大監督）の控え投手もつとめた。この'40年夏には北関東大会に進出、初戦の高崎商戦が延長15回雷雨で引き分け、翌日の再試合に延長戦の末に敗れた。

翌'41年にはエースとなり、遠縁にあたる河原井賢三郎とバッテリーと組んだが、二人とも身長180cmを超えるという当時としては驚異的な大型バッテリーで、“水商の巨人バッテリー”として北関東に鳴り響いていた。しかし、戦争のために甲子園大会は中止となり、秋に開かれた県大会を制したものの、甲子園に出場することはできなかった。

５年生となった'42年夏に行われた文部省主宰の“幻の甲子園”にはエースとして出場、初戦では滝川中を４安打に抑えて快勝している。

'43年早大に進学したが、'44年には学徒出陣。満州で終戦を迎え、シベリアで２年間抑留された。'47年に帰国して翌年復学。投手兼外野手として東京６大学リーグで４回優勝、主将もつとめ、首位打者も獲得した。大昭和製紙では、'53年に都市対抗で優勝、'56年には世界選手権にも出場している。

'59年母校・水戸商の監督に就任、翌'60年夏の甲子園に出場している。この年限りで水戸商監督を辞任、'64年にはＢクラスに低迷していた早大に請われて監督に就任、10年間で５回優勝するなど、名監督として知られた。'80全には全日本チーム監督に就任。'95年野球殿堂入り。引退後は、家業の大洗シーサイドホテル社長をつとめた。

'99年６月30日肺癌のため75歳で死去した。

【甲子園監督成績】（水戸商）

1960夏	1	●	0－10	秋田商

石《いし》井《い》 好博《よしひろ》（習志野高）

習志野高で選手・監督の両方で全国制覇。

1949年千葉県に生まれる。習志野高では市原弘道の指導を受けてエースとなり、醍醐恒男（阪急）とバッテリーを組んだ。

'67年夏にエースとして甲子園に出場。開幕試合で堀越高を降すと、２回戦では9回からライトに退いたが、リリーフした桜井投手がホームランを打たれたため再登板した。準々決勝の富山商戦も大勝したため、７回で降板した。

準決勝では中京高と対戦、この試合で石井

は見事な牽制を見せた。1回に2死一二塁で一塁走者を刺すと、3回に1死二塁、6回に2死一二塁、7回にも2死二塁でいずれも二塁走者を刺し、計4回も走者をアウトにしてピンチを救った。決勝では広陵高を6安打1点に抑えて全国制覇を達成した。

卒業後、早大を経て、'72年に母校・習志野高に赴任して監督に就任。'75年に春夏連続して甲子園に出場、夏には全国制覇を達成した。2000年秋に引退。

主な教え子に、掛布雅之（阪神）、椎名清（東海大ー習志野高監督）、小川淳司（中央大ー河合楽器ーヤクルト）、小林徹（青山学院大ー市立船橋高監督）、城友博（ヤクルト）らがいる。

【甲子園投手成績】（習志野高）

		対戦相手	回	安	振
1967夏	1	堀越高	9	8	9
	2	仙台商	8⅓	8	5
	準々	富山商	7	4	4
	準決	中京高	9	9	1
	決勝	広陵高	9	6	6

【甲子園監督成績】（習志野高）

1972夏	1	●	3－5	東洋大姫路高
1975春	1	●	0－3	豊見城高
1975夏	2	○	8－5	旭川竜谷高
	3	○	2－0	足利学園高
	準々	○	16－0	磐城高
	準決	○	4－0	広島商
	決勝	○	5－4	新居浜商
1976春	1	○	8－7	大社高
	2	●	3－4	東洋大姫路高
1980夏	1	○	2－1	倉吉北高
	2	●	0－7	東北高
1987夏	1	○	3－2	東筑高
	2	○	5－2	上田高
	3	○	12－4	佐賀工
	準々	●	1－4	ＰＬ学園高

石川《いしかわ》 真良《しんりょう》（秋田中）

秋田中学の指導者で、“甲子園の土”の生みの親。

1890年5月23日秋田県南秋田郡若美町に生まれる。秋田中学（現・秋田高）から慶応義塾大学法学部に進学。大学では三宅大輔とバッテリーを組み、1910年の米国遠征にも参加し、勝利投手となっている。

卒業後は阪神電鉄に入社、'24年に阪神甲子園球場を建設するにあたり、用度課工事用セメント係として土の責任者になった。石川は試行錯誤の末、神戸・熊内の黒土と淡路島の赤土を組み合わせた理想の土を生み出し、以後、甲子園の土の基本として受け継がれている。球場近くに建てられた記念碑にも建設に携わった一人として名が刻まれる。

その後帰郷、'35年から母校・秋田中学を指導、秋田中学を東北を代表する強豪校に育て上げた。野球に臨む心得を記した「野球十訓」も著わした。'69年9月19日死去。没後30年にあたる'99年、かつて指導を受けた秋田県若美町立松戸中学の卒業生らにより記念碑が建立されている。

石原《いしはら》 照夫《てるお》（成田中）

戦後第1球を投じた成田中学のエース。

1929年11月28日千葉県成田市に生まれる。'46年夏の戦後第1回の全国大会にエースで3番を打って出場した（ただし、甲子園球場は占領軍に接収されていたため、西宮球場で開催）。開幕試合で京都二中と対戦、後攻のため、戦後第1球を投じた。この試合、0－0で迎えた6回、石原照夫が二塁にいるときに石原利男がセンター前にヒットを放った。石原照夫は二塁からホームをついたがアウトの宣告、この試合は結局0－1で敗れた。その後、捕手の捕球よりもホームインが早いことを示す写真が発見され、“世紀の誤審”といわれた。この写真は木内信三監督（部長）がもらいうけ、成田高校に飾られている。
卒業後は立教大学に進学して三塁手に転向。藤倉電線では４年連続都市対抗に出場した。'55年第１回世界大会に出場し、翌'56年東映に入団。'61年コーチとなり、'82年からはロッテ球団代表をつとめた。のち三愛ライフ代表取締役となる。

【甲子園投手成績】（成田中）

		対戦相手	回	安	振
1946夏	1	京都二中	9	5	5

石嶺《いしみね》 和彦《かずひこ》（豊見城高）

1977年選抜から４季連続して甲子園に出場した豊見城高のスラッガー。
1961年１月10日沖縄県那覇市に生まれる。豊見城高に進学し、２年生の'77年選抜には捕手として下地勝治（広島）とバッテリーを組み、４番を打って出場した。夏には３回戦で広島商を延長11回の末に完封で降し、好リードで注目される。
翌'78年は神里昌二（プリンスホテル）とバッテリーを組んで春夏連続甲子園に出場。夏には沖縄県予選決勝の対宮古高戦でファウルチップを右手に受け、中指を５針縫った状態で甲子園に出場。初戦が大会６日目とクジ運に恵まれたことから無事捕手として出場でき、初戦の我孫子高戦では先制タイムリーに、延長10回無死満塁からのサヨナラ犠牲フライと活躍した。準々決勝の岡山東商戦ではホームランも打つなど、３試合すべてに打点をあげている。
同年秋のドラフト会議では阪急と広島から２位で指名され、抽選の結果阪急に入団。右膝半月板故障のため捕手を断念、'86年指名打者としてレギュラーポジションを獲得、以後阪急の中軸を打った。この年、56試合連続出塁の日本記録も樹立している。翌'87年には６試合連続本塁打のパリーグ記録もマーク。'90年には106打点で打点王を獲得するなど、パリーグを代表する強打者として活躍した。'94年ＦＡで阪神に移籍してレフトを守り、'96年引退した。

【甲子園打撃成績】（豊見城高）

		対戦相手	打	安	点
1977春	1	酒田東高	5	2	2
	2	箕島高	4	1	0
1977夏	2	水島工	4	2	0
	3	広島商	4	0	0
	準々	東洋大姫路高	4	2	0
1978春	1	桐生高	4	0	0
1978夏	2	我孫子高	4	1	2
	3	東筑高	4	2	1
	準々	岡山東商	5	2	1

石本《いしもと》 秀一《しゅういち》（広島商）

戦前に広島商業の黄金時代を築いた監督。
1896年11月１日広島市に生まれる。実家は石妻組という土木請負業であった。段原尋常小学校時代からエースとして活躍。広島商業に進学するとまもなくレギュラーとなり、２年からはエース。４年生の'16年から２年連続して全国大会に出場した。'17年には投手で１番を打って出場しいる。当時、広島市内では絶大な人気があったという。
'18年関西学院高等部商科に進学したが、まもなく中退、満州にわたって大連の三井物産に勤務するかたわら、大連実業団で投手をつとめた。'23年に帰国すると、大阪毎日新聞広島支局の記者となり、低迷していた母校・広島商業の監督に就任。翌'24年夏には甲子園に出場して、広島県勢として初優勝した。翌'25年に監督を辞任すると再び成績が降下、'28年監督に復帰し、翌'29年から夏の甲子園で２連覇。さらに、'31年の選抜大会でも優勝した。
この間、'30年には二振りの真剣の上を、選手に素足で歩かせるという「刀の刃渡り」を試みている。のちに石本の代名詞ともなった精神鍛錬法だが、実際に行ったのは、'30年だけだといわれている。

３回の優勝で中等学校球界を頂点をきわめて引退、しばらく新聞記者に専念。'36年にプロ野球の阪神（大阪タイガース）に監督として招聘されると、'37年秋と'38年春の２回優勝。その後は西鉄監督をつとめて、'43年末に帰郷した。戦後は国民リーグの監督を経て、'48年金星の二軍監督となり、'49年には太陽監督に就任。翌'50年、広島球団の創立にともなって初代監督に就任、'53年までつとめた。当時の広島は全く資金がなく、自ら樽募金を行って球団を存続させた逸話は、ＮＨＫ「プロジェクトX」でも取り上げられた。'72年に野球殿堂入り。1982年11月10日85歳で死去した。

広島商業では監督として出場した６回のうち４回が優勝という驚異的な成績を残しているほか、プロ野球監督としても優勝するなど、プロアマ通じて日本の野球史を代表する指導者の一人である。

主な教え子には、梶上初一（慶大）、生田規之（立教大）、灰山元治（慶大－太陽レーヨン－ライオン）、土手潔（法政大）、鶴岡一人（法政大－南海）、保田直次郎（全京城－広島商監督）など、のちに東京６大学やプロで活躍した選手が多い。

【甲子園投手成績】（広島商）

		対戦相手	回	安	振
1916夏	1	中学明善	7	7	10
	準々	和歌山中	9	5	5
1917夏		関西学院中	9	7	4

【甲子園監督成績】（広島商）

1924夏	2	○	4－2	和歌山中
	準々	○	13－10	第一神港商
	準決	○	7－6	大連商
	決勝	○	3－0	松本商
1929春	1	●	1－4	愛知一中
1929夏	2	○	9－4	関西学院中
	準々	○	4－2	静岡中
	準決	○	5－1	鳥取一中
	決勝	○	3－0	海草中
1930春	1	●	0－4	平安中
1930夏	1	○	14－4	浪華商
	2	○	2－1	小倉工
	準々	○	3－1	大連商
	準決	○	4－1	和歌山中
	決勝	○	8－2	諏訪蚕糸
1931春	2	○	4－0	坂出商
	準々	○	3－0	松山商
	準決	○	10－8	八尾中
	決勝	○	2－0	中京商

磯《いそ》部《べ》 修三《しゅうぞう》（常葉学園菊川高）

1978年の選抜で優勝した浜松商の監督。のち常葉学園菊川高校も率いて甲子園に出場。

1940年４月15日静岡県に生まれる。静岡高を経て、神戸大学に進学。'65年掛川西高に赴任。'70年浜松商に転じて、'72年４月に監督に就任した。'75年夏に甲子園に出場し、'78年選抜では樽井投手を擁して優勝した。'80年夏にもベスト８に進出している。浜松商では３回しか甲子園に出場していないが、通算10勝２敗という好成績を残した。

'84年浜松南高監督に転じ、磐田南高監督を経て、'88年秋に現場を離れて静岡県教育研究所に勤務。その後、浜名高校教頭、磐田北高校教頭を歴任した。

2000年４月常葉学園短大の教授に招聘されて、同学園の菊川高監督に就任、浜松商ＯＢで元プロ野球選手の佐野心部長とともに指導を再開。'02年１月には教え子で、日大三島高校を甲子園に出場させた森下知幸をコーチとして招くなど、強力なスタッフを擁して'04年の選抜に出場した。毎日放送の選抜中継の解説者もつとめている。

長男・祐も静岡県立春野高校で監督をつとめている。

主な教え子に、上村敏正（早大－浜松商監督）、樽井徹（法政大－河合楽器）、森下知幸

（中部電力－浜松商監督－日大三島高監督）、小松直樹（駒沢大－ＮＴＴ東海監督）らがいる。

【甲子園監督成績】（浜松商）

1975夏	1	○	8－4	竜ヶ崎一高
	2	○	6－5	石川高
	3	●	2－9	天理高
1978春	1	○	3－0	益田高
	2	○	5－4	早実
	準々	○	3－0	東北高
	準決	○	3－2	桐生高
	決勝	○	2－0	福井商
1980夏	1	○	4－3	岡山理大付高
	2	○	5－3	大分商
	3	○	6－4	東北高
	準々	●	5－20	瀬田工

（常葉学園菊川高）

2004春	1	●	3－4	八幡商

板倉《いたくら》 賢《けん》司《じ》（早実）

1982年夏の甲子園で、レフトスタンドに弾丸ライナーのホームランを打った早実のスラッガー。

1965年8月25日東京都調布市深大寺に生まれる。神代中時代は調布リトルでプレーし、早実に進学。中学・高校を通じて荒木大輔の1年後輩にあたる。早実では2年から4番を打ち、'82年春夏連続して甲子園に出場した。

夏の大会では3本塁打を打ったが、3回戦で東海大甲府高校の栂投手からレフトに打ったホームランは圧巻だった。なにしろ、打った直後、三塁手は「取れる」と思ってジャンプしたのである。しかし、頭上を越えた球は弾丸ライナーでスタンドにつきささり、とても高校生とは思えない打球に観客は驚きを隠せなかった。

また、この大会では4試合のうち3試合で3安打を放ち、全試合で打点をあげる活躍をみせた。

'83年秋のドラフト会議では大洋から3位指名されてプロ入り。'86年にはジュニアオールスターにも出場したが、一軍では5試合しか出場できなかった。'89年引退し、フロント入り。

【甲子園打撃成績】（早実）

		対戦相手	打	安	点
1982春	1	西京商	4	2	1
	2	岡山南高	4	1	1
	準々	横浜商	4	1	0
1982夏	1	宇治高	5	3	1
	2	星稜高	4	3	4
	3	東海大甲府高	5	3	3
	準々	池田高	4	1	2

板《いた》谷《や》 英隆《ひでたか》（佐賀商）

佐賀工、佐賀商を率いて甲子園に出場。

1933年10月16日佐賀県に生まれる。三養基高校、佐賀大学を経て、'57年有田工に赴任して監督に就任したが、同校はコールドにならないことが目標というチームだった。夏休みを利用して、当時強豪として知られた福岡県大牟田市の社会人・東洋高圧の原田晃監督に指導法を仰ぎ、'62年秋には県大会を制した。'68年佐賀工に転じ、この年に春夏連続して甲子園に出場した。

'75年佐賀商に移り、'77年夏には西九州大会決勝で海星高と対戦、9回に3点差を追いついて、延長10回に4点をあげて大逆転し、甲子園に出場。以後9年間で春夏合わせて5回甲子園に出場した。この間、'82年夏には新谷博投手がノーヒットノーランを達成、3回戦に進出している。'94年8月11日60歳で死去した。

主な教え子に、佐賀商時代の新谷博（駒沢大－日本生命－西武）、田中良尚（北九州大－佐賀商監督）がいる。

【甲子園監督成績】(佐賀工)

1968春	1	●	0－1	徳島商
1968夏	1	○	8－6	東北高
	2	●	1－3	松山商

(佐賀商)

1977夏	1	●	0－4	広島商
1979夏	1	○	4－1	吉田高
	2	●	3－6	大分商
1982夏	1	○	7－0	木造高
	2	○	5－1	東京農大二高
	3	●	2－3	津久見高
1984春	1	○	17－4	高島高
	2	●	6－7	愛工大名電高
1985夏	1	○	6－4	福岡高
	2	●	1－8	東北高

市川《いちかわ》 武史《たけし》 (都立国立高)

史上初めて甲子園のマウンドを踏んだ都立高校のエース。

1962年東京生まれ。幼い頃から野球を始め、都立高校の中では野球の強かった国立高校に進学した。国立高ではエースとなり、3年生となった'80年夏の西東京大会では変則モーションを武器に強豪校を次々と降していった。準々決勝の対佼成学園高戦は延長18回1－1の引分けで再試合となり、翌日6－3で勝利。準決勝では堀越高を2－0で、決勝戦でも駒大高校を2－0で完封して甲子園初出場を果たした。公立としては、旧制時代に東京高等師範学校附属中学(現在の筑波大学附属高校)が東京代表として全国大会に出場したことがあるが、都立高校として史上初めてのことであった。とくに学区制のもとでは有力選手が集まることは不可能で、近隣県から選手の集まる強豪私立が数ある中では、都立高校の甲子園出場は絶望に近いといわれていただけに、国立高の甲子園出場は快挙として、NHKの全国ニュースでも映像入りで放映された。なお、市川投手は予選8試合81イニングを投げぬいている。

甲子園では初戦で強豪箕島高校と対戦。いつもは甲子園観客に人気の高い箕島高校だが、この日ばかりは観客のほとんどが国立高校を応援、出場した箕島高校の選手は、のちにたいへんやりづらかったと感想を述べている。試合は0－5で完敗したが、国立高の健闘は多くの都立勢に希望与え、やがて東東京地区での都立城東高校の活躍につながっていった。

一浪して東大に進み、野球部で活躍。エースとなって東京6大学リーグで7勝をあげた。卒業後はキヤノンに入社、デジタルカメラの製品開発などに従事している。

【甲子園投手成績】(都立国立高)

		対戦相手	回	安	振
1980夏	1	箕島高	9	11	2

市原《いちはら》 勝人《かつひと》 (二松学舎大付高)

二松学舎大付高で選手・監督として活躍。

1965年3月4日東京生まれ。二松学舎大附属高に進んでエースとなり、'82年選抜に出場。初戦で長野高を完封すると、鹿児島商工、郡山高と降し、準決勝でも中京高を2安打に抑えて決勝まで進み、準優勝を果たした。

日大に進学したが、東都大学リーグでは1勝もできなかった。NTT信越でも、3年間の在籍期間に都市対抗に3回、日本選手権に2回出場したが、実際にはほとんど登板していない。

現役引退後は帰郷、会社員のかたわら、母校・二松学舎大附属高校のコーチをつとめていたが、'97年前監督の引退にともなって監督に就任。2002年春には、自ら出場して以来20年振りに甲子園に出場した。

主な教え子に、芦川武弘(中央大－ヤマハ)、森裕幸(青山学院大)らがいる。

【甲子園投手成績】（二松学舎大付高）

		対戦相手	回	安	振
1982春	1	長野高	9	6	6
	2	鹿児島商工	9	7	0
	準々	郡山高	9	11	1
	準決	中京高	9	2	3
	決勝	PL学園高	7	10	0

【甲子園監督成績】（二松学舎大付高）

2002春	1	●	4－5	大体大浪商高
2004春	1	●	0－5	大阪桐蔭高

一色《いっしき》 俊作《しゅんさく》（松山商ほか）

戦後の愛媛県高校球界を代表する監督の一人。

1937年7月22日愛媛県松山市に生まれる。1953年松山商業に入学、1年夏の甲子園でチームは決勝戦で土佐高を降して全国制覇したが、当時、1年生は甲子園にはいかず学校で練習していたという。結局、甲子園には出場できないまま明大に進学、2年の時に指導者を目指すようになった。

'60年に卒業すると帰郷して県立上浮穴高校に赴任、1年間コーチをつとめた。翌'61年9月に母校・松山商業に転じてコーチとなり、'63年に監督に就任。'64年から2年間部長に転じたが、'66年再び監督に復帰すると、夏の大会でいきなり準優勝した。'69年夏には決勝戦で三沢高校と死闘の末に全国制覇を達成した。

しかし、これ以降甲子園に出場できなくなり、'74年10月で松山商監督を辞任、'76年私立帝京五高監督に就任。県大会決勝戦には2回駒を進めたが、甲子園には出場できなかった。

'85年には甲子園に出場したことのない私立新田高校監督に就任。'90年選抜に初出場するといきなり準優勝した。その後、再び帝京五高の監督をつとめている。

主な教え子に、松山商時代の西本明和（広島）、玉井信博（東洋大－三協精機－巨人－クラウン）、井上明（明大－朝日新聞）、谷岡潔（大洋－阪急）、帝京五高時代の松浦義興（国士舘大－熊谷組）、新田高時代の山本雅章（近大－プリンスホテル）、宮下典明（近鉄）などがいる。

【甲子園監督成績】（松山商）

1966夏	1	○	1－0	塚原高
	2	○	5－1	静岡商
	準々	○	4－2	横浜一商
	準決	○	1－0	小倉工
	決勝	●	1－3	中京商
1967春	1	●	3－4	桐生高
1968夏	1	○	4－2	取手一高
	2	○	3－1	佐賀工
	3	●	3－6	三重高
1969夏	1	○	10－0	高知商
	2	○	1－0	鹿児島商
	準々	○	4－1	静岡商
	準決	○	5－0	若狭高
	決勝	□	0－0	三沢高
		○	4－2	三沢高

（新田高）

1990春	1	○	9－1	前橋商
	2	○	5－4	日大藤沢高
	準々	○	4－0	高松商
	準決	○	4－3	北陽高
	決勝	●	2－5	近大付高

伊藤《いとう》 勝三《かつぞう》（秋田中）

秋田県中学野球界の功労者。

1907年5月14日秋田市上中城町（現在の千秋矢留町）に生まれる。'20年秋田中学に進んで捕手となり、'22年夏に6番打者として出場。'24年夏にはエースで3番を打って出場した。

慶大では控え捕手だったが、東京クラブでは'31年の都市対抗で優勝した。'36年に創立されたプロ野球・大東京に入り、永井武夫監督解任のあとをうけてプレイングマネージャー第1号となるが、2勝27敗3分、勝率.069という惨憺たる成績で解任された。

戦後、帰郷して実業団野球連盟秋田支部初代支部長に就任、また母校・秋田高校の指導も行った。しかし、'53年に妻の実家が東京で製本会社・高陽堂書店を創業したため東京に転じ、常務・社長を歴任した。かたわら、野球部のOB会・東京矢留会を結成、また折りをみつけては帰郷して母校の指導に当たっていたという。'82年2月10日74歳で死去。

没後も、妻を通じて秋田高校野球部に援助がつづけられ、秋田県の高校全体を支援する「伊藤勝三スポーツ振興基金」と、秋田高校野球部を支援する「伊藤勝三基金」が設けられている。

2003年に刊行された、秋田高校OBの人名事典「先蹤録」では、没後30年以上という収録基準を満たしていないにもかかわらず、その功績を称えられて特別に収録されている。

【甲子園打撃成績】(秋田中)

		対戦相手	打	安	点
1922夏	1	広島商	3	0	0
1924夏	2	松山商	4	0	0

【甲子園投手成績】(秋田中)

		対戦相手	回	安	振
1924夏	2	松山商	9	13	4

伊藤《いとう》 十郎《じゅうろう》 (富田中)

三重県中等学校野球界の功労者。

1895年三重県富田(四日市市)に12人兄弟の10人目として生まれる。富田中学(現・四日市高校)に進学して県下初の野球部の創部に参加(あるいは創部直後に入部)した。全国大会開始前の1913年8月に行われた東海五県連合野球大会にも投手として出場している。

'14年に早稲田大学に入学すると市岡忠男とバッテリーを組んで活躍。卒業後は貿易会社に就職したが、'29年の世界恐慌で会社が解散したため名古屋に戻り、名古屋鉄道管理局に入って選手・監督として活躍した。東海地区社会人野球連盟の理事長もつとめている。また選抜の選考委員もつとめた。'59年4月64歳で死去。

伊藤《いとう》 次郎《じろう》 (平安中)

1927年夏に平安中学が甲子園初出場を果たした時のエース。

1910年台湾に生まれ、平安中学(現・平安高)の関係者にスカウトされて、同校に進学した。'27年夏にエースとして同校を甲子園に初出場させると、以後'30年まで7季連続して出場した。

翌'28年夏には準決勝で北海中を12奪三振のノーヒットノーランに抑えて準優勝。'30年の選抜では初戦で広島商を1安打完封。台北一中からは14三振を奪ったが、準決勝の松山商戦では2回で降板した。同年夏も初戦で桐生中を降すと、準々決勝では東北中を1安打14奪三振に抑え、春夏連続してベスト4まで進出。在学中にエースとして7回甲子園に出場し、準優勝1回、ベスト4が2回という好成績をあげ、同校が全国を代表する強豪校となる下地を築いた。

卒業後は、法政大を経て、'36年セネタースに入団。'39年まで投手・外野手として在籍した。

【甲子園投手成績】(平安中)

		対戦相手	回	安	振
1927夏	2	台北商	9	7	9
	準々	松本商	9	6	14
1928春	1	松山商	9	6	8
1928夏	1	八戸中	9	4	12
	2	福岡中	9	5	12

	準々	甲陽中	9	9	8
	準決	北海中	9	0	12
	決勝	松本商	9	4	1
1929春	1	海草中	9	5	4
1929夏	2	平壌中	9	5	11
	準々	台北一中	9	4	11
1930春	1	広島商	9	1	0
	準々	台北一中	9	4	14
	準決	松山商	2	2	0
1930夏	2	桐生中	9	2	6
	準々	東北中	9	1	14
	準決	諏訪蚕糸	9	4	4

伊藤《いとう》 雄三《ゆうぞう》 (一関中)

一関中学・一関一高で選手・監督として全国大会に出場。

宮城県若柳町生まれ。一関中学に進学し、ショートで主将をつとめ、戦後第1回の1946年夏の全国大会に出場した。当時は食糧難で各校は食料を持参して参加した。米どころの一関中では農家と直接交渉して一人当たり5キロの闇米を持参して参加した。

甲子園は接収されていたため、西宮球場で開かれた大会では、初戦で鹿児島商と対戦、4－11で敗れた。初戦で敗れた場合、余った貴重な米は持って帰るのが当然であった。しかし、相手チームに米がなく、芋粥を食べているのを知ったチームは、残った米を鹿児島商に譲って帰郷した。帰郷後、余った米の行方を聞かれると、同行したＯＢが、闇市で売って旅費の足しにした、と答えていた。それから29年後の1975年、鹿児島商野球部の関係者がＮＨＫラジオで一関中学に感謝を表明、事実が公となっている。

法政大を経て、1954年母校・一関一高監督となり、翌'55年には東北地方から初めて選抜大会に出場。エースの斎藤奎行を1番打者に起用して注目された。'60年にも奥羽大会に進んでいる。'61年社会人の小野田セメント大船渡の監督に就任。その後は、帰郷して老舗の菓子製造業・飴屋を経営している。

主な教え子に狩原宏基（全藤倉）、斎藤奎行（積水化学－盛岡鉄道管理局監督）、菅原良三（法政大）、佐藤昭（日通浦和）らがいる。

【甲子園打撃成績】（一関中）

		対戦相手	打	安	点
1946夏	2	鹿児島商	4	1	0

【甲子園監督成績】（一関一高）

1955春	2	●	0－5	県尼崎高

伊東《いとう》 与二《ようじ》 (高岡商)

昭和後半から平成にかけての富山県を代表する監督の一人。

1953年10月27日富山県高岡市に生まれる。高岡商では主将をつとめ、1971年夏に1番センターとして甲子園に出場。日体大でも1番センターとして活躍。副主将をつとめ、大学選手権、明治神宮大会にも出場。

卒業後は帰郷して保健体育の教員となり、氷見北部中学を経て、1979年に母校・高岡商に赴任して監督に就任、'93年までに春1回夏5回甲子園に出場した。

その後、富山県国体局競技式典課を経て、2000年に砺波高監督となって球界に復帰。'03年富山県教育委員会スポーツ課生涯スポーツ係長に転じて、再び球界を離れた。

主な教え子に、竹島彰伸（日体大－北陸銀行）、尾山敦（住友金属－西武）、坂林康司（駒沢大－日本石油）などがいる。

【甲子園打撃成績】（高岡商）

		対戦相手	打	安	点
1971夏	1	比叡山高	4	0	0
	2	静岡学園高	3	1	0

【甲子園監督成績】（高岡商）

1982夏	2	○	3－1	宇部商
	3	●	0－5	熊本工

1984夏	1	●	0－13	松山商
1985夏	1	●	0－3	東洋大姫路高
1987夏	2	○	5－4	長崎商
	3	●	0－4	ＰＬ学園高
1988春	2	●	2－7	中京高
1992夏	2	●	0－2	西日本短大付高

稲垣《いながき》 人司《ひとし》（創価高ほか）

無名の新興高校を次々と有力校に育て上げた指導者。

1932年6月15日広島県三次市に生まれる。三次中学を卒業後、大蔵省中国財務局に入局したが、２年で辞めて、プロ野球広島監督の石本秀一の書生となって野球を学んだ。

戦後、広島工業コーチを経て、'76年に創部まもない、東京の創価高校監督に就任、'83年夏に同校を甲子園に初出場させた。その後、神奈川県の桐光学園高校を経て、'89年創立間もない埼玉県の花咲徳栄高校監督に迎えられた。同校は稲垣監督の指導のもと急速に力をつけたが、2000年10月15日心筋梗塞のためグラウンドで倒れて急死した。68歳。あとを継いだ岩井隆監督によって、同校は翌年夏に甲子園初出場を果たしている。

主な教え子に、創価高校時代の栗山英樹（東京学芸大－ヤクルト）、小野和義（近鉄－西武）、桐光学園高校時代の岩井隆（東北福祉大－花咲徳栄高監督）、花咲徳栄高校時代の阿久根鋼吉（創価大－ＮＴＴ関東－日本ハム）などがいる。

甲子園での戦績はわずかに１試合で１勝もしていないが、新設の野球部を短期間で強豪に育てる手腕は高く評価された。

【甲子園監督成績】（創価高）

1983夏	1	●	0－2	東山高

稲垣《いながき》 正史《まさし》（海星高）

甲子園で逆転サヨナラホームランを打った、海星高校の２年生の４番打者。

1979年4月28日三重県安芸郡河芸町に生まれる。上野小４年でソフトボールを始め、海星高校では2年で4番を打ち、1996年夏の県予選決勝ではダメ押しの3ランホームランを打って試合を決め、甲子園に出場した。甲子園では2回戦で早実と対戦、２－３とリードされて迎えた９回裏、無死一塁で打席に入った。２球目の内角から中に入るスライダーを振り切ると、打球は左翼スタンドに飛び込み、史上３本目の逆転サヨナラホームランとなった。

卒業後は愛知学院大学に進学したが、2年目に病気となり、闘病の末、2002年3月、わずか22歳で死去した。

サヨナラホームランを打った時のガッツポーズをした写真は、額に入れられて海星高校野球部監督室に飾られている。

【甲子園打撃成績】（海星高）

		対戦相手	打	安	点
1996夏	1	唐津工	4	1	0
	2	早実	4	2	2
	3	仙台育英高	4	0	0
	準々	前橋工	3	0	0

稲川《いながわ》 東一郎《とういちろう》（桐生高）

群馬県高校野球史上最大の功労者。

1905年福島県東白川郡棚倉町に生まれる。尋常小４年の時に桐生市に移り、桐生中学３年の時に野球を知った。５年生の'23年１月に野球部が発足、３月には卒業して東京・新宿で父の仕事を手伝うようになるが、まもなく帰郷して母校の野球部の練習に参加。同年７月の関東予選に桐生中学が初参加した際には、後輩とともに自ら出場している（当時は出場資格があいまいであった）。

以後、家業の手伝いをしながら桐生中学野球部の指導をつづけ、'27年夏に初めて予選を勝ち抜いて全国大会に初出場を果たした。当時は監督制度がなかったため、甲子園ではベンチには入っていない。結婚後も野球指導に専念したため、父から勘当されたが、新聞店の経営を手がけながら、桐生中学を指導、やがて同校は強豪校として知られるようになった。'33年桐生中学から正式に監督就任を要請されて就任、同年の選抜大会に群馬県から初出場、この時初めて甲子園のベンチに入った。以後、桐生中学は甲子園出場を重ね、'36年の選抜では準優勝するなど、全国的な強豪校として認知され、稲川監督の名声も高まった。

戦後、野球が再開されると同時に桐生中学の監督に復帰、また社会人チーム全桐生の監督にも就任した。'45年11月にはプロ野球東西対抗戦に出場した東軍チームと対戦して勝利を納めている。翌'46年には都市対抗で準優勝、'47年には桐生中学が選抜大会に出場と、中学野球、社会人野球両方で活躍。また、この年には父が群馬県議に当選している。

'48年に学制改革があった後も新制・桐生高校の監督に就任、'50年春、'51年夏と甲子園に出場したが、いい結果の残せない時期が続いた。この頃、複数のプロ球団から監督就任の要請があったが断ったといわれている。'55年、今泉喜一郎投手（大洋）を擁して春夏連続出場、春は19年振りに決勝戦に進み、延長戦の末に浪華商に惜敗した。この試合では強打者坂崎一彦（巨人－東映）を4回敬遠しながら、たった1回だけ勝負した6回の打席で逆転ホームランを打たれている。

以後も甲子園出場を重ね、'67年選抜にも出場。2回戦で敗れた後、帰郷して春季県大会に出場。伊勢崎市営球場で桐生工にリードされていた6回、突如ベンチで倒れて入院した。試合は逆転で勝利したが、選手が病院にかけつけた時はすでに意識がなく、2日後にユニフォーム姿のまま死去した。

宮本武蔵の「五輪書」を愛読し、相手チームのデータ収集に力を注いだ先駆者でもある。甲子園出場回数は非公式時代を含めて24回、うち2回の準優勝を達成。40年以上に及ぶ指導歴から教え子の数は数え切れないが、主な選手に、阿部精一（日大－桐生工監督）、青木正一（阪神）、皆川定之（阪神－東急）、常見茂（法政大－全桐生－東急）、今泉喜一郎（大洋）、前野和博（芝浦工大－東芝）らがいる。

野球が盛んで、“球都”と呼ばれた桐生市の功労者であり、2001年には市制80周年を記念して市から特別表彰を受けている。

【甲子園監督成績】（桐生中）

1933春	1	●	0－3	海草中
1934夏	1	○	4－3	早実
	2	●	0－8	呉港中
1935夏	2	●	0－4	秋田商
1936春	1	○	9－7	熊本工
	2	○	2－1	小倉工
	準々	○	1－0	東邦商
	準決	○	5－4	育英商
	決勝	●	1－2	愛知商
1936夏	1	○	4－0	呉港中
	準々	○	3－1	京阪商
	準決	●	5－6	平安中
1939春	2	●	0－5	熊本工
1939夏	1	●	2－3	福岡工
1940春	1	●	0－1	愛知商
1941春	1	●	0－6	滝川中
1947春	1	○	6－3	今宮中
	2	○	10－2	海草中
	準々	○	3－2	津島中
	準決	●	3－4	徳島商
1947夏	2	●	0－3	小倉中

（桐生高）

1950春	1	○	9－3	洛陽高
	2	●	2－3	長良高
1951夏	1	●	1－3	県和歌山商
1955春	2	○	1－0	天理高
	準々	○	12－0	明星高

	準決	○	6－3	高田高
	決勝	●	3－4	浪華商
1955夏	1	○	3－1	玉島高
	2	●	4－10	日大三高
1956春	2	○	2－0	西条高
	3	●	2－3	中京商
1958夏	2	○	3－1	御所工
	3	●	0－3	魚津高
1963夏	1	○	1－0	米子南高
	2	○	5－0	新潟商
	3	○	9－4	南部高
	準々	●	1－2	下関商
1964春	2	●	3－6	平安高
1966夏	1	○	3－1	広島商
	2	○	10－1	北陽高
	準々	●	2－4	中京商
1967春	1	○	4－3	松山商
	2	●	2－3	高知高

注）1933年に監督に正式就任して以降のもののみ

稲葉《いなば》 重男《しげお》（扇町商）

大阪府高野連の重鎮の一人。福島小学校時代に主将として全国大会で優勝し、1929年に扇町商業（現・扇町総合高校）に進学した。

在学中は内野手として活躍、卒業後大阪商科大学高商部に進み、大学を通じて選手として活躍するかたわら、母校の監督をつとめ、'40年の選抜に出場した。同校は、戦後の'51年選抜にも出場しているが、当時稲葉は抑留されており、出場することはできなかった。

'53年に復員すると、母校の監督のかたわら、審判もつとめ、'74年に大阪府高野連理事長に就任。

'77年からは日本高野連常任理事をつとめた。1993年5月27日急性心不全のため76歳で死去した。

【甲子園監督成績】（扇町商）

1940春	1	●	3－5	東邦商

稲原《いなはら》 幸雄《ゆきお》（徳島商）

徳島県高校野球界育ての親。

1907年1月1日徳島市に生まれる。徳島商業を経て、関西学院大学に進学。卒業後は東京に出ていたが、'32年母校徳島商業のＯＢから監督就任を強く要請されて帰郷。英語教師のかたわら野球部の指導を始めた。当時の中等学校界では、香川県と愛媛県が全国屈指の強豪県であり、全国大会出場を決める四国予選では、この2県には全く歯が立たなかった。そのため、こうした状況をなんとか打破しようと白羽の矢がたてられたのが稲原で、3年間だけ、という約束であった。そして、3年目の'35年には中村孝夫－林義一（明大－全徳島－大映－阪急）のバッテリーを擁して選抜に選ばれ、徳島県勢として、初めて甲子園の土を踏んだ。その後、'37年にも林を擁して春夏連続して出場し、選抜大会ではベスト4まで進むなど、徳島商業も四国を代表する強豪の仲間入りを果たした。

'42年夏、中止となった全国大会にかわって開催された練成野球大会（幻の甲子園）では全国優勝を果たした。これは徳島県勢として初めての全国制覇であったが、いわゆる甲子園大会（選手権大会）とは別の大会として、記録には収められていない。

戦後は実業界に転じて徳島観光ゴルフ社長に就任、社会人野球全徳島の監督となる。また、日本野球連盟副会長、徳島商業高校野球部ＯＢ会長などをつとめている。

2003年3月の毎日新聞徳島版には96歳になってもなお週2～3回母校の指導にあたる様子が紹介されている。

【甲子園監督成績】（徳島商）

1935春	2	●	2－11	岐阜商
1937春	2	○	2－1	福岡工

	準々	○	5－1	熊本商
	準決	●	1－6	浪華商
1937夏	2	●	0－1	海草中
1939春	1	○	5－2	栃木商
	2	●	3－6	中京商
1940春	1	●	3－4	松本商
1940夏	1	●	2－3	松本商

井上《いのうえ》 明《あきら》（松山商）

1969年夏に全国制覇した松山商のエースで、朝日新聞のスポーツ記者として高校野球を担当。

愛媛県大洲市に生まれるが、２歳の時に住友銀行の行員だった父が死去し、小学校３年の時に母が専売公社松山支社の事務員となり松山市に転居した。井上自身も新玉小５年生から新聞配達をして家計を助けていた。松山商に進学して一色俊作監督の指導を受け、１年秋から登板した。

２年生の'68年夏には同期の中村啓との継投で６番打者として甲子園に出場。初戦の取手一高戦は先発して５回を投げて中村にスイッチ。２回戦の佐賀工戦は７回にリリーフしたが、先頭打者に四球を出して、１打者で降板。３回戦の三重高戦では６回途中から中村をリリーフした。

秋の新チームでは肩の故障もあって遊撃手に転じていたが、県大会１回戦で敗れて再び投手に復帰。３年夏の県予選は圧勝で制し、北四国大会でも、初戦で井原（ヤクルト）がエースの丸亀商、決勝では大北（巨人）がエースの高松商をともに完封して甲子園出場を決めた。

甲子園では初戦の高知商戦は大勝したため、８回で中村にマウンドを譲って降板。２回戦での鹿児島商戦は苦戦したが、７安打完封。準々決勝では静岡商に１点を奪われたものの、無四球完投勝利。準決勝では再び５回から中村に継投して完封した。

決勝では太田幸司（近鉄）を擁する三沢高校と対戦した。井上・太田の投手戦は結局延長18回０－０の引き分け、翌日再試合となった。再試合では、１回裏に１死から小比類巻に三塁打を打たれ、桃井にはレフト前タイムリーヒットで１失点。さらに三塁エラーが出たところで降板した。その後７回に再登板したが、８回には再び中村投手にマウンドを譲り、結局２投手を擁する松山商が、疲労の残る太田投手を攻略して優勝した。

明治大学に進学して１年秋からリーグ戦に登板、東京６大学で通算11勝をマークした。卒業後は朝日新聞社に入社して記者となる。のち大阪本社運動部所属のスポーツ記者となり、高校野球関係の記事を多く執筆。2003年には同紙に「井上明の現代高校野球考」を長期連載している。

【甲子園投手成績】（松山商）

		対戦相手	回	安	振
1968夏	1	取手一高	5	2	3
	2	佐賀工	0	0	0
	3	三重高	3⅓	5	4
1969夏	1	高知商	8	7	7
	2	鹿児島商	9	7	5
	準々	静岡商	9	7	4
	準決	若狭高	4	5	4
	決勝	三沢高	18	10	10
		三沢高	1⅓	2	0

猪瀬《いのせ》 成男《しげお》（宇都宮工）

宇都宮工業で選手・監督として甲子園で活躍。

1941年栃木県上三川町に生まれる。宇都宮工業高校土木科に進み、捕手として'58年選抜に出場（試合には出場せず）。３年生となった、翌'59年夏の甲子園には３番を打って出場し、準優勝を果たした。

早大・社会人で野球をつづけていたが、'86年低迷する母校に招聘されて監督に就任、同年夏には27年振りの甲子園出場を果たした。のちライト工業野球部監督、日本ティーボール協会常務理事などを経て、'95年郷里・上三川町長に当選した。2003年3選を果たす。同校野球部OB会の会長もつとめる。

【甲子園打撃成績】(宇都宮工)

		対戦相手	打	安	点
1959夏	2	広陵高	4	1	0
	準々	高知商	4	0	0
	準決	東北高	4	2	0
	決勝	西条高	5	0	0

【甲子園監督成績】(宇都宮工)

1986夏	1	○	3－2	桐蔭高
	2	●	0－4	浦和学院高
1989春	1	□	10－10	近大附高
		●	3－7	近大附高

今泉《いまいずみ》 喜一郎《きいちろう》 (桐生高)

1955年の選抜でノーヒットノーランを達成した桐生高校の投手。決勝戦での坂崎一彦(浪華商)との対決が有名。

1937年6月24日群馬県に生まれる。桐生高校でエースとなり、'54年秋の関東大会で優勝。翌'55年には春夏連続してエースで4番を打って甲子園に出場した。

選抜では初戦で天理高を4安打で完封すると、準々決勝の明星高戦では12－0と大量リードしながら、戦後2人目のノーヒットノーランを達成。決勝戦では坂崎一彦(巨人一東映)のいた浪華商(現・大体大浪商高)と対戦、稲川東一郎監督の指示で坂崎を4回敬遠しながら、唯一勝負した6回の打席で逆転2ランホームランを打たれ、延長戦の末に敗れた。松井秀喜を全打席敬遠して星稜高を降した明徳義塾高校と対比される。

夏は初戦で玉島高を3安打1点に抑えて降したが、2回戦では日大三高打線に打ち込まれて7回までに8失点、8回先頭打者に死球を出したところで降板した。しかし、リリーフした下山投手が2死から3連打を浴びて2点を失い、再登板した。

卒業後は大洋に入団して外野手に転向、'59年に引退した。

【甲子園投手成績】(桐生高)

		対戦相手	回	安	振
1955春	2	天理高	9	4	2
	準々	明星高	9	0	7
	準決	高田高	9	8	1
	決勝	浪華商	$10\frac{1}{3}$	5	8
1955夏	1	玉島高	9	3	7
	2	日大三高	$8\frac{1}{3}$	11	6

今岡《いまおか》 実《みのる》 (大社高)

1983年の選抜で島根県勢として22年振りにベスト8まで進んだ大社高校の監督。

1938年島根県出雲市に生まれる。中学時代は野球選手だったが、大社高校では学費のかからない柔道部に入る。卒業後、学費を稼ぐために下関の水産講習所に進学、2年で中退して広島大学教育学部に入学した。

卒業後、帰郷して高校の数学教師となり、矢上高校で柔道、軟式野球、横田高校で柔道を指導。'73年母校の大社高校に赴任して、名将として知られた北井善衛監督のもとでコーチとなるが、翌'74年に北井監督が急死して監督に就任。しかし、高校野球の経験のないまま突然名門高校の監督となったため、重圧のため5ヶ月で倒れて入院生活を送った。この間に野球理論を勉強。

復帰後、再びコーチとなり、部長を経て、'81年に監督に再任。直後の春季大会では初戦敗退したため、近畿・四国をまわって名門校の監督に指導法を仰いだ。'83年選抜に出場して峡南高、東北高を降し、島根県勢として22年振りにベスト8まで進んだ。'85年には22年振りに夏の甲子園にも出場している。

'88年4月松江北高校に転じ、'92年3月までつとめた。この間、疎遠となっていたOB会に練習のバックアップを依頼するなど、初戦敗退が続いていた名門校の復活に尽力、同校が2002年の選抜に21世紀枠として出場する下地を築いた。

主な教え子に、大社高時代の板垣悟史（大社高監督）、安藤亨（龍谷大ー飯南高監督）などがいる。

【甲子園監督成績】（大社高）

1983春	1	○	2－0	峡南高
	2	○	6－5	東北高
	準々	●	0－8	池田高
1985夏	1	●	2－3	旭川竜谷高

今川《いまがわ》 敬三《けいぞう》（秋田商）

秋田県高校球界を代表する選手・監督。

1943年5月10日秋田県大館町中道三角（現・大館市）に生まれる。実家は大館駅前で「今川商店」を経営しており、4人兄弟の二男（兄・姉・弟）であった。大館三中（現・大館東中）でエースとなり、秋田商に進学した。

秋田商業では古城敏雄監督の指導を受け、またOBの赤根谷飛雄太郎にも、その自宅で指導を受けた。新チームが結成された、'59年8月末、今川は秋田市内リーグの秋田市立高校戦で初めて先発投手として登板した。この試合で今川は完全試合を達成したのである。そのままエースとなった今川は、秋の県大会と東北大会を制した。1年生ながら東北大会3試合22イニングでわずか1失点という内容であった。以後、165cmと小柄ながら、下手投げの独特のフォームで活躍した。

翌'60年の選抜に出場すると、いきなり準決勝まで進出。準決勝では米子東高に敗れたが、この試合では投球数わずか74球という1試合の最少投球数を記録した。以後'61年夏まで4季連続して出場。'61年夏は初戦で高鍋高を4安打で完封したが、2回戦では0－0のまま延長戦となり、10回裏2死からサヨナラ負けを喫した。

早大に進んでも1年春のリーグ戦から登板。秋には9試合に登板したが、それ以降は活躍できず、大学通算ではわずか1勝しかできなかった。

'66年に卒業後、1年間かけて教員免許を取得し、翌'67年に母校秋田商に教師として赴任、ただちに野球部監督に就任した。今川卒業後は低迷していた同校野球部を立て直し、創立50周年にあたる'70年夏に甲子園出場を果たした。続いて、'75年からは2年連続して夏の大会に出場してともに初戦を突破したが、'76年6月18日深夜、運転中にトラックと正面衝突して33歳の若さで死去した。

わずか9年間の監督生活だったが、教え子には、池田昭（阪急）、武藤一邦（法政大ーロッテ）、五十嵐義政（明治生命監督）らがいる。

選手・監督両方にわたって活躍した、秋田県高校野球史上最高の野球人である。

【甲子園投手成績】（秋田商）

		対戦相手	回	安	振
1960春	2	阿倍野高	9	7	2
	準々	慶応高	11	6	6
	準決	米子東高	8	6	1
1960夏	1	水戸商	7	5	5
	2	静岡高	8	6	1
1961春	2	平安高	8	3	4
1961夏	1	高鍋高	9	4	8
	2	桐蔭高	9⅔	6	3

【甲子園監督成績】（秋田商）

1970夏	1	●	4－7	広島商
1975夏	2	○	9－0	洲本高
	3	●	2－3	磐城高
1976夏	1	○	4－3	宇部商
	2	●	4－5	天理高

伊良部《いらぶ》 秀輝《ひでき》（尽誠学園高）

1986年から２年連続して夏の甲子園に出場した尽誠学園高校の豪速球投手。

1969年５月５日沖縄県に生まれる。兵庫県尼崎市に転じ、若草中時代はボーイズリーグ尼崎でエースで４番を打った。香川県の尽誠学園高に野球留学し、'86年から２年連続甲子園に出場。

'86年夏は初戦で東海大四高と対戦、大乱調で14安打を浴び、９回裏には大村巌（ロッテ）に同点ホームランを打たれ、その後逆転サヨナラ負けを喫した。翌'87年夏は初戦で浦和学院高を８安打２点に抑え、９回には自ら２ランホームランを打って快勝。しかし、続く３回戦では、常総学院高打線に１本塁打を含む11安打を浴びて完敗した。伊良部自身は剛速球投手として注目されたが、甲子園では満足な結果は残せていない。

同年秋のドラフト会議ではロッテから１位指名されてプロ入り。'93年には西武戦で時速158kmの日本最速をマーク、'94年最多勝と奪三振王、翌'95年には最優秀防御率と奪三振王と２年連続して２冠を獲得した。'96年にも最優秀防御率のタイトルを獲得。'97年には大リーグのヤンキースに入団、1280万ドルの史上最高額のルーキーといわれた。以後６年間エキスポス、レンジャースなど大リーグで活躍、34勝16Ｓをあげている。

2003年帰国し、阪神に入団して日本球界に復帰している。

【甲子園投手成績】（尽誠学園高）

		対戦相手	回	安	振
1986夏	1	東海大四高	8⅔	14	6
1987夏	2	浦和学院高	9	8	5
	3	常総学院高	8	11	3

岩井《いわい》 隆《たかし》（花咲徳栄高）

花咲徳栄高校の監督。1970年埼玉県に生まれる。中学時代から活躍していたが、背が低かったために有力校には受け入れられなかった。しかし、そのことを否定的に捉えなかった創価高校の稲垣人司監督に心酔、同監督の転任に従って、当時はまだ無名だった神奈川県の桐光学園高校に進学した。高校時代は内野手で主将もつとめたが、甲子園には出場できなかった。

東北福祉大学に進学、同期には斎藤隆、金本知隆、浜名千広などそうそうたるメンバーがおり、大学通算ではわずかに１打席１四球のみ。

卒業後、花咲徳栄高校の監督に転じていた稲垣監督の誘いで、同校教諭となり、コーチに就任、以後９年間コーチをつとめた。2000年10月、練習中に稲垣監督が心筋梗塞で倒れて急死したため監督代行となり、翌'01年４月に監督に就任すると、夏には甲子園初出場を果たした。'03年選抜の準々決勝では東洋大姫路高と延長15回引分け再試合となる死闘を繰り広げている。

主な教え子に、宮崎浩精（住友金属）、福本真史（明大）らがいる。

【甲子園監督成績】（花咲徳栄高）

2001夏	1	○	12－0	宇部商
	2	●	4－11	日大三高
2003春	2	○	4－3	秀岳館高
	3	○	10－9	東北高
	準々	□	2－2	東洋大姫路高
		●	5－6	東洋大姫路高

う

上島《うえしま》 格《いたる》 (津久見高)

津久見高校の強打者。1967年9月27日大分県津久見市に生まれる。津久見高校に進学して三塁手となり、1985年春夏連続して甲子園に出場。

選抜では3番を打ち、開幕試合で東洋大姫路高と対戦。豊田次郎投手（川鉄神戸－オリックス）からバックスクリーンへの大ホームランを打った。

夏は4番打者として大分県予選で2本塁打を記録。甲子園では初戦で東海大工と対戦、１－１の同点で迎えた９回表、2死三塁の場面で打席に入り、１－１からの３球目のスライダーをセンター前に打ち返して、決勝タイムリーとなった。３回戦では桑田・清原を擁した最強のPL学園高と対戦して敗れたが、この試合でも強打者の片鱗を見せた。6回表、2死一塁から桑田の低めの直球を打った球はセンターのフェンス際まで飛び、通常ならタイムリー長打となるはずだが、PL学園高のセンター内匠政博（近畿大－日本生命－近鉄）がフェンス沿いにジャンプして好捕されている。

高校通算では43本塁打をマーク、同学年の清原和博（PL学園高）、藤井進（宇部商）とともに、強打者として知られた。

駒沢大学でも活躍、4年では主将もつとめ、東京6大学でも通算10本塁打を記録している。'90年に卒業後は、日産自動車に入社して中軸を打ち、翌年の第46回全国社会人野球東京スポニチ大会では大会タイの3戦連続ホームランを放って打撃賞を獲得。同年の都市対抗では史上初の１イニング２本塁打を打ち、日本代表としてインターコンチネンタルカップ日本・キューバ対抗戦に出場している。

【甲子園打撃成績】（津久見高）

		対戦相手	打	安	点
1985春	1	東洋大姫路高	4	1	1
	2	天理高	5	0	0
1985夏	2	東海大工	2	2	1
	3	PL学園高	4	0	0

上《うえ》田《だ》 俊治《しゅんじ》 (広島工)

広島工黄金期を支えた投手。1968年10月11日広島県呉市二河町に生まれる。昭和北中時代は目立った活躍はなく、高校進学時も野球部に入るつもりはなかったという。しかし、当時の広島工業の小川成海監督の熱心な勧誘を受けて同校に進み、２年春からエースとなる。控え投手が、プロ野球の通算セーブ日本記録を持つ高津臣吾（亜細亜大－ヤクルト）であった。

1985年夏の県大会決勝では、炎天下で酸欠状態に陥りながら、ベンチ裏で酸素マスクを当てながら力投して甲子園に出場。この時は初戦で日立一高と対戦し、2回裏に頭部死球を与えたことから動揺して先取点を奪われて敗れたが、以後３季連続して甲子園に導き、広島工の黄金時代を築いた。

'86年選抜では初戦で鹿児島商を３安打で完封する一方、打っては5番打者として2打数2安打、さらに初回には自らスクイズを決めるなど、投打にわたって活躍した。２回戦でも浜松商を５安打１点に抑えて降し、準々決勝まで進んだ。

夏の甲子園でも初戦で正則学園高を6安打に抑える一方、7回には二塁からディレードスチールを決めて、次打者のライト前ヒットで追加点のホームを踏むなど、好走をみせた。２回戦では熊本工の永野吉成投手（ロッテ－横浜）と投手戦を展開し、4安打で完封。３回戦でも強打の浦和学院高を４安打に抑えながら、５番半波に同点ホームラン、６番小林には決勝の3ランホームランを打たれて１－４で敗れた。

この大会前の６月末に急性虫垂炎で入院、完璧な調子ではなかったというが、負けた試合も含めて連打を浴びることはなかった。

明大に進み、卒業後は帰郷して中国放送に入社、高校野球の取材も手がけている。

【甲子園投手成績】（広島工）

		対戦相手	回	安	振
1985夏	2	日立一高	7	9	5
1986春	1	鹿児島商	9	3	5
	2	浜松商	9	5	7
	準々	宇都宮南高	8	8	7
1986夏	1	正則学園高	9	6	8
	2	熊本工	9	4	6
	3	浦和学院高	8	4	2

上《うえ》田《だ》 卓三《たくぞう》（三池工）

1965年夏に初出場で初優勝した三池工の２年生エース。

1948年７月12日福岡県に生まれる。三池工２年の'65年夏、エースとして甲子園に出場。１回戦で小坂敏彦（早大－日本ハム）がエースの優勝候補高松商と対戦、延長13回の末に２－１と振り切って勝利をあげると、２回戦では大勝し、準々決勝では報徳学園高とに延長10回サヨナラ勝ち。準決勝は４安打で４点を取って辛勝して、決勝戦では木樽正明（ロッテ）を擁する優勝候補の筆頭・銚子商と対戦。3安打で完封して初出場で初優勝を達成した。

工業高校の甲子園制覇は初めてのほか、当時三池は三池争議や炭塵爆発事故などで不況に悩んでおり、チームの中にも、家族が事故の犠牲者となった選手や、合理化で家族別居している選手もいた。そのため、三池工の初出場初優勝は三池市民に大きな希望を与えたのである。

同年の第一次ドラフト会議で南海から１位指名されてプロ入り。'76年阪神に移籍したのち、'78年南海に復帰し、同年引退した。その後は編成部長を経て、2000年ダイエー球団社長に就任した。

【甲子園投手成績】（三池工）

		対戦相手	回	安	振
1965夏	1	高松商	13	10	4
	2	東海大一高	9	6	2
	準々	報徳学園高	10	11	0
	準決	秋田高	9	9	4
	決勝	銚子商	9	3	4

上《うえ》田《だ》 佳範《よしのり》（松商学園高）

1991年選抜で準優勝した松商学園高校のエース。

1973年11月18日長野県松本市に生まれる。旭町小２年の時に松本北リトルで野球を始める。松本旭中時代は松本シニアでエースとして活躍し、全日本選抜メンバーとしてハワイに遠征した。

松商学園高でもエースとなり、'91年に春夏連続して甲子園に出場。春は初戦で愛工大名電高を破ったが、相手投手の鈴木一朗は、のちの大リーガー・イチロー選手である。以後、天理高は散発４安打で三塁を踏ませず完封、自ら初回に２点タイムリーも放った。準々決勝で大阪桐蔭高を５安打完封すると、準決勝でも国士舘高を４安打完封と完璧な投球の連続で戦後初めて決勝に進出。初戦の初回先頭打者ホームランなどで２点を失って以来、35イニング連続無失点も記録。

決勝では５－２とリードした7回、先頭打者に四球を出したところで降板してライトの守りについた。ところが、リリーフした中島が打たれて５－５の同点となり、９回裏２死一二塁から、自らのグラブをかすめめるヒットで広陵高にサヨナラ負けを喫した。

夏は初戦で岡山東商、２回戦で八幡商を降して３回戦で四日市工と対戦した。この試合は井出元投手（中日）との投げあいとなり、３－３で延長戦となった。そして、延長16

回裏、一死満塁でバッターボックスに入ると、初球が右肩に当たり、押し出しでサヨナラ勝ちした。準々決勝では星稜高に敗れたが、この試合では松井秀喜（巨人ー大リーグ）をノーヒットに抑えている。

同年秋のドラフト会議では、日本ハムが1位で指名してプロ入り。2年目の'93年に外野手に転向し、'95年一軍にあがった。'97年には打率.300をマークしている。

【甲子園投手成績】（松商学園高）

		対戦相手	回	安	振
1991春	1	愛工大名電高	9	9	7
	2	天理高	9	4	5
	準々	大阪桐蔭高	9	5	4
	準決	国士舘高	9	4	7
	決勝	広陵高	6⅓	7	3
1991夏	1	岡山東商	9	9	5
	2	八幡商	9	5	6
	3	四日市工	16	10	10
	準々	星稜高	9	8	7

上野《うえの》 精一《せいいち》（高野連）

日本高等学校野球連盟初代会長。

1882年10月28日朝日新聞共同出資者上野理一の長男として、大阪市東区平野町に生まれる。

東京帝国大学法科大学卒業後、大学院在籍のまま日本勧業銀行に入ったが、1910年東京の朝日新聞社に転じ、営業部長を経て、'17年副社長、'19年専務、'33年社長を歴任。'40年会長に転じたが、戦後公職追放。

追放中の'46年2月、全国中等学校野球連盟（のち日本高等学校野球連盟）が創立されると、初代会長に就任。学制が切り替わる'48年までつとめた。

のち朝日新聞に復帰し、'60年会長に就任。この間、'55年には内外新聞関係蔵書を京都大学に寄贈（上野文庫）している。'68年には財団法人仏教美術研究上野記念財団を設立、仏教美術の研究、発展にも貢献した。1970年4月19日心不全のため87歳で死去。

上野《うえの》 精三《せいぞう》（静岡中）

1926年夏に全国制覇した静岡中学のエース。

1910年静岡市に生まれる。静岡中学に進学、エースとなって福島鐐とバッテリーを組んで6番を打ち、'26年選抜に出場。この大会は初戦で敗れたが、以後、'28年選抜まで、5回連続して出場した。

'26年夏には初戦で優勝候補の早実を降すと、準々決勝では延長19回の末に前橋中学に勝利。この試合を完投し、21奪三振を記録した。準決勝では高松中、決勝では大連商を、いずれも2安打に抑えて全国制覇を達成した。

'27年は4番、'28年は5番を打って出場。

慶大に進学、左腕投手として慶大黄金時代を支えた。卒業後は全京城に入って都市対抗でも活躍。戦後、'47年～'48年慶大監督をつとめた後、'50年には日本石油監督となって都市対抗で優勝。またプロ野球・近鉄の技術顧問をつとめるなど、中学野球、大学野球、社会人野球、プロ野球と幅広く活動、評論家としても健筆を振るった。'87年6月6日心不全のため77歳で死去。

【甲子園投手成績】（静岡中）

		対戦相手	回	安	振
1926春	1	広陵中	8	12	7
1926夏	2	早実	9	8	3
	準々	前橋中	19	15	21
	準決	高松中	9	2	13
	決勝	大連商	9	2	7
1927春	準々	広陵中	6⅔	12	3
1927夏	2	早実	8	5	7
1928春	1	島根商	9	5	11
	準々	松山商	9	6	10
	準決	和歌山中	7	6	7

上野《うえの》 武志《たけし》（宇都宮学園高）

宇都宮学園高校（現・文星芸術大学附属高校）野球部の育ての親。

1931年4月9日東京・池袋に生まれる。母は宇都宮学園高校を経営する上野家の長女で、叔父にあたる上野秀文が宇都宮学園高校の校長をつとめていた。宇都宮中学を経て、宇都宮高校では三塁手。早大教育学部に進み、'55年に卒業後は、社会人野球の富士機械でプレーし、のち監督もつとめた。

'59年10月、上野秀文校長の誘いで宇都宮学園高校のコーチとなり、'60年6月に監督に就任した。当時は久保田高行早実総監督が週に1回ほどグラウンドに指導にきており、監督としての指導も受けたという。翌'61年夏には同校を甲子園に初出場させ、以後同校を甲子園の常連校に育て上げた。

1999年末に68歳で引退。実に39年間にわたって同校監督をつとめた。

主な教え子には、見形仁一（専修大）、高島徹（オリックス－近鉄）、真中満（日大－ヤクルト）、高根沢力（日大－三菱自動車川崎）らがいる。

【甲子園監督成績】（宇都宮学園高）

1961夏	1	●	1－9	法政二高
1969夏	1	●	0－1	鹿児島商
1977夏	1	○	10－0	東海大相模高
	2	○	3－1	取手二高
	3	●	2－3	高知高
1981夏	1	○	4－0	岡山南高
	2	○	6－2	岐阜南高
	3	●	0－1	京都商
1988春	2	○	9－1	天理高
	3	○	6－2	北海高
	準々	○	8－7	上宮高
	準決	●	0－4	東邦高
1988夏	1	○	2－1	近大付高
	2	○	7－5	倉敷商
	3	●	1－2	浦和市立高
1991春	1	○	7－4	福岡大大濠高
	2	●	2－3	市川高
1991夏	1	●	1－4	天理高
1995夏	1	●	6－8	観音寺中央高

上野《うえの》 美記夫《みきお》（函館大有斗高）

昭和後半から平成にかけて、函館有斗高校（現・函館大有斗高校）を北海道を代表する強豪に育てた監督。

1943年1月20日北海道函館市に生まれる。函館有斗高で内野手で1番打者として活躍。社会人の富士鉄室蘭（現・室蘭シャークス）で1年間プレーしたのち、1963年4月に20歳で母校・函館有斗高監督に就任。以来40年間にわたって同校監督をつとめた。

就任11年目の'73年の選抜で同校を甲子園に初出場させた。初戦で前原高を完封して2回戦で今治西高と対戦。3－3の同点で迎えた8回裏に1死一三塁の場面で投手の黒田にスクイズを指示したところ、内角のシュートをよけきれず右手中指を裂傷。代った投手は準備不足で打ち込まれて3－6で敗れた。翌日の新聞では投手にスクイズさせたことに批判が集まり、以後しばらくバントを用いることができなかったという。

翌年も春夏連続出場するなど、在任中に、春6回、夏7回甲子園に出場した。

2003年3月、定年を迎えたのを機に退任し、総監督となる。

主な教え子に、佐藤義則（日大－オリックス）、阪内俊喜（函館大－日産サニー札幌－函館オーシャン）、大柳昭彦（北海学園大－日産サニー札幌－函館大有斗高監督）、盛田幸希（横浜－近鉄）、神田朋和（NTT北海道）、沢田剛（ダイエー）らがいる。

【甲子園監督成績】（函館有斗高）

1973春	1	○	5－0	前原高
	2	●	3－6	今治西高
1974春	1	●	2－4	池田高
1974夏	2	●	3－5	高岡商

1976春	1	●	1－2	北陽高
1981夏	2	●	2－3	福岡大大濠高
1982夏	1	●	3－6	坂出商
1985夏	1	●	1－11	沖縄水産
1986春	1	○	2－0	智弁学園高
	2	●	4－6	京都西高
1987夏	1	●	2－3	沖縄水産
1988春	2	○	7－3	柳川高
	3	●	2－5	東海大甲府高

（函館大有斗高）

1990夏	1	●	3－6	丸亀高
1997春	1	○	6－5	郡山高
	2	●	1－8	春日部共栄高
1997夏	1	○	4－1	宇和島東高
	2	●	0－2	春日部共栄高

上原《うえはら》 晃《あきら》（沖縄水産）

沖縄水産高で甲子園に４回出場した剛球投手。

1969年５月16日沖縄県宜野湾市に生まれ、普天間二小５年で野球を始める。当初は一塁手だったが、まもなく投手となった。普天間中を経て、沖縄水産高に進学し、春夏合わせて甲子園に４回出場した。

１年生の'85年夏には早くも出場、１回戦の函館有斗高戦の最終回に１イニングだけ投げた。２回戦の旭川龍谷高戦ではエースの安里投手が好投したため登板しなかったが、３回戦の鹿児島商工戦でも７回からリリーフ。１点リードして迎えた９回裏に１死満塁のピンチを迎え、押し出しで同点のあと次打者には初球暴投で逆転サヨナラ負けを喫している。

２年の選抜は初戦で上宮高に敗れたが、夏は初戦で帯広三条高に大勝。３回戦では14点のリードを奪いながら、京都商を６安打で完封。準々決勝では松山商に８回までに11安打を浴びながら３点に抑えていたが、９回裏１死からテキサスヒットと四球、三塁内野安打で満塁となり、３番上川の当たりがワンバウンドでレフトラッキーゾーンに飛び込んで、２年連続のサヨナラ負けを喫した。

翌'87年夏にも甲子園に出場。初戦の函館有斗高戦は５安打に抑えながら長打でリードを許し、８回裏に逆転勝利。２回戦では準優勝した常総学院高と対戦。初回先頭打者に二塁打を打たれると、バントヒットののち、スクイズがフィルダースチョイスとなり、４番福井にセンターオーバーの三塁打。さらに犠牲フライも出て、いきなり４点を奪われて敗れた。

１年夏に出場して注目を浴びて以来、甲子園に春夏合わせて４回出場。剛腕投手として注目を集めながら、サヨナラ負け２回を含め、満足のいく成績を残すことはできなかった。

卒業後は明大進学を強く希望していたが、秋のドラフト会議で中日が３位で指名してプロ入り。１年目から一軍で初勝利をあげ、リリーフ投手として活躍したが、血行障害に悩まされ、プロでもあまり活躍できなかった。'97年広島、'98年ヤクルトに移籍し、同年引退。プロ在籍11年間で、通算19勝21敗１Ｓをあげた。

【甲子園投手成績】（沖縄水産）

		対戦相手	回	安	振
1985夏	1	函館有斗高	1	1	0
	2	旭川龍谷高	未登板		
	3	鹿児島商工	2⅓	2	1
1986春	1	上宮高	8	6	10
1986夏	2	帯広三条高	8	6	10
	3	京都商	9	6	8
	準々	松山商	8⅓	14	3
1987夏	1	函館有斗高	9	5	12
	2	常総学院高	9	12	8

上村《うえむら》 敏正《としまさ》（浜松商）

浜松商業監督。1957年５月25日静岡県天竜市に生まれる。二俣中学から浜松商に入学。3年夏の県大会では背番号1のまま捕手としてプレーして話題になり、この年の夏甲子園にも出場した。甲子園では初戦の竜ヶ崎一高戦で6回に勝ち越しのレフトオーバー二塁打を放っている。

早大では準硬式に転じ、捕手、投手、外野手などポジションを転々としながら8シーズンで7回優勝、'79年には全日本メンバーに選ばれてブラジルに遠征している。'80年卒業と同時に浜松商業コーチとなり、翌'81年に県立御殿場高校の監督に就任した。御殿場高校は部員の確保にも苦労する状態で、3年間の監督在任中、公式戦では1勝もできなかったという。

'84年浜松商業に戻って監督に就任、猛練習で1年目から甲子園に出場。以後、3年連続して春夏いずれかの甲子園に出場している。なお、'84年夏だけは県大会を制した直後自らは部長登録に転じて、森下コーチが監督して出場している('85年選抜では監督登録)。

'97年に退任して三ヶ日青年の家に勤務したのち、浜松南高校の監督をつとめている。

主な教え子には、浜松商時代の佐野心(専修大－いすゞ自動車－中日)、大庭恵(駒沢大－JR東海)、加藤佳孝(専修大－JR東海)などがいる。

【甲子園打撃成績】(浜松商)

		対戦相手	打	安	点
1975夏	1	竜ヶ崎一高	5	2	2
	2	石川高	4	0	0
	3	天理高	4	1	0

【甲子園監督成績】(浜松商)

1985春	1	●	1－11	PL学園高
1986春	1	○	8－1	PL学園高
	2	●	1－2	広島工
1988夏	2	○	3－2	池田高
	3	○	4－3	拓大紅陵高
	準々	●	1－2	沖縄水産
1990春	1	○	10－7	鎮西高
	2	●	3－5	金沢高
1990夏	1	○	12－6	岡山城東高
	2	●	1－9	仙台育英高
1993春	1	○	6－3	知内高
	2	○	15－12	岩国高
	3	●	4－5	大宮東高

注)1984年夏は県大会終了後に部長登録に変更したため割愛

上村《うえむら》 恭生《やすお》(智弁学園高)

智弁学園高校で選手・監督として甲子園に出場、のち智弁和歌山高に転じて部長をつとめる。

1959年5月27日奈良県御所市に生まれる。智弁学園高校では高嶋仁監督の指導を受けて二塁手として活躍、'76年選抜と'77年春夏の3回甲子園に出場した。

'76年選抜では準々決勝の東洋大姫路高戦で代打として1回だけ打席に入り、ヒットを打った。

翌'77年は選抜では2番打者、夏は9番打者として出場した。

日体大でも3年からレギュラーとなり、ベストナインに2回選ばれる。リーグ優勝を3回、神宮大会でも優勝している。

'82年卒業と同時に母校・智弁学園高校に保健体育の教諭として赴任し、コーチに就任。'88年に監督となると、翌年の選抜に出場した。'95年夏には準々決勝でPL学園高を降してベスト4まで進んでいる。以後、7年間で甲子園に5回出場するなど、常連校として活躍したが、'98年夏には県大会決勝直後に腎臓疾患で倒れて救急車で運ばれ、集中治療室に入院したこともある。

2002年、兄弟校の智弁和歌山高校に転じ、恩師高嶋監督のもとで部長をつとめている。

主な教え子に、橋本一博(住友金属)、庄田隆広(明大－シダックス－阪神)、山本訓史(龍谷大)、秦裕二(横浜)らがいる。

【甲子園打撃成績】（智弁学園高）

		対戦相手	打	安	点
1976春	1	札幌商	未	出	場
	2	岡崎工	未	出	場
	準々	東洋大姫路高	1	1	0
1977春	1	土浦日大高	4	0	0
	2	銚子商	2	0	0
	準々	早実	2	0	0
	準決	箕島高	4	0	0
1977夏	1	星稜高	4	0	0
	2	川口工	4	2	1
	3	今治西高	3	0	0

【甲子園監督成績】（智弁学園高）

1989夏	1	○	6－1	新潟南高
	2	○	6－2	東京農大二高
	3	●	0－2	海星高
1990春	1	●	0－1	東北高
1993春	1	●	3－5	長崎日大高
1995夏	2	○	10－0	高岡商
	3	○	5－2	青森山田高
	準々	○	8－6	ＰＬ学園高
	準決	●	1－3	星稜高
1997夏	2	○	12－3	酒田南高
	3	●	1－6	前橋工
1998夏	1	○	6－2	滝川西高
	2	●	3－4	桜美林高
1999夏	2	○	9－2	県岐阜商
	3	●	5－9	桐蔭学園高
2001春	2	●	2－5	桐光学園高
2001夏	1	○	13－2	静岡市立高
	2	○	3－0	前橋工
	3	●	3－4	松山商

植村《うえむら》 義信《よしのぶ》（芦屋高）

1952年夏に全国制覇した芦屋高校のエース。

1935年1月5日兵庫県芦屋市に生まれる。芦屋中学時代は控え投手だった。芦屋高校に進学し、元プロ野球選手の古家武夫監督の指導を受けた。2年生の'51年夏にベスト8まで進み、以後3季連続して甲子園に出場。

'52年夏は2回戦の対新宮高戦、準々決勝の対柳井商工戦、準決勝の成田高戦と3試合連続完封。とくに柳井商工戦は1安打完封と完璧に抑えた。決勝では八尾高に9安打されたものの、1点に抑えて優勝した。

卒業後は毎日に入団。'57年3月30日対西鉄開幕戦では1試合71球の日本タイ記録をマークしている。'61年で引退、在籍9年間で74勝69敗の成績を残した。'84年日本ハム監督となるが、途中辞任。以後、阪急、ロッテ、巨人などのコーチを歴任した。

【甲子園投手成績】（芦屋高）

		対戦相手	回	安	振
1951夏	1	小倉高	9	2	9
	2	長崎西高	9	8	9
	準々	高松一高	9	10	8
1952春	1	松商学園高	9	5	＊
	2	平安高	9	6	＊
1952夏	1	山形南高	＊	＊	＊
	2	新宮高	9	4	7
	準々	柳井商工	9	1	10
	準決	成田高	9	6	6
	決勝	八尾高	9	9	3

注）1952年選抜の奪三振数は不明。夏の1回戦山形南高戦は継投のため、植村のみの記録は不明

浮貝《うきがい》 文夫《ふみお》（明治高）

明治高校黄金時代の小柄な左腕投手。

1935年4月17日生まれ。明治中学から明治高校に進学。168cmと小柄ながら、右の高松理とともに左右の2枚エースとして活躍。3年生となった1953年春の関東大会では決勝戦で桐生高に4－5と惜敗したものの準優勝。夏の東京都予選では決勝戦で荏原高を延長12回完封して甲子園に出場した。

甲子園の初戦は鹿児島の甲南高校を4安打で完封。熊本高、静岡商も降して準決勝まで

進んだ。
卒業後は明大でリリーフ投手として活躍、日本通運では都市対抗にも出場している。

【甲子園投手成績】（明治高）

		対戦相手	回	安	振
1953夏	1	甲南高	9	4	12
	2	熊本高	9	6	3
	準々	静岡商	9	5	4
	準決	松山商	8	10	4

宇佐美《うさみ》 秀文《ひでふみ》（今治西高ほか）

平成時代の愛媛県球界を代表する監督の一人。
1957年10月2日愛媛県今治市に生まれる。小学校3年で野球を始め、今治西高に進学。入学した年に春夏連続して甲子園に出場し、夏はベスト4まで進んだが、宇佐美自身は出場していない。2年秋には遊撃手で主将をつとめて四国大会に進んだものの、1回戦で高知高に敗退。高知高は翌年の選抜で優勝した。3年夏は県予選準決勝で新居浜商に敗れたが、同校は甲子園で準優勝するなど、強豪校に甲子園出場をはばまれた。
早大に進学、岡田彰布（阪神監督）と同期で、'78年秋、'79年春と東京6大学リーグで2連覇した。
'81年卒業と同時に帰郷して、川之江高に赴任。'82年夏にはコーチとして、翌'83年夏には監督として甲子園に出場した。
'85年新居浜東高監督に転勤。同校のこの年の新入部員はわずかに3名、グラウンドの石拾いから始めるという学校だったが、9年間の在籍期間中に春の県大会で2回準優勝するなど、実力校となっている。
'94年4月母校・今治西高に転じて監督に就任すると、翌'95年選抜ではベスト4まで進出。'99年選抜でも準決勝まで進んでいる。
主な教え子に、今治西高時代の藤井秀悟（早大－ヤクルト）、四之宮洋介（青山学院大）、福井芳郎（関西大－佐川急便）、曽我健太（龍谷大）などがいる。

【甲子園監督成績】（川之江高）

1983夏	1	○	3－0	日大山形高
	2	●	5－6	岐阜第一高

（今治西高）

1995春	1	○	1－0	富山商
	2	○	3－2	広島工
	準々	○	5－4	神港学園高
	準決	●	2－6	銚子商
1998春	2	○	14－2	東筑高
	3	●	1－2	関大一高
1999春	1	○	12－8	金足農
	2	○	7－3	高田高
	準々	○	8－5	日南学園高
	準決	●	3－11	水戸商
2000春	1	●	5－6	東海大相模高
2003夏	1	○	6－0	日大東北高
	2	●	3－4	倉敷工

氏家《うじいえ》 規夫《のりお》（青森山田高ほか）

仙台育英高・東陵高・青森山田高の監督を歴任。
1946年5月7日宮城県仙台市に生まれる。旧姓・金沢。東仙台中時代に仙台市の大会で優勝。当時はまだ甲子園未出場だった仙台育英高に進学、2年生で二塁手となって2番を打ち、'63年夏に甲子園初出場を果たした。翌年夏も甲子園に出場。
亜細亜大学でプレーしたのち、卒業後は会社勤務のかたわら東北学院大学の聴講生となって商業科教諭の資格を取得。'73年母校・仙台育英高校の監督に就任。
'85年、当時は全く無名だった東陵高校監督に就任、'88年には同校を甲子園に出場させた。
'96年8月には青森山田高監督に招聘され、'99年夏に甲子園の準々決勝まで進出して全国的に注目された。2002年、日大山形高校を長く率いた渋谷良弥に監督を譲って引退。

2004年、創部以来23年間で夏の県予選通算わずかに2勝、部員数は7人という宮城県立松山高校の監督に就任した。

仙台育英高で実績をあげながら、無名の東陵高に転じ、さらに甲子園に出場経験はあるものの全国的に無名だった青森山田高校を、一躍強豪校として認知させるなど、常に“一からつくる”ことを実践してきた。松山高監督の就任は、その究極の路線ともいえ、手腕が注目されている。

主な教え子に、仙台育英高時代の長島哲郎（東北福祉大－ロッテ）、大久保美智男（広島）、東陵高時代の井上純（横浜）、青森山田高時代の松野公介（日大）らがいる。

【甲子園打撃成績】（仙台育英高）

		対戦相手	打	安	点
1963夏	2	今治西高	4	1	0
1964夏	1	滝川高	3	0	0

【甲子園監督成績】（仙台育英高）

1973夏	2	●	0－3	鳥取西高
1975春	1	○	7－4	近大付高
	2	●	3－4	静岡商
1975夏	1	●	3－4	興国高
1977夏	1	●	1－5	高知高
1978夏	1	○	1－0	高松商
	2	○	4－1	所沢商
	3	●	2－4	高知商
1981夏	1	●	2－3	鹿児島実

（東陵高）

1988夏	1	●	2－3	福井商

（青森山田高）

1999夏	1	○	3－2	九州学院高
	2	○	9－3	東福岡高
	3	○	7－4	日田林工高
	準々	●	0－4	樟南高

牛島《うしじま》 和彦《かずひこ》（浪商高）

香川伸行（南海）とともに戦後を代表する強力バッテリーを組んだ浪商高の投手。

1961年4月13日奈良県北葛城郡河合町に生まれる。3歳の時に大阪府大東市北条に移り、小4で野球を始めた。大東四条中学に入学して投手となり、3年夏には完全試合も達成して注目を集める。

当時低迷していた名門浪商高（現在の大体大浪商高）に進学、名将・広瀬吉治監督の指導を受ける。ここで強打の香川伸行（のち南海）とバッテリーを組み、同校は一躍強豪校として復活した。

2年生の'78年選抜で甲子園復活を果たすと、翌'79年にはエースで5番を打って春夏連続出場。この年の選抜では、初戦で愛知高をわずか2安打に抑え、準々決勝では川之江高との延長13回の死闘を制し、準決勝では東洋大姫路高を降して決勝に進出。決勝では、箕島高の石井毅（西武）－嶋田宗彦（阪神）のバッテリーに敗れたが、準優勝を果たした。牛島は打者としても3番を打ち、牛島－香川－山本と続く打線は猛烈な破壊力を誇っていた。

夏は初戦で上尾高と対戦。仁村徹投手（東洋大－中日－ロッテ）との投手戦となるが、初回にタイムリーヒットで1点を失うと、6回には2死三塁から仁村に二塁手を強襲する当たり（記録はエラー）を打たれて2点目を奪われた。そのまま0－2で迎えた9回表、2死一塁でで打席に入ると、仁村の2球目をフルスイング。打球はレフトポール際に飛び込む同点2ランホームランとなった。結局、11回を5安打に抑えて完封勝ち。2回戦では倉敷商を7安打で連続完封。3回戦の広島商戦では、初回に2安打されて1点を失ったが、以後8イニングを2安打に抑えて完勝した。準々決勝の比叡山高戦では大量リードを奪ったため、6回で山脇光治（阪神）にスイッチしてレフトの守備に入った。準決勝では池田高と対戦、橋川投手との投手戦となった。7

回にライト前ヒットで出たランナーが、ライトの悪送球と、捕手からの牽制に守備陣が反応しないというミスが出て三塁に進み、次打者のタイムリーヒットで先制点を許した。さらに9回にも1点を追加されて敗れた。

同年秋のドラフト会議では中日が1位で指名してプロ入り。2年目の'81年に中継ぎ投手として早くも一軍に定着、翌年からリリーフエースとなり、以後セリーグを代表するリリーフ投手として活躍した。'86年オフ、落合博満とのトレードでロッテに移籍。'89年からは先発投手としても活躍した。'93年に現役引退。プロ通算53勝64敗126S。

甲子園で活躍した好投手は数多いが、バッテリー揃って好選手であることはそれほど多くない。香川と組んだバッテリーは、選抜の決勝で対戦した箕島高校の石井－嶋田のバッテリーとともに、戦後を代表するものである。

【甲子園投手成績】（浪商高）

		対戦相手	回	安	振
1978春	1	高松商	8	9	6
1979春	1	愛知高	9	2	8
	2	高知商	9	6	8
	準々	川之江高	13	9	11
	準決	東洋大姫路高	9	6	8
	決勝	箕島高	8	13	4
1979夏	1	上尾高	11	5	12
	2	倉敷商	9	7	11
	3	広島商	9	4	11
	準々	比叡山高	6	3	8
	準決	池田高	9	9	6

臼《うす》井《い》 敏《とし》夫《お》（岡山南高）

岡山南高校野球部育ての親。

1931年岡山県に生まれる。旧制岡山一中（現・岡山朝日高校）時代に野球経験はなかったが、岡山大学に進学して硬式野球部に入った。ただし、在学中はほとんど球拾いだったという。卒業後は地元で中学教諭となり、桑田中学時代には野球部監督として県大会で6回の優勝を飾っている。

1972年8月に岡山南高に日本史教諭として赴任して監督に就任した。当時の同校は商業・家政系の実業校で生徒の四分の三が女子生徒ということもあり、部員数わずか10人しかおらず、試合するのもままならない状況だった。臼井は就任と同時に再建に乗り出し、5年目の'76年秋には中国大会で優勝、翌年の選抜で甲子園に初出場を果たした。しかも、いきなり準決勝まで進出して注目を集めた。練習時間のほとんどを打撃練習に費やすという攻撃的な野球に徹して、以後'87年までの11年間に8回甲子園に出場するなど、同校を一躍岡山県を代表する強豪校に育て上げている。

主な教え子には、川相昌弘（巨人ー中日）、本間立彦（日本ハム）、横谷総一（阪神）、坊西浩嗣（三菱重工三原－ダイエー）、難波幸治（日本ハム）など、打者として活躍した選手が多い。

【甲子園監督成績】（岡山南高）

1977春	1	○	7－4	丸子実高
	2	○	4－3	滝川高
	準々	○	2－1	丸亀商
	準決	●	1－4	中村高
1981夏	1	●	0－4	宇都宮学園高
1982春	1	○	3－2	北海高
	2	●	0－3	早実
1983夏	1	○	4－2	相可高
	2	●	3－8	中京高
1984夏	2	○	7－1	日大山形高
	3	○	5－2	東北高
	準々	●	2－5	鎮西高
1985夏	2	●	2－11	東海大甲府高
1986春	1	○	6－3	東邦高
	2	○	7－1	秋田高
	準々	○	6－3	上宮高
	準決	●	2－8	池田高
1987春	1	●	4－5	熊本工

卯滝《うだき》 逸夫《いつお》（鳥羽高ほか）

戦後の京都府高校野球界を代表する名監督の一人。

1949年京都府京北町に生まれる。北桑田高ではエースとして活躍。中京大学を経て、'77年に北嵯峨高に保健体育科の教諭として赴任し、監督に就任した。当時の北嵯峨高は創部3年目で全く無名の高校だったが、卯滝の就任とともに急速に力をつけ、'86年には府大会で準優勝。翌'87年夏には甲子園に初出場を果たし、準々決勝まで進んだ。以後、'96年までの10年間に春2回、夏3回の計5回甲子園に出場した。

'97年、府立鳥羽高に転じて監督に就任。同校は旧制京都二中の流れを汲む名門校で、鳥羽高としても甲子園にあと一歩というところまできている学校であった。ここでも就任2年目の'98年には府大会決勝まで進出。2000年選抜で前身の京都二中以来、53年振りの甲子園出場を果たし、いきなり準決勝まで進んでいる。

主な教え子には、北嵯峨高時代に前川宏文（三菱自動車京都）、森憲久（三菱自動車京都）、細見和史（同志社大ー横浜）、山田秋親（立命館大ーダイエー）、鳥羽高時代に谷口豊（同志社大）、近沢昌志（近鉄）などがいる。

【甲子園成績監督】（北嵯峨高）

1987夏	2	○	4－3	秋田経法大付高
	3	○	3－2	東海大山形高
	準々	●	0－3	東亜学園高
1990春	1	●	2－3	玉野光南高
1991夏	2	●	3－4	秋田高
1993春	2	●	3－4	世田谷学園高
1996夏	2	●	1－3	横浜高

（鳥羽高）

2000春	1	○	7－2	埼玉栄高
	2	○	8－6	長野商
	準々	○	12－5	明徳義塾高
	準決	●	1－11	東海大相模高
2000夏	2	○	5－1	桐生第一高
	3	●	1－2	横浜高
2001春	2	●	2－3	関西高

内川《うちかわ》 留治《とめじ》（新潟商）

戦前の新潟県中等学校球界を代表する選手。のち阿部姓。

1908年新潟市に生まれる。新潟商に入学し、1923年夏の甲子園には捕手4番を打って出場し、強打者として知られた。

'26年夏には一塁手で主将として出場、初戦の千葉師範戦ではリリーフ投手としてマウンドにも登っている。

'27年卒業して早大に進学、東京6大学では一塁手として活躍した。故人。

【甲子園打撃成績】（新潟商）

		対戦相手	打	安	点
1923夏	1	明星商	3	2	0
	2	広陵中	4	1	1
1926夏	2	千葉師範	5	2	0
	準々	高松中	3	1	0

内之倉《うちのくら》 隆志《たかし》（鹿児島実）

1990年夏の甲子園で3試合連続ホームランを打った鹿児島実業の強打者。

1972年4月30日鹿児島県鹿児島市に生まれる。天保山中学3年の時に少年野球の全日本チームで3番・レフトとなり、サンディエゴでの世界大会に出場。鹿児島実業に進学し、1年生5月の九州大会では早くも4番を打って注目された。2年生秋の九州大会では自ら登板し、決勝戦の対日田林工戦では完投勝ちで優勝投手となり、投手もつとめる強打者として全国的にその名が知られた。

翌'90年三塁手として春夏連続して甲子園に出場。選抜では強打者として警戒され、2回戦の川西緑台高戦では3四球。準々決勝の東海大甲府高戦では３打数３安打を記録したが敗れた。

春の九州大会では４試合で５本塁打を打って、強打者ぶりをアピール。夏の甲子園でも初戦の日大山形高戦で３ランホームラン。高知商戦で３安打を放つと、３回戦の松山商戦では７回に右中間スタンドへ逆転３ランホームラン。準々決勝の西日本短大附属高戦でも３本目のホームランを打っている。高校通算本塁打は39本。

同年秋のドラフト会議ではダイエーが内野手として２位で指名してプロ入り。１年目に７試合に出場したあとはファーム暮しが長く、'94年捕手に転向したが、結局一軍では活躍できなかった。2002年に現役引退。

【甲子園打撃成績】（鹿児島実）

		対戦相手	打	安	点
1990春	1	秋田経法大付高	5	1	1
	2	川西緑台高	2	0	0
	準々	東海大甲府高	3	3	0
1990夏	1	日大山形高	4	2	4
	2	高知商	5	3	1
	3	松山商	3	1	3
	準々	西日本短大付高	3	1	1

内山《うちやま》 秀利《ひでとし》（浜松工）

浜松工を甲子園に復活させた監督。

1953年８月15日静岡県天竜市に生まれる。浜松商では捕手として活躍。専修大ではほとんど代打として出場した。

'76年卒業と同時に母校。浜松商の非常勤講師となり、コーチに就任。'78年選抜での全国制覇に貢献した。その後、下田南高監督となり、三ヶ日高監督を経て、'89年４月浜松工監督に就任。'94年夏に同校を26年振りに甲子園に出場させた。以後、４年間で春夏合わせて４回甲子園に出場を果たしている。2003年４月気賀高校監督となる。

主な教え子に、浜松工時代の伊藤幸広（専修大）がいる。

【甲子園監督成績】（浜松工）

1994夏	1	●	2－6	佐賀商
1996春	1	○	6－5	太田市商
	2	●	4－6	明徳義塾高
1997春	1	○	2－0	前橋商
	2	●	0－7	天理高
1997夏	1	○	4－2	鹿児島実
	2	○	11－5	報徳学園高
	3	●	2－3	平安高

梅谷《うめたに》 馨《かおる》（東洋大姫路高）

1977年夏に全国制覇した東洋大姫路高校の監督。

1941年島根県に生まれる。益田産業に進学し、２年生の'58年夏に控えの三塁手として甲子園に出場した（試合には出ていない）。卒業後は姫路市の山陽特殊鋼に入社して三塁手で５番を打ち、産別大会で優勝。

'63年９月に創部直後の東洋大姫路高に招聘されて監督に就任、'69年夏には甲子園に初出場を果たした。その後、いったん監督を退いて田中治監督のもとで副部長となり、田中が投手を梅谷が野手を指導するという、二人体制を敷いて、'72年から３年連続して夏の甲子園に出場。

'75年田中監督が体調をくずしたために監督に復帰、翌'76年選抜でベスト４まで進むと、'77年夏には全国制覇を達成した。'79年選抜と'82年夏にもベスト４まで進むなど、同校の黄金時代を築いた。'87年夏で監督を退いて副部長となる。

主な教え子には、弓岡敬二郎（新日鉄広畑－阪急）、松本正志（阪急）、宮本賢治（亜細亜大－ヤクルト）、安井浩二（明大）、山口敏弘（東洋大－三菱重工神戸監督）、豊田次郎（川崎製鉄神戸－オリックス）、長谷川滋利（立命館大－オリックス－大リーグ）、嶋尾康史（阪神）らがいる。

【甲子園監督成績】（東洋大姫路高）

1969夏	1	●	1－3	日大一高
1976春	1	○	7－4	県岐阜商
	2	○	4－3	習志野高
	準々	○	11－3	智弁学園高
	準決	●	0－1	小山高
1977夏	2	○	4－0	千葉商
	3	○	5－0	浜田高
	準々	○	8－3	豊見城高
	準決	○	1－0	今治西高
	決勝	○	4－1	東邦高
1979春	1	○	6－1	修徳高
	2	○	12－6	大分商
	準々	○	8－7	池田高
	準決	●	3－5	浪商高
1982夏	2	○	4－0	県岐阜商
	3	○	4－2	法政二高
	準々	○	7－3	熊本工
	準決	●	3－4	池田高
1985春	1	●	3－9	津久見高
1985夏	1	○	3－0	高岡商
	2	○	12－3	立教高
	3	●	1－4	東北高
1986夏	2	○	10－4	学法石川高
	3	○	1－0	拓大紅陵高
	準々	●	1－3	鹿児島商

浦《うら》野《の》 隆《たか》夫《お》（大分商）

1938年夏の甲子園でノーヒットノーランを達成した大分商の投手。

大分商でエースとして活躍、'35年エースで８番を打って春夏連続して甲子園に出場。選抜の初戦では海草中を５安打に抑え、９回裏に逆転サヨナラ勝ち。２回戦では東邦商を４安打に抑えながら、７つのエラーが出て敗れた。夏は２回戦の千葉中戦で先発してすぐに降板しただけで、残りの２試合には登板しなかった。

'38年夏にも出場して１回戦で台北一中と対戦し、ノーヒットノーランを達成している。

【甲子園投手成績】（大分商）

		対戦相手	回	安	振
1935春	1	海草中	9	5	4
	2	東邦商	8	4	2
1935夏	1	北海中	未　登　板		
	2	千葉中	*	*	*
	準々	育英商	未　登　板		
1938夏	1	台北一中	9	0	2
	2	平安中	9	6	5

注）1935年夏の２回戦は継投のため、浦野のみの詳細な成績は不明

え

江上《えがみ》 光治《みつはる》（池田高）

1982年夏から猛打で夏春連覇を達成した池田高校の中軸打者。

1965年4月3日徳島県鴨島町に生まれる。鴨島一中を経て、池田高に進学。2年生の'82年夏にライトで3番を打ち、4番畠山、5番水野とともに甲子園に出場。準々決勝の早実戦では荒木大輔投手からホームランも打ち、全国制覇を達成した。翌年には三塁手に転じて、水野とともに3・4番を打ち、夏春連覇を達成。同年夏も準決勝まで進出した。

卒業後は早大に進学したが、2年の時に指を骨折、さらに肩を痛めたため、レギュラーとなったのは3年秋のシーズンだった。4年では主将をつとめた。'88年日本生命に入社。現役引退後はマネージャーを経て、'98年コーチとなる。

【甲子園打撃成績】（池田高）

		対戦相手	打	安	点
1982夏	1	静岡高	4	1	2
	2	日大二高	4	1	0
	3	都城高	5	0	0
	準々	早実	4	3	3
	準決	東洋大姫路高	4	2	0
	決勝	広島商	4	3	0
1983春	1	帝京高	2	2	0
	2	岐阜一高	5	2	0
	準々	大社高	5	4	1
	準決	明徳高	4	0	0
	決勝	横浜商	4	2	1
1983夏	1	太田工	4	1	0
	2	高鍋高	6	2	0
	3	広島商	4	0	0
	準々	中京高	3	0	0
	準決	ＰＬ学園高	4	2	0

江川《えがわ》 卓《すぐる》（作新学院高）

戦後の甲子園を代表する名投手。

1955年5月25日福島県いわき市好間町に生まれ、父の仕事の関係で各地を転々とした。4歳の時から父の手ほどきを受け、静岡県の佐久間中で野球部に入部。2年の時に栃木県の小山中に転校して投手となる。

作新学院高では1年夏の県大会準々決勝の対烏山高戦で栃木県史上初の完全試合を達成したが、準決勝で敗れた。2年夏は初戦の大田原高をノーヒットノーラン、3回戦の石橋高を完全試合、準々決勝の栃木工をノーヒットノーランと完璧なピッチングを披露したが、準決勝の小山高戦で延長10回スクイズで1点をとられて敗れた。同年秋に県大会、関東大会を無失点で制して、翌'73年の選抜で甲子園に初めて出場した。

選抜の初戦の対北陽高戦では19三振を奪い、打球が前に飛んだだけで拍手がわくという快投を披露。続く小倉南高戦は、7イニングで10奪三振、準々決勝の対今治西高戦も1安打20奪三振と、全く打者をよせつけない完璧なピッチングで勝ち進み、「怪物」の名をほしいままにした。しかし、準決勝で広島商と対戦、死球を恐れない広島商の捨て身の打法に苦しみ、8回のダブルスチールで敗れた。敗れはしたが、この試合でも広島商には2安打しかされていない。結局、この大会で4試合を戦って、打たれたヒットはわずかに8本、奪った三振は60にも及ぶ。

同年夏の県大会でも、初戦の真岡工と3回戦の氏家高を2試合連続ノーヒットノーラン、決勝の宇都宮東高もノーヒットノーランに抑えて甲子園に春夏連続出場した。甲子園では初戦で柳川商と対戦、プッシュ打法と5人内野の守備に苦しみながらも、延長15回の末に振り切って勝ったが、2回戦の対銚子商戦では延長12回の末、雨の中押出し死球で敗退した。江川投手は公式戦だけで、ノーヒットノーラン7回、完全試合２回を達成している。高校時代の公式戦通算記録は33勝６敗、20完封、防御率0.41という驚異的な数字で、投球回354で、531奪三振を数える。

甲子園には数多くの名投手が出場したが、その中でも江川は別格の存在である。成績では江川以上のものを残している桑田真澄（PL学園高）や松坂大輔（横浜高）の場合でも、対戦する相手チームの監督は、「いかにして打ち崩すか」を考えたのに対し、江川と対戦した相手チームの監督は、「江川を打てるわけがない。いかにして打たずして勝つか」を考えたのである。実際、県大会も含めて、負けた試合でもほとんど打ち込まれたことはない。

高３秋のドラフト会議では阪急から１位指名されたが拒否、慶大受験に失敗して法政大に進学。東京６大学でも在学中４連覇を達成、東京６大学記録の17完封、歴代２位の通算47勝をマーク。４年秋にはクラウンの１位指名を拒否して、米・南加大に野球留学。翌'78年ドラフト前日の11月21日、いわゆる“空白の一日”に巨人と入団契約をかわしてプロ入りした。以後、巨人のエースとして活躍した。引退後はタレントとしても活躍、ワイン通としても知られ、著書「夢ワイン」はベストセラーとなっている。

【甲子園投手成績】（作新学院高）

		対戦相手	回	安	振
1973春	1	北陽高	9	4	19
	2	小倉南高	7	1	10
	準々	今治西高	9	1	20
	準決	広島商	8	2	11
1973夏	1	柳川商	15	7	23
	2	銚子商	$11\frac{1}{3}$	11	9

恵美《えみ》 英志《ひさし》

宮城県高野連の功労者。1927年９月16日宮城県に生まれる。仙台高校で野球部長などをつとめたのち、1960年宮城県高野連理事長に就任。以来'88年に退任するまで、28年間にわたってつとめ、宮城県のみならず、東北地区の高校野球の基盤整備に力を尽くした。日本高野連理事もつとめた。'88年には宮城県教育功労者表彰も受けている。'89年10月14日がん性腹膜炎のため、62歳で死去。

円光寺《えんこうじ》 芳光《よしみつ》（広島商）

1957年夏に全国制覇した広島商の監督。

1924年米国オレゴン州に日系米国人として生まれる。小学校１年の時に兄とともに父の故郷広島市の小学校に転校。当時の日系人の間では、子供の教育は日本で受けさせるのはとくに珍しいことではなかった。広島商に進学して野球部で活躍、'42年の“幻の甲子園”に出場している。

戦時中に兄は帰国したが、芳光はそのままとどまり、戦後、1957年に母校・広島商の監督に就任。同年夏に甲子園に出場して戦後初勝利をあげると、そのまま戦後初優勝を達成した。

その後は、広島市内でおでん屋を経営していたが、'91年12月20日交通事故のため67歳で死去した。

主な教え子に、曽根弘信（慶大－東芝）、益井勝彦（法政大－いすゞ自動車）、迫田穆成（広島商監督－如水館高監督）、松村正晴（駒沢大－巨人－東映）らがいる。

【甲子園監督成績】（広島商）

1957夏	2	○	5－4	育英高
	準々	○	5－0	上田松尾高
	準決	○	6－3	戸畑高
	決勝	○	3－1	法政二高

お

王《おう》 貞治《さだはる》（早実）

日本を代表するホームランバッターだが、高校時代は選抜で優勝、夏の大会ではノーヒットノーランも記録した名投手の一人である。

1940年５月20日東京市向島区吾嬬町西６丁目（現・墨田区八広４丁目）の中華料理店「五十番」の次男に生まれる。兄１人、姉２人の末っ子で、双子の姉広子がいた（広子は１歳３ヶ月で死去）。生まれたときは半ば仮死状態だったという。'45年３月の東京大空襲で店が焼け、翌年暮に業平橋２丁目に転じた。生家はのちに京成線八広駅前に移転、いとこが「洋食５０ＢＡＮ」として経営している。

業平小３年の時、10歳年上の兄の練習について行くようになり、４年の時に少年野球チームを結成、エースで4番となる。当時は左投げ右打ち。５年の時に初めて後楽園球場でプロ野球を観戦、唯一与那嶺要選手だけがサインを書いてくれたことに感動、のちにプロ入りしてからも子供のサインには必ず応じた。

本所中で野球部に入るが、間もなく部が解散、２年からは陸上部に籍を置くかたわら、厩橋４丁目の一般のチームに参加、中学生ながら投手で5番打者をつとめる。また、当時慶大医学部の学生で野球部員でもあった兄に連れられて慶大の合宿にも参加したという。この年の11月、台東区今戸のグラウンドでの試合終了後、たまたま通りかかった荒川博（当時毎日）に左打ちを勧められ左打者に転向した。

卒業後早実に進学、１年夏には背番号10ながらレフト兼控え投手となり、東京都予選の対学習院高戦ではノーヒットノーランも記録、甲子園にも出場した。

甲子園初戦の新宮高戦ではレフトで５番を打って先発出場。９回表無死一二塁から、バントを内野安打にして、逆転の口火を切った。２回戦の岐阜商戦では先発したが、先頭打者からいきなり３連続四球を出すなど荒れ気味で、３回途中で降板。しかしリリーフしたエースの大井も不調で、４回に長短４安打にエラーも加わって一挙に5失点。そのため5回から再登板したが、結局、岐阜商に打たれたヒットは3本にすぎなかった。この試合、自ら８回に右中間を破る三塁打を放っている。

１年秋にはエースで４番となり、翌'57年の選抜に出場。初戦の寝屋川高は１安打完封。続く、準々決勝の柳井高、準決勝の久留米商と３試合連続完封したが、爪が割れ苦しい投球になっていた。決勝戦では高知商と対戦、終盤の追い上げで苦しい展開となり、なんとか５－３で逃げ切り初優勝を達成。優勝旗が箱根の関を越えたのは初めてであった。

夏の甲子園では初戦で再び寝屋川高と対戦。島崎投手との厳しい投手戦となった。９回を終わって王は寝屋川高打線を無安打に抑えていたが、早実打線も得点をあげることができず延長戦となった。11回表、犠牲フライで勝ち越すと、その裏を三者凡退に抑え、延長戦ノーヒットノーランを達成した。

２年秋の東京都大会では３回戦の対本郷高戦で完全試合を達成。決勝戦では明治高を破って、翌年の選抜に出場。４大会連続の甲子園出場となった。初戦では御所実業に４－３と辛勝。２回戦の済々黌戦では２試合連続ホームランを打ったものの、11安打されて８回途中で降板した。

夏の東京都大会では決勝で再び明治高と対戦。１－１で延長戦となったあと、12回表に一挙に４点をあげて５－１とリードした。しかし、その裏１死満塁とされた後に押し出しの四球を与えて１点。代わった河原田も打たれて５－５の同点となり、再び王がマウンドに戻ったものの、次打者に左中間に打たれて大逆転を喫し、５大会連続の甲子園出場はならなかった。当初大学進学を目指していた王が早実から直接プロ入りしたのは、最後の夏の大会の大逆転が理由だといわれている。

大会後、巨人・阪神などの激しい争奪戦の結果、巨人に入団して一塁手に転向。オープン戦で一軍入りし、開幕戦にも７番打者で出場。26打席無安打とデビューはよくなかったが、４月26日対国鉄第２試合で村田投手から初本塁打を記録。'62年毎日を退団して巨人の打撃コーチとなった荒川の指導で一本足打法を会得。この年初めて本塁打王を獲得すると、'77年まで15回本塁打王を獲得し、この間'64年には１シーズン55本塁打の日本記録を樹立、'73年からは２年連続三冠王に輝いた。また、巨人の９連覇の原動力となり、長島とともに人気を二分した。'77年にはハンク・アーロンのもつ755本塁打の大リーグ記録を破り、国民栄誉賞を受賞。３割13回、40本塁打13回、100打点を14回マークした。'80年現役引退。プロ通算22年で、打率.301、868本塁打、2170打点を記録。ＭＶＰに９回、ベストナインに18回選ばれている。'84年から５年間巨人の監督をつとめ、'87年セリーグ優勝。'95年にはダイエー監督に転じ、'99年から２連覇を達成。'94年には殿堂入りしている。

【甲子園投手成績】（早実）

		対戦相手	回	安	振
1956夏	1	新宮高	未	登	板
	2	岐阜商	$7\frac{2}{3}$	3	5
1957春	2	寝屋川高	9	1	10
	準々	柳井高	9	5	11
	準決	久留米商	9	4	6
	決勝	高知商	9	6	7
1957夏	2	寝屋川高	11	0	8
	準々	法政二高	8	5	6
1958春	2	御所実	9	5	5
	準々	済々黌高	$7\frac{2}{3}$	11	3

【甲子園打撃成績】（早実）

		対戦相手	打	安	点
1956夏	1	新宮高	4	1	0
	2	県岐阜商	2	1	0
1957春	2	寝屋川高	4	0	0
	準々	柳井高	4	2	2
	準決	久留米商	5	1	2
	決勝	高知商	3	1	1
1957夏	2	寝屋川高	3	0	0
	準々	法政二高	2	1	0
1958春	2	御所実	4	1	2
	準々	済々黌高	3	2	2

応武《おうたけ》 篤良《あつよし》（崇徳高）

1976年選抜で優勝した崇徳高校の強打の捕手。

1958年５月12日広島県に生まれる。崇徳高で捕手として活躍、黒田真二（日本鋼管福山－リッカー－ヤクルト）とバッテリーを組んで５番を打ち、'76年春夏連続して甲子園に出場した。選抜では、黒田が不調だった初戦を除いて圧勝で勝ち進み、選抜初出場で初優勝を達成した。夏は３回戦で海星高の剛腕・酒井に２安打完封され敗れた。

夏は負けたにもかかわらず、このチームは、作新学院高、箕島高、PL学園高、横浜高など春夏連覇したチームとともに、甲子園史上最強との呼び声も高い。その理由は、負けた相手が甲子園史上に残る剛腕投手だったことと、チームから黒田、山崎隆造（広島）、小川達明（広島）とプロ野球選手が輩出したことである。そうした中、プロ入りした彼らを抑えてチーム一との評価を得ていたのが、捕手の応武であった。

同年秋のドラフト会議では近鉄から３位指名されたが、拒否して早大に進学。２年秋と３年春にリーグ優勝。'81年新日鉄広畑に入社し、中心選手として９年間プレー、この間、'88年にはソウル五輪に出場した。'94年８月新日鉄君津の監督に就任した。

【甲子園打撃成績】(崇徳高)

		対戦相手	打	安	点
1976春	1	高松商	3	0	0
	2	鉾田一高	4	1	1
	準々	福井高	5	1	0
	準決	日田林工	4	0	0
	決勝	小山高	4	1	0
1976夏	2	東海大四高	4	1	0
	3	海星高	2	0	0

大河《おおかわ》 賢《けん》二《じ》郎《ろう》 (尽誠学園高)

尽誠学園高校を強豪に育てた監督。

1945年10月24日香川県高松市に生まれる。亀阜小を経て、紫雲中では三塁手で1番を打つ。高松高校定時制に進学、1年秋から内野手のレギュラーとなり、2年夏には北四国大会準決勝まで進んだ。卒業後、専修大学のセレクションには合格していたが、家庭の事情で進学できず、当時は関西6大学の下部リーグだった阪神リーグの大阪商大に進んだ。

'69年に卒業後は兵庫県高砂市の鐘淵化学に入社、外野手として5年間プレーし都市対抗に出場。'74年から4年間監督をつとめ、この間に都市対抗に2回出場し、'75年には日本選手権で初優勝を果たした。

'79年5月野球部の本格的な強化に乗り出した尽誠学園高校に招聘されて、系列の香川短大の事務職員に転じ、同校監督に就任。'82年秋の四国大会で準優勝して、翌'83年の選抜で甲子園初出場を果たした。以後、関西からの野球留学生を積極的に受け入れて甲子園の常連校になり、'89年夏と'92年夏にはベスト4まで進んでいる。'98年に辞任、その後は松阪大学でコーチをつとめている。

教え子にはプロで活躍した選手も多く、伊良部秀輝(ロッテ-ヤンキース-エキスポス-阪神)、宮地克彦(西武)、谷佳知(大阪商大-三菱重工岡崎-オリックス)、佐伯貴弘(大阪商大-横浜)、渡辺隆文(大阪府立大)らがいる。

【甲子園監督成績】(尽誠学園高)

1983春	1	●	3-5	岐阜第一高
1986夏	1	●	6-7	東海大四高
1987夏	2	○	5-2	浦和学院高
	3	●	0-6	常総学院高
1989春	1	●	0-1	広島工
1989夏	1	○	10-0	帯広北高
	2	○	3-1	宇和島東高
	3	○	3-1	神戸弘陵高
	準々	○	4-0	倉敷商
	準決	●	2-3	仙台育英高
1991春	1	●	3-10	春日部共栄高
1992夏	1	○	1-0	帝京高
	2	○	7-0	能代高
	3	○	7-2	宇都宮南高
	準々	○	5-0	広島工
	準決	●	4-5	拓大紅陵高
1994春	1	●	4-10	日大三高

大越《おおこし》 基《もとい》 (仙台育英高)

1989年夏に東北初の全国制覇まであと一歩と迫った仙台育英高校のエース。

1971年5月20宮城県七ヶ浜町に生まれる。七ヶ浜亦楽小2年で野球を始めたのち青森県八戸市に転じ、八戸二中時代は青森県を代表する投手となった。当時、青森県には全国的な強豪校がなかったため、生地にも近い宮城県の仙台育英高に進学。

1年夏には控え投手兼代打として登録され、東北高校に敗れた県大会決勝では代打として1打席だけ試合に出場している。

秋の新チーム結成でエースとなって東北大会に出場。しかし、無名の福島北高校に敗れて選抜には出場できなかった。

2年春には県大会を制したが、東北大会準決勝の安積商戦で右肩を痛め、夏の県大会では背番号10となり、県大会準決勝で東陵高校に敗れた。

同年秋にはエースに復帰し、東北大会を圧勝で制して、翌年の選抜で念願の甲子園に出場。選抜の初戦の小松島西高戦ではエースながら１番を打ち、５回までノーヒットに抑える好投で勝利。２回戦の尼崎北高戦では５番に入って２安打、投げては２試合連続して２桁奪三振を記録。しかし、準々決勝で上宮高に10安打を浴びて完敗した。この試合、元木大介（巨人）にホームランも打たれている。

夏の県大会では準決勝・決勝と10点差以上つけて完封勝ちし、春夏連続して甲子園に出場。自ら注目の投手としてあげられる一方、チームも優勝候補の一角に入り、東北初の全国制覇の期待も高まった。

甲子園ではエースで３番を打ち、初戦の鹿児島商工戦では11安打を浴びて辛勝。試合後、宿舎で竹田監督から名指しで叱責されたという。続く京都西高戦では８回表までノーヒットノーランに抑える完璧な投球で、結局１安打で完封した。３回戦の弘前工戦は投手戦となったが、８回裏に自らレフトスタンドにホームランを打ち込んで勝負を決めた。準々決勝では選抜で敗れた上宮高と対戦、９安打されながらも２点に抑えも10－２と大勝。準決勝の尽誠学園高戦では９回２死三塁から、谷佳知（オリックス）に投げた内角の球が大きくはずれてパスボールとなって同点に追いつかれ、10回に自らのタイムリーで勝ち越して辛勝するなど、投げるだけではなく、打者としても活躍した。決勝では帝京高校と対戦、吉岡投手との投手戦となり、０－０のまま延長戦に入った。しかし、延長10回についに力尽きて２点をとられ、東北初の全国制覇の夢は達成することができなかった。この時に肘の状態はかなり悪かったという。

卒業後は早大に進学し、１年春に３勝をあげてリーグ優勝にも貢献したが、２年で中退。'92年渡米して１Ａサリナスに入団。同年秋にはダイエーからドラフト１位で指名されてプロ入りした。'94年一軍に上がった後、'96年外野手に転じ、2003年に引退した。

【甲子園投手成績】（仙台育英高）

		対戦相手	回	安	振
1989春	1	小松島西高	9	6	13
	2	尼崎北高	9	5	12
	準々	上宮高	9	10	3
1989夏	1	鹿児島商工	9	11	7
	2	京都西高	9	1	7
	3	弘前工	9	7	11
	準々	上宮高	9	9	6
	準決	尽誠学園高	10	8	8
	決勝	帝京高	10	7	8

【甲子園打撃成績】（仙台育英高）

		対戦相手	打	安	点
1989春	1	小松島西高	5	0	0
	2	尼崎北高	4	2	0
	準々	上宮高	3	0	0
1989夏	1	鹿児島商工	3	0	1
	2	京都西高	4	0	0
	3	弘前工	4	1	1
	準々	上宮高	5	2	2
	準決	尽誠学園高	5	2	2
	決勝	帝京高	5	3	0

大下《おおした》 常吉《つねきち》（八戸高）

青森県高校野球界の功労者。

1898年５月19日青森県八戸市鍛冶町に生まれる。元は市蔵といったが、12歳で伯父・常吉の相続人となり、常吉を襲名した。

八戸中学では相撲や柔道の選手として活躍するかたわら野球の試合にも左腕投手として出場。早大に進学して野球に専念、この時、青森と東京の野球レベルの違いを痛感したという。２年秋から外野手のレギュラーとして活躍し、首位打者も獲得した。この間、暇を見つけては帰郷して母校・八戸中学を指導、'26年夏には甲子園出場を果たした。以後、'28年、'30年と出場して、東北を代表する強豪となった。なお、当時は早大に在学中だったため、監督としては登録していない。

ちなみに、'28年と'30年のチームでエースをつとめた大下健一は実弟である。
'30年秋には早大監督に就任するが、'33年秋の早慶戦での「リンゴ事件」の責任をとって辞任した。その後は、社会人野球の監督などをつとめた。'45年6月、疎開を兼ねて八戸に帰郷、そのまま戦後も八戸に住んだ。'49年には母校の監督に正式に就任、野球づけの生活を送った。'72年1月14日に73歳で死去。20日、小雪の降る中で行われた葬儀には1000人を超す市民が参列した。甲子園にこそ直接出場していないものの、青森県高校野球界最大の功労者である。

大島《おおしま》 信《のぶ》雄《お》 (岐阜商)

1939年から2年連続して選抜の決勝まで進んだ岐阜商のエース。
1921年10月2日愛知県一宮市に生まれる。岐阜商に進学して1年の'36年夏には補欠ながら甲子園に出場して全国制覇したが、この大会では1試合も出場しなかった。翌'37年の選抜では準々決勝の東邦商戦で3回からロングリリーフして甲子園初登板。
翌'38年選抜では2年上の野村清(のち武史，明大－全京城－毎日)とダブルエースとして活躍、ベスト4まで進んだ。
夏は松本商戦と下関商戦には登板せず、準決勝の甲陽中戦で3回からロングリリーフした。決勝の平安中戦では先発し、9回まで1－0とリードしていたが、2四球がきっかけで逆転サヨナラ負けして準優勝となった。この試合、9回裏の守りでマウンドに立った時、閉会式の準備で優勝旗や盾が目に入ったのが理由だという。
'39年選抜からはエースとなり、初戦の下関商を3安打、準々決勝の平安中は2安打に抑える好投を見せて準優勝。夏は東海予選で東邦商に敗れた。
最上級生となった'40年はエースで4番を打った。選抜では、初戦で日新商を1安打12奪三振で完封すると、4試合すべて完封で優勝。決勝の京都商も1安打に抑え、結局4試合すべて合わせても計8安打しか打たれないという完璧なピッチングだった。この年は春夏連覇の期待がかかったが、東海予選で中京商に敗れ、甲子園出場を逃している。なお、夏の大会直後に鳴海球場で行われた東海五県中等学校野球大会では、決勝で中京商を降して優勝した。
大島は170cmと小柄ながら、伸びのあるストレートで優勝と準優勝を各2回ずつ経験した。
'41年慶大に進学し、加藤進(中日)とバッテリーを組む。大塚産業を経て、'50年松竹の結成に参加。ルーキーで20勝4敗、防御率2.03の成績をあげ、新人王、防御率1位のタイトルを獲得。'52年名古屋('54年からは中日)に転じ。'55年までプレーした。引退後、'68年～'71年中日コーチを経て、'89年～'99年自動車部品卸の名古屋山王サービス社長をつとめた。この間、母校・県岐阜商の指導も行った。著書に「目で見る野球上達法」がある。

【甲子園投手成績】(岐阜商)

		対戦相手	回	安	振
1937春	1	愛知商	未	登	板
	2	滝川中	未	登	板
	準々	東邦商	7	4	2
1938春	2	福岡工	5	2	5
	準々	甲陽中	9	2	13
	準決	東邦商	6⅔	5	4
1938夏	2	松本商	未	登	板
	準々	下関商	未	登	板
	準決	甲陽中	7	3	8
	決勝	平安中	8⅓	9	5
1939春	2	下関商	9	3	14
	準々	平安中	9	2	11
	準決	中京商	13	11	9
	決勝	東邦商	9	11	4
1940春	2	日新商	9	1	12
	準々	島田商	9	4	6

	準決	福岡工	9	2	8
	決勝	京都商	9	1	4

大島《おおしま》 裕行《ひろゆき》 (埼玉栄高)

高校野球史上最高といわれる通算本塁打記録保持者。

1981年6月15日埼玉県大宮市（現・さいたま市）に生まれる。宮前小2年から大宮リトルで野球を始め、6年の時にはエースで4番を打って全国大会ベスト8。宮前中学時代は大宮シニアで関東大会ベスト8となっている。

埼玉栄高に進学、2年生の'98年夏に4番打者として甲子園に出場。初戦では沖縄水産の豪速球投手・新垣渚から逆転2ランホームランを打っている。翌年は埼玉県大会準決勝で敗退したが、3回戦の対西武文理高戦では投手として登板している。練習試合も含めて打った通算86本塁打は高校野球最多記録とされる（正式な統計があるわけではない）。

同年秋のドラフト会議では西武が3位で指名してプロ入り、2002年から一軍で活躍している。

【甲子園打撃成績】（埼玉栄高）

		対戦相手	打	安	点
1998夏	1	沖縄水産	3	1	2
	2	佐賀学園高	3	1	0

太《おお》田《た》 幸《こう》司《じ》 (三沢高)

史上空前の“コウちゃんブーム”を巻き起こしたアイドル選手。

1952年1月23日青森県三沢市に生まれる。父は三沢の米軍基地の従業員、母は白系ロシア人のハーフである。岡三沢小ではセンターで、三沢一中1年で投手に転向した。

三沢高では、2年生の'68年夏に甲子園に出場し、初戦で鎮西高を1安打で完封した。以後、3季連続して甲子園に出場。

'69年選抜では、初戦で小倉高を降した後、2回戦で優勝候補の浪商高と延長15回を戦って一躍注目を集めた。

夏は初戦で大分商を延長戦の末に振り切ると、明星高、平安高、玉島商とすべて1点差で降して、青森県勢として唯一決勝戦まで進出した。松山商との決勝戦は延長18回を投げぬいて0－0で引き分け。翌日の再試合で疲労から初回に2ランホームランを打たれ、以後力投したものの、2人の投手を擁する松山商に2－4で敗れた。

同年秋のドラフト会議では近鉄に1位指名でプロ入り。空前の“コウちゃんブーム”を巻き起こし、1年目からオールスターに選ばれ、通算7回出場した。のち巨人、阪神と転じて'84年に引退、プロ通算58勝85敗4Sをマークした。

甲子園では多くのアイドルが生まれたが、その中でも太田は別格といってもよい。平成以降は、特定の選手にファンが集中するということはなくなった。“個性化”の時代、ということで、ファンは“自分のアイドル”を探すようになったからである。しかし、当時の太田は、すべての女性ファン憧れの的となった。なにしろ、宿舎から一歩も外に出られず、恐怖すら覚えたというのである。その過熱ぶりは空前絶後といっても過言ではないだろう。

【甲子園投手成績】（三沢高）

		対戦相手	回	安	振
1968夏	1	鎮西高	9	1	7
	2	海星高	9	6	5
1969春	1	小倉高	9	6	6
	2	浪商高	15	13	5
1969夏	1	大分商	10	5	5
	2	明星高	9	6	6
	準々	平安高	9	4	3
	準決	玉島商	9	5	9
	決勝	松山商	18	12	13
		松山商	9	9	8

大西《おおにし》 禎夫《よしお》（高松中）

戦前の高松中学で選手・コーチとして活躍。

1898年9月28日香川県三木郡氷上村長楽寺（現・三木町）に生まれる。氷上村尋常高等小学校から、1911年に高松中学に進学。翌'12年に野球部に入部。'13年には三塁手としてメンバーに名を連ね、'14年にはエースとなっている。5年生となった'15年、エースで主将をつとめて四国予選を制し、第1回全国中等学校優勝野球大会に出場した。全国大会では初戦で優勝した京都二中と対戦し、14三振を奪ったが、13安打を打たれ、完敗している。

慶応義塾大学理財科に進学。'21年に卒業後は帰郷して讃岐信託に入社、かたわら母校・高松中学の監督に就任。一時鈴木義伸に監督を譲っていたが、'25年に監督に復帰すると、この年四国大会決勝まで進出。翌'26年には再びコーチとなり、自らエースとして出場して以来11年振りに全国大会に出場を果たした。'28年は総監督として春夏連続して甲子園に出場している。夏の大会準決勝の松本商戦では、逆転のチャンスを迎えたところで雨で中断。審判団のコールド負けの宣告を、高松中学を代表して受け入れた。帰郷後、香川新報などで批判されたが無視している。この顛末は反響を呼び、戦前の中等学校野球を代表する美談として語り継がれた。

その後は、'35年讃岐信託常務を経て、'45年琴平電気鉄道社長に就任。この間、香川県議を経て、戦後は'49年から衆院議員に3選。衆院通商産業委員長、自由党総務などをつとめた。

1966年3月30日67歳で死去。直接指揮を執っていた期間は短いが、コーチ・総監督として長く高松中学を指導、「香川県立高松高等学校野球部史」には「高松中野球部の歩みを語る時、大西の名を抜きにしては語れない」と記してある。

【甲子園投手成績】（高松中）

		対戦相手	回	安	振
1915夏	1	京都二中	9	13	14

大《おお》根《ね》 晃《あきら》（金沢桜丘高）

地方大会で驚異的な成績をあげながら甲子園では活躍できなかった金沢桜丘高校のエース。

1935年7月15日石川県に生まれる。金沢桜丘高では1年から登板し、秋にはエースとなる。2年夏は県大会で優勝したものの、北陸大会準決勝で敦賀高に敗退。同年秋からは4番も打ち、県大会、北信越大会を制覇して、翌'53年の選抜に出場した。

選抜には3番を打って出場したが、初戦で浪華商（現・大体大浪商高）と対戦、10安打を打たれて敗れた。

続く春の県大会でも優勝、夏の県予選では準決勝・決勝で2試合連続ノーヒットノーランという快挙を達成したが、北陸大会準決勝で同県の泉丘高に敗れて甲子園には出場できなかった。結局、県内ではほぼ無敵を誇りながら、ここ一番の大試合で敗れ、全国的な実績を残すことができなかった。

卒業後は阪神に入団、3年間在籍したが、1年目に3試合に登板したのみで、プロでも活躍できなかった。

【甲子園投手成績】（金沢桜丘高）

		対戦相手	回	安	振
1953春	1	浪華商	8	10	3

大野《おおの》 倫《りん》（沖縄水産）

1991年夏の甲子園の準優勝投手。故障を持ったまま甲子園で決勝戦まで全試合完投し、投手生命を失った。これがきっかけで、甲子園大会前に大会本部が投手の検査を行うようになった。

1973年4月3日沖縄県具志川市に生まれる。田場小1年で野球を始め、具志川東中でエースで中軸を打った。沖縄水産に進学し、1年秋の新チームでは外野手で5番を打ち、控え投手もつとめた。この時に県大会で優勝したが、九州大会の2回戦で敗れ、翌年の選抜には選ばれなかった。しかし、大野は剛腕で強打の選手として注目を集め、スポーツ紙で全国的に紹介されるようになった。

この年の夏の大会ではエースの神谷善治が絶好調だった。大野は県予選・甲子園を通じて1度も登板することはなく、5番打者に徹して甲子園に出場。準々決勝の横浜商戦では4打数4安打を記録するなど、打者として活躍して準優勝を果たした。

秋の新チームでは当然エースとなり、不動の4番打者に。九州大会で敗れたため選抜には出場できなかったが、夏には甲子園に出場。大会前の下馬評でもNo.1投手と目されたものの、肘の故障があり本調子ではなかった。

甲子園では、初戦の北照高、2回戦の明徳義塾高戦ともに2桁安打を浴びて辛勝。3回戦の宇部商戦も6－0とリードしながら、後半に打ち込まれて1点差で逃げ切った。準々決勝、準決勝も打たれながら、なんとか乗り切り、2年連続して決勝戦に進出した。しかし、故障を抱えたまま県予選から投げつづけた結果、大野の肘は限界に達していた。決勝戦の相手は強打の大阪桐蔭高。初回にいきなり萩原誠に2ランホームランを浴びたのを皮切りに連打を浴びた。打線も奮起して得点を重ね、一時は6－2とリードしたものの、結局16安打を浴びて大敗した。栽監督は、いくら打たれても試合を大野に託し、打たれながらも肘をかばって投球する姿に甲子園の観客は拍手した。閉会式で準優勝メダルを受け取るとき、大野は右肘をまっすぐに伸ばすことさえできなかったのである。

この大会では6試合すべてに完投して、5試合で2桁安打を浴び、53イニングで打たれたヒットは68本にも及ぶ。一方、打者としては6試合すべてで2本以上のヒットを打ち、大会通算で26打数14安打という高打率を残した。

結局、甲子園で投手生命を失った大野は九州共立大に進学して外野手に転向、福岡6大学で首位打者1回、本塁打王3回を獲得する強打者となり、大学通算18本塁打の同リーグ最多記録も樹立した。

'95年秋のドラフト会議で巨人から5位指名されてプロ入り。2001年ダイエーに転じたものの、合わせて7年間の在籍で5安打しかできず、'02年限りで引退した。

【甲子園投手成績】（沖縄水産）

		対戦相手	回	安	振
1991夏	1	北照高	9	10	3
	2	明徳義塾高	9	11	3
	3	宇部商	9	7	4
	準々	柳川高	9	10	5
	準決	鹿児島実	9	14	3
	決勝	大阪桐蔭高	8	16	5

【甲子園打撃成績】（沖縄水産）

		対戦相手	打	安	点
1990夏	1	高崎商	4	2	1
	2	甲府工	4	2	1
	3	八幡商	5	1	2
	準々	横浜商	4	4	0
	準決	山陽高	5	0	0
	決勝	天理高	4	0	0
1991夏	1	北照高	4	3	3
	2	明徳義塾高	4	2	2
	3	宇部商	4	2	1
	準々	柳川高	4	3	0
	準決	鹿児島実	5	2	1
	決勝	大阪桐蔭高	5	2	1

大橋《おおはし》 正信《まさのぶ》（郡山中）

奈良県で審判・役員として活躍。奈良市に生まれる。郡山中学に進学して遊撃手となり、1933年夏の紀和大会で海南中学を破って、奈良県勢として初めて甲子園に出場した。
卒業後は関西大学でプレー。戦後は帰郷して審判となり、地方大会、甲子園と合計35年間審判をつとめた。'73年年奈良県高野連副会長に就任、'98年に亡くなるまで25年間在任。また、旧関西6大学野球連盟理事長もつとめた。この間、'83年には日本高等学校野球連盟功労賞を受章。'98年11月5日心不全のため82歳で死去。

【甲子園打撃成績】(郡山中)

		対戦相手	打	安	点
1933夏	2	秋田中	4	0	1
	準々	平安中	4	0	2

大畠《おおはた》 和彦《かずひこ》 (大成高)

1987年の選抜に部員10人で出場した大成高の監督。
1963年5月27日和歌山市に生まれる。小学校時代に野球を始め、中学時代に大成高校のコーチに認められ、その自宅に下宿して大成高校定時制に進学、投手として活躍した。
卒業後は家業の建具製造業を継ぐかたわら、母校のコーチに就任。'84年8月に恩師・冨田修身の要請で21歳で監督に就任、親には3年間だけということで了承を得たという。'86年夏、14人の部員で県大会ベスト4に進出した。しかし、春に勧誘した選手が誰も入部しなかったため、秋には4人の3年生が抜け、わずか10人の部員となってしまった。それでも県大会を制して近畿大会に出場。近畿大会では初戦で明石高校に敗れたが、明石高校が準優勝、1－2と接戦だったこともあって、翌'87年の選抜に選ばれた。選抜の入場行進では10人という短い列は目立ち、大きな注目を浴びた。
部員10人というのは、想像以上に大変であるという。交代要員がいないため、守備練習では休んでいるひまがない。また、球拾いもいないため、外野に飛んだ球は自分で拾いに行かなければならない。監督としては、けが人が出ると続行不能となるため、10人目の選手を試合に起用することはまずできない。その一方で、どのポジションの選手がけがをしても出場できるよう、あらゆるポジションの練習をしておく必要がある。大会直前の「サンデー毎日臨時増刊」でも「11人と10人では試合の組み立てが全く違う」と語っている。なお、背番号10の唯一の補欠阪上は選抜に最後の打者として公式戦初出場を果たしている。
選抜出場が濃厚となると、県高野連から部員をあと2名増やせ、という指示があった。しかし、部員の意思を確認した上で、この指示を無視した。10人で勝ち取った甲子園は10人だけで戦う、という意思表示をしたのである。
選抜では初戦で強豪・東海大甲府高と対戦した。4回裏には奈須の二塁打で先取点をあげ、同点にされた直後の6回裏には2点をとって8回までリードしていたが、逆転負けした。
監督業は3年間だけという約束だったが、翌年には一挙に25人もの部員が殺到したために延長、26歳で監督を辞任して家業に専念した。

【甲子園監督成績】(大成高)

1987春	1	●	3－4	東海大甲府高

大藤《おおふじ》 敏行《としゆき》 (中京大中京高)

平成になって中京大中京高を強豪に復活させた監督。
1962年4月13日愛知県名古屋市に生まれる。常滑中学から中京高校(現在の中京大中京高)に進学、2年生の'79年夏に三塁手で9番を打って甲子園に出場した。
中京大では1年春からベンチ入りし、4年では主将をつとめた。
'85年に卒業すると、静岡県の静清工に

コーチとして赴任。'90年４月に中京大中京高となった母校に赴任し、８月に監督に就任した。当時、同校は改名以降低迷しており、'94年夏の愛知県予選では初戦で進学校の岡崎高に敗れたこともある。

'96年秋に東海大会でベスト４となり、翌'97年選抜に中京大中京高と名前が変わって以来、初めて甲子園に出場した。大藤監督は伝統のユニフォームも改めており、まさに「ニュー中京」の披露でもあった。この大会、初戦で話題の日高高校中津分校を降すと、強豪校を次々となぎ倒し、'66年夏以来31年振りに決勝戦まで進んで、同校の復活を全国にアピールした。毎年６月に大府高校と背番号の貰えない３年生を対象とした対抗試合を行うことを発案するなど、控え選手への気配りを忘れない監督である。

主な教え子に、大杉樹一郎（中京大）、杉浦友工（トヨタ自動車）、中根慎一郎（慶大）などがいる。

【甲子園打撃成績】（中京高）

		対戦相手	打	安	点
1979夏	1	境高	5	1	2
	2	県岐阜商	3	1	0
	3	池田高	3	2	1

【甲子園監督成績】（中京大中京高）

1997春	1	○	6－3	日高中津高
	2	○	10－2	岡山南高
	準々	○	4－2	春日部共栄高
	準決	○	5－1	報徳学園高
	決勝	●	1－4	天理高
2000夏	1	○	12－0	郡山高
	2	●	6－7	智弁和歌山高
2002春	1	●	0－4	広陵高

大《おお》八《や》木《ぎ》 治《おさむ》（東海大甲府高）

東海大甲府高を強豪校に育てた監督。

1953年10月12日神奈川県茅ヶ崎市に生まれる。東海大相模高では原貢監督の指導を受け、２年生の1970年夏に控えの捕手として甲子園に出場し優勝。３年生では甲子園に出場することはできなかった。東海大を経て、'76年に東海大相模高コーチとなり、'77年４月から２年間東海大助監督をつとめる。この間、東海大監督となっていた原監督の指示で、'78年６月に東海大甲府高にコーチとして派遣され、'79年４月に同校の教諭に転じて正式に監督に就任した。

３年目の'81年に同校を甲子園に初出場させると、以後県内で圧倒的な実力を誇った。'91年までの11年間に春夏合わせて11回甲子園に出場。とくに夏の大会では、'88年までの８年間で７回代表となるなど、代表の座を独占した。

甲子園では常に強打のチームを率いて活躍、ベスト４に３回進出するなど、全国的な強豪校として同校を有名にした。

'92年に監督を辞任、東海大高輪台高を経て、神奈川県の相洋高監督に就任。何度か甲子園にあと一歩の所まで進みながら、甲子園初出場を果たすことはできなかった。

【甲子園監督成績】（東海大甲府高）

1981夏	2	●	3－4	新発田農
1982夏	1	○	9－3	境高
	2	○	4－3	高知商
	3	●	3－6	早実
1984夏	2	○	9－2	三本松高
	3	●	5－12	松山商
1985夏	2	○	11－2	岡山南高
	3	○	4－2	海星高
	準々	○	8－7	関東一高
	準決	●	6－7	宇部商
1986夏	1	○	6－3	福井商
	2	●	1－2	享栄高
1987春	1	○	4－3	大成高
	2	○	1－0	滝川二高
	準々	○	4－0	熊本工
	準決	●	5－8	ＰＬ学園高
1987夏	2	●	1－2	佐賀工

1988春	2	○	4－3	東洋大姫路高
	3	○	5－2	函館有斗高
	準々	●	1－5	桐蔭学園高
1988夏	1	○	4－3	金沢高
	2	○	5－3	滝川二高
	3	●	2－4	宇部商
1990春	1	○	7－1	日田林工
	2	○	5－3	享栄高
	準々	○	4－3	鹿児島実
	準決	●	4－5	近大付高
1991春	1	●	1－2	坂出商

岡田《おかだ》彰布《あきのぶ》（北陽高）

1973年夏に、1年生ながら好守好打で活躍した北陽高の外野手。

1957年11月25日大阪市中央区玉造に生まれる。明星中では主将をつとめていたが、当時明星高は大阪府を代表する進学校となっており、甲子園出場を目指して北陽高に進学した。

北陽高では1年夏には早くもレフトのレギュラーとなり、'73年夏に甲子園に出場した。初戦の秋田高戦では7番を打って出場。続く高鍋高戦では2番に入り、3回には先取点に絡む三塁内野安打も記録している。またファインプレーも見せて、有田投手のノーヒットノーラン達成も助けた。準々決勝の今治西高戦でも1安打1四球と、1年生ながら甲子園で活躍している。

2年からは遊撃手に転向して投手も兼ね、2年秋には近畿大会ベスト4まで進みながら、翌年の選抜には出場できず、結局甲子園に出場したのは、1年夏の1回だけであった。

卒業後は早大に進学、3年生の'78年秋には東京6大学の首位打者を獲得、大学通算打率.379は連盟記録、20本塁打は歴代3位（当時）であった。'79年秋のドラフト会議では、当時史上最多の6球団がドラフト1位で競合し、抽選の末に阪神に入団。1年目には新人王を獲得、'85年には打率.342、35本塁打，101打点で阪神の優勝に貢献した。'94年オリックスに移籍し、'95年現役引退。コーチを経て、2004年監督に就任した。

【甲子園打撃成績】（北陽高）

		対戦相手	打	安	点
1973夏	2	秋田高	3	0	0
	3	高鍋高	3	2	0
	準々	今治西高	3	1	0

小方《おがた》 二十世《はたよ》（豊国中）

1920年におきた「小方事件」の当事者。

1901年東京に生まれる。父は明治6年に渡米して宣教師となり、のちに青山学院を創立した小方仙之助。仙之助の五男で、20世紀となった年に生まれたため、二十世と名づけられた。

青山学院中等部時代に野球を始めたが、校舎建設のためにグラウンドがなくなり、法政大学で練習をつづけた。この時、投手不足となった法政大学から声をかけられて転校し、4大学リーグ（明大・早大・慶大・法大，現在の東京6大学リーグ）で登板した（当時は学校制度や出場資格があいまいで、大学リーグに中学生が出場することはほかにもあった）。しかし、中学を卒業していないと徴兵免除とならないため、卒業資格を得るために1年間だけ福岡県門司の豊国中学に転じる。この時にエースとして九州大会を制し、'20年夏に鳴尾球場で行われた全国大会に出場した。当時は高等小学校を経由して中学校に進む選手も多く、満19歳という年齢自体はとくに問題ではなかったが、前年に法政大学で登板していたことと、転校直後であることが問題となった。しかし、規則上は校長が許可すれば主催者側は従う、となっていたため、翌年からは転校後1年間は大会に出場できないように規約が改められた。

大会では初戦で鳥取中学（現在の鳥取西高）と対戦したが、直前に熱を出したためノックアウトされて途中で降板した。この事件は「小方事件」として高校野球史上に残っている。

豊国中学を卒業すると法政大学に戻って法学部を卒業。さらに日本大学を卒業して国民新聞記者となり、出版社の経営なども手がけた。戦後は、宗教ジャーナリストとして独立した。満100歳を迎えた2001年、地域雑誌「川崎評論」の新世紀インタビューに元気に応じている。

なお、全国大会での登板記録は不明。

岡村《おかむら》 浩二《こうじ》 (高松商)

1957年春と'58年夏に甲子園に出場した高松商の捕手。

1940年11月10日中国・天津に生まれる。父は高松出身の貿易商で、当時はかなり羽振りがよかったという。しかし、戦局の悪化で父が応召、5歳の時に着の身着のままで母とともに帰郷、丸亀に住んだ。

中学3年の時に高松商のセレクションに合格して、同校の寮に入って入部した。入学当初は三塁手だったが、1年秋に若宮誠一監督の指示で捕手に転向、石川陽造(東映)とバッテリーを組んだ。ただし、岡村本人が捕手というポジションに納得したのは、プロ4年目でオールスターに選ばれた時だという。2年生の'57年の選抜に出場してベスト8。この時、石川はライトのポジションで出ている。3年生となった、'58年夏には、石川とバッテリーを組み、3番を打って出場、3回戦では延長16回の末に水戸商を降して準々決勝に進んだが、作新学院高に延長11回で敗れた。

卒業後は石川とともに立教大に進学。'61年阪急に入団、オールスターに5回出場するなど、パリーグを代表する捕手として活躍した。'69年ベストナイン。なお、この年の日本シリーズで、巨人・土井のホームインがセーフとなった判定をめぐって退場となったことは有名。'72年東映に移籍。'74年7月に引退、帰郷して、10月に高松市内で居酒屋「野球鳥・おかむら」を開業。一方、高松でリトルリーグの指導も22年間にわたって行った。

【甲子園打撃成績】(高松商)

		対戦相手	打	安	点
1957春	1	愛知商	4	0	0
	2	甲府工	1	0	0
	準々	倉敷工	2	0	0
1958夏	1	大宮高	2	0	0
	2	金沢桜丘高	4	2	0
	3	水戸商	6	2	0
	準々	作新学院高	5	1	1

岡村《おかむら》 俊昭《としあき》 (平安中)

戦前の平安中学で内外野から投手にまでわたって活躍したマルチプレーヤー。

1912年5月4日台湾に生まれる。平安中学(現・平安高)にスカウトされて進学、'30年選抜にセンターとして出場してベスト4まで進み、夏にはライトで4番を打って連続ベスト4。

'31年選抜ではライトの登録のまま捕手で2番を打ち、夏には正捕手となって5番に入る。'32年の選抜にはエースナンバーをつけて出場したが、初戦の松山商戦ではライトを守った。'33年はセンターに戻って春夏連続出場し、夏には準優勝するなど、マルチプレーヤーとして活躍した。

卒業後は、日大を経て、'39年に南海(のち近畿と改称)に入団し、'44年に打率.369で首位打者を獲得。'49年に引退後は、南海コーチ、二軍監督を経て、'61年〜'71年スカウトをつとめた。1996年1月25日83歳で死去。

【甲子園打撃成績】(平安中)

		対戦相手	打	安	点
1930春	1	広島商	3	1	1
	準々	台北一中	5	0	0

	準決	松山商	3	1	0
1930夏	2	桐生中	3	2	0
	準々	東北中	4	2	0
	準決	諏訪蚕糸	3	0	0
1931春	2	松山商	4	0	0
1931夏	1	八尾中	5	1	0
	2	広陵中	4	4	1
1932春	1	中京商	2	0	0
1933春	1	明石中	2	0	0
1933夏	2	北海中	6	2	0
	準々	郡山中	4	2	0
	準決	松山中	4	1	0
	決勝	中京商	4	1	0

岡本《おかもと》 敏男《としお》（熊本工）

1932年夏の甲子園でノーヒットノーランを達成した熊本工の投手。

1917年熊本県に生まれる。熊本工に進学し、'32年夏にセンターとして甲子園に出場。初戦の台北工戦ではセンターを守ったが、準々決勝の石川師範戦で先発投手として登板すると、ノーヒットノーランを達成した。準決勝でも先発、中京商を４安打に抑えたが、完封負けしている。

卒業後は門司鉄道管理局に入り、'36年の都市対抗で優勝。'40年名古屋（中日）でプロ入りし、２年間プレーした。故人。

【甲子園投手成績】（熊本工）

		対戦相手	回	安	振
1932夏	2	台北工	未	登	板
	準々	石川師範	9	0	7
	決勝	中京商	9	4	5

岡本《おかもと》 利之《としゆき》（米子東高）

戦後の鳥取県高校球界を代表する監督の一人。

1916年11月27日鳥取県米子市日野町に生まれる。'29年米子中学（現・米子東高）に入学。'31年のメンバーに補欠として名前が見え、４年生の'32年に二塁手のレギュラーとなる。５年生となった'33年にはエースとなって３番を打ち、主将もつとめた。夏の山陰予選では決勝戦で鳥取一中と対戦、延長11回サヨナラ負けを喫した。

卒業後は関西大を経て、'39年プロ野球のライオンに入団して、投手・捕手としてプレーしたが、同年応召、翌'40年満州にわたる。

大連で終戦を迎え、'47年に復員。在学中に部長だった吉灘好栄が境中学（現・境高校）の校長だったことから、同校に招聘されて監督に就任。'50年に母校・米子東高に迎えられて監督に就任すると、同年夏には戦後初出場を果たしたが、９月には辞任して米子鉄道管理局監督に就任。

'58年春再び米子東高監督に就任。'60年選抜に山陰地方のチームとして史上唯一決勝戦に進出した。'68年夏で監督を辞任、翌'69年12月30日53歳で死去した。

米子東高校野球部逍遥歌の作詞者であるほか、「勝陵野球部回顧六十年」も刊行。また、没後に遺稿集「白球とともに」が刊行されている。

主な教え子に、宮本洋二郎（早大－巨人－広島－南海）、矢滝伸高（関西大－米子東高監督）らがいる。

【甲子園監督成績】（米子東高）

1950夏	2	○	3－2	盛岡高
	準々	●	7－8	鳴門高
1960春	2	○	2－1	大宮高
	準々	○	4－2	松阪商
	準決	○	2－0	秋田商
	決勝	●	1－2	高松商
1960夏	1	○	8－0	盈進商
	2	●	5－12	徳島商
1961春	2	○	2－1	掛川西高
	準々	○	2－1	敦賀高
	準決	●	1－4	高松商

1965春	2	●	0－4	高松商
1966春	1	○	6－1	富士宮北高
	2	○	2－0	高知高
	準々	●	2－11	中京商

岡本《おかもと》 道雄《みちお》 (高知高)

高知高校で、選手・監督として全国制覇を達成。

1946年7月3日高知県幡多郡大方町に生まれる。のち高知市に転じ、愛宕中学で投手として活躍。

高知高校に進学して遊撃手となり、溝淵峯雄監督の指導を受ける。'64年夏の甲子園に1番打者として出場。この大会、初戦でエースで4番の有藤通世が死球で入院。続いて2回戦では三野幸弘主将が死球で退場し、エース・4番・主将を死球で欠く、という異常事態に陥りながら、全国制覇を達成している。

法政大学では山本浩二、田淵幸一といったスターと同期で、2年春から三塁のベースコーチをつとめた。

'69年に卒業すると母校・高知高に社会科教諭として赴任、8月には溝渕監督の要請で、弱冠23歳で名門・高知高の監督に就任した。'71年の選抜には早くも出場、'75年の選抜では優勝を果たしている。以後、谷脇・高知商監督、籠尾・土佐高監督とともに、高知県の3強として切磋琢磨し、高知県の高校野球のレベルを全国屈指のものにまで引き上げた。

'90年選抜の初戦で日大藤沢高に0－14という大敗を喫して監督を辞任したが、その後高知高は甲子園に出場できず、'94年4月に再び監督に呼び戻され、翌'95年の選抜に出場。'98年には好投手・土居龍太郎を擁していながら、明徳義塾高の寺本四郎（ロッテ）に甲子園をはばまれている。'99年に引退。

主な教え子に、山岡利則（近大－大昭和製紙）、杉村繁（ヤクルト）、本多利治（日体大－春日部共栄高監督）、西山一宇（NTT四国－巨人）、酒井公志（近畿大－NTT東海－NTT西日本）、土居龍太郎（法政大－横浜）などがいる。

【甲子園打撃成績】（高知高）

		対戦相手	打	安	点
1964夏	1	秋田工	4	0	0
	2	花巻商	4	1	0
	準々	平安高	3	1	2
	準決	宮崎商	2	0	0
	決勝	早鞆高	3	0	0

【甲子園監督成績】（高知高）

1971春	1	●	0－4	木更津中央高
1972春	1	●	2－3	福井商
1974春	1	○	3－0	津久見高
	2	○	1－0	横浜高
	準々	●	1－3	和歌山工
1974夏	2	●	1－2	中京商
1975春	2	○	5－4	熊本工
	準々	○	2－1	福井商
	準決	○	3－2	報徳学園高
	決勝	○	10－5	東海大相模高
1977夏	1	○	5－1	仙台育英高
	2	○	7－6	福井商
	3	○	3－2	宇都宮学園高
	準々	●	1－2	大鉄高
1978春	1	○	5－4	岡山東商
	2	●	0－5	郡山高
1979夏	1	○	7－3	市立銚子高
	2	○	4－3	富士高
	3	○	5－1	都城高
	準々	●	1－5	池田高
1981夏	1	●	0－4	早実
1986春	1	○	3－0	帝京高
	2	●	1－2	宇都宮南高
1990春	1	●	0－14	日大藤沢高
1995春	1	●	4－5	前橋工

小川《おがわ》 邦和《くにかず》 (尾道商)

1964年選抜で準優勝した尾道商のエース。

1947年２月１日広島県福山市に生まれる。大成館中を経て尾道商に進学し、池田善蔵監督（阪急ほか）の指導を受けた。'63年秋の中国大会で準優勝して、翌'64年の選抜に出場。２回戦の海南高戦から、準決勝の博多工戦まで、３試合連続して４安打に抑え、うち２試合は完封。決勝戦では尾崎正司（西鉄）がエースの徳島海南高と対戦、リードしていたが、８回に追いつかれ、９回表に決勝点を奪われて準優勝となった。

高校卒業後、小川は空前絶後の球歴をたどった。早大、日本鋼管を経て、'72年秋のドラフト会議で巨人から７位指名されてプロ入り。'74年には12勝をあげたのち、'78年に渡米して１年間セミプロリーグなどに登板した。'79年には３Ａバンクーバー、'80年は２Ａホリヨークでプレーした。'81年帰国して広島に入団して日本球界に復帰、３年間在籍したのち、'84年にはメキシコにわたってアグアスカリエンテス（３Ａ）で10勝をマークした。日本のプロ通算29勝20敗９Ｓ。

引退後は、野球評論家を経て、韓国・三星やロッテのコーチをつとめた。その後は東京でシニアリーグを指導している。

【甲子園投手成績】（尾道商）

		対戦相手	回	安	振
1964春	1	日南高	9	8	6
	2	海南高	9	4	6
	準々	市西宮高	9	4	4
	準決	博多工	9	4	4
	決勝	徳島海南高	9	5	7

小川《おがわ》 茂仁《しげひと》 (日南学園高)

平成時代の宮崎県高校球界を代表する監督。

1946年和歌山県海南市に生まれる。海南高校では遊撃手として甲子園に２回出場。東海大学では大学選手権で優勝した。卒業後は日立製作所でプレーし、その後、東海大学体育学部講師兼野球部監督に就任。'92年10月、野球部の強化を始めた宮崎県の日南学園高校に監督として招聘され、出向という形で同校に赴任した。

就任して真っ先に取り入れたのは実力主義だったという。当時の日南学園高は、監督がしばしば変わったために指導方針が徹底していないことと、選手の間には厳しい上下関係があったため、まずこれを改善した。

３年目の'95年の選抜では早くも甲子園に初出場し、いきなり準々決勝まで進出。夏には初戦で帝京高と対戦して、捕手の負傷などもあって延長11回で惜敗したが、その健闘ぶりで一躍全国的に注目されるようになった。'98年11月明治神宮大会で初めて全国規模の大会で優勝。この大会を見て、他の私立高校に進学予定だった赤江東中学のエースが年末に翻意して直接小川監督に進学の意思を伝えた。入学時にはすでに135kmを超えていたという、豪腕寺原隼人投手である。そして2001年夏には甲子園に出場、寺原は150km以上の豪速球を披露して史上最速の投手として注目を集めた。

主な教え子には、坂元綱史（プリンスホテル－NTT九州）、赤田将吾（西武）、春永利治（近畿大）、寺原隼人（ダイエー）などがいる。

【甲子園打撃成績】（海南高）

		対戦相手	打	安	点
1964春	1	北海高	5	2	0
	2	尾道商	3	0	0
1965夏	2	修徳高	3	1	0
	準々	早鞆	3	0	0

【甲子園監督成績】（日南学園高）

1995春	1	○	8－5	市岡高
	2	○	6－2	熊本工
	準々	●	1－4	関西高
1995夏	2	●	2－1	帝京高

1997春	1	○	3－2	宇和島東高
	2	●	1－2	平安高
1998夏	1	○	7－2	愛工大名電高
	2	○	11－9	平塚学園高
	3	●	2－5	明徳義塾高
1999春	1	○	3－1	峰山高
	2	○	3－0	静岡高
	準々	●	5－8	今治西高
2001夏	1	○	8－1	四日市工
	2	○	6－4	玉野光南高
	3	○	15－0	東洋大姫路高
	準々	●	2－4	横浜高
2004春	1	●	2－3	甲府工

小川《おがわ》 淳司《じゅんじ》（習志野高）

1975年夏の甲子園優勝投手。しかし、大会後の無理なスケジュールがたたって、投手を断念した。

1957年8月30日千葉県習志野市に生まれる。小学校3年の時に叔父にグローブを買ってもらったのをきっかけに野球を始める。習志野二中時代は三塁手としてプレー。

習志野高に進学、すぐに石井好博監督によって捕手にコンバートされたが、打撃投手をつとめた際に素質を見抜かれて6月に投手に再転向した。2年秋にエースとして千葉県大会で優勝。関東大会でもベスト4まで進んで、翌’75年の選抜に出場を果たした。秋季大会では16試合すべてに完投し、5完封、102奪三振という記録を残している。

選抜では注目の投手にあげられていたが、初戦で初出場の豊見城高と対戦、赤嶺投手（巨人）に2安打で完封され、自らも10安打されて完敗した。

続いて夏も甲子園に出場。3回戦の足利学園高戦から、準決勝の広島商戦まで3試合連続完封するしたが、肩を痛め、決勝前夜は痛みで眠れなかったという。決勝戦では新居浜商と対戦、球威を失っていたため打ち込まれたが、9回裏のサヨナラ勝ちで全国制覇を達成した。

大会終了後全日本メンバーに選ばれて米国に遠征、帰国後には韓国遠征を経て、国体でも登板したため完全に肩をこわし、中央大学で外野手に転向した。卒業後は、河合楽器を経て、’81年秋のドラフト会議でヤクルトから4位指名されてプロ入り。’92年日本ハムに転じて同年引退した。その後は、ヤクルト球団で、スカウト、コーチ、二軍監督などを歴任している。

【甲子園投手成績】（習志野高）

		対戦相手	回	安	振
1975春	1	豊見城高	8	10	7
1975夏	2	旭川龍谷高	9	7	6
	3	足利学園高	9	4	6
	準々	磐城高	9	7	5
	準決	広島商	9	4	7
	決勝	新居浜商	9	10	4

小川《おがわ》 正太郎《しょうたろう》（和歌山中）

戦前の和歌山中学黄金時代の投手。

1910年4月1日和歌山県に生まれる。和歌山中学に進んで投手として活躍。’26年選抜から’28年夏まで6回連続して出場した。

’26年夏は初戦の愛知商戦で17奪三振、準決勝では鳥取一中から13奪三振、決勝でも大連商から15三振を奪っている。

’27年の選抜では初戦で関西学院中を1安打で完封すると、続く松山商も1安打に抑える快投を見せた。決勝で広陵中を降して優勝。優勝の副賞として主力はアメリカ遠征に出かけたため、夏の大会には出場しなかったが、控えのメンバーだけで予選を勝ち抜き、チームは甲子園に出場している。

翌’28年の選抜でも準優勝。

早大でも左腕速球投手として活躍、早慶戦でファンをわかせた。卒業後、毎日新聞運動部記者としてアマチュア野球の育成に尽くし、戦後は’49年～’66年日本社会人野球協会常務理事をつとめた。'81年殿堂入り。'80年10月27日心不全のため70歳で死去した。

【甲子園投手成績】(和歌山中)

		対戦相手	回	安	振
1926春	1	松山商	9	7	5
	準々	広陵中	8	7	8
1926夏	1	愛知商	9	6	17
	2	台北商	＊	＊	＊
	準々	鳥取一中	9	3	13
	準決	大連商	9	4	15
1927春	1	関西学院中	9	1	13
	準決	松山商	9	1	10
	決勝	広陵中	9	6	10
1927夏	1	鹿児島商	未登板		
1928春	1	柳井中	9	7	14
	準々	松本商	5	4	＊
	準決	静岡中	7	1	7
	決勝	関西学院中	8	3	8
1928夏	2	佐賀中	9	2	5
	準々	高松中	9	5	13

注）1926年夏の2回戦は土井投手と継投したため、小川のみの投手成績は不明。1928年春の松本商戦も奪三振数は不明

小川《おがわ》 年安《としやす》 (広陵中)

昭和初期に活躍した広陵中学（現・広陵高）の名捕手。

1911年1月1日広島県に生まれる。'25年広陵中（現・広陵高）に入学、3年生の'27年に捕手のレギュラーとなり、同年の選抜に7番を打って出場し準優勝。以後、5季連続して甲子園に出場した。夏は6番となり連続準優勝。'28年は3番となり、5年生となった'29年には4番を打って、捕手のかたわら投手として登板することもあった。選抜では2回戦の関西甲種商戦では先発、決勝の第一神港商戦ではリリーフ投手として登板している。同年夏はハワイ遠征のために予選にも参加しなかった。

慶大では日本選抜チームの捕手をつとめ、'36年阪神創立とともに入団。3番を打ち、打率.342をマークするが、同年暮れ応召し、戦死した。

【甲子園打撃成績】(広陵中)

		対戦相手	打	安	点
1927春	1	静岡中	4	1	1
	準決	松本商	4	0	0
	決勝	和歌山中	3	0	0
1927夏	2	敦賀商	3	1	0
	準々	鹿児島商	4	2	0
	準決	松本商	5	3	0
	決勝	高松商	3	0	1
1928春	1	甲陽中	4	0	＊
1928夏	1	松本商	4	1	0
1929春	1	慶応商工	4	3	＊
	準々	関西甲種商	4	1	1
	準決	愛知一中	4	3	2
	決勝	第一神港商	2	1	0

注）1928年と'29年の選抜の1回戦はともに打点数が不明

小川《おがわ》 成海《なるみ》 (高陽東高ほか)

広島県の公立高校の監督を歴任。

1949年12月19日広島市に生まれる。中学時代に野球を始め、広島工業に進学、3年ではショートで主将をつとめたが、当時は弱小校にすぎず、夏の県予選は1回戦で敗れた。その後、9月になってラグビー部に入部、県予選準決勝まで進んでいる。指導者を目指して日体大に進学、大学では代走専門だった。

1972年に卒業すると、帰郷して中学校教師となり、広島市内の中学校に10年間勤務した。'82年、母校・広島工業の保健体育科の教諭として赴任、翌'83年に監督に就任。'85年夏、2年生の上田、高津の両エースを擁して甲子園に出場。以後、'89年選抜までの5年間に4回甲子園に出場して、同校の黄

金時代を築いた。しかし、'90年に暴力事件が発覚して１年間の謹慎処分を受ける。

翌'91年創部間もない県立高陽東高校に転じて副部長となり、'93年１月監督に就任。'96年選抜に同校を初出場させるといきなり準決勝まで進出。続いて夏も出場すると、ＰＬ学園高を降して準々決勝まで進出している。

主な教え子に、広島工時代の上田俊治（明大）、高津臣吾（亜細亜大－ヤクルト）、宮川昭正（広島工監督）、高陽東高時代の宗政徳道（日体大－東京ガス）、末定英紀（早大－東京ガス）などがいる。

【甲子園監督成績】（広島工）

1985夏	2	●	0－4	日立一高
1986春	1	○	8－0	鹿児島商
	2	○	2－1	浜松商
	準々	●	3－4	宇都宮南高
1986夏	1	○	4－1	正則学園高
	2	○	1－0	熊本工
	3	●	1－4	浦和学院高
1988春	2	●	2－5	桐蔭学園高
1989春	1	○	1－0	尽誠学園高
	2	○	6－4	福井商
	準々	●	2－5	京都西高

（高陽東高）

1996春	1	○	3－2	駒大岩見沢高
	2	○	13－5	比叡山高
	準々	○	5－4	大阪大高
	準決	●	2－4	智弁和歌山高
1996夏	1	○	3－2	愛産大三河高
	2	○	4－3	水戸短大付高
	3	○	7－6	ＰＬ学園高
	準々	●	3－5	福井商

小川《おがわ》 信幸《のぶゆき》（県岐阜商）

戦後の岐阜県高校球界を代表する野球人の一人。選手・監督として甲子園で活躍し、県高野連会長もつとめる。

1946年10月11日岐阜市に生まれる。県岐阜商では俊足好打の二塁手として活躍し、１年生の'62年夏に早くも甲子園に出場し、準々決勝の作新学院高戦で代打として登場、ヒットを打っている。３年生の'64年夏は１番打者で主将として出場、ベスト４まで進んだ。

愛知学院大に進学して大学選手権に出場。'69年に卒業すると、母校・県岐阜商の商業科教諭に就任、翌'70年監督となった。'76年秋に部長に転じたが、'82年７月に監督に復帰。'94年に退くまで、監督として11回、部長として３回甲子園に出場した。

その後は、八百津高校校長などを経て、2003年県岐阜商校長となり、岐阜県高野連会長に就任。

主な教え子に、原克隆（東北福祉大－昭和コンクリート監督）、前原博之（中日－西武）、和田一浩（東北福祉大→神戸製鋼－西武）らがいる。

長男の信和も教え子の一人で、'89年春夏連続して甲子園に出場し、のち岩村高監督ををつとめている。

【甲子園打撃成績】（県岐阜商）

		対戦相手	打	安	点
1962夏	2	帯広三条高	未	出	場
	準々	作新学院高	1	1	0
1964夏	1	米子南高	2	0	0
	2	松商学園高	5	1	1
	準々	広陵高	4	0	0
	準決	早鞆高	4	0	0

【甲子園監督成績】（県岐阜商）

1971春	1	○	2－0	津久見高
	2	●	2－3	木更津中央高
1971夏	1	○	1－0	留萌高
	2	○	8－1	池田高
	準々	●	0－1	岡山東商
1976春	1	●	4－7	東洋大姫路高
1982夏	2	●	0－4	東洋大姫路高
1984夏	1	●	2－11	明徳義塾高

1985夏	2	●	5－7	甲西高
1986夏	1	○	3－0	西日本短大付高
	2	●	1－4	鹿児島商
1987夏	1	○	2－0	広島商
	2	●	7－9	東海大山形高
1989春	1	●	6－7	西条高
1989夏	1	●	0－4	佐賀商
1992夏	1	○	3－2	鹿児島商工
	2	○	1－0	熊本工
	3	●	0－1	東邦高

小《お》川《がわ》 博文《ひろふみ》（拓大紅陵高）

拓大紅陵高が甲子園に初出場した時の中心選手。

1967年3月6日千葉県館山市に生まれる。館山二中では軟式でプレーし、当時は創部まもない新興私立高校であった拓大紅陵高に進学。まだ野球部の寮もなく、学校の近くにあった竹中工務店の社宅に住みこんで、小枝守監督の指導を受けた。まだ実績のない高校だったが、川俣幸一部長（のち志学館高校監督）からは、「3年になった時には甲子園に行く」と言われたという。2年夏には2番を打つようになり、秋からは3番打者。県大会を制したのち、関東大会の対法政二高戦でサヨナラヒットを打って、翌年の選抜には部長の予言通り開校以来初の出場を決めた。初戦の智弁学園高戦ではホームランも打ってベスト8まで進んだが、準々決勝で桑田・清原のいたＰＬ学園高に敗れた。続いて夏にも甲子園に出場、優勝候補と言われたが、初戦で鹿児島商工（現・樟南高）に完封負けした。

'85年プリンスホテルに入社して石山建一監督の指導を受け、'88年秋のドラフト2位指名でオリックスに入団。のち横浜に転じ、内野手として活躍している。

なお、同校はその後千葉県を代表する強豪に成長し、'92年夏には甲子園で準優勝も果たしている。

【甲子園打撃成績】（拓大紅陵高）

		対戦相手	打	安	点
1984春	1	智弁学園高	5	3	4
	2	法政二高	3	2	1
	準々	ＰＬ学園高	3	0	0
1984夏	2	鹿児島商工	4	0	0

奥浜《おくはま》 正《ただし》（宜野座高）

2001年の選抜で“宜野座旋風”を巻き起こした監督。

1960年10月9日沖縄県名護市に生まれる。名護高校ではセンターを守り、3年夏に県大会ベスト4。沖縄国際大を経て、'91年東江中学の監督となり、全国大会に2回出場、準優勝を1回。'96年4月から宜野座高校に社会科教諭として赴任し、翌'97年に監督に就任した。'98年には腎腫瘍の告知を受けて手術、闘病の末に復帰を果たしている。

同校は宜野座村にある県立高校で、ほとんどの選手が村の出身という、小さな県立高校である。しかし、2000年秋、沖縄県大会では、並み居る強豪を押しのけて優勝、さらに九州大会でもベスト8まで勝ち進んだ。本来ならば選抜の補欠校どまりだが、次の年から21世紀枠が新設され、その第1回の代表校に宜野座高校が選ばれたのである。この時の21世紀枠では、ほとんどの地区が県大会ベスト8どまりの学校を推薦していたため、宜野座高校の成績は群を抜いてよく、また、“無名の普通の高校のための特別枠”という主旨にも合致して文句なく選ばれた。

もともと特別枠の上、エースが故障したため、選抜大会では背番号6の三塁手・比嘉裕がエースをつとめるという状態で、実力を疑問視する声もあったが、初戦で東海大会優勝の岐阜第一高をわずか3安打に抑えて完勝。3回戦では優勝候補の一角・桐光学園高をバントを絡めた効率的な攻めで降し、準々決勝では浪速高を延長戦で破った。さすがに準決勝では、3連投の比嘉が打ち込まれて敗れたが、21世紀枠からベスト4進出という大旋風を巻き起こした。

スター選手のいない小さな村の高校生が、甲子園という大舞台で活躍する姿をみようと、アルプススタンドには続々とOBや出身者がつめかけ、連日の盛況をみせた。この活躍によって、存続を危ぶまれていた21世紀枠は定着することになり、各地区も実力的に遜色のない高校を推薦するようにかわった。

なお、以後も宜野座高は地元出身者だけのチーム編成で強豪校としての地位を保ちつづけている。

【甲子園監督成績】(宜野座高)

2001春	2	○	7－2	岐阜第一高
	3	○	4－3	桐光学園高
	準々	○	4－2	浪速高
	準決	●	1－7	仙台育英高
2001夏	1	○	7－1	仙台育英高
	2	●	1－4	日本航空高
2003春	2	●	3－4	近江高

奥村《おくむら》 源《げん》太《た》郎《ろう》 (甲西高)

無名の県立校を開校からわずか3年間で夏の甲子園ベスト4にまで進出させた監督。

1941年滋賀県に生まれる。中京大学体育学科を卒業して帰郷し、高校教諭となる。'65年信楽高、'72年甲南高の監督などをつとめ、1983年4月、滋賀県甲賀郡甲西町に新設された県立甲西高に赴任した。

着任後まもなく同校に野球部を創部したが、グラウンドがまだ工事中で石ころだらけのため、練習は石拾いとグラウンド周囲のランニングから始めたという。さらに、自らのポケットマネーで硬球を買い、休日には選手と段ボール工場でアルバイトして道具代を捻出するという状態だった。その一方で、1期生を1年生から鍛え上げ、彼らが3年生となった'85年夏、わずか開校3年めで甲子園に出場して注目を集めた。初戦では県岐阜商に1回表に3失策でいきなり2点を取られながらも逆転勝ちすると、3回戦では久留米商を延長で降し、準々決勝では佐々木主浩がエースの東北高も逆転サヨナラで破って一挙にベスト4にまで進出した。

翌'86年夏にも連続出場したあと、'90年に滋賀県教育委員会に異動となり、'99年には甲西高校に校長として赴任した。2002年定年退職。

教え子には、金岡康弘(中京大)、奥村伸一(近畿大－プリンスホテル－田村コピー－甲西高監督)などがいる。

【甲子園監督成績】(甲西高)

1985夏	2	○	7－5	県岐阜商
	3	○	2－1	久留米商
	準々	○	6－5	東北高
	準決	●	2－15	PL学園高
1986夏	1	○	7－0	三沢商
	2	●	2－10	明野高

小倉《おぐら》 全由《まさよし》 (日大三高)

2001年夏に全国制覇した日大三高の監督。

1957年4月10日千葉県長生郡一宮町に生まれる。日大三高に進学したが、肩を脱臼したことが原因で、副主将ながらレギュラーにはなれなかった。日大に進学後、母校・日大三高のコーチをつとめ、'79年夏の甲子園に出場。

'81年に大学を卒業すると、関東一高の社会科教諭となり、監督に就任。'85年夏には同校を甲子園に初出場させた。'87年の選抜では準優勝も果たした。'89年同校を辞任、以後4年間高校野球から離れている。

'97年母校・日大三高に戻って監督に就任。'99年春に甲子園に出場すると、2001年夏には全国制覇を達成した。

主な教え子は、関東一高時代の三輪隆(明大－神戸製鋼－オリックス)、日大三高時代の近藤一樹(近鉄)、原島正大(明大)などがいる。

【甲子園監督成績】(関東一高)

1985夏	1	○	12－1	花園高
	2	○	4－3	国学院栃木高
	3	○	4－0	日立一高
	準々	●	7－8	東海大甲府
1986春	1	●	3－5	天理高
1987春	1	○	3－1	明徳義塾高
	2	○	5－0	市岡高
	準々	○	3－2	八戸工大一高
	準決	○	7－4	池田高
	決勝	●	1－7	ＰＬ学園高

(日大三高)

1999春	1	○	5－2	福井商
	2	●	0－3	水戸商
1999夏	1	●	0－5	長崎日大高
2001春	2	○	8－5	姫路工
	3	●	3－8	東福岡高
2001夏	1	○	11－7	樟南高
	2	○	11－4	花咲徳栄高
	3	○	7－1	日本航空高
	準々	○	9－2	明豊高
	準決	○	7－6	横浜高
	決勝	○	5－2	近江高
2002春	1	●	2－3	報徳学園高

尾《お》崎《ざき》 英《ひで》也《や》 (四日市工)

四日市工業を強豪に育てた監督。

1958年12月26日三重県上野市に生まれる。津の橋北中で野球を始め、高田高では二塁手としてプレーしたが、夏の県大会では3回戦が最高だった。日体大でも3年の時に右肩を痛めて選手を断念、指導者を目指す。

1981年卒業と同時に四日市工に保健体育の教師として赴任。監督がいなかった同校野球部の監督に就任した。

'88年夏には県大会決勝に進出、翌'89年秋の東海大会ではベスト4まで進んだが翌年の選抜には選考に漏れるなど、あと一歩のところで何度も甲子園を逃しつづけた。就任11年目の'91年夏に甲子園に出場。同校野球部創部以来、45年目での甲子園初出場であった。翌年の選抜にも出場したあと、しばらく出場できなかったが、'99年夏に復活、以後は甲子園の常連校となっている。

主な教え子に、井手元健一朗(中日－JR東海)、星野智樹(西武)、秋葉知一(国士舘大)らがいる。

【甲子園監督成績】(四日市工)

1991夏	2	○	8－4	延岡学園高
	3	●	3－4	松商学園高
1992春	1	●	1－14	ＰＬ学園高
1999夏	1	●	4－7	都城高
2000春	1	○	14－1	戸畑高
	2	●	7－8	明徳義塾高
2001春	2	●	0－1	藤代高
2001夏	1	●	1－8	日南学園高

尾《お》崎《ざき》 正《まさ》司《し》 (徳島海南高)

1964年の選抜で、初出場初優勝を達成した徳島海南高校のエース。のち将司と改名。

1947年1月24日徳島県海部郡宍喰町に生まれる。宍喰中学を経て、徳島海南高(現・海部高)に進学。'63年秋、エースで4番を打って四国大会に出場、初戦で丸亀商(現・丸亀城西高)を3－1と降して準決勝で門谷昭(広島)がエースの安芸高と対戦。投手戦のまま0－0で延長戦に入り、延長14回3点を取られて敗れた。しかし、この活躍で'64年選抜に選ばれ、同校は初めて甲子園に出場した。

選抜では、初戦で秋田工を降すと、2回戦の報徳学園高は無四球完封。準々決勝では金沢高に8安打されながらも完封すると、準決勝では四国大会優勝の土佐高を3安打に抑えて3試合連続完封。決勝では小川邦和がエースの尾道商と対戦した。この試合6回に2点を先制されたが、7回に1点を返すと、8回には自らセンターオーバーの三塁打を放って同点に追いつき、9回表に無死満塁からスクイズで勝ち越し。その裏、2死満塁までつめよられながらもかわして、初出場初優勝を達成した。

同年夏は、徳島県大会を勝ち抜いて南四国大会に出場。初戦で有藤通世がエースの高知高と対戦。7－2と大きくリードしながら9回表に追いつかれ、延長12回の末に7－9で敗れた。なお、高知高はこの夏の甲子園で全国制覇を達成している。

'65年西鉄に入団。'67年外野手に転向したが同年限りで退団。プロ通算0勝1敗、打率も0.43である。しかし、'69年プロゴルファーに転向すると、日本のトッププレーヤーとなり、「ジャンボ尾崎」の異名をとって、青木功とともに日本のプロゴルフ界をリードした。

【甲子園投手成績】(徳島海南高)

		対戦相手	回	安	振
1964春	1	秋田工	9	6	6
	2	報徳学園高	9	4	2
	準々	金沢高	9	8	10
	準決	土佐高	9	3	4
	決勝	尾道商	9	2	9

尾《お》崎《ざき》 行《ゆき》雄《お》(浪商高)

戦後の甲子園を代表する剛球投手。

1944年9月11日大阪府泉大津市東港町に生まれる。小3で野球を始めて投手となるが、もともと左利きだったため、当時は左投げだった。5年の時に右投げに転向したが、左投げから右投げに転じるのは珍しい。

浪商高(現・大体大浪商高)に進学、1年夏には早くもエースとして甲子園に出場したが、2回戦で柴田勲がエースの法政二高に敗退。

翌'61年選抜では、初戦で日大二高から17奪三振をマークすると、2回戦では明星高から14奪三振。準々決勝で再び法政二高と対戦し、5安打11奪三振と抑えながら1－3で敗れた。この2回の大会はともに法政二高が優勝している。

同年夏、エースで5番を打ち、大阪府大会を圧勝して甲子園に出場。初戦では浜松商に9安打されたが、15三振を奪って1－0で完封。2回戦では5回に死球と内野安打のあとでスクイズを決められて1点を失ったが、2安打に抑えて逆転勝ち。準々決勝の中京商戦は大勝したため、7回からライトに転じた。

そして、準決勝で柴田のいる法政二高と3度目の対戦となった。この試合、9回まで柴田にわずか1安打に抑えられていたが、9回2死満塁から自らのレフト前タイムリーヒットで2点を取って追いつき、延長11回には自らの犠牲フライなどで2点をあげて法政二高を降し、同校の3季連続優勝をはばんだ。大一番を制した尾崎は、決勝で桐蔭高を3安打で完封し、悲願の全国制覇を達成した。5試合で奪った三振は54個、わずかに3失点という完璧な内容。小柄な体から豪速球を投げ、「怪童」といわれた。

その後中退して東映に入団。翌年にはわずか17歳ながら、20勝9敗、防御率2.42という驚異的な成績をあげて新人王を獲得。'65年にも27勝をあげるなど、23歳までに20勝を4回マークしたが、'68年以降は3勝しかできず、28歳で引退した。プロ通算107勝83敗、防御率2.70。その後は浅草橋でレストラン経営、のちスポーツ会社に勤務。

【甲子園投手成績】(浪商高)

		対戦相手	回	安	振
1960夏	1	西条高	9	6	1
	2	法政二高	9	8	5
1961春	1	日大二高	9	6	17
	2	明星高	10	4	14
	準々	法政二高	9	5	11
1961夏	1	浜松商	9	9	15
	2	銚子商	9	2	8
	準々	中京商	6	3	9
	準決	法政二高	11	9	9
	決勝	桐蔭高	9	3	13

小《お》沢《ざわ》 馨《かおる》（倉敷工）

倉敷工業を強豪校に育てた監督。

1931年岡山県に生まれる。'47年倉敷工に進学、休部状態だった野球部の戦後再興1期生となる。上級生がいないため、1年からエースとなって藤沢新六（阪神－倉敷紡績）とバッテリーを組み、いきなり県大会で準優勝。3年生となった'49年夏には甲子園出場を果たした。この大会での下馬評は参加23校中22番目だったというが、小沢－藤沢の活躍でベスト4まで進んだ。

卒業後は阪神に入ったが、体をこわして1年で退団。帰郷して母校・倉敷工の監督となった。以来、25年間にわたって同校の監督をつとめ、春夏合わせて14回甲子園に出場。倉敷工を中国地方を代表する強豪校にまで育てあげた。

その後、'89年には岡山理科大附属高監督に転じ、'93年までつとめている。

主な教え子に、倉敷工時代の安原達佳（巨人）、室山皓之助（法政大－阪神）、槌田誠（立教大－巨人－ヤクルト）、鎌田豊（法政大－広島）、片岡新之介（芝浦工大－クラレ岡山－西鉄－阪神－阪急）、兼光保明（近鉄）などがいる。

【甲子園投手成績】（倉敷工）

		対戦相手	回	安	振
1949夏	1	熊谷高	9	5	5
	2	高津高	9	6	7
	準々	小倉北高	10	9	12
	準決	岐阜高	9	13	3

【甲子園監督成績】（倉敷工）

1957春	1	○	2－1	市立沼津高
	2	○	2－0	育英高
	準々	○	4－0	高松商
	準決	●	1－3	高知商
1958春	2	●	2－3	立命館高
1959春	1	●	3－10	東邦高
1959夏	1	○	10－1	大田高
	2	●	0－2	東北高
1961夏	1	●	6－7	報徳学園高
1962夏	1	○	8－5	山形商
	2	●	1－3	北海高
1964春	2	●	1－3	金沢高
1967春	2	●	2－3	津久見高
1967夏	1	○	4－0	本荘高
	2	●	2－3	中京高
1968春	2	○	3－0	清水商
	準々	○	4－0	銚子商
	準決	●	1－3	尾道商
1968夏	1	○	5－1	享栄高
	2	○	8－0	千葉商
	3	○	9－2	高知高
	準々	○	6－3	広陵高
	準決	●	0－2	静岡商
1972春	1	○	2－1	箕島高
	2	○	3－1	今治西高
	準々	●	1－5	東北高
1974春	1	○	4－1	磐城高
	2	○	3－1	滝川高
	準々	●	1－2	池田高
1975春	1	○	16－15	中京高
	2	●	0－1	東海大相模高

小《お》沢《ざわ》 章一《のりかず》（早実）

早実黄金期を支えた名二塁手。

1964年4月4日東京生まれ。早実中学から、'80年早実に入学、荒木大輔とともに在学中の5季すべて甲子園にレギュラーとして出場した。

1年夏は9番打者として出場、決勝までの6試合すべてでヒットを打つ活躍を見せた。

2年からは1番打者に定着。3年夏も全試合でヒットを打っている。駿足好打のうえ、二塁手としての守備も抜群で、プロからの誘いもあったが、拒否して早大に進学した。しかし、1年で選手を断念、以後3年間は早大に在学のまま母校・早実のコーチをつとめた。'87年早大を卒業すると、千葉県の千葉英和高校に赴任して野球部長に就任。'88年に監督となった。

新制高校以降、在学中に出場可能な5回の甲子園すべてに出場した数少ない選手の一人であるだけでなく、早実黄金期を支えた選手としての評価も高い。

【甲子園打撃成績】(早実)

		対戦相手	打	安	点
1980夏	1	北陽高	4	1	0
	2	東宇治高	4	2	1
	3	札幌商	3	2	0
	準々	興南高	3	1	0
	準決	瀬田工	3	2	0
	決勝	横浜高	3	1	1
1981春	1	東山高	2	0	0
1981夏	1	高知高	4	3	1
	2	鳥取西高	4	1	2
	3	報徳学園高	5	0	0
1982春	1	西京商	4	0	0
	2	岡山南高	5	1	0
	準々	横浜商	3	1	0
1982夏	1	宇治高	6	2	2
	2	星稜高	5	2	2
	3	東海大甲府高	4	3	0
	準々	池田高	2	1	0

小沢《おざわ》 裕昭《ひろあき》(甲府工)

24歳で急死した甲府工のエース。

1979年7月26日山梨県甲府市に生まれる。甲府工業に進学し、1997年夏にエースとして甲子園に出場。初戦の八頭高戦で無四球完封勝利をあげると、2回戦では豊田大谷高校を5安打に抑えて3回戦まで進んだ。

卒業後は日大に進み、4年春には東都大学のリーグ優勝に貢献。2002年日産自動車に入社、エースとなる。翌'03年もエースとして7月までに8勝をあげ、プロを目指していたが、7月15日に横浜市の同社グラウンドで練習中に突然倒れ、意識不明となった。ウイルスが原因で肺に水がたまる心筋炎で、意識の戻らぬまま、8月24日にわずか24歳で死去した。

【甲子園投手成績】(甲府工)

		対戦相手	回	安	振
1997夏	1	八頭高	9	6	8
	2	豊田大谷高	9	5	4
	3	市立船橋高	3⅔	6	0

押尾《おしお》 健一《けんいち》(成東高)

1989年夏に悲願の初出場を果たした成東高校のエースで4番打者。

1971年7月3日千葉県山武郡横芝町に生まれる。横芝小1年から野球を始め、横芝中を経て、成東高に進学。同校は過去に好投手を輩出、あと一歩で甲子園というところまで何度か進みながら、まだ甲子園には出場したことがない学校だった。ここで、エースで4番を打ち、'89年夏に同校を悲願の甲子園初出場に導いて話題となった。また、自身も速球投手として甲子園で注目を集めた。初戦で智弁和歌山高を延長戦で降し、初勝利もあげている。

卒業後は早大進学を表明、プロ入りを拒否していたが、秋のドラフト会議でヤクルトが4位で指名してプロ入り。しかし、プロでは活躍できず、入団9年目の'98年5月に初登板を果たしたものの、この年に2試合11イニングに登板しただけで、翌'99年で引退した。その後は打撃投手をつとめている。

【甲子園投手成績】(成東高)

		対戦相手	回	安	振
1989夏	1	智弁和歌山高	11	5	8
	2	福岡大大濠高	9	5	10

小野《おの》 平《たいら》（秋田商）

秋田県内で県立高校の監督を歴任。

1949年４月５日秋田市に生まれる。1965年秋田商に入学し、二塁手として活躍。３年生の'67年夏、西奥羽大会決勝まで進んだが、同県の本荘高に敗れて甲子園出場を逃した。

青山学院大でも二塁手として活躍。卒業後は帰郷して県立高校の商業科教諭となり、'74年に能代商の監督に就任。'83年夏には同校は優勝候補にあげられ、初出場が期待されたが、５月に起こった日本海中部地震でグラウンドに亀裂が入って使えなくなり、練習不足のため準決勝で敗れた。２年後の'85年夏に甲子園初出場を果たした。

'90年五城目高監督を経て、'95年に当時低迷していた秋田商の監督となった。'97年夏、エース石川雅規を擁して、同校を17年振りに甲子園に復活させると、以後同校は再び秋田県を代表する強豪校の一つとなった。2004年には希望枠で選抜に出場すると、２試合連続完封でベスト８まで進んでいる。

主な教え子に、能代商時代の佐藤薫（ロッテ）、近藤芳久（東芝－広島－ロッテ）、秋田商時代の石川雅規（青山学院大－ヤクルト）、田村彰啓（広島）、成田翔（日体大）らがいる。

【甲子園監督成績】（能代商）

1985夏	1	●	0－4	久留米商

（秋田商）

1997夏	1	○	4－3	浜田高
	2	●	4－8	浦添商
2000夏	1	●	1－8	育英高
2002夏	2	●	1－17	尽誠学園高
2004春	1	○	10－0	鳴門工
	2	○	3－0	甲府工
	準々	●	1－7	愛工大名電高

小野《おの》 巧《たくみ》（秋田高）

秋田高校で選手・監督として活躍。

1955年4月15日秋田県南秋田郡八郎潟町に生まれる。八郎潟中ではショートだったが、投手をつとめたこともあり、秋田県大会で優勝。

秋田高に進学、３年で一塁手兼投手に転向、'73年夏に甲子園に出場した。初戦の北陽高校戦では４回からリリーフし、５イニングを投げて２安打無失点に抑えたが、０対１で惜敗した。

卒業後は、地元の秋田大学教育学部に進学して、下手投げのエースとなり、'77年の全日本大学選手権に国立大学としてただ一校出場した。'78年に卒業後は、２年間秋田高の臨時講師兼野球部コーチをつとめ、'80年県立鷹巣高の保健体育教諭となって監督に就任。'85年には母校・秋田高の監督となった。

翌'86年の選抜に早くも出場、高松西高を降して甲子園21振りの勝利、選抜に限れば初勝利をあげた。1993年には、実に31年振りに秋季東北大会で優勝、翌'94年選抜に出場した。在任17年間で７回甲子園に出場するなど、一時期低迷していた同校を再び県高校球界の強豪校に復活させた。AAAアジア野球選手権で高校選抜チームコーチをつとめたこともある。2002年同校を退任。

主な教え子に、阿部茂樹（巨人）、菅原勇輝（東北福祉大－川鉄千葉）、後藤光尊（法政大中退－川鉄千葉－オリックス）、三浦勉（中央大）、鎌田修平（早大）など。

【甲子園投手成績】（秋田高）

		対戦相手	回	安	振
1973夏	1	北陽高	5	2	3

【甲子園監督成績】（秋田高）

1986春	1	○	3－2	高松西高
	2	●	1－7	岡山南高
1989春	1	●	1－4	北陸高
1991夏	2	○	4－3	北嵯峨高

	3	●	3－4	大阪桐蔭高
1994春	1	●	4－8	智弁和歌山高
1994夏	2	●	2－8	樟南高
1996春	1	●	1－7	滝川二高
1999夏	1	●	0－4	樟南高

小野《おの》 仁《ひとし》（秋田経法大付高）

史上初めて全日本に選ばれた高校生。

1976年８月23日秋田市に生まれる。八橋小４年で野球を始め、県大会ベスト４。泉中３年では県大会で優勝。

秋田経法大付高に進学して、'93年の選抜に出場、豪速球投手として注目を集めた。しかし、初戦の鳥取西高戦では15三振を奪いながら、16安打を浴びるという不思議な投球内容で敗れた。

夏は県大会決勝の対金足農戦で、延長11回19奪三振をマークして降し春夏連続して甲子園に出場。初戦で育英高と対戦したが、５回までに５安打６四球と制球が定まらず降板した。

同年秋の東北大会準決勝対東北高戦で延長16回26三振を奪ったほか、'94年春の県大会では対五城目高戦で21奪三振、対由利工戦では22奪三振（県新記録）をマークするなど、他をよせつけない圧倒的な実力を誇ったが、３年夏は県大会で敗れ、甲子園には出場できなかった。

秋のドラフト会議では、プロ球界からは高い評価を得ていたものの、オリンピックでの金メダル獲得を狙うアマ球界は、10月のアジア大会に史上初めて高校生のまま全日本に選抜した（当時、プロ入りすれば代表にはなれなかった）。この大会、世界最強といわれたキューバとの試合では、150kmの速球で１イニング２三振を奪って注目される。五輪代表をほぼ確約された小野はプロ入りを拒否し、２年間でプロ入りできる特例で五輪凍結選手となり日本石油に入社した。

しかし社会人ではほとんど活躍できず、アトランタ五輪でも代表となったものの、登板の機会はほとんどなかった。五輪後、巨人を逆指名してドラフト２位で入団。二軍戦では活躍を見せたものの、一軍では活躍できなかった。2003年近鉄に転じて１年だけプレーして引退した。

【甲子園投手成績】（秋田経法大付高）

		対戦相手	回	安	振
1993春	2	鳥取西高	9	16	15
1993夏	1	育英高	5	5	3

尾上《おのうえ》 旭《あきら》（銚子商）

1977年の選抜で逆転３ランホームランを打った銚子商の強打者。

1959年4月22千葉県海上郡飯岡町に生まれる。飯岡小４年で野球を始め、エースで４番を打って活躍。飯岡中時代に肘を痛めて遊撃手に転向、３年では関東大会にも出場した。

銚子商に進むとすぐに右肘の遊離軟骨を手術。夏には復帰し、斉藤一之監督の指導を受ける。当時の銚子商には、１年上に宇野勝（中日）、２年上に篠塚利夫（巨人）と名内野手が揃っていた。１年秋にセンターでレギュラーとなり、２年生の1976年夏に甲子園に出場し、ベスト８まで進んだ。

同年秋、宇野の引退でショートに転じて関東大会に進み、翌年の選抜にも出場を決めたが、尾上自身は県大会１回戦で左手親指に重傷を負い、ほとんど出場していない。選抜では５番を打ち、初戦で大鉄高（現・阪南大学高）と対戦、逆転３ランホームランを打って注目を集めた。同年夏は県大会３回戦で敗退した。

同年のドラフト会議ではプロから勧誘があったが、斉藤一之監督の「体が小さいから大学を経由した方がいい」というアドバイスで中央大に進学。大学では１年から東都大学リーグに出場し、３年では春秋連続して２冠王を獲得。日米大学選手権にも選ばれ、ドラフト１位指名で中日に入団した。'88年に近鉄に移籍、主に内野の控えとして出場した。
'91年に引退後は銚子でお好み焼き「おのうえ」を経営している。

【甲子園打撃成績】（銚子商）

		対戦相手	打	安	点
1976夏	2	高松商	5	2	2
	3	東海大一高	3	1	0
	準々	桜美林高	4	1	0
1977春	1	大鉄高	3	2	3
	2	智弁学園高	4	0	0

折《おり》田《た》 士《つかさ》（鹿児島一中）

鹿児島県高校野球界育ての親。1902年衆議院議員折田兼至の次男として鹿児島市に生まれる。鹿児島一中を経て、旧制七高造士館に進んで野球部に入った。160cmと小柄な体で４番を打ち、主将もつとめて七高黄金時代を築いた。東大進学後は野球部に入らずマンドリン奏者をしていたが、休みには帰郷して母校鹿児島一中の指導をしていた。卒業後は鹿児島一中と七高のコーチ・監督を兼任、1925年選抜に鹿児島県勢として鹿児島一中が初めて出場した際には監督として出場した。

戦後は勧銀に入り、洲本支店長時代に地元の洲本中学を指導、教え子の北口－加藤のバッテリーは洲本高校に進学して、'53年選抜で優勝。後に加藤の入団した近鉄からコーチ就任の依頼を受けたが断っている。1966年に死去。甲子園経験は監督としての１試合のみだが、鹿児島県高校球界育ての親の一人である。

なお、弟の折田力は加治木中学から拓殖大で活躍、帰郷後は鹿児島県高野連理事や選抜選考委員などをつとめた。

【甲子園監督成績】（鹿児島一中）

1925春	2	●	2－3	愛知一中

か

香《か》川《がわ》 正《ただし》（坂出商）

坂出商で選手・監督として活躍、'57年の国体で監督として優勝に導いた。

1922年７月23日香川県坂出市に生まれる。'35年坂出商に進学、２年生の'36年には早くも外野手兼投手として公式戦に出場している。'37年には二塁手となり、'38年夏には一塁手で４番を打って甲子園に出場した。

'40年早大に進学。卒業後、応召してビルマに出征。戦後は、全大阪、全鐘紡、日本生命でプレーし、'50年～'52年は甲子園の審判をつとめた。'54年近鉄に入団し、２年間一塁手としてプレー。

退団後は帰郷、'57年に母校・坂出商の監督となると、同年夏の甲子園に出場してベスト８まで進み、静岡国体では優勝している。翌年の選抜にも出場。'58年秋に監督を退任した。

教え子には、安藤元博（早大－東映－巨人）、網野久昭（坂出商監督）らがいる。

【甲子園打撃成績】（坂出商）

		対戦相手	打	安	点
1938夏	1	掛川中	3	1	0
	2	高崎商	4	1	0

【甲子園監督成績】（坂出商）

1957夏	1	○	4－0	山形南高
	2	○	5－1	函館工
	準々	●	0－5	戸畑高
1958春	1	○	4－3	興国商
	2	●	1－5	明治高

香《か》川《がわ》 伸行《のぶゆき》（浪商高）

戦後を代表する強打者の一人で、牛島和彦と組んだバッテリーは、戦後最強との呼び声も高い。

1961年12月19日徳島県阿波郡阿波町に生まれる。のち大阪市西成区に転じ、大阪体育大附属中学を経て、浪商高校（現・大体大浪商高）に進学した。

浪商高では捕手として牛島和彦（中日－ロッテ）とバッテリーを組み、'78年春から甲子園に3回出場した。香川は、その体型と強打で「ドカベン」と呼ばれ、人気があった。とくに飛距離には定評があり、清原和博（PL学園高）の登場までは、甲子園史上最強のホームランバッターであった。

'79年の選抜では、初戦の愛知高戦８回にセンターオーバーの推定飛距離130mという大ホームラン。２回戦では高知商の森投手（阪急）から、初回に先制の犠牲フライ。準決勝では大会２本目のホームランを含む３安打を放って、決勝戦で石井（西武）－嶋田（阪神）がバッテリーを組む箕島高と対戦した。ともに戦後を代表するバッテリー同士の対戦は予想を裏切って打撃戦となり、香川は5打数２安打２打点と活躍したものの、１点差で敗れた。

夏は２回戦の倉敷商戦から、準々決勝の比叡山高戦にかけて３試合連続ホームランを打ったが、準決勝で池田高校に敗れた。

甲子園で11試合を戦って、ヒットを打てなかったのは最後の試合のみ、８試合で打点をあげ、通算５本のホームランを打った。

同年秋のドラフト会議では南海に２位指名されてプロ入り。翌年７月８日対近鉄戦で初打席本塁打を打ってデビューしたが、プロでは体型も災いして、10年間の在籍で78本塁打にとどまった。

引退後はプロ野球解説者や讃岐うどんの通信販売会社の経営などをしている。

【甲子園打撃成績】（浪商高）

		対戦相手	打	安	点
1978春	1	高松商	2	1	0
1979春	1	愛知高	3	2	1
	2	高知商	3	1	1
	準々	川之江高	4	1	1
	準決	東洋大姫路高	5	3	1
	決勝	箕島高	5	2	2
1979夏	1	上尾高	4	1	0
	2	倉敷商	3	1	3
	3	広島商	5	2	1
	準々	比叡山高	4	2	2
	準決	池田高	2	0	0

景浦《かげうら》 将《まさる》（松山商）

沢村と並び称せられる、戦前を代表する強打者。

1915年７月20日愛媛県松山市永代町に生まれる。松山商に進学して３年から本格的に野球を始め、翌'31年夏から三塁手のレギュラーとなって甲子園に出場。'32年には三塁手で６番を打ち、投手も兼ねて出場した。春は三塁手に専念して優勝、夏は準々決勝と決勝でエース三森をリリーフして準優勝。

'33年立教大に進学し、主に外野手として活躍。'36年大阪タイガース（阪神）創立と同時に大学を中退して入団。三塁手に転向して４番を打ったが、秋には投手も兼任して、防御率0.79でタイトルを獲得。翌'37年春には防御率0.93で沢村（巨人）に次いで２位となる一方、48打点で打点王を獲得し、打率も.289で４位に入るなど、投打の中心として活躍した。'39年応召。いったん除隊して'43年には阪神でプレーしたが、'44年に再び従軍し、'45年５月20日フィリピン・カラングラ島で戦死した。'65年殿堂入り。

【甲子園打撃成績】（松山商）

		対戦相手	打	安	点
1931夏	2	第一神港商	4	1	0

	準々	桐生中	4	0	0
	準決	中京商	3	1	0
1932春	2	岐阜商	4	2	2
	準々	八尾中	4	0	0
	準決	中京商	4	0	0
	決勝	明石中	3	1	0
1932夏	2	静岡中	4	2	1
	準々	早実	2	1	2
	準決	明石中	2	0	0
	決勝	中京商	5	2	2

籠《かご》尾《お》 良《よし》雄《お》（土佐高）

“全力疾走”で有名な土佐高校の名監督。

1934年3月10日高知県土佐市宇佐町に生まれる。宇佐小を経て、私立の土佐中に進学。土佐高では選手ではなく溝渕峯夫監督からコーチ術を学び、休日には帰郷して宇佐中学の野球部を指導した。

早大教育学部でも野球部には入らず、森茂雄監督に指導法を学びながら宇佐中学監督として指導をつづけた。当時の教え子から、片田謙二（高知商－広島）、横山小次郎（高知高－近畿大－ロッテ）、有藤通世（高知高－近畿大－ロッテ）、浜村孝（高知商－西鉄－巨人）、山下司（伊野商－巨人）、井本隆（伊野商－鐘紡－近鉄－ヤクルト）と６人ものプロ野球選手が誕生している。卒業後は帰郷して中学教師となる。'59年高岡中に転じ、'61年には県大会で優勝、以後１年間に参加したすべての大会を制した。

この活躍を機に土佐高、高知商、伊野商の３校から高校野球監督の依頼があり、'63年に高知商の教諭となった。ところが、高知商では野球部長の椅子しかなく、１学期で退任して母校土佐高の監督に転じた。同年秋にはわずか12人の部員で四国大会優勝、翌'64年の選抜で甲子園出場を果たした（その後の入部があり、選抜には14人が出場した）。'66年選抜にも12人の部員で出場、決勝戦で中京高に敗れて準優勝となったものの、毎日新聞に「大会の花　土佐高“全力疾走”のすがすがしさ」と書かれるなど、高い評価を得た。以来、土佐高は進学校でスター選手を擁しないにもかかわらず甲子園で活躍、校名の入らない純白のユニフォームと、全力疾走で、全国の高校野球の手本となった。

謹厳実直な性格で厳しい指導をする一方、野球部グラウンドの隣に寮を建設して野球部員の生活の面倒をみたほか、寮では部員に英語の補習を行うなど、野球だけでなく、生活すべてにわたって指導を行った。進学校のために部員数も少なく、身体的にも劣る選手が多いなか、一定の成績をあげつづけた実績は、理想の監督像として全国の高校野球指導者に評価されている。

教え子には、島村聖（慶大－NKK）、上岡誠二（慶大－日本鋼管）、萩野友康（慶大－新日鉄）、玉川寿（慶大－日本石油）、片田統途（法政大－NTT）など東京６大学や社会人で活躍した選手が多いほか、浜田一志、藤沢章雄（ともに東大主将）や、九州６大学の本塁打王となった川田凡也（九大）など、国立大学で活躍した選手も多い。

'93年８月に監督を引退、翌'94年に土佐高教頭に就任した。'96年に土佐高を退職、2002年11月23日肺炎のため死去した。著書に「全力疾走三十年」がある。

【甲子園監督成績】（土佐高）

1964春	2	○	7－3	浜松商
	準々	○	4－3	平安高
	準決	●	0－1	徳島海南高
1966春	1	○	4－0	高野山高
	2	○	10－2	室蘭工
	準々	○	1－0	平安高
	準決	○	7－1	育英高
	決勝	●	0－1	中京商
1967夏	1	○	6－3	浜松商
	2	○	2－0	武相高
	準々	●	1－2	中京高
1975夏	2	○	8－1	桂高
	3	●	3－4	上尾高

1976春	1	○	4－3	豊見城高
	2	○	6－0	徳島商
	準々	●	3－4	小山高
1989夏	1	●	0－2	東亜学園高
1993春	2	●	3－5	東北高

香椎《かしい》 瑞穂《みずほ》（日大桜丘高）

平安中で内野手として活躍。戦後は東都大学大学リーグを代表する監督として活躍した後に、日大桜丘高を率いて'72年選抜で初出場初優勝を達成した。

1912年1月4日長崎県に生まれる。平安中では内野手で、'28年選抜から甲子園に3季連続出場。同年夏には三塁手で2番を打って全国制覇した。日大でも優勝1回。

卒業後、法務省総務課に勤務のかたわら、'48年から母校・日大の監督に就任。64年に辞任するまでに東都大学リーグで11回優勝、'61年には大学選手権でも優勝し、ヤンキースの名監督になぞらえて“東都のステンゲル”といわれた。

この間、岩手県の福岡高、長野県の伊那北高などもコーチとして指導し、甲子園に出場させている。なお、'61年夏に甲子園に出場した伊那北高は、朝日新聞社「甲子園風土記」では香椎を監督としてあるが、長野県高等学校野球連盟「長野県高等学校野球大会記念史 Ⅰ」では、武内清監督と記載されており、歴代監督一覧に香椎の名前はない。しかし、甲子園出場直前の朝日新聞の記事では武内清部長とあり、夏の大会期間のみ香椎が監督だった可能性がある（春と秋は日大の監督のため）。

のち日大桜丘高監督に就任し、'72年選抜に初出場で優勝。'80年日大藤沢高の監督に転じ、'87年までつとめた。この間、'84年度の朝日体育賞を受賞している。1988年12月18日死去。

主な教え子に、日大桜丘高時代の仲根政裕（近鉄ー中日）、日大藤沢高時代の荒井直樹（いすゞ自動車ー日大藤沢高監督）、山本昌広（中日）らがいる。

【甲子園打撃成績】（平安中）

		対戦相手	打	安	点
1928春	1	松山商	3	1	1
1928夏	1	八戸中	5	2	0
	2	福岡中	4	0	2
	準々	甲陽中	2	0	0
	準決	北海中	4	2	0
	決勝	松本商	4	0	0
1929春	1	海草中	4	0	0

【甲子園監督成績】（日大桜丘高）

1972春	2	○	6－0	松江商
	準々	○	3－1	高知商
	準決	○	3－2	東北高
	決勝	○	5－0	日大三高
1972夏	1	●	2－4	高知商

注）1961年夏の伊那北高は除外した

梶浦《かじうら》 博《ひろし》（岐阜第一高ほか）

東海地区の高校で監督を歴任。

1936年愛知県名古屋市昭和区に生まれる。中京中に進学して野球部に入り、中京商（現・中京大中京高）3年生の1953年選抜に一塁手として出場。夏には4番を打ってベスト4まで進んだ。日大に進んだが、中退して中京大に転じ、'57年春に愛知大学リーグで優勝。

卒業後、三菱自動車販売を経て、'63年に岐阜県の中京高（'67年中京商と改称，のち中京高に戻る）の創部にともなって初代監督に招聘され、'73年選抜で同校を甲子園に初出場させた。直後に部長に転じ、同年夏に連続出場、翌年夏も出場した。

'75年静岡県の静清工を経て、'80年岐阜第一高（旧・岐阜短大附属高）監督に就任。'83年には13年振り、岐阜第一高と校名変更後は初めて甲子園に出場させ、夏にはベスト8まで進んでいる。その後は愛知県の豊川高の監督もつとめた。

2001年母校の中京大監督に就任したが、秋に体調を崩し、翌'02年3月9日66歳で死去した。

主な教え子に、中京高・中京商時代の近藤正（中京高監督）、原田末記（拓銀－ヤクルト）、岐阜第一高時代の穴吹祐司（阪急）、白木孝明（中京大－ＪＲ東海－岐阜第一高監督）、林哲雄（巨人）などがいる。

【甲子園打撃成績】（中京商）

		対戦相手	打	安	点
1953春	2	洲本高	3	0	0
1953夏	1	下関東高	4	1	0
	2	慶応高	3	1	0
	準々	宇都宮工	3	0	0
	準決	土佐高	2	1	1

【甲子園監督成績】（中京商）

1973春	1	●	2－3	天理高

（岐阜第一高）

1983春	1	○	5－3	尽誠学園高
	2	●	1－10	池田高
1983夏	1	○	7－0	天理高
	2	○	6－5	川之江高
	3	○	5－0	印旛高
	準々	●	3－6	久留米商

鍛《か》治《じ》舎《しゃ》 巧《たくみ》（県岐阜商）

1969年の選抜に出場した県岐阜商の投打の中心選手。

岐阜県大野町に生まれる。県岐阜商に進んでエースで6番を打ち、1969年の選抜に出場。2回戦の比叡山高戦では4安打に抑える一方、間柴茂有投手（日本ハム）から、大会通算100号ホームランを打った。準々決勝の博多工戦では先発したが、3回で降板しセンターに転じている。同年夏は三岐大会で敗れ、甲子園には出場できなかった。

'70年に卒業して早大に進学し、東京6大学リーグで5季連続3割をマーク、日米大学野球でも4番を打つ。松下電器に入社、'75年秋のドラフト会議で阪神から2位指名されたが拒否した。現役引退後、同社野球部長のかたわら、少年野球オール枚方の監督もつとめる。また、甲子園でのラジオ、テレビ中継の解説者としても有名。'93年からは岐阜県スポーツ顧問。

【甲子園投手成績】（県岐阜商）

		対戦相手	回	安	振
1969春	2	比叡山高	9	4	5
	準々	博多工	2	3	1

【甲子園打撃成績】（県岐阜商）

		対戦相手	打	安	点
1969春	2	比叡山高	4	1	1
	準々	博多工	4	2	0

梶《かじ》田《た》 茂《しげ》生《お》（池田高）

1986年選抜で優勝した池田高校の小柄なエースで4番打者。

1968年7月20日徳島県板野郡板野町に生まれる。小2で野球を始め、5年からセンター、6年でエースとして活躍した。上板中から池田高に進学、165cmと小柄ながら1年秋にはセンターで1番を打ち、'85年の選抜に出場。初戦の秀明高戦では3安打をで2盗塁を決めるなど活躍、ベスト4まで進んだ。

同年秋の新チーム結成でエースで4番を打って四国大会で準優勝。翌'86年は春夏連続して甲子園に出場、強打の池田高校の165cmの大黒柱として注目された。選抜では初戦で福岡大大濠高を7安打に抑える一方、2安打2打点と投打に活躍。2回戦では防府商を4安打に抑えた。準々決勝の尾道商戦は不調で10安打を浴びたが8回に逆転勝ち。準決勝では復活して岡山南高を6安打に抑え、決勝では初回に先制のタイムリー二塁打を放つと、5打数4安打2打点という活躍で優勝した。この大会、梶田は全試合完投している。同年夏は初戦で敗退。

筑波大学に進学して外野手に転向、1年春から首都大学リーグ戦に出場、秋にはリーグ優勝。神宮大会で決勝戦でサヨナラ本塁打を打って、国立大学初の優勝を達成した。4年では日米大学選手権にも出場した。卒業後日本生命に入社、全日本代表として、'93年のアジア大会に出場している。のちコーチとなる。

【甲子園投手成績】（池田高）

		対戦相手	回	安	振
1986春	1	福岡大大濠高	9	7	3
	2	防府商	9	4	6
	準々	尾道商	9	10	2
	準決	岡山南高	9	6	5
	決勝	宇都宮南高	9	8	9
1986夏	1	明野高	9	10	3

【甲子園打撃成績】（池田高）

		対戦相手	打	安	点
1985春	1	秀明高	5	3	0
	2	駒大岩見沢高	5	0	0
	準々	東北高	4	1	0
	準決	帝京高	4	3	0
1986春	1	福岡大大濠高	4	2	2
	2	防府商	4	1	0
	準々	尾道商	4	1	0
	準決	岡山南高	3	0	0
	決勝	宇都宮南高	5	4	2
1986夏	1	明野高	3	2	0

梶原《かじわら》 英夫《ひでお》（高松中）

高松中学の生んだ“天才投手”。1928年に春夏連続出場した高松中学のエースである。

1911年香川県に梶原弥之助の長男として生まれる。父は一高在学中には3番打者として活躍、守山恒太郎らと黄金時代を築いた選手の一人で、当時は高松区裁判所の判事であった。

'24年高松中学に入学するとすぐに野球部に入部、当時は高松商業の黄金時代で、この年の選抜では高松商業が優勝している。'26年、3年生で二塁手のレギュラーとなり、夏の甲子園には9番打者として出場した。

'27年夏、二塁手兼控え投手として臨んだ四国予選、準決勝で高松商業の水原投手にノーヒットノーランを喫した。秋の新チーム結成ではエースで4番を打って主将をつとめるというまさに大黒柱となったが、夏の完敗が原因で鈴木義伸・大西禎夫両コーチ（監督）がグラウンドに姿をみせなくなっていた。そこで、3年生の成田知己（のちの社会党委員長）をマネージャーとして勧誘、さらに9月に丸亀中学から転校してきた三原脩をメンバーに加えて、自らチームを立て直し、両コーチをグラウンドに呼び戻したのである。

翌'28年、初めて選抜大会に出場。この時は初戦で松本商業に敗れたが、帰郷後、破竹の勢いをみせた。練習試合や定期戦に連戦連勝して夏の四国大会も制し、24連勝で甲子園に出場。甲子園でも、鳥取一中、和歌山中学と降して26連勝を記録、準決勝で再び松本商業と対戦した。

雨で2日順延したため、準決勝は内野グラウンドでガソリンを燃やして土を乾かすという過激な手法を使って強行された。0－3とリードされて迎えた6回表、無死一二塁というチャンスを迎えたところで雨のために中断、2時間20分後に大西禎夫総監督が審判団のコールドゲームの宣告を受け入れて敗れた。

秋に行われた神宮大会では準決勝で松本商業を降し、決勝では和歌山中学と対戦、引き分け再試合のあと、5安打で完封して優勝している。

一高を経て、東大に進学し、投打にわたって活躍。卒業後は住友金属に入社したが、

'44年4月27日、34歳で戦病死した。

【甲子園投手成績】（高松中）

		対戦相手	回	安	振
1928春	1	松本商	8	9	4
1928夏	2	鳥取一中	9	4	4
	準々	和歌山中	9	4	4
	準決	松本商	5	3	1

片岡《かたおか》 篤史《あつし》（ＰＬ学園高）

1987年に甲子園で春夏連覇したＰＬ学園高校の４番打者。

1969年６月27日京都府久世郡久御山町東一口の野菜の専業農家に生まれる。御牧小３年で南京都リトルに入り、ショート。久御山中時代の南京都シニアでは全国大会に出場した。

ＰＬ学園高に進学、３年の'87年選抜に７番を打って出場し優勝。夏には一塁手で４番に入り、３番立浪、４番片岡という強力打線を形成、史上４校目の春夏連覇を達成した。準決勝の帝京高戦では５打数５安打を記録している。

同志社大では１年秋から４番を打ち、２年の時に首位打者を獲得。関西６大学でベストナイン７回。大学通算10本塁打は二岡に破られるまで関西学生リーグ記録だった。'91年秋のドラフト２位指名で日本ハムに入団。一塁手、三塁手としてパリーグを代表する選手として活躍。2001年オフにＦＡを宣言、阪神に移籍している。

【甲子園打撃成績】（ＰＬ学園高）

		対戦相手	打	安	点
1987春	1	西日本短大付	3	2	0
	2	広島商	3	0	0
	準々	帝京高	3	1	0
	準決	東海大甲府高	6	3	2
	決勝	関東一高	5	1	1
1987夏	1	中央高	3	1	0
	2	九州学院高	4	0	0
	3	高岡商	3	2	0
	準々	習志野高	3	2	2
	準決	帝京高	5	5	2
	決勝	常総学院高	5	3	0

堅田《かただ》 外司昭《としあき》（星稜高）

箕島高校と延長18回を戦った星稜高のエース。

1961年10月22日石川県に生まれる。森本中を経て、星稜高に進学。'79年にエースで５番を打って春夏連続出場を果たした。夏の３回戦では春夏連覇を目指す箕島高と対戦、延長18回の死闘を繰り広げた末にサヨナラ負けを喫した。

卒業後は野球を辞めるつもりだったというが、帰郷すると社会人や大学からの勧誘が殺到、結局松下電器に入社した。しかしほとんど登板できず、５年間の現役生活で通算成績は1勝1敗だった。その後マネージャーを８年間つとめ、社業に専念。一方、'90年から大阪府野球連盟に所属して社会人野球の審判をつとめる。2002年に大阪府高野連との交流制度が始まり、翌'03年春には近畿大会の審判として高校野球界に復帰した。そして夏の甲子園に派遣が決まり、筑陽学園高－東北高の二塁塁審として甲子園デビューも果たした。

箕島高校の対戦終了後、ベンチ裏の通路で、球審をつとめた永野元玄に呼び止められた。永野は「よくがんばったな」と一声かけると、腰の袋から白球を取り出し、堅田に手渡した。以来四半世紀、白球は堅田の自宅に飾られ、勇気を与えつづけているという。

【甲子園投手成績】（星稜高）

		対戦相手	回	安	振
1979春	1	川之江高	8	6	1
1979夏	2	宇治高	9	7	4
	3	箕島高	17⅓	12	4

勝山《かつやま》 五郎《ごろう》（京都商）

京都商など複数の高校の監督を歴任。

1935年10月京都市に生まれる。中学時代から野球を始め、京都商を経て、関西大学に進学。上田利治や村山実らとともにプレーした。卒業後、鳥取県の安来高監督、ノンプロ・辻和を経て、'67年から母校・京都商に監督として迎えられた。'73年には春夏連続出場して、夏に戦後初勝利をあげたほか、'81年夏には準優勝も果たしている。春夏通算７回出場。

'90年、同校が京都学園高校と改称したのを機に辞任、当時は全く無名だった熊本県の城北高校に招聘されて監督に就任した。３年目の'92年夏に県大会決勝まで進出、翌'93年夏に同校を甲子園に初出場させたが、まもなく辞任。

1999年５月31日脳出血のため63歳で死去した。

主な教え子に、京都商時代の服部浩一（大阪商大－阪神）、井口和久（同志社大－トヨタ自動車）、清川栄治（大商大－広島－近鉄）、水本啓史（中日）、堀田徹（巨人）、城北高時代に楠裕二（日本鋼管福山）らがいる。

【甲子園監督成績】（京都商）

1973春	1	●	0－2	日大一高
1973夏	1	○	1－0	札幌商
	2	●	0－1	高松商
1976夏	1	●	0－2	小山高
1977夏	2	●	1－9	津久見高
1978夏	1	●	2－3	県岐阜商
1981夏	2	○	5－4	前橋工
	3	○	1－0	宇都宮学園高
	準々	○	2－0	和歌山工
	準決	○	1－0	鎮西高
	決勝	●	0－2	報徳学園高
1986夏	2	○	1－0	東海大山形高
	3	●	0－14	沖縄水産

（城北高）

1993夏	2	●	2－5	智弁和歌山高

嘉藤《かとう》 栄吉《えいきち》（明石中）

中京商業と延長25回を戦った明石中学の“運命の二塁手”。公式資料である「選抜高等学校野球大会60年史」のメンバー表では「加藤」となっている。

兵庫県明石市に生まれる。明石中学に進学、'32年の選抜には出場していないが、同年夏には三塁手で９番を打って出場。以後、４季連続して出場した。'33年夏の大会では二塁手として出場し、準決勝で中京商業と対戦した。この試合は０－０のまま延長25回まで続いた。25回裏、無死満塁のピンチで一二塁間に緩いゴロがころがった。嘉藤はこの打球を捕ると、ホームに送球したものの、わずかに高めにそれ、サヨナラ負けを喫した。

ベンチに戻った嘉藤は、「申し訳ありません」と頭をさげた。しかし、竹内監督からは逆に「胸をはれ」といわれたという。

嘉藤の送球を責めるものはいなかった。しかし、嘉藤自身には重荷だった。この試合のことを笑って話せるようになったのは、還暦を過ぎてからだという。

卒業後は満州にわたってセミプロチームに所属、現地で応召した。戦後は明石市内のゴムメーカーに勤務して軟式ボールの改良を担当、トップボール（準硬式）の開発にかかわった。80歳を超えても草野球でプレーをつづけ、2003年夏の兵庫県予選では旧制明石中学のユニフォームを着て、姫路球場で始球式をつとめた。伝説の試合の語り部でもある。

【甲子園打撃成績】（明石中）

		対戦相手	打	安	点
1932夏	1	北海中	3	0	0
	2	大正中	2	0	0
	準々	八尾中	3	0	0

	準決	松山商	3	2	0
1933春	1	平安中	4	0	0
	2	浪華商	4	0	1
	準々	京都商	2	0	0
	準決	中京商	3	1	0
	決勝	岐阜商	3	0	0
1933夏	1	慶応商工	5	2	0
	2	水戸商	5	1	0
	準々	横浜商	3	0	0
	準決	中京商	9	0	1
1934春	2	京都商	2	0	0
	準々	東邦商	4	0	0

加藤《かとう》 順二《じゅんじ》（徳島商）

“幻の甲子園”で全国制覇した徳島商業のエース。1942年夏、全国中等学校野球選手権大会は戦争のために中止となった。その代わりに開催されたのが、文部省と学徒体育振興会の主宰する全国中等学校体育大会野球大会で、場所は甲子園で行われた。加藤はこの大会に徳島商業のエースとして出場、決勝では平安中学を延長11回の末に8－7で降して徳島県勢として初めて全国制覇を達成した。しかし、同大会は戦後、選手権大会としては認められず、“幻の甲子園”と呼ばれ徳島商業の全国制覇も“幻の全国優勝”とされた。2001年10月1日、76歳で死去した。

加藤《かとう》 誉昭《たかあき》（都城商）

1981年夏に大会タイ記録の3本塁打を打った都城商の強打者。

1963年4月24日宮崎県都城市郡元町に生まれる。祝吉中を経て、都城商に進学。センターで4番を打ち、'81年夏に同校を甲子園に初出場させた。初戦で帯広工と対戦、3回表にライトスタンドに入るホームランを打つ。続く岡谷工戦では4回表にバックスクリーン右への先制大ホームラン。さら延長12回裏にはライトポール際にサヨナラホームランを放った。大会3本塁打は夏の甲子園タイ記録、宮崎県勢としても17振りの準々決勝進出となった。

この活躍で、秋のドラフト会議では“王2世”といわれ、ヤクルトから2位指名されてプロ入り。'84年と'87年に公式戦に出場したが、活躍できないまま'88年に引退した。引退後はベースボール・マガジン社に勤務。

【甲子園打撃成績】（都城商）

		対戦相手	打	安	点
1981夏	2	帯広工	5	1	2
	3	岡谷工	3	2	2
	準々	鎮西高	4	2	0

加藤《かとう》 斌《たけし》（作新学院高）

1962年に春夏連覇した作新学院高校の夏の優勝投手。

1944年5月21日中国・上海に生まれる。父は上海で警察官をつとめていた。姉はのちにミス・ユニバース栃木県代表となっている。一家は戦後、栃木県宇都宮市に引き揚げて宇都宮地検の検察事務官となったが、当時住んでいた市営住宅が作新学院高校野球部のグラウンドのすぐ裏にあった。

作新学院高校に進学、'62年春夏連続して甲子園に出場したが、春は八木沢荘六投手の控え投手のため、延長戦となった準決勝の松山商戦に9回リリーフで登坂したのみである。

夏の大会では甲子園入りした直後に八木沢が赤痢と診断されて病院に隔離、出場できなくなったため、急遽エースに抜擢された。加藤は初戦の気仙沼高校戦で延長11回を投げきると、続く慶応高校は完封。準々決勝の岐阜商戦では大量リードのため9回熊倉栄一にマウンドを譲ったが、準決勝と決勝は再び連続完封して、春夏連覇を達成した。

卒業後は中日に入団、1年目の秋には一軍で初勝利もあげたが、'65年1月3日の深夜、今市市大沢の日光街道で移転するスポーツカーがブロック塀に激突、翌日20歳で死去した。

【甲子園投手成績】（作新学院高）

		対戦相手	回	安	振
1962春	2	久賀高	未	登	板
	準々	八幡商	未	登	板
		八幡商	未	登	板
	準決	松山商	7⅓	4	3
	決勝	日大三高	未	登	板
1962夏	1	気仙沼高	11	4	12
	2	慶応高	9	5	8
	準々	県岐阜商	8	3	4
	準決	中京商	9	3	2
	決勝	久留米商	9	5	6

加藤《かとう》 英夫《ひでお》（中京商）

1966年に甲子園で春夏連覇を達成した中京商のエース。

1948年5月18日愛知県に生まれる。'64年中京商に進学して杉浦藤文監督の指導を受けるが、入学当時は身長も170cmほどで、全く目立たない選手だったという。翌'65年の選抜には控え投手として甲子園に出場したが、実際には登板しなかった。

2年秋にエースになると矢沢正（巨人）とバッテリーを組んで秋の県大会で優勝、東海大会でも優勝した。翌'66年の選抜では、初戦でエース加藤英治（近鉄）、4番加藤秀司（阪急ほか）を擁して優勝候補のＰＬ学園高と対戦。9安打を打たれながらも要所を抑え、相手投手の自滅もあって勝利。2回戦でも高鍋高に5点を奪われながら辛勝した。準々決勝で米子東高を降した後、準決勝の宇部商戦は3－3の同点で延長戦となった。14回表に1点を先行されたが、裏に取り返し、15回裏にサヨナラ勝ち。決勝では土佐高の上岡誠二（慶大）と投手戦になり、テキサスヒットであげた1点を守りきって完封勝ちした。

夏の県大会では7試合中4試合を完封、決勝戦では東邦高を1点差で降して春夏連続して甲子園に出場。甲子園の初戦は秋田高を1安打完封。2回戦では岡山東商打線に2本塁打を含む11安打を浴びながら辛勝した。準々決勝の桐生高戦は7四球を与える乱調、続く準決勝は報徳学園高を5安打完封と、好不調の落差の激しい投球内容が続いた。決勝では、春に続いて四国勢の松山商と対戦。2回裏に併殺崩れで1点を先制されたが、以後は抑えて3－1で破り、史上2校目の春夏連覇を達成した。

身長は結局173cmどまり、とくに球威があるわけでもなく、春夏連覇した5校のエース中で最も目立たない投手である。しかし、全10試合96イニングを一人で投げぬいた。

この年はドラフト会議が2回に分けて行われ、第2次ドラフトで近鉄から2位指名されてプロ入り。しかし、プロ在籍9年間では2勝3Ｓにとどまった。引退後は近鉄配送サービスに勤務したのち帰郷。

【甲子園投手成績】（中京商）

		対戦相手	回	安	振
1966春	1	PL学園高	9	9	2
	2	高鍋高	9	8	6
	準々	米子東高	9	7	6
	準決	宇部商	15	14	7
	決勝	土佐高	9	5	4
1966夏	1	秋田高	9	1	8
	2	岡山東商	9	11	5
	準々	桐生高	9	4	5
	準決	報徳学園高	9	5	3
	決勝	松山商	9	5	6

加藤《かとう》 昌助《まさすけ》（新潟商）

1922年の新潟商業棄権の当事者で、戦前の新潟県中等学校野球界を代表する選手。

新潟市古町で、江戸時代中期から続く商家

の次男として生まれた。新潟商業ではエースで４番を打ち、主将もつとめるという、まさに大黒柱であった。

５年生の1922年夏、新潟商は加藤の活躍で北陸予選を勝ち抜き、当時鳴尾球場で行われていた全国大会に出場を決めた。ところが、出発直前になって40度を超す高熱と激しい下痢に襲われ、全国大会に出場することができなくなってしまったのである。見舞いに来た松田校長に対して、加藤は、朦朧とする意識の中で、自分を除く10人のメンバーで出場するように要請した。しかし、松田校長はチームの出場を認めなかった。加藤を欠いて全国大会に臨めば、惨めな結果になることは明白、と考えたからである。結局、松田が棄権を大会本部に通告、史上唯一の、選手の病気による不出場となった。

翌'23年、卒業すると同時に母校の監督に就任。北陸予選を勝ち抜いて、今度は無事に全国大会に出場した。そして、初戦では明星商業を破って初勝利もあげたのである。監督はこの１年でやめて、'24年冬に志願兵として入隊した。'26年、除隊すると同時に新潟商業の監督に復帰し、この年にも甲子園に出場した。しかし、甲信越予選準決勝後に監督を先輩の志賀五作に譲ってコーチとなっており、甲子園ではベンチに入らず、スタンドから応援している。

'32年満州に渡り、'44年に現地で応召、戦後はシベリアで抑留生活を送った。'55年に３度目の監督に就任、'58年には32年振りの甲子園出場を果たし、まもなく引退した。

【甲子園監督成績】（新潟商）

1923夏	1	○	2－1	明星商
	2	●	7－12	広陵中
1958春	2	●	0－4	済々黌高
1958夏	1	●	1－2	鳥取西高

注）1926年夏にも準々決勝まで進んでいるが、大会直前にコーチ登録に変更しているため割愛

門脇《かどわき》 浩道《ひろみち》（仙台一中）

1923年夏、宮城県勢として初めて甲子園に出場した仙台一中のエース。

仙台一中ではエースで４番を打つ。'22年春、旧制二高（現・東北大学）の指導に訪れていた浅沼誉夫と市岡忠男の要請で同校と練習試合をした際に５－０で快勝、これを機に仙台一中のＯＢでもある浅沼誉夫の指導を得た。翌'23年夏には初めて岩手・秋田両県勢を降して東北予選を制し、宮城県勢として悲願の全国大会初出場を果たした。全国大会は鳴尾球場で開催、初戦で松江中学と対戦したが、初めて見た左腕のアンダーハンドに幻惑されて初戦で敗退した。

'40年夏に母校が２度目の甲子園出場を果たすと、戦地より母校の勝利を祝って野球帽を送ったという。野球部またＯＢ会である広瀬会の会長もつとめた。

【甲子園投手成績】（仙台一中）

		対戦相手	回	安	振
1923夏	2	松江中	8	8	3

金沢《かなざわ》 成奉《せいほう》（光星学院高）

青森県の光星学院高校を強豪校に育てた監督。

1966年11月13日大阪府吹田市に生まれる。太成高を経て、東北福祉大では内野手としてプレーし、卒業後の'91年同大学コーチとなる。

'95年青森県の光星学院高校に招聘されて監督に就任。同校は前任の津屋晃監督の人脈で関西から選手を呼び、県内では一定の成績をあげていたが、なかなか勝ち抜くことができないチームであった。

この年の夏、いきなり県大会決勝まで進んで延長戦の末惜敗した。以後も関西からの野球留学生を積極的に受け入れて強化を図り、各大会で甲子園直前までいきながら、やはり

最後の壁を乗り越えられない時期が続いたが'97年の選抜で甲子園に初出場を果たした。

以後、青森山田高とともに青森県高校球界を２分する強豪校として活躍、200年夏の甲子園ではベスト４まで進んで光星学院高校の名前を一躍全国に轟かせた。翌'01年、さらに'03年夏と、甲子園で３回連続してベスト８以上に進出。その活躍によって、近年は東北各地から選手が集まるようになり、同校は東北を代表する強豪校となっている。

主な教え子に、洗平竜也（東北福祉大－中日）、児玉真二（東北福祉大－ローソン－本田鈴鹿）、山根新（専修大）、根市寛貴（巨人）らがいる。

【甲子園監督成績】（光星学院高）

1997春	1	●	3－5	岡山南高
1997夏	1	●	9－10	佐賀商
1998春	2	●	2－3	豊田西高
2000夏	2	○	10－8	丹原高
	3	○	4－3	九州学院高
	準々	○	2－1	樟南高
	準決	●	5－7	智弁和歌山高
2001夏	2	○	9－2	初芝橋本高
	3	○	3－2	神埼高
	準々	●	6－8	近江高
2003夏	1	○	6－3	必由館高
	2	○	3－1	木更津総合高
	3	○	2－0	倉敷工
	準々	●	1－2	東北高

金光《かねみつ》 興二《こうじ》（広島商）

1973年夏に全国制覇した広島商の遊撃手。

1955年９月15日広島市西区に生まれる。広島商業では遊撃手で１番を打ち、主将もつとめた。'73年に春夏連続して甲子園に出場、選抜では準優勝、夏には全国制覇を果たした。

法政大では１年からリーグ戦で活躍、４年では主将をつとめた。在学中にリーグ戦で４回優勝し、明治神宮大会で２回優勝している。'77年秋のドラフト会議では近鉄から１位指名されたが、拒否して三菱重工広島に入社した。'79年には都市対抗で優勝し、高校、大学、社会人のいずれでも全国優勝を経験した。

'89年母校・広島商業の監督に就任、'92年と'94年の選抜に出場している。'97年夏に退任、2003年１月今度は母校・法政大学の要請で同校の監督に就任した。

教え子には、森田徹夫（東洋大－三菱重工名古屋）らがいる。

【甲子園打撃成績】（広島商）

		対戦相手	打	安	点
1973春	1	静岡商	3	0	1
	2	松江商	4	0	0
	準々	日大一高	3	0	0
	準決	作新学院高	1	0	0
	決勝	横浜高	4	2	0
1973夏	1	双葉高	4	2	1
	2	鳴門工	3	2	0
	3	日田林工	4	1	0
	準々	高知商	3	1	0
	準決	川越工	5	0	0
	決勝	静岡高	3	0	0

【甲子園監督成績】（広島商）

1992春	1	○	3－0	坂出商
	2	●	2－3	天理高
1994春	1	○	7－3	鹿児島実
	2	●	2－4	宇和島東高

金村《かねむら》 義明《よしあき》（報徳学園高）

1981年夏の甲子園で全国制覇した報徳学園高校のエースで４番打者。

1963年８月28日兵庫県宝塚市に生まれる。生家は焼肉店だった。小学校低学年から、兄の影響で野球を始め、報徳学園中学に入学、当時の監督が北原功嗣だった。報徳学園高校に進学すると、同時に北原監督も高校の監督となり、６年間連続して指導を受ける。
２年生の'80年夏はライトで３番を打ち、エース矢野和哉（のちヤクルト）の控え投手もつとめたが、県大会決勝で石本貴昭（のち近鉄ほか）がエースの滝川高に敗れて甲子園には出場できなかった。
秋の新チームではエースとなり、近畿大会に出場。翌'81年は春夏連続して甲子園に出場した。選抜では３番を打ち、初戦で大府高校と対戦。槙原寛己（巨人）投手と投げあって10三振を奪い、自らホームランも打ったものの、３－５で敗れた。
夏には４番を打って出場。初戦で盛岡工を完封すると、２回戦では横浜高校を３安打に抑える一方、自ら大会史上３人目の２打席連続本塁打を放って打者としても注目された。３回戦では荒木大輔がエースの早実と対戦し、延長10回を５安打に抑えて降した。準々決勝では今治西高の藤本修二（南海ほか）、準決勝では名古屋電気の工藤公康（西武－ダイエー－巨人）と好投手との投手戦を退け、決勝戦では京都商を降して全国制覇を達成した。
投手としても活躍したが、打者としては春夏７試合すべてにヒットを打ち、通算３ホームランを記録した。
秋のドラフト会議では近鉄が１位で指名してプロ入りし、すぐに三塁手に転向。１年目にジュニアオールスターのＭＶＰを獲得、のち一軍でも三塁手として活躍した。その後、中日・西武でもプレーし、'99年に引退。自伝に「在日魂」がある。

【甲子園投手成績】（報徳学園高）

		対戦相手	回	安	振
1981春	1	大府高	8	9	10
1981夏	1	盛岡工	9	5	6
	2	横浜高	9	3	6
	3	早実	10	5	5
	準々	今治西高	9	8	9
	準決	名古屋電気	9	9	7
	決勝	京都商	9	3	6

【甲子園打撃成績】（報徳学園高）

		対戦相手	打	安	点
1981春	1	大府高	4	3	2
1981夏	1	盛岡工	4	2	1
	2	横浜高	3	2	2
	3	早実	5	3	0
	準々	今治西高	3	1	0
	準決	名古屋電気	4	3	1
	決勝	京都商	3	1	0

樺《かば》木《き》 義則《よしのり》（金沢高）

金沢高など３都県の高校を甲子園に出場させた監督。
1945年１月17日石川県金沢市に生まれる。金沢高で捕手として活躍、'62年夏に甲子園初出場を果たした。甲子園では開幕日にPL学園高と対戦して完敗した。
駒沢大を経て、'67年に卒業後、１年間同大学のコーチをつとめ、'68年武相高に商業科教諭として赴任し、監督に就任。同年夏に甲子園に出場。'78年修徳高に転じると、翌'79年には選抜に出場した。
'86年８月母校・金沢高に招聘されて監督に就任。翌年には春夏連続出場を果たし、'90年の選抜ではベスト８まで進むなど、赴任先の高校を次々と甲子園に出場させた。のち女子校から共学に転じて野球部を創部した金沢東高の初代監督に就任し、2001年までつとめた。'03年春からは室蘭大谷高のコーチをつとめる。
主な教え子に、武相高時代の島野修（巨人－阪急）、金沢高時代の岡本寿（駒沢大－JR東日本）、作田真人（NTT北陸）、中居殉也（ダイエー）、藤井優志（大阪学院大－中日）、中野真博（青山学院大－東芝）、高須洋介（青山学院大－近鉄）、金沢東高時代の中村洋也（金沢学院大）らがいる。

【甲子園打撃成績】(金沢高)

		対戦相手	打	安	点
1962夏	1	PL学園高	3	0	0

【甲子園監督成績】(武相高)

1968夏	2	●	1－2	広陵高

(修徳高)

1979春	1	●	1－6	東洋大姫路高

(金沢高)

1987春	1	●	2－3	帝京高
1987夏	1	○	3－2	八頭高
	2	●	2－3	東亜学園高
1988夏	1	●	3－4	東海大甲府高
1990春	1	○	4－3	伊奈学園総合高
	2	○	5－3	浜松商
	準々	●	2－9	近大付高
1993春	1	●	1－2	関西高
1993夏	1	●	2－4	甲府工

上重《かみしげ》 聡《さとし》 (PL学園高)

1998年、春夏つづけて横浜高と死闘を繰り広げたPL学園高のエース。しかし、横浜高戦では春夏ともに先発せずリリーフ投手として登板している。

1980年5月2日大阪府八尾市に生まれ、小学2年から野球を始める。龍華中を経て、PL学園高では1年から甲子園メンバー入り。'98年エースとして選抜に出場し、1回戦で樟南高を5安打1点に抑えると、2回戦の創価高戦で完封勝ち。3回戦の敦賀気比高戦では8回から稲田をリリーフ。準々決勝の明徳義塾高戦は先発して1－1で迎えた9回表に寺本四郎にホームランを打たれ、その裏代打を送られて降板。準決勝では先発した稲田が8回表の先頭打者に二塁打を打たれたところでリリーフ。四球とバントのあと、打者松坂大輔(西武)を三塁頃に仕留めたが、ホームへの送球が三塁ランナーの体にあたってそれて2者がホームインし同点に。さらに9回表にスクイズで決勝点を取られて敗れた。

夏初戦の八千代松陰高戦は大量リードのため8回で降板。2回戦の岡山城東高戦では登板せず、3回戦の佐賀学園高戦は完投して、準々決勝で再び横浜高と対戦した。この試合は再び稲田が先発4－4の同点で迎えた7回からリリーフした。以後、延長17回まで投げつづけ、7－9で敗れた。

立教大に進学。2年生の2000年秋の東大戦では東京6大学史上、36年ぶり2人目となる完全試合を達成した。以後、ドラフト上位候補として各球団から注目されていたが、3年の終わりには早々と日本テレビにアナウンサーとして内定を得、'03年卒業と同時に同社に入社し、選手を引退して話題になった。

【甲子園投手成績】(PL学園高)

		対戦相手	回	安	振
1998春	1	樟南高	9	5	6
	2	創価高	9	7	7
	3	敦賀気比高	1⅔	1	2
	準々	明徳義塾高	9	6	6
	準決	横浜高	2	3	0
1998夏	1	八千代松陰高	8	8	4
	2	岡山城東高	未　登　板		
	3	佐賀学園高	9	11	2
	準々	横浜高	11	13	6

神谷《かみや》 良治《よしはる》 (刈谷高)

刈谷高校が甲子園に出場した時の監督で、愛知県高野連理事長もつとめる。

長久手高を経て、1974年春刈谷高に赴任し、監督に就任。当時、同校は野球部員わずかに9人という弱小チームだったが、神谷監督の就任で強くなり、'77年秋の県大会ではエース水野英利を擁して2位となって東海大会に進出。東海大会では初戦で相可高を延長10回2－1で破って準決勝まで進み浜松商に敗れた。この時点では選抜出場は微妙だったが、県大会優勝の中京高が不祥事で選抜への出場を辞退したため、翌'78年の選抜に選ばれ、甲子園初出場を果たした。

選抜では開幕日の第2試合で豪速球投手津田恒実（広島）がエースの南陽工業と対戦して、1－3で惜敗した。

'93年刈谷北高に転じ、部長・監督を10年間歴任。2003年4月愛知県高野連理事長に就任した。

主な教え子に慶大で主将をつとめた水野英利（刈谷高）がいる。

【甲子園監督成績】（刈谷高）

1978春	1	●	1－3	南陽工

鴨田《かもだ》 勝雄《かつお》（新居浜商）

法政大学監督として有名だが、1975年夏に甲子園で準優勝した新居浜商の監督でもある。

1939年8月27日愛媛県新居浜市に生まれる。新居浜東高から法政大学へ進んだが、大学時代はブルペン捕手だった。卒業後、松山北高に赴任して監督となり、'64年母校・新居浜東高校の高監督に就任。同年9月、新居浜東高商業科が新居浜商業高校として独立、そのまま同校監督となる。以来、選抜に4回、夏の甲子園に1回出場し、'75年夏には準優勝を果たした。

'78年法政大学に請われて監督に就任。以後、'86年に退任するまで東京6大学リーグ優勝7回、大学選手権優勝3回という華々しい実績をあげた。'84年金メダルを獲得したロス五輪の野球（公開競技）のコーチもつとめている。'87年日本IBM野洲の監督に転じている。2002年10月27日死去。

新居浜商業時代の教え子に、続木敏之（阪神）、片岡大蔵（国士舘大－ヤクルト）らがいる。

【甲子園監督成績】（新居浜商）

1967春	1	○	6－0	札幌光星高
	2	○	3－1	平安高
	準々	●	2－5	報徳学園高
1974春	1	●	1－3	土浦日大高
1975夏	2	○	3－1	九州学院高
	3	○	1－0	三国高
	準々	○	5－1	天理高
	準決	○	6－5	上尾高
	決勝	●	4－5	習志野高
1976春	1	●	3－7	日田林工
1977春	1	●	10－11	育英高

蒲原《かもはら》 弘幸《ひろゆき》（印旛高ほか）

公立高校3校を甲子園に出場させた名監督。

1939年4月22日佐賀県川上村（現・大和町）に生まれる。上京して都立田園調布高に進学。早大を経て、河合楽器でプレーした。

その後帰郷し、'64年佐賀商の監督に就任。翌'65年には甲子園にも出場したが、スパルタ指導が非難されてまもなく辞任。千葉県に転じて東金商の監督に就任。千葉商を経て、'74年に印旛高監督となり、'81年の選抜では同校を準優勝に導いた。'91年柏陵高に転じ、翌年監督となると、'99年選抜に同校を甲子園に初出場させた。同年夏の甲子園にも出場。

2000年、千葉県の高校教師を定年退職、多くの有名高校から招聘されたが、まだ実績の乏しい群馬県の私立樹徳高校に赴任した。受諾の理由は、同校が社会科教師として採用したことだという。「野球部監督の前に高校教師である」という理念が生んだ選択であった。

主な教え子に、印旛高時代の月山栄珠（阪神）、村上信一（阪急）、柏陵高時代の清水大輔（早大）などがいる。

複数の高校を甲子園に出場させた監督は多いが、公立高校ばかり3校を甲子園に出場させた監督は珍しい。

【甲子園監督成績】（佐賀商）

1965夏	1	○	8－3	北海高
	2	●	3－11	丸子実

（印旛高）

1978春	1	●	8－3	北海高
1981春	1	○	3－1	興南高
	2	○	6－1	延岡工
	準々	○	7－4	秋田経大付高
	準決	○	3－1	上宮高
	決勝	●	1－2	ＰＬ学園高
1983夏	2	○	3－1	太田高
	3	●	0－5	岐阜第一高

（柏陵高）

1999春	1	●	5－7	静岡高
1999夏	1	○	2－0	如水館高
	2	○	3－1	福知山商
	3	○	6－0	旭川実
	準々	●	2－7	智弁和歌山高

河合《かわい》 信雄《のぶお》（一宮中）

1933年選抜でノーヒットノーランを達成した一宮中の投手。

河合の選手歴などはよくわからないが、「東邦商業学校・東邦高等学校野球部史」の'32年の項には、3月に行われた東海中等学校野球大会の記録が載っており、3回戦で東邦商と対戦した一宮中の1番ショートが「河合」選手と記されている。また、「岡崎高校野球部90年史」によると、翌'33年にはエースとなったらしく、1月から2月にかけて、中京商、愛知商、愛知一中、岡崎中と当時の強豪校をことごとく破ったとある。この戦績により、選抜大会にエースで6番を打って出場した。選抜では、開会式直後に松山商戦と対戦、3四球を出しただけでノーヒットノーランを達成した。甲子園でノーヒットノーランを達成した投手は多いが、松山商のような名門相手に達成した投手は珍しい。「松山商業高校野球部百年史」には、「一宮中河合投手の頭脳的ピッチングに幻惑されて完全に抑えられ」とある。

同年夏は県大会3回戦で愛知一中に敗れた。卒業後は東大に進学、のち戦死した。

【甲子園投手成績】（一宮中）

		対戦相手	回	安	振
1933春	1	松山商	9	0	13
	2	広島商	9	6	6

川相《かわい》 昌弘《まさひろ》（岡山南高）

岡山南高で投打にわたって活躍。1964年9月27日岡山県高梁市に生まれる。生後すぐに児島郡藤田村（現・岡山市藤田）に移り、藤田二小3年でソフトボールチームに入る。藤田中で野球部に入るが弱小チームのため1年夏にはエース、3年では4番も打った。

岡山南高に進学して臼井敏夫監督の指導を受け、2年春からエースとして活躍。'81年夏、'82年春と2季連続エースで5番を打って甲子園に出場し、同校が甲子園の常連校となる基礎を築いた。

同年秋のドラフト会議では巨人、ヤクルト、近鉄が4位で競合し、抽選で巨人に入団、すぐ内野手に転向した。以来、内野の要として活躍、また2番打者として、犠打の日本記録を樹立した（大リーグ記録をも上まわる）。2004年中日に移籍。

【甲子園投手成績】（岡山南高）

		対戦相手	回	安	振
1981夏	1	宇都宮学園高	8	6	4
1982春	1	北海高	9	8	4
	2	早実	9	10	4

川上《かわかみ》 哲治《てつはる》 (熊本工)

昭和のプロ野球を代表する強打者だが、旧制中学時代は投手でもあった。

1920年3月23日熊本県球磨郡大村願乗寺（現・人吉市南泉田）に３代続く船宿を経営する伊兵次の長男として生まれる。５歳の時に右肘をけがして、以来左利きとなる。大村小４年で野球を始め、ライトで九州大会優勝。５年ではエースで４番を打った。

卒業後、１年遅れで熊本工業に進学、高等科経由のため２年遅れの吉原正喜と同級となる。２年生の'34年にはライトで８番（または9番）を打って甲子園に出場、決勝戦で藤村富美男（阪神）がエースの呉港中に敗れて準優勝。

４年生の'36年選抜ではエース丸尾千年次の控え投手として登板。初戦の桐生中戦で初回に崩れた丸尾をリリーフしたが、６人の打者に対して、２安打３四球と大荒れで、１人アウトにしただけで、丸尾が再登板している。

５年となった'37年夏にはエースとして出場。初戦で高岡商を降すと、２回戦は大きくリードしたため、途中降板。準々決勝の呉港中は３安打、準決勝の滝川中は１安打に抑えている。決勝戦では、野口二郎（阪急）がエースの中京商に敗れ２度目の準優勝となった。

'38年吉原とともに巨人に入団。甲子園準優勝投手だが、それほど評価は高くなく、巨人に入団したのも吉原がメインで、川上は“ついでに”というような扱いだったという。まもなく一塁手に転向して、翌'39年には打率.338で史上最年少（18歳）の首位打者となり、'41年は21歳でＭＶＰを獲得。戦争中は'42年10月熊本聯隊に入隊、'44年３月陸軍立川航空整備学校の教官となった。'46年巨人に復帰、以後、“打撃の神様”といわれ、３割を13回マーク、首位打者を５回獲得した。'61年巨人監督に就任、14年間で11回優勝し、'65年からは空前の９連覇を達成。'74年中日に敗れて２位になり、監督を辞任した。その後はＮＨＫの解説者として活躍、少年野球の指導などにも力をいれる。'65年殿堂入り。背番号16は永久欠番。

【甲子園打撃成績】（熊本工）

		対戦相手	打	安	点
1934夏	1	小倉工	4	1	*
	2	鳥取一中	3	0	0
	準々	高松中	3	0	0
	準決	市岡中	4	1	*
	決勝	呉港中	3	0	0
1936春	1	桐生中	3	0	0
1937夏	1	高岡商	4	1	0
	2	浅野中	3	2	*
	準々	呉港中	3	1	*
	準決	滝川中	4	1	*
	決勝	中京商	3	0	0

注）一部の試合で打点数が不明

【甲子園投手成績】（熊本工）

		対戦相手	回	安	振
1936春	1	桐生中	0⅓	2	0
1937夏	1	高岡商	9	6	6
	2	浅野中	*	*	*
	準々	呉港中	9	3	8
	準決	滝川中	9	1	5
	決勝	中京商	8	5	0

注）1937年夏の２回戦浅野中戦は、大差がついて途中からライトに移ったため、詳細な成績は不明

川越《かわごえ》 英隆《ひでたか》 (学法石川高)

1991年に春夏連続出場した学法石川高のエース。

1973年６月８日神奈川県相模原市に生まれる。幼稚園年長の時に地元の少年野球チームに特例で参加、以後、小学校時代はこのチームでプレーした。相模原台中では学校の軟式チームに所属。

福島県の学法石川高に野球留学し、１年夏の県予選には早くも登板、チームは甲子園

に出場したが、登録メンバーには入れなかった。１年秋の新チームでは２番手投手となり、２年秋には東北大会で優勝。３年生の'81年選抜では初戦で小松島西高を完封したが、２回戦で鹿児島実に敗れた。

夏は初戦で智弁和歌山高と対戦。初回にボークとスクイズで２点を失ったが、５連続を含む13三振を奪って破った。続く宇部商戦では３－１とリードしていた７回表に一挙５点を奪われて敗れた。

青山学院大では１年下に沢崎・倉野という好投手がいたため通算２勝しかできなかったが、日産自動車ではエースとなり、'98年都市対抗で橋戸賞を受賞した。同年秋のドラフト会議ではオリックスから２位指名されてプロ入り。シドニー五輪予選にも登板している。

【甲子園投手成績】（学法石川高）

		対戦相手	回	安	振
1991春	1	小松島西高	9	6	4
	2	鹿児島実	9	15	6
1991夏	1	智弁和歌山高	9	4	13
	2	宇部商	9	11	4

川崎《かわさき》 憲次郎《けんじろう》（津久見高）

1988年に春夏連続してベスト８まで進出した津久見高校のエース。

1971年１月８日大分県佐伯市に生まれる。鶴岡小２年で野球を始める。佐伯城南中時代には県大会で優勝し、九州大会でもベスト４まで進む。津久見高に進学、３年生の'88年に春夏連続して甲子園に出場した。

選抜では初戦の早実を散発５安打、10奪三振で完封。３回戦の福島北高戦では１失点ながら自責点は０。しかし、準々決勝の東邦高戦では中盤に突如崩れて降板した。

夏は初戦の札幌開成高戦で11安打と乱調ながら１点に抑えて勝利。３回戦では大垣商を７安打11奪三振で完封した。準々決勝では広島商を６安打に抑えながら、エラー絡みで５失点（自責点は２）、完封負けを喫した。

この年、高知商の岡幸俊（ヤクルト）とともに速球投手として注目されたが、春夏ともにベスト８どまりであった。

同年秋のドラフト会議ではヤクルトから１位指名されてプロ入り。２年目からはエースとして活躍した。'98年には17勝をあげて最多勝を獲得、沢村賞にも選ばれている。2001年ＦＡ宣言して中日に移籍。

【甲子園投手成績】（津久見高）

		対戦相手	回	安	振
1988春	2	早実	9	5	10
	3	福島北高	9	8	7
	準々	東邦高	6	13	2
1988夏	2	札幌開成高	9	11	3
	3	大垣商	9	7	11
	準々	広島商	9	6	6

川戸《かわど》 浩《ひろし》（横浜高）

1980年夏の甲子園、横浜高の“優勝投手”。同大会はエースで４番を打つ愛甲猛の率いる横浜高が前評判通りの強さをみせて優勝したが、優勝投手となったのは、愛甲ではなく控えの川戸浩であった。

1962年横浜市に生まれる。横浜高校に進学したが、同期には愛甲猛がいたため控え投手となる。同校監督の渡辺元智によると、川戸は愛甲の“影武者”であったという。試合前の投球練習では愛甲の代わりに背番号１をつけて投げ、打撃練習でも愛甲のかわりに投げた。また、地方大会でも早い時期にはすべて川戸が登板して、愛甲の負担を軽くした。甲子園でも１・２回戦では大差がつくと愛甲に代って登板し、ともに無安打に抑えている。

まじめで黙々と従う川戸に対して、渡辺監督は夏の甲子園の決勝という場面で報いた。早実との決勝戦、愛甲が肩を痛めていたこともあって、６回になると渡辺監督はリリーフ投手として川戸を登板させた。川戸は以降の4イニングを4安打に抑え、“優勝投手”となっている。

卒業後の'81年に日産自動車に入社。'86年には日産九州に転じ、'87年けがのために引退し、日産を退社した。その後帰郷してゴルフ関連の会社に勤務している。

【甲子園投手成績】(横浜高)

		対戦相手	回	安	振
1980夏	1	高松商	0⅓	0	0
	2	江戸川取手高	2	0	2
	3	鳴門高	未	登	板
	準々	箕島高	未	登	板
	準決	天理高	未	登	板
	決勝	早実	4	4	4

河原《かわはら》 明《あきら》 (大分商)

1968年に発行された甲子園大会50年記念切手のモデルといわれる投手。

1949年6月10日大分県佐賀関町で5人兄弟の末っ子として生まれる。実家は町内唯一の肉屋を経営しており、かなり羽振りがよかったという。小3の時に野球を始め、エースで4番となる。佐賀関中学でも2年でエースとなり、3年の時に県大会準優勝した。

大分商では志手清彦監督の指導を受け、1年でエースとなった。3年生の1967年夏、選抜で全国優勝した津久見高校を降して甲子園に出場。初戦で網走南ヶ丘高校を完封。2回戦でも小倉工業を延長10回で完封し、準々決勝まで進出した。

同年秋のドラフト会議では西鉄が1位で指名してプロ入り。1年目から一軍で登板し、2年目には12勝をあげた。'70年には“黒い霧事件”で主力投手が抜けたためエースとして活躍している。'75年大洋に転じたが、直後に腰を痛め、同年引退した。プロ通算41勝76敗1S。その後帰郷し、大分市都町で肉料理「かわはら」を経営している。

甲子園出場の翌年に発行された甲子園50回の記念切手の図柄は、河原がモデルといわれる。

【甲子園投手成績】(大分商)

		対戦相手	回	安	振
1967夏	1	網走南ヶ丘高	9	4	10
	2	小倉工	10	4	8
	準々	市和歌山商	9	18	8

川本《かわもと》 幸生《ゆきお》 (広島商)

広島商業で選手・監督として全国制覇した名二塁手。

1957年3月25日広島市中区に生まれる。国泰寺中学を経て、広島商業に進学。2年生で二塁手のレギュラーとなり、'73年選抜では2番を打って出場、チームは準優勝したが、川本は1安打も打つことができなかった。

夏は7番に下がって出場、初戦の双葉高戦で2安打2打点を上げるなど、打でも活躍し、全国制覇を達成した。夏の決勝戦、6回無死二三塁で、4番水野の打った二遊間を抜けようかという当たりをダイビングキャッチしてピンチを防ぐなど、堅守で優勝を支えた。

3年生となった'74年選抜にも出場したが、2回戦で敗退。夏は県大会2回戦で敗れた。県大会の決勝戦では入場券のもぎりをしていたという。地元の修道大学を経て、リッカーで3年間プレーし、'85年8月母校・広島商業の監督に就任。'88年夏には優勝し、選手・監督の両方での全国制覇を達成した。この年に記録した16犠打は大会記録であった。

主な教え子に、上野貴大(日体大ー三菱重工広島)、重広和司(法政大ー三菱重工広島)らがいる。

【甲子園打撃成績】(広島商)

		対戦相手	打	安	点
1973春	1	静岡商	2	0	0
	2	松江商	4	0	0
	準々	日大一高	3	0	0

	準決	作新学院高	4	0	0
	決勝	横浜高	3	0	0
1973夏	1	双葉高	4	2	2
	2	鳴門工	2	0	0
	3	日田林工	2	0	1
	準々	高知商	3	2	0
	準決	川越工	4	2	1
	決勝	静岡高	3	0	0

【甲子園監督成績】（広島商）

1987春	1	○	4－1	旭川竜谷高
	2	●	0－8	ＰＬ学園高
1987夏	1	●	0－2	県岐阜商
1988夏	2	○	4－3	上田東高
	3	○	12－1	日大一高
	準々	○	5－0	津久見高
	準決	○	4－2	浦和市立高
	決勝	○	1－0	福岡第一高

き

木内《きうち》 信三《しんぞう》（成田高）

戦争直後に活躍した成田中・高の監督。

千葉県に生まれ、成田中学を経て、応召。戦後、復員すると、1946年1月母校・成田中学の監督（当時の登録名称では部長）に就任。浅井礼三コーチらと同校を厳しく指導し、同年から3年連続して夏の全国大会に出場させた。

'46年には開幕試合で京都二中と対戦。この試合、0－0で迎えた6回、2死二塁からのセンター前ヒットで二塁ランナーがホームをついた際、アウトとなって先制点を奪えず、結局0－1で敗れた。後日、大阪駅の日本交通公社に飾ってあった中学野球の写真展で、実はセーフであることを示す決定的な写真を発見。木内は、この写真を譲り受けて帰郷、写真は現在でも成田市立図書館に保管されている。翌'47年夏には準決勝に進出、優勝した小倉中に惜敗した。

新制・成田高校となった'48年夏の甲子園にも出場し、同年監督を辞任した。2000年11月28日77歳で死去。

【甲子園監督成績】（成田中）

1946夏	1	●	0－1	京都二中
1947夏	2	○	10－0	松本県中
	準々	○	6－3	高岡商
	準決	●	1－5	小倉中

（成田高）

1948夏	1	●	3－6	静岡一高

木内《きうち》 幸男《ゆきお》（常総学院高ほか）

取手二高、常総学院高校の２校で全国制覇した名監督。

1931年７月12日茨城県土浦市に生まれる。９人兄弟の長男で、家業は下駄の製造販売業だった。旧制の土浦中学で野球を始め、新制土浦一高ではセンターで主将もつとめた。卒業後、進学も就職もせずに母校のコーチとなり、'53年に監督に就任した。しかし、進学校のため部活動をめぐって学校と対立、'56年取手二高に転じて、以後28年間監督をつとめた。

３年目の'58年春の県大会では早くも初優勝、夏にはベスト４に進出。'62年夏には県代表として東関東大会に進出した。その後もたびたび上位まで進出しながら、あと一歩のところで甲子園出場を逃し、初めて甲子園に出場したのは、実に就任22年目の'77年夏のことであった。しかし、以後は８年間で６回も甲子園に出場するなど、甲子園の常連校となった。'84年には石田投手を擁して春夏連続出場し、夏には決勝で桑田・清原のいたＰＬ学園高を破って初優勝を達成している。

この実績をもとに、同年秋には創部まもない土浦市の常総学院高に招聘された。常総学院高の桜井富夫理事長は土浦一高のOBで、わずかに２ヶ月ながら野球部に在籍、木内監督の指導を受けていた。同校には木内監督を慕って選手が集まり始め、３年目の'87年の選抜で甲子園初出場。同年夏に福井商を破って初勝利をあげると、いきなり準優勝。以後、同校は茨城県のみならず、全国的な強豪校となり、木内監督の名も全国に知れわたった。'94年春に２度目の準優勝をしたあと、2001年選抜では優勝し、２つの高校で全国優勝という偉業を達成している。

72歳となった2003年、引退を発表。最後の大会となった夏の県大会では、決勝で選抜に出場した藤代高校を降して、自身20回目の甲子園出場を達成。相手校の持丸監督は、木内の後任監督に内定していた。

甲子園では磯部、飯島の２投手を軸に鉄壁の内野陣で勝ち進み、決勝戦で東北高校と対戦した。この試合では２点を先制されたが、好投手ダルビッシュ有から４点を奪って逆転勝ち、監督生活最後の試合を２度目の夏の全国制覇で飾った。試合後は勝った常総学院高の選手が号泣、グラウンド内でインタビューに応じた松林主将は、真っ先に応援してくれた関係者に謝辞を述べ、スタンドの観客に深々と頭をさげるなど、木内監督の指導が隅々まで行き届いていることを物語るようなインタビューであった。

引退後は、同校副理事長兼総監督となる。

木内監督の選手起用法や采配には予想を裏切るものが多い。背番号１の選手がエースとは限らず、県大会で１度も打席に入らなかった選手が甲子園で中軸を打つこともある。しかし、一般には奇策と思われる手法も、木内監督が行えばそれなりの成算があってのことであり、相手チームからは“木内マジック”として警戒された。

教え子の数は多いが、主な選手に、土浦一高時代の安藤統男（慶大－阪神監督）、取手二高時代の大野久（東洋大－日産自動車－阪神－ダイエー）、石田文樹（早大中退－日本石油－横浜）、吉田剛（近鉄－阪神）など、常総学院高時代の島田直也（日本ハム）、仁志敏久（早大－日本生命－巨人）、倉則彦（東洋大－東芝府中）、金子誠（日本ハム）などがいる。

【甲子園監督成績】（取手二高）

1977夏	1	○	4－1	掛川西高
	2	●	1－3	宇都宮学園高
1978夏	1	●	1－3	岡山東商
1981夏	1	●	1－2	鎮西高
1983春	1	●	5－6	泉州高
1984春	1	○	8－4	松山商
	2	○	4－2	徳島商
	準々	●	3－4	岩倉高
1984夏	2	○	5－3	箕島高
	3	○	8－1	福岡大大濠高
	準々	○	7－5	鹿児島商工

	準決	○	18－6	鎮西高
	決勝	○	8－4	ＰＬ学園高

（常総学院高）

1987春	1	●	0－4	明石高
1987夏	1	○	5－2	福井商
	2	○	7－0	沖縄水産
	3	○	6－0	尽誠学園高
	準々	○	7－4	中京高
	準決	○	2－1	東亜学園高
	決勝	●	2－5	ＰＬ学園高
1988夏	1	○	19－1	小浜高
	2	●	2－6	浦和市立高
1989夏	1	●	1－4	福岡大大濠高
1992夏	2	●	3－4	佐世保実
1993春	2	○	9－3	宇和島東高
	3	●	4－6	東筑紫学園高
1993夏	1	○	11－1	鳥栖商
	2	○	4－1	近大付高
	3	○	1－0	鹿児島商工
	準々	○	6－3	小林西高
	準決	●	3－5	春日部共栄高
1994春	1	○	3－0	岡山理大付高
	2	○	2－0	高知商
	準々	○	6－2	姫路工
	準決	○	13－3	桑名西高
	決勝	●	5－7	智弁和歌山高
1998春	2	○	9－2	岩国高
	3	●	4－5	明徳義塾高
1998夏	2	○	10－3	近江高
	3	○	4－2	宇和島東高
	準々	●	4－10	京都成章高
2001春	2	○	8－7	南部高
	3	○	4－1	金沢高
	準々	○	4－2	東福岡高
	準決	○	2－1	関西創価高
	決勝	○	7－6	仙台育英高
2001夏	1	○	15－4	上宮太子高
	2	●	0－3	秀岳館高
2002夏	1	○	3－2	宇部商
	2	○	3－0	柳川高
	3	●	6－7	明徳義塾高
2003夏	1	○	2－1	柳ヶ浦高
	2	○	6－3	智弁和歌山高
	3	○	7－0	静岡高
	準々	○	5－1	鳥栖商
	準決	○	6－2	桐生第一高
	決勝	○	4－2	東北高

岸本《きしもと》 正治《まさはる》（第一神港商）

1930年選抜の優勝投手で、当時の奪三振記録保持者。

1912年兵庫県生まれ。'29年の選抜に控え投手として出場して優勝。この大会では準決勝の八尾中戦に先発したが、２人の打者に投げただけで１アウトも取れずに降板した。

翌'30年の選抜にはエースとして出場。初戦の一宮中戦では19奪三振で完封。準々決勝の高松中も２安打15奪三振で連続完封した。準決勝の甲陽中には２点を取られたものの10奪三振。決勝の松山商戦では高瀬が決勝戦史上初の満塁ホームランを打って６－１で完勝、２年連続して優勝した。４試合で奪った54奪三振は、'74年に江川卓（作新学院高）が60奪三振を記録するまで大会記録であった。

卒業後は、慶大を経て、'38年秋に阪急に入団したが、リリーフで２試合に登板したのみで一塁手に転向。翌'39年で退団した。故人。

【甲子園投手成績】（第一神港商）

		対戦相手	回	安	振
1929春	1	静岡中	未登板		
	準々	愛知商	未登板		
	準決	八尾中	0	1	0
	決勝	広陵中	未登板		
1930春	1	一宮中	9	1	19
	準々	高松中	9	2	15
	準決	甲陽中	9	5	10
	決勝	松山商	9	3	10

北口《きたぐち》 勝啓《かつひろ》（洲本高）

1953年選抜の洲本高校の優勝投手。

1935年９月５日兵庫県洲本市に生まれる。洲本中学時代に折田士の指導を受けて加藤昌利（近鉄）とバッテリーを組み、'50年わらじ履きで出場した初の中学野球の全国大会に投手として出場して優勝、兵庫県体育賞を授与された。

加藤とともに洲本高に進学し、名将・広瀬吉治監督の指導を受ける。３年生となった'53年の選抜で同校は甲子園に初出場。165cmの小兵ながら初戦の中京商と準々決勝の時習館高をいずれも３安打で完封。準決勝の小倉高戦では１点を失ったが、決勝戦では浪華商を４安打で完封して、初出場初優勝を達成した。

卒業後は、専修大学を経て、'54年明電舎に入社、'61年の都市対抗野球で準決勝に進出。'63年野球部が解散となり引退した。'90年には同社の四国支店長もつとめている。

【甲子園投手成績】（洲本高）

		対戦相手	回	安	振
1953春	2	中京商	9	3	3
	準々	時習館高	9	3	9
	準決	小倉高	9	3	6
	決勝	浪華商	9	4	3

北野《きたの》 尚文《なおふみ》（福井商）

福井商を北陸屈指の強豪校に育てた名監督。

1946年１月13日福井県松岡町に生まれる。敦賀高から龍谷大学に進み、外野手として活躍。４年では主将もつとめた。'68年福井商業に商業科の教諭として赴任し、同時に野球部監督に就任した。当時の福井商業は、戦前に甲子園出場したことが１回あるだけで、戦後は完全に低迷していた。しかし、就任５年目の'71年選抜に出場すると、以後立てつづけに甲子園に出場して常連校となり、同校は福井県を代表する名門校となった。

この福井商業と北野監督を一躍全国的に有名にしたのが、'78年の選抜大会である。３年前にアンダーハンドの好投手・前側を擁してベスト８まで進んでいたが、この年もアンダーハンドの板倉利弘投手を擁して出場した。初戦で鹿児島商を接戦で破ると、２回戦では完全試合を達成した松本投手の前橋高から14点を奪って大勝。準々決勝では津田恒実（広島）を擁する南陽工を破り、準決勝では箕島高を降して、北陸初の決勝戦にまで進出した。決勝戦は浜松商に０－２と敗れたが、この大会で福井商は北陸を代表する強豪として認知され、同時に北野監督の名前も全国に知れわたった。

以後も福井県内では圧倒的な力を保ちつづけたが、甲子園では勝てない時代が長く、'80年代には６回連続甲子園初戦敗退も喫している。しかし、'96年夏には準決勝まで進み、2002年選抜でも準決勝に進出するなど、その実力は衰えていない。

主な教え子には、近岡慶和（立命館大一本田技研鈴鹿）、鰐渕康之（三菱重工名古屋）、亀谷洋平（青山学院大）、天谷宗一郎（広島）、赤土善尚（明大）らがいる。

【甲子園監督成績】（福井商）

1971春	1	●	6－8	戸畑商
1972春	1	○	3－2	高知高
	2	●	5－6	市立神港高
1973春	1	●	1－2	松江商
1973夏	2	○	8－0	前橋工
	3	●	2－7	川越工
1975春	1	○	6－1	倉吉北高
	2	○	3－0	広島工
	準々	●	1－2	高知高
1977夏	1	○	7－0	松商学園高
	2	●	6－7	高知高
1978春	1	○	5－4	鹿児島商
	2	○	14－0	前橋高
	準々	○	2－1	南陽工
	準決	○	9－3	箕島高

	決勝	●	0－2	浜松商
1978夏	1	○	5－1	作新学院高
	2	●	2－3	岡山東商
1979春	1	○	5－2	国学院久我山高
	2	●	1－8	尼崎北高
1981夏	1	○	5－1	銚子西高
	2	●	1－3	志度商
1983春	1	●	1－4	東海大一高
1984夏	1	●	1－3	桐蔭学園高
1986夏	1	●	3－6	東海大甲府高
1987春	1	●	5－6	国学院栃木高
1987夏	1	●	2－5	常総学院高
1988春	2	●	4－10	西武台高
1988夏	1	○	3－2	東陵高
	2	●	3－4	福岡第一高
1989春	1	○	4－1	横浜商大高
	2	●	4－6	広島工
1989夏	1	○	10－0	盛岡三高
	2	○	3－2	佐野日大高
	3	●	0－2	福岡大大濠高
1990春	1	●	6－9	享栄高
1992春	1	●	5－13	浦和学院高
1993夏	1	●	1－5	旭川大高
1996春	1	●	0－3	明徳義塾高
1996夏	1	○	6－0	弘前実
	2	○	11－0	八頭高
	3	○	8－4	横浜高
	準々	○	5－3	高陽東高
	準決	●	2－5	松山商
1999春	1	●	2－5	日大三高
2000夏	1	●	1－2	松商学園高
2001春	1	○	11－9	桜美林高
	2	●	6－7	浪速高
2001夏	1	●	6－7	前橋工
2002春	1	○	5－3	松江北高
	2	○	8－2	津田学園高
	準々	○	10－8	明徳義塾高
	準決	●	1－7	報徳学園高

北原《きたはら》 功嗣《こうじ》（報徳学園高）

1981年夏に全国制覇した報徳学園高校の監督。

1937年兵庫県尼崎市に生まれる。大庄西中では三塁手で3番を打ち、3年連続して県大会で優勝。報徳学園高に進学し、2年で三塁手のレギュラーとなり、3番を打った。

近畿大に進学し、卒業後は民間企業に就職して一時野球から離れていたが、'60年12月に母校・報徳学園高校の事務職員に迎えられてコーチに就任。'76年4月報徳中学の監督となる。この時の新入生に金村義明がいた。

'78年9月報徳学園高に就任、中学時代の教え子をそのまま高校でも指導することになった。'81年には金村ら報徳中学出身者がレギュラー中6人を占めるという陣容で春夏連続して甲子園に出場。選抜では初戦で大府高校の槙原寛己（のち巨人）に抑えられたが、夏は全国制覇を達成した。

報徳学園高校に就職後、社会科の教職資格を取得して、一時教壇に立ったこともある。

主な教え子に、矢野和哉（神戸製鋼－ヤクルト）、金村義明（近鉄－中日）、永田裕治（中京大－報徳学園高監督）らがいる。

【甲子園監督成績】（報徳学園高）

1981春	1	●	3－5	大府高
1981夏	1	○	9－0	盛岡工
	2	○	4－1	横浜高
	3	○	5－4	早実
	準々	○	3－1	今治西高
	準決	○	3－1	名古屋電気高
	決勝	○	2－0	京都商
1983春	1	○	4－1	桐蔭学園高
	2	●	0－1	佐世保工
1985春	1	○	7－6	弘前工
	2	○	10－2	横浜高
	準々	●	2－7	帝京高

木《き》樽《たる》 正明《まさあき》（銚子商）

1965年夏に準優勝した銚子商のエースで４番打者。

1947年６月13日千葉県銚子市に生まれる。銚子一中を経て、銚子商に進学。１年夏には早くも一塁手で６番を打って甲子園に出場した。

２年秋にエースとなる。翌'65年夏は県大会の初戦で印旛高校から20三振を奪って注目を集めた。以後、市川高、千葉商、専大松戸高、習志野高をすべて完封。東関東大会の初戦の土浦三高戦では自らの逆転２ランホームランで勝利。決勝では日立一高を完封して甲子園出場を決めた。県大会・東関東大会を通じて７試合に登板し69三振を奪う一方、打者としては３ホームランを記録している。

甲子園でも優勝候補にあげられ、また大会No.1投手として評判になった。初戦の京都商戦は苦戦したが、無四球完投で勝利。２回戦の帯広三条高戦では５点をリードしたところで降板してレフトの守りに入った。準々決勝では丸子実を２安打完封。準決勝では高鍋高の牧憲二郎との投手戦となり先制点を奪われたが、８回裏に追いついて９回裏にサヨナラ勝ち。決勝では上田卓三（南海）がエースの三池工と対戦。０－０の同点で迎えた７回裏、タイムリーヒットとパスボールで２点を奪われて敗れ、準優勝となった。

同年秋のドラフト会議では、東京（現・ロッテ）の２位でプロ入り。'70年21勝10敗をマークしてＭＶＰに選ばれ、翌'71年には24勝８敗で最多勝を獲得するなど、プロ通算11年で112勝80敗３Ｓをマーク。'76年で引退後、'83年からロッテのコーチ、スカウト部長などを歴任した。

【甲子園投手成績】（銚子商）

		対戦相手	回	安	振
1965夏	1	京都商	9	5	9
	2	帯広三条高	7⅓	5	4
	準々	丸子実	9	2	6
	準決	高鍋高	9	3	6
	決勝	三池工	8	6	10

【甲子園打撃成績】（銚子商）

		対戦相手	打	安	点
1963夏	1	柳川商	4	2	1
	2	静岡高	2	0	0
	3	磐城高	4	2	1
	準々	今治西高	3	0	0
1965夏	1	京都商	4	2	0
	2	帯広三条高	5	3	2
	準々	丸子実	3	0	0
	準決	高鍋高	4	1	0
	決勝	三池工	4	0	0

木《き》村《むら》 茂《しげる》（済々黌高）

1958年の選抜で優勝した済々黌高の監督。戦後すぐから1950年代にかけて、熊本県を代表する強豪であった同校で、コーチ・監督を歴任した。

1917年２月18日熊本市に生まれ、本荘小学校４年で野球を始める。名捕手吉原正喜（熊本工－巨人）の２年先輩である。'31年に中学済々黌に入学、二塁手で２番を打ち、'34年夏には初めて南九州大会にまで進んだ。'36年に卒業後は熊本鉄道管理局に入り、熊鉄野球クラブでプレー。'38年応召、翌年に除隊後は華北交通天津鉄路局でプレーした。

戦後復員すると、熊本市内でスポーツ店体育堂を経営、ノンプロの熊本実業を創部。また母校・中学済々黌の野球部が復活するとコーチとなり、'47年の選抜に出場。

'52年８月監督に就任、翌'53年の選抜に出場した。'58年選抜では九州勢として初めて全国優勝を達成。'63年に引退後、'67年には鎮西高の監督に招聘され、'68年夏に甲子園に出場。'74年同校を引退、'82年からは熊本中央リトルの会長をつとめた。2004年２月10日86歳で死去した。

主な教え子に、済々黌高時代の山本勘介

（阪急）、古葉竹識（専修大中退－日鉄二瀬－広島監督ほか）、城戸博（早大）、末次義久（早大－済々黌高監督）、堀内嗣郎（法政大）など、鎮西高時代に山内孝徳（電電九州－南海）などがいる。

【甲子園監督成績】（済々黌高）

1953春	2	○	4－0	彦根東高
	準々	●	0－1	浪華商
1956夏	2	○	4－2	広島商
	準々	●	3－4	県岐阜商
1958春	1	○	3－0	清水東高
	2	○	4－0	新潟商
	準々	○	7－5	早実
	準決	○	5－2	熊本工
	決勝	○	7－1	中京商
1958夏	2	○	5－0	中京商
	3	●	1－2	作新学院高

（鎮西高）

1968夏	1	●	0－7	三沢高

木《き》村《むら》 頌一《しょういち》（中京商ほか）

昭和前半を代表する名監督の一人。

1906年長野県下伊那郡市田村（現・高森町）に生まれる。1921年飯田中学（現・飯田高）に入学し、２年から投手として活躍した。'25年には15戦して12勝２敗１分、上下伊那郡青年野球大会で優勝するなど、飯田中学の黄金時代を築いた。

国学院大では一塁手で４番を打ち、３年からは監督を兼任してリーグ優勝した。'34年に中京商業に赴任して監督に就任、４年目の'37年夏に全国制覇を達成。続いて翌'38年選抜でも優勝して、夏春連覇を成し遂げた。同年福岡工業に転じ、同校で３年連続して甲子園に出場。'41年には松山商業に移ったが、戦争で野球が中止となり、帰郷した。

戦後、'53年上田松尾高校の中沢睦次郎校長にくどかれて、全く無名だった同校の監督に就任。'57年夏に甲子園初出場を達成し、初戦で強豪平安高を破って注目を集めた。翌'58年には母校飯田高校の監督に招聘された。引退後は神官となる。1999年３月25日死去。

中京商業で夏春連覇を達成すると退任、福岡工業でも３年連続出場を果たすと松山商業に転じたほか、戦後も無名の上田松尾高を甲子園に出場させるとすぐに辞任するなど、一つの学校にとどまることをしなかった。

“御大”の名で有名な島岡吉郎明大監督と同郷で、島岡も終生頭が上がらなかったという。

教え子には、中京商時代の原田徳光（のち督三，明大－東洋産業－中日）、野口二郎（大洋－阪急）、宗宮房之助（黒鷲－大和）、福岡工時代の伴勇資（早大－西鉄）、上田松尾高時代の倉島今朝徳（明大－国鉄）などがいる。

【甲子園監督成績】（中京商）

1934春	1	○	10－2	坂出商
	2	●	3－4	浪華商
1935春	2	○	5－1	育英商
	準々	●	3－7	広陵中
1937春	2	○	4－0	慶応商工
	準々	○	2－0	平安中
	準決	○	4－1	東邦商
	決勝	●	0－2	浪華商
1937夏	1	○	12－1	竜山中
	2	○	2－1	慶応商工
	準々	○	9－0	長野商
	準決	○	3－1	海草中
	決勝	○	3－1	熊本工
1938春	2	○	5－0	防府商
	準々	○	4－0	海草中
	準決	○	2－0	海南中
	決勝	○	1－0	東邦商

（福岡工）

1939夏	1	○	3－2	桐生中
	2	○	7－5	熊本工
	準々	●	1－7	下関商
1940春	2	○	9－2	広島商

	準々	○	5－4	滝川中
	準決	●	0－9	岐阜商
1940夏	1	●	3－4	東邦商
1941春	1	●	2－3	岐阜商

(上田松尾高)

1957夏	2	○	3－1	平安高
	準々	●	0－5	広島商

木村《きむら》 進一《しんいち》（→西村《にしむら》 進一《しんいち》）

木本《きもと》 芳雄《よしお》（武相高）

1971年夏に初出場で全国制覇した桐蔭学園高の監督。

1946年山形県に生まれる。旧姓・奇本。武相高では一塁手で、'64年夏の甲子園に5番を打って出場した。

駒大を経て、'68年創部3年目の桐蔭学園高監督に就任すると、'71年夏に初出場で全国制覇を達成した。しかし、以後甲子園に出場できず、'82年に教え子・土屋恵三郎に監督を譲って辞任。

'84年8月藤嶺藤沢高監督となり、翌'85年夏には同校を甲子園に初出場させた。

のち、母校・武相高に監督として招聘された。

主な教え子に、桐蔭学園高時代の大塚喜代美（ライト工業）、土屋恵三郎（法政大－三菱自動車川崎－桐蔭学園高監督）、小島和彦（慶大－拓銀）、藤嶺藤沢高時代の一条健介（日産自動車）などがいる。

【甲子園打撃成績】（武相高）

		対戦相手	打	安	点
1964夏	1	平安高	4	1	0

【甲子園監督成績】（桐蔭学園高）

1971夏	1	○	2－0	東邦高
	2	○	6－0	海星高
	準々	○	1－0	鹿児島玉龍高
	準決	○	5－2	岡山東商
	決勝	○	1－0	磐城高

(藤嶺藤沢高)

1985夏	1	●	2－9	高知商

清沢《きよさわ》 忠彦《ただひこ》（岐阜商）

1956年に春夏連続して準優勝した岐阜商のエース。

大阪で生まれたが、中学時代に父の転勤で岐阜に移り、岐阜商に進学。エースとなって、2年生の1956年選抜から翌年夏まで4季連続して甲子園に出場。'56年選抜では、初戦で広島商を4安打に抑えると、2回戦の鹿児島玉龍高戦では登板せず、一塁手として出場。準々決勝では県尼崎高を3安打で完封し、準決勝の八戸高戦は4回リリーフで登板。決勝では完投したが、中京商に敗れて準優勝となった。

夏の初戦は先発して2回裏に1点を返され、さらに2死満塁となったところで降板、以後一塁を守った。2回戦も早実戦は6点をリードした7回で降板。準々決勝の済々黌高戦は一塁手でスタートし、5回1死一三塁からリリーフ。準決勝の米子東高戦で先発して初めて完投、延長10回を長島康夫投手と投げ合って降した。決勝の平安高戦も2回裏2死まで無失点のまま降板。リリーフした田中が打たれて敗れ、準優勝となった。

翌'57年選抜では初戦で山城高を1安打で完封したが、準々決勝で久留米商に延長10回サヨナラ負け。しかし、この試合でも4安打しか打たれていない。

夏には初戦の津島商工戦では2四球のみの10奪三振でノーヒットノーランを達成した。続く2回戦でも土浦一高を1安打13奪三振と完璧に抑える。準々決勝でもわずか4安打に抑えながら、6回表に四球で出たランナーに対して、牽制球を悪投、犠牲フライで決勝点を奪われて敗れた。当時の朝日新聞には“大番狂わせ”と書かれている。

甲子園では好投手として４季にわたって活躍、２回準優勝し、ノーヒットノーランも達成したが優勝することはできなかった。チームは優勝候補の筆頭で、自らも大会No.1投手として臨んだ最後の大会では、“絶妙”といわれた牽制の悪投で敗れるという皮肉な結果となった。

慶大でもエースとして活躍。卒業後は住友金属和歌山で投手・監督を歴任。'71年にユニフォームを脱いだ後は審判をつとめた。その後は日本高校野球連盟理事や選抜選考委員などをつとめている。

【甲子園投手成績】(岐阜商)

		対戦相手	回	安	振
1956春	1	広島商	9	4	9
	2	鹿児島玉龍高	未　登　板		
	準々	県尼崎高	9	3	9
	準決	八戸高	5⅔	*	*
	決勝	中京商	8	9	7
1956夏	1	小倉高	1⅔	1	*
	2	早実	7	*	*
	準々	済々黌高	6⅔	*	*
	準決	米子東高	10	9	9
	決勝	平安高	1⅔	3	1
1957春	2	山城高	9	1	11
	準々	久留米商	9	4	10
1957夏	1	津島商工	9	0	10
	2	土浦一高	9	1	13
	準々	大宮高	9	4	8

注）継投となった試合の一部は詳細な成績が不明

清原《きよはら》 和博《かずひろ》(PL学園高)

甲子園史上最強の打者。甲子園通算13本塁打は空前絶後の大記録で、高卒でプロ入りするとすぐに中軸を打つという高校レベルを超えた強打者であった。

1967年８月18日大阪府岸和田市に生まれる。八木南小時代からエースで４番を打ち、岸和田リトルでは全国大会で活躍。久米田中ではシニアリーグでエースとして'82年に全国大会に出場。決勝戦で浜松シニアと対戦し、牽制悪送球から守備が破綻して準優勝にとどまった。この時の浜松シニアの監督はプロ野球で活躍した佐野真樹男で、岸和田シニアの偵察にいった際、清原投手をみて練習を手伝いに来ているＯＢと勘違いしたというほど、中学生離れしていた。

'83年ＰＬ学園高に入学。１年春には早くも４番を打ち、以後卒業まで４番を明け渡すことはなかった。同期に桑田真澄（巨人）や松山秀明（オリックス）、今久留主成幸（横浜）がいたほか、１年上には岩田徹（阪神）もおり、在学中に５季連続出場した。

１年夏は初戦、２回戦とノーヒットだったが、３回戦の東海大一高戦で２安打すると、決勝の横浜商戦では２回に三浦投手から甲子園初ホームランを打った。

２年選抜では京都西高戦で２ホームランを打つ。決勝では岩倉高に敗れて準優勝。同年夏は１回戦の享栄高戦で史上初の３本塁打を記録したが、再び決勝で敗れて準優勝にとどまった。

３年選抜では準決勝で初出場の伊野商と対戦、渡辺智男投手（西武ーダイエー）に３三振と完璧に押え込まれ、ベスト４にとどまった。しかし、夏には初戦で東海大山形高に大勝すると、準々決勝以降の３試合で５本のホームランを打つ大活躍をみせ、全国制覇で締めくくった。

結局、在学中に優勝２回、準優勝２回、ベスト４が１回という成績を残し、甲子園通算打率.440、13本塁打、１試合３本塁打など数々の記録を樹立。また投手として大阪府予選ではしばしば登板。甲子園でも2試合に登板して4⅓イニングを無安打に抑えるなど、桑田がいなければエースともいわれた。

'85年秋のドラフトでは巨人入団を強く希望していたが、巨人はプロ入りを拒否していた同僚の桑田を単独で指名。清原は当時史上最多の６球団が１位で競合した結果、西武が交渉権を獲得して入団。翌年開幕２試合目の対南海戦に初出場するや、２打席目で本塁打を打った。５月にはレギュラーポジションを獲得、シーズン終盤には４番に定着。この年打率.304、31本塁打、78打点という高卒新人としては驚異的な成績で新人王を獲得した。以来プロ球界を代表する選手として活躍。'96年オフにFAで巨人に移籍した。

「甲子園」という舞台に限れば、史上最高の打者である。

【甲子園打撃成績】(PL学園高)

		対戦相手	打	安	点
1983夏	1	所沢商	3	0	0
	2	中津工	4	0	0
	3	東海大一高	4	2	1
	準々	高知商	4	3	3
	準決	池田高	4	0	0
	決勝	横浜商	4	2	1
1984春	1	砂川北高	4	3	4
	2	京都西高	4	4	4
	準々	拓大紅陵高	2	0	0
	準決	都城高	5	1	0
	決勝	岩倉高	2	0	0
1984夏	1	享栄高	4	4	6
	2	明石高	5	3	0
	3	都城高	3	1	1
	準々	松山商	4	1	0
	準決	金足農	2	0	0
	決勝	取手二高	3	1	0
1985春	1	浜松商	3	2	1
	2	宇部商	5	2	0
	準々	天理高	3	1	0
	準決	伊野商	3	0	0
1985夏	2	東海大山形高	5	2	1
	3	津久見高	1	0	0
	準々	高知商	3	2	1
	準決	甲西高	3	3	4
	決勝	宇部商	4	3	2

【甲子園投手成績】(PL学園高)

		対戦相手	回	安	振
1985春	1	浜松商	$1\frac{2}{3}$	0	2
1985夏	2	東海大山形高	$2\frac{2}{3}$	0	1

吉良《きら》 修一《しゅういち》 (津久見高)

1967年の選抜で優勝した津久見高のエース。

1949年４月23日大分県に生まれる。津久見高に進学し、'67年選抜に出場。初戦は倉敷工を６安打に抑え、終盤の反撃をかわして辛勝。準々決勝では岐阜商を２安打13奪三振と完璧に抑えて完封。準決勝では報徳学園高の森本投手との投手戦となり、９回に１点ずつ取り合う展開で延長戦に突入。結局10回を３安打に抑えた。続く決勝の高知高戦も延長戦となり、12回を８安打16奪三振と抑えて優勝した。全試合接戦の連続だが、吉良自身は相手打線をほぼ完璧に抑え、４試合で51三振を奪っている。また大黒柱として優勝した投手の多くは中軸を打っているが、吉良は珍しく９番打者であった。

同年秋のドラフト会議では阪神から２位で指名されてプロ入りしたが、活躍できず、'76年に引退した。

【甲子園投手成績】(津久見高)

		対戦相手	回	安	振
1967春	2	倉敷工	9	6	12
	準々	岐阜商	9	2	13
	準決	報徳学園高	10	3	10
	決勝	高知高	12	8	16

金城《きんじょう》 孝夫《たかお》 (沖縄尚学高)

沖縄に初めて優勝旗を持ち帰った監督。

1953年11月15日沖縄県玉城村に生まれる。豊見城高では二塁手で栽弘義監督の指導を受けた。中京大では学生コーチとして指導法を学び、'76年卒業と同時に、愛知県の弥富高監督に就任。'96年帰郷して沖縄尚学高のコーチとなり、'98年８月に監督に就任した。

就任直後の県大会で優勝し、翌年の選抜に出場。準々決勝でPL学園高校との死闘を制すると、沖縄県勢として初めて甲子園で優勝した。

2003年夏、３回目の出場を果たし、大会後に監督を辞任した。翌'04年4月、埼玉県の東京農大三高のコーチに就任。

主な教え子に、荷川取秀明（筑波大）、比嘉寿光（早大－広島）など。

【甲子園監督成績】（沖縄尚学高）

1999春	1	○	1－0	比叡山高
	2	○	5－3	浜田高
	準々	○	4－2	市川高
	準決	○	8－6	ＰＬ学園高
	決勝	○	7－2	水戸商
1999夏	1	○	8－4	酒田南高
	2	●	0－4	都城高
2003夏	2	○	4－0	市岐阜商
	3	●	0－1	江の川高

く

日下部《くさかべ》 明男《あきお》（比叡山高）

比叡山高校を滋賀県を代表する強豪校に育てた監督。

1935年11月3日京都府に生まれる。平安高では'52年選抜に背番号12の控え選手として出場（試合には出ていない）。翌'53年選抜には三塁手で５番を打って出場した。

明大でも三塁手で主将をつとめ、日通浦和では都市対抗に3回出場した。

'67年１月に滋賀県の比叡山高に監督として招聘され、保健体育の教師となるが、当時の部員数も十数名にすぎず、同好会レベルだったという。しかし、この年の春に間柴投手の勧誘に成功、同投手が3年生となった'69年選抜で同校を甲子園に初出場させた。以後'83年までの15年間に春夏合わせて７回甲子園に出場。

'78年選抜では前橋高の松本投手に史上初の完全試合を達成されたが、翌'79年夏に滋賀県勢として夏の甲子園初勝利をあげると、ベスト８まで進出するなど、同校を滋賀県を代表する強豪校に育てあげた。'93年引退した。

主な教え子に、間柴茂有（大洋－日本ハム）、順風秀一（いすゞ自動車－ロッテ）らがいる。

【甲子園打撃成績】（平安高）

		対戦相手	打	安	点
1953春	2	伏見高	4	1	0

【甲子園監督成績】（比叡山高）

1969春	2	●	2－5	岐阜商
1971夏	1	●	0－2	高岡商
1978春	1	●	0－1	前橋高
1979夏	1	○	12－4	釧路工

	2	○	4－3	相可高
	3	○	6－1	前橋工
	準々	●	0－10	浪商高
1981春	1	●	3－4	中京商
1982夏	2	○	3－0	足利工
	3	○	8－6	鹿児島商工
	準々	●	2－5	広島商
1983夏	2	●	1－2	仙台商

楠本《くすもと》 保《たもつ》（明石中）

“世紀の剛球投手”といわれた、明石中学の豪速球投手。

1914年12月19日兵庫県明石郡魚住村（現・明石市）に生まれる。魚住第二尋常高等小学校（現・明石市立錦浦小学校）に入学して間もなく野球を始める。当時から豪速球で知られ、'27年の全国少年野球大会予選では、振っても当たらないため、相手チームが徹底的にバント攻撃をしたという。

高等小学校に2年間通った後に、'29年地元の明石中学に進学、1年でエースとなった。

2年生の'30年春には明石中学を甲子園に初出場させ、以後春夏合わせて6回甲子園に出場した。3年まではとくに注目される投手ではなかったが、4年生となった'32年の選抜では初戦の広陵中戦で13奪三振を記録、大会初の全員奪三振をマークして一躍注目された。さらに準々決勝では京都師範を1安打で完封して決勝まで進んだ。

夏の初戦の北海中戦ではノーヒットノーランを達成、3試合連続完封で準決勝に進み、松山商と対戦した。この試合では17奪三振をあげたが、エラー絡みで3点を失って敗れた。この大会では4試合で64三振を奪っている。

翌'33年の選抜では、初戦で平安中学を3安打18奪三振と完璧に抑え、2回戦の浪華商戦は、中田投手と継投。準々決勝で京都商の沢村栄治と投げ合って1点差で降すと、準決勝では中京商を3安打完封して、2年連続して決勝に進んだ。

同年夏も、初戦で慶応商工を16奪三振で完封。続く水戸商戦では中田との継投でノーヒットノーランに抑えた。この試合は、「全国高等学校野球選手権大会50年史」では楠本のノーヒットノーランとして記録されている。準々決勝も中田と継投で完封した。しかし、準決勝の中京商戦ではライトで3番に入り、初めて甲子園で先発しなかった。この試合、空前絶後の延長25回の大熱戦の末に敗れたが、楠本は最後まで登板することはなかった。当時のマスコミも意外と受け取ったが、実は大会前になった脚気の状態が思わしくなかったことに加えて、中京商が徹底した楠本対策の練習をしていたことから、登板を回避したのだという。

結局、楠本は甲子園に6回出場して、通算15勝、うち8試合を完封し、ノーヒットノーランも達成、通算奪三振は200を超えた。写真でみる限りがっちりとした体格で、左足を高々とあげて、上半身をセンター方向にひねるため、打者からは背中が見えたという。ちょうど大リーグで活躍する野茂投手のような投法だったらしい。3年から楠本の球を受けつづけた福島安治の左手は内出血で腫れあがり、右手よりも一回り大きかったという。

慶大に進学したが、中学時代の登板過多のため、打者に転向し、3・4年では主将をつとめた。卒業後は貿易会社の大正興業に入社し、台湾のオール高雄でプレー。'42年に応召して上海に出征、翌'43年7月23日に湖北省で戦死した。わずか28歳であった。

【甲子園投手成績】（明石中）

		対戦相手	回	安	振
1930春	1	敦賀商	7	0	＊
	2	松山商	5	＊	＊
1931春	1	第一神港商	8⅔	7	8
1932春	1	広陵中	9	3	13
	2	小倉工	3	2	3
	準々	京都師範	9	1	14

	準決	和歌山中	9	6	9
	決勝	松山商	9	5	10
1932夏	1	北海中	9	0	15
	2	大正中	9	2	17
	準々	八尾中	9	5	15
	準決	松山商	9	3	17
1933春	1	平安中	9	3	18
	2	浪華商	6	3	6
	準々	京都商	9	4	9
	準決	中京商	9	3	12
	決勝	岐阜商	9	3	6
1933夏	1	慶応商工	9	2	16
	2	水戸商	*	*	*
	準々	横浜商	*	*	*
	準決	中京商	未　登　板		

注）1930年選抜の詳細な成績は不明。1933年夏の水戸商戦は「全国高等学校野球選手権大会50年史」では、楠本のノーヒットノーランと記録されているが、正しい登板記録は不明。準々決勝の横浜商戦も成績は不明

工藤《くどう》 一彦《かずひこ》（土浦日大高）

1974年春夏連続して甲子園に出場した土浦日大高のエースで“関東三羽烏”の一人。

1956年5月20日青森県南津軽郡常盤村に生まれる。父の仕事の関係で茨城県筑波郡谷田部町（現・つくば市）に転じ、高山中を経て、土浦日大高に進学。

189cmの長身から投げ下ろす速球で、1973年秋の関東大会で注目を集め、横浜高の永川、銚子商の土屋とともに“関東三羽烏”として全国の注目を集めた。

1974年選抜で同校の甲子園初出場を達成すると、初戦では新居浜商を２安打完封して初勝利をあげる。この試合、打たれた２本はともに内野安打、外野に飛んだ４飛球のうち３本は９回に出たものと、ほぼ完璧に押え込んでいた。２回戦の報徳学園高戦では２回に四球で出たランナーが盗塁とバントで三塁に進み、暴投で先取点を奪われると、５回には１死二塁から三塁線へのバントを自ら一塁に投げて悪投、結局この２点で敗れた。

続いて夏も甲子園に出場し、初戦で東海大相模高と対戦。２－１とリードした９回裏２死から同点に追いつかれて延長戦に入った。この試合、コントロールが定まらず四死球が多かったため、12回ですでに投球数は200球を超えていた。さらに、三塁側のベンチには西日が射し込み、疲労が蓄積されていった。そして、延長16回裏、先頭の村中に右中間二塁打を打たれると、次打者のバントが内野安打となり、四球とレフトライナーで１死満塁となったのち、ライト前にタイムリーヒットを打たれてサヨナラ負けを喫した。

同年秋のドラフト会議では阪神から２位指名されてプロ入りし、'83年には13勝をあげた。プロ通算66勝の成績で、'90年で引退。

【甲子園投手成績】（土浦日大高）

		対戦相手	回	安	振
1974春	1	新居浜商	9	2	10
	2	報徳学園高	8	7	2
1974夏	2	東海大相模高	15⅓	12	8

工藤《くどう》 公康《きみやす》（名古屋電気）

1981年夏にノーヒットノーランを達成した名古屋電気の投手。

1963年5月5日愛知県豊明市に5人兄弟の4番目として生まれる。父は宮崎県北浦の出身で、当時は名古屋市交通局でバスの運転手をしていた。父が草野球で捕手だったことから、小学校3年の時からキャッチボールを始めたが、非常に厳しい指導であったという。縦に割れるカーブはこの時に培われたものである。翌年に学校の野球部に入部したものの、5年生の時に退部して体操部に所属。6年で復帰したが、久方中学に進むとハンドボール部に入るなど、野球一辺倒ではなかった。中学1年の時に顧問の先生の勧めで野球部に転じ、エースとなった。

中学卒業後、名古屋電気高に特待生として進学、中村豪監督の指導を受け、1年秋にはエースとなる。バッテリーを組んだ捕手は山本幸治（のち幸二）は巨人に、のちに主将をつとめる中村稔は日本ハムに入団するなど、同期から合計3人がプロ入りするという豪華メンバーだった。しかし、槙原寛己（巨人）－馬場茂（筑波大－大府高監督）の強力バッテリーを擁する大府高のために、3年生の'81年夏まで甲子園には出場できなかった。

甲子園では落差の大きなカーブを武器に、初戦の長崎西高戦で16奪三振のノーヒットノーランを達成。続く北陽高戦では延長12回21奪三振を記録。さらに志度商も降して準決勝まで進出。ここで報徳学園高の金村義明（近鉄－中日）と投げ合い、1－3で敗れた。登板した4試合39イニングで、56奪三振、三振奪取率は12.9個にものぼる。また志度商戦ではホームランも打っている。

秋にはプロ球団からスカウトが殺到したが、父親の猛反対で熊谷組に入社を決めていた。しかし、剛腕で知られる西武の根本陸夫が父親を説得、ドラフト6位で指名してプロ入りした。1年目の4月10日には早くも公式戦に登板、8月末には初勝利もあげた。以後、西武のエースとして活躍、同球団の黄金時代を築いている。'94年オフにFAでダイエーに移籍して、'99年の初優勝に貢献。同年オフには2度目のFAで巨人に転じ、40歳を過ぎても先発投手として活躍している。

高校時代から“カーブの工藤”の異名をとり、その落差のある球は通常の高校生では打てないといわれた。甲子園史上屈指の変化球投手である。

【甲子園投手成績】（名古屋電気高）

		対戦相手	回	安	振
1981夏	2	長崎西高	9	0	16
	3	北陽高	12	4	21
	準々	志度商	9	2	12
	準決	報徳学園高	9	12	7

久根下《くねした》 一幸《かずゆき》（伊那北高）

長野県高校野球界の功労者。甲子園史上初のナイターで勝利をあげた監督でもある。

長野県松本市に生まれ、1943年松本中学（現・松本深志高）に入学、戦後の'47年夏に内野手兼救援投手として甲子園に出場した。甲子園では初戦で成田中と対戦、2回表にエースの萩元が打ち込まれて5点を失ったところでリリーフ。この回に1点を追加されたのち、7回と9回に2点ずつ奪われて完敗した。

翌年、学制改革で松本深志高校となると、エースで主将をつとめたが、夏は県大会準々決勝で敗れた。

卒業後、慶大に進学したものの、肺を患って3ヶ月で帰郷。信州大学文理学部に入り直して野球部に入部し、4年ではエース兼監督。さらに母校・松本深志高の監督も兼任した。

'53年卒業と同時に松商学園高教諭となり、'54年に伊那北高に赴任してコーチに就任、'55年甲子園に出場した。翌'56年には監督となり、2年連続甲子園出場を果たした。初戦で静岡高と対戦、この試合は8回表で日没となり、甲子園史上初のナイターとなった。延長戦の末、10回1死から3点をあげて4－1で勝った。

のち長野県高野連理事長となり、夏の県大会で行われていた地区大会制度を廃止して、県大会に一本化した。'87年木曽高校校長に就任、'91年定年退職した。

主な教え子に、松本深志高時代の土屋正孝（巨人－国鉄）、伊那北高時代の牧田政彦（阪急）らがいる。

【甲子園投手成績】（松本中）

		対戦相手	回	安	振
1947夏	2	成田中	$7\frac{1}{3}$	*	*

注）安打数と奪三振数は不明

【甲子園監督成績】(伊那北高)

1956夏	1	○	4－1	静岡高
	2	●	2－3	西条高

久保《くぼ》 克之《かつゆき》(鹿児島実)

鹿児島県を代表する強豪校・鹿児島実業野球部の育ての親。

1938年2月10日鹿児島県に生まれる。鹿児島実業時代はライトで3番を打ち、'56年夏に東九州大会に出場した。卒業後、いったん就職した後に日大に進学し、卒業後帰郷した。

'67年母校・鹿児島実業の監督に就任。当時の鹿児島実業は甲子園に2回出場してともに初戦敗退という新興勢力であった。就任6年目の'72年の選抜で初めて甲子園に出場、学校としての甲子園初勝利をあげると、'74年夏には定岡正二投手を擁して準決勝まで進んだ。この大会の準々決勝では原辰徳のいた東海大相模高校と死闘を繰り広げ、鹿児島実業の名は一躍全国に知れわたった。以後、鹿児島実業は鹿児島商業、鹿児島商工とならんで県内3強として、甲子園代表を独占した。

'90年内之倉隆志を擁して春夏連続して甲子園に出場し、選抜では3回戦、夏は準々決勝まで進んだ。この年を機に鹿児島実業はさらに飛躍する。以後、'98年夏までの間に実に10回甲子園に出場し、'96年の選抜では鹿児島県初の全国優勝も達成した。県内では、樟南高校(鹿児島商工が改名)とともに2強となり、この両校は県内だけでなく、全国を代表する強豪校となった。

2002年夏の大会終了後、部長兼総監督に退いた。

教え子の数は多いが、主な選手に、定岡正二(巨人－タレント)、鹿島忠(鹿児島鉄道管理局－中日)、上園達二(三菱重工長崎)、内之倉隆志(ダイエー)、下薗朋裕(三菱重工長崎)、内薗直樹(三菱重工長崎－巨人)、杉内俊哉(三菱重工長崎－ダイエー)らがいる。

【甲子園監督成績】(鹿児島実)

1972春	1	○	3－0	取手一高
	2	●	2－3	銚子商
1973夏	1	●	1－2	日大山形高
1974夏	2	○	1－0	佼成学園高
	3	○	1－0	高岡商
	準々	○	5－4	東海大相模高
	準決	●	1－2	防府商
1976春	1	○	2－0	学法石川高
	2	●	1－5	北陽高
1976夏	2	●	0－3	豊見城高
1978夏	1	●	3－4	静岡高
1979夏	1	●	2－4	相可高
1981夏	1	○	3－2	仙台育英高
	2	●	4－6	鎮西高
1983夏	1	●	4－5	横浜商
1990春	1	○	5－4	秋田経法大付高
	2	○	4－0	川西緑台高
	3	●	3－4	東海大甲府高
1990夏	1	○	9－0	日大山形高
	2	○	4－3	高知商
	3	○	4－2	松山商
	準々	●	3－4	西日本短大付高
1991春	1	○	8－5	東邦高
	2	○	7－5	学法石川高
	3	●	2－5	広陵高
1991夏	2	○	5－3	旭川工
	3	○	5－4	桐蔭学園高
	準々	○	7－3	市川高
	準決	●	6－7	沖縄水産
1993春	2	○	6－5	関西高
	3	●	1－11	上宮高
1994春	1	●	3－7	広島商
1996春	1	○	2－1	伊都高
	2	○	2－0	滝川二高
	準々	○	2－1	宇都宮工
	準決	○	3－2	岡山城東高
	決勝	○	6－3	智弁和歌山高
1996夏	1	○	6－4	富山商
	2	○	5－3	市立船橋高
	3	○	9－2	倉敷工
	準々	●	2－5	松山商

1997夏	1	●	2－4	浜松工
1998夏	1	○	4－0	八戸工大一高
	2	●	0－6	横浜高

久保《くぼ》 尚志《たかし》（観音寺中央高）

阪神大震災直後の1995年選抜で初出場初優勝を達成した観音寺中央高校のエース。

1977年5月27日東京に生まれ、のち香川県に移る。大野原中学時代は捕手として活躍し、観音寺中央高校の誘いで同校に進学。1年秋には捕手のレギュラーとなり、2年夏の大会では背番号2のままエースとして登板。秋には名実ともにエースとなって3番を打ち、四国大会準決勝まで進出した。翌'95年1月、阪神大震災が起こり、選抜は開催自体が微妙だったうえ、開催した場合でも規模を縮小する話も出ていた。そのため、四国大会の準決勝で敗退した同校の選抜出場は微妙な情勢であった。

結局、試合開始時間の変更や、鳴り物の禁止などだけで、例年通りの開催が決定、甲子園に初出場することができた。初戦で藤蔭高を降すと、2回戦では東海大相模高を4安打で完封。準々決勝の星稜高戦では7回1死満塁から走者一掃の左中間二塁打を打たれて自らマウンドを降りた。準決勝の関西高戦も不調で5回途中で降板したが、自ら3打点を叩き出す活躍で打ち勝った。決勝では復活して銚子商を完封、初出場初優勝を達成した。

同年夏の甲子園にも出場。初戦の宇都宮学園高戦では7回裏にいったん降板したが、9回表に4点をあげて逆転すると、9回裏から再登板して勝利。2回戦で日大藤沢高に延長11回サヨナラ負けを喫した。

中央大学に進学して打者に専念、卒業後は鷺宮製作所に入社、都市対抗にも出場している。

【甲子園投手成績】（観音寺中央高）

		対戦相手	回	安	振
1995春	1	藤蔭高	9	7	3
	2	東海大相模高	9	4	3
	準々	星稜高	6⅓	6	5
	準決	関西高	4⅓	9	2
	決勝	銚子商	9	7	3
1995夏	1	宇都宮学園高	8	9	5
	2	日大藤沢高	10⅓	11	6

【甲子園打撃成績】（観音寺中央高）

		対戦相手	打	安	点
1995春	1	藤蔭高	4	0	0
	2	東海大相模高	5	1	0
	準々	星稜高	3	0	0
	準決	関西高	5	3	3
	決勝	銚子商	4	2	1
1995夏	1	宇都宮学園高	5	1	0
	2	日大藤沢高	6	2	1

久保《くぼ》 政道《まさみち》（高松商）

1970年から高松商業の黄金時代を築いた監督。

1946年香川県高松市東植田町に生まれる。高松商業では若宮誠一監督の指導を受けて二塁手となり、'63年選抜に背番号11の控え選手として出場した（試合には出ていない）。卒業後は、高校野球の指導者を目指して立命館大に進学した。

'69年に母校・高松商業の監督に就任した。以後、甲子園に13回出場し、'70年夏には準決勝まで進む。'83年に石田高に転じ、高松南高を経て、'97年に高松商に再赴任、2000年秋に監督にも復帰した。翌'01年には秋季四国大会で優勝したが、'02年11月に病気のため引退、'03年4月10日に56歳で死去した。

主な教え子に、大北敏博（巨人－西武）、植上健治（阪神－西武）、宮武学（日体大－三本松高監督－坂出商監督）などがいる。

【甲子園監督成績】（高松商）

1970春	1	●	1－2	富山商
1970夏	1	○	16－0	静岡高
	2	○	1－0	広島商
	準々	○	7－0	熊谷商
	準決	●	5－16	ＰＬ学園高
1973春	1	○	2－0	向陽高
	2	●	1－5	鳴門工
1973夏	1	○	2－1	取手一高
	2	○	1－0	京都商
	3	●	3－4	銚子商
1976春	1	●	8－11	崇徳高
1976夏	2	●	3－5	銚子商
1977夏	2	●	2－6	東邦高
1978春	1	○	3－0	浪商高
	2	●	3－5	東北高
1978夏	1	●	0－1	仙台育英高
1979春	1	○	8－0	府中東高
	2	●	4－7	倉吉北高
1979夏	1	●	4－5	明野高
1980夏	1	●	1－8	横浜高
1981春	1	○	3－2	北海道日大高
	2	○	4－1	尾道商
	準々	●	1－2	倉吉北高

久保田《くぼた》 高行《たかゆき》（早実）

早実の総監督。1903年5月20日東京に生まれる。'22年に早実を卒業後、朝日新聞運動部記者となる一方、母校早実の監督・総監督として野球部の指導をした。以来40年間にわたってつとめ、この間、'57年には総監督として選抜に出場、王貞治投手を中心に、紫紺の大優勝旗を史上初めて“箱根越え”させた。

引退後、'81年３月までの14年間は帝京大野球部監督をつとめ、そのほかにも、日本アマチュア公認野球規則委員などもつとめた。'82年7月5日に79歳で死去するまで、野球一筋の人生であった。

久保田《くぼた》 智之《ともゆき》（滑川高）

甲子園でトルネード投法で豪速球を投げた滑川高の捕手。

1981年1月30日埼玉県比企郡吉見町に生まれる。吉見中学を経て、無名の滑川高に進学、捕手をつとめる。'98年夏の大会は第80回の記念大会のため、埼玉県は東西に2分割され、滑川高校は西埼玉大会を戦うことになった。この年の埼玉県の有力校は東部に多く、西埼玉地区は混線となり、結局無名の滑川高が西埼玉代表となった。小さな無名の県立高校の甲子園出場は全国の注目を集めた。

甲子園には背番号2の捕手で4番を打って出場。初戦の境高戦、先発のエース小柳聡が打ち込まれると、久保田は捕手からプロテクターをはずして救援した。そして、野茂ばりのトルネード投法からの豪速球を披露して甲子園の観客を驚かせたのである。初出場の無名県立高校の捕手が、どうしてこんな豪速球を投げられるのか、不思議な光景であった。滑川高はこの小柳－久保田の継投で大方の予想を覆して３回戦まで進出した。

卒業後は常磐大学に進学して投手に専念、１年春からベンチ入り。３年で日本代表候補となり、関甲新大学リーグで通算22勝をマークした。'02年秋のドラフト会議では阪神から５巡目で指名されてプロ入り、一軍で活躍している。

【甲子園投手成績】（滑川高）

		対戦相手	回	安	振
1998夏	1	境高	$2\frac{1}{3}$	0	4
	2	富山商	2	2	1
	3	関大一高	$1\frac{2}{3}$	1	3

倉野《くらの》 光生《みつお》（愛工大名電高）

愛工大名電高の監督。

1958年11月７日愛知県に生まれる。名古屋電気高（現・愛工大名電高）から愛知工大に進学。1981年卒業と同時に母校・名古屋電気のコーチとなり、名将・中村豪監督のもとで17年間コーチをつとめた。

'97年9月中村監督のあとを継いで監督に就任。翌年夏に7年振りの甲子園出場を果たすと、以後、同校を甲子園の常連校に復活させた。2003年秋には明治神宮大会で優勝、翌年の選抜では初戦で大会タイ記録の10犠打をマークするなど、徹底したバント攻撃で、決勝戦まで進出した。

主な教え子に、小宮祐希（名大－愛工大名電高コーチ）、石堂克利（ヤクルト）、池田憲昭（明大）らがいる。

【甲子園監督成績】（愛工大名電高）

1998夏	1	●	2－7	日南学園高
2002春	1	●	1－2	新湊高
2003春	2	○	1－0	国士舘高
	3	●	0－4	近江高
2003夏	2	●	1－2	鳥栖商
2004春	1	○	5－4	立命館宇治高
	2	○	9－2	岡山城東高
	準々	○	7－1	秋田商
	準決	○	3－2	社高
	決勝	●	5－6	済美高

栗岡《くりおか》 英智《ひでとし》（中京高）

1978年夏の甲子園で2試合連続ホームランを打ったスラッガー。

1961年1月18日愛知県名古屋市千種区内山町に生まれる。

内山小4年で少年野球のエースとなり、中京中では全国大会ベスト4。中京高（現・中京大中京高）に進学して、'78年夏の甲子園にセンターで3番を打って出場。3回戦の箕島高戦と、準々決勝の天理高戦で2試合連続本塁打を打った。

同年秋のドラフト会議では中日から2位指名されてプロ入り。三塁手に転じ、'84年に35盗塁でウェスタンリーグの盗塁王を獲得。'87年西武に移籍したが、1試合も出場しないまま、同年引退した。

【甲子園打撃成績】（中京高）

		対戦相手	打	安	点
1978夏	2	佐世保工	3	1	0
	3	箕島高	4	2	3
	準々	天理高	3	1	1
	準決	PL学園高	6	3	0

栗橋《くりはし》 博《ひろし》（鳴門高）

戦後まもなく、鳴門高校黄金時代を築いた投手。

1950年夏、1年生の栗橋は背番号12の控え投手として甲子園に出場。初戦の明石高戦は登板しなかったが、2回戦の新宮高は完投した。以後、準々決勝と準決勝は先発したエースの近藤議生をリリーフ、決勝では先発して大久保につなぎ、準優勝した。

翌'51年の選抜からはエースとして活躍。準決勝の長崎西高戦では延長15回を投げぬき、優勝した。3年生となった'52年選抜には主将として出場。初戦で北野高を5安打完封、準決勝では鳴尾高を3安打で完封して3回目の決勝戦まで進んだが、静岡商に完封負けした。

法政大を経て、社会人でプレーし、'60年頃から約25年間にわたって毎日放送で選抜大会の解説者をつとめた。

【甲子園投手成績】（鳴門高）

		対戦相手	回	安	振
1950夏	1	明石高	未	登	板
	2	新宮高	9	12	6
	準々	米子東高	*	*	*
	準決	済々黌高	*	*	*
	決勝	松山東高	*	*	*
1951春	1	八幡高	9	4	*
	準々	扇町商	9	8	*
	準決	長崎西高	15	11	*

	決勝	鳴尾高	9	12	3
1952春	2	北野高	9	5	＊
	準々	鹿児島商	9	6	＊
	準決	鳴尾高	9	3	＊
	決勝	静岡商	8	8	2

注）1950年夏の準々決勝以降は継投のため栗橋のみの成績は不明。また、1951年と'52年の選抜大会の奪三振数は不明

黒田《くろだ》 真二《しんじ》（崇徳高）

1976年の選抜で初出場初優勝を達成した崇徳高のエース。

1958年7月25日広島県比婆郡東城町に生まれる。東城中を経て、崇徳高に進学してエースとなり、'76年春夏連続して甲子園に出場した。選抜の初戦は不調で、初戦では1回に連続二塁打で先制点を奪われると、6回には無死から3連打に連続四球で押し出しの得点を与えるなど大きく乱れたが、乱打戦の末に勝利。2回戦では鉾田一高打線をわずか2安打に抑えながら、8回裏に相手投手の戸田にホームランを打たれて0－1とリードされた。しかし、9回2死から一塁真正面のゴロがエラーとなると、続くショート右へのゴロも弾いてセーフ（記録上はヒット）となり、4番永田の三塁打で逆転勝利をおさめた。準々決勝では福井高を8回2死までノーヒットノーランに抑え、結局2安打完封。準決勝ではスクイズで1点を失ったが6安打に抑え、決勝では小山高を3安打で完封。体調を崩していた初戦を除いては、連打を浴びることはなく、超高校級投手として話題になった。

夏の初戦は当日の朝に扁桃腺炎で発熱したため先発を回避。2－1と逆転したところで4回から登板したが、1球ごとに口をあげて肩で息をする、という状態のため、大会本部の指示で5回に医師の診断をうけたところ39.4度の熱があることがわかり降板した。3回戦で海星高の“サッシー”こと酒井圭一投手（ヤクルト）と息詰まる投手戦を繰り広げた。黒田は6回までノーヒットに抑えながら、7回表に2安打された後、一塁線に転がった当たりを捕手・応武と譲り合って一瞬タイミング遅れて（記録上は内野安打）決勝点が入り、0－1で敗れた。

同年秋のドラフト会議では、地元広島から1位指名の約束を得ていたが、日本ハムが強行指名したため、拒否して日本鋼管福山に入社。のちリッカーを経て、'82年秋にドラフト指名外でヤクルトに入団したが、結局プロでは活躍できなかった。'88年打撃投手となり、'99年までつとめた。その後は八王子でスナックを経営。

【甲子園投手成績】（崇徳高）

		対戦相手	回	安	振
1976春	1	高松商	9	14	5
	2	鉾田一高	9	2	11
	準々	福井高	9	2	8
	準決	日田林工	9	6	6
	決勝	小山高	9	3	4
1976夏	2	東海大四高	2	1	0
	3	海星高	9	3	9

黒田《くろだ》 勉《つとむ》（鶴見工）

陸上でインタハイに出場したのちに、エースとして甲子園に出場した異色の選手。

1936年8月28日神奈川県藤沢市に生まれる。鵠沼中時代、陸上と野球の両方で活躍。湘南高に進学したが、両立を認められず陸上部に所属。しかし、1年夏に400mでインタハイに出場後、野球を断念できず鶴見工に転校、陸上部と野球部をかけ持ちした。2年夏も400mでインタハイに出場、3年夏もインタハイへの出場が決まっていたが、野球で神奈川県予選を制したため甲子園に出場した。甲子園では初戦で高鍋高を降したが、2回戦で高知商と対戦、右肘の死球の影響もあって敗れた。

卒業後、日本鋼管を経て、'56年近鉄に入団。'65年に引退するまでに38勝をあげた。

【甲子園投手成績】(鶴見工)

		対戦相手	回	安	振
1954夏	1	高鍋高	9	8	6
	2	高知商	9	13	11

桑《くわ》田《た》 真《ま》澄《すみ》(PL学園高)

戦後の甲子園を代表する好投手。

1968年4月1日大阪府八尾市に生まれる。八尾大正小3年でボーイズリーグ八尾に入る。大正中時代からシニアリーグで活躍したが、PL学園高進学に絡んでトラブルとなり、成法中に転校してPL学園高に進学した。

PL学園高では1年夏から登板、清原和博(西武－巨人)とともに甲子園に5季連続出場した。1年夏は背番号10ながら実質エースで、1回戦の所沢商戦で完投、2回戦の中津工は完封。3回戦の東海大一高戦ではリリーフで登板、準々決勝では高知商と乱打戦となり、5回ノックアウトされたが、準決勝では当時最強といわれた池田高を5安打で完封し、一躍脚光を浴びた。決勝では7回で降板するまで横浜商を無得点に抑えて優勝した。

また、桑田は打っても2回戦の中津工戦でホームランを打つなど強打をみせた。翌年からは5番を打ち、清原－桑田と続く中軸は相手チームから恐れられた。5番に桑田が控えているため、投手は清原と勝負せざるを得なかったのである。

2年の選抜の初戦ではライトで出場、3ランと2ランの2本のホームランを打って7打点をあげるなど、打者としても非凡なものをみせた。2回戦、準々決勝は圧勝し、準決勝では4回から登板して都城高を抑え辛勝。決勝では岩倉高を6安打14奪三振で1点に抑えながら、岩倉高の山口投手を全く打てず準優勝に終わった。2年夏は準決勝の金足農戦で起死回生のホームランを放つなど投打にわたって活躍したが、再び準優勝。

3年選抜では準々決勝で天理高を3安打完封したが、準決勝で伊野商の渡辺智男と投げ合って敗退。夏は初戦で東海大山形高に大勝、続く津久見高は無四球完封、準々決勝の高知商戦では清原とのアベックホームランを打つなど、やはり投打にわたる活躍で優勝した。甲子園通算20勝3敗、優勝2回。20勝は新制高校最多。また、通算6本塁打は清原に次ぐ記録であるなど、打者としても甲子園史を飾る選手であることは間違いない。

同年のドラフト会議に際しては早大進学を表明、プロ入りを拒否していたが、巨人がドラフト1位で指名すると受験を放棄して巨人に入団した。2年目の'87年以降はエースとして活躍。'95年10月に手術をして1年以上に及ぶリハビリをつづけ、'97年オープン戦で復帰した。

甲子園に出場した投手にアンケートをとると、「理想の投手は桑田」と答える選手が圧倒的に多いほか、プロ野球選手の間でも、桑田の野球にかける姿勢を高く評価する選手は多い。

【甲子園投手成績】(PL学園高)

		対戦相手	回	安	振
1983夏	1	所沢商	9	5	4
	2	中津工	9	3	3
	3	東海大一高	2	0	4
	準々	高知商	$4\frac{2}{3}$	8	5
	準決	池田高	9	5	1
	決勝	横浜商	$6\frac{1}{3}$	4	6
1984春	1	砂川北高	未登板		
	2	京都西高	9	9	8
	準々	拓大紅陵高	9	3	9
	準決	都城高	8	4	8
	決勝	岩倉高	8	6	14
1984夏	1	享栄高	9	3	11
	2	明石高	6	1	2
	3	都城高	9	6	8
	準々	松山商	9	7	6
	準決	金足農	9	8	9

	決勝	取手二高	$9\frac{2}{3}$	12	6
1985春	1	浜松商	6	6	3
	2	宇部商	9	7	6
	準々	天理高	9	3	7
	準決	伊野商	9	9	1
1985夏	2	東海大山形高	6	3	6
	3	津久見高	9	8	6
	準々	高知商	9	9	7
	準決	甲西高	6	6	3
	決勝	宇部商	9	6	7

【甲子園打撃成績】（PL学園高）

		対戦相手	打	安	点
1983夏	1	所沢商	4	2	1
	2	中津工	4	3	4
	3	東海大一高	0	0	0
	準々	高知商	5	1	1
	準決	池田高	4	1	2
	決勝	横浜商	3	0	0
1984春	1	砂川北高	5	3	7
	2	京都西高	4	0	1
	準々	拓大紅陵高	4	2	1
	準決	都城高	5	0	0
	決勝	岩倉高	3	0	0
1984夏	1	享栄高	6	2	0
	2	明石高	3	2	2
	3	都城高	5	2	0
	準々	松山商	3	1	0
	準決	金足農	4	1	2
	決勝	取手二高	5	2	0
1985春	1	浜松商	5	4	0
	2	宇部商	4	2	0
	準々	天理高	4	1	0
	準決	伊野商	4	0	0
1985夏	2	東海大山形高	6	3	2
	3	津久見高	4	1	0
	準々	高知商	4	3	2
	準決	甲西高	4	1	3
	決勝	宇部商	2	0	0

桑原《くわばら》 秀範《ひでのり》（堀越高）

広島商・堀越高の監督を歴任。

1946年８月１日広島県安佐郡川内村（現・広島市安佐南区）に生まれる。川内小を経て、安佐中に入り、本格的に野球を始め、３年の時に県大会で優勝。広島商では内野手としてプレーしたが、甲子園には出場できなかった。

法政大では松永怜一の指導を受ける。'69年鐘渕化学に入社、６年間プレーした。'75年１月退社、９月に母校・広島商の監督に就任。'82年夏には甲子園で準優勝、秋の国体では優勝し、監督を退いた。

１年間のブランクを経て、'83年９月堀越高監督に就任。'88年選抜で、同校を13年振りに甲子園に出場させた。以後、同校を５回甲子園に出場させている。

その後、頴明館高監督に就任。2001年秋季東京大会ではベスト４まで進出し、翌年の選抜では補欠校に選ばれている。

主な教え子に、広島商時代の永田利則（広島－南海）、池本和彦（早大）、小田浩（順天堂大－西条農監督）、堀越高時代の原英史（ヤクルト）、野村克則（明大－ヤクルト－阪神－巨人）、山本幸正（阪神）、井端弘和（亜細亜大－中日）、頴明館高時代の加藤敬典（中央大）らがいる。

【甲子園監督成績】（広島商）

1977夏	1	○	4－0	佐賀商
	2	○	6－0	高崎商
	3	●	0－1	豊見城高
1979夏	2	○	5－2	秋田商
	3	●	1－9	浪商高
1981夏	1	●	1－3	新発田農
1982夏	2	○	6－2	鉾田一高
	3	○	4－2	興南高
	準々	○	5－2	比叡山高
	準決	○	1－0	中京高
	決勝	●	2－12	池田高

（堀越高）

1988春	2	●	2－3	宇部商
1988夏	1	○	4－1	高野山高
	2	●	1－8	天理高
1992春	1	○	7－4	村野工
	2	●	0－4	星稜高
1993夏	1	○	1－0	西条農
	2	●	0－3	鹿児島商工
1997夏	1	●	0－1	敦賀気比高

こ

呉《ご》波《は》（嘉義農林）

戦前の台湾中等学校球界を代表する選手。

1916年6月23日台湾・台南市に生まれる。プロ入り後は呉昌征（しょうせい）の名前で活躍、のち日本に帰化した時の名前は石井昌征（まさゆき）である。

嘉義農林時代、'33年夏に背番号1で出場。初戦の松山中戦では当初センターで出場し、途中から登板した。'35年はレフトで2番を打って春夏連続出場。'36年夏はセンターで4番を打って出場した。春夏合わせて4回甲子園に出場し、裸足のプレーで知られた。

'37年卒業後は巨人に入団。'42年から2年連続首位打者となり、'43年にはＭＶＰを獲得。'44年阪神に移籍して投手も兼任し、'46年6月16日には対セネタース戦（西宮，11－0）でノーヒットノーランを達成するなど、投打にわたって活躍した。'50年毎日の創立に参加し、'57年には日本プロ野球史上初の実働20年を記録して、同年引退。「人間機関車」とも呼ばれた。'95年殿堂入り。1987年6月7日死去。

【甲子園打撃成績】（嘉義農林）

		対戦相手	打	安	点
1933夏	2	松山中	4	1	2
1935春	2	浦和中	0	0	0
1935夏	2	平安中	3	1	0
	準々	松山商	5	0	0
1936夏	1	小倉工	3	1	0
	2	育英商	4	1	1

小《こ》泉《いずみ》 芳《よし》夫《お》（仙台一中）

仙台一中・一高で選手・監督を歴任。

仙台一中で村田栄三監督の指導を受け、３年生の1940年夏の甲子園にショートとして出場。翌年からは４番を打ち、'42年夏にはエースで４番を打って、文部省主宰の“幻の甲子園”に出場した。この大会では初戦で大分商の荒巻淳（のち毎日）と投げあって３－２で勝利している。

東北学院大学を経て、戦後は母校・仙台一高のコーチとなり、'55年～'57年と、'80年、'82年～'84年の３回にわたって監督をつとめたほか、仙台６大学リーグの理事もつとめる。また、「オール仙台」の主将として、'92年８月に全国還暦軟式野球大会で優勝するなど、生涯指導者・選手として活躍した。'93年68歳で死去。

【甲子園打撃成績】（仙台一中）

		対戦相手	打	安	点
1940夏	2	千葉商	3	0	2

郷《ごう》司《し》 裕《ひろし》

甲子園で活躍した審判。1932年１月北海道釧路市生まれ。旧制明治中学を経て、明大に進学。当初は野球部に籍を置いていたが、監督に勧められて、審判に転身した。1949年東京都の高校野球を皮切りに、東京６大学、都市対抗で審判をつとめた。

'64年選抜大会初日の徳島海南高－秋田工の試合で初めて球審を担当、'69年夏の決勝戦、松山商－三沢高では延長18回、再試合ともに球審をつとめている。

'83年夏の決勝戦、PL学園高－横浜商の球審を最後に現役を引退した。

以後は、日本野球規則委員、日本高校野球連盟理事、全国高校野球甲子園大会審判副委員長などを歴任。横浜で弱電関係の部品メーカーを経営している。

香《こう》田《だ》 勲《いさ》男《お》（佐世保工）

1982年夏から３季連続してエースとして甲子園に出場した佐世保工の投手。

1965年５月29日長崎県東彼杵郡東彼杵町に生まれる。彼杵中を経て、佐世保工に進学し、２年生の'82年夏にエースとして甲子園に出場。開幕日の第２試合に登場し、東海大山形高を６安打１点に抑えて勝利。２回戦では中京高の野中徹と投げ合って敗れた。

翌年はエースで４番を打って春夏連続出場。選抜の初戦は星林高を５安打で完封。２回戦でも報徳学園高を２安打に抑え、三塁を踏ませずに連続完封した。

夏は県大会決勝の五島高戦でノーヒットノーランを達成して甲子園に出場。初戦で黒沢尻工を完封したが、２回戦で横浜商に敗れた。

３回連続してエースとして甲子園に出場して、いずれも初戦を突破。また全７試合すべて完投して３試合は完封するなど、好成績をあげた。

秋のドラフト会議では巨人が２位で指名しプロ入り。右肩手術を経て、'95年近鉄に移籍、'97年にはプロ入り14年目で初めてオールスターにも出場している。両球団で通算67勝をあげて2001年で引退、コーチとなる。

【甲子園投手成績】（佐世保工）

		対戦相手	回	安	振
1982夏	1	東海大山形高	9	6	3
	2	中京高	9	7	3
1983春	1	星林高	9	5	6
	2	報徳学園高	9	2	9
	準々	明徳高	9	13	3
1983夏	1	黒沢尻工	9	8	8
	2	横浜商	9	13	4

小《こ》枝《えだ》 守《まもる》（拓大紅陵高）

拓大紅陵高校野球部の育ての親。

1951年7月29日東京・両国に7人兄弟の末っ子として生まれる。両国中学を経て、日大三高に進学したが、2年冬に足首を痛めて6ヶ月間治療するなど、あまり活躍できなかった。日大に進学して1年間捕手としてプレーしたが、2年の時に母校・日大三高のコーチとなり、以後3年間学生コーチをつとめた。この間、同校は'71年選抜で優勝、翌'72年選抜では準優勝した。'74年卒業と同時に日大三高の社会科教諭となり、そのまま3年間コーチをつづけた。'76年秋に監督に就任し、'79年夏甲子園に出場した。

'81年3月で同校を退職、8月に当時は無名の新進校だった拓大紅陵高校に転じ、'92年夏には甲子園で準優勝するなど、同校を千葉県を代表する強豪校に育てた。

主な教え子に、拓大紅陵高時代の、小川博文（プリンスホテル－オリックス）、飯田哲也（ヤクルト）、佐藤幸彦（ロッテ）、高橋憲幸（日本石油－日本ハム）、立川隆史（ロッテ）らがいる。

【甲子園監督成績】（拓大紅陵高）

1984春	1	○	9－3	智弁学園高
	2	○	10－2	法政二高
	準々	●	0－6	ＰＬ学園高
1984夏	2	●	0－5	鹿児島商工
1986春	1	○	8－0	洲本高
	2	●	4－7	新湊高
1986夏	2	○	4－0	岩国商
	3	●	0－1	東洋大姫路高
1988夏	2	○	10－1	松山商
	3	●	3－4	浜松商
1992夏	2	○	4－3	智弁和歌山高
	3	○	2－0	佐世保実
	準々	○	2－1	池田高
	準決	○	5－4	尽誠学園高
	決勝	●	0－1	西日本短大付高
1996春	1	●	8－9	東邦高
2002夏	1	●	0－6	智弁学園高
2004春	1	○	6－0	一関一高
	2	●	4－6	福岡工大城東高

小《こ》窪《くぼ》 敬一《けいいち》（仙台商）

仙台商で選手・監督として活躍。

1949年11月18日宮城県仙台市に生まれる。仙台商に進んでエースとなり、内海吉美とバッテリーを組む。1967年選抜で同校を甲子園に初出場させ、夏には連続出場して初勝利をあげる。

関東学院大学では大学選手権でベスト4まで進み、電電東北では都市対抗に4回出場した。

'81年秋、母校・仙台商の監督をしていた内海が家庭の事情で退任、後任を託されて監督に就任。'83年夏、甲子園出場を果たした。'87年8月NTT東北監督に転じ、都市対抗、日本選手権などに出場。2001年4月秋田経法大附属高監督に就任、同時に寮監となる。同年秋には東北大会で準優勝、翌'02年の選抜に出場した。'03年秋に辞任。

主な教え子に、仙台商時代の荻原満（東海大－巨人）、加藤高康（東海大－ＮＴＴ東北－ロッテ）、秋田経法大附属高時代の平塚隆一（法政大）、木村雄太（東京ガス）らがいる。

【甲子園投手成績】（仙台商）

		対戦相手	回	安	振
1967春	1	高知高	8	7	0
1967夏	1	鹿児島高	9	6	1
	2	習志野高	9	11	4

【甲子園監督成績】（仙台商）

1983夏	2	○	2－1	比叡山高
	3	●	0－3	宇部商

（秋田経法大付高）

2002春	1	●	4－5	延岡工

小《こ》嶋《じま》 仁《に》八郎《はちろう》 (津久見高)

大分県高校球界を代表する名監督。

1921年7月7日大分県北海部郡津久見町に生まれる。臼杵中学(現・臼杵高校)で野球を始め、中央大では、'40年秋、'41年春と連続して東都大学リーグの優勝投手となる。戦後、八幡製鉄を経て、'50年プロ野球の西日本球団の結成に参加したが、1年で帰郷して別府緑ヶ丘高の監督に就任した。

'52年、軟式から硬式に転じて間もない津久見高に移ると、1年目には甲子園に初出場。以後、急速に力をつけ、大分商業とともに大分県を代表する強豪校となった。'67年選抜では大分県勢として初めて全国優勝を達成。さらに、'72年には夏に全国制覇するなど、津久見高校と小嶋監督の名前は全国に轟いた。'87年に引退するまで、甲子園出場は14回を数える。1999年11月16日死去した。

主な教え子には、吉良修一(阪神)、大田卓司(西武)、浜浦徹(ロッテ-太平洋ほか)、矢田利勝(専大北上高監督)、木村隆一(日体大-別府羽室台高監督)、山本一孝(日体大-津久見高監督)などがいる。

【甲子園監督成績】(津久見高)

1952夏	1	●	4−10	松山商
1955夏	2	○	10−0	成田高
	準々	●	0−3	立命館高
1963夏	1	●	3−4	中京商
1965夏	1	○	7−4	海星高
	2	○	5−0	徳島商
	準々	●	1−13	秋田高
1966夏	1	●	3−8	報徳学園高
1967春	2	○	3−2	倉敷工
	準々	○	2−0	岐阜商
	準決	○	2−1	報徳学園高
	決勝	○	2−1	高知高
1968夏	1	○	6−5	高岡商
	2	○	7−3	大宮工
	3	●	2−9	盛岡一高
1970春	1	○	5−0	米子東高
	2	●	1−2	千葉商
1971春	1	●	0−2	県岐阜商
1972夏	1	○	3−2	鹿児島商
	2	○	13−1	苫小牧工
	準々	○	1−0	明星高
	準決	○	5−3	天理高
	決勝	○	3−1	柳井高
1974春	1	●	0−3	高知高
1977夏	2	○	9−1	京都商
	3	●	6−10	大鉄高
1981夏	2	●	2−5	岡谷工
1982夏	2	○	10−0	東海大浦安高
	3	○	3−2	佐賀商
	準々	●	1−5	中京高

古《こ》角《すみ》 俊郎《としろう》 (新宮高)

海草中では嶋清一とともに甲子園で活躍、戦後は1950年代に監督として新宮高の全盛期を築いた。

和歌山県那智勝浦町生まれ。地元の中学に進学したが、2年生の時に海草中の後援者である丸山直広医師にスカウトされて同校に転校、丸山の家に下宿して海草中に通った。まもなくセンターのレギュラーとなり、'39年選抜に3番打者として出場。夏は1番を打って、エースの嶋清一とともに甲子園で活躍した。卒業後は嶋とともに明大に進学したが、'43年12月に応召し、航空隊に所属。

戦後、大阪の社会人野球でプレーしたのち、家業の旅館を手伝うために帰郷。1948年に創部間もない地元の新宮高校の監督に招聘され、'55年に辞めるまでの7年間に春2回、夏4回の甲子園出場を果たして、新興高校を一躍全国的に有名にした。

その後は、'86年まで実家の旅館・なぎさやの3代目主人をつとめた。伝説の投手・嶋清一の語り部でもある。

主な教え子に、川崎敬之助(明大中退-中日)、岡田守雄(毎日-大洋)、前岡勤也(阪神-中日)らがいる。

【甲子園打撃成績】（海草中）

		対戦相手	打	安	点
1939春	1	中京商	3	0	0
1939夏	1	嘉義中	4	1	0
	2	京都商	4	1	0
	準々	米子中	5	1	0
	準決	島田商	4	2	0
	決勝	下関商	3	1	0

【甲子園監督成績】（新宮高）

1950夏	2	●	9－10	鳴門高
1951春	1	●	0－9	扇町商
1952夏	1	○	1－0	法政二高
	2	●	0－2	芦屋高
1954春	2	●	2－4	熊本工
1954夏	2	○	2－0	武生高
	準々	○	1－0	北海高
	準決	●	2－4	中京商
1955夏	1	○	3－2	浪華商
	2	○	2－0	小倉高
	準々	●	0－6	中京商

小《こ》西《にし》 作《さく》太《た》郎《ろう》

全国中等学校優勝野球大会の生みの親の一人。

1892年5月25日京都市に生まれる。京都二中では捕手で高山義三とバッテリーを組んだ。当時の京都二中は全盛期で、5年生の秋に早稲田大学と対戦、1－1の同点で迎えた8回三塁ランナーの飛田穂州のホームスチールにあって脳震盪を起こして敗れたものの、早稲田大学と好ゲームをしたことで、一躍京都二中の名が知れわたった。

1915年春、高山義三と母校・京都二中の練習を見ていた小西は、高山ともに朝日新聞京都通信部に大会の主催と優勝旗の提供を持ちかけた。これが、現在の甲子園大会開催のきっかけとなった。第1回大会では審判をつとめ、戦後は高野連の事務局で活躍した。

のち、朝日新聞印刷局長、常務などをつとめ、1985年2月5日肺炎のため死去した。

小《こ》林《ばやし》 敬一良《けいいちろう》（浪速高）

浪速高校を強豪に育て上げた監督。1955年2月6日大阪府東大阪市に生まれる。明星高に進んで二塁手となり、3年生の'72年夏控え選手として甲子園に出場、ベスト8まで進んだ。京都産大では準硬式に転向。

卒業後、'78年から2年間東大阪市立柏田中学の講師をつとめた後、'80年当時は無名だった浪速高校に社会科教諭として赴任、監督に就任。3年目の'83年夏には府大会ベスト8まで進み、'91年の選抜で創部67年目にして初出場を達成。2001年に10年振りの出場を果たして初勝利をあげ、ベスト8まで進んでいる。

'88年頃、他校に先がけてメンタルトレーニングを取り入れた指導者としても知られる。

主な教え子に、北川晋（オリックス）、新里賢（法政大－近鉄）、紀之定正行（立命館大）らがいる。

【甲子園監督成績】（浪速高）

1991春	1	●	1－3	市川高
2001春	2	○	7－6	福井商
	3	○	2－1	小松島高
	準々	●	2－4	宜野座高

小《こ》林《ばやし》 悟《ご》楼《ろう》（和歌山商）

1936年夏にノーヒットノーランを達成した和歌山商の投手。

1918年8月8日和歌山県に生まれる。'36年夏の甲子園に和歌山商のエースとして出場、福井商戦でノーヒットノーランを達成した。岐阜商戦では中谷投手と継投。

翌'37年はショートに転じ、選抜に出場したが、中谷をリリーフして登板している。

'38年南海に入団して遊撃手に転向し、2

年間プレー。戦後も'46年に近畿（南海が改称）に入団してプロ球界に復帰し、南海に戻った翌年までプレーした。

【甲子園投手成績】（和歌山商）

		対戦相手	回	安	振
1936夏	2	福井商	9	0	2
	準々	岐阜商	*	*	*
1927春	2	浪華商	1	0	2

注）準々決勝の岐阜商戦は中谷投手と継投のため、小林のみの成績は不明

【甲子園打撃成績】（和歌山商）

		対戦相手	打	安	点
1936夏	2	福井商	5	2	1
	準々	岐阜商	3	1	3
1937春	2	浪華商	4	0	0

小《こ》林《ばやし》 徹《とおる》（市立船橋高）

市立船橋高校の監督。1962年4月19日千葉県習志野市に生まれる。習志野三中で野球を始め、習志野高では石井好博監督の指導を受けた。しかし、1年生の6月に不祥事が発覚して、7月から1年間対外試合禁止の処分を受ける。3年夏にはエースで4番を打ち、'80年夏に甲子園に出場。初戦で倉吉北高を延長戦の末に降した。

青山学院大に進学、投手としてプレーするかたわら、指導者を目指して教職課程を受講。'85年に卒業すると商業科教諭として市立船橋高に赴任。高校の先輩にあたる関茂監督のもとでコーチをつとめ、'88年の選抜に出場した。

'90年監督に就任。'93年には春夏連続出場して、夏にはベスト4まで進んでいる。2002年監督を退く。

主な教え子に、小笠原孝（明大－中日）、松尾直史（中央大）、前川政喜（明大）らがいる。

【甲子園監督成績】（市立船橋高）

1993春	2	○	4－1	川西明峰高
	3	●	7－8	国士舘高
1993夏	2	○	2－0	三本松高
	3	○	11－6	桐生第一高
	準々	○	8－3	京都西高
	準決	●	1－6	育英高
1995夏	1	○	3－2	佐伯鶴城高
	2	●	3－5	鹿児島実
1997夏	1	○	17－10	文徳高
	2	○	4－3	仙台育英高
	3	○	5－4	甲府工
	準々	●	1－11	浦添商
1998夏	1	●	3－12	尽誠学園高

小《こ》松《まつ》 辰雄《たつお》（星稜高）

甲子園を代表する豪速球投手。無名の新興高校だった星稜高校の名前を全国に轟かせた選手でもある。

1959年5月10日石川県羽咋郡富来町風無に生まれる。西海小5年の時、町内陸上大会のボール投げで77メートルを投げ、周囲を驚かせた。富来中で野球を始め、1年秋からエース。一方、3年の時、走り高跳びで県大会3位にはいる。

星稜高に進学、2年生の'76年夏にエースで5番を打って甲子園に出場した。初戦で日体荏原高を2安打13奪三振で完封すると、準々決勝では豊見城高の赤嶺投手と投げ合って完封勝ち。名門・星稜高も当時は2回目の甲子園でまだ無名の高校だったが、、小松の豪速球で石川県勢として初めて準決勝まで進出、一躍全国にその名が知られた。

翌'77年には4番を打って春夏連続出場したが、春は滝川高（兵庫県）、夏は智弁学園高（奈良県）と、ともに初戦で近畿勢に敗れている。

同年秋のドラフト会議では中日から2位で指名されてプロ入り。初め抑えで活躍、のち先発に転向して、通算122勝102敗50Sの

成績を残した。'94年で引退、以後はコーチなどをつとめている。

高校時代・プロ野球を通じて球史に残る豪速球投手の一人である。

【甲子園投手成績】(星稜高)

		対戦相手	回	安	振
1976夏	2	日体荏原高	9	2	13
	3	天理高	9	9	8
	準々	豊見城高	9	4	7
	準決	桜美林高	8	8	2
1977春	1	滝川高	8	6	13
1977夏	1	智弁学園高	9	8	6

込山《こみやま》 久夫《ひさお》 (旭川実)

平成時代の北海道球界を代表する監督の一人。

1946年7月26日北海道旭川市に生まれる。私立旭川南高(現・道立旭川南高)に進学、'64年夏に同校が唯一甲子園に出場したときの捕手である。

卒業後は旭川野球協会、オール桐生などでプレーし、1977年4月、当時は全く無名だった旭川実業の監督に就任。

'79年夏に北北海道大会準決勝まで進んだが、以後は成績があがらず辞任。'90年に再度就任したが再び辞任し、'93年10月に3度目の監督に就任。'95年夏に甲子園初出場を果たすと、初戦で強豪松山商を降し、2回戦では鹿児島商と激しい打撃戦を展開して破った。さらに3回戦では優勝候補の銚子商を降すなど、いきなりベスト8まで進んで注目を集めた。

2度目の出場となった'99年夏も2勝をあげて3回戦に進むなど、甲子園通算で勝ち越している、北海道では数少ない監督である。また、北海高校以外で、選手・監督の両方で甲子園を経験した指導者は、北海道では珍しい。同校の事務職員。

主な教え子に、岡田隆紀(NTT北海道)、牧谷宇佐美(ヤクルト)、片桐康太(立正大)らがいる。

【甲子園打撃成績】(旭川南高)

		対戦相手	打	安	点
1964夏	1	宮崎商	3	0	0

【甲子園監督成績】(旭川実)

1995夏	1	○	5－4	松山商
	2	○	15－13	鹿児島商
	3	○	4－2	銚子商
	準々	●	2－3	敦賀気比高
1999夏	1	○	5－1	久賀高
	2	○	4－1	新潟明訓高
	3	●	0－6	柏陵高
2003春	2	●	1－8	広陵高

近藤《こんどう》 真一《しんいち》 (享栄高)

1986年に春夏連続して甲子園に出場した享栄高校のエース。プロでは真市という名前も使用した。

1968年9月8日愛知県一宮市に生まれる。大志小4年で野球を始めて5年で投手となり、1年下の後藤孝志(中京高－巨人)とバッテリーを組んだ。一宮南部中では1年秋からエース。

享栄高に進学して長谷部裕(中日)とバッテリーを組み、'86年春夏連続して甲子園に出場。選抜では優勝候補にあげられ、近藤自身も大会No.1投手として注目された。しかし、初戦で対戦した新湊高をわずか3安打に抑えながら1失点、味方打線は新湊高の酒井投手に完封され敗れた。近藤の享栄高を降した勢いで新湊高は富山県勢初のベスト4まで進み、甲子園に"新湊旋風"を巻き起こしている。

夏の甲子園では、1回戦の対唐津西高戦で1安打完封、毎回の15三振を奪って完勝。2回戦では東海大甲府高を4安打に抑え、3回戦でも高知商を5安打に抑えながら1点差で敗れた。
同年秋のドラフト会議では中日に1位指名されてプロ入り。1年目の8月9日対巨人戦に先発投手として初登板すると、史上初の初登板ノーヒットノーランを達成した。その後は、左肩を手術したこともあり、あまり活躍できなかった。'94年で現役引退、スコアラー兼打撃投手、スカウトを経て、2003年コーチとなる。

【甲子園投手成績】(享栄高)

		対戦相手	回	安	振
1986春	1	新湊高	8	3	12
1986夏	1	唐津西高	9	1	15
	2	東海大甲府高	9	4	5
	3	高知商	9	5	6

近藤《こんどう》 兵《へい》太《た》郎《ろう》 (松山商)

戦前に松山商業の黄金時代を築いた名監督。
1888年愛媛県松山市萱町に生まれる。1903年松山商業に入学、創部まもない野球部に入って内野・外野手として活躍、主将もつとめた。'07年に卒業すると、専売局松山支社に勤務のかたわら、母校を指導した。当時の松山商業は弱小チームであった。
1918年正式に初代コーチ(現在では監督にあたる)に就任する。同年10月には当時全盛期にあった松山中学を降し、翌年夏には北川二郎投手を擁して四国大会を初制覇、鳴尾球場で行われた全国大会に初出場した。しかし、同年秋には辞任、台湾にわたって教員資格を取得して嘉義商工の簿記教諭となり、松山商へは夏に帰省してコーチをつとめるのみとなった。
1925年、松山商業のコーチを完全に辞任すると、'28年に地元・台湾の嘉義農林の監督に就任。全く野球経験のない選手たちに猛練習を重ね、'31年夏に甲子園に呉明捷投手(早大)を擁して台湾代表として初出場、準優勝した。以後、'35年には春夏連続出場するなど、嘉義農林を強豪校に育て上げた。
'35年夏、甲子園の準々決勝では教え子の森茂雄監督率いる母校松山商業と対戦、延長戦の末に4－5で惜敗した。松山商業は準決勝、決勝も勝って初の全国制覇を達成、応援に駆けつけた近藤は森監督と涙を流して喜んだという。
戦後、'46年に引き揚げ。'52年から'54年新田高校の監督に就任。'53年秋と'54年春の2回同校を県大会で優勝させている。'60年には愛媛大学監督もつとめた。'66年5月19日に77歳で死去。「コンピョウさん」と呼ばれ、戦前から戦後にかけての愛媛県野球界の最大の功労者である。
主な教え子に、松山商業時代の藤本定義(巨人監督－阪神監督)、森茂雄(早大監督)、嘉義農林時代の呉明捷(早大)、呉波(昌征, 巨人)、今久留主淳(西鉄)、今久留主功(毎日－近鉄)、呉新亨(萩原寛, 巨人)などがいる。

【甲子園監督成績】(松山商)

1919夏	1	○	12－4	竜ヶ崎中
	準々	●	0－1	盛岡中

(嘉義農林)

1931夏	2	○	3－0	神奈川商工
	準々	○	19－7	札幌商
	準決	○	10－2	小倉工
	決勝	●	0－4	中京商
1933夏	2	●	1－10	松山中
1935春	2	●	7－12	浦和中
1935夏	2	○	4－1	平安中
	準々	●	4－5	松山商
1936夏	1	○	4－3	小倉工
	2	●	5－7	育英商

さ

栽《さい》 弘義《ひろよし》（沖縄水産）

沖縄県の高校野球を全国のトップレベルにまで押し上げた功労者。

1941年5月11日沖縄県糸満市に生まれる。糸満高から中京大に進学し、滝正男監督に指導法を学ぶ。'64年帰郷して小禄高校に赴任。

栽監督が有名になったのは、'72年に豊見城高の監督に就任してからである。'74年夏に南九州大会に進んだが、この時は決勝で延岡高に敗れて甲子園出場を逃した。同年秋、2年生ながら、19歳のために試合には出場できない亀谷興勝を監督とし、自らは部長登録となって采配を振るって、翌'75年の選抜で甲子園に初出場した。そして、初戦で2年生エースの赤嶺賢勇（巨人）が強豪習志野高を2安打で完封して注目を集めた。準々決勝では東海大相模高と対戦、1－0とリードして迎えた9回裏2死無走者からの4連打で逆転サヨナラ負けを喫したが、この大会で豊見城高は一躍その名を全国に轟かせた。翌年からは自ら監督に復帰し、3年つづけて春夏連続出場した。

'80年、栽監督は県立沖縄水産高に転じた。ここでもまたたく間に同校は強豪となり、豊見城高に代わって沖縄県の高校野球界をリードした。'84年夏に甲子園初出場（神山代理監督が指揮）を果たすと、以後毎年のように甲子園に出場し、優勝候補にもあげられるようになった。そして、'90年夏には沖縄県勢として初めて決勝戦に進出した。この時は天理高に0－1で惜敗。続いて翌年も2年連続して決勝戦まで進出。この時はエース大野の肩が故障し、乱打戦の末に大阪桐蔭高に敗れ、悲願の初優勝は達成することができなかった。

以後も甲子園にしばしば出場、沖縄初優勝こそ沖縄尚学高校に先を超されたが、沖縄県が高校野球の強豪県に脱皮するきっかけをつくった功労者であることは間違いない。

主な教え子には、豊見城高時代に赤嶺賢勇（巨人）、石嶺和彦（阪急ほか）、比嘉康哲（九州共立大－西濃運輸）、沖縄水産時代に上原晃（中日－広島）、平良幸一（沖縄電力－西武）、神谷善治（沖縄電力）、大野倫（九州共立大－巨人）、新垣渚（九州共立大－ダイエー）などがいる。

なお、長男の赤嶺琢は九州共立大コーチを16年間つとめ、2004年春に同大附属の自由ヶ丘高監督に就任した。

【甲子園監督成績】（豊見城高）

1976春	1	●	3－4	土佐高
1976夏	2	○	3－0	鹿児島実
	3	○	2－1	小山高
	準々	●	0－1	星稜高
1977春	1	○	10－0	酒田東高
	2	●	0－10	箕島高
1977夏	2	○	9－2	水島工
	3	○	1－0	広島商
	準々	●	3－8	東洋大姫路高
1978春	1	●	1－3	桐生高
1978夏	2	○	3－2	我孫子高
	3	○	4－1	東筑高
	準々	●	5－6	岡山東商

（沖縄水産）

1984夏	1	○	4－0	篠ノ井高
	2	●	1－2	鎮西高
1985夏	1	○	11－1	函館有斗高
	2	○	3－1	旭川竜谷高
	3	●	5－6	鹿児島商工
1986春	1	●	1－3	上宮高
1986夏	2	○	12－1	帯広三条高
	3	○	14－0	京都商
	準々	●	3－4	松山商
1987夏	1	○	3－2	函館有斗高

	2	●	0－7	常総学院高
1988夏	1	○	4－2	富山商
	2	○	5－1	宮崎南高
	3	○	4－1	愛工大名電高
	準々	○	2－1	浜松商
	準決	●	1－5	福岡第一高
1990夏	1	○	7－1	高崎商
	2	○	12－5	甲府工
	3	○	5－2	八幡商
	準々	○	8－5	横浜商
	準決	○	6－1	山陽高
	決勝	●	0－1	天理高
1991夏	1	○	4－3	北照高
	2	○	6－5	明徳義塾高
	3	○	7－5	宇部商
	準々	○	6－4	柳川高
	準決	○	7－6	鹿児島実
	決勝	●	8－13	大阪桐蔭高
1994夏	2	●	1－4	東海大山形高
1996春	1	○	6－3	姫路工
	2	●	3－4	智弁和歌山高
1998春	1	●	2－4	浦和学院高
1998夏	1	●	4－5	埼玉栄高

注）1975年選抜でも指揮を執っているが部長登録のため割愛。また、'84年夏は出場停止処分中のため、神山代理監督が指揮をとった

斉藤《さいとう》 一之《かずゆき》（銚子商）

銚子商業野球部の育ての親で、昭和後半を代表する名監督の一人。

1929年7月3日千葉県佐原市に生まれる。旧制佐原中学（現・佐原高）では主将をつとめ、中央大学在学中はクラブチームのオール佐原の一塁手をつとめていた。卒業後、銚子一中に赴任。同校の野球部兼ソフトボール部監督となると、野球部は県大会で3回優勝。これが注目を集め、'56年に銚子商業の後援会から同校の監督就任の話がもたらされた。銚子は非常に野球の盛んな土地で、その中で銚子商もやっと甲子園に出場できるようになってきたが、甲子園では初戦を突破するもののそれ以上は勝てず、中学野球の実績から白羽の矢がたったものである。しかし、当時の斉藤は中学教諭の資格しかなかった。そこで、中学教師のかたわら法政大学の通信制で学んで高校教師の資格を取得し、'62年に銚子商に地理教諭として赴任し、監督に就任した。

就任した翌年の'63年夏には早くも甲子園で3つ勝って準々決勝まで進出、'65年夏には決勝戦まで進んで、銚子商は一気に全国区に躍り出ると同時に、斉藤監督は名監督としての評価が固まった。準優勝となった直後、斉藤は一塁側のダッグアウトで号泣していた。それは、千葉県勢初の決勝戦進出を喜ぶものではなく、全国制覇をできなかった悔しさによるものであった。銚子商業はその後も毎年のように甲子園に出場し、'74年夏に悲願の全国制覇を達成。'76年夏の甲子園には長男の斉藤俊之二塁手とともに出場している。

斉藤の手腕により、'70年代には、「銚子商業」という名前だけで相手を威圧できるほどの強豪であった。しかし、野球が盛んな土地柄だけに、負けた試合の後では、罵声を浴び、嫌がらせの電話が自宅にかかってくるなど、神経を休めるために酒量が増加したという。そのため、優勝した直後には胃潰瘍で倒れるなど、4回の入退院を繰り返し、'89年春には肝臓癌で茨城県波崎町の病院に入院。11月9日に死去するまでの半年間に見舞いに訪れた教え子や父母は350人にものぼった。享年60歳、銚子商業野球部にささげた人生であった。

斉藤監督は夏の大会中はヒゲを剃らないことで有名だった。そのため、甲子園に出場した時はいつもヒゲかなり伸びており、“ヒゲの監督”としても知られていた。一種のゲンかつぎなのだが、一度だけヒゲを剃って甲子園に臨んだことがある。それが'74年夏の大会で、この時には優勝している。しかし、翌年からは再びヒゲを剃るのをやめ、ヒゲ面で指揮した。

主な教え子には、木樽正明（ロッテ）、阿天坊俊明（立教大－新日鉄室蘭）、杉山茂（巨人）、渡辺進（ヤクルト）、根本隆（日本石油－大洋－西武）、岩井美樹（東海大－東海大監督）、土屋正勝（中日－ロッテ）、篠塚利夫（巨人）、宇野勝（中日－ロッテ）、尾上旭（中央大－中日－近鉄）、片平哲也（中日－広島）などがいる。

【甲子園監督成績】（銚子商）

1963夏	1	○	12－1	柳川商
	2	○	4－3	静岡高
	3	○	5－4	磐城高
	準々	●	0－3	今治西高
1965夏	1	○	2－1	京都商
	2	○	6－1	帯広三条高
	準々	○	3－0	丸子実
	準決	○	2－1	高鍋高
	決勝	●	0－2	三池工
1968春	1	○	6－4	御所工
	2	○	1－0	徳島商
	準々	●	0－4	倉敷工
1969春	1	○	5－0	宮崎商
	2	●	2－14	三田学園高
1970夏	1	○	7－4	高知商
	2	●	0－2	ＰＬ学園高
1971夏	1	○	3－2	深谷商
	2	○	3－2	筑紫工
	準々	●	2－3	郡山高
1972春	1	○	2－1	大鉄高
	2	○	3－2	鹿児島実
	準々	○	13－3	市神港高
	準決	●	3－5	日大三高
1973春	1	●	0－16	報徳学園高
1973夏	1	○	1－0	岡山東商
	2	○	1－0	作新学院高
	3	○	4－3	高松商
	準々	●	3－5	静岡高
1974春	1	○	1－0	岡山東商
	2	○	7－2	日大三高
	準々	●	1－2	報徳学園高
1974夏	2	○	5－1	ＰＬ学園高
	3	○	5－0	中京商
	準々	○	6－0	平安高
	準決	○	6－0	前橋工
	決勝	○	7－0	防府商
1976夏	2	○	5－3	高松商
	3	○	4－1	東海大一高
	準々	●	2－4	桜美林高
1977春	1	○	6－4	大鉄高
	2	●	1－4	智弁学園高
1985夏	1	●	3－8	宇部商

斎藤《さいとう》 章児《しょうじ》（東京農大二高）

群馬県の東京農大二高の監督。

1940年3月15日東京・池袋に生まれる。父・聖光は彫刻家であった。立教中3年で野球を始め、立教高では一塁手兼外野手。立教大に進学したが、3年の時に腰を痛めたためリーグ戦には出場できなかった。卒業後ヤシカに入社、3年で野球部が廃部となったため退職。立教大の聴講生となって商業科の教員資格を取得し、'67年に群馬県の東京農大二高に赴任して監督に就任。就任1年目の夏には県大会決勝まで進み、以後厳しい指導を行ったが結果が出ず、'71年秋にいったん退任した。

'76年再び同校に監督に復帰、'80年の選抜で甲子園出場を果たした。'92年選抜に出場したあとに腰痛が悪化して監督を辞任したが、'94年4月に3度目の復帰をし、同年夏には6回目の甲子園出場を果たしている。

2000年母校・立教大学の監督に招聘されて4年間つとめ、'04年で引退した。

主な教え子に、深井隆（立教大－日本石油）、高仁秀治（ヤクルト）、阿井英二郎（ヤクルト－ロッテ－つくば秀英高監督）、竹下久生（法政大－日産自動車）、高山健一（青山学院大－本田技研－広島－西武）、清水将海（青山学院大－ロッテ）らがいる。

【甲子園監督成績】（東京農大二高）

1980春	1	●	3－7	松江商
1982夏	1	○	7－2	川之江高
	2	●	1－5	佐賀商
1985夏	1	○	2－1	智弁学園高
	2	○	9－1	熊本西高
	3	●	5－8	宇部商
1989夏	1	○	10－6	日向高
	2	●	2－6	智弁学園高
1992春	1	●	1－2	佐賀商
1994夏	1	○	12－4	延岡学園高
	2	●	2－3	創価高

佐伯《さえき》 達夫《たつお》

日本高校野球連盟第３代会長。高校野球界において絶大な権力を持ち、“佐伯天皇”とよばれた。

1892年12月17日神戸市に生まれるが、戸籍上は翌'93年２月17日生まれとして届けられた。父昌輔、母ミネの長男である。生まれて間もなく一家で大阪・野田に出、父は鋳造の町工場を起こした。芦分尋常小学校時代に草野球を始める。第二盈進高等小学校に進み、４年の時に西野田尋常小学校高等科に転校した。

1907年、旧制市岡中学（現・市岡高校）に入学、高等小学校に４年いたため通常より２年遅れての進学だった。入学後野球同好会を作って三塁手としてプレーしていたが、３年の時に野球部にスカウトされて正式に入部した。当時は市岡中学の全盛期で、高山－小西のバッテリーのいた京都二中とともに無敵を誇っていた。最終学年の５年生で主将に就任。ライバル北野中学との対抗戦で敗れたため、自ら留年して２回目の主将をつとめ、北野中学に勝ってから卒業している。

'13年早大商科に進学、８月に関西学生連合野球大会が開催されると審判をつとめた。また秋からはレギュラー三塁手として活躍。'15年、第一回中等学校優勝野球大会（のちの選手権大会）が開催されると、関西予選に母校・市岡中学を率いて出場。以後母校のコーチをつとめた。

'17年卒業後は、帰郷して津田商店に入社し、社会人チームオール大阪に参加した。また'20年から選手権大会の審判となり、'24年大阪府中等学校野球連盟常任理事に就任。

戦後、中等学校野球の復活に尽力し、'46年全国中等学校野球連盟設立と同時に副会長。また、選抜選考委員、近畿大学野球連盟副会長、日本社会人野球協会副会長など、アマ野球の各団体の役員を歴任した。

1967年日本高等学校野球連盟の第３代会長に就任。“高校野球は教育の一貫”との信念のもとに、徹底したアマチュアリズムを追求、強引ともとれる手法で、プロとの接触を拒否した。そのため、プロ野球に進んだ選手は、高校野球選手の息子と野球の話をしただけで協約違反とされるという異常な時代も生んだ。また、野球部と関係のない生徒の不祥事でも甲子園出場を禁止するなど、過剰ともいえる連帯責任を強調。そのため、甲子園大会が近づくと、出場有力な学校の不祥事を対立校が高野連やマスコミに流すなど、佐伯のめざすアマチュアリズムとはかけ離れた事態もしばし起こった。反対する声に対しては、自分の意見に賛成する者以外は参加しなくてもよい、との姿勢を貫き、“佐伯天皇”と呼ばれた。

一方、'58年夏には“鶴の一声”で沖縄勢の甲子園参加を決めたほか、高校選抜チームを率いて南米やフィリピン、韓国を訪問するなど、高校野球の国際化にも尽くした。

1980年３月22日肺炎のため、大阪市の阪大附属病院で死去。87歳だった。翌'81年野球殿堂入り。「佐伯達夫自伝」（ベースボール・マガジン社）がある。

会長在任期間は13年間だが、戦後の高野連創立からその中枢部にあり、30年間以上にわたって、高野連の実質的な指導者であった。終始一貫して高い理想のもとに高校野球のあり方を追求した姿勢は称賛に値するが、晩年には理想と現実の激しいギャップの中で、反対意見を封じ込めることによって高校球界を特異な世界に押し込めたことは否めない。高野連第5代会長脇村春夫によって、プロ球界との正常な接触が認められたのは、佐伯の没後24年目のことであった。

酒井《さかい》 圭一《けいいち》 (海星高)

“サッシー”といわれた、戦後を代表する豪速球投手の一人。

1958年6月1日長崎県壱岐郡芦辺町に生まれる。田河中時代から剛球投手として注目され、長崎だけでなく、北九州一帯の高校が壱岐まで勧誘に訪れた結果、長崎市の海星高に進学した。1年夏には早くもエースとして活躍、西九州大会決勝まで進出。2年夏は県代表決定戦で敗れた。秋には県大会を制したが、九州大会の初戦で鹿児島実に敗れるなど、注目を集めながら、ここ一番で敗れることが多く、なかなか甲子園出場を果たすことができなかった。

酒井が豪速球投手として一躍全国にその名を轟かせたのが、3年生となった'76年である。春の九州大会では前年秋に敗れた鹿児島実をノーヒットノーランに抑えると、準々決勝では小倉工を2安打完封、準決勝では大分商を4安打で完封して準優勝した。

夏の長崎県予選では、3回戦の島原中央高戦で先頭打者から6回1死まで16人連続三振を奪った。17人目の打者にショートゴロを打たれると、ショートが一塁に高投して完全試合も途切れてしまったが、以後も完璧抑え、7回コールド18奪三振のノーヒットノーラン(参考記録)を達成した。さらに代表決定戦でも長崎工を2四球のみのノーヒットノーランに抑えた。西九州大会では、佐賀商を延長14回、龍谷高を延長10回と2試合連続して延長戦で降して甲子園出場を決めた。県予選の5試合で37イニングを投げ、ノーヒットノーラン2回を含め無失点で、奪った三振は55に及んだ。この予選の活躍で、酒井は怪物“サッシー”と呼ばれ、全国の注目を浴びることになった。

甲子園の初戦は徳島商を延長10回4安打に抑え、2回戦の福井高戦は2安打で無四球完封。3回戦で選抜優勝の崇徳高も3安打で完封すると、知事や町長、県教育長らが続々と甲子園入りするという騒ぎになった。準々決勝では東北高に2点を奪われたが、3安打。準決勝でPL学園高に延長11回2－3で敗れたものの、この試合でも5安打しか打たれていない。チームに打力が乏しいこともあって、好成績を残すことはできなかったが、184cmの長身から投げ下ろす直球はほとんど打たれることはなかった。秋の国体では準優勝している。

ドラフト会議でヤクルトが1位で指名すると、入団交渉には松園オーナーが実家のある壱岐にまで赴き、入団が決まった激励会には長崎県知事や市長も出席する程の盛り上がりだった。4年目の'80年にリリーフ投手として4勝4Sをあげたが、右肘剥離骨折など故障も多かったため、あまり活躍できなかった。'90年で引退し、打撃投手に転向した。

【甲子園投手成績】(海星高)

		対戦相手	回	安	振
1976夏	1	徳島商	10	4	7
	2	福井高	9	2	9
	3	崇徳高	9	2	8
	準々	東北高	9	3	7
	準決	PL学園高	11	5	9

酒井《さかい》 盛政《もりまさ》 (新湊高)

1986年選抜の“新湊旋風”の立役者。

1968年10月25日富山県新湊市放生津に生まれる。放生津小学校で野球を始め、6年生の1980年夏に地元新湊高が甲子園に出場、この試合を甲子園で観戦して新湊高進学を決めたという。

'84年、当時は部員不足で存続の危機にも瀕していた新湊高に進学。この年は市内の有力中学生がこぞって進学し、1年から主力選手として試合に出場した。1年秋には県大会ベスト4、2年春には県大会を制し、夏の県大会では準々決勝で延長10回裏に逆転サヨナラで敗れた。同年秋は県大会の準決勝で敗れたが、地元開催のために北信越大会に出場。初戦は新潟県の巻高をわずか4安打で完封。準々決勝は延長10回サヨナラで福井県の足羽高を降し、準決勝では長野中央高を降して決勝に進出。決勝では松商学園高に延長11回でサヨナラ負けしたが、翌年の選抜に出場した。

選抜出場31校のうちチーム打率は最低で、しかも雪の積もるグラウンドがテレビで放映されたこともあって、初戦で享栄高との対戦が決まった時、相手チームはガッツポーズをして喜び、監督は2回戦で対戦する相手の視察にいったという。享栄高との試合は2回表に酒井みずからが、大会No.1といわれる近藤真一投手(中日)から右中間に三塁打を放って先取点をあげると、この1点を守りきって享栄高を完封した。2回戦でも自ら逆転の2点二塁打を打って優勝候補の拓大紅陵高を破り、富山県史上初の選抜ベスト8を達成した。準々決勝では18安打を打たれながらも要所を抑え、延長14回の末に相手投手のボークもあって2－1で降しベスト4入り、予想外の大活躍に“新湊旋風”といわれた。準決勝では連投の疲労から打ち込まれて敗れたが、帰郷した時にはパトカーが先導、沿道には市民が並び、祝勝会には1500人もの市民が詰めかけた。夏の大会では初戦で全国制覇した天理高と対戦して敗れた。

卒業後はプロからの誘いもあったが断って地元の伏木海運陸送に入社し、軟式に転向。翌年硬式野球部ができたために再び硬式を始めたが、4年目に肩を痛めて手術、'94年に引退した。

【甲子園投手成績】(新湊高)

		対戦相手	回	安	振
1986春	1	享栄高	9	2	2
	2	拓大紅陵高	9	9	2
	準々	京都西高	14	18	4
	準決	宇都宮南高	9	18	3
1986夏	2	天理高	9	14	1

阪口《さかぐち》 慶三《けいぞう》(東邦高)

東邦高校の監督を30年以上つとめる。戦後の愛知県高校球界を代表する監督の一人である。

1944年5月4日名古屋市中村区に生まれる。笈瀬中を経て、東邦高に進学、2年春の選抜に背番号12の控え選手として甲子園に出場、1回だけ一塁コーチにたった。

愛知大学では1年春から投手兼一塁手として活躍。4年では主将もつとめ、秋のリーグ戦で優勝した。

'67年、卒業と同時に母校・東邦高に社会科教師として赴任し、弱冠22歳で全国を代表する名門校の監督に就任した。以来30年以上同校の監督をつづけている。

3年目の'69年夏には甲子園に出場、翌年夏にはベスト8まで進出し、同校の第二期黄金時代を迎えた。'77年夏には1年生の坂本投手を擁して準優勝。

その後、しばらく甲子園で勝てない時代が続いたが、'88年から選抜大会で2年連続して決勝に進み、'89年には優勝するなど、第三期黄金時代を築いた。

日常の練習は非常に厳しく“鬼の阪口”といわれる一方、甲子園では選手を叱らないほか、宿舎でカラオケ大会を催すなど、独特の指導法を行う。また、早くから週1回練習の休みの日を設けるなど、先進的な監督としても知られる。

名門校での長い指導歴から、教え子の数は限りないが、主な選手に、坂本佳一(法政大－日本鋼管)、大矢正成(法政大－JR東海監督）、山田喜久夫（中日）、原浩高（青山学院大－日本石油）、山中竜美（東海大－日立製作所）、山田貴志（東北福祉大－中日）、水谷完（明大－トヨタ自動車）、朝倉健太（中日）岡本浩二（阪神）など、バッテリーに好選手が多い。

【甲子園監督成績】（東邦高）

1969夏	1	●	4－6	富山北部高
1970夏	1	○	7－6	高崎商
	2	○	6－1	江津工
	準々	●	0－2	岐阜短大付高
1971春	1	○	2－1	平安高
	2	○	12－4	報徳学園高
	準々	●	1－2	木更津中央高
1971夏	1	●	0－2	桐蔭学園高
1973春	1	○	3－1	唐津商
	2	○	4－3	報徳学園高
	準々	●	0－3	横浜高
1973夏	2	●	3－5	高知商
1977夏	2	○	6－2	高松商
	3	○	8－0	黒沢尻工
	準々	○	4－0	熊本工
	準決	○	5－3	大鉄高
	決勝	●	1－4	東洋大姫路高
1980春	1	●	1－5	九州学院高
1985春	1	●	1－2	西条高
1985夏	1	●	8－18	徳島商
1986春	1	●	3－6	岡山南高
1988春	2	○	7－2	北陽高
	3	○	1－0	西武台高
	準々	○	10－4	津久見高
	準決	○	4－0	宇都宮学園高
	決勝	●	0－6	宇和島東高
1989春	1	○	6－0	別府羽室台高
	2	○	3－0	報徳学園高
	準々	○	3－2	近大付高
	準決	○	4－2	京都西高
	決勝	○	3－2	上宮高
1989夏	1	●	1－2	倉敷商
1991春	1	●	5－8	鹿児島実
1991夏	1	●	0－2	宇部商
1992夏	2	○	7－4	倉敷商
	3	○	1－0	県岐阜商
	準々	○	5－4	天理高
	準決	●	0－4	西日本短大付高
1996春	1	○	9－8	拓大紅陵高
	2	●	3－4	宇都宮工
1999春	1	●	1－5	平安高
1999夏	1	●	5－6	滝川二高
2001春	1	●	2－6	東海大四高
2002夏	1	○	5－4	大阪桐蔭高
	2	●	1－4	智弁和歌山高
2003春	2	●	5－6	智弁和歌山高
2004春	1	○	9－1	広陵高
	2	●	0－1	済美高

坂崎《さかざき》 一彦《かずひこ》（浪華商）

甲子園で“坂崎大明神”といわれた浪華商（現・大体大浪商高）の強打者。

1938年1月5日大阪府豊中市に生まれる。豊中四中ではエースとして大阪府大会に出場、浪商高中学に敗れたが、当時全国屈指の強豪だった浪華商の勧誘を受けて進学した。

浪華商ではまもなく野手に転向、1年秋には代打で公式戦に出場するようになり、2年の選抜でもベンチ入りしている（未出場）。2年秋には4番センターに定着、勝浦将元、山本八郎とともに浪華商の黄金時代を築き、戦後最強チームとの評価を得ていた。

3年生の'55年、春夏連続して甲子園に出場。選抜大会の決勝戦では、名将稲川東一郎監督率いる桐生高と対戦。稲川は「坂崎大明神」と書いた紙を宿舎に張り、「坂崎は別格。勝負を避けても恥ずかしくない。全打席敬遠すれば勝てる」という指示を、桐生高ナインに出していた。桐生高のエース今泉喜一郎（大洋）は作戦通り、1·2打席を敬遠したが、桐生高が1点リードしていたこともあって、6回裏の3打席目で勝負に出た。ここで坂崎は2－2からのカーブをライトスタンドに2ランホームランを放ち、3－2と逆転している。その後桐生高が追いついて、延長戦となり、11回裏の打席でも敬遠された。しかし後続の打者の活躍でサヨナラ勝ちし、劇的な優勝を決めた。この大会通算で15打数9安打、10打点をあげ、実に8敬遠を受けている。

夏の大会では大阪府予選を圧勝で制したが、甲子園では新宮高の前岡勤也（阪神）の前に初戦で敗退した。

卒業後は巨人に入団、'65年東映に移籍して、'67年に引退。オールスター出場3回。引退後は豊中市で実家の電気屋を引き継いでいる。

【甲子園打撃成績】（浪華商）

		対戦相手	打	安	点
1955春	1	立教高	4	2	3
	2	小倉高	4	2	2
	準々	平安高	4	3	2
	準決	県尼崎高	2	1	1
	決勝	桐生高	1	1	2
1955夏	1	新宮高	2	0	0

坂元《さかもと》 弥《や》太《た》郎《ろう》（浦和学院高）

2000年夏の甲子園で1試合19奪三振の大会タイ記録を樹立した浦和学院高校の投手。

1982年5月24日広島市に生まれ、のち埼玉県川口市に移る。川口芝園小1年で野球をはじめ、5年で投手となる。芝中学時代は蕨シニアでプレー。

浦和学院高に進学して1年春からベンチいり。2年夏にはエースとなり、3年生の2000年夏は県大会7試合に登板、52イニングで58三振を奪って甲子園に出場し、注目された。

初戦で滋賀県の八幡商と対戦。この試合、4回に打たれた初安打で1点を取られたが、7人連続を含む19三振を奪って、わずか1安打完投勝利をあげた。9回で終わった試合としては、1試合19奪三振は大会タイ記録。これは、1946年に浪華商業の平古場昭二投手が東京高師附属中学戦で記録して以来、実に54年振りの快挙で、新制高校となってからは初の記録であった。2回戦では、九州の“ドクターK”といわれる柳川高校の香月良太との投手戦となった。坂元はこの試合でも大会タイ記録の8連続を含む、毎回の16三振を奪ったが、立ち上がりに4点を失って敗れた。2試合連続の毎回奪三振も板東英二（徳島商）以来42年振り4人目の快挙である。

同年秋のドラフト会議ではヤクルトから4位指名されりてプロ入り、2年目の'02年一軍に上がり、先発投手として活躍している。

15歳で母を亡くし、高校時代には遠征費を稼ぐために郵便局でアルバイトしたという苦労人でもある。

【甲子園投手成績】（浦和学院高）

		対戦相手	回	安	振
2000夏	1	八幡商	9	1	19
	2	柳川高	9	10	16

坂本《さかもと》 佳一《よしかず》（東邦高）

“バンビ”というニックネームで甲子園の人気を独占したアイドル選手。

1961年11月9日愛知県に生まれる。小学校時代に父の指導で野球を始める。中学では軟式野球部の外野の補欠にすぎず、名古屋電気高のセレクションを受けたが不合格に終わった。名古屋電気高を見返すことのできる学校として一般入試で東邦高に進学。

入学式当日に野球部に入部、まもなく控え投手の一人としてメンバー入りした。東邦高校には100人を超す部員がおり、一般入試の選手が入学直後にメンバー入りするのはきわめてまれであった。1977年の夏の大会には背番号10で出場、県大会決勝では先発して名古屋電気高を降し、甲子園に出場を決めた。甲子園ではエースナンバーとなり、高松商、黒沢尻工、熊本工、大鉄高と破って決勝戦にまで進出。華奢な体と、マウンド上で先輩から声をかけられるたびに返す笑顔で、"バンビ"というニックネームがつけられ、甲子園のアイドルとなっていった。決勝戦では延長10回裏2死一二塁から史上初の決勝戦サヨナラホームランを打たれて敗れ、準優勝となった。

1年の夏に頂点まであと一歩というところまでいった坂本だったが、その後甲子園に戻ってくることはできなかった。2年夏は県大会決勝で中京高に敗れ、3年夏は県大会3回戦で名古屋電気高に敗れている。しかし、甲子園に出場できないことで、坂本のアイドルとしての人気はさらに高まったのである。

法政大学ではほとんど登板できず、NKKでも活躍できないまま引退、その後は社業に専念している。

1年夏はセレクションで落とされた名古屋電気高を破ることが目標で、甲子園には自然体で臨んで全国準優勝を果たしたが、本気で甲子園を狙った2年生以降は、その気迫が空回りして出場することができなかった。"無心で戦うこと"がバンビ坂本の強さの秘訣だったのである。

甲子園の決勝戦で敗れた時、坂本だけが甲子園の土を集めなかった。取材陣に対しては「また来るから土はいらない」と答えたが、戻って来ることはできなかった。しかし実際には練習の時に詰めた土があったのだという。

【甲子園投手成績】(東邦高)

		対戦相手	回	安	振
1977夏	2	高松商	9	5	7
	3	黒沢尻工	9	6	7
	準々	熊本工	9	2	4
	準決	大鉄高	9	6	3
	決勝	東洋大姫路高	9⅔	5	2

迫田《さこた》 穆成《よしあき》(如水館高)

昭和後半から平成にかけての広島県高校球界を代表する監督の一人。

1939年広島市に生まれる。広島商に進学してレフトで主将となり、1957年夏の甲子園で優勝。

'67年に母校・広島商の監督に就任。'73年には佃正樹−達川光男の強力バッテリーを擁して春夏連続して甲子園に出場。選抜では佃が3試合連続完封したあと、準決勝で江川卓がエースの作新学院高と対戦、8回裏にダブルスチールで決勝点をあげて降した。決勝では0−0で延長に入ってから両チーム点を取り合うという試合の末に1−3で惜敗して準優勝。

夏は危なげなく決勝まで進み、静岡高と対戦、9回裏にサヨナラスクイズを決めて監督としても全国制覇を達成した。

'75年夏にもベスト4まで進むなど、7年間で春3回夏3回甲子園に出場して、同校の黄金時代を築いた。

'75年秋に辞任、総監督として後進の指導にあたっていたが、'93年三原工が野球部を創部するにあたって監督として招聘された。翌'94年緑ヶ丘女子商業高と統合して如水館高となった後も監督をつづけ、'97年夏に創部4年目で甲子園初出場に導いた。この年から夏の県大会で3連覇、同校は広島県を代表する強豪校の一つに数えられるようになった。

また、朝日放送の甲子園中継の解説者もつとめている。

主な教え子に、広島商時代の佃正樹(法政大−三菱重工広島)、達川光男(東洋大−広島−広島監督)、川本幸生(広島修道大−リッカー−広島商監督)、金光興二(法政大−三菱重工広島−広島商監督)、登靖則(東洋大−NTT中国監督)、如水館高時代の洲上旭(三菱重工広島)、小町裕貴(王子製紙春日井)などがいる。

【甲子園打撃成績】(広島商)

		対戦相手	打	安	点
1957夏	2	育英高	1	0	0
	準々	上田松尾高	0	0	0
	準決	戸畑高	2	0	0
	決勝	法政二高	1	0	0

【甲子園監督成績】(広島商)

1969春	2	○	12−0	首里高
	準々	●	0−3	浪商高
1970夏	1	○	7−4	秋田商
	2	●	0−1	高松商
1973春	1	○	3−0	静岡商
	2	○	1−0	松江商
	準々	○	1−0	日大一高
	準決	○	2−1	作新学院高
	決勝	●	1−3	横浜高
1973夏	1	○	12−0	双葉高
	2	○	3−0	鳴門工
	3	○	3−2	日田林工
	準々	○	7−2	高知商
	準決	○	7−0	川越工
	決勝	○	3−2	静岡高
1974春	1	○	2−0	苫小牧工
	2	●	2−3	大分商
1975夏	2	○	11−0	盛岡商
	3	○	5−1	日南高
	準々	○	3−0	中京商
	準決	●	0−4	習志野高

(如水館高)

1997夏	1	●	1−3	桐蔭学園高
1998夏	1	□	6−6	専大北上高
		○	10−5	専大北上高
	2	●	3−5	京都成章高
1999夏	1	●	0−2	柏陵高
2001夏	1	○	8−4	金足農
	2	●	3−4	東洋大姫路高

佐々木《ささき》 主浩《かずひろ》 (東北高)

1984年夏から3季連続して甲子園で活躍した東北高校のエース。

1968年2月22日宮城県仙台市に生まれる。将監中を経て、東北高に進学。同期には、のちに阪神で活躍する葛西稔がいたが、佐々木がいたためほとんど一塁手としてプレーした。

2年生の'84年夏には県大会42イニングを投げて失点わずかに1という好投で甲子園に出場。甲子園の初戦は柳井高を6安打に抑えて勝利、2回戦では日大一高に10安打されながら1失点(自責点は0)で3回戦まで進み、好投手として注目された。以後、3季連続して甲子園に出場した。

'85年の選抜では、初戦で堅田高を3安打完封。2回戦では明野高に11安打されながら辛勝、初戦に続いて2試合連続無四球試合をマーク。3回戦では池田高にスクイズで取られた1点が決勝点となって敗れた。

同年夏は初戦で柳井高を降した後、2回戦では佐賀商に12安打されながらも大勝し、9回1死から葛西にマウンドを譲って降板。3回戦の東洋大姫路高戦では豊田次郎投手(オリックス)からホームランも打っている。準々決勝の甲西高戦は乱打戦となり、9回裏2死から逆転サヨナラ負けを喫した。

東北福祉大に進学して1年から仙台6大学で活躍。'89年春の対仙台大戦ではノーヒットノーランを達成するなど、大学通算11勝0敗。日米大学選手権にも出場した。学生時代に腰を痛めたためプロ入りを拒否していたが、'89年秋のドラフト会議で大洋が1位指名してプロ入り。以後日本を代表するリリーフ投手として活躍し、'98年には46SPの日本記録を樹立、横浜の38年振りの優勝を実現した。'99年オフにFAを宣言し、大リーグのマリナーズに移籍、大リーグでもリーグを代表するリリーフ投手として活躍した。2003年帰国して横浜に復帰。通称は「大魔神」。

【甲子園投手成績】（東北高）

		対戦相手	回	安	振
1984夏	1	柳井高	9	6	3
	2	日大一高	9	10	1
	3	岡山南高	8	13	6
1985春	1	堅田高	9	3	4
	2	明野高	9	11	6
	準々	池田高	9	9	3
1985夏	1	福井高	9	8	2
	2	佐賀商	$8\frac{1}{3}$	12	6
	3	東洋大姫路高	9	10	5
	準々	甲西高	$8\frac{2}{3}$	14	2

佐《さ》々《さ》木《き》 啓《けい》司《じ》（駒大岩見沢高）

駒大岩見沢高を強豪に育て上げた監督。

1956年北海道美唄市に生まれる。駒大岩見沢高では捕手として活躍、'73年夏に初めて南北海道大会に進出した。駒大でも捕手としてプレーするかたわら、帰省すると母校の指導をつづけた。'78年卒業と同時に母校の駒大岩見沢高監督に就任。のちに教員資格を取得して社会科教諭となり、また、自宅に野球部の寮を併設して選手の面倒をみている。

'83年の選抜で甲子園に初出場、いきなりベスト8に進出して注目を集めた。以後、強力打線を擁して甲子園の常連校となっている。

主な教え子に、羽沢正樹（駒沢大）、佐藤誠（巨人）らがいる。

【甲子園監督成績】（駒大岩見沢高）

1983春	1	○	4－1	今治西高
	2	○	3－1	久留米商
	準々	●	0－2	横浜商
1983夏	2	●	3－5	箕島高
1985春	1	○	3－1	智弁和歌山高
	2	●	3－9	池田高
1990春	1	●	1－11	近大付高
1992春	1	●	0－8	育英高
1993春	2	○	3－2	大府高
	3	○	3－1	世田谷学園高
	準々	○	12－4	八幡商
	準決	●	4－11	上宮高
1996春	1	●	2－3	高陽東高
1998夏	1	●	4－5	岡山城東高
1999春	1	○	14－5	神戸弘陵高
	2	●	3－8	市川高

佐《さ》々《さ》木《き》 順《じゅん》一《いち》朗《ろう》（仙台育英高）

2001年の選抜で準優勝した仙台育英高の監督。高校時代はライバル東北高から甲子園に出場している。

1959年11月10日宮城県仙台市に生まれる。東北高に進学して竹田利秋監督に指導を受け、エースとして2年生の'76年夏に出場。3回戦では今治西高を完封してベスト8まで進み、酒井圭一（ヤクルト）がエースの海星高に敗れた。翌'77年選抜にも出場。

早大卒業後、ＮＴＴ東北を経て、'93年仙台育英高に転じていた竹田監督のもとでコーチとなる。

'95年秋に監督に就任、'96年夏から6年間で7回甲子園に出場し、2001年選抜では準優勝した。同年夏も甲子園に出場したが、7月に不祥事があったことを報告しないまま出場していたため、同年9月に責任をとって辞任した。'03年春に監督に復帰している。

主な教え子に、生出智章（早大－七十七銀行）、新沼慎二（横浜）、真山龍（西武）、芳賀崇（早大）、佐藤琢真（青山学院大）らがいる。

【甲子園投手成績】（東北高）

		対戦相手	回	安	振
1976夏	2	所沢商	9	5	8
	3	今治西高	9	8	4
	準々	海星高	8	5	5
1977春	1	熊本工	12	6	6
	2	丸亀商	8	4	4

【甲子園監督成績】（仙台育英高）

1996夏	1	○	16－1	神港学園高
	2	○	6－2	天理高
	3	●	6－7	海星高
1997夏	1	○	5－4	金沢高
	2	●	3－4	市立船橋高
1998春	1	●	3－4	日本航空高
1999夏	1	○	14－0	佐賀東高
	2	●	2－11	桐生第一高
2000夏	1	○	7－1	米子商
	2	●	6－11	徳島商
2001春	2	○	4－3	海星高
	3	○	3－1	藤代高
	準々	○	9－1	市川高
	準決	○	7－1	宜野座高
	決勝	●	6－7	常総学院高
2001夏	1	●	1－7	宜野座高

佐々木《ささき》 信也《しんや》（湘南高）

1949年に優勝した湘南高校の１年生のレギュラー。

1933年10月12日東京都世田谷区に佐々木久男の二男として生まれる。父は慶大在学中に東京６大学で遊撃手としてならした。小３の時に湘南に疎開し、旧制湘南中で野球を始めた。'49年湘南中が新制湘南高となると、１年生でレフトのレギュラーとなって７番を打ち、同年夏の甲子園に出場。この時、父・久男が監督で兄が助監督をつとめていた。準々決勝では９回裏にサヨナラヒットを放ち、決勝でも５打数２安打２打点の活躍で初優勝を果たした。

翌'50年夏は控え投手もつとめたが、県予選２回戦で敗退。

'50秋の関東大会ではレフトで３番を打って準優勝、翌'51年の選抜に出場した。選抜では初戦で敗退。

卒業後は慶大に進学、２年秋にレギュラーとなり、４年では二塁手で主将。卒業後は東洋高圧に入社が決まっていたが、高橋球団の激しい要請でプロ入りした。ルーキーで４月からレギュラーとして活躍し、全試合全イニング出場を達成したが、21勝をあげた西鉄の稲尾がいたため新人王は獲得できなかった。翌年には球団が解散して大映に吸収され、さらにその翌年には毎日と合併して大毎となったが、毎日には二塁に須藤豊がいたため出場が減り、'59年オフに解雇された。翌'60年、26歳の若さでＮＥＴ（現・テレビ朝日）の解説者に就任。'76年からはフジ「プロ野球ニュース」の司会者として人気を得た。2001年からはＣＳ放送の「プロ野球ニュース」でキャスターをつとめる。

【甲子園打撃成績】（湘南高）

		対戦相手	打	安	点
1949夏	2	城東高	5	1	0
	準々	松本市立高	3	2	0
	準決	高松一高	4	1	0
	決勝	岐阜高	5	2	0
1951春	1	長崎西高	3	0	0

佐々木《ささき》 保《たもつ》（享栄高）

愛知県高野連の功労者。愛知県名古屋市生まれ。享栄商業を経て、明治大学に進学。在学中に野球経験はなかったが、1951年卒業後、母校・享栄商業（のち享栄高）の教諭となると、翌'52年に野球部長に就任。'55年には愛知県高野連の理事となり、'75年に愛知県高野連理事長に就任。以来、'96年までの21年間にわたって理事長をつとめた。この間、日本高野連理事も兼任。'92年と'95年には日本高野連から特別表彰されている。'95年に享栄高を副校長で退任、'98年６月22日食道腫瘍のため死去した。69歳。

没後、鉛筆で書かれた１冊のノートがみつかった。内容は戦前から昭和43年にいたる享栄高の野球部史の草稿で、これをもとにして、2003年に「享栄高等学校硬式野球部史」が刊行されている。

定岡《さだおか》 正二《しょうじ》 (鹿児島実)

鹿児島実業で活躍した定岡3兄弟の次兄。

1956年11月29日鹿児島市に生まれる。吉野中を経て鹿児島実業に入学、'74年夏にエースとして甲子園に出場。初戦で佼成学園高を4安打で完封すると、3回戦では高岡商を連続完封した。さらに準々決勝では原辰徳（巨人）のいた東海大相模高とナイターでの死闘を繰り広げて、延長15回の末に降して一躍人気者となった。翌日の準決勝の防府商戦も先発して好投していたが、3回に四球で出塁、バントで二進後、溝田のセンターへのあたりでホームをついてタッチアウトとなり、右手首を痛めて降板した。

同年秋のドラフト会議では巨人が1位で指名してプロ入り。'82年にはオールスターに選ばれ、15勝をあげるなど活躍したが、'85年に近鉄への移籍を拒否して29歳で引退した。プロ通在籍11年間で通算51勝42敗3S。以後はタレントとして活躍。

なお、長兄智秋は甲子園に出場できなかったが、プロの南海で活躍、末弟徹久は'78年夏に甲子園に出場し、広島・日本ハムに在籍した。

【甲子園投手成績】（鹿児島実）

		対戦相手	回	安	振
1974夏	2	佼成学園高	9	4	6
	3	高岡商	9	7	4
	準々	東海大相模高	15	8	18
	準決	防府商	3	2	0

佐藤《さとう》 和也《かずや》 (新潟明訓高)

新潟明訓高校を新潟県を代表する強豪校に育て上げた監督。

1956年8月31日新潟県長岡市に生まれる。長岡高では捕手として活躍、3年春の県大会で優勝したが、甲子園には出場できなかった。日体大に進学後は母校・長岡高校のコーチをつとめ、3年生の'77年夏、同校に在籍していた弟・賢司（のち都立日野高監督）とともに甲子園に出場した。

卒業後は帰郷して新潟技術学園高の講師に就任。'83年夏の県大会では準決勝・決勝のテレビ放送の解説者をつとめたが、この時初めて決勝に進出したのが新潟明訓高校であった。その年の秋に同校から監督就任の要請があり、翌年4月新潟明訓高監督に就任した。就任当初はグラウンドに雑草が生い茂っている状態だったが、やがて設備も揃い、学校創立70周年を迎えた'91年夏に甲子園初出場を果たした。この大会では開会式直後の第1試合で敗退したが、2度目の出場となった'93年夏には初戦で松江第一高（現・開星高）を降して初勝利もあげた。'95年春には新潟県勢としては4校目の選抜出場を果たし、比叡山高に敗れたものの、新潟県勢初の選抜での得点を記録した。

主な教え子に小林幹英（専修大－プリンスホテル－広島）、高柳雅哉（国学院大）、阪長友仁（立教大）らがいる。

【甲子園監督成績】（新潟明訓高）

1991夏	1	●	1－8	柳ヶ浦高
1993夏	1	○	3－1	松江第一高
	2	●	0－10	横浜商大高
1995春	1	●	2－5	比叡山高
1999夏	1	○	10－5	宇和島東高
	2	●	1－4	旭川実

佐藤《さとう》 清《きよし》 (天理高)

天理高校で投打にわたって活躍。

1956年2月21日奈良県に生まれる。天理高校では'2年生の72年夏から3季連続して出場。2年夏は4番一塁手だったが、3年生となった'73年はエースとして出場した。選抜の初戦の中京商戦は登板しなかったが、2回戦の日大山形高戦では先発して6回まで投げ、準々決勝の鳴門工戦では完投した。

同年夏は初戦で青森商を４安打で完封、２回戦では中京商をわずか２安打で連続完封して３回戦まで進んだ。

卒業後、早大に進学、２年春から４番打者として活躍した。193cm、95kgという巨漢で、“マックス”の愛称で親しまれた。３年秋の早慶戦では本塁打３本など合わせて17塁打の連盟記録を打ち立てた。大学通算14本塁打。日本生命では、都市対抗や日本選手権で優勝し、'78年には全日本チームの主軸として世界選手権にも出場。その後コーチとなり、'93年に引退後は仕事に専念していたが、'94年早大監督に迎えられ、'98年までつとめた。

【甲子園打撃成績】（天理高）

		対戦相手	打	安	点
1972夏	2	東北高	4	2	2
	準々	東海大工	3	1	1
	準決	津久見高	3	1	1
1973春	1	中京商	4	1	2
	2	日大山形高	5	1	0
	準々	鳴門工	4	1	0
1973夏	1	青森商	3	2	1
	2	中京商	4	2	1
	3	静岡高	4	0	0

【甲子園投手成績】（天理高）

		対戦相手	回	安	振
1973春	1	中京商	未　登　板		
	2	日大山形高	6	1	7
	準々	鳴門工	8	3	6
1973夏	1	青森商	9	4	7
	2	中京商	9	2	6
	3	静岡高	3	3	0

佐《さ》藤《とう》 茂富《しげとみ》（鵡川高）

北海道内で監督を歴任。

1940年７月16日北海道三笠市に生まれる。岩見沢東高時代はエース。北海道学芸大学（現・北海道教育大学）札幌分校に進学して高校教諭となり、道立栗山高に体育教師として赴任し、監督に就任。

1970年、当時は全く無名だった砂川北高（のち統合で砂川高となる）に転任。'84年春、不祥事で出場辞退に追い込まれた函館有斗高の代わりとして甲子園初出場を果たした。

'92年夏には、自力での初出場。自宅に合宿所をつくり、教員だった妻が寮母をつとめるという献身的な指導をつづけて、過疎地の公立高校を春夏３回甲子園に出場させた。しかし、不祥事のために監督辞任を余儀なくされ、'97年道立鵡川高に転じ、８月に監督に就任した。

当時同校の部員は10人、夏の支部予選では５年連続初戦敗退中で、学校自体も過疎・少子化のため廃校の危機を迎えていた。佐藤は同校を高校野球で再生させようと校長に提言、全面的な支援を得た。翌年には、旭川龍谷高監督をつとめた小池啓之を部長に、さらに中標津高を甲子園に出場させた山本武彦を副部長に迎え、甲子園監督３人を揃えた異例の布陣で強化を始めた。過疎に悩む鵡川町も、いすゞ自動車から借り上げた「三気寮」を提供するなど支援。やがて指導者の充実に魅せられて道内各地から選手が集まり始め、2000年秋から２年連続して全道大会ベスト８に進出。この間、'01年には定年を迎えたが、鵡川町生涯学習推進アドバイザーとなって同校の指導をつづけ、'02年の選抜では21世紀枠に選ばれて、甲子園出場を果たした。

甲子園では初戦で三木高と対戦、同じ初出場とはいえ、強豪の揃う兵庫県代表を降して甲子園初勝利もあげている。

'03年秋、初めて全道大会を制し、翌年の選抜には一般枠で出場。21世紀枠代表校が、のちに一般枠でも出場したのは、宜野座高（沖縄県）についで２校目のことである。また、北海道内で複数の高校を率いて甲子園に出場した指導者は珍しい。

主な教え子には、砂川北高時代の関吉雅人（オリックス）、杉山俊介（横浜）、鵡川高時代の鬼海将一（筑波大）、池田剛基（日本ハム）らがいる。

【甲子園監督成績】（砂川北高）

1984春	1	●	7－18	ＰＬ学園高
1992夏	1	●	4－5	北陸高
1994夏	1	○	6－5	江の川高
	2	●	1－10	北海高

（鵡川高）

2002春	1	○	12－8	三木高
	2	●	0－1	広島商
2004春	1	○	6－3	八幡浜高
	2	●	1－2	社高

佐藤《さとう》 茂美《しげみ》（松本商）

戦前の松本商業黄金時代に活躍した選手。長野県松本市に生まれる。1924年に松本商業（現・松商学園高）に進学、藤本定義の指導を受けて、春夏合わせて甲子園に5回出場した。

1927年選抜は投手で3番を打ち、夏には4番打者となって準決勝まで進出。延長14回裏にサヨナラ負けした。

翌'28年夏には中島治康（巨人）がエースとなったため、センターで4番を打って主将をつとめ、長野県勢として初めて全国制覇を達成した。165cmと小柄ながら長打力にすぐれ、“ベーブ佐藤”と呼ばれていた。この大会でも2本塁打を放っている。

卒業後は早大に進学して、すぐに7番センターでデビュー、秋には優勝をかけた早慶戦で9回裏に逆転3ランホームランを放って優勝を決めている。'30年秋には首位打者も獲得した。

その後は、社会人の日東紡、日立、新潟交通などで監督を歴任、'64年からは神宮球場長をつとめた。

【甲子園打撃成績】（松本商）

		対戦相手	打	安	点
1926春	1	第一神港商	3	1	1
	準々	高松商	5	2	0
	準決	熊本商	3	1	0
	決勝	広陵中	4	1	0
1927春	1	高松商	3	2	0
	準決	広陵中	4	1	0
1927夏	2	京城中	4	2	0
	準々	平安中	4	1	0
	準決	広陵中	5	1	0
1928春	1	高松中	4	1	1
	準々	和歌山中	4	0	0
1928夏	1	広陵中	3	0	0
	2	鹿児島商	4	2	0
	準々	愛知商	3	1	0
	準決	高松中	2	0	0
	決勝	平安中	3	2	0

【甲子園投手成績】（松本商）

		対戦相手	回	安	振
1927春	1	高松商	9	10	2
	準決	広陵中	8	12	3
1927夏	2	京城中	9	7	5
	準々	平安中	9	5	1
	準決	広陵中	13⅓	10	5
1928春	1	高松中	9	5	8
	準々	和歌山中	*	*	*

注）1928年選抜の和歌山中戦は先発して、一時降板後に再登板したため、詳細な成績は不明

佐藤《さとう》 平七《へいしち》（育英商）

昭和初期に北海道から兵庫県に野球留学した選手。

1917年7月15日北海道函館市に生まれる。函館の弥生尋常高小（現・弥生小）時代に、兵庫県の育英商業（現・育英高）の関係者の目に止まり、神戸にある同校に野球留学した。当時すでに、名門中学などでは近県から選手を勧誘することが行われていたが、甲

子園出場を目的として、遠方から選手をスカウトする、という例はほとんどなかった。今では珍しくはないが、佐藤はその嚆矢である。

育英商業ではエースとなり、'35年選抜に期待に応えて育英商の甲子園初出場を果たした。同年夏には準優勝している。

卒業後は、法政大、函館オーシャンでプレーし、戦後の'50年、32歳でプロ野球・毎日球団の結成に参加した。翌'51年はオールスターにも出場、'53年に阪急に移籍した。プロ通算24勝15敗。引退後は阪急の関連会社に勤務した。

【甲子園投手成績】(育英商)

		対戦相手	回	安	振
1935春	2	中京商	8	10	0
1935夏	1	米子中	9	10	5
	2	甲府中	9	5	11
	準々	大分商	9	4	8
	準決	早実	10	8	8
	決勝	松山商	9	9	2

佐《さ》藤《とう》 隆衛《りゅうえ》 (大船渡高)

1984年の選抜で“大船渡旋風”を巻き起こした監督。その後、釜石南高も選抜に出場させている。

1941年3月岩手県に生まれる。盛高(現・大船渡高)時代は三塁手で主将をつとめ、'58年夏の県大会準決勝まで進む。法政大では野球を離れ、混成合唱団に所属した。

'63年新設校の大船渡工に国語科の教諭として赴任し、翌'64年監督に就任。'70年の春季東北大会では決勝で秋田商を降し、創部わずか6年目での優勝で注目された。'71年大迫高、'76年盛岡四高を経て、'82年に母校・大船渡高の監督に就任。同時に東北大会で優勝した大船渡一中のメンバーの大半が入学。彼らが2年になった、'83年秋に東北大会に出場。決勝では金足農と延長16回を戦って破り初優勝、翌年の選抜で甲子園初出場を果たした。選抜では多々良学園高を完封、日大三島高も降し、準々決勝では強豪・明徳義塾高も完封して、岩手県選抜史上初めて、夏の大会を含めても実に65年振りにベスト4まで進み、“大船渡旋風”を巻き起こした。帰郷すると、地元では大変な騒ぎになっていたという。夏にも連続出場を果たしたが、エース金野が甲子園で肘を痛めていたため、初戦で敗れた。

'92年に釜石南高に赴任して部長となり、'94年11月に監督に就任。'95年秋には東北大会で準優勝し、'96年選抜で甲子園に初出場させている。

主な教え子に、大船渡高時代の今野一夫(大船渡高監督)、釜石南高時代の前田直樹(慶大－日本製紙石巻)、君ヶ洞卓朗(東京経済大－花巻農コーチ)らがいる。

【甲子園監督成績】(大船渡高)

1984春	1	○	4－0	多々良学園高
	2	○	8－1	日大三島高
	準々	○	1－0	明徳義塾高
	準決	●	1－2	岩倉高
1984夏	1	●	3－4	長浜高

(釜石南高)

1996春	1	●	7－9	米子東高

真《さな》田《だ》 重《じゅう》蔵《ぞう》 (海草中)

海草中学黄金時代のエースで、1963年夏に優勝した明星高校の監督でもある。プロ時代には重男という名前も使用した。

1923年5月27日和歌山市に生まれる。'38年海草中(向陽高)に入学。当初は捕手で、名投手嶋清一とバッテリーを組むが、2年の時に三塁手に転向して'39年春夏連続出場。夏には全国制覇を達成した。

翌年春に嶋が卒業後するとエースとなり、再び春夏連続して甲子園に出場。夏の大会では初戦の平壌一中戦でノーヒットノーランを達成し、決勝戦では一言多十がエースの島田商を降して甲子園２連覇を達成した。

'41年の選抜にも出場。結局５季連続して甲子園に出場し、三塁手として１回、エースとして１回の計２回全国制覇した。

卒業後、'43年に朝日球団でプロ入り。戦後、大陽時代の'48年にはノーヒットノーランを達成した。'50年には松竹に移り、39勝をあげて最多勝を獲得、セリーグ優勝に貢献した。39勝はセリーグ記録である。'52年阪神に転じ２度目のノーヒットノーランを達成。また、'50年から３年連続３割をマークするなど打撃もよく、'56年は内野手としてのみ出場している。プロ通算178勝128敗をあげる一方、打者としても打率.255という成績を残している。

退団後、評論家を経て、'58年大阪の明星高に監督として招聘された。'63年夏には和田徹捕手を擁し、池永正明（西鉄）がエースの下関商を破って優勝したが、プロ出身であることが波紋をよんで辞任。

翌'64年にはプロ球界に復帰して東京のコーチとなり、以後阪急、近鉄のコーチを歴任した。'90年殿堂入り。1994年５月30日胃がんのため死去。71歳。

甲子園で選手・監督の両方で優勝を経験した人物は少ない。真田はそれに加えて、プロ野球での優勝経験もあるという稀有な選手である。

明星高時代の教え子に、和田徹（阪神－南海）、阿野鉱二（早大－巨人）らがいる。

【甲子園打撃成績】（海草中）

		対戦相手	打	安	点
1939春	1	中京商	3	1	1
1939夏	1	嘉義中	4	2	0
	2	京都商	5	3	0
	準々	米子中	4	0	0
	準決	島田商	3	1	1
	決勝	下関商	4	1	0
1940春	2	島田商	4	0	2
1940夏	2	平壌一中	6	2	0
	準々	京都商	3	1	0
	準決	松本商	5	1	0
	決勝	島田商	3	1	0
1941春	1	東邦商	4	1	1

【甲子園投手成績】（海草中）

		対戦相手	回	安	振
1940春	2	島田商	9	5	5
1940夏	2	平壌一中	9	0	13
	準々	京都商	*	*	*
	準決	松本商	9	7	5
	決勝	島田商	9	7	4
1941春	1	東邦商	8	2	3

注）1940年夏の準々決勝の京都商戦は田中投手と継投のため、真田のみの詳細な成績は不明

【甲子園監督成績】（明星高）

1961春	2	●	0－1	浪商高
1963春	1	●	0－5	下関商
1963夏	2	○	6－0	大垣商
	3	○	11－0	甲府商
	準々	○	4－3	九州学院高
	準決	○	5－0	横浜高
	決勝	○	2－1	下関商

沢《さわ》 正良《まさよし》（大府高）

大府高校に野球部を創部、30年にわたって監督をつとめた名将。

1926年１月17日愛知県に生まれる。安城農林時代は戦時中で野球ができず剣道選手として活躍。戦後大府中学の教諭となり、監督に就任。

'51年大府高に転任すると野球部を創設し、自ら監督に就任した。当初は部員集めと用具の準備から始め、練習は小学校の校庭を借りて行う、という状態だったが、独自の猛練習で成果をあげ、'56年秋には知多大会で優勝。'64年夏には甲子園初出場も果たした。'80年夏からは捕手・馬場茂を中心として春夏連続して甲子園に出場した。

'81年、創部以来30年にわたって指導してきた同校の監督を引退。'86年には定年を迎えたが、星城高から監督として招聘され、'90年までつとめた。剣道は5段錬士である。

主な教え子に、大府高時代の県真澄（三協精機－南海）、氏家雅行（中日）、槙原寛己（巨人）、馬場茂（筑波大－大府高監督）、星城高時代の鮎川義文（阪神－ロッテ）らがいる。

【甲子園監督成績】（大府高）

1964夏	1	○	6－4	明星高
	2	●	0－2	熊谷商工
1980夏	1	○	7－2	浜田高
	2	●	2－4	熊本工
1981春	1	○	5－3	報徳学園高
	2	●	0－4	御坊商工

沢田《さわだ》 勝彦《かつひこ》（松山商）

1996年夏に全国制覇した松山商の監督。

1957年2月19日愛媛県松山市に生まれる。雄新中1年の'69年夏に松山商業が三沢高校との死闘を制して全国制覇。大会後、中学校の先輩にあたる、井上－大森のバッテリーが学校の朝礼で挨拶、松山商業への進学を決めたという。松山商業では一色俊作監督の指導を受けたが、甲子園には1回も出場することができなかった。

駒沢大学ではリーグ戦に出場できず、4年ではバッテリーコーチをつとめる。卒業後、'80年に母校・松山商のコーチとなり、'86年夏に甲子園で準優勝。'88年9月監督に就任、'96年夏には決勝戦で矢野勝嗣の奇跡のバックホームも出て、全国制覇を達成した。2001年夏にもベスト4まで進んでいる。

主な教え子に、今井康剛（明大中退）、阿部健太（近鉄）などがいる。

【甲子園監督成績】（松山商）

1990夏	1	○	4－2	三重海星高
	2	○	3－1	竜ヶ崎一高
	3	●	2－4	鹿児島実
1992春	1	●	3－4	三重高
1995夏	1	●	4－5	旭川実
1996春	1	●	3－7	宇都宮工
1996夏	1	○	8－0	東海大三高
	2	○	6－5	東海大菅生高
	3	○	8－2	新野高
	準々	○	5－2	鹿児島実
	準決	○	5－2	福井商
	決勝	○	6－3	熊本工
2001夏	1	○	7－6	駒大苫小牧高
	2	○	8－6	九産大九州高
	3	○	4－3	智弁学園高
	準々	○	4－3	平安高
	準決	●	4－5	近江高

沢田《さわだ》 真一《しんいち》（盛岡大付属高）

盛岡大附属高校の監督。

1965年5月1日岩手県釜石市に生まれる。釜石北高ではセンターで4番を打った。東北福祉大に進学したが、主に三塁コーチをつとめる。

卒業後、三沢高コーチ、青森山田高部長を経て、1991年盛岡大附属高の社会科教諭となり監督に就任。'95年夏に同校を甲子園に初出場させると、以後常連校にまで育てている。

主な教え子に、小石沢浄孝（西武）、西村洋平（千葉工大）などがいる。

【甲子園監督成績】（盛岡大付高）

1995夏	1	●	5－7	高知商
1996夏	1	●	0－2	東筑高
2001夏	2	●	1－4	近江高
2003春	2	●	0－10	横浜高
2003夏	1	●	6－8	福井商

沢田《さわだ》 利浩《としひろ》（富山商）

富山商の監督。小学校の女子バレー監督として全国準優勝経験があるという異色の監督でもある。

1960年12月23日富山市に生まれる。新庄小で野球を始め、以来ずっと二塁手。新庄中を経て、富山高に進学、3年春には県大会ベスト4まで進んだ。金沢大学教育学部を卒業して帰郷、滑川高で2年間非常勤講師をつとめたのち、'85年に正式に教員に採用され、水橋中部小に赴任。ここで、全国的にも強豪として知られる女子バレーチーム・水橋大成のコーチとなる。翌年に監督に就任、全国大会準優勝を果たした。'88年に岩瀬中学に転じると、今度は軟式野球の監督となって県大会で優勝するなど、スポーツ指導者として頭角を著した。

'92年伏木高に異動して野球部長となり、'94年富山商に転じると、同年8月に監督に就任した。直後の秋季県大会では優勝、北信越大会でも準決勝に進み、翌年春、25年振りの選抜出場を果たした。以後、'96年から2003年の8年間に夏の大会に5回出場している。

主な教え子には、前崎秀和（中央大－富山商コーチ）、中沢雅人（中央大）、長江卓哉（法政大）など好投手が多い。

【甲子園監督成績】（富山商）

1995春	1	●	0－1	今治西高
1996夏	1	●	4－6	鹿児島実
1998夏	1	○	8－4	報徳学園高
	2	●	3－5	滑川高
2000夏	1	●	3－5	長崎日大高
2002夏	1	●	1－4	柳川高
2003夏	2	○	4－2	日南学園高
	3	●	3－6	鳥栖商

沢村《さわむら》 栄治《えいじ》（京都商）

日本野球史上最高の投手。チームが弱かったため、甲子園での実績は乏しいが、その剛腕振りは伝説となっている。

1917年2月1日三重県宇治山田市岩淵（現・伊勢市）に青果商「小田屋」の長男として生まれる。幼時は病弱だった。明倫小に入学すると父が野球を教え、高等科の時に山口千万石とバッテリーを組んで全国少年野球大会で優勝した。

'30年創立間もない京都商業（現・京都学園高）に進学、豪速球と大きく曲がるカーブを武器に甲子園に3回出場するが、チームが全く打てないために、あまりいい成績は残せなかった。

'34年10月、京都商業を中退して全日本に参加、11月20日草薙球場で全米オールスターと対戦し、敗れはしたものの、ゲーリックの本塁打による1点だけに抑えて内外の関係者を驚かせた。翌'35年のアメリカ遠征でもエースとして活躍し、そのまま巨人に入団。'36年9月25日対タイガース戦でプロ野球初のノーヒットノーランを記録。'37年春には24勝4敗、防御率0.81で最多勝、防御率1位、勝率1位となり、初の最高殊勲選手（ＭＶＰ）に選ばれる。しかし'38年1月津33聯隊に入隊、以降3度の応召で肩が衰え、'43年には1勝もできなかった。'44年12月2日レイテ島へ輸送途中、台湾沖で戦死。プロ野球には5年しか在籍せず、通算63勝22敗だが、戦争に行かなければ空前絶後の大記録を樹立していたことは間違いないとされ、日本野球史上最高の投手といわれる。'59年の第1回殿堂入り。

2003年11月、左足を高くあげた投球フォームを再現した銅像が、母校・京都学園高校に建立された。

【甲子園投手成績】（京都商）

		対戦相手	回	安	振
1933春	1	関西学院中	9	6	14

	2	大正中	9	5	15
	準々	明石中	8	11	9
1934春	1	堺中	9	2	17
	2	明石中	9	5	12
1934夏	1	鳥取一中	9	4	12

し

塩瀬《しおせ》 重輝《しげてる》（鹿児島商）

戦後の鹿児島県高校球界を代表する監督の一人。

1938年11月3日台湾の台南市に生まれる。故郷の鹿児島県始良郡始良町平松に戻り、加治木高では2年で捕手のレギュラーとなり、'55年夏県大会ベスト8まで進む。3年では主将をつとめた。鹿児島大でも捕手で主将。卒業して体育教師となり、揖宿商、加治木工の監督として、全くの無名校を県大会上位にまで進めた。とくに中種子高監督時代の'80年夏には、離島勢としては驚異的な県大会ベスト4まで進み注目された。'83年鹿児島商監督となり、甲子園に春1回、夏3回出場。'86年夏にはベスト4まで進むなど、黄金時代を築いた。その後加治木高監督となり、'99年定年退職。のち始良町議となる。

強豪校の監督は鹿児島商だけだったため、全国的な知名度は低いが、無名の県立高校を次々と実力校に育てた手腕は高く評価される。

主な教え子に、中種子高時代の豊順一郎（ヤクルト）、鹿児島商時代の中原耕造（青山学院大－本田技研熊本）らがいる。

【甲子園監督成績】（鹿児島商）

1986春	1	●	0－8	広島工
1986夏	1	○	8－4	松商学園高
	2	○	4－1	県岐阜商
	3	○	11－3	前橋商
	準々	○	3－1	東洋大姫路高
	準決	●	6－8	天理高
1988夏	1	○	9－0	学法石川高
	2	●	0－4	米子商
1995夏	1	○	8－3	水戸商
	2	●	13－15	旭川実

志手《して》 清彦《きよひこ》 (大分商)

大分県高校球界を代表する監督の一人。

1916年8月20日大分市浜町に生まれる。中島尋常高等小学校在学中に外野手として東九州少年野球大会で優勝し、明治神宮外苑で行われた全国大会にも出場した。大分商業に進学、'32年選抜では背番号11の控え選手で、試合には出場していない。翌'33年夏から３季連続して甲子園に出場、大分商業黄金時代を築いた。'35年はセンターで３番を打って春夏連続出場し、夏はベスト８まで進んでいる。

1936年に卒業すると八幡製鉄に入社したが、同年阪急でプロ入り。翌'37年名古屋に転じ、同年応召のため退団。

戦後は帰郷して別府植良組の選手兼監督をつとめ、母校大分商業の監督に就任。学制改革で大分工業と統合された大分二高の監督として、'48年夏に甲子園に出場。さらに、'51年に独立した大分城崎高（のちの大分商）の監督としても甲子園に出場した。その後、佐伯鶴城高校監督を経て、'58年に大分上野丘高校監督となり、同年夏に甲子園に出場。

'62年、復活後低迷していた大分商業の監督に復帰。同年夏にいきなり甲子園復帰を果たした。'67年夏にも甲子園に出場して準々決勝まで進んだほか、埼玉国体では準優勝している。教え子には、河原明（西鉄）らがいる。1971年に死去。

【甲子園打撃成績】（大分商）

		対戦相手	打	安	点
1932春	2	浪華商	未	出	場
1933夏	2	栃木中	3	1	0
1935春	1	海草中	2	1	2
	2	東邦商	1	1	0
1935夏	1	北海中	3	2	0
	2	千葉中	5	1	0
	準々	育英商	4	0	0

【甲子園監督成績】（大分二高）

1948夏	2	●	0－12	小倉高

（大分城崎高）

1951夏	1	●	0－4	下関西高

（大分上野丘高）

1958夏	2	●	2－3	作新学院高

（大分商）

1962夏	1	●	0－1	鴻城高
1967夏	1	○	8－0	網走南ヶ丘高
	2	○	1－0	小倉工
	準々	●	5－19	市和歌山商

篠塚《しのづか》 利夫《としお》 (銚子商)

1974年夏に全国制覇した銚子商の名三塁手。プロでは篠塚和典という名前も使用した。

'57年７月16日東京都豊島区要町に生まれ、１歳半の時に千葉県銚子に移る。父は鳶職で、三人兄弟の末っ子。３歳の時から長兄に野球を教わり、小学校入学前後に左打ちとなった。清水小で本格的に始めて以来内野手一筋。銚子一中ではショートで３番を打ち、３年の時、関東大会にも出場した。

銚子商に進学、１年春には三塁手のレギュラーとなったが、夏の大会直前に骨折したため、この時の甲子園出場メンバーには入っていない。秋の新チームでは一塁手で３番を打って、県大会、関東大会と制した。翌'74年の選抜では遊撃手に転じて４番を打ち、エース土屋正勝とともに出場。

夏には三塁手に転じて連続出場をすると、初戦のPL学園高戦ではライトラッキーゾーンにホームランを放つ。平安高戦でもライトにホームランを打つなど大活躍、優勝に大きく貢献した。

この年の秋に湿性肋膜炎で入院。３年春にチームに復帰したが、夏の県大会では準決勝で全国制覇した習志野高に敗れ、甲子園には出場できなかった。'75年のドラフト会議の直前に湿性肋膜炎が再発し、選手生命が危ぶまれたが、同級生の持ち込んだビデオを見てその素質を見抜いていた巨人の長嶋茂雄監督が周囲の反対を押し切って1位で指名し、プロ入りした。入団4年目の'80年にレギュラーとなると、翌'81年以来7年間で6回3割を打ち、この間首位打者を2回獲得するなど、“安打製造機”の異名をとった。'94年に引退しコーチとなる。

【甲子園打撃成績】（銚子商）

		対戦相手	打	安	点
1974春	1	岡山東商	4	2	0
	2	日大三高	4	2	0
	準々	報徳学園高	4	0	0
1974夏	2	PL学園高	3	1	1
	3	中京商	4	2	2
	準々	平安高	4	1	1
	準決	前橋工	4	2	1
	決勝	防府商	4	2	0

芝草 宇宙《しばくさ ひろし》（帝京高）

1987年夏の甲子園でノーヒットノーランを達成した帝京高の投手。

'69年8月18日埼玉県所沢市に生まれる。富岡中を経て、東京の帝京高に進学。2年生の'86年選抜から甲子園に3回出場した。

'86年の選抜では背番号11ながら、背番号10で同じ2年生の平山勝とともに、エース格として出場したが、初戦の高知高戦で平山が先発して完投し、敗れたため登板できなかった。

'87年の選抜では初戦で金沢高と対戦、8回まで3安打と完璧に抑えていたが、9回に連打と死球で満塁。セカンドゴロと内野安打で2点を奪われて1点差に迫られたが、8番岡本をファウルフライにとって辛勝した。2回戦では京都西高を4安打完封、これが公式戦での初の完封だった。準々決勝では、優勝したＰＬ学園高と対戦。先発して好投していたが、7回2死から打球を手に受けて、急遽平山にスイッチ。平山が1人を抑えてこの回を終えると、8回から再登板。延長11回裏2死からサヨナラ負けを喫した。

選抜後、背筋を痛めて夏の東東京予選では10イニングしか登板できず、主に平山が投げて春夏連続出場を決めた。甲子園では初戦の明石高で先発、6回まで6安打無失点に抑えていたが、7回表の先頭打者に三塁打、続く打者には初球がずれたところで降板した。2回戦の東北高戦では、ゆったりとしたフォームからカーブ、速球を低めに集めて、15の内野ゴロを奪い、史上20人目のノーヒットノーランを達成した。この試合では奪った三振はわずかに3、与えた四死球は8と、決して本調子ではなかったことがうかがえる。3回戦では横浜商の古沢投手との投手戦となり、8回にあげた1点を守って完封勝ち。準々決勝でも関西高を4安打に抑えて3試合連続完封した。準決勝では再びPL学園高と対戦したが、初回からつるべ打ちにあい、2回までに8安打5失点で降板。リリーフした平山が9回に打ち込まれると、1死から再登板して2打者を抑えた。PL学園高はこのあと、決勝で常総学院高も降して春夏連覇を達成している。

同年秋のドラフト会議では日本ハムから6位指名されてプロ入り。入団4年目の'91年から一軍で活躍している。

【甲子園投手成績】（帝京高）

		対戦相手	回	安	振
1986春	1	高知高	未　登　板		
1987春	1	金沢高	9	6	9
	2	京都西高	9	4	10
	準々	PL学園高	$10\frac{1}{3}$	10	6
1987夏	1	明石高	6	6	7
	2	東北高	9	0	3
	3	横浜商	9	7	1
	準々	関西高	9	4	5
	準決	PL学園高	$2\frac{2}{3}$	8	1

柴《しば》田《た》 勲《いさお》（法政二高）

1960年～'61年にかけて圧倒的な実力を誇った法政二高のエース。

1944年２月８日神奈川県横浜市に生まれる。閻門小、大鳥中を経て、法政二高に進学し、１年夏には補欠で甲子園に出場（試合には出場していない）。

２年生の'60年夏は背番号10ながら実質的にはエースとして出場。初戦は御所工に大勝したため５回途中で降板。２回戦では宿敵となる浪商高を３安打で完封した。さらに準々決勝で早実に三塁を踏ませない好投で完封すると、準決勝の鹿島高戦では７回に登板して３イニングを１安打に抑えた。決勝では静岡高を３安打に抑え、この大会３回目の完封で全国制覇を達成した。

翌'61年の選抜も初戦で北海高を14奪三振で１点に抑えて破ると、準々決勝で浪商高と対戦、３－１で降した。以後、平安高、高松商と抑え、４試合でわずかに３失点という好投で春夏連覇を達成した。

同年夏には史上初の３季連続優勝を目指して出場。初戦で宇都宮学園高から12三振、２回線で大社高から10三振を奪って完勝。準々決勝の報徳学園高戦は５回を２安打に抑え、大量リードを奪ったために降板。準決勝では宿敵・浪商高と３度目の対決となった。この試合、９回まで２安打で０点に抑えていたが、１死から死球を出し、２死満塁から尾崎行雄にタイムリーヒットを打たれて同点にされ、延長11回表に２点をとられて敗れた。甲子園に通算４回（実質３回）出場し、優勝２回、通算10勝１敗という好成績を残した。

卒業後は巨人に入団し、翌年外野手に転向。スイッチヒッターで１番を打ち、盗塁王を６回獲得、巨人のＶ９に大きく貢献した。'81年に引退後はコーチや解説者をつとめる。

【甲子園投手成績】（法政二高）

		対戦相手	回	安	振
1960夏	1	御所工	4⅓	5	7
	2	浪商高	9	3	9
	準々	早実	9	6	11
	準決	鹿島高	3	1	6
	決勝	静岡高	9	3	8
1961春	2	北海高	9	7	14
	準々	浪商高	9	5	8
	準決	平安高	7	8	5
	決勝	高松商	9	5	8
1961夏	1	宇都宮学園高	9	5	12
	2	大社高	9	4	10
	準々	報徳学園高	5	2	7
	準決	浪商高	11	6	6

芝《しば》田《た》 茂《しげ》雄《お》（鳥取一中）

大正時代から昭和の初めにかけて、鳥取中学（のち鳥取一中）の黄金時代を築いた監督。

1901年鳥取県生まれ。鳥取中学（現・鳥取西高）で野球部に入るが、リューマチの持病があったために選手を断念、'16年の第２回全国大会には在学のまま監督として出場している。'18年に卒業後も後輩を指導、'20年には「鳥取県運動年鑑」に「ゴロとフライ」という論文を発表するなど、独学で野球理論を築いた。

'22年に母校の英語科の教員となると、本格的に指導を始めた。'23年には早大の冬季合宿にバッテリーを派遣させるなど強化につとめ、翌'24年夏には甲子園で準決勝まで進んでいる。

'26年大阪外語学校に入学した後も、日曜日ごとに帰郷して母校を指導した。'29年に監督を退くまでに、実に10回も甲子園出場を果たしている（うち、'18年は米騒動で中止）。'31年に１年間だけ監督に復帰したが、翌'32年１月10日わずか32歳で夭折した。

主な教え子に、山崎武彦（早大）、西村万寿雄（神戸高商－満鉄倶楽部－鳥取西高監

督）、小島多慶男（同志社大－満鉄－パリーグ審判部長）、千谷七郎（一高－東大）などがいる。

【甲子園監督成績】（鳥取中）

1916夏	1	●	1－2	和歌山中
	復活	○	9－6	中学明善
	準決	●	4－5	市岡中
1918夏	中止			
1919夏	1	○	4－3	愛知一中
	準々	●	2－4	小倉中
1920夏	1	○	6－2	豊国中
	準々	○	2－0	京都一商
	準決	●	3－14	関西学院中

（鳥取一中）

1924夏	1	○	10－0	京城中
	2	○	15－2	同志社中
	準々	○	5－4	宇都宮中
	準決	●	3－9	松本商
1926夏	1	○	4－2	長崎商
	2	○	4－1	盛岡中
	準々	●	3－9	和歌山中
1927春	1	●	7－8	松山商
1927夏	1	○	9－1	茨城商
	2	●	3－7	鹿児島商
1928夏	2	●	2－8	高松中
1929夏	1	○	12－0	秋田師範
	2	○	2－1	敦賀商
	準々	○	1－0	市岡中
	準決	●	1－5	広島商

渋《しぶ》谷《や》 良《よし》弥《や》（青森山田高）

日大山形高校野球部の功労者。現在は青森山田高校を率いている。

1947年２月28日山形県に生まれる。日大山形高に進み、２年生の'63年夏背番号10の控え投手として甲子園に出場。初戦で沖縄の首里高と対戦して３－４で敗れ、沖縄県勢初勝利の試合となった。なお、この試合ではベンチ入りしただけで出場していない。

日大では公式戦に４試合登板し、０勝４敗。'69年の卒業時に一度母校から監督就任の話があったが、すでに金指造船に内定していたため、断って社会人でプレー。しかし、２年目に肩をこわし、'72年にはオイルショックでチームが解散したため退社した。

同年４月、母校の日大山形高に監督として招聘された。就任当時は３年生が２名しかおらず、夏の県大会も１回戦で敗退した。しかし、同年秋には東北大会で優勝、翌年春に山形県勢として初めて選抜大会に出場し、全国唯一の選抜未出場県という汚名を返上した。さらにこの大会では境高を降して選抜初勝利もあげている。夏にも連続出場すると、初戦で鹿児島実業を降して夏の大会でも初勝利。'74年秋には明治神宮大会で準優勝した。

以後、同校は東海大山形高とともに山形県を代表する強豪校となって甲子園出場を重ね、春夏通算で14回出場している。

2001年夏の県大会終了後監督を退任、福島県郡山市の日大工学部学生課に勤務していたが、2002年春、教え子の五十嵐康朗青森山田高監督に招聘されて同校に転じ、監督に就任。部長となった五十嵐とともに青森山田高を指導し、同年夏に甲子園に出場している。

主な教え子には、日大山形高時代の広野准一（日本ハム）、栗原健太（広島）、青森山田高時代の金井仁志（明大）らがいる。

【甲子園監督成績】（日大山形高）

1973春	1	○	5－2	境高
	2	●	1－12	天理高
1973夏	1	○	2－1	鹿児島実
	2	●	1－4	高鍋高
1975春	1	○	5－0	初芝高
	2	●	2－4	豊見城高
1976夏	2	●	0－4	桜美林高
1979夏	1	○	5－4	新居浜商
	2	○	4－2	明石南
	3	●	2－3	大分商
1982春	1	○	4－1	星稜高

	2	●	3－5	尾道商
1983夏	1	●	0－3	川之江高
1984夏	2	●	1－7	岡山南高
1988夏	1	●	0－8	宇部商
1990夏	1	●	0－9	鹿児島実
1992夏	1	○	4－1	柳ヶ浦高
	2	○	12－2	延岡工
	3	●	1－5	北陸高
1993夏	2	○	6－3	大分工
	3	●	2－3	春日部共栄高
1996夏	1	●	0－2	新野高
1998夏	1	●	1－10	星稜高

（青森山田高）

2002夏	1	○	6－3	開星高
	2	●	3－9	明徳義塾高

嶋《しま》 清一《せいいち》（海草中）

甲子園伝説の大投手。1939年に達成した、準決勝・決勝の2試合連続ノーヒットノーランという偉業は空前絶後であろう。

1920年12月15日和歌山市今福町に生まれる。父親は野口姓だったが、事情があって嶋姓を名乗っていたという。幼い頃から運動能力は並外れており、中学時代、陸上トレーニングなとで100mを11秒、走り高跳びは165cmを記録したという。

尋常小学校卒業後、2年間の高等小学校を経て、'35年に海草中学後援会の丸山直広の勧めで海草中学（現・向陽高）に進学した。同年夏には甲子園に一塁手として出場した。翌年エースが卒業すると、新しく就任した長谷川信義監督によってエースに抜擢された。以後エースとして活躍したが、当初はコントロールが悪く、それほど目立った成績は残していない。

4年生となった'38年には春夏連続して甲子園に出場し、嶋自身も注目の投手となっていた。しかし、夏の初戦で平安中と対戦、8回まで2安打1失点と好投していたが、9回の突如乱れて四球を連発。リリーフした松井も四球とショートゴロエラーで1死もとれずに同点とされ、再登板したものの逆転負けを喫している。

5年生では主将となり、夏の大会に出場。この年、嶋は前年とは見違える大投手に変貌していた。初戦の嘉義中学は3安打15奪三振で完封。続く京都商業には6四球を出したものの2安打で完封。準々決勝の米子中学も3安打で完封、相手打者はバントすらできなかったという。準決勝は一言多十投手を擁する島田商業と対戦したが、1四球を出しただけで17奪三振のノーヒットノーランを達成した。翌日の決勝では下関商業と対戦、2四球を出しただけで2日連続のノーヒットノーランを達成した優勝した。しかも、この試合では2人のランナーを盗塁刺と挟殺プレーで殺しており、残塁0の27人で試合を終えている。

5試合を戦って、わずかに許したのは8安打のみ、チームメイトの古角俊郎の記録によると、外野に飛んだ飛球ですらわずかに12本しかないという。

一方、打者としても4番を打って21打数11安打をマークし、三塁打を3本打つなど、まさに投打の中心選手として活躍した。

卒業後は明大に進学。上級生に藤本英雄や林義一といった大投手がいたため、下級生の時にはあまり登板できなかった。4年生となった'43年に応召、'45年3月19日シンガポールを出港した護衛船に乗り込んだが、ベトナム沖を北上中に米潜水艦の魚雷攻撃を受けて沈没し、戦死した。なお、明大在学中に結婚していたという。

'39年夏の大会での嶋の投球は鬼神のようであったという。2年から名門海草中学のエースをまかされ、しばしば甲子園に出場しながら、自らの制球力不足から好成績をあげることができなかった。その鬱憤を晴らすがごとく、この大会ではすさまじい投球をつづけた。決勝戦のノーヒットノーランは、59年後の'98年夏に横浜高校の松坂大輔投手が達成したが、準決勝・決勝での２試合連続ノーヒットノーランや、５試合完投してわずかに被安打８本という記録はおそらく破られることはないであろう。沢村が日本野球史上最高の投手であるならば、嶋は甲子園における伝説の大投手である。

【甲子園投手成績】（海草中）

		対戦相手	回	安	振
1937夏	2	徳島商	9	3	8
	準々	北海中	9	8	10
	準決	中京商	8	5	4
1938春	2	撫養中	9	1	11
	準々	中京商	9	7	8
1938夏	1	平安中	8	5	4
1939春	1	中京商	9	5	3
1939夏	1	嘉義中	9	3	15
	2	京都商	9	2	8
	準々	米子中	9	3	9
	準決	島田商	9	0	17
	決勝	下関商	9	0	8

島岡《しまおか》 吉郎《きちろう》（明治高）

東京６大学野球で“御大”の名で知られる島岡明大監督は、明治高の監督としても甲子園に３回出場している。

1911年６月４日長野県下伊那郡市田村（現・高森町）に生まれる。小学校卒業後単身上京し、明治中を経て、明大に進学。在学中は応援団長で野球選手の経験はない。戦時中は海軍の特務機関で働く。戦後、'46年に母校・明治中（現・明大明治高）に野球部を再建して監督となり、'50年選抜で初出場すると、以後３季連続して甲子園に出場した。

'52年明大監督に就任、以来'88年11月に辞任するまで実に36年間監督をつとめ、リーグ優勝15回、大学選手権２連覇など数々の記録を残した。'89年４月11日77歳で死去、'91年に野球殿堂入りしている。

明治高時代の教え子には、大崎三男（明大中退－阪神－近鉄）、松尾豊（明大）らがいる。

【甲子園監督成績】（明治高）

1950春	1	○	6－0	彦根高
	準々	●	5－7	北野高
1950夏	2	●	2－5	北海高
1951春	1	○	4－1	呉三津田高
	準々	○	2－0	宇都宮工
	準決	●	1－9	鳴尾高

嶋崎《しまざき》 久美《ひさみ》（金足農）

金足農を秋田県を代表する強豪校の一つにまで育てた監督。

1948年４月５日秋田県南秋田郡五城目町に生まれる。大川中で野球を始める。金足農に進学して２年から捕手として活躍、'65年夏には県代表決定戦で敗れて甲子園には出場できなかった。卒業後は秋田相互銀行（現・北都銀行）で５年間プレー、県大会で優勝し、東北大会にも出場した。

'72年６月母校・金足農に招聘されて同校の事務職員となり、監督に就任。'81年夏、'83年夏と県大会決勝で敗れた後、同年秋の県大会で優勝。東北大会でも決勝で延長16回の死闘の末に大船渡高に敗れ、翌'84年選抜で甲子園に初出場を果たした。選抜では、初戦で新津高を完封で破って初勝利。同年夏に甲子園連続出場を果たすと準決勝まで進出、桑田・清原のいたPL学園高に８回までリードを奪うという展開で、一躍全国の注目を集めた。以後、春夏２回ずつ甲子園に出場、同校を秋田県を代表する強豪に育て上げた。

'99年夏で監督を引退、翌2000年県立本荘養護学校に転勤。その後は新屋高校事務長となる。また、金足農ＯＢで構成する野球チーム「シマーズ」の監督もつとめている。

主な教え子に、小野和幸（西武－中日）、千葉純一（NTT東北）、鎌田雄大（青山学院大）、北嶋尚之（東京農大）などがいる。

【甲子園監督成績】（金足農）

1984春	1	○	7－0	新津高
	2	●	4－6	岩倉高
1984夏	1	○	6－3	広島商
	2	○	5－3	別府商
	3	○	6－4	唐津商
	準々	○	6－0	新潟南高
	準決	●	2－3	ＰＬ学園高
1990春	1	●	3－5	柳ヶ浦高
1995夏	1	○	11－4	倉吉東高
	2	○	4－2	佐久長聖高
	3	○	8－6	韮山高
	準々	●	3－6	星稜高
1998夏	2	●	2－7	明徳義塾高
1999春	1	●	8－12	今治西高

島田《しまだ》 直也《なおや》（常総学院高）

1987年夏に準優勝した常総学院高校のエース。

1970年3月17日千葉県柏市に生まれる。小学校１年から野球を始め、富勢中時代はエース。

1985年、創立間もない常総学院高に入学、取手二高では全国制覇した木内幸男監督の指導を受けた。当初は捕手、内野手、外野手などポジションを転々とし、２年秋になって投手となる。この時の県大会では初戦で取手二高を降すと、強豪を次々と倒して準優勝。関東大会でも初戦で市立川口高を破ってベスト８に進んだ。翌'87年の選抜選考では補欠校にとどまっていたが、出場が決定していた東海大浦安高が不祥事で辞退に追い込まれ、急遽選抜に出場することになった。しかし、島田は当時肘を痛めており、手術をする予定であった。手術を中止して選抜に臨んだものの、初戦の明石高戦では７回にホームランを打たれたところで力尽きて降板、初戦で敗れた。

夏の県大会ではエースで３番を打って県大会を制し春夏連続して甲子園に出場した。初戦では福井商から10三振を奪って勝ち、２回戦では沖縄水産の上原晃（中日）、３回戦では尽誠学園高の伊良部秀輝（阪神）と好投手と投げあって、ともに完封勝利をあげた。準々決勝では立ち上がりに４安打を打たれ、味方のエラーもあって４点を失ったが逆転勝ち。準決勝では東亜学園高の川島堅（広島）との投手戦となって２－１でサヨナラ勝ちし、決勝戦まで進んだ。決勝では春夏連覇を目指すＰＬ学園高と対戦して13安打を浴びて敗れたが、創部４年目の同校が準優勝する原動力となる同時に、以後全国屈指の強豪校となる同校の基礎を築いた。

同年秋、日本ハムにドラフト外として入団。以後、大洋・横浜、ヤクルト、近鉄と転じ、中継ぎ投手を中心に39勝をあげた。

【甲子園投手成績】（常総学院高）

		対戦相手	回	安	振
1987春	1	明石高	$7\frac{1}{3}$	9	11
1987夏	1	福井商	9	6	10
	2	沖縄水産	9	3	10
	3	尽誠学園高	9	4	8
	準々	中京高	9	9	8
	準決	東亜学園高	10	7	6
	決勝	PL学園高	9	13	5

嶋田《しまだ》 宗彦《むねひこ》（箕島高）

1979年に春夏連覇した箕島高校の捕手。星稜高校の延長18回の試合で、12回裏に打った同点ホームランが有名。

'62年2月17日和歌山県有田市に生まれる。箕島中を経て、箕島高に進み、石井毅とバッテリーを組んだ。以後、石井とは社会人時代を通じてバッテリーを組んで活躍した。

２年生の'78年春から４季連続して甲子園に出場。同年選抜では２番打者だったが、夏からは捕手ながら１番を打った。

'79年には甲子園で春夏連覇を達成。夏の星稜高戦では１点をリードされた12回裏に起死回生の同点ホームランを打った。この打席ではホームランを狙って打席に入ったという。甲子園で出場した16試合すべてにヒットを打ち、通算打率.409をマークした。
卒業後は石井とともに住友金属に入社。'84年秋のドラフト４位で阪神に入団した。'92年に引退後はコーチをつとめる。

【甲子園打撃成績】（箕島高）

		対戦相手	打	安	点
1978春	1	黒沢尻工	2	1	0
	2	小倉高	3	1	1
	準々	PL学園高	4	1	0
	準決	福井商	5	2	0
1978夏	1	能代高	3	2	0
	2	広島商	3	1	0
	3	中京高	4	2	1
1979春	2	下関商	5	1	0
	準々	倉吉北高	3	1	1
	準決	PL学園高	5	2	0
	決勝	浪商高	5	2	2
1979夏	2	札幌商	5	4	0
	3	星稜高	8	2	1
	準々	城西高	3	1	1
	準決	横浜商	4	2	0
	決勝	池田高	4	2	0

島野《しまの》 修《おさむ》（武相高）

1950年６月２日神奈川県横浜市に生まれる。武相高に進学し、２年生の'67年夏にエースとして甲子園に出場。初戦で若狭高を２安打12奪三振に抑えて完封した。
翌'68年夏には神奈川県予選の藤沢商戦で18奪三振、準々決勝の川崎工戦ではノーヒットノーランを達成。決勝でも鎌倉学園高を２安打で完封して、２年連続して甲子園に出場した。甲子園では優勝候補にあげられるとともに、大会No.1投手として注目されたが、初戦で広陵高を５安打に抑えながら敗れた。
同年秋のドラフト会議では、明大の星野仙一を指名すると見られていた巨人が、星野を回避してまで１位で指名した。'74年にはイースタンリーグで10勝をあげて最多勝を獲得したものの、結局一軍では活躍できなかった。'76年阪急に移籍。'78年に退団後は、芦屋市でスナックのマスターをつとめ、'81年以来阪急のマスコット人形ブレービーとして活躍、その後はオリックスのマスコット・ネッピーもつとめ、'98年10月で引退した。のちフロント入りした。

【甲子園投手成績】（武相高）

		対戦相手	回	安	振
1967夏	1	若狭高	9	2	12
	2	土佐高	9	9	4
1968夏	2	広陵高	8	5	3

島本《しまもと》 講平《こうへい》（箕島高）

"第２のコウちゃん"として一世を風靡した甲子園のアイドル選手。
1952年11月１日和歌山県海草郡下津町に生まれる。幼稚園の頃から毎日叔父にキャッチボールに連れ出され、以後小学校を卒業するまでチームには所属せず、ひたすら叔父と練習をつづけていた。そのため、小学校時代は野球は好きではなかったという。下津二中で初めて野球部に入ってチームプレーをするようになるが、叔父はこのチームにも押しかけコーチとして指導した。
中学卒業時には、当時新興勢力だった箕島高の尾藤監督に勧誘されて進学。同校は入学直前の選抜大会に東尾投手を擁して甲子園初出場を決め、アルプス席で応援した。夏には代打で出場するようになり、秋にはエースとなって県大会で優勝した（近畿大会で敗退し選抜されず）。２年夏も紀和大会で敗れたのち、３年の選抜にエースで４番を打って甲子園に出場を果たした。この大会では投打に活躍していきなり決勝まで進出、決勝戦でも延長12回裏に自らサヨナラヒットを放って優勝を達成した。この活躍と、甘いマスク、さらに前年の太田幸司と同じ“コウちゃん”ということで一気にアイドルとなり、“第2のコウちゃん”として女性誌にも登場するようになった。夏も甲子園に出場したが、この時は2回戦で湯口敏彦がエースの岐阜短大附属高（現・岐阜第一高）に敗れている。

同年秋のドラフト会議では、南海が1位で指名、野村克也監督が打者としての素質を買っていたこともあり、翌年は開幕から打者に専念した。1年目、わずかに代打で2回打席に立っただけにもかかわらず、オールスターにファン投票1位で選ばれるなど、プロ入り後も高い人気が続いたが、南海在籍の4年間はほとんど活躍できなかった。'75年に近鉄に移籍、翌'76年から3年間はレギュラーとして活躍している。'85年に引退後は、和歌山テレビの解説者などをつとめた。

幼稚園の頃から叔父の強引な指導で野球をつづけたこともあり、野球に対して、自ら明確な意思をあまり持てなかったという。そのため、プロ入りした後は目的意識が乏しく、勝負の世界では生き抜くことはできなかった。島本の持つ才能を引き出したのも叔父だが、球界で成功を納めきれなかったのも、子供時代の強制された練習体験にあったのである。

【甲子園投手成績】（箕島高）

		対戦相手	回	安	振
1970春	2	東海大相模高	9	10	3
	準々	三重高	9	5	4
	準決	広陵高	9	3	6
	決勝	北陽高	12	7	7
1970夏	1	北見北陽高	9	4	9
	2	岐阜短大付高	8	12	8

清水《しみず》 一夫《かずお》（報徳学園高）

兵庫県で監督を歴任。1930年神戸市に生まれる。実家は酒屋で、父は神戸市議会議長もつとめた政治家であった。

報徳学園高を経て、中央大学に進学。卒業後、帰郷して家業の酒屋を継ぐかたわら、高校野球の審判をつとめるようになる。その後、市立神港高に招かれて監督に就任。'63年選抜で同校を32年振りに甲子園に出場させた。この大会ではベスト4まで進み、池永がエースの下関商に敗れた。

大会後、この活躍を見た母校の報徳学園高に招聘されて監督に就任。翌'64年の選抜に出場。'66年夏と'67年選抜の2季連続して甲子園でベスト4まで進むなど、同校の第一次黄金時代を築いた。

'74年社会人の神戸製鋼の監督に転じ、'77年に都市対抗で優勝。翌'78年も都市対抗に出場して、同年引退。'83年にはＰＬ学園高に臨時投手コーチとして招聘された。この時、入学したばかりで外野手の練習をしていた桑田真澄をみて、すぐさま投手に起用することを監督に提言した話は有名。

2003年末、墓参りに出かけて行方不明となり、翌'04年1月末に神戸市北区の伊尾ヶ谷川で死去しているのが発見された。

主な教え子に、市立神港高時代の宮本幸信（中大－日ハム）、吉田孝司（巨人）、報徳学園高時代の水沼四郎（中央大－広島－中日）、基満男（駒沢大中退－篠崎倉庫－西鉄－大洋）、谷村智博（関西学院大－鐘淵化学－阪神－阪急）、荒武康博（西鉄）、松本哲（のち匡史，早大－巨人）らがいる。

【甲子園監督成績】（市立神港高）

1963春	2	○	9－1	高松商
	準々	○	6－4	東邦高
	準決	●	1－4	下関商

（報徳学園高）

1964春	1	○	1－0	東邦高
	2	●	0－1	徳島海南高
1965夏	1	○	1－0	広陵高
	2	○	2－0	熊谷商工
	準々	●	2－3	三池工

1966夏	1	○	8－3	津久見高
	2	○	9－1	竜ヶ崎一高
	準々	○	1－0	平安高
	準決	●	1－2	中京商
1967春	1	○	9－1	若狭高
	2	○	6－2	鎮西高
	準々	○	5－2	新居浜商
	準決	●	1－2	津久見高
1967夏	1	○	4－3	大宮高
	2	●	0－2	東奥義塾高
1971春	2	●	4－12	東邦高
1971夏	1	○	7－0	秋田市立高
	2	●	3－5	岡山東商

清水《しみず》 貢《こう》（天理高）

天理高校の監督。1929年11月11日奈良県桜井市三輪町に生まれる。旧制天理第二中学では惜しいところで甲子園出場を逃した。立命館大学史学科に進学し、関西6大学で2回優勝。'52年に卒業後、'57年天理高校に社会科教諭として赴任、翌'58年から高校野球審判をつとめる。'70年天理高校野球部部長に就任して、奈良県高野連理事となり、'75年に監督に就任した。'80年夏には2年生中心のメンバーで甲子園ベスト4まで進出、翌年には全国制覇の期待がかかっていたが、不祥事のため1年4ヶ月に及ぶ長期の対外試合禁止処分を受け、監督を辞任した。'88年に同校を定年退職後は、OB会会長をつとめる。

一方、奈良県総評会計監査、天理学園教職員組合委員長をつとめるなど労働組合にも関係し、住民運動や市長リコールなどの市民運動にも携わる。'95年共産党から大淀町議に当選。著書に「夢翔ける甲子園」などがある。

主な教え子に、福家雅明（三菱自動車川崎－阪神）、鈴木康友（巨人－中日－西武）、小山昌男（近鉄）、川本和宏（南海）、藤本博史（南海）などがいる。

【甲子園監督成績】（天理高）

1976春	1	○	6－0	修徳高
	2	●	1－2	福井高
1976夏	1	○	10－5	塩山商
	2	○	5－4	秋田商
	3	●	2－3	星稜高
1977春	1	○	8－6	作新学院高
	2	○	4－0	桜美林高
	準々	●	1－4	中村高
1978夏	1	○	6－0	松商学園高
	2	○	1－0	南陽工
	3	○	5－0	日田林工
	準々	●	2－5	中京高
1979春	1	●	2－5	鶴商学園高
1979夏	1	○	5－4	日大三高
	2	●	3－4	浜田高
1980夏	2	○	5－4	新発田農
	3	○	6－3	熊本工
	準々	○	4－2	広陵高
	準決	●	1－3	横浜高

清水《しみず》 茂《しげる》（花園高）

戦後の京都府球界を代表する監督の一人。

1933年1月京都市に生まれる。'48年花園高校に進学して野球部を創設、自らエースで4番を打った。立命館大学で投手としてプレーし、4年生の'55年に母校・花園高監督に就任。以来、43年間にわたって同校の監督をつとめ、'72年選抜と'85年夏の2回甲子園に出場を果たした。この間、'72年京都府高野連理事となり、'85年副理事長、'89年理事長を歴任。'98年で引退、その後は少年野球の指導を行う。2003年にはイヤー・オブ・ザ・コーチととして表彰された。

主な教え子に、西村省三（近畿大中退－南海）、斉藤明夫（大阪商大－大洋）、中村武志（中日－横浜）、空木秀之（仏教大－新日鉄広畑）、伊藤智仁（三菱自動車京都－ヤクルト）、宇野雅美（巨人－広島）らがいる。

【甲子園監督成績】（花園高）

1972春	1	●	0－1	専大北上高
1985夏	1	●	1－12	関東一高

下窪《しもくぼ》 陽介《ようすけ》（鹿児島実）

1996年選抜で、鹿児島県勢として初めて全国制覇した鹿児島実業のエース。

1979年1月21日鹿児島県指宿市に生まれる。頴娃中学時代からエースとして活躍し、鹿児島実業に進んで久保監督の指導を受ける。1年秋にはエースとなって県大会を制したが、九州大会では初戦で首里高に敗れた。2年夏は県大会準々決勝で敗れ、スリークォーターからオーバーハンドに改造。これが成功して秋の県大会では優勝、うち3試合でノーヒットノーラン（2試合は5回と7回の参考記録）という快記録を達成した。九州大会でも初戦の都城工戦で5回参考ノーヒットノーランを達成、以後決勝で小倉東高に1点を失うまで24イニング連続無失点も記録した。

翌年の選抜では大会屈指の好投手にあげられ、チームも優勝候補となった。初戦の伊都高校戦では5安打1失点で2－1と辛勝。2回戦では滝川二高を2安打で完封すると、準々決勝の宇都宮工戦は無四球完投。準決勝でも岡山城東高を6安打に抑えて破り、決勝では智弁和歌山高と対戦した。この試合でも、相手打線を7安打1点に抑えると同時に8回には自らセンターオーバーの三塁打を放ってダメ押しの追加点をあげるなど、投打にわたって活躍、鹿児島県勢として、春夏通じて甲子園で初めて優勝した。この大会、5試合すべてを完投して45イニングで被安打はわずかに25。奪三振こそ少ないが、ほぼ完璧な投球での優勝だった。

身長171cmという小柄なエースで、奪三振は5試合でわずかに14にしか過ぎないが、1試合の平均被安打は5.8本と安定した投球をみせた。

その後、6月に部員の不祥事でチームは対外試合を自粛するが、夏の県大会は圧勝で制して春夏連続して甲子園に出場。初戦では富山商を6安打に抑えながら、4点を失って6－4と辛勝。2回戦の市立船橋高校戦も8安打で3失点と苦戦した。3回戦の倉敷工戦では途中降板、準々決勝で松山商打線につかまり2－5で敗れた。

翌年日大に進学して外野手に転向。卒業後は日本通運に入社して1番および3番打者として都市対抗などで活躍している。

【甲子園投手成績】（鹿児島実）

		対戦相手	回	安	振
1996春	1	伊都高	9	5	4
	2	滝川二高	9	2	6
	準々	宇都宮工	9	5	3
	準決	岡山城東高	9	6	3
	決勝	智弁和歌山高	9	7	3
1996夏	1	富山商	9	6	7
	2	市立船橋高	9	8	6
	3	倉敷工	5	3	5
	準々	松山商	9	9	8

上甲《じょうこう》 正典《まさのり》（済美高）

宇和島東高校と済美高校の2校で選抜初出場初優勝を達成した監督。

1947年6月24日愛媛県北宇和郡三間町に生まれる。小学校3年生くらいの時から野球を始めたが、本格的に取り組んだのは宇和島東高に入学してからで、三塁手であった。龍谷大学に進学したがレギュラーにはなれず、リーグ戦通算して8試合しか出場していない。卒業後は京都の三和金属に入社して野球から離れ、4ヶ月後には退社して帰郷。松山市の村上戸井薬品の営業をつとめながら薬種商の資格を取得して独立、'75年9月に上甲薬局を開店した。

'75年から2度ほど母校・宇和島東高のコーチを依頼されたのち、'82年夏の県予選終了後に監督に就任した。同校は戦前から、甲子園まであと一歩というところまで何度も進みながら果たせず、まだ甲子園には一度も出場したことがなかった。就任時は部員数わずか19人の弱小チームだったが、２年目の'84年夏には逆転の連続で県大会決勝まで進出して注目を集めた。

'87年夏に小川洋（専修大）－明神毅の２年生バッテリーで甲子園に初出場を果たした。この時は初戦で敗れたものの、翌年の選抜にも同じバッテリーで出場し、選抜初出場で初優勝を達成した。以後は甲子園の常連となり、'99年夏までに春４回、夏７回の計11回甲子園に出場する一方、'93年～'96年に４年連続してドラフト指名選手を出すなど、監督として高い手腕を発揮している。

2001年秋に同校を辞任。翌年女子校から共学に転じて野球部を創部した松山市の私立済美高校に監督として招聘された。

創部１年半の'03年秋には早くも愛媛県大会で優勝。四国大会では準決勝で明徳義塾高を０－７から大逆転で降し、決勝では鳴門工を破って初優勝を達成。翌'04年の選抜には創部２年という選抜史上最速タイ記録で出場した。

甲子園でも初戦では関東大会優勝の土浦湖北高校に９－０と圧勝。２回戦では東邦高も降すと、準々決勝では東北高を４点リードされた9回裏に5点を入れて大逆転。準決勝では明徳義塾高と対戦、６－０と一方的なリードから6回に一挙に6点を失って同点になるという、前年秋季四国大会の逆のパターンとなったが、8回に決勝点を入れて辛勝。決勝では愛工大名電高のバント攻撃をかわして、創部２年目での優勝という快挙を達成した。

また、２校を率いて甲子園で優勝したのは、原貢監督（三池工・東海大相模高）、木内幸男監督（取手二高・常総学院高）以来史上３人目、ともに初出場で優勝というのは空前の大記録といえる。

甲子園のベンチでは常に笑顔を絶やさないが、これは選手をリラックスさせるための作戦で、鏡の前で練習しているという。

主な教え子には、宇和島東高時代の平井正史（オリックス）、岩村敬士（日体大中退－近鉄）、橋本将（ロッテ）、宮出隆自（ヤクルト）、岩村明憲（ヤクルト）、広瀬栄作（近畿大－トヨタ自動車）などがいる。

【甲子園監督成績】（宇和島東高）

1987夏	2	●	0－3	一関商工
1988春	2	○	9－0	野洲高
	3	○	9－3	近大付高
	準々	○	5－4	宇部商
	準決	○	5－4	桐蔭学園高
	決勝	○	6－0	東邦高
1989夏	1	○	3－0	東海大山形高
	2	●	1－3	尽誠学園高
1993春	2	●	3－9	常総学院高
1993夏	1	○	5－1	海星高
	2	●	2－7	桐生第一高
1994春	1	○	11－2	東北高
	2	○	4－2	広島商
	準々	●	5－6	智弁和歌山高
1994夏	1	●	2－6	北海高
1997春	1	●	2－3	日南学園高
1997夏	1	●	1－4	函館大有斗高
1998夏	2	○	5－4	佐野日大高
	3	●	2－4	常総学院高
1999夏	1	●	5－10	新潟明訓高

（済美高）

2004春	1	○	9－0	土浦湖北高
	2	○	1－0	東邦高
	準々	○	7－6	東北高
	準決	○	7－6	明徳義塾高
	決勝	○	6－5	愛工大名電高

正田《しょうだ》 樹《いつき》（桐生第一高）

1999年夏の甲子園優勝投手。

1981年11月３日群馬県太田市に生まれる。韮川西小４年で野球を始め、太田北中時代も地元の硬式チームには入らず、学校の軟式でエースとしてプレーした。

特待生として桐生第一高に進学。１年秋にベンチ入りし、２年生の'98年夏には県予選初戦の下仁田高戦に先発し、５回参考記録ながら完全試合を達成した。この時チームは甲子園に出場したが、開幕戦で明徳義塾高と対戦して敗れ、登板することはできなかった。

秋の新チーム結成ではエースとなり、県大会優勝。関東大会でも優勝候補にあげられていたが、シードで出場した初戦（２回戦）で柏陵高に敗れ、選抜出場を逃した。

翌'99年は春の県大会で優勝、関東大会でもベスト４に進出。同年夏には全国屈指の左腕投手として注目を集めるようになり、県大会を制して甲子園に出場した。甲子園の初戦で比叡山高と対戦、No.1右腕といわれた村西鉄幸投手（横浜）との対決となった。この試合は予想通り白熱した投手戦となり、１安打12奪三振に抑えて完封勝利。２回戦の仙台育英高戦は大勝のため８回で降板。３回戦で静岡高の好投手・高木康介（近鉄）に投げ勝つと、準々決勝では桐蔭学園高を２安打で完封。準決勝も樟南高を完封し、決勝の岡山理大付高戦は大差がつきながらも完投して、群馬県勢として初めて全国制覇を達成した。

同年秋のドラフト会議では日本ハムから１位指名されてプロ入り。３年目の2002年に初勝利をあげると、この年９勝をマークして新人王に選ばれている。

【甲子園投手成績】（桐生第一高）

		対戦相手	回	安	振
1999夏	1	比叡山高	9	1	12
	2	仙台育英高	8	5	6
	3	静岡高	9	10	5
	準々	桐蔭学園高	9	2	7
	準決	樟南高	9	7	5
	決勝	岡山理大付高	9	6	8

喰田《しょくた》 孝一《こういち》（東筑高）

東筑高で選手・監督として活躍。

1936年１月福岡県飯塚市に生まれる。幸袋中学を経て、嘉穂東高に進学してエースとなるが、１年の２学期に甲子園初出場を目指していた東筑高野球部に誘われて転校。のち捕手に転校して、エースで４番の仰木彬（西鉄－オリックス監督）とバッテリーを組んだ。３年生の1953年春には九州大会で優勝。続いて夏の県大会も制して、同校を甲子園に初出場させた。

高校卒業後は社会人野球の杵島炭鉱、日炭高松で捕手としてプレーし、都市対抗にも２回出場したが、炭鉱不況で'61年に野球部が解散。西鉄からプロ入りの誘いもあったが、母校・東筑高校に招聘されて９月に25歳で監督に就任した。しかし思うような成績が残せず'66年でいったん辞任した。その直後、私立の八幡西高校に招聘されて監督に就任。東筑高校の化学実験助手はつづけながら、夜は八幡西高の系列である九州共立大学に通って教員資格を取得した。'72年に同大学を卒業。

'74年１月再び東筑高に監督として迎えられた。'78年夏に監督として初めて甲子園に出場、初戦で金沢高を降して、同校の甲子園初勝利をもたらした。'95年の夏の大会終了後、監督を引退、同年自伝「監督一代」を出版している。

主な教え子に、石田大介（筑波大－新日鉄八幡監督）、青野浩彦（筑波大－北九州高監督－東筑高監督）、檜山泰浩（近鉄）、福山龍太郎（法政大－ダイエー）らがいる。

【甲子園監督成績】（東筑高）

1978夏	1	○	4－3	金沢高
	2	○	1－0	日大二高
	3	●	1－4	豊見城高
1985春	1	●	0－2	天理高
1987夏	1	●	2－3	習志野高

白《しら》根《ね》 斉《ひとし》（大田高）

大田高で選手・監督として甲子園に出場。

1943年10月25日島根県大田市長久町に生まれる。大田中（現・大田一中）で本格的に野球を始め、遊撃手兼控え投手となる。大田高に入学して1年で二塁手のレギュラーとなり、'59年夏の甲子園に出場。3年ではショートで主将をつとめた。

'62年岩崎電気に入社して4年間プレーした後、'66年に帰郷して地元のスポーツ店に就職した。'68年4月理科実験助手として母校・大田高に勤務し、翌'69年にコーチに就任して同年甲子園に出場。'73年監督となり5年間つとめて、いったん退いた。'80年再び監督に就任し、'83年夏と、'87年春に甲子園に出場した。

'95年4月過疎地にある無名の県立校である矢上高監督に転じ、'97年夏には県大会決勝まで進むなど、短期間で同校を県内の強豪の一角にまでに育て上げたが、'99年直腸癌が発見されて退任。2000年に復帰したものの、'02年6月1日58歳で死去した。'03年イヤー・オブ・ザ・コーチに選ばれている。

主な教え子に、大田高時代の福間納（松下電器－ロッテ－阪神）、中島広喜（阪神）、石橋功行（阪神）、持田茂彦（平田高監督）、矢上高時代の酒井順也（巨人）がいる。

【甲子園監督成績】（大田高）

1983夏	2	●	1－3	印旛高
1987春	1	●	2－11	明野高

新《しん》田《た》 均《ひとし》（浜田高）

戦後の島根県を代表する監督の一人。

1957年1月9日島根県に生まれる。浜田高を経て、日体大に進学。卒業後、1979年夏に母校・浜田高の監督に就任すると、この年にいきなり甲子園に出場、2回戦で天理高を降して注目を集めた。以後3年連続して出場。

'82年中学校教諭に転じて8年間つとめたのち、大社高に赴任して高校球界に復帰。'92年には同校を甲子園に出場させた。

'95年に再び浜田高に戻ると、'97年に同校を15年振りに甲子園に復活させた。翌'98年には和田投手を擁して同校初の甲子園ベスト8まで進んでいる。守備力を基本とした指導法に定評がある。

主な教え子に、浜田高時代の和田毅（早大－ダイエー）、鍛治畑裕昭（三菱重工三原）、大社高時代の大内秀則（神奈川大）などがいる。

【甲子園監督成績】（浜田高）

1979夏	1	○	12－3	久慈高
	2	○	4－3	天理高
	3	●	1－2	城西高
1980夏	1	●	2－7	大府高
1981夏	1	●	3－7	福島商

（大社高）

1992夏	2	●	3－5	宇都宮南高

（浜田高）

1997夏	1	●	3－4	秋田商
1998夏	2	○	5－2	新発田農
	3	○	3－2	帝京高
	準々	●	3－4	豊田大谷高
1999春	1	○	5－3	東海大三高
	2	●	3－5	沖縄尚学高
1999夏	2	●	5－15	水戸商

新谷《しんたに》 博《ひろし》（佐賀商）

1982年夏に史上初の完全試合達成を逃した佐賀商のエース。

1964年7月14日佐賀市に生まれる。本庄小3年で野球を始める。城西中を経て、佐賀商に進学。'82年夏にエースとして甲子園に出場した。初戦の対木造高戦では9回2死まで完全試合に抑えながら、代打で登場した１年生の世永幸仁にデッドボールを与えて、史上初の完全試合達成を逃した。後続は打ち取りノーヒットノーランは達成。２回戦では東京農大二高を６安打１点に抑えたが、３回戦では津久見高と延長戦の末に自らのエラーが決勝点となって敗れた。

同年秋のドラフト会議ではヤクルトから２位で指名されたが、拒否して駒沢大に進学。東都大学リーグで通算16勝。大学卒業時には指名されず、日本生命に入社。'90年夏に日本選手権で優勝してＭＶＰを獲得、また対ＮＴＴ東北戦では６連続（タイ記録）を含む、毎回（新記録）の14奪三振（新記録）をマークして、'91年秋のドラフト会議で西武から２位で指名されて27歳でプロ入りした。'94年最優秀防御率のタイトルを獲得。2000年日本ハムに移籍、'02年で引退してコーチとなる。

【甲子園投手成績】（佐賀商）

		対戦相手	回	安	振
1982夏	1	木造高	9	0	8
	2	東京農大二高	9	6	3
	3	津久見高	14	8	2

す

末次《すえつぐ》 秀樹《ひでき》（柳川高）

1976年夏に８打席連続安打を記録した柳川商の４番打者。のち母校の監督として活躍。

1958年佐賀県に生まれる。福岡県の柳川商業（現・柳川高）に進学。捕手で４番を打って'76年夏の甲子園に出場、２回戦の対三重高戦、３回戦の対ＰＬ学園高でいずれも４打席連続ヒットを打ち、８打席連続安打の大会記録を樹立した。３回戦で敗れたため、甲子園の通算戦績は８打数８安打の打率10割である。

秋のドラフト会議では進学希望を表明したにもかかわらず、日本ハムから３位で指名されたが、予定通り拒否して中央大学に進学。卒業後はヤマハでプレーしたのち、'94年７月に母校・柳川高校の監督に招聘された。2002年夏の県大会では、決勝戦が再試合となった末に甲子園出場を決めたが、この試合では長男の峰明が４番を打っていた。なお、2000年夏の大会では平田幸夫臨時監督が指揮を執っている。

主な教え子には、花田真人（中央大－ヤクルト）、林威助（近畿大－阪神）、香月良太（東芝）などがいる。

【甲子園打撃成績】（柳川商）

		対戦相手	打	安	点
1976夏	2	三重高	4	4	1
	3	PL学園高	4	4	0

【甲子園監督成績】（柳川高）

1995夏	1	○	8－2	六日町高
	2	○	4－0	享栄高
	3	●	1－2	敦賀気比高
2000春	1	○	5－2	東海大仰星高

	2	○	3－0	広陵高
	準々	●	0－1	智弁和歌山高
2000夏	1	○	9－2	旭川大高
	2	○	5－1	浦和学院高
	3	○	10－1	瀬戸内高
	準々	●	6－7	智弁和歌山高
2002夏	1	○	4－1	富山商
	2	●	0－3	常総学院高
2003春	2	●	1－2	徳島商

注）2000年度は平田幸夫臨時監督が実際に指揮

末次《すえつぐ》 義久《よしひさ》（済々黌高）

済々黌高で選手・監督として活躍。

1940年熊本県に生まれる。済々黌高で遊撃手で主将をつとめ、'58年春夏連続して甲子園に出場、選抜では優勝した。早大でも遊撃手として活躍した。

'72年母校・済々黌高の監督に就任。以後、18年間監督をつとめ、'79年夏と'90年夏に甲子園に出場した。引退後は、「ベースボール・クリニック」編集主幹を経て、ＮＰＯ団体・スポーツ福祉くまもとをたちあげている。

【甲子園打撃成績】（済々黌高）

		対戦相手	打	安	点
1958春	1	清水東高	3	1	0
	2	新潟商	3	0	0
	準々	早実	5	4	1
	準決	熊本工	5	1	0
	決勝	中京商	5	3	0
1958夏	2	中京商	4	1	0
	3	作新学院高	4	1	0

【甲子園監督成績】（済々黌高）

1979夏	1	○	18－5	東北高
	2	●	4－9	城西高
1990夏	1	○	7－5	花巻東高
	2	●	2－5	徳島商

菅沼《すがぬま》 八十八郎《やそはちろう》（甲府商）

甲府商業の監督で、堀内恒夫（巨人監督）の指導者として有名。

1915年山梨県に生まれる。甲府商業を経て、明治大学に進学。卒業後は帰郷して、水晶を中心とした宝石の輸出入を手がけていた。かたわら、母校・甲府商業野球部の後援会長をつとめていたが、'61年自ら監督に就任した。'63年春、甲府工業への進学が決まっていた甲府南中学の堀内恒夫の自宅に赴き、「将来の面倒もみるから」と両親を口説いて同校に入学させた話は有名。結局、堀内を擁して1年の夏に甲子園に出場したものの、秋には本業が忙しくなって監督を辞任した。しかし、後援会長にはとどまり、以後も実質的に堀内の指導をつづけた。以来堀内は菅沼を師と仰ぎ、菅沼もアドバイスをつづけた。堀内投手はプロ初登板の際、ウォーミングアップ中にボールをバックネットにぶつけた。観客の失笑で冷静さを取り戻したが、これも菅沼の指示だったという。なお、堀内巨人軍監督の背番号「８８」は八十八郎の名にちなんでいる。1999年1月18日死去。83歳だった。

主な教え子は堀内のほかに、雨宮捷年（神奈川大－近鉄）、古屋英雄（明大－日本鋼管監督）、篠原元（早大－いすゞ自動車－プリンスホテル－甲府商監督）などがいる。

【甲子園監督成績】（甲府商）

1963夏	1	○	10－2	武雄高
	2	○	2－1	宮崎商
	3	●	0－11	明星高

菅原《すがわら》 進《すすむ》（竜ヶ崎一高）

茨城県の高校野球監督。

1938年茨城県に生まれる。竜ヶ崎一高では捕手としてプレーしたが、とくに目立つ存在ではなかった。'57年に卒業後、社会人の軟式野球経て、'64年母校の真船始校長の要請で監督に就任。スパルタ指導でならし、'66年夏には44年振りの甲子園出場を果たした。'75年夏にも出場。翌'76年、コーチをつとめていた教え子の持丸修一に監督を譲って、いったん高校野球監督を引退した。

以後、しばらく茨城放送の解説者をつとめていたが、83年に土浦日大高に招聘されて監督に就任した。'74年には工藤一彦を擁して甲子園で東海大相模高と死闘を繰り広げるなど売出し中の同校だったが、グラウンドが遠いうえに他部との共用という環境で、思うように練習もできなかった。しかし、'86年夏には甲子園出場を果たしている。2000年に引退、その後は家業の葬儀会社「菅原造花店」の社長業に専念。

取手二高・常総学院高の監督をつとめた木内幸男とは好敵手として有名で、親交も深い。

主な教え子に、竜ヶ崎一高時代の持丸修一(藤代高監督－常総学院高監督)、土浦日大高時代の印出順彦(慶大－東芝)、小山田保裕(城西大－広島)などがいる。

【甲子園監督成績】(竜ヶ崎一高)

1966夏	1	○	6－5	興南高
	2	●	1－9	報徳学園高
1975夏	1	●	4－8	浜松商

(土浦日大高)

1986夏	1	○	3－0	島原中央高
	2	●	2－5	松山商

杉内《すぎうち》 俊哉《としや》 (鹿児島実)

1998年夏の甲子園でノーヒットノーランを達成した鹿児島実業の投手。

1980年10月30日福岡県大野城市に生まれる。大野小4年で野球を始める。大野中時代は全国大会で優勝。鹿児島県の鹿児島実業高校に野球留学してエースとなり、2年生の'97年夏に甲子園に出場したが、初戦で敗退。

翌'98年夏には1回戦の対八戸工大一高戦でノーヒットノーランを達成した。2回戦では横浜高の松坂大輔投手(のち西武)と投げ合って敗れた。

卒業後はプロ入りを拒否して三菱重工長崎に入社し、2000年のシドニー五輪代表となる。翌年ダイエーのドラフト3巡目指名でプロ入り、'03年秋の日本シリーズではMVPを獲得するなど中心投手として活躍している。

【甲子園投手成績】(鹿児島実)

		対戦相手	回	安	振
1997夏	1	浜松工	6⅔	7	4
1998夏	1	八戸工大一高	9	0	16
	2	横浜高	8	9	5

杉浦《すぎうら》 藤文《ふじふみ》 (中京高)

中京商・中京高で20年にわたって監督・部長を歴任。

1941年4月27日愛知県一宮市に生まれる。中京商では二塁手で1番打者として活躍し、1959年の選抜で優勝。

早稲田大学卒業後、'63年中京商(現・中京大中京高)監督に就任、深谷弘次部長とともに指導した。'66年には加藤英夫－矢沢正のバッテリーを擁して春夏連覇を達成した。

のち三重高から深谷弘次監督が復帰すると、深谷を監督にして部長に退いたが、'78年秋に深谷監督が辞任して部長となり、杉浦が監督に復帰した。

'82年選抜2回戦の大成高戦では、中京高創立以来、甲子園通算100勝を達成。翌'83年夏で引退するまで、甲子園で通算29勝を記録した。

その後は、系列の中京大学監督に就任した。'99年8月13日拡張型心筋症のため、58歳で死去した。

社会人やプロで活躍した教え子は数多いが、主な選手に、山中巽(中日)、林俊彦(南海)、木俣達彦(中京大－中日)、三輪田勝利（早大－大昭和製紙－阪急）、加藤英夫（近鉄）、矢沢正（巨人）、平林二郎（阪急）、西脇昭次（中京大－中京高監督）、伊熊博一（中日）、大島忠一（中京大－阪神）、水谷則博（中日－ロッテ）、樋江井忠臣（三協精機）、野中徹博（阪急－台湾俊国－中日－ヤクルト）、紀藤真琴（広島）らがいる。

【甲子園打撃成績】（中京商）

		対戦相手	打	安	点
1959春	2	平安高	4	1	0
	準々	松商学園高	3	1	0
	準決	県尼崎高	4	1	0
	決勝	岐阜商	3	0	0
1959夏	1	高鍋高	4	0	0

【甲子園監督成績】（中京商）

1965春	1	○	2－1	熊本工
	2	●	2－6	市和歌山商
1966春	1	○	5－2	ＰＬ学園高
	2	○	6－5	高鍋高
	準々	○	11－2	米子東高
	準決	○	5－4	宇部商
	決勝	○	1－0	土佐高
1966夏	1	○	2－0	秋田高
	2	○	5－4	岡山東商
	準々	○	4－2	桐生高
	準決	○	2－1	報徳学園高
	決勝	○	3－1	松山商

（中京高）

1967夏	1	○	9－0	明星高
	2	○	3－2	倉敷工
	準々	○	2－1	土佐高
	準決	●	2－3	習志野高
1968春	1	●	1－3	広陵高
1970春	1	○	1－0	西条高
	2	●	2－4	鳴門高
1972夏	1	○	3－0	東海大相模高
	2	○	4－0	足利工
	準々	●	2－4	高知商
1979夏	1	○	13－6	境高
	2	○	2－1	県岐阜商
	3	●	2－5	池田高
1982春	1	○	4－1	桜宮高
	2	○	1－0	大成高
	準々	○	5－3	尾道商
	準決	●	1－3	二松学舎大付高
1982夏	1	○	2－1	関西高
	2	○	3－0	佐世保工
	3	○	5－0	益田高
	準々	○	5－1	津久見高
	準決	●	0－1	広島商
1983夏	1	○	11－1	北陸高
	2	○	8－3	岡山南高
	3	○	1－0	宇都宮南高
	準々	●	1－3	池田高

杉村《すぎむら》 繁《しげる》（高知高）

1975年の選抜で優勝した高知高のスラッガー。

1957年7月31日高知市朝倉に生まれる。私立の高知中を経て、高知高に進学し、１年夏にはショートのレギュラーとなる。秋には三塁手に転じて３番を打ち、翌'74年春から３季連続甲子園に出場した。

'74年選抜では、２回戦の横浜高戦で延長12回裏１死二塁で永川投手からセンターオーバーのサヨナラ二塁打を打っている。夏の甲子園は初戦で敗退したが、国体では、前橋工の好投手・向田佳元（早大－富士重工）からバックスクリーン横への大ホームランを放った。

翌'75年の選抜では、チームが東海大相模高と東西の横綱と言われる一方、選手個人としても、東海大相模高の２年生原辰徳（巨人）とともに大会を代表するスラッガーとして並び称せられた。両校は順調に勝ちあがって決勝で対戦、５－５で迎えた延長13回表、１死三塁から左中間を破る決勝のタイムリー三塁打を打って優勝を決めた。この試合、杉村が２三塁打、原がホームラン１本と三塁打１本を打ってともに強打者振りをアピール、また三塁塁上で両者が言葉を交わす場面が見られた。５月に行われた高知県高校体育大会では４試合連続ホームランの県記録も樹立している。夏は県予選準々決勝で、玉川寿のいた土佐高に敗れた。

同年秋のドラフト会議ではヤクルトから１位指名されてプロ入りし、12年間在籍した。'87年で現役引退、広報担当を経て、コーチに就任。

【甲子園打撃成績】（高知高）

		対戦相手	打	安	点
1974春	1	津久見高	4	0	0
	2	横浜高	5	3	1
	準々	和歌山工	4	0	0
1974夏	2	中京商	3	0	0
1975春	2	熊本工	5	1	1
	準々	福井商	4	0	0
	準決	報徳学園高	4	1	0
	決勝	東海大相模高	6	3	3

鈴《すず》木《き》 一朗《いちろう》（愛工大名電高）

日米で活躍する平成の天才打者“イチロー”。イチローが高校時代エースであったことを知らない人は多い。甲子園にも２回出場しており、ともに初戦負けである。

イチローこと鈴木一朗は1973年10月22日愛知県西春日井郡豊山町に生まれた。父が豊山町スポーツ少年団の野球部の監督をしていた関係で、小２から父に野球の指導を受け始める。４年からは毎日バッティングセンターに通い、中学時代には特注の豪速球用ピッチングマシンでベースより２ｍ前に出て打つまでになっていた。豊山中では１年秋にサードで６番、２年からはエースで３番を打ち、３年では全日本少年軟式野球大会全国大会３位となっている。進学に際しては争奪戦があったが、本人の「プロに入れる学校」という希望で愛工大名電高に進学した。当時の愛工大名電高は毎年のようにプロ入り選手を輩出するので有名であった。入学に際しては、野球ではなく、成績優秀による特待生であったという。

入学直後の４月２日の練習試合にはすでにスタメンで出場するなど、その打撃は天才的であった。どんな球でもミートしてしまうバッティングのうまさは、プロ選手を何人も育てた中村豪監督に「宇宙人」といわせるほどだった。１年秋には３番・レフトでレギュラーとなり、２年生の'90年夏にレフトで３番を打ち甲子園に出場、１回戦で南（日本ハム）、谷口（巨人）両エースのいた天理高に敗れた。

同年秋にはエースとなり、東海大会で準優勝、県大会から通算で44打数23安打の高打率をマーク。翌年選抜には３番を打って出場、１回戦で上田佳範（日本ハム）がエースで４番を打つ松商学園高と対戦、10安打を打たれて２－３で敗戦、みずからも５打数０安打だった。夏は県大会で.625という高打率をマークしたものの、県大会決勝で山田喜久夫（中日）がエースの東邦高に敗退。３年生では１年間で３回しか三振しなかったという。

同年秋のドラフト会議に際して、イチロー自身は中日を希望していた。しかし、イチローを投手として評価していた中日は指名せず、オリックスが外野手として４位で指名した。中村監督としては予想外の低い順位での指名だったが、入団している。ちなみに指名当時は全く話題にもなっていない。１年目の'92年のジュニアオールスターでＭＶＰに選ばれ、ウェスタンリーグの首位打者を獲得した。'93年一軍に上がったが、土井監督と合わなかったため二軍に落とされ、河村コーチに指導を受ける。同年ハワイのウィンターリーグで活躍して再び注目された。'94年オープン戦で打率.345をマークしてオープン戦大賞を受賞、登録名をイチローと変更して、開幕からセンターで１番のレギュラーとなった。以来独特の振り子打法で打ちまくり、６月29日の対近鉄戦で打率を４割の大台に乗せ、日本中の注目を集めた。シーズン終盤で打率を落としたため、最終的には打率.385でバースの作った日本最高打率.389には及ばなかったが、史上空前の１シーズン210安打を記録し、ＭＶＰをはじめ、数々の賞を受賞、出身地豊山町の町民栄誉賞にも選ばれた。また、打率維持のための欠場をすることもなく、高い評価を得た。

以後の活躍は改めてここで書く必要もない。史上初の７年連続首位打者など日本で揺るぎない実績を残した後、2000年オフに初のポスティングシステムを利用して大リーグのシアトル・マリナーズに移籍した。大リーグでも１年目に首位打者と盗塁王を獲得、さらに新人王とＭＶＰに選ばれている。以後も、打撃だけでなく、“レーザービーム”と評された強肩で攻守にわたって活躍をつづけている。

イチローの野球人生は父との二人三脚であった。幼いときからマンツーマンで徹底的に鍛えられた結果完成したのが、あの独特のフォームである。全寮制の愛工大名電高に入った後も、午後４時に始まる練習には欠かさず見学に訪れ、自主練習終了の午後10時まで休むことなく毎日見つづけていた。練習中にイチローに声をかけることはないが、二人で築きあげたスタイルが壊れないよう常に気を配っていたのである。天賦の才能と、たゆまぬ努力、それに父の情熱の３つがミックスして生まれたのが“イチロー”である。

【甲子園投手成績】（愛工大名電高）

		対戦相手	回	安	振
1991春	1	松商学園高	9	10	4

【甲子園打撃成績】（愛工大名電高）

		対戦相手	打	安	点
1990夏	1	天理高	4	1	0
1991春	1	松商学園高	5	0	0

鈴《すず》木《き》 健《けん》（浦和学院高）

1986年から２年連続して夏の甲子園に出場したホームラン打者。

1970年１月13日埼玉県越谷市に生まれる。南越谷小で軟式の少年野球チームに入った。富士中時代は、学校の野球部に所属するかたわら、越谷シニアでもプレー。

卒業後、当時は無名の新興高校だった浦和学院高に進学、野本喜一郎の指導を受けた。２年生の'86年夏には一塁手で４番を打ち、甲子園に初出場。県大会７試合で５本塁打を放って、長距離打者として注目を集めていた。とくに初戦の吹上高戦では、３打席連続ホームランを記録している。甲子園では、初戦の前日に監督が死去からするという不幸にみまわれたが、ベスト４まで進出、準々決勝の高知商戦ではホームランも打っている。

翌'87年夏には三塁手に転じ、やはり県大会で４本塁打を記録して２年連続して甲子園に出場したが、初戦で伊良部がエースの尽誠学園高と対戦して敗れた。なお、高校時代にマークした通算83本塁打（練習試合含む）は、'99年に埼玉栄高の大島裕行（西武）に破られるまで、高校生最多記録といわれた。

'87年秋のドラフト会議では西武に１位指名されてプロ入り。'90年から２年連続イースタンリーグの首位打者を獲得し、'93年からは一軍で活躍した。2003年ヤクルトに移籍している。

【甲子園打撃成績】（浦和学院高）

		対戦相手	打	安	点
1986夏	1	泉州高	6	4	3
	2	宇都宮工	3	1	0
	3	広島工	3	1	0
	準々	高知商	4	2	2
	準決	松山商	4	1	0
1987夏	2	尽誠学園高	4	1	0

鈴《すず》木《き》 春祥《はるよし》（中越高）

中越高校で38年間監督をつとめた。

1943年新潟県岩船郡荒川町長政に生まれる。生地は山形県との県境で父は歯科医であった。金屋小を経て、金屋中で野球部に入り、1年からレギュラーとして活躍。小国高では左腕エース。順天堂大学体育学部に進学してエースとなるが、首都大学リーグでは4部だった。

1965年、卒業と同時に長岡市の中越高の保健体育教諭となり、監督に就任。翌'66年秋には早くも北信越大会に出場。'78年に甲子園に初出場、以後2003年に定年退職するまで38年間にわたって同校監督をつとめ、夏の甲子園に7回出場した。この間、'94年夏には甲子園初勝利をあげ、2勝をマークしている。

2003年高野連からイヤー・オブ・ザ・コーチとして表彰された。著書に「甲子園に賭ける」がある。

なお、長男は2003年の選抜に21世紀枠で出場した県立柏崎高校の鈴木春樹監督である。

【甲子園監督成績】（中越高）

1978夏	1	●	0－2	広島工
1983夏	1	●	4－5	広島商
1985夏	1	●	4－6	志度商
1986夏	1	●	2－7	日南高
1988夏	1	●	0－4	倉敷商
1994夏	1	○	2－1	坂出商
	2	○	1－0	浦和学院高
	3	●	2－3	長崎北陽台高
1996夏	1	●	0－9	倉敷工

鈴《すず》木《き》 康《やす》夫《お》（日大三高ほか）

日大三高で選手・監督として選抜で準優勝。監督として千葉商でも甲子園に出場した。

1945年東京に生まれる。'59年に行われた第1回日米親善少年野球大会に全東京の捕手で主将をつとめて出場。日大三高に進学して田口周（のちヤクルト球団代表）の指導を受け、やはり捕手で主将として1962年に春夏連続して甲子園に出場、選抜では準優勝した。

日大、全鐘紡でプレーした後、'71年秋に母校・日大三高の監督に就任し、翌年の選抜に出場、前年に続いて2年連続して決勝まで進出した。選手・監督の両方で選抜で準優勝という記録は珍しい。

1年限りで監督を辞任、'74年秋に千葉商に招聘されて監督に就任。当時の千葉商は監督が不在で、赴任した鈴木は、まずグラウンドの小石拾いから始めるという状況だった。それでも、'77年春の県大会で優勝し、同年夏には甲子園出場を果たした。'87年八街高校監督に転じた。著書に「高校野球心得帳」がある。

主な教え子に、日大三高時代の吉沢俊幸（早大－阪急）、待井昇（西鉄）、千葉商時代の中村典夫（阪神）、野崎進（ヤクルト）、高田博久（青山学院大－日本ハム）、勝呂博法（日本通運－巨人）らがいる。

【甲子園打撃成績】（日大三高）

		対戦相手	打	安	点
1962春	1	平安高	4	1	1
	2	滝川高	5	1	0
	準々	鎌倉学園高	3	0	0
	準決	中京商	3	0	0
	決勝	作新学院高	3	0	0
1962夏	1	徳島商	3	1	1
	2	PL学園高	3	1	0
	準々	西条高	4	1	0

【甲子園監督成績】（日大三高）

1972春	1	○	16－0	戸畑商
	2	○	4－1	専大北上高
	準々	○	9－0	諫早高
	準決	○	5－3	銚子商
	決勝	●	0－5	日大桜丘高

（千葉商）

1977夏	2	●	0－4	東洋大姫路高

鈴《すず》木《き》 義伸《よしのぶ》（高松中）

香川県中等学校野球草創期の功労者。

1896年香川県高松市古馬場町に第３代高松市長・鈴木幾次郎の長男として生まれる。家は代々続く豪商で、祖父は貴族院議員もつとめるという名家であった。1908年高松中（現・高松高）に進学して、同級生の漆原辰雄らと野球チーム竜戦団を結成、一塁手となる。高松中学にはすでに正式に野球部があり、竜戦団はクラブチームであったが、慶大から三宅大輔をコーチとして招くかたわら、自ら野球に関する原書を取り寄せて研究するなど、近代野球の導入に尽力した。

'13年三高に進学。３年生の'15年、帰省中に朝日新聞社により第１回全国大会の開催が決まった。当初、四国は山陽地区と同じ地区割となっていた。鈴木は朝日新聞社と交渉して四国地区の独立を勝ち取ったが、「香川県立高松高等学校野球部史」によると、鈴木自らが主宰して四国予選を開催することが条件であったという。そこで、竜戦団のメンバーを中核として高松体育会を設立、四国予選を開催した。突然の開催のため愛媛・高知両県からの参加はなかったが、香川・徳島両県から８校が参加して予選が行われた。

当時、高松市立商業と香川県立商業が合併して誕生したばかりの香川商業（のちの高松商業）では、環境が整っておらず、実力もないことから予選への参加を辞退した。すると鈴木は自らコーチとなって香川商を指導、予選に出場させたのである。香川商業は撫養中学、丸亀中学に圧勝して決勝に進み、決勝戦で高松中学と対戦することになった。実力的には高松中学の方が上とみられていたが、９－９の同点で延長となり、延長10回に両チーム２点をずつとりあったところで、香川商業が試合を放棄して決着がついた。以後、高松中学と香川商業（のちの高松商業）は香川県中等学校球界を二分するライバルとなり、盟主の座を争うことになった。こうしてなんとか四国予選が行われ、第１回全国大会には四国代表として高松中学が参加することができたのである。しかし、本大会では初戦で優勝した京都二中と対戦、０－15と完敗を喫している。

京都帝大を卒業後は、東京の高田商会につとめた後、'25年帰郷して四国水力に入社、同時に母校・高松中学の指導にあたった。翌'26年夏には四国大会を制して、第１回大会以来11年振りに甲子園に出場している。

'28年に正式に監督に就任、同年エースで４番の梶原英夫を擁して春夏連続して甲子園に出場、夏は準決勝まで進んで松本商業と対戦した。この試合は雨で２日順延され、内野グラウンドではガソリンを燃やして乾燥させるという強硬手段での開催であった。しかし、０－３とリードされて迎えた６回表、無死一二塁のチャンスで雨となり、２時間20分の中断の末にコールドゲームが宣告されて敗れ、決勝に進出することはできなかった。'30年には高松市議に当選したため監督を辞任。'42年７月には高松市長に就任、戦後の'46年１月までつとめ、翌'47年に49歳で死去した。

監督時代の教え子には、梶原英夫（一高－東大）、三原脩（早大－西鉄監督－大洋監督）などがいる。

戦前に全国でも有数の野球強豪地区であった、香川県中等学校野球界の基礎を築いた人物である。

【甲子園監督成績】（高松中）

1928春	1	●	1－7	松本商
1928夏	2	○	8－2	鳥取一中
	準々	○	3－1	和歌山中
	準決	●	0－3	松本商

須《す》長《なが》 三郎《さぶろう》 (川越工)

1973年夏に甲子園ベスト４まで進んだ川越工のスラッガー。のちに秀明高監督としても甲子園に出場している。

1957年２月13日埼玉県に生まれる。川越工ではレフトで４番を打ち、“関東一のスラッガー”といわれ、'73年夏の甲子園に出場。３回戦の福井商戦では、初回１死一二塁でセンターオーバーの当たりを放ち、送球がそれる間に自らもホームインした（記録は三塁打）。準々決勝でも犠牲フライで打点をあげ、ベスト４まで進んだ。

早大、プリンスホテルでプレーしたのち、'82年１月、創部間もない秀明高の監督に就任。'84年秋に私立高校として初めて埼玉県大会で優勝、関東大会でも準優勝して、翌'85年の選抜に初出場した。

2002年４月、やはり創部してまだ日の浅い本庄第一高の監督に就任。同校は、秋季県大会でベスト４まで進出するなど、埼玉県内の強豪校となっている。

【甲子園打撃成績】（川越工）

		対戦相手	打	安	点
1973夏	2	前原高	3	0	1
	3	福井商	4	2	3
	準々	富山商	3	2	1
	準決	広島商	4	1	0

【甲子園監督成績】（秀明高）

1985春	1	●	1－3	池田高

須《す》本《もと》 憲一《けんいち》 (徳島商)

プロ野球出身で、1958年夏、史上初の引分け再試合となった徳島商－魚津高戦の徳島商の監督。

1926年１月７日徳島県に生まれる。徳島商では三塁手で３番を打ったが、戦争で甲子園大会が中止となったため、文部省主宰で行われた全国大会に出場して優勝した。明大を経て、戦後社会人の全徳島でプレーし、1950年プロの東急に入団。２年間在籍して80試合に出場した。

'51年退団して帰郷、母校・徳島商の監督に就任。'58年夏には板東英二を擁して、準優勝している。

1967年病気で監督を辞任、翌'68年２月10日、42歳の若さで死去した。

主な教え子に、板東英二（中日－タレント）、広野翼（阪急）、利光高明（日本生命）らがいる。

【甲子園監督成績】（徳島商）

1956夏	1	●	0－4	平安高
1958夏	2	○	3－0	秋田商
	3	○	3－1	八女高
	準々	□	0－0	魚津高
		○	3－1	魚津高
	準決	○	4－1	作新学院高
	決勝	●	0－7	柳井高
1962夏	1	●	0－2	日大三高
1963夏	1	○	9－2	日大一高
	2	●	2－4	高田商
1965春	2	○	3－1	育英高
	準々	○	6－1	苫小牧東高
	準決	●	0－1	岡山東商
1965夏	1	○	9－0	武生高
	2	●	0－5	津久見高
1966春	1	●	1－6	高鍋高

注）1960年は松村謙一監督で出場

せ

関《せき》谷《や》 仙三《せんぞう》（岐阜中）

岐阜中学（現・岐阜高）野球部の功労者。

1884年５月１日岐阜県本巣郡本田村（現・瑞穂市）に生まれる。'98年岐阜中に入学、「岐中岐高野球百年史」の1900年の項に寄宿舎生の中心選手として名前が見える（当時は３年生）。'01年秋に行われた名古屋の明倫中（現・明和高）との対抗戦ではライトを、彦根中（現・彦根東高）との対抗戦では一塁を守っている。

1902年、第１回東海五県連合野球大会が開催され、一塁手として出場。'03年に卒業後は、本田銀行や岐阜貯蓄銀行などの役員をつとめるかたわら、同校野球部を援助しつづけ、'30年後援会の初代会長に就任。戦後は岐阜県高校野球連盟の結成に尽力した。'48年本田村の村長に就任。1974年7月24日90歳で死去。

後原《せどはら》 富《ひさし》（瀬戸内高）

プロアマ断絶時代に高校球界に復帰した元プロ野球選手。

1945年11月９日広島市に生まれる。海田高を経て、駒沢大に進学し、外野手として活躍、大下剛志（広島商－広島ほか）と１、２番を打った。'67年秋のドラフト会議では東映から７位で指名されてプロ入りしたものの、３年間に121試合に出場しただけで退団した。

翌'71年、高校教師を目指して母校・駒沢大学の聴講生となり、社会科の高校教師の資格を取得。'72年に広島県の私立松本商（現・瀬戸内高）の教師となる。しかし、当時は元プロ選手に対する門戸は閉ざされており、選手の指導はできない状態が長く続いた。

'84年２月高校教諭10年間でアマ資格回復という制度ができ、８月にアマ資格を回復して同校の監督に就任、プロアマ断絶後初のプロ出身監督として話題になった。

'90年秋には中国大会で準優勝、翌'91年の選抜に14年振りに甲子園出場を果たす。2000年には初めて夏の大会にも出場した。

後原の活躍は、やがて阿井英二郎（元ヤクルト）の挑戦を生み、プロ球界と高校球界の雪解けを果たすことになった。

主な教え子に、藤村宣人（日本ハム）、野宮義彦（三菱重工三原）、佐藤宏志（亜細亜大－巨人）らがいる。

【甲子園監督成績】（瀬戸内高）

1991春	1	○	3－2	神戸弘陵高
	2	●	0－1	国士舘高
2000夏	1	○	5－4	日生二高
	2	○	10－1	岡山理大付高
	3	●	1－10	柳川高

芹沢《せりざわ》 明《あき》男《お》（日川高）

新制高校切替え直後に山梨県で破竹の勢いを見せた日川高校の中心選手。

1948年、学制改革によって旧制日川中学から転じた日川高校は、エース芹沢を中心に１年生中心の布陣となった。夏の県予選は県大会決勝で敗れたが、秋の大会ではほとんどメンバーの変更がなかったこともあって優勝、以後県内で無敵を誇るようになる。

この年から始まった関東大会でも千葉一高、宇都宮工、桐生工を相手に一人で投げぬいて優勝、翌'49年の選抜大会に山梨県勢として初めて出場した。しかし、冬場の無理な練習がたたって右肩を痛め、選抜の初戦で北野高に１－10と大敗した。一球投げるたびに右肩が痛み、変化球も速球も投げられず、スローボールを投げていたという。

大会後に投手を断念、春の県大会からは外野手として出場した。6番打者として出場した夏の山静大会ではサイクルヒットを達成。これは、山梨県史上初のサイクルヒットである。この試合には大勝したものの、山静大会決勝で静岡城内高に敗れて甲子園には出場できなかった。

その後、同年秋、翌'50年春、夏の県大会も制したが、甲子園には出場できなかった。芹沢自身は、新制高校在学中の5回の大会のうち、1年夏が準優勝となっただけで、残りの4回はすべて県大会を制しながら、甲子園には1回出場して大敗という不本意な記録しか残っていない。

なお、日川高は'50年秋の県大会で甲府一高に敗れるまで、県内30連勝という無敵ぶりを発揮した。

【甲子園投手成績】(日川高)

		対戦相手	回	安	振
1949春	1	北野高	9	6	*

注) 奪三振数は不明

千家《せんげ》 剛麿《たけまろ》 (杵築中)

大正時代初期の杵築中学(現・大社高)のエース。剛麿は幼名で、のちに尊宣と改名。

1889年出雲大社の宮司職を代々つとめる千家家に、尊紀の四男として生まれる。'11年杵築中学に入学。2年生となった'12年には早くも一塁手としてメンバーに名をつらね、'13年には3番を打ち、'14年にはエースとなった。

第1回全国大会の開催された'15年、5年生でエース兼主将をつとめて、山陰予選に臨んだ。島根県予選を制した後、山陰予選の決勝を鳥取中学と戦うことになったが、2年前に米子で試合をめぐる事件があったことから、山陰大会の決勝は本大会の開かれる豊中グラウンドで開催された。この試合、病人の出た杵築中学が、9回に逆転されて本大会への出場を逃したが、試合後、主将として鳥取中学の主将に対し「戦いが終われば同じ山陰同士、豊中での健闘を祈る」と激励したことが、大阪朝日新聞に掲載され、美談として伝わっている。

卒業後は国学院大学に進学して野球部を創設、のち国学院大学予科教授となり、野球部長もつとめた。'54年出雲大社教第四代管長に就任。'72年10月30日死去。

先崎《せんざき》 史雄《ふみお》 (磐城高)

1971年夏に準優勝した磐城高の1番打者で、日大東北高が甲子園に初出場した時の監督でもある。

'53年福島県いわき市に生まれる。磐城高では遊撃手として活躍、2年生の'70年夏には6番を打って甲子園に出場。翌'71年夏は1番打者として準優勝した。

立教大でも遊撃手として活躍、3年生の'74年秋には東京6大学のベストナインに選ばれ、4年では主将もつとめた。卒業後はヨークベニマルでも主将をつとめ、'83年会社から出向の形で、当時はまだ甲子園未出場だった日大東北高監督に就任。

'86年夏、県大会決勝まで進んで学法石川高と対戦、延長10回表に4点を取ったが、その裏に5点取られて逆転サヨナラ負け。翌'87年夏に甲子園初出場を果たした。同年秋に辞任してヨークベニマルに戻り、同社の監督に就任。'89年には都市対抗に出場した。

【甲子園打撃成績】(磐城高)

		対戦相手	打	安	点
1970夏	1	PL学園高	3	0	0
1971夏	2	日大一高	4	1	0
	準々	静岡学園高	4	2	0
	準決	郡山高	3	0	0
	決勝	桐蔭学園高	3	0	0

【甲子園監督成績】（日大東北高）

1987夏	1	●	3－4	延岡工

そ

外《そと》海《み》 省《しょう》三《ぞう》（敦賀商）

大正末から昭和初期にかけて敦賀商業の黄金時代を築いた監督。

1911年敦賀商業に入学、創部間もない野球部に入り、のち主将をつとめた。'16年東京高商（現・一橋大学）に進学、ボート部に所属。一方、帰省のたびに母校・敦賀商業を指導した。

卒業後、大阪の会社に就職したが、父の死去にともなって帰郷、家業の貿易商を継ぎ、'24年に正式に敦賀商業の監督に就任した。翌'25年、エースで4番を打つ荒木投手を擁して、福井県勢として初めて甲子園に出場を果たした。北陸大会の行われた金沢の四高グラウンドから敦賀町に戻るとまず気比神宮に報告、ここから楽隊を先頭に十数台の車をつらねて市中行進をして町民の歓呼に応えたという。

甲子園では初戦で秋田商と対戦、2－4の劣勢から9回裏に2点を取って追いつき、11回裏にサヨナラ勝ちして初勝利もあげている。

以後、敦賀商は北陸を代表する強豪校となり、9年間に春夏合わせて9回出場している。

しかし、家業がうまくいかなくなったために'33年で監督を辞任。翌'34年には店をたたんで満州にわたった。戦後、大阪で商社の勤めた後に'48年に病気で帰郷、以後は療養生活を送った。故人。

主な教え子に、松木謙治郎（明大－名鉄－阪神－阪神監督）、小林利蔵（明大－東京鉄道管理局－金鯱）らがいる。

【甲子園監督成績】（敦賀商）

1925夏	2	○	5－4	秋田商
	準々	●	4－11	早実

1926夏	2	●	2－4	大連商
1927夏	2	●	0－8	広陵中
1928夏	1	●	5－6	京城中
1929夏	1	○	7－2	愛知一中
	2	●	1－2	鳥取一中
1930春	1	●	0－12	明石中
1930夏	1	○	4－3	慶応普通部
	2	●	2－4	和歌山中
1931夏	1	●	0－6	小倉工
1933夏	1	○	3－0	鳥取一中
	2	●	1－4	横浜商

空谷《そらたに》 泰《やすし》（松山商）

1953年夏の優勝投手で“空谷事件”の当事者。本来は児玉姓で、プロ入り後、児玉姓に戻した。

'35年7月19日愛媛県東宇和郡宇和町に生まれる。宇和中学時代から注目を集め、松山商に進学するために、3年の時に松山市の空谷家の養子となって城東中に転校。学区内の松山商に進学して中村国雄監督の指導を受ける。2年生の'52年春から公式戦で活躍。夏にはエースとなるが、一塁を守る3年生の篠崎治郎との併用で甲子園に出場。初戦の津久見高は4回から先発した篠崎をリリーフ。2回戦の鳴門高戦は先発して完投。準々決勝の八尾高戦でも先発して完投した。

翌'53年夏は、初戦で秋田高を2安打で完封。準々決勝では御所実を14奪三振で3安打完封、準決勝も明治高を2安打完封と、完璧なピッチングで決勝に進出。決勝では土佐高と対戦、初回に乱れて、3四球に犠打、スクイズで土佐高に2点を先制された。しかし、8回・9回に1点ずつ取って同点に追い付き、延長13回に逆転し、全国制覇を達成した。この大会、4試合40イニングを投げて、打たれたヒットはわずかに13本である。

しかし同年秋、中日入りをめぐって球団が入札するという事件が起こり、以後プロ球界と高校球界の関係が悪化した（空谷事件）。

中日でもエースとして活躍し、'59年には20勝をあげている。'62年近鉄に移籍し、同年退団。その後は丸八証券に勤務。

【甲子園投手成績】（松山商）

		対戦相手	回	安	振
1952夏	1	津久見高	6	*	*
	2	鳴門高	9	2	12
	準々	八尾高	9	7	7
1953夏	2	秋田高	9	2	8
	準々	御所実	9	3	14
	準決	明治高	9	2	8
	決勝	土佐高	13	6	8

注）'52年夏の1回戦はリリーフのため詳細な成績は不明

た

大悟法《だいごほう》 久志《ひさし》（明豊高）

大分県の柳ヶ浦高校・明豊高校野球部の育ての親。

1947年大分県に生まれる。中学時代に野球を始め、中津高を経て、駒沢大では準硬式の捕手として活躍。'69年、共学化４年目で当時は全く無名だった柳ヶ浦高の監督に就任。同校は大悟法監督の手腕で強豪となり、'76年夏には甲子園初出場を決めたが、過労で体調を崩しため、甲子園では指揮を執ることができなかった。'87年自ら率いて初出場、以後甲子園の常連となる。'94年夏にはベスト４まで進出した。

'98年秋、開校前の明豊高準備室に招かれ、翌年の開校と同時に総監督に就任。2001年夏、同校は甲子園に初出場し、いきなりベスト８まで進出して注目を集めた。しかし、翌年に５月に不祥事で１年間の対外試合禁止処分を受けて監督・部長が引責辞任。その後を受けて監督となり、現場に復帰した。

【甲子園監督成績】（柳ヶ浦高）

1987夏	1	○	2－0	帯広北高
	2	●	2－5	延岡工
1990春	1	○	5－3	金足農
	2	●	4－5	三重高
1991夏	1	○	8－1	新潟明訓高
	2	●	1－5	桐蔭学園高
1992夏	1	●	1－4	日大山形高
1994夏	1	○	7－1	小山高
	2	○	14－4	近江高
	3	○	5－0	創価高
	準々	○	6－5	仙台育英高
	準決	●	2－10	樟南高

多賀《たが》 章仁《あきと》（近江高）

滋賀県勢として初めて甲子園の決勝戦に進んだ近江高校の監督。

1959年８月18日滋賀県彦根市の賢学寺に生まれたが、両親はともに小学校の教諭だった。彦根南中では遊撃手。京都の平安高に進学し、一塁手兼捕手として４番を打ったが、在学中に甲子園には出場できなかった。実家が寺だったことから龍谷大に進学、野球部では捕手として活躍。指導者を目指して卒業後も大学に通って教職資格を取得、'83年に地元の近江高のコーチに就任した。

６年間のコーチ生活ののち、'89年に監督に就任。'92年夏に初めて甲子園に出場、以後常連校となる。2001年夏には竹内・島脇・清水の３投手を擁して、滋賀県勢として初めて甲子園の決勝戦に進んだ。この試合では日大三高に敗れたものの、実力校の多い近畿地方の中で唯一決勝戦未進出だった同県の存在を一挙に高めた。'03年には春夏連続出場して選抜ではベスト８進むなど、近畿地方を代表する強豪校の一つになりつつある。

主な教え子に、宝藤隼人（東北福祉大）、村西辰彦（愛知学院大－日本ハム）、木谷寿巳（東北福祉大－王子製紙）、竹内和也（西武）、島脇信也（オリックス）などがいる。

【甲子園監督成績】（近江高）

1992夏	1	●	1－8	樹徳高
1994夏	1	○	5－4	志学館高
	2	●	4－14	柳ヶ浦高
1996夏	1	●	1－6	早実
1998春	2	●	3－6	日大藤沢高
1998夏	2	●	3－10	常総学院高
2001夏	2	○	4－1	盛岡大付高
	3	○	11－1	塚原青雲高
	準々	○	8－6	光星学院高
	準決	○	5－4	松山商
	決勝	●	2－5	日大三高
2003春	2	○	4－3	宜野座高
	3	○	4－0	愛工大名電高

	準々	●	2－4	広陵高
2003夏	1	○	9－5	宇治山田商
	2	●	1－3	東北高

高《たか》木《き》 功《く》美《み》子《こ》（柳川高）

史上初めて甲子園のベンチ入りした女性。

1947年福岡県久留米市に生まれる。高校で剣道を始め、高校総体では団体優勝を経験。福岡大学体育学部に進み、日本選手権でベスト8まで残ったこともある。

'79年に卒業すると、柳川高に体育教師として赴任。6年間女子剣道部の監督兼部長をつとめ、玉竜旗高校剣道大会では2度の準優勝を果たした。'94年9月野球部長に就任。翌'95年夏には同校が甲子園出場を果たし、史上初めて女性として甲子園のベンチ入りして話題となった。2回戦の前には控え選手を励ますために宿舎で卓球の試合をしてアキレス腱を切り、松葉杖をついてベンチ入り。痛みを隠して選手を励まし、チームは無事2回戦を勝ち抜いたが、試合後には通路で倒れ込んでいたという。国体では荒木俊文校長が代理をつとめていた。

'97年4月に野球部長を退任、翌'98年4月10日に子宮頸癌のため41歳で死去した。

高《たか》木《ぎ》 大《たい》成《せい》（桐蔭学園高）

1991年夏の甲子園で1番打者の捕手として注目された。

1973年12月7日東京都八王子市に生まれる。八王子十小2年で八王子リトルに入って野球を始める。八王子一中時代は八王子シニアで投手兼一塁手としてプレー。桐蔭学園高に進学して捕手に転向。'91年夏に1番を打ち、県大会で2本塁打を記録、甲子園に出場した。初戦の熊本工戦では3打数2安打3打点と活躍。3回戦で鹿児島実にサヨナラ負けしたが、強肩と強打で注目を集めた。

慶大に進学して外野手に転じ、1年春から出場。東京6大学通算13本塁打、106安打を記録し、アジア大会にも出場した。'95年秋のドラフト会議では西武が捕手とし1位指名しプロ入り。のち内野手に転向、外野手としても出場もしている。

【甲子園打撃成績】（桐蔭学園高）

		対戦相手	打	安	点
1991夏	1	熊本工	3	2	3
	2	柳ヶ浦高	4	1	1
	3	鹿児島実	4	3	0

高《たか》木《ぎ》 太《た》三《さぶ》朗《ろう》（市立神港高ほか）

兵庫県で監督を歴任。

1931年11月26日兵庫県神戸市に生まれる。明石中で二塁手となり、1947年選抜に二塁手として出場。

関西大3年の'52年に母校・明石高監督となり、6年間つとめた後、関西大監督を4年間つとめた。'66年市立神港高監督に就任、'68年には春夏連続して甲子園に出場。'72年の選抜ではベスト8まで進んだ。

その後、ノンプロの松下電器監督に転じ、都市対抗にも出場。明石高監督に再任した後、'85年春に創立3年目の神戸弘陵高監督に招聘された。同校では'89年から3年連続して甲子園に出場している。

主な教え子に、市立神港高時代の山口高志（関西大－松下電器－阪急）、神戸弘陵高時代の前田勝宏（プリンスホテル－西武ほか）、平山義典（立命館大）などがいる。

【甲子園打撃成績】（明石中）

		対戦相手	打	安	点
1947春	1	徳島商	4	0	*

注）打点数は不明

【甲子園監督成績】（市立神港高）

1968春	1	○	10－4	別府鶴見丘高
	2	●	0－2	尾道商
1968夏	2	●	2－7	秋田市立高
1972春	1	○	2－1	鳥取工
	2	○	6－5	福井商
	準々	●	3－13	銚子商

（神戸弘陵高）

1989夏	2	○	6－2	佐賀商
	3	●	1－3	尽誠学園高
1990春	1	●	3－4	三重高
1991春	1	●	2－3	瀬戸内高

高嶋《たかしま》 仁《ひとし》（智弁和歌山高）

智弁和歌山高校を平成時代を代表する強豪に育て上げた名監督。

1946年５月30日長崎県五島列島の福江市に生まれる。福江中で本格的に野球を始め、外野手兼投手となる。３年の時に県大会で優勝して海星高に進学、１年終わりに肩を痛めて外野手に専念した。２年夏にレフトで甲子園に出場。翌年はセンターで１番を打ち、２年連続して甲子園に出場した。

日体大では１年春から外野手のレギュラーとなり、４年では主将もつとめた。卒業後、大学の先輩が監督をしていた智弁学園高にコーチとして招かれ、３年後の'72年４月に監督に就任した。就任５年目の'76年春に甲子園出場を果たし、以後'78年３月に退任するまでに３回出場した。

'80年、開校３年目、創部２年目の兄弟校、智弁和歌山高の監督に就任。当時の智弁和歌山高は部員数が９人、うち中学時代に経験のある選手は２人程度だったという。そのため、全く一からの野球部づくりとなった。'85年選抜で初出場を果たすと、'87年には夏の甲子園にも出場、以後甲子園の常連校となった。最初の５回はすべて初戦敗退に終わったが、'93年夏に初勝利をあげると、翌'94年選抜では初優勝。以後、甲子園では驚異的な成績をあげつづけ、平成時代の高校野球界の頂点に君臨している。

同校のシステムは、１学年10人に部員を限定、クラス自体も別にして一般生徒は入部できないなど、徹底したエリート主義を貫いている。学校自体が和歌山県を代表する進学校でもあることから人気も高いが、県外からの入学には一定の枠を設け、単純な野球留学校ではないという姿勢を保っている。部員数が少ないため、１年生の時から試合に出場でき、常に試合経験の豊富な選手でチームを構成できるが、その一方で思わぬ故障者などがつづけば、チームづくりさえ困難になるという危険性も高い。そうしたなか、常に高いレベルでチームづくりを維持している手腕は高く評価されている。

主な教え子には、智弁学園高時代の中葉伸二郎（法政大－日本石油）、山口哲治（近鉄）、上村恭生（智弁学園高監督）、智弁和歌山高では、宮崎充登（本田技研鈴鹿）、高塚信幸（近鉄）、中谷仁（阪神）、畑山卓見（九州共立大－日産自動車）、喜多隆志（慶大－ロッテ）、池辺啓二（慶大）などがいる。

【甲子園打撃成績】（海星高）

		対戦相手	打	安	点
1963夏	1	大宮高	3	0	0
1964夏	1	早鞆高	4	1	0

【甲子園監督成績】（智弁学園高）

1976春	1	○	5－0	札幌商
	2	○	4－3	岡崎工
	準々	●	3－11	東洋大姫路高
1977春	1	○	4－2	土浦日大高
	2	○	4－1	銚子商
	準々	○	4－2	早実
	準決	●	0－2	箕島高
1977夏	1	○	2－1	星稜高
	2	○	12－0	川口工
	3	●	0－4	今治西高

（智弁和歌山高）

1985春	1	●	1－3	駒大岩見沢高
1987夏	1	●	1－2	東北高
1989夏	1	●	1－2	成東高
1991夏	1	●	2－3	学法石川高
1992夏	2	●	3－4	拓大紅陵高
1993夏	1	○	2－1	東北高
	2	○	5－2	城北高
	3	●	1－2	徳島商
1994春	1	○	8－4	秋田高
	2	○	10－2	横浜高
	準々	○	6－5	宇和島東高
	準決	○	5－4	ＰＬ学園高
	決勝	○	7－5	常総学院高
1996春	1	○	4－3	鵬翔高
	2	○	4－3	沖縄水産
	準々	○	3－0	国士舘高
	準決	○	4－2	高陽東高
	決勝	●	3－6	鹿児島実
1996夏	1	●	4－7	水戸短大付高
1997夏	2	○	19－6	日本文理高
	3	○	10－4	福岡工大高
	準々	○	6－4	佐野日大高
	準決	○	1－0	浦添商
	決勝	○	6－3	平安高
1998夏	1	○	5－2	掛川西高
	2	○	6－2	岐阜三田高
	3	●	6－7	豊田大谷高
1999夏	2	○	5－2	都立城東高
	3	○	2－0	尽誠学園高
	準々	○	7－2	柏陵高
	準決	●	4－5	岡山理大付高
2000春	1	○	20－8	丸亀高
	2	○	9－6	国士舘高
	準々	○	1－0	柳川高
	準決	○	10－2	国学院栃木高
	決勝	●	2－4	東海大相模高
2000夏	1	○	14－4	新発田農
	2	○	7－6	中京大中京高
	3	○	11－7	ＰＬ学園高
	準々	○	7－6	柳川高
	準決	○	7－5	光星学院高
	決勝	○	11－6	東海大浦安高
2002春	1	●	2－7	関西高
2002夏	1	○	5－4	札幌第一高
	2	○	4－1	東邦高
	3	○	7－3	智弁学園高
	準々	○	7－1	鳴門工
	準決	○	6－1	帝京高
	決勝	●	2－7	明徳義塾高
2003春	2	○	6－5	東邦高
	3	○	7－6	浦和学院高
	準々	●	0－13	徳島商

高《たか》田《だ》 繁《しげる》（浪商高）

1961年夏に優勝した浪商高の１年生の外野手。

1945年７月24日鹿児島県に生まれ、大阪市住之江区に転じた。加賀屋中から、当時黄金期にあった浪商高に進学。野球部の新入生は実に300人もいたという。あまりの数の多さに練習もできないため、１年生は連日部員減らしのための過酷なトレーニングをさせられた。まもなく、打撃投手をしている時に竹内監督に見出され、２ヶ月後の５月には四国遠征に１年生としてただ一人参加。夏の大阪府予選にも外野手として登録された。予選ではわずかに１打数１三振という成績で、甲子園でも初戦では出場できなかったが、２回戦の銚子商戦では８番レフトで先発出場、初安打も放っている。続く準々決勝でもヒットを打った。

準決勝では宿敵法政二高との対戦であった。３季連続の顔合わせで、過去２回はいずれも敗れていた。この試合で、高田と柴田の伝説のプレーが生まれた。１回裏の法政二高の攻撃、１死で一塁ランナーに俊足の柴田がいた。打者是久は三遊間を破るヒット、エンドランのかかっていた柴田は二塁を蹴って三塁に走った。レフトで先発していた高田は三塁は間に合わないと判断して、打者走者の二塁進塁を防ぐために二塁に送球した。ところが、俊足の柴田は三塁も蹴ると、そのままホームインして先取点をあげたのである。試合は9回裏に同点に追いついて延長戦に持ち込み、延長11回で法政二高を降して雪辱を果たした。

「浪商高野球部60年史」に、高田は「シングルヒットで一塁からホームインすることなど考えても見なかった。･･･（中略）･･･野球では何が起こるかわからない。油断するな。甲子園の優勝との感激とともに、大きな教訓を得て、その後の野球人生の支えになったのである」とメッセージを寄せている。のちにプロ野球を代表する外野手となった高田の原点となるでき事であった。

決勝では桐蔭高を降して優勝。このあと、エースの尾崎行雄が中退してプロ入りしたため、以後高田は外野手登録ながら、しばしば投手としても登板したが、甲子園に出場することはできなかった。

明大では通算100安打を記録、'65年春には東京６大学の首位打者も獲得。巨人のドラフト１位指名でプロ入りし、プロで外野手に転向した柴田とともに巨人Ｖ９を支えた。'80年に現役引退後は、ＮＨＫ解説者のほか、日本ハムの監督も４年間つとめている。

【甲子園打撃成績】（浪商高）

		対戦相手	打	安	点
1961夏	1	浜松商	未出場		
	2	銚子商	4	1	0
	準々	中京商	5	1	0
	準決	法政二高	4	0	0
	決勝	桐蔭高	3	1	0

高橋《たかはし》 理《おさむ》（日大一高）

日大一高で部長・監督を34年間にわたってつとめた。

1922年９月４日山口県長門市に生まれる。旧制山口中学に進学するが、東京の日大一中に転じ、'40年に卒業。明治大学に進学、在学中の'42年から２年間、母校・日大一中の監督をつとめた。その後、第14期予備学生として学徒動員され、海軍に入隊。戦後、明大に復学して'47年に卒業した。現役時代のポジションは捕手。

卒業後は海運会社に８年間勤務、野球と関係のない生活を送っていたが、'55年母校・日大一高の招聘で監督に就任、同時に英語教師となった。当時の日大一高はグラウンドもなく、監督の仕事はまず練習用のグラウンドを確保することであったという。

1963年選抜で甲子園に初出場、専用グラウンドがないことから、「ジプシー球団が甲子園に出場」と話題になった。その後、部長に転じたが、同校は甲子園の常連校となり、'68年から'73年の６年間に春夏あわせて６回甲子園に出場している。

のち監督に復帰して、'84年夏に出場。'88年夏に出場したのを最後に引退した。監督・部長を合わせて34年間つとめ、監督で４回、部長で６回甲子園に出場している。

監督時代の主な教え子に、高橋昭夫（日大一高監督）、渡辺英樹（スリーボンド－熊球クラブ）らがいる。

【甲子園監督成績】（日大一高）

1963春	1	○	2－0	富山商
	2	●	3－4	御所工
1963夏	1	●	2－9	徳島商
1984夏	1	○	3－2	益田東高
	2	●	1－2	東北高
1988夏	2	○	5－4	熊本工
	3	●	1－12	広島商

高橋《たかはし》 広《ひろし》（鳴門工）

鳴門工業を強豪校として復活させた監督。

1955年２月４日愛媛県新居浜市に生まれる。小１で野球を始め、以来捕手一筋。新居浜東中では３年の時に県大会で優勝し、選抜出場の決まっている西条高に進学、入学直前に甲子園のアルプススタンドから応援した。

西条高では主将もつとめたが、3年夏は北四国大会に出場するための代表決定戦で敗れ、甲子園に出場することはできなかった。早大に進んで、2年の終わりには新人監督候補となり、4年では新人監督として春秋の新人戦を連覇した。また、在学中に山口県鴻城高のコーチもつとめている。

'77年徳島県の市立鳴門工業に保健体育教師として赴任し、野球部のコーチに就任。'80年には監督に就任したが、あと一歩のところで甲子園を逃す時期が長く続いた。'98年学校の生活指導課長となったのを機にメンタルトレーニングを取り入れたのが成功、同年秋の四国大会で準優勝して悲願の甲子園出場を達成した。西条高応援のアルプススタンドから29年、監督就任からでも19年が経過していた。また、同校にとっても'73年夏以来29年振りの甲子園であった。

以後、高橋監督率いる鳴門工は強豪校として復活した。2002年には春夏連続して甲子園に出場し、選抜大会では見事準優勝を果たしている。

主な教え子には、里崎智也（帝京大－近鉄）、渡辺亮（同志社大）、丸山哲美（日大）、浜永和弘（専修大）などがいる。

【甲子園監督成績】（鳴門工）

1999春	1	●	1－2	市川高
2001夏	1	●	1－11	日本航空高
2002春	1	○	7－5	酒田南高
	2	○	3－2	大体大浪商高
	準々	○	19－1	広島商
	準決	○	3－1	関西高
	決勝	●	2－8	報徳学園高
2002夏	1	○	9－2	日大東北高
	2	○	5－3	一関学院高
	3	○	7－3	玉野光南高
	準々	●	1－7	智弁和歌山高
2003春	2	○	5－0	桐蔭学園高
	3	●	0－3	東洋大姫路高
2004春	1	●	0－10	秋田商

高橋《たかはし》 幸男《ゆきお》（前橋工）

前橋工で、前後2回にわたって監督をつとめ、いずれも甲子園でベスト8以上まで進んだ監督。

1949年群馬県に生まれる。前橋工に進学、2年生の1966年選抜にライトとして出場。

早大ではセンターで5番を打ち、'70年春と'71年春に外野手でベストナインに選ばれている。

'73年母校の監督となり、'74年同校をを初めてベスト4まで進出させた。一度退任した後、'90年監督に再任。'95年の選抜ではベスト8まで進んでいる。'96年退任。

主な教え子に、前期の向田佳元（早大－富士重工業監督）、角田泰己（青山学院大－伊勢崎商監督－高崎商監督）、小川博（青山学院大－ロッテ）、後期の金子歩（大阪体育大）、梅沢健（早大－富士重工業）らがいる。

【甲子園打撃成績】（前橋工）

		対戦相手	打	安	点
1966春	1	平安高	3	0	0

【甲子園監督成績】（前橋工）

1973夏	2	●	0－8	福井商
1974夏	2	○	8－1	玉島商
	3	○	2－0	佐伯鶴城高
	準々	○	1－0	静岡商
	準決	●	0－6	銚子商
1979春	1	○	11－0	田辺商
	2	●	0－1	川之江高
1979夏	1	○	4－3	中部工
	2	○	5－3	明野高
	3	●	1－6	比叡山高
1995春	1	○	5－4	高知高
	2	○	4－3	育英高
	準々	●	0－2	銚子商

高松《たかまつ》 直志《なおし》（能代高）

1977年から２年連続して夏の甲子園に出場した能代高の豪腕投手。その特異なフォームは高校野球ファンの脳裏に焼きついている。

能代高では、２年生の'77年夏にエースとして甲子園に出場し、初戦で高崎商と対戦。大きなフォームから繰り出す速球には威力があったが、スタミナ不足もあって２本塁打を含む14安打を浴びて大敗した。

翌'78年夏は秋田県大会５試合39イニングで62奪三振という快投をみせ、２年連続して甲子園に出場、初戦で箕島高と対戦した。

箕島高の尾藤監督は、高松の唯一の弱点は立ち上がりと見抜き、積極的に打っていくことを指示した。初回先頭打者の嶋田は初球ストライクのあとの２球目を打ってセンターオーバーの三塁打。２番上野山はスクイズを警戒しすぎて歩かせると、３番石井にスクイズを決められて先制点を失った。その後立ち直り、４回からは一人の走者も出さないパーフェクトに抑えたものの、初回の１失点が決勝点となって敗れた。

卒業後は電電東北に入社した。

右手のグラブを頭上に高く振り上げ、さらに右足も頭の位置まで高く上げて、その反動で豪速球を投げ込むという、「巨人の星」の星飛雄馬ばりの豪快なフォームで甲子園のファンの度肝を抜いた。甲子園で登板したのはわずかに2試合、ともに負け試合だが、１度見たら忘れることのできない投手である。

【甲子園投手成績】（能代高）

		対戦相手	回	安	振
1977夏	1	高崎商	8	14	6
1978夏	1	箕島高	8	3	8

高山《たかやま》 郁夫《いくお》（秋田商）

秋田県を代表する豪速球投手。

1962年9月8日秋田県小坂町に生まれる。大館市花岡町の花岡小で野球を始め、花岡中時代から豪速球で注目されたがコントロールが悪く県大会には出場できなかった。中学時代は水泳の大会にも選手として駆り出されたという。

秋田商に進学した時にはすでに185cmもあり、２年夏には背番号11ながら実質的にはエースとして活躍し甲子園に出場。初戦の広島商戦では先発して４回１死までノーヒットに抑える好投をみせた。以後３季連続して甲子園に出場。初めての大会ではスタミナ不足で敗れたことから、オフに徹底したウエイトトレーニングを行い、翌年にはユニフォーム越しにもわかる程たくましくなり、豪速球投手として甲子園に復活した。

３年生となった'80年の選抜では150km近い球を投げ、一躍全国的に注目された。初戦は鹿児島商工を４安打１点に抑え、２回戦の静岡高戦では１回１死から延長10回までロングリリーフ。準々決勝で伊東（ヤクルト）がエースの帝京高と対戦し、５安打抑えながら敗れたが、この試合で右足親指下を骨折、以後この後遺症に苦しむようになる。

夏の大会では痛み止めの注射を打ちながら登板。それでも初戦の田川高戦では145kmを記録、平均でも141km前後だった。３回戦の瀬田工戦も序盤は好投していたが、６回に不運が重なった。先頭打者に死球を出すと、バントシフトの中を二塁に盗塁され、さらにヒットエンドラン空振りの間に三塁に走られ、１死後、内角高めの球を捕手が後逸する間に先制点を奪われた。その後、７回にも２点を失って降板した。

秋のドラフト会議では日本ハムからドラフト１位で指名されたが、けがのために拒否。手術を勧めてくれたプリンスホテルに入社したが、けがを公表していなかったため、西武による囲い込みとして一部マスコミで非難された。４年目の'84年秋に西武球団からドラフト３位で指名されて入団したが、右足親指の疲労骨折が慢性化してあまり活躍できなかった。'91年広島、'95年ダイエーに移籍して引退。プロ通算12勝12敗0S。引退後は不動産業に勤務するかたわら、東京でリトルリーグを指導している。

【甲子園投手成績】(秋田商)

		対戦相手	回	安	振
1979夏	2	広島商	$6\frac{2}{3}$	6	2
1980春	1	鹿児島商工	9	4	8
	2	静岡高	$9\frac{2}{3}$	6	5
	準々	帝京高	9	5	2
1980夏	2	田川高	9	6	7
	3	瀬田工	7	7	3

高山《たかやま》 義《ぎ》三《ぞう》 (京都二中)

全国中等学校優勝野球大会(夏の甲子園)の生みの親。

1892年6月15日京都市五条大橋東入ル2丁目に生まれる。初代京都市議会議長、衆議院議員などをつとめた中村栄助の三男。4歳の時に母の実家を継いで高山姓となる。

京都二中に進学して野球部に入り、5年の時はエースとして小西作太郎とバッテリーを組み、主将をつとめた。5年秋には早稲田大学と試合を行い、予想をくつがえして8回まで1－1の同点で試合が進んだ。結局、飛田穂州のホームスチールで敗れたが、当時無敵だった早稲田大学との接戦は快挙として中学野球史上に残っている。ちなみに早稲田大学は直後に三高と対戦、7－0で完勝している。

卒業後は早稲田大学から誘いがあったが、当時は帝国大学を卒業すれば無試験で弁護士資格を得ることができたため、弁護士を目指していた高山は熊本の旧制五高に進学した。ここでも野球部に入り、中学済々黌や宮崎中学などでコーチをした。

京都帝大に進学した1915年春、母校の練習を小西作太郎と見ていた高山は、母校の強さを目にして「近県の中学を集めた大会があったら、優勝するかもしれん」と考え、朝日新聞京都通信部に大会の主催と優勝旗の提供を持ちかけた。朝日新聞はこの申し出を発展させ、全国大会を開催することにしたのである。

同年夏に豊中グラウンドで開かれた開かれた第1回の全国大会には、高山が京都二中の監督として出場、見事優勝を果たしている。

その後は、同志社大学講師を経て、神戸で弁護士として活躍。戦後は京都民主党を結成、'50年から4期16年間京都市長をつとめ、祇園祭の山鉾巡行を観光事業として位置づけたことで知られる。'74年12月6日死去。自伝に「わが八十年の回顧」がある。

【甲子園監督成績】(京都二中)

1915夏	準々	○	15－0	高松中
	準決	□	1－1	和歌山中
		○	9－5	和歌山中
	決勝	○	2－1	秋田中

滝《たき》 公《きみ》男《お》 (東海大山形高)

東海大山形高校を山形県を代表する強豪校に育て上げた名監督。

1956年5月19日静岡県清水市に生まれる。東海大工(現・東海大翔洋高)、東海大では内野手としてプレーし、卒業後は1年間原貢東海大監督のもとで助監督をつとめる。'79年秋に東海山形高(現・東海大山形高)に招聘され、翌'80年1月に正式に監督に就任。同校は一橋学園高が東海大系列となって改称したもので、野球部を強化するために東海大学に監督の派遣を要請していた。

当初は全く無名の高校だったが、2年目の'81年秋の県大会で初優勝。翌'82年の春季県大会も制したあと、夏に甲子園初出場を達成した。

1985年夏、2度目の甲子園出場。エースで4番を打つ藤原安弘がおり、チーム力は高かったが、藤原が県大会の準決勝・決勝で故障。そのまま甲子園で登板したため、初戦のＰＬ学園高校戦では、7－29という記録的大敗を喫した。

'86年には選抜大会にも出場、'87年夏には甲子園初勝利もあげ、日大山形高校と山形県高校球界を２分した。2001年までの21年間に春２回、夏６回甲子園に出場している。

2001年、母校・東海大翔洋高に転じた。同校は'03年の秋季県大会を制して東海大会に出場している。

主な教え子に、藤原安弘（川崎製鉄）、小田嶋正邦（旧姓郡田，東海大－横浜）らがいる。

【甲子園監督成績】（東海大山形高）

1982夏	1	●	1－6	佐世保工
1985夏	2	●	7－29	ＰＬ学園高
1986春	1	●	1－7	松商学園高
1986夏	2	●	0－1	京都商
1987夏	1	○	2－1	徳山高
	2	○	9－7	県岐阜商
	3	●	2－3	北嵯峨高
1988春	2	●	0－1	倉吉東高
1989夏	1	●	0－3	宇和島東高
1995夏	2	○	4－1	沖縄水産
	3	●	6－8	帝京高

滝《たき》 正男《まさお》（中京商）

中京大学監督を27年間つとめた滝正男は、しばらく中京商の部長も兼任していた。同校では監督ではなく部長がベンチで采配を振るうことが多く、実質的には監督であった。

1921年10月９日愛知県一宮市に生まれる。実家は農家だった。一宮市第一尋常小学校３年で野球を始め、一宮市第二尋常高等小学校を経て、中京商（現・中京大中京高）に特待生として進学。当時は３連覇後のやや低迷した時期で、木村頌一監督の指導を受けて捕手となり、２年生の'37年選抜には補欠として選抜に出場して優勝。'39年選抜には捕手で２番を打って出場した。

'46年秋に名古屋高商（現・名大経済学部）を卒業すると岡本工業に入社したが、12月には応召し、フィリピンにわたる。戦後復員して大成毛織に勤めていたが、'49年11月全く無名の起工に招聘されて監督に就任。翌'50年春の尾張大会ではエース山内一弘（川島紡績－大毎ほか）を擁して優勝。しかし、直後に結核となり、半年の療養生活を送った。退院後は大成毛織に復職、'53年４月母校の梅村校長の要請で中京商の部長に就任した。同時に深谷隆次を監督として迎え、戦後低迷していた同校を復活させた。

'56年系列の中京大が開校すると同校の監督兼部長となり講師も兼任、さらに中京商の部長もつづけた。メインは大学で、高校は深谷監督が日常の指導を行っていたが、甲子園では滝が采配を振るうことが多かった。

'58年選抜大会に部長として出場したのを最後に中京商を辞任し、以後は中京大監督に専任。以後、'83年に引退するまでに、愛知大学リーグで28回優勝している。愛知大学野球連盟会長もつとめた。また中京大学教授もつとめた。

栽弘義沖縄水産監督や金城孝夫元沖縄尚学高監督は中京大で滝から指導法を学んでいる。

【甲子園打撃成績】（中京商）

		対戦相手	打	安	点
1939春	1	海草中	4	1	1
	2	徳島商	3	1	1
	準々	小倉工	5	1	0
	準決	岐阜商	5	1	0

田行《たぎょう》 和好《かずよし》（三国高）

福井県高校野球界の功労者。

1957年福井市に生まれる。小学校時代から野球を始め、三国高に進学。２年の'74夏に投手として甲子園に出場。初戦で上尾高と対戦し、７回まで好投したが、自らの悪送球などもあって敗れた。

翌'75年夏も連続出場を果たし、初戦で江の川高をわずか１安打で完封して同校の甲子園初勝利をあげ、田行投手も絶妙の制球で注目を集めた。３回戦で新居浜商の村上投手と投手戦の末に敗れた。

卒業後は高校野球の監督を目指して金沢大学教育学部に進学。保健体育の教師となり、敦賀市の気比中学に赴任。のち母校・三国高に転じ、18年間監督をつとめたが、監督として甲子園出場を果たすことはできなかった。2001年足羽高に転任、同年５月に福井県高野連理事長に就任した。

【甲子園投手成績】（三国高）

		対戦相手	回	安	振
1974夏	1	上尾高	7	6	1
1975夏	2	江の川高	9	1	10
	3	新居浜商	9	8	5

武《たけ》田《だ》 宅《たく》矢《や》（東海大山形高）

2004年の選抜で、山形県勢として史上初めて甲子園で準々決勝まで進んだ東海大山形高の監督。

1978年６月29日大阪府門真市に生まれる。ボーイズリーグ大東畷を経て、福岡県の東海大五高に野球留学。遊撃手で３番を打ち福岡県南部大会では優勝したが、甲子園には出場できなかった。東海大に進んで二塁手となり、４年では主将。在学中に大学選手権に３回出場して準優勝１回、明治神宮大会には２回出場して、ともに準優勝だった。

2001年春に卒業と同時に、東海大山形高に社会科教諭として赴任、低迷していた同校監督に就任した。関西からの野球留学を受け入れて甲子園の常連となった酒田南高に対抗するため、自らの出身であるボーイズリーグ大東畷を中心として、関西から積極的に選手を受け入れて強化。'03年秋の東北大会で準優勝して、翌年の選抜で同校を９年振りに甲子園に出場させた。

選抜では、初戦で報徳学園高を１点差で降すと、２回戦では金沢高も降して、山形県勢として、春夏通じて史上初めて準々決勝に駒をすすめた。山形県は全国で唯一準々決勝進出の経験のない県だったが、同校の活躍で不名誉な記録を返上した。

【甲子園監督成績】（東海大山形高）

2004春	1	○	3－2	報徳学園高
	2	○	6－1	金沢高
	準々	●	6－11	明徳義塾高

竹《たけ》田《だ》 利《とし》秋《あき》（東北高ほか）

宮城県高校球界を代表する名監督。

1941年１月５日和歌山市に生まれる。和歌山工に進み、'58年の選抜に三塁手として出場。国学院大学、社会人を経て、'65年に東北高にコーチとして招聘され、'68年監督に就任した。以来、東北高を甲子園の常連に育て、同県のライバル仙台育英高校に大きく水をあけた。

'85年10月、東北高を辞任した竹田は、宿命のライバル校である仙台育英高の監督に転じて周囲を驚かせた。'89年夏には宮城県勢として初めて甲子園の決勝まで進出、同校を東北高とともに東北高校野球界の双璧に育てた。

'95年に春夏連続して甲子園に出場したのを機に勇退、翌'96年には母校国学院大学の監督に就任し、東都大学リーグで采配を振るっている。

教え子にはプロで活躍した選手が数多く、主な選手に、東北高時代の若生正広（法政大－チャイルド－埼玉栄高監督－東北高監督）、佐々木順一朗（早大－NTT東北－仙台育英高監督）、中条義伸（巨人－南海ほか）、安部理（西武－近鉄）、金子誠一（法政大－本田技研和光－阪神）、佐々木主浩（東北福祉大－横浜－マリナーズ）、中根仁（法政大－近鉄－横浜）、葛西稔（法政大－阪神）など、仙台育英高時代には大越基（早大中退－ダイエー）、鈴木郁洋（東北福祉大－中日）、金村秀雄（日本ハム）、天野勇剛（ロッテ）らがいる。

【甲子園打撃成績】（和歌山工）

		対戦相手	打	安	点
1958春	1	高知商	3	0	0

【甲子園監督成績】（東北高）

1968夏	1	●	6－8	佐賀工
1970春	1	●	1－5	鳴門高
1972春	2	○	3－0	奈良工
	準々	○	5－1	倉敷工
	準決	●	2－3	日大桜丘高
1972夏	2	●	4－6	天理高
1976夏	2	○	7－1	所沢商
	3	○	6－0	今治西高
	準々	●	2－4	海星高
1977春	1	○	2－1	熊本工
	2	●	2－6	丸亀商
1978春	1	○	3－2	村野工
	2	○	5－3	高松商
	準々	●	0－3	浜松商
1979春	1	●	1－6	下関商
1979夏	1	●	5－18	済々黌高
1980春	2	○	10－3	松江商
	準々	●	5－6	丸亀商
1980夏	1	○	4－0	瓊浦高
	2	○	7－0	習志野高
	3	●	4－6	浜松商
1982春	1	●	1－4	ＰＬ学園高
1982夏	1	●	0－2	熊本工
1983春	1	○	4－2	長浜北高
	2	●	5－6	大社高
1984夏	1	○	8－2	柳井高
	2	○	2－1	日大一高
	3	●	2－5	岡山南高
1985春	1	○	5－0	堅田高
	2	○	3－2	明野高
	準々	●	0－1	池田高
1985夏	1	○	2－1	福井高
	2	○	8－1	佐賀商
	3	○	4－1	東洋大姫路高
	準々	●	5－6	甲西高

（仙台育英高）

1986夏	2	●	3－4	佐伯鶴城高
1989春	1	○	3－2	小松島西高
	2	○	2－1	尼崎北高
	準々	●	2－5	上宮高
1989夏	1	○	7－4	鹿児島商工
	2	○	4－0	京都西高
	3	○	2－1	弘前工
	準々	○	10－2	上宮高
	準決	○	3－2	尽誠学園高
	決勝	●	0－2	帝京高
1990夏	1	○	4－2	藤蔭高
	2	○	9－1	浜松商
	3	●	0－6	天理高
1991春	1	●	0－10	大阪桐蔭高
1992春	1	○	18－11	読谷高
	2	●	1－3	ＰＬ学園高
1992夏	1	●	1－4	広島工
1994夏	2	○	5－4	天理高
	3	○	6－5	北陽高
	準々	●	5－6	柳ヶ浦高
1995春	1	●	3－4	神港学園高
1995夏	1	●	7－8	関西高

多湖《たこ》 隆司《たかし》（北野高）

1949年選抜の優勝投手。1933年２月19日大阪府に生まれる。戦後、旧制北野中学に進学してエースとなり、旧制最後の大会となった'48年選抜には15歳でエースとして出場。２試合にリリーフとして登板し、準決勝まで進んだ。

新制に切り替わった北野高でも背番号１となり、翌'49年も選抜に出場。初戦の日川高戦はレフトで出場したが、以後はエースとして活躍、決勝戦ではシーソーゲームの末に芦屋高を降して初優勝を果たした。さらに'50年の選抜でも３年連続して出場し、再び準決勝まで勝ち上がっている。

卒業後は慶大に進学して活躍、'55年鐘紡に入社して都市対抗で優勝したこともある。引退後は社業に専念して、'92年取締役、'94年常務を歴任。'96年にはカネボウ合繊社長となり、'98年会長に就任した。

【甲子園投手成績】(北野中)

		対戦相手	回	安	振
1948春	1	金沢三中	2	1	*
	準々	神戸二中	未出場		
	準決	京都一商	6	2	*

(北野高)

		対戦相手	回	安	振
1949春	1	日川高	未出場		
	準々	桐蔭高	9	7	*
	準決	岐阜商	6⅔	1	*
	決勝	芦屋高	8	*	*
1950春	1	瑞陵高	9	5	*
	準々	明治高	9	10	*
	準決	韮山高	9	10	*

注）奪三振記録はすべて不明。また1949年選抜の決勝はレフト－投手－レフト－投手と転じたため詳細な成績は不明

田嶋《たしま》 豊次郎《とよじろう》 (和歌山中)

選抜大会第1号ホームランを放った和歌山中学（現・桐蔭高）の選手。

1905年11月28日和歌山県に生まれる。'21年夏から三塁手として全国大会に出場。'22年夏の準々決勝の立命館中戦では先頭打者ホームランを打っている。

'23年夏はエースとして出場し、翌'24年に名古屋の山本球場で開かれた第1回選抜大会には一塁手で出場、開幕試合の高松商業戦では柵越えの2本塁打を打った。この球場は狭かったため、本塁打も参考記録扱いだったが、'88年の第60回大会を機に、柵越えだった田嶋の2本塁打は正式に本塁打と認められた。

卒業後は関西学院高商部を経て、千代田光学精工（のちのミノルタカメラ）に入社、のち専務をつとめた。1994年7月22日88歳で死去した。

【甲子園投手成績】(和歌山中)

		対戦相手	回	安	振
1923夏	2	金沢商	*	*	*
	準々	広陵中	9	10	5
	準決	松江中	*	*	*
	決勝	甲陽中	9	7	4

注）2回戦と準々決勝では野田投手との継投のため詳細な成績は不明

【甲子園打撃成績】(和歌山中)

		対戦相手	打	安	点
1921夏	2	神戸一中	6	2	*
	準々	釜山商	5	0	*
	準決	豊国中	5	2	*
	決勝	京都一商	5	2	*
1922夏	1	早実	5	1	0
	準々	立命館中	4	1	1
	準決	松本商	4	0	0
	決勝	神戸商	4	1	1
1923夏	2	金沢商	6	1	*
	準々	広陵中	4	1	*
	準決	松江中	4	2	*
	決勝	甲陽中	5	1	1
1924春	1	高松商	5	2	3
1924夏	2	広島商	4	1	0

注）1921年夏と23年夏の一部の試合での打点数は不明

立谷《たちや》 順市《じゅんいち》 (東邦商)

戦前の東邦商（現・東邦高）黄金時代の中心選手の一人。

1918年兵庫県の淡路島に生まれる。志筑尋常高等小学校で投手として活躍。'31年京都で行われた全国少年野球大会に出場して決勝まで進み、愛知県の一宮小に敗れて準優

勝。この試合を見ていた愛知県の東邦商校長の勧誘を受けて、同校に留学した。

'33年に一塁手のレギュラーとなり、'34年選抜にはエースとして出場。初戦の京都一商戦は降雨による８回コールドながら４安打完封。続く明石中も３安打、準決勝の海南中も４安打に抑えた。決勝では浪華商の納家投手と投手戦となり、延長10回裏に逆転サヨナラ勝ちで優勝した。

'35年選抜では全試合熊谷投手との継投でベスト４。'36年の選抜にもエースとして出場している（試合にはあまり登板していない）。

卒業後は専修大に進学し、東都大学リーグで活躍。また、在学中に大宮工のコーチもつとめた。'42年に卒業すると名古屋の東邦ガスに入社したが、２週間後に応召。翌'44年３月28日ブーゲンビル島で戦死した。

【甲子園投手成績】（東邦商）

		対戦相手	回	安	振
1934春	2	京都一商	8	4	10
	準々	明石中	9	3	4
	準決	海南中	9	4	3
	決勝	浪華商	10	3	3
1935春	1	小倉工	4⅔	4	6
	2	大分商	4	2	2
	準々	浦和中	5	2	4
	準決	広陵中	3	0	2
1936春	2	和歌山中	7	11	1
	準々	桐生中	4	3	1

立浪《たつなみ》 和義《かずよし》（PL学園高）

1987年に春夏連覇したPL学園高校の主将。

1969年８月19日大阪府摂津市鳥飼に生まれる。２歳上の兄の影響で野球を始め、鳥飼小４年の時に茨木ナニワボーイズに入る。ここでショートとなり、中学時代（摂津二中－摂津五中）には、同期でエースの橋本清（PL学園高－巨人）とともに常勝を誇った。

橋本とともにＰＬ学園高に進学。１年でショートのレギュラーとなり、２年の'86年選抜に出場。夏は大阪府予選で敗れて連続出場がとぎれ、秋の新チームで主将となり、ショートで３番を打つ。

翌'87年の選抜、西日本短大附属高、広島商と降して準々決勝で帝京高と対戦。２－２で迎えた延長11回裏、１死からライト前にヒットを打って出塁した。２死から岩崎のライト前ヒットで三塁に進み、６番長谷川のタイムリーヒットで決勝のホームを踏んでいる。準決勝も延長で切り抜けると、決勝は関東一高に完勝して優勝した。

夏は初戦の中央高戦で先制点を叩き出し、以後は圧勝で史上４校目の春夏連覇を達成した。立浪は春夏11試合すべてにヒットを打っている。この大会を見ていた当時の星野仙一中日監督は、高校生離れした守備に惚れ込み、即座に１位指名を決定、スカウトに指示したという。

秋のドラフト会議では中日と南海が１位指名で重複、抽選の結果中日に入団した。翌年の春季キャンプでは、本塁打王の宇野勝を外野に追いやってショートのポジションを獲得、開幕戦に高卒ルーキーとしては22年振りに２番・遊撃手として先発出場している。４月17日の巨人戦では初本塁打を打ち、５月にはレギュラーを獲得。オールスターにもファン投票１位で選ばれて、初打席でヒットを打ち、高卒ルーキーとしては史上初めてゴールデングラブ賞を受賞するなど、高卒野手としては異例の大活躍をした。以後、2000本安打を達成するなど、セリーグを代表する選手として活躍している。

【甲子園打撃成績】（PL学園高）

		対戦相手	打	安	点
1986春	1	浜松商	3	0	0
1987春	1	西日本短大付高	5	2	1
	2	広島商	5	2	2
	準々	帝京高	4	2	0

	準決	東海大甲府高	7	2	1
	決勝	関東一高	3	1	0
1987夏	1	中央高	3	2	1
	2	九州学院高	2	1	2
	3	高岡商	4	1	0
	準々	習志野高	3	1	1
	準決	帝京高	4	2	4
	決勝	常総学院高	5	2	0

田名網《たなあみ》 英二《えいじ》 (甲府工)

戦後の山梨県高校球界を支えた名監督。田名網は山梨県の高校野球史に欠かせない人物だが、地元出身ではなく、1924年7月30日栃木県小山市に生まれた。栃木商業を経て、法政大に進学、東京6大学リーグで1番・二塁手として活躍。卒業後はいすゞ自動車でプレーした。1950年、プロ球団・西日本の創立に参加し、1年間だけ二塁手として活躍したが、試合中に肋骨を骨折、球団も解散したため引退した。

1953年12月、甲府工からの熱心な招聘に応えて同校の監督に就任した。当時は無名の高校だったが、'57年選抜で同校を初めて甲子園に出場させると、以後、山梨県を代表する強豪校に育て上げた。この間、'74年4月～'77年3月の3年間を除き、'82年3月に退任するまで、25年間にわたって同校の監督をつとめ、春2回、夏3回甲子園に出場、'66年にはベスト8に進出した。1988年10月13日死去。

教え子の数は多いが、主な選手に、荻野芳春(いすゞ自動車)、佐野嘉幸(東映－南海－広島)、原初也(日産自動車－甲府工監督)、中沢伸二(阪急)、西村公一(阪神)、深沢修一(巨人－広島)、慶野茂(NTT関東)などがいる。

【甲子園監督成績】(甲府工)

1957春	2	●	0－6	高松商
1962夏	1	●	2－5	高岡商
1964春	1	●	2－3	市立西宮高
1966夏	2	○	3－2	早鞆高
	準々	●	3－5	小倉工
1973夏	1	●	0－1	浜田商

田中《たなか》 公士《こうし》 (佐賀商)

1994年夏に佐賀県勢として初めて全国制覇した佐賀商の監督。

1941年佐賀市に生まれる。佐賀高(現・佐賀西高)、武蔵大学経済学部では野球経験はない。'63年卒業と同時に社会科教師として佐賀県教員に採用され、多久工に赴任。'65年同校の監督となって初めて野球に携わった。'80年佐賀商に転じて7年間の野球部長を経て、'87年監督に就任した。

2年目の夏には甲子園に出場、翌年には春夏連続出場を果たしたが、以後は不本意な成績が続き、'94年監督最後の大会として2年生の峯投手をエースに起用して夏の大会に臨んだ。この大会、5年振りに甲子園に出場を果たすと、準決勝で佐久高を延長戦で降して決勝に進出。決勝では福岡－田村の強力バッテリーを擁して優勝候補の筆頭だった樟南高と対戦。2回裏に3点を先制されたが、8回に追いつき、9回表2死満塁から、主将西原正勝のレフトスタンドへの満塁ホームランで降し、佐賀県勢として初めて全国制覇を達成した。

翌'95年3月予定通り監督を辞任、のち日本高校野球連盟評議員をつとめる。

主な教え子に、手塚隆太郎(JR西日本)、峯謙介(JR九州)、西原正勝(駒沢大－佐賀リコー)、田中浩一郎(亜細亜大)などがいる。

【甲子園監督成績】(佐賀商)

1988夏	1	●	2－5	浦和市立高
1989春	1	●	2－10	松江東高
1989夏	1	○	4－0	県岐阜商
	2	●	2－6	神戸弘陵高
1992春	1	○	2－1	東京農大二高

	2	●	1－5	帝京高
1994夏	1	○	6－2	浜松工
	2	○	6－1	関西高
	3	○	2－1	那覇商
	準々	○	6－3	北海高
	準決	○	3－2	佐久高
	決勝	○	8－4	樟南高

田中《たなか》 秀昌《ひでまさ》（上宮高）

1993年選抜で優勝した上宮高校の監督。

1957年3月16日大阪市に生まれる。上宮高に進学して一塁手となる。入学当時は弱小チームだったが、同期に中田宗男（中日）がおり、3年夏には府大会ベスト4まで進出した。近畿大では一度もベンチ入りできず、在学中から母校のコーチをつとめていた。卒業後、上宮学園の同窓会長をつとめていた東武大阪府議の秘書を6年間つとめた。

'85年1月に母校・上宮高のコーチとなり、聴講生として近畿大学に通って教職資格も取得。'91年8月に監督に就任。直後の秋季大会では近畿大会で準優勝したが、12月に前監督の不祥事で選抜出場を辞退。

翌'92年秋は府大会で優勝。近畿大会では準々決勝で東山高に7回コールド負けを喫したが、翌年の選抜には選ばれた。選抜では初戦の横浜高を延長10回サヨナラで破ると、続く対鹿児島実戦では先発した牧野が8回までノーヒットピッチングをみせたが9回にエース吉川を登板させて勝利。以後、吉川と牧野を交互に登板させて初優勝を達成した。同年夏は府大会準決勝で敗れた。

'96年秋にも府大会、近畿大会をいずれも制し、さらに明治神宮大会でも優勝して、チーム結成以来全勝で翌'97年の選抜に出場。優勝確実とまでいわれたが、準決勝で天理高に敗れた。2001年夏の府大会を最後に辞任、'03年8月柏原高監督に就任した。

主な教え子には、吉川晃司（甲南大－ニコニコドー）、牧野光将（近畿大－大阪ガス）、大場豊千（巨人）、的場直樹（明大－ダイエー）、三木肇（ヤクルト）、山田真介（巨人）、渡辺正人（ロッテ）、多井清人（法政大－日本生命）、三木仁（慶大－近鉄）、国木剛太（広島）などがいる。

【甲子園監督成績】（上宮高）

1993春	2	○	4－3	横浜高
	3	○	11－1	鹿児島実
	準々	○	3－0	東筑紫学園高
	準決	○	11－4	駒大岩見沢高
	決勝	○	3－0	大宮東高
1997春	1	○	7－4	横浜商
	2	○	6－0	明徳義塾高
	準々	○	6－5	育英高
	準決	●	1－2	天理高

田中《たなか》 良尚《よしひさ》（佐賀商）

佐賀商で、選手・部長・監督として活躍。

1967年佐賀市に生まれる。城東中を経て、佐賀商に進み、二塁手で6番を打って'85年夏の甲子園に出場。初戦の福岡高戦では4回裏に三塁手を強襲するあたりが二塁打となり、勝ち越しの打点をあげている。2回戦の東北高戦では敗れたものの、佐々木主浩（横浜）から2安打を打った。

卒業後は、北九州大を経て、母校・佐賀商の商業科教諭となり、野球部長として'94年夏に全国制覇。翌年監督に就任し、'97年夏と2000年春の2回甲子園に出場した。2002年で退任。

主な教え子に、相浦敏男（大塚製薬）、兵動秀治（広島）、松石悠佑（亜細亜大）などがいる。

【甲子園打撃成績】（佐賀商）

		対戦相手	打	安	点
1985夏	1	福岡高	4	1	1
	2	東北高	4	2	0

【甲子園監督成績】（佐賀商）

1997夏	1	○	10－9	光星学院高
	2	●	3－7	徳島商
2000春	1	○	5－1	創価高
	2	●	1－8	作新学院高

谷木《たにき》 恭平《きょうへい》（北海高）

1963年の選抜で準優勝した北海高の3番打者で、1試合の盗塁記録保持者。

1945年11月12日北海道札幌市に生まれる。小学校で野球を始め、中学ではエースで4番。北海高に進学して1年秋には外野手のレギュラーとなった。2年生の'62年春に2番を打って甲子園に出場、初戦の御所工戦で3盗塁を記録。以後3季連続して出場した。

'63年選抜では3番打者として出場。初戦の日南高戦で盗塁を決めると、2回戦のPL学園高では2盗塁。準々決勝の享栄高戦で1盗塁のあと、準決勝の早実戦では実に5盗塁を決めている。この試合、7回裏にセンター前ヒットで出塁すると、スタンドから「ゴーゴー谷木」という盗塁を促す掛け声がかかった。谷木は、その期待に応えて、二盗、三盗と成功させた。さらにホームスチールも狙ったが、間一髪アウトとなっている。1試合5盗塁は、選抜記録である。

立教大学に進学し、'65年東京6大学の首位打者を獲得。卒業後は、大洋のドラフト10位指名を拒否して新日鉄室蘭に入社。'72年秋のドラフト会議で中日から3位指名されてプロ入り。2年目のの'74年には2番打者として中日のリーグ優勝に貢献した。'80年に引退後は中日の北海道担当スカウトとなり、'94年～'95年はコーチをつとめた。その後は札幌ススキノで、「おでん一平」店主をつとめる。

【甲子園打撃成績】（北海高）

		対戦相手	打	安	点
1962春	1	御所工	5	2	2
1962夏	1	青森一高	4	1	0
	2	倉敷工	4	0	0
	準々	久留米商	4	1	0
1963春	1	日南高	4	1	0
	2	PL学園高	3	1	0
	準々	享栄高	2	2	3
	準決	早実	5	4	4
	決勝	下関商	3	1	0

谷脇《たにわき》 一夫《かずお》（高知商）

高知県を代表する名監督の一人。

1944年4月15日高知県吾川郡伊野町に生まれる。伊野中を経て、高知商に進学して捕手となり、高橋善正（東映－巨人）とバッテリーを組んで'61年夏の甲子園に出場した。

卒業後は鐘ヶ淵化学で11年間捕手をつとめた。'73年に現役引退、'75年9月に母校・高知商に監督として招聘された。

'78年夏には甲子園で決勝まで進み、9回裏までPL学園高をリードしていながら、逆転サヨナラで敗れて準優勝となった。'80年選抜では中西清起を擁して悲願の優勝を果たした。

以後、毎年のように好投手を擁して甲子園に出場し、同校の黄金時代を築いた。'85年には中山裕章投手で国体で優勝、高知高・岡本監督、土佐高・籠尾監督ともに高知県高校球界をリードした。'93年夏の大会を最後に引退。

谷脇は森浩一（オリックスほか）、中西清起（リッカー－阪神）、津野浩（日本ハムほか）、中山裕章（大洋－中日）、岡林洋一（専修大－ヤクルト）、岡幸俊（ヤクルト）、佐々木学（新王子製紙米子）と次々と好投手を育て上げ、高知商業を全戸屈指の強豪として復活させた。教え子はほかに、坂上博文（近畿大－日本IBM野洲監督）、森田洋生（明大－四国銀行監督）、正木陽（同志社大－高知商監督）など指導者が多い。

その後は、高知県小中高野球連絡協議会

指導員などをつとめていたが、2003年高知市と姉妹都市になっている縁で北海道の北見市に招聘され、北見柏陽高野球部の指導に当たっている。

【甲子園打撃成績】(高知商)

		対戦相手	打	安	点
1961夏	1	高田高	4	1	0
	2	中京商	3	1	2

【甲子園監督成績】(高知商)

1978夏	1	○	5−1	東海大四高
	2	○	14−6	倉吉北高
	3	○	4−2	仙台育英高
	準々	○	9−2	報徳学園高
	準決	○	4−0	岡山東商
	決勝	●	2−3	ＰＬ学園高
1979春	1	○	4−3	八代工
	2	●	2−3	浪商高
1980春	1	○	9−1	新宮高
	2	○	7−0	富士宮北高
	準々	○	4−3	尼崎北高
	準決	○	5−1	広陵高
	決勝	○	1−0	帝京高
1980夏	1	○	2−0	松商学園高
	2	●	0−5	箕島高
1981春	1	●	1−4	東海大工
1982春	1	○	5−2	延岡商
	2	●	1−5	郡山高
1982夏	1	○	5−3	安積商
	2	●	0−3	東海大甲府高
1983夏	2	○	5−3	秋田高
	3	○	8−2	箕島高
	準々	●	9−10	ＰＬ学園高
1985夏	1	○	9−2	藤嶺藤沢高
	2	○	4−0	志度商
	3	○	3−2	川之江高
	準々	●	3−6	ＰＬ学園高
1986夏	2	○	4−3	小松高
	3	○	2−1	享栄高
	準々	●	0−4	浦和学院高
1988春	1	○	6−3	熊本工
	2	○	3−2	福岡第一高
	3	●	3−7	上宮高
1988夏	2	●	2−3	愛工大名電高
1990夏	1	○	11−7	大宮東高
	2	●	3−4	鹿児島実
1993夏	2	○	4−2	掛川西高
	3	●	4−5	小林西高

田部《たべ》 武雄《たけお》(広陵中)

広陵中で投打に活躍。

1906年3月28日広島市に生まれる。少年野球チームの旭ボーイズで活躍し、小学校高等科から広陵中(現・広陵高)に入学したが、兄の仕事を手伝うために1年で中退して満州に渡り、大連実業団で1番二塁手としてプレーした。

明大進学を目指して、'27年に21歳で広陵中4年に復学。選抜大会には年齢制限がなかったため、同年の選抜にエースで3番を打って出場、決勝まで進出。ホームランも打っている。

'28年明大に入ると、春のリーグ戦初戦から遊撃手として出場してリーグ優勝。'31年の全米大リーグ選抜軍との試合には、ライト・投手として出場している。藤倉電線に入社して都市対抗に出場し、'35年の巨人軍創設と同時に入団、アメリカ遠征に参加して105試合で110盗塁という記録を残したが、球団と衝突して、第2回渡米後解職された。

のち大連に戻り、'40年と'42年の2回、大連実業から都市対抗に出場。'44年現地で応召、'45年5月の沖縄戦で戦死したといわれる。'69年殿堂入りした。

【甲子園投手成績】(広陵中)

		対戦相手	回	安	振
1927春	1	静岡中	7	4	9
	準決	松本商	9	6	6
	決勝	和歌山中	9	7	5

【甲子園打撃成績】（広陵中）

		対戦相手	打	安	点
1927春	1	静岡中	4	3	0
	準決	松本商	5	2	1
	決勝	和歌山中	5	2	1

玉川《たまがわ》 寿《ひさし》（土佐高）

1975年夏の甲子園でサイクルヒットを記録した土佐高の好打者。

高知県幡多郡大正町に生まれる。全校生徒わずか60人という北の川中学時代は、野球部がなかったためソフトボール部に入り、エースで４番を打って県大会優勝。土佐高に進学して野球を始めると、いきなり３番を打った。

２年生の1975年夏にセンターで３番を打って甲子園に出場し、初戦で桂高と対戦。初打席はファウルフライに倒れたが、３回に１死二塁から右中間にホームラン。５回１死からセンターオーバーの三塁打。７回には先頭打者で左中間に二塁打。８回には２死二塁から一塁横を抜くヒットを放って、26年振り２人目のサイクルヒットを達成した。173cmと小柄ながら、強いリストと柔軟な体で好打者として注目を集めた。また、ホームランから単打まできれいな順番でサイクルヒットを達成したことも話題になった。３回戦の上尾高戦では４打数１安打ながら右中間を破る三塁打を放っている。

翌'76年の選抜にも出場。この時の「サンデー毎日」のセンバツ特集の表紙に豊見城高の赤嶺投手とともに、投打の注目選手として掲載されている。

同年夏は県代表決定戦の高知商戦で、センターオーバーの大飛球を追いかけてフェンスに激突し負傷退場。試合にも敗れた。

慶大に進学すると１年春からリーグ戦に出場。以後中軸打者として活躍、ベストナインに３回選ばれ、早大の岡田とともに強打者として並び称せられた。卒業後は日本石油でプレー、都市対抗優勝も経験した。'87年に現役を引退、東京６大学リーグの審判もつとめた。

【甲子園打撃成績】（高知商）

		対戦相手	打	安	点
1975夏	2	桂高	5	4	3
	3	上尾高	4	1	1
1976春	1	豊見城高	4	2	0
	2	徳島商	4	1	2
	準々	小山高	3	1	1

玉国《たまくに》 光男《みつお》（宇部商）

宇部商業の黄金期を築いた名監督。

1948年４月３日山口県宇部市に生まれる。恩田小、常盤中を経て宇部商に進学、１年秋には二塁手のレギュラーとなった。２年秋に主将となり、翌'66年の選抜で甲子園初出場を果たした。初戦で好投手・水谷孝のいた三重高を降すと、金沢高戦では５回裏１死一塁から右中間に二塁打を放って二三塁とした。ここで４番藤井がスクイズ、三塁ランナーに続いて二塁にいた玉国もホームイン、甲子園史上初の２ランスクイズを成功させた。

夏は県大会で敗れた後、９月に行われたドラフト会議で西鉄から指名されたが、すでに鐘ヶ淵化学に内定していたため、社会人入りした。しかし、体をこわして半年で退社、帰郷して山口マツダなどに勤務。'69年11月に協和醗酵に誘われて入社、のち軟式野球のプレイングマネージャーなどをつとめた。'75年、県大会でも勝てなくなっていた母校の後援会からの要請を受けて、同年10月監督に就任、二足のワラジをはくことになる。

翌'76年夏には甲子園出場を果たした。その後、部員の不祥事による１年間の出場停止などを経て、'82年夏に２年生エースの秋村を擁して甲子園に出場、翌'83年夏には初戦で帝京高と対戦、９回裏無死から内野安打と逆転ホームランで監督としての甲子園初勝利をあげた。

以後、玉国の宇部商は甲子園で印象に残る試合をみせることが多い。'88年夏の東海大甲府高戦では1－2とリードされた9回表、1死二三塁の場面で1年生の宮内を代打に送ると、史上初の代打逆転ホームランを打っている。また、'85年夏には3年生となった桑田・清原コンビを擁して史上最強といわれたPL学園高と決勝で対戦。結局3－4で敗れたが、スター選手のいない地方の県立高校が、驚異的な破壊力を持つPL学園高と互角に渡り合うという大健闘に、宇部商業と玉国監督の名前が全国に鳴り響いた。

'88年選抜の3回戦では中京高の木村龍浩投手に9回死まで完全試合に抑えられていたが、四球でランナーを出すと、続く坂本雄が2ランホームランを放って逆転勝ちしている。

一方、劇的な試合で敗れることもあった。'98年夏の2回戦の豊田大谷高との試合は9回裏に2死一三塁から重盗を決められて延長戦となり、15回裏に無死満塁から2年生の藤田修平投手のボークでサヨナラ負けを喫した。

教え子の数は多いが、主な選手に秋村謙宏（法政大－日本石油－広島）、藤井進（青山学院大）、木村真樹（日本石油－新日鉄光－新日鉄八幡）、宮内洋（住友金属－横浜）、金藤本樹（福岡大－NTT中国）などがいる。

【甲子園打撃成績】（宇部商）

		対戦相手	打	安	点
1966春	2	三重高	4	3	1
	準々	金沢高	4	1	0
	準決	中京商	7	2	1

【甲子園監督成績】（宇部商）

1976夏	1	●	3－4	秋田商
1982夏	2	●	1－3	高岡商
1983春	1	●	0－2	久留米商
1983夏	2	○	6－5	帝京高
	3	○	3－0	仙台商
	準々	●	1－4	横浜商
1985春	1	○	9－1	熊谷商
	2	●	2－6	PL学園高
1985夏	1	○	8－3	銚子商
	2	○	8－0	鳥取西高
	3	○	8－5	東京農大二高
	準々	○	5－3	鹿児島商工
	準決	○	7－6	東海大甲府高
	決勝	●	3－4	PL学園高
1988春	2	○	3－2	堀越高
	3	○	2－1	中京高
	準々	●	4－5	宇和島東高
1988夏	1	○	8－0	日大山形高
	2	○	6－4	八幡商
	3	○	4－2	東海大甲府高
	準々	●	3－7	浦和市立高
1990夏	1	○	3－2	美濃加茂高
	2	○	8－4	渋谷高
	3	●	2－4	西日本短大付高
1991夏	1	○	2－0	東邦高
	2	○	8－3	学法石川高
	3	●	5－7	沖縄水産
1995春	1	○	10－9	桐蔭学園高
	2	●	1－4	銚子商
1998夏	1	○	5－2	日大東北高
	2	●	2－3	豊田大谷高
2001夏	1	●	0－12	花咲徳栄高
2002夏	1	●	2－3	常総学院高

田《た》丸《まる》 仁《ひとし》（法政二高）

法政二高黄金時代を築いた監督。

1926年10月14日神奈川県川崎市に生まれる。立正中（現・立正高）、法政大では内野手だったが、アキレス腱を切って選手を断念。'51年卒業と同時に法政二高監督に就任。翌'52年夏に甲子園初出場を果たすと、'57年夏には準優勝。'60年夏には柴田勲らを擁して全国制覇を達成するなど、黄金時代を築いた。

'61年母校の法政大に監督として招聘され、'65年にはプロ野球・東京の二軍監督となり、'66年一軍監督に就任、1年だけつとめた。高校野球監督経験者が、のちにプロ野球の監督になるのは非常に珍しい。'77年からは阪神のスカウトもつとめた。'93年2月2日死去した。

主な教え子に、大石光磨（法政二高監督）、斎田忠利（法政大－大映－近鉄－パリーグ審判）、青木武文（駒沢大）、小川博（法政大－阪急）、吉田純（法政大－日産自動車）、河東真（巨人）、柴田勲（巨人）、是久幸彦（東映）、幕田正力（日本石油）、的場祐剛（大洋）らがいる。

【甲子園監督成績】（法政二高）

1952夏	1	●	0－1	新宮高
1955夏	1	●	0－3	岩手高
1957夏	2	○	3－0	清水東高
	準々	○	2－1	早実
	準決	○	3－1	大宮高
	決勝	●	1－3	広島商
1958夏	1	○	9－3	鹿児島玉龍高
	2	●	1－5	水戸商
1959夏	1	●	0－6	西条高
1960夏	1	○	14－3	御所工
	2	○	4－0	浪商高
	準々	○	8－0	早実
	準決	○	6－0	鹿島高
	決勝	○	3－0	静岡高

田《た》村《むら》 隆寿《たかとし》 (磐城高)

1971年夏の甲子園で準優勝した磐城高の“小さな大投手”で、監督としても甲子園に出場している。

1952年福島県に生まれる。湯本二中では投手として県大会3位。1年間の中学浪人を経て、磐城高に進学、内野を転々としたのち捕手となり、'70年夏に5番を打って甲子園に出場。

秋の新チームでも当初は捕手だったが、秋季県大会でエースの阿部稔が打ち込まれたため、投手に転向した（阿部は三塁手となる）。

翌年春は全く勝てなかったが、シュートとシンカーを覚えたことで勝てるようになり、県大会、東北大会を制して、165cmと小柄ながら、エースで4番を打つ大黒柱として夏の甲子園に出場した。

初戦で優勝候補の筆頭の日大一高と対戦。保坂投手と投手戦となり、三塁を踏ませぬ好投で完封勝ち。準々決勝でも静岡学園高を5安打で完封、さらに準決勝では郡山高に8安打されたが、3試合連続で完封し、福島県勢として初めて甲子園の決勝まで進んだ。

決勝の桐蔭学園高戦も、大塚投手との投手戦となり、7回裏2死から甲子園通算34イニング目で奪われた唯一の失点で敗れて準優勝となった。

日大卒業後、郡山市のヨークベニマルでプレーし、'77年安積商（現・帝京安積高）監督に就任。同校で6年間に2回夏の甲子園に出場して、'83年母校・磐城高監督に迎えられ、'85年夏の甲子園に出場。'87年4月辞職。のち、聖光学院高監督もつとめた。

【甲子園打撃成績】（磐城高）

		対戦相手	打	安	点
1970夏	1	PL学園高	4	2	0
1971夏	2	日大一高	4	0	0
	準々	静岡学園高	3	1	1
	準決	郡山高	2	1	0
	決勝	桐蔭学園高	3	0	0

【甲子園投手成績】（磐城高）

		対戦相手	回	安	振
1971夏	2	日大一高	9	4	11
	準々	静岡学園高	9	5	7
	準決	郡山高	9	8	3
	決勝	桐蔭学園高	8	7	2

【甲子園監督成績】（安積商）

1979夏	1	●	4－5	明石南高
1982夏	1	●	3－5	高知商

（磐城高）

1985夏	1	●	3－7	熊本西高

達《だる》摩《ま》 省一《せいいち》

甲子園で活躍した審判。

1936年10月石川県金沢市長土塀に生まれる。大阪に移り、守口三中で本格的に野球を始める。寝屋川高では右腕速球投手として注目され、関西大学に進学。

卒業後は大阪産業大付属高の教師となり、野球部監督に就任したが、'62年に関西大学の事務職員に転じ、甲子園の審判をつとめるようになった。'67年関西大学の監督となり、6年間12シーズンで8回優勝。とくに'72年には春秋のリーグ戦のほか、大学選手権、神宮大会も制して史上初の4冠を達成している。

翌'73年再び甲子園に審判として復帰、西大立目永とともに、珍しい名字の名審判として有名だった。その後は、日本高野連技術・振興委員会副委員長、全日本アマチュア野球連盟評議員などをつとめている。

ち

千《ち》谷《だに》 七郎《しちろう》 (鳥取一中)

戦前の鳥取一中（現・鳥取西高）黄金時代の捕手。

1912年9月24日鳥取市に生まれる。'25年鳥取一中に入学して野球部に入る。3年生の'27年から補欠としてメンバーに名を連ね、4年生となった'28年には捕手としてレギュラー入り。当時の鳥取一中は4年連続して甲子園に出場するなど黄金期で、投手の京谷、センターで1番を打つ竹谷とともに、"鳥取の三谷"として全国的にその名が知られた。

この年の夏は甲子園の初戦で敗退したが、翌年夏には4番を打って、ベスト4まで進んでいる。

卒業後は一高を経て、東大医学部に進学。戦後は東京女子医大教授となり、日本の精神病理学の権威として知られた。

1992年6月26日肺炎のため79歳で死去した。

【甲子園打撃成績】（鳥取一中）

		対戦相手	打	安	点
1928夏	2	高松中	2	0	0
1929夏	1	秋田師範	5	1	3
	2	敦賀商	3	0	0
	準々	市岡中	4	1	0
	準決	広島商	2	0	0

つ

佃《つくだ》 正《まさ》樹《き》（広島商）

1973年に春夏連続して決勝戦に進出、夏には全国制覇した広島商のエース。選抜で作新学院高の江川卓に投げ勝ったことでも知られる。

1955年４月26日広島県に生まれる。広島商に進学してエースとなり、'73年の選抜に出場。３試合連続完封したあと、準決勝で作新学院高の江川卓（法政大―巨人）と対戦した。この試合、１点を先行されたが、５回に自らのライト前ヒットで同点に追いつき、８回にダブルスチールで決勝点をあげて逃げ切った。決勝では横浜高に１－３で敗れて準優勝となる。

夏の初戦は双葉高に大勝したため７回で降板。鳴門工は８安打で完封したが、日田林工には10安打を打たれて１点差で逃げ切った。準々決勝の高知商戦と準決勝の川越工戦は圧勝のため、ともに途中で降板。決勝では静岡高と対戦、サヨナラスクイズで降して全国制覇を達成した。

卒業後は法政大学に進学して江川と同期となる。当時の法政大学は錚々たるメンバーを集めた黄金時代で、リーグ戦にはあまり登板できなかった。社会人の三菱重工広島では都市対抗で優勝。高校・大学・社会人のすべてで優勝を経験した。現役引退後は勤務のかたわら、東京・荻窪で少年野球の指導も行っている。

なお、佃は左投げ右打ちであった。もともとは左打ちだったが、選抜出場の前に遊びでした右打ちを見た監督に右打ち転向を指示されたという。

【甲子園投手成績】（広島商）

		対戦相手	回	安	振
1973春	1	静岡商	9	6	5
	2	松江商	9	4	0
	準々	日大一高	9	4	7
	準決	作新学院高	9	5	3
	決勝	横浜高	11	13	2
1973夏	1	双葉高	6⅓	6	3
	2	鳴門工	9	8	2
	3	日田林工	9	10	0
	準々	高知商	7	4	3
	準決	川越工	7⅔	5	1
	決勝	静岡高	9	8	4

津《つ》末《すえ》 英明《ひであき》（東海大相模高）

東海大相模高の不動の４番打者。1974年～75年にかけて、東海大相模高は黄金時代を築き、原辰徳は強打者として注目を浴びる一方、アイドルでもあった。しかし、このチームで不動の４番打者だったのは、津末選手であった。

1958年10月16日熊本市に生まれる。花陵中を経て、神奈川県の東海大相模高に野球留学し、原辰徳（東海大－巨人）と同級となった。１年生の'74年夏には早くも甲子園に出場。初戦は代打だったが、３回戦の盈進高戦では６番を打って先発出場している。以後、原とともに甲子園に４回出場した。

２年春からは不動の４番バッターをつとめ、'76年の対釧路江南高戦では１試合２本塁打を記録するなど、原よりもいい成績を残している。しかし、アイドル原のかげにかくれ、目立つことはなかった。

原とともに東海大に進学、大学では原が４番を打ち、津末は３番打者となった。'80年秋、原はドラフトの目玉選手として巨人の１位指名でプロ入りするが、一方、津末を指名する球団はなかった。そのためドラフト外で日本ハムに入団。おもに指名打者として活躍した。'89年に巨人に移籍し、'90年引退。

【甲子園打撃成績】（東海大相模高）

		対戦相手	打	安	点
1974夏	2	土浦日大高	5	0	0
	3	盈進高	3	2	2
	準々	鹿児島実	1	0	0
1975春	2	倉敷工	3	2	0
	準々	豊見城高	4	2	0
	準決	堀越高	2	0	0
	決勝	高知高	6	2	0
1975夏	2	松商学園高	4	3	1
	3	三重高	5	2	1
	準々	上尾高	5	2	1
1976夏	1	釧路江南高	4	2	3
	2	小山高	3	0	0

蔦《つた》文《ふみ》也《や》（池田高）

“やまびこ打線”で全国の頂点に君臨した池田高校の監督。

1923年8月28日徳島商業の教師をつとめる新吉の長男として徳島市に生まれる。実家は池田町の旧家。徳島師範男子付属小学校に進み、5年生から野球を始めた。6年の時には投手として徳島大会で優勝。徳島中学に進む予定だったが、徳島商の稲原幸雄監督の勧めで徳島商に進学。しかし、上級生に恐れをなして、1年の時は野球部に入らず、テニス部に所属した。2年で入部し、'39年春に一塁手で4番を打って出場。この時は途中で交代させられている。

翌'40年には投手として春夏連続して甲子園に出場、ともに初戦で松本商（現・松商学園高）に敗れた。卒業後、慶大の受験に失敗して同志社大に進学、1年から徳網（阪神）とバッテリーを組んで活躍した。43年に海軍に応召、特攻隊となり2度の出撃命令を受けたが、飛行機不足のために命拾いした。この時に恐怖をまぎらわすために酒を飲むようになったという。

卒業後、日鉄広畑に半年だけ所属した後に帰郷。日通徳島に入社し、稲原監督の率いる全徳島に参加して都市対抗に3回出場した。'49年にはベーブルース杯争奪大会で優勝し、翌'50年に東急に入団。しかし、0勝1敗の成績で1年で解雇され、池田町に帰郷した。

高校野球の監督を目指して'51年教員採用試験を受けて合格、地元池田高の教諭となり、翌'52年に野球部監督に就任した。以来、稲原監督譲りの猛練習で選手を鍛え、'55年秋の大会では鳴門高を破って県大会決勝まで進出、一躍注目をつとめた。'57年夏には南四国大会にも出場。その後、県大会では上位に食い込みながらも、あと一歩で甲子園に出場できない時代が長く続いた。

監督就任20年目の'71年夏、南四国大会決勝で宿敵徳島商を延長10回サヨナラ勝ちで降し、悲願の甲子園初出場を果たした。池田駅には1500人の町民が出迎え、トラック2台で町をパレードするという騒ぎになった。'73年秋にはわずか11人の部員で四国大会準優勝、翌年の選抜に初出場した。この時、NHKが「谷間の球児」という番組を制作、わずかの部員しかいない山間の県立高校が、狭いグラウンドをやりくりしての甲子園出場という内容で評判となった。甲子園では開幕試合で函館有斗高を4－2で降すと、防府商、倉敷工、和歌山工と破って準優勝を果たした。無欲で勝ち進む池田高は「さわやかイレブン」と呼ばれ、朴訥とした蔦監督は一躍人気者となった。

以後、蔦監督を慕った中学生有望選手が学区外進学の制度を利用して徳島県内各地からが集まるようになり、池田高は徳島県を代表する強豪校になっていった。'79年の選抜大会3回戦では東洋大姫路高と雨の中で壮絶な戦いを繰り広げ、その最後まで諦めない姿勢は多くの共感を呼んだ。'82年夏には3年生の畠山と2年生の水野らを擁して出場、驚異的な破壊力で各校をなぎ倒して圧勝で優勝、金属バット時代の新しい高校野球のあり方を示すとともに、池田高と蔦監督は高校野球の頂点に立った。翌年春には水野がエースとなり、江上らとともに夏春連覇。夏も優勝は確実と見られていたが、準決勝で桑田、清原という驚異の１年生のいたＰＬ学園高に破れ、３季連続制覇は果たせなかった。なお、この年に60歳を迎え、専任教員を退いている。その後も、'86年の選抜で優勝するなど、甲子園に15回出場して、優勝３回、準優勝２回を数え、数多くの選手を育てている。'91年夏に甲子園に出場した際には、岡田康志が指揮をとり、翌'92年に正式に引退した。

主な教え子には、山本智久（四国銀行）、橋川正人（同志社大－四国銀行）、岡田康志（筑波大－池田高監督－穴吹高監督）、畠山準（南海－横浜）、水野雄仁（巨人）、江上光治（早大－日本生命）、梶田茂生（筑波大－日本生命）、九鬼義典（大阪学院大－松下電器）らがいる。池田名誉町民第１号でもある。

「攻めダルマ」と言われるほど徹底した攻撃が好きで、'82年夏の決勝ではバントを多用する従来の甲子園戦法を代表する学校であった広島商を粉砕するなど、甲子園に新しい時代をもたらした功労者であった。１番打者から９番打者までが金属バットを目一杯長く持って振りぬく池田高は、相手投手から恐れられた。このパワー野球の流れはＰＬ学園高、智弁和歌山高と受け継がれている。また、一野球監督としてだけではなく、教育者としての評価も高い。2001年4月28日肺癌のため死去した。

【甲子園投手成績】（徳島商）

		対戦相手	回	安	振
1940春	1	松本商	9	4	8
1940夏	1	松本商	8	7	4

【甲子園打撃成績】（徳島商）

		対戦相手	打	安	点
1939春	1	栃木商	2	0	0
	2	中京商	2	0	0
1940春	1	松本商	4	0	0
1940夏	1	松本商	4	0	0

【甲子園監督成績】（池田高）

1971夏	1	○	5－4	浜田高
	2	●	1－8	県岐阜商
1974春	1	○	4－2	函館有斗高
	2	○	3－1	防府商
	準々	○	2－1	倉敷工
	準決	○	2－0	和歌山工
	決勝	●	1－3	報徳学園高
1975春	1	●	2－4	報徳学園高
1979春	2	○	5－0	鶴商学園高
	準々	●	7－8	東洋大姫路高
1979夏	2	○	9－2	松商学園高
	3	○	5－2	中京高
	準々	○	5－1	高知高
	準決	○	2－0	浪商高
	決勝	●	3－4	箕島高
1982夏	1	○	5－2	静岡高
	2	○	4－3	日大二高
	3	○	5－3	都城高
	準々	○	14－2	早実
	準決	○	4－3	東洋大姫路高
	決勝	○	12－2	広島商
1983春	1	○	11－0	帝京高
	2	○	10－1	岐阜第一高
	準々	○	8－0	大社高
	準決	○	2－1	明徳高
	決勝	○	3－0	横浜商
1983夏	1	○	8－1	太田工
	2	○	12－0	高鍋高
	3	○	7－3	広島商
	準々	○	3－1	中京高
	準決	●	0－7	PL学園高
1985春	1	○	3－1	秀明高
	2	○	9－3	駒大岩見沢高
	準々	○	1－0	東北高
	準決	●	0－1	帝京高
1986春	1	○	7－3	福岡大大濠高
	2	○	2－1	防府商
	準々	○	5－4	尾道商
	準決	○	8－2	岡山南高
	決勝	○	7－1	宇都宮南高
1986夏	1	●	2－7	明野高

1987春	1	○	6－1	学法石川高
	2	○	8－3	明石高
	準々	○	9－0	甲府工
	準決	●	4－7	関東一高
1987夏	1	○	5－4	八戸工大一高
	2	●	1－2	中京高
1988夏	2	●	2－3	浜松商
1991夏	1	○	5－4	国学院久我山高
	2	○	13－4	弘前実
	3	●	6－8	帝京高

注）1991年夏は岡田康志代理監督が指揮をとった

津田《つだ》 恒美《つねみ》（南陽工）

“炎のストッパー”といわれた豪速球投手。

1960年8月1日山口県都濃郡南陽町和田（現・周南市和田）に農家の長男として生まれる。なお、プロ入り後、'85年～'91年には登録名を恒実にしていた。

和田小３年の時ソフトボールを始めてすぐに投手となり、和田中で軟式野球部に入部、２年でエースとなる。卒業後、南陽工業の坂本昌穂監督の熱心な勧誘を受けて同校に進学。南陽工業は甲子園に出場したこともなく、当時は全く無名校だった。同じ市内とはいえ、津田の生家は山の奥で、藤屋旅館に下宿して南陽工業に通った。同旅館はその後、津田恒美後援会となっている。

２年夏の県予選対熊毛北高戦で完全試合を達成。これは山口県史上、池永（下関商－西鉄）以来であった。同年秋には中国大会に初出場して準優勝し、翌年の選抜に初出場を果たした。同大会では初戦で刈谷高から10奪三振、自ら３ランホームランも打っている。２回戦でも東海大四高を降してベスト８まで進出、豪速球投手として注目を集め、当時うわさされていた中国山地の怪獣“ヒバゴン”にちなんで、“ツネゴン”というあだ名がついた。夏も甲子園に出場して初戦で宇治山田商を完封。２回戦では天理高の若井に公式戦初のホームランを打たれて敗れた。

秋のドラフト会議ではプロ入りを拒否し、協和発酵に入社。１年目からエースとなり、'79年の日本選手権ではベスト４に進出。'81年ドラフト１位指名で広島に入団。ルーキーで先発投手として11勝をあげて新人王を獲得。'86年リリーフに転向、以後、日本を代表するリリーフ投手として活躍した。しかし、'91年４月に水頭症となって手術し、同年引退。プロ通算49勝41敗90Ｓの記録を残した。以後療養生活をつづけていたが、'93年7月20日で急死、脳腫瘍だったことが公表された。わずか32歳であった。

津田は小さい時から気の弱い性格だった。南陽工業２年の時、同校のコーチに訪れた早大のエース道方康友に１枚のメモを渡された。その最初に書かれていたのが「弱気は最大の敵」という言葉である。以後、津田はこの言葉を信条に日本を代表するリリーフ投手に駆けのぼっている。

【甲子園投手成績】（南陽工）

		対戦相手	回	安	振
1978春	1	刈谷高	9	5	10
	2	東海大四高	9	6	6
	準々	福井商	8	7	10
1978夏	1	宇治山田商	9	3	9
	2	天理高	8	9	2

土屋《つちや》 恵三郎《けいざぶろう》（桐蔭学園高）

桐蔭学園高校で選手・監督として活躍。

1953年11月22日神奈川県川崎市に生まれる。桐蔭学園高では捕手で４番を打ち、３年生の'71年には春の県大会、関東大会をいずれも制し、夏に甲子園初出場。初戦で優勝候補の東邦高を降すと、初優勝を達成した。決勝では磐城高と対戦、最後の打者はキャッチャーフライで、土屋が捌いている。

法政大学では捕手兼一塁手となり、'74年から２年連続して日米大学野球に出場。

卒業後、三菱自動車川崎でも４番打者とし

て活躍、'80年から２年連続して都市対抗に出場。のちコーチも兼任した。

'82年９月、母校・桐蔭学園高に監督として招聘された。翌'83年の選抜には早くも甲子園に出場。同校にとっては、土屋が選手として出場以来、実に12年振りの甲子園出場であった。'84年夏には３回戦まで進み、以後、桐蔭学園高は神奈川県を代表する強豪校となり、甲子園にもしばしば出場するようになった。また、本来進学校であることから中学生の人気も高く、県外からの進学も多い。そのため高い素質を持った選手も多く、甲子園に出場すると優勝候補にあげられことも多い。

主な教え子には、志村亮（慶大－ウィーンベースボールクラブ）、関川浩一（駒沢大－阪神－中日）、高木大成（慶大－西武）、高橋由伸（慶大－巨人）、副島孔太（法政大－ヤクルト）、小倉丞太郎（東京学芸大－朝日生命－日立製作所）、浅井良（法政大－阪神）など、東京６大学やプロで活躍する選手が多い。

【甲子園打撃成績】（桐蔭学園高）

		対戦相手	打	安	点
1971夏	1	東邦高	2	0	0
	2	海星高	5	3	2
	準々	鹿児島玉龍高	4	0	0
	準決	岡山東商	4	1	1
	決勝	磐城高	3	1	0

【甲子園監督成績】（桐蔭学園高）

1983春	1	●	1－4	報徳学園高
1984夏	1	○	3－1	福井商
	2	○	6－0	海星高
	3	●	0－2	鹿児島商工
1988春	2	○	5－2	広島工
	3	○	4－2	倉吉東高
	準々	○	5－1	東海大甲府高
	準決	●	4－5	宇和島東高
1991夏	1	○	4－2	熊本工
	2	○	5－1	柳ヶ浦高
	3	●	4－5	鹿児島実
1992夏	1	●	4－5	沖縄尚学高
1994春	1	●	0－3	北陽高
1995春	1	●	9－10	宇部商
1997夏	1	○	3－1	如水館高
	2	●	2－6	西京高
1999夏	2	○	11－7	敦賀高
	3	○	9－5	智弁学園高
	準々	●	0－4	桐生第一高
2003春	1	○	3－2	福井高
	2	●	0－5	鳴門工

土屋《つちや》 正勝《まさかつ》（銚子商）

1974年夏に優勝した銚子商の投手。

1956年11月６日千葉県旭市に生まれる。実家は水産加工業。旭一中時代はエースで４番を打ち、旭二中の石毛宏典（西武－オリックス監督ほか）はライバルであった。銚子商に進学して斉藤一之監督の指導を受ける。１年秋には控え投手として登板し、翌'73年の選抜に出場した。甲子園では初戦で報徳学園高と対戦、先発した飯田が初回に打ち込まれると、２回にリリーフして登板。以後、最後まで投げきったが、８イニング投げて16安打を浴び、自責点は８。試合も０－16という銚子商野球史に残る惨敗となった。

選抜から戻ると、土屋は飯田に代わってエースとなった。夏の県大会ではノーヒットノーランを含む４試合連続完封も記録。決勝戦では古屋（日本ハム）のいた木更津中央高（現・木更津総合高）と対戦して乱打戦となり、延長12回の末に辛勝して甲子園に出場した。甲子園では初戦で岡山東商と対戦、延長12回を投げて４安打で完封。２回戦では“怪物”江川の作新学院高と対戦。雨の中すさまじい投手戦を展開、延長12回江川のサヨナラ押し出しで勝利。３回戦では高松商に11安打されながらも辛勝したが、準々決勝で静岡高に５点を奪われて敗れた。この年は味方があまり打てず、土屋の力投が報われない展開が多かった。

秋になると、1年生の篠塚利夫（巨人）が加わって打線に厚みが出、土屋自身も一回り大きくなって、全国的に注目される投手となった。秋の大会は県大会、関東大会ともにほぼ圧勝で制覇して、翌'74年の選抜に出場。初戦で再び岡山東商と対戦して1安打完封。2回戦では日大三高に大量リードしたため8回途中で降板したが、リリーフした投手が打たれて9回に再登板した。準々決勝では報徳学園高と対戦、3安打に抑えながら2年連続して敗れた。報徳学園高はこの大会で優勝しており、わずか3安打に抑えた土屋の評価はたかまった。やがて、土浦日大の工藤、横浜高の永川とともに"ビッグスリー"といわれるようになる。

夏の千葉県大会も延長となった準決勝の成東高戦を除いて、圧勝で制し、土屋自身4回目の甲子園に出場した。決勝で対戦した市立銚子高のトップバッターは中学以来のライバル石毛であった。

'74年夏の甲子園初戦のＰＬ学園高戦は5安打1点に抑えて完勝。続く中京商戦も3安打で完封。7連続を含む13奪三振で、三塁を踏ませない完璧な内容だった。以後、準々決勝の平安高戦は大勝のため8回途中で降板。被安打に加えて、打っても4打数3安打と投打に活躍した。準決勝の前橋工戦も7回まで2安打に抑えてリリーフの筒井にスイッチ、再び3打数2安打と投打に活躍している。決勝は大量リードにもかかわらず完投して3安打で完封、銚子商は全く危なげなく全国制覇を達成した。土屋自身は、5試合41⅓イニングを投げて、打たれたヒットはわずかに16本であった。

秋のドラフト会議では中日に1位指名されてプロ入りしたが、甲子園での登板過多などから肘を痛めており、あまり活躍できなかった。のちロッテに移籍して、'86年に引退するまでの通算成績は8勝22敗4Ｓである。

引退後は帰郷、2001年夏の千葉県予選には二男が銚子商のエースとして出場。監督も斉藤監督の長男がつとめており話題となった。

【甲子園投手成績】（銚子商）

		対戦相手	回	安	振
1973春	1	報徳学園高	8	16	2
1973夏	1	岡山東商	12	4	7
	2	作新学院高	12	4	12
	3	高松商	9	11	4
	準々	静岡高	9	8	3
1974春	1	岡山東商	9	1	6
	2	日大三高	8⅓	5	9
	準々	報徳学園高	9	3	7
1974夏	2	PL学園高	9	5	7
	3	中京商	9	3	13
	準々	平安高	7⅓	3	2
	準決	前橋工	7	2	3
	決勝	防府商	9	3	3

角田《つのだ》 篤敏《あつとし》（関西高）

平成時代に関西高の黄金時代を築いた監督。

1959年1月12日兵庫県西脇市に生まれる。父は八多恵太の芸名で中山礼子とコンビを組む漫才師だった。幼稚園の時に母方の郷里である岡山県に転じる。小学校では陸上部だったが、早島中には陸上部がなく、野球部に入部。1年秋に外野手としてレギュラーとなり、3年で投手に転向。関西高に進学。センターで1番を打つが、県大会ベスト4が最高だった。'77年岐阜経済大学に進み、4年では主将。東海大学リーグで3回優勝、ベストナインにも2回選ばれている。'81年に卒業後はタイガー魔法瓶に入社して軟式に転じ、国体にも2回出場している。かたわら、通信教育で社会科教諭の資格を取得した。

'85年岡山理科大学附属高に赴任、'87年春にコーチとなる。翌'88年母校の関西高に転じて2年半コーチをつとめ、'90年8月に監督に就任。'93年の選抜に出場。甲子園出場は5年振り、選抜にかぎれば実に33年振りであった。

以後、同校は甲子園の常連となり、'95年の選抜と2002年の選抜ではベスト4まで進んでいる。蛸壺を使った手首の強化など、ユニークなトレーニングで知られる。

主な教え子に、古谷啓介（岡山商大）、吉年滝徳（広島）、宮本賢（早大）らがいる。

【甲子園監督成績】（関西高）

1993春	1	○	2－1	金沢高
	2	●	5－6	鹿児島実
1994夏	1	○	4－0	八戸高
	2	●	1－6	佐賀商
1995春	1	○	10－2	清陵情報高
	2	○	9－2	報徳学園高
	準々	○	4－1	日南学園高
	準決	●	6－13	観音寺中央高
1995夏	1	○	8－7	仙台育英高
	2	○	11－0	宮島工
	3	●	2－4	星稜高
2001春	2	○	3－2	鳥羽高
	3	●	1－3	尽誠学園高
2002春	1	○	7－2	智弁和歌山高
	2	○	5－2	九州学院高
	準々	○	10－1	尽誠学園高
	準決	●	1－3	鳴門工

て

寺原《てらはら》 隼人《はやと》（日南学園高）

甲子園史上最速を記録した投手。

1983年10月９日宮崎県宮崎市に生まれる。本郷小３年で野球を始め、赤江東中時代はエースで４番を打ち、全国大会にも出場した。

日南学園高に進んで１年秋からエースとなり、２年秋から豪速球で注目を集めた。３年生となった'01年夏は甲子園に出場、初戦の四日市工戦で先発して好投。２回戦の玉野光南高戦で投じた球にはＮＨＫのテレビ画面で154kmを表示、これは松坂大輔の記録した151kmを上まわる甲子園史上最速の数字である。なお、この試合には各球団のスカウトも訪れて球速を計測しており、結果はバラバラだったが、大リーグ・ブレーブスのスピードガンは98マイル（157.68km）を記録、以後スポーツ新聞では158kmという表現が使われている。３回戦の東洋大姫路高戦では登板せず、準々決勝の横浜高戦で先発したが不調で、同点で迎えた９回表に突如３四球を与えて２点を奪われ敗れた。

同年秋のドラフト会議では、巨人・横浜・中日・ダイエーの４球団が１巡目で競合、抽選の結果ダイエーが交渉権を獲得して入団。１年目から一軍で活躍している。

【甲子園投手成績】（日南学園高）

		対戦相手	回	安	振
2001夏	1	四日市工	8	5	10
	2	玉野光南高	6	7	4
	3	東洋大姫路	未登板		
	準々	横浜高	9	8	3

寺本《てらもと》 四郎《しろう》（明徳義塾高）

明徳義塾高校で投打に活躍。

1980年7月25日徳島市津田に生まれる。父は元競輪選手。小3で野球を始め、全国大会ベス8まで進む。私立の生光学園中に入学したが、3年の時に退学して地元の津田中に転校。卒業後は高知の全寮制の明徳義塾高に進学した。1年秋から背番号10ながら先発投手として活躍、2年春からは実質エースで5番を打った。選抜初戦の国士舘高は先発したが5回途中2安打7奪三振に抑えながら9四死球で高橋一正（ヤクルト－日立製作所）にスイッチ。2回戦も6回までに5四死球で降板した。

秋からは4番を打ち、'97年秋の四国大会では優勝、翌年は春夏連続して甲子園に出場した。

'98年の選抜では初戦で京都西高と対戦、この試合では11奪三振、10四死球で2安打完封という怪投を披露した。3回戦の常総学院高戦は先発したが3回までに9四球を出して3点を失って降板。準々決勝のPL学園高戦は好投、延長10回裏に1死二塁から2四球で満塁とし、タイムリーヒットでサヨナラ負け。

夏の大会では開幕試合で桐生第一高と対戦したが5回で降板。2回戦の金足農戦は先発した高橋投手が好調のため登板せず一塁の守りについた。以後、すべて高橋との継投でベスト4まで進み、春夏連覇した横浜高を9回まで追い詰めながら、再登板したあと逆転負けしている。

豪速球を持ちながら制球が悪く、いい時と悪い時の落差の激しい投手でもあった。一方、打撃に関しては評価が高く、同年にドラフト4位指名でロッテに入団した際も、投打どちらでいくかが注目された。投手として入団したものの、結局1勝もしないまま、4年目の2002年に外野手に転向している。

【甲子園投手成績】（明徳義塾高）

		対戦相手	回	安	振
1997春	1	国士舘高	5⅔	2	7
	2	上宮高	6	4	4
1998春	2	京都西高	9	2	11
	3	常総学院高	3	1	1
	準々	PL学園高	9⅓	6	7
1998夏	1	桐生第一高	4⅔	4	1
	2	金足農	未　登　板		
	3	日南学園高	5⅔	5	7
	準々	関大一高	6	6	5
	準決	横浜高	7⅓	7	8

【甲子園打撃成績】（明徳義塾高）

		対戦相手	打	安	点
1997春	1	国士舘高	4	0	0
	2	上宮高	3	0	0
1998春	2	京都西高	2	1	0
	3	常総学院高	4	0	0
	準々	PL学園高	3	1	1
1998夏	1	桐生第一高	5	2	1
	2	金足農	4	1	1
	3	日南学園高	4	2	1
	準々	関大一高	4	2	1
	準決	横浜高	3	1	0

と

東泉《とうせん》 東二《とうじ》（韮山高）

1950年選抜で初出場初優勝を達成した韮山高校のエースで４番打者。

1932年４月22日静岡県三島市に生まれる。韮山高に進学して、２年でエースで４番を打ち、好投手として知られた。韮山高では明大や都市対抗で活躍した内田勝監督の指導を受けたほか、毎日曜日にはバッテリーを組む鈴木捕手とともに上京して、明大グラウンドで上野精三の指導も受けた。

'50年選抜に初出場すると、初戦で兵庫工を１安打に抑えて完勝。準々決勝の八幡商戦は立ち上がり不調で大きくリードされたが、９回裏に４点をあげて逆転サヨナラ勝ち。準決勝も立ち上がり不調で３点を失ったが逆転勝ち。決勝では立ち直って高知商を３安打に抑え、初出場初優勝を達成した。

'51年東急に入団したが、'53年に退団するまでに８試合しか登板できなかった。

【甲子園投手成績】（韮山高）

		対戦相手	回	安	振
1950春	1	兵庫工	9	1	＊
	準々	八幡高	9	11	＊
	準決	北野高	9	6	＊
	決勝	高知商	9	3	8

注）１回戦から準決勝までの奪三振数は不明

冨樫《とがし》 淳《じゅん》（平安高）

1956年夏に全国制覇した平安高の監督。

1924年８月22日兵庫県武庫郡鳴尾村（現・西宮市）に生まれる。阪神球団初代社長冨樫興一の次男で、実家は甲子園球場のすぐ近くである。

鳴尾小から関西学院中に進学し、'39年に甲子園に出場。翌'40年平安中に転校し、'42年夏“幻の甲子園”に出場。

法政大に進学するが、'44年に応召した。復員後、中退して父とともに阪神再興に奔走。'46年阪神に入団して、'49年まで外野手としてプレーした。

退団後、'56年平安高監督となると、同年夏に全国制覇を達成。'60年神戸製鋼に転じ、都市対抗でも優勝した。1986年12月26日死去。冨樫喜久子編「華の生涯」（現代創造社）という追悼集がある。

主な教え子に、岩井喜治（明大－日立製作所）、阪本敏三（立命館大－河合楽器－日本ハム－南海）、植木一智（龍谷大－阪神）、衣笠祥雄（広島）らがいる。

【甲子園打撃成績】（関西学院中）

		対戦相手	打	安	点
1939夏	1	天津商	5	0	＊
	2	長野商	3	0	0

注）１回戦の打点数は不明

【甲子園監督成績】（平安高）

1956夏	1	○	4－0	徳島商
	2	○	1－0	滑川高
	準々	○	4－2	浪華商
	準決	○	1－0	西条高
	決勝	○	3－2	県岐阜商
1957夏	2	●	1－3	上田松尾高
1958夏	2	○	9－0	山形南高
	3	○	2－0	敦賀高
	準々	●	0－2	高知商
1959春	1	○	7－0	石和高
	2	●	2－5	中京商
1959夏	1	○	3－1	魚津高
	2	○	6－0	海星高
	準々	●	1－2	西条高
1960春	1	○	5－3	静岡高
	2	●	1－4	高松商

戸田《とだ》 秀明《ひであき》（鉾田一高）

1976年選抜でノーヒットノーランを達成した鉾田一高のエース。

1976年選抜に、無名の鉾田一高のエースで４番を打って出場。初戦は小雨の中で糸魚川商工（現・糸魚川白嶺高）と対戦。１回表、プレーボールと同時に投げた初球をわざとバックネットにぶつける大暴投。これは相手を驚かせる演出だったという。しかし、１死後、２四球１死球を与えるなど乱調ぎみのスタートだった。その裏、四球で出たランナーが盗塁で二塁に進むと、自ら一二塁間を破るヒットを放って先取点をあげた。以後、味方打線は吉川投手の前にわずかに１安打しかできなかったが、戸田は７四死球を出しながらもヒットを打たせず、ノーヒットノーランを達成した。外野に飛んだ飛球はわずかに１個と完璧な内容だったが、それでも前年秋の関東大会には全く及ばない投球内容だったといわれた。

２回戦の崇徳高戦では黒田投手と息詰まる投手戦を展開した。超高校級といわれた崇徳高打線に打たれながらも巧みな牽制球でかわし、８回まで無得点に抑えた。一方、味方打線は黒田投手に手も足も出ず、７回までノーヒットノーランに抑えられていたが、８回に自ら打ったチーム初安打がソロホームランとなって、１－０とリードした。９回表も簡単に２者を三振にとり、最後の打者も一塁真正面のゴロに打ち取ったものの、一塁手が後逸。次打者のショート右への当たりもそらした（記録上はヒット）のち、４番永田に右中間へ逆転の三塁打を打たれて敗れた。敗れはしたが、この大会を圧勝で優勝、“戦後最強チーム”の候補にもあげられる崇徳高とたった一人で互角に亘り合ったのである。

エースで４番のワンマンチームは多いが、この時の戸田ほど、一人でチームを背負った選手も珍しい。なにしろ、２試合でチームが打ったヒットはわずかに４本、うち２本は戸田の打ったもので、両試合であげた２点はすべて戸田がたたき出している。

同年夏も連続出場、初戦で市立神港高と対戦したが、初回先頭打者にストレートの四球を出したのをはじめ、計８四球という乱調で延長戦の末に敗れた。この試合でも10奪三振を記録、甲子園で登板した３試合すべてで２桁奪三振を記録している。

卒業後は日本楽器に入社し、引退後は食料品店を経営。選抜の初戦後のインタビューで、「モットーは」と聞かれて「太く短く」と答えたが、言葉通りの野球人生であった。

【甲子園投手成績】（鉾田一高）

		対戦相手	回	安	振
1976春	1	糸魚川商工	9	0	10
	2	崇徳高	9	7	10
1976夏	2	市立神港高	11	11	10

戸田《とだ》 善紀《よしのり》（PL学園高）

１試合21奪三振の大会記録保持者。

1945年７月27日大阪府に生まれる。PL学園高では２年生の'62年選抜の出場メンバーには入っていないが、夏には背番号14でベンチ入り。

翌'63年選抜にはエースとして出場、初戦で沖縄の首里高と対戦し１安打で完封。この試合、21奪三振の大会記録を樹立した。２回戦で準優勝した北海高に10安打を浴びて敗れた。夏は府大会決勝で全国制覇した明星高に敗れた。

翌年阪急に入団。'76年５月11日の対南海戦ではノーヒットノーランを達成している。'77年中日に移籍し、プロ通算19年間で67勝をあげた。'82年に引退後は名古屋市で焼肉店を経営。

【甲子園投手成績】（PL学園高）

		対戦相手	回	安	振
1963春	1	首里高	9	1	21
	2	北海高	9	10	6

土肥《どひ》 省三《しょうぞう》（長野商）

戦前の長野商黄金時代の内野手。

1918年長野県に生まれる。小学5年頃に野球を始め、'31年長野商に入学。同年夏に補欠で甲子園に出場すると、以後'34年夏までに甲子園に春夏合わせて4回出場した（実質は2回）。

2年生の'32年夏三塁手で7番のレギュラーとなり、'34年には遊撃手で5番を打って出場した。5年生となった'35年はエースで4番を打ったが、県予選で敗れて甲子園には出場できなかった。

'36年専修大に進学して遊撃手で5番を打ち、'37年春には東都大学リーグで優勝。翌年中退して藤倉電線に入り、都市対抗で優勝。'39年阪急に入団、三塁手としてプレーした。'42年応召したが、胸部疾患で2ヶ月で除隊。1年間の療養生活を経て、明電舎でプレーした。戦後は第一法規、電電信越で選手・監督を歴任。引退後は社会人野球の審判をつとめた。

【甲子園打撃成績】（長野商）

		対戦相手	打	安	点
1932夏	1	千葉中	3	2	*
	2	遠野中	3	1	1
	準々	中京商	4	1	0
1934夏	1	呉港中	3	1	*

注）1回戦の打点数は不明

飛沢《とびさわ》 栄三《えいぞう》（北海高）

北海道高校球界最大の功労者。

1903年3月北海道古平町に生まれる。'20年夏、北海道から北海中が初めて甲子園の土を踏んだ。この時ライトを守っていた3年生の2番打者が飛沢である。'22年には遊撃手で4番を打ち、主将として出場した。

早大卒業後、母校・北海中に赴任し、'29年に部長に就任。以来、部長・監督として甲子園に春夏合わせて32回出場した。この間、'60年の国体で優勝、'63年の選抜では準優勝している。同年夏、全国制覇の希望を背負って全道大会に出場、決勝では降雨コールド勝ちが決定していたが、“雨を幸いとするのはフェアでない”として続行を主張し、再開した試合で敗れて、甲子園出場を逃したというエピソードがある。'67年6月21日64歳で死去した。

教え子の数は実に900人にのぼるといい、北海道のみに限らず、日本の高校球界を代表する野球人である。

【甲子園監督成績】（北海中）

1933夏	2	●	1－5	平安中
1935夏	1	●	0－10	大分商
1936夏	2	○	4－1	青島中
	準々	●	1－3	育英商
1937夏	2	○	2－1	福岡工
	準々	●	1－13	海草中
1938春	2	●	3－8	明石中
1938夏	1	●	1－3	高崎商

注）監督として出場した大会のみに限定

飛田《とびた》 穂洲《すいしゅう》

40年近くにわたって甲子園評を書きつづけた“学生野球の父”。

1886年12月1日茨城県東茨城郡大場村（現・常澄村）に生まれる。本名は忠順（ただより）。実家は大場村の旧家で、父・忠兵衛は大場村初代村長であった。大場小学校尋常科を経て、大洗高等小学校に進んで野球を始め、捕手となった。

1901年水戸市に下宿して水戸中（現・水戸一高）に進学。主将となり、部員を鍛えることに力をそそいだ。当時、水戸中の飛田主将のノックは有名だったという。

早大では主に二塁手として活躍。当時は早慶戦が中止の時代で、渡米してアメリカの大学を相手に腕を磨いた。'09年主将をつとめる。'13年に卒業すると、押川春浪の「武侠世界」に入社して記者となるが、'18年読売新聞に転じた。'19年早大野球部が日本初の監督制度を導入するに際し、安部磯雄から要請されて監督（当時の名称は世話人）に就任した。'25年宿敵のシカゴ大学を破り、監督を辞任した。

翌'26年朝日新聞社に入社して甲子園の全国大会の試合評を朝日新聞に執筆、以後死去する前年の'64年まで39年間書きつづけた。また、神宮球場の大学野球観戦記も書くなど、“学生野球の父”と呼ばれた。早大教授、郷里の大場村長などもつとめている。'57年紫綬褒章を受章し、'60年殿堂入り。'65年１月26日78歳で死去した。著書に「熱球三十年」「球道半生記」などのほか、「飛田穂洲全集」（全６巻）がある。

次男・忠英は東大野球部主将をつとめている。

友歳《ともとし》 克彦《かつひこ》（柳井高）

1958年夏に全国制覇した柳井高校のエース。

1940年４月７日山口県大畠町に生まれる。鳴門中学（現・大畠中学）を経て、柳井高に進学した当時は直球しか投げられなかった。２年の時に肩を故障、肩に負担がかからない投法を模索するうちに、打者の手元で微妙に変化する球を投げることができるようになったという。

1958年夏甲子園に出場、“魔球”を武器に６試合すべてに完投。決勝では徳島商の板東英二と投げあい、無四球で４安打完封と完勝している。

卒業後、法政大を経て、日本石油で２年間プレーした後、'65年から３年間コーチをつとめ、27歳で引退した。以後、2000年の定年まで同社に勤務している。

【甲子園投手成績】（柳井高）

		対戦相手	回	安	振
1958夏	1	札幌商	9	2	5
	2	鳥取西高	9	2	8
	3	大淀高	9	11	4
	準々	海南高	9	6	3
	準決	高知商	9	2	5
	決勝	徳島商	9	4	5

豊《とよ》田《だ》 泰光《やすみつ》（水戸商）

1952年夏の甲子園に出場した水戸商のスラッガー。

1935年２月12日茨城県久慈郡大子町に生まれる。大子中学時代は投手として活躍。水戸商に入学して遊撃手に転向すると、１年でレギュラーとなり、５番を打った。２年生では三塁手で３番を打ち、春の関東大会で強打者として注目を集めた。２年の時の通算打率は５割を超えたという。

３年では遊撃手に戻って４番を打ち、主将もつとめる。'52年夏には県大会を圧勝で制し、北関東大会も勝ち抜いて甲子園に出場。大会では選手宣誓も行った。初戦の都留高戦ではタイムリーヒットを打ち、２回戦の成田高戦でも三塁打を含む３安打の活躍を見せたが、自らの悪送球が絡んで２失点のきっかけをつくっている。

卒業後は西鉄に入団、１年目から遊撃手のレギュラーとなると、打率.281、27本塁打という高卒新人としては異例の好成績で新人王を獲得。27本塁打は清原（当時西武）に破られるまで、高卒ルーキーの最多記録だった。

'56年には打率.3251で首位打者を獲得。'63年国鉄に移籍し、'66年一塁手に転向。引退後は、産経、近鉄のコーチを歴任し、解説者をつとめている。

【甲子園打撃成績】（水戸商）

		対戦相手	打	安	点
1952夏	1	都留高	4	1	1
	2	成田高	3	3	*

注）2回戦の打点数は不明

な

直村《なおむら》 鉄夫《てつお》（戸畑高）

甲子園大会中に死去した戸畑高監督。松山商OB。1952年2月、当時まだ創部6年目で全く無名だった戸畑高校の西村忠義部長から監督就任を強く要請され、4月から同校の監督に就任した。甲子園に行けるだけの逸材が入部してきたから、といわれたという。このチームでは甲子園に出場できなかったが、実際に選手のレベルは高く、のちにプロ入りした選手も出ている。甲子園に出場を果たしたのは、監督就任6年目の'57年の夏であった。初戦で高知高を降すと準々決勝では安藤投手を擁して優勝候補だった坂出商にも完封勝ちしてベスト4まで進んだ。

続いて'59年には岡村軍司投手を擁して春夏連続して甲子園に駒を進めた。しかし夏の県大会終了後体調を崩し、甲子園に向かう列車の中で発熱、甲子園練習でもノックバットが握れないほど悪化していたという。それでも日大二高との試合にはベンチ入りし、采配を振るっていた。0－0で迎えた6回表、2死無走者から井戸崎投手が左中間に三塁打を打たれた。ここで投手を岡村に変えたが再び三塁打を打たれて先制点を失った。その直後、直村はベンチで倒れたのである。そのまま阪大病院に入院したが、4日後の8月15日化膿性髄膜炎で死去した。わずか42歳であった。主な教え子には、滝内弥瑞生（西鉄）、中島孝司（南海）、柄崎英樹（日大－大洋）、村山泰延（西鉄）などがいる。

翌'60年夏、戸畑高は甲子園に連続出場を果たした。開会式では県大会の優勝旗を持った近藤主将に続いて、藤津靖雄投手が直村の遺影を抱いて行進した。死してなお、甲子園に戻って来たのである。監督在任8年、甲子園出場も３回にすぎないが、無名の戸畑高を強豪に育て上げ、甲子園のベンチで倒れて壮絶な死を遂げた直村の名前は、高校球史に深く刻みこまれている。

【甲子園監督成績】（戸畑高）

1957夏	2	○	2－1	高知高
	準々	○	5－0	坂出商
	準決	●	3－6	広島商
1959春	2	●	4－6	岐阜商
1959夏	1	●	0－2	日大二高

中《なか》井《い》 哲之《てつゆき》（広陵高）

平成時代の広島県高校球界を代表する監督。

1962年７月６日広島県廿日市町（現・廿日市市）に生まれる。広陵高では三塁手で１番を打って、'80年に春夏連続出場。春はベスト４、夏はベスト８まで進んだ。監督からノーサインで盗塁を許される程の駿足で、夏３回戦の滝川高戦では、８回裏に逆転の口火を切る盗塁を決めている。

大阪商業大学を経て、'85年に母校・広陵高の商業科教諭となり、コーチに就任。

'90年４月に監督に就任した当時、名門広陵高は６年間甲子園から遠ざかっていた。しかも自ら選手として出場して以降10年間の甲子園の成績は、０勝１敗という惨澹たる成績であった。

中井監督は就任するとまずユニフォームやストッキングを一新、さらに厳しい上下関係で有名だった同校の野球部を全面的に改革した。就任１年目の秋季中国大会でいきなり優勝、翌年の選抜でも優勝して、名門広陵高の復活に成功した。

翌'92年選抜に２年連続で出場したあとは８年間甲子園から遠ざかったが、2000年春に復活すると、以後５年間で７回甲子園に出場、'03年の選抜では同校３回目の優勝を果たし、同校の第３期黄金時代を築いている。'04年選抜の初戦で大敗、直後の春季県大会でも県大会初戦で大敗し、監督を辞任した。

主な教え子に、塩崎貴史（東洋大－日本石油）、二岡智宏（近畿大－巨人）、福原忍（東洋大－阪神）、川本大輔（巨人）、西村健太朗（巨人）、白浜裕太（広島）らがいる。

【甲子園打撃成績】（広陵高）

		対戦相手	打	安	点
1980春	1	東海大四高	4	1	0
	2	九州学院高	4	1	0
	準々	諫早高	4	1	0
	準決	高知商	4	0	0
1980夏	2	黒磯高	4	1	0
	3	滝川高	3	1	0
	準々	天理高	4	1	0

【甲子園監督成績】（広陵高）

1991春	1	□	3－3	三田学園高
		○	8－2	三田学園高
	2	○	4－2	春日部共栄高
	準々	○	5－2	鹿児島実
	準決	○	4－1	市川高
	決勝	○	6－5	松商学園高
1992春	1	○	14－1	福岡工大付高
	2	●	0－4	育英高
2000春	1	○	3－2	竜ヶ崎一高
	2	●	0－3	柳川高
2001春	2	●	4－8	東福岡高
2002春	1	○	4－0	中京大中京高
	2	●	3－5	報徳学園高
2002夏	2	○	3－2	日本航空高
	3	○	7－2	中京高
	準々	●	2－7	明徳義塾高
2003春	2	○	8－1	旭川実
	3	○	6－0	遊学館高
	準々	○	4－2	近江高
	準決	○	5－1	東洋大姫路高
	決勝	○	15－3	横浜高
2003夏	1	○	3－0	東海大甲府高
	2	●	7－12	岩国高
2004春	1	●	1－9	東邦高

永川《ながかわ》 英植《えいしょく》（横浜高）

1973年選抜で優勝した横浜高のエース。土屋正勝（銚子商）、工藤一彦（土浦日大高）とともに“関東三羽烏”といわれた。

1956年６月23日神奈川県横浜市鶴見区に生まれる。横浜高に進学して、２年生の'73年の選抜に出場。横浜高はこの大会が選抜初出場で、渡辺監督の甲子園初出場でもあった。２回戦では小倉商を延長13回サヨナラホームランで降し、さらに山倉（巨人）が捕手の東邦高、達川（広島）が捕手の広島商を破って初優勝を達成した。

翌'74年の選抜にも出場。初戦では御所工をわずか１安打で完封したが、２回戦で高知高に延長12回裏にサヨナラ負けを喫した。

秋のドラフト会議ではヤクルトから１位指名されてプロ入りしたが、公式戦には'77年に１イニングしか登板できなかった。'79年引退し、家業の焼肉店を経営。'91年７月15日肝臓癌で急死した。

【甲子園投手成績】（横浜高）

		対戦相手	回	安	振
1973春	2	小倉商	13	9	6
	準々	東邦高	9	5	7
	準決	鳴門工	9	3	4
	決勝	広島商	11	9	4
1974春	1	御所工	9	1	9
	2	高知高	$11\frac{1}{3}$	6	7

長崎《ながさき》 伸一《しんいち》（天理高）

1997年選抜で優勝した天理高校の背番号３の優勝投手。

1980年２月５日奈良県桜井市に生まれる。初瀬小で野球を始め、６年の時にボーイズリーグ橿原に入り、東田正義（西鉄－阪神）コーチの指導を受ける。桜井東中３年の時には全国大会で準優勝。

天理高に進学、２年の'96年夏に控え投手として甲子園に出場したが、この時は１度も登板しなかった。その後、膝に打球を受けたため、秋季大会では一塁手で５番を打って近畿大会でベスト４まで進み、翌'97年選抜に出場。

甲子園でも登録は一塁手だったが、実質的には小南浩史（同志社大－東邦ガス）との２投手制で、交互に登板した。初戦の徳島商戦ではエース小南が打たれたためリリーフし、９回裏１死から自ら右中間を破るヒットを放ってサヨナラ勝ちした。２回戦は小南が完投し、準々決勝の西京高戦は長崎が完投。準決勝は小南が投げ、決勝では長崎が完投して優勝投手となった。

卒業後はプリンスホテルに入社して１年目から登板、都市対抗にも出場している。2000年秋のドラフト会議でロッテから３位で指名されてプロ入りした。

【甲子園投手成績】（天理高）

		対戦相手	回	安	振
1997春	1	徳島商	$3\frac{2}{3}$	2	4
	2	浜松工	未登板		
	準々	西京高	9	7	10
	準決	上宮高	未登板		
	決勝	中京大中京高	9	8	11

中沢《ながさわ》 良《よし》夫《お》（高野連）

日本高等学校野球連盟第２代会長。

1883年９月19日東京に生まれる。父は応用化学者中沢岩太（のち京都帝国大学名誉教授）。

三高時代三塁手として活躍。1906年東京帝大工科大学応用化学科を卒業後、'11年九州帝大教授、'14年京都帝大教授となり、'15年の全国中等学校野球大会の創設にも尽力した。その後、工学部長を経て、'44年に退官し、名誉教授となる。戦後は京都工芸繊維大学学長、京都工業短期大学学長を歴任。

また、1948年の学制改革で全国中等学校野球連盟が日本高等学校野球連盟と改組されると、上野精一に代って第2代会長に就任した。1991野球殿堂入り。1966年8月28日82歳で死去した。

長沢《ながさわ》 和《かず》雄《お》（大阪桐蔭高）

1991年夏の大会に初出場で全国制覇した大阪桐蔭高校の監督。

1950年7月1日大阪府豊中市庄内に生まれる。小学校3年頃から野球を始め、6年の時にはエースとして市の大会で優勝した。関大一高では投手で、大阪府大会ベスト4が最高。

関西大学に進学、2年の時に腰痛のため野手に転向し、3年からはセンターで4番を打つ。'72年には春秋のリーグ戦、大学選手権、神宮大会をすべて制した。

卒業後は京都の大丸に入社、都市対抗に7年連続を含めて8回出場したほか、'78年には全日本の4番を打ってニカラグアに遠征するなど、大学・社会人を通じて日本を代表する強打者として活躍した。

'81年大丸野球部が休部となり、退職して運動用品会社に入社、販売促進のため全国の高校を回った。'88年大阪産大大東校舎が独立して大阪桐蔭高となるのに際して監督に招聘された。1年目に夏の府大会には今中慎二投手（中日）を擁していたが、監督登録の手続上の問題でベンチ入りが認められずに初戦で敗退。今中はこの年の秋のドラフト会議で中日から1位指名され、"予選で初戦敗退したチームのエースがドラフト1位指名"と話題になった。

'91年選抜に、和田友貴彦・背尾伊洋の2人の好投手を擁して甲子園に初出場、夏に連続出場を果たすと、いきなり全国制覇を達成した。

'98年11月にいったん引退したが、2001年秋に復帰。翌'02年夏に11年振りに甲子園に復活させた。'03年秋には近畿大会を制し、明治神宮大会では鵡川高を相手に、全国レベルの大会としては記録的な大勝利をおさめている。

甲子園の出場回数は少ないが、プロ野球に次々と選手を送り込むことで知られ、主な教え子には、和田友貴彦（東洋大－東芝府中）、背尾伊洋（近鉄－巨人）、萩原誠（阪神）、川井貴志（城西大－ロッテ）、福井強（プリンスホテル－西武）、水田圭介（プリンスホテル－西武）、桟原将司（新日鉄広畑－阪神）、中村剛也（西武）、西岡剛（ロッテ）などがいる。

【甲子園監督成績】（大阪桐蔭高）

1991春	1	○	10－0	仙台育英高
	2	○	6－4	箕島高
	準々	●	0－3	松商学園高
1991夏	2	○	11－3	樹徳高
	3	○	4－3	秋田高
	準々	○	11－2	帝京高
	準決	○	7－1	星稜高
	決勝	○	13－8	沖縄水産
2002夏	1	●	3－5	東邦高
2004春	1	○	5－0	二松学舎大付高
	2	●	2－3	東北高

長沢《ながさわ》 安《やす》治《はる》（長野商）

長野商野球部草創期の名選手。1921年、創部直後の長野商に入学、当初はグラウンドつくりの毎日であった。

長野商4年生の'24年には投手兼外野手として2番を打ち、夏の甲信越予選で決勝まで進むと、翌'25年には捕手に転じて1番を打ち、選抜に初出場を果たした。夏には1年生の二木茂益（明大）に捕手を譲ってセンターとなり、春夏連続甲子園に出場している。秋には明治神宮選抜中等野球大会にも出場して準優勝。

法政大学に進んで主将をつとめ、米国遠征にも参加。卒業後は東京6大学の審判もつとめた。のち帰郷して第一法規取締役のかたわら、社会人野球中部連盟理事長などもつとめた。また、母校・長野商野球部の後援会長もつとめている。故人。

【甲子園打撃成績】(長野商)

		対戦相手	打	安	点
1925春	1	第一神港商	2	0	0
1925夏	2	大連商	4	1	*

注)'25年度の打点は不明

中島《なかじま》 春雄《はるお》 (浪華商)

浪華商で選手・監督として活躍。

1911年兵庫県に生まれる。'28年浪華商に入学。翌年にはセンターのレギュラーとなり、3年生からは4番を打った。'31年からは2年連続して主将をつとめた。

'33年卒業後監督となり、'35年秋に近畿大会で優勝して翌'36年の選抜に出場。その後応召。戦後は、シベリア抑留を経て、'49年に復員。'51年再び母校の監督となり、'53年選抜に出場して準優勝。以後4年間に春夏合わせて6回甲子園に出場した。この間、'55年選抜では坂崎一彦らを擁して優勝している。

'58年大阪経済大監督に転じた。'93年11月26日死去。

主な教え子に、中下悟(法政大－日本石油)、谷本隆路(早大)、山本八郎(東映－近鉄)、広島尚保(中日)、勝浦将元(大洋)、坂崎一彦(巨人－東映)らがいる。

【甲子園打撃成績】(浪華商)

		対戦相手	打	安	点
1930夏	1	広島商	5	3	1
1932春	2	大分商	4	0	1
	準々	和歌山中	4	1	1

【甲子園監督成績】(浪華商)

1936春	1	●	0－1	松山商
1953春	2	○	7－0	金沢桜丘高
	準々	○	1－0	済々黌高
	準決	○	3－1	伏見高
	決勝	●	0－4	洲本高
1953夏	2	○	3－0	東筑高
	準々	●	0－3	土佐高
1954春	1	○	3－2	中京商
	2	●	0－1	飯田長姫高
1955春	1	○	6－0	立教高
	2	○	3－2	小倉高
	準々	○	17－1	平安高
	準決	○	1－0	県尼崎高
	決勝	○	4－3	桐生高
1955夏	1	●	2－3	新宮高
1956夏	2	○	10－1	秋田高
	準々	●	2－4	平安高

中島《なかじま》 治康《はるやす》 (松本商)

1928年夏に全国制覇した松本商(現・松商学園高)のエース。

1910年6月28日長野県松本市中山に生まれる。松本商に進学してエースとなる。'28年藤本定義監督の指導を受け、春夏連続して甲子園に出場。

夏は2回戦で鹿児島商を2安打に抑えると、準々決勝でも愛知商を2安打で完封。準決勝の高松中戦で6回表に猛攻を浴びたが、雨のためコールド勝ち(記録上は5回コールド)。決勝では平安中を降して全国制覇を達成した。

早大、藤倉電線を経て、'34年編成された全日本に外野手として参加。そのまま巨人に入団し、'38年秋には史上初の三冠王を獲得。'43年途中から監督に就任。'50年大洋に移籍、翌'51年で引退した。首位打者を2回、本塁打王を2回、打点王を4回獲得するなど、戦前のプロ野球を代表する強打者である。'63年殿堂入り。'87年4月21日死去した。

【甲子園投手成績】（松本商）

		対戦相手	回	安	振
1928春	1	高松中	未 登 板		
	準々	和歌山中	＊	＊	＊
1928夏	1	広陵中	9	7	2
	2	鹿児島商	9	2	4
	準々	愛知商	9	2	10
	準決	高松中	5	2	5
	決勝	平安中	9	6	8

注）選抜の準々決勝は継投のため詳細な成績は不明

長島《ながしま》 康夫《やすお》（米子東高）

1956年夏、特例として19歳で甲子園に出場した米子東高校のエース。

1937年2月24日福岡県に生まれる。父は八幡製鉄の技術職であった。4歳の時に父の仕事の関係で朝鮮の清津にわたる。終戦直前の'45年8月に父が応召、終戦後、一家は平壌で抑留された。翌'46年9月になって帰国、父は行方不明、姉は栄養失調で死去し、母と妹の3人で帰国、父の故郷である島根県安来町に落ち着いた。2年間学校に通えなかった長島は10歳で安来小学校3年生となった。5年生で野球を始め、安来中時代はエースとして活躍した。

高校は隣県ながら自宅から近い鳥取県立米子東高に進学した。この時年齢的には2年年長で、規則としては1年生の時しか大会には出場できないことになっていた。ただし、中学浪人など特別の事情があった場合に限り、県高野連の承認を得れば、19歳までは出場可能である。1年から一塁手としてレギュラーをとっていた長島は、2年生ですでに特例としての許可をとって出場していた。2年秋、新チーム結成の際に長島はエースになることが決まっていたが、直後に遠藤俊野球部長より「君はもう高校野球の公式戦には出られない。規定の年齢を超えてしまった」という衝撃の宣告をされたのである。

しかし、その後も長島は練習をつづけ、練習では打撃投手をつとめた。その間に学校関係者が奔走、3年生の6月中旬になって、戦争による特例として特別に出場が認められた。長島はブランクを感じさせない投球で鳥取県大会、東中国大会を撃破して、'56年夏の甲子園に19歳でエースとして出場した。

初戦で別府鶴見丘高を2安打12奪三振で完封。準々決勝では選抜優勝の中京商と対戦した。この試合は強風のためノーゲームとなり、再試合では中京商も完封した。準決勝の岐阜商戦は1－1で延長戦となり、10回裏にサヨナラ負けを喫した。

卒業後は、プロや大学からの誘いを断り、富士製鉄広畑に入社。'61年には都市対抗でベスト4まで進んでいる。

【甲子園投手成績】（米子東高）

		対戦相手	回	安	振
1956夏	2	別府鶴見丘高	9	2	12
	準々	中京商	9	5	5
	準決	県岐阜商	9⅔	9	6

中田《なかた》 和男《かずお》（三重高）

1969年選抜で優勝した三重高の主将で、のち同校監督としても活躍。

1951年5月14日三重県名張市に生まれる。中学で野球を始め、当時は投手。三重高では2年で捕手のレギュラーとなり、'68年夏の甲子園に出場。翌'69年は主将となり、選抜で優勝した。夏は初戦で広陵高に敗れたが、佐伯投手から2打点を記録している。

中京大に進学したが、2年春に右足首を骨折して選手を断念した。卒業後は、中京大コーチを経て、'75年母校・三重高に招聘されて監督に就任すると、同年夏の甲子園に出場。翌年夏にも連続出場を果たした。しかし、4年目の'78年に地区大会で敗退していったん監督を辞任。

その後、自転車部監督、野球部長などをつとめたが、この間チームは全く甲子園に出場できず、'89年監督に復帰。翌'90年選抜で甲子園に復活すると、以後4年間で4回甲子園に出場した。

主な教え子に、杉山智弥（中京大）、佐野比呂人（法政大ートヨタ自動車）などがいる。

【甲子園打撃成績】（三重高）

		対戦相手	打	安	点
1968夏	2	延岡商	4	1	0
	3	松山商	5	1	0
	準々	興国高	3	0	0
1969春	1	向陽高	3	0	0
	2	平安高	3	1	2
	準々	尼崎西高	4	0	0
	準決	浪商高	3	2	0
	決勝	堀越高	3	0	1
1969夏	1	広陵高	3	1	2

【甲子園監督成績】（三重高）

1975夏	2	○	3－1	巨摩高
	3	●	3－7	東海大相模高
1976夏	2	●	0－4	柳川商
1990春	1	○	4－3	神戸弘陵高
	2	○	5－4	柳ヶ浦高
	準々	●	3－4	北陽高
1991春	1	●	2－7	天理高
1992春	1	○	4－3	松山商
	2	○	3－1	新野高
	準々	●	2－3	帝京高
1992夏	1	○	8－1	西条高
	2	○	3－2	沖縄尚学高
	3	●	0－3	西日本短大付高

永《なが》田《た》 三郎《さぶろう》（八尾高）

八尾高で選手・監督として活躍、のち審判もつとめた。

大阪府に生まれる。八尾中（現・八尾高）ではレフトを守り、'31年春から4季連続して甲子園に出場。'32年夏の京都師範戦ではリリーフ投手として登板もしている。

早大では東京6大学野球で活躍。卒業後は川崎重工で選手・監督をつとめた。のち母校・八尾高の野球部監督となり、'52年選抜で、自ら出場して以来20年振りに甲子園に復活。ベスト4まで進出した。同年夏には準優勝を果たした。

一方、高野連常任理事のほか、'46年夏～'91年春に甲子園の審判委員をつとめ、春夏両大会で審判副委員長。また、'49年～'97年の48年間にわたって選抜選考委員もつとめた。2003年2月1日87歳で死去した。

主な教え子に、木村保（早大ー南海）、法元弘明（中日）、元橋一登（早大ー川崎重工）らがいる。

【甲子園打撃成績】（八尾中）

		対戦相手	打	安	点
1931春	1	愛知商	1	0	0
	2	小倉工	3	2	3
	準々	甲陽中	3	0	0
	準決	広島商	5	2	0
1931夏	1	平安中	4	1	0
1932春	2	静岡中	4	0	0
	準々	松山商	3	0	0
1932夏	2	京都師範	3	1	1
	準々	明石中	4	0	0

【甲子園監督成績】（八尾高）

1952春	1	○	5－0	土佐高
	2	○	5－0	下関商
	準々	○	5－2	長崎商
	準決	●	0－2	静岡商
1952夏	2	○	6－0	盛岡商
	準々	○	4－0	松山商
	準決	○	1－0	長崎商
	決勝	●	1－4	芦屋高

永《なが》田《た》 昌弘《まさひろ》（国士舘高）

国士舘高校野球部育ての親。

1958年1月24日愛知県豊川市に生まれ

る。中京高では控えの二塁手兼代打で、'75年選抜に背番号10でベンチ入りしたが、初戦で倉敷工に敗れ、試合には出場しなかった。この試合は一塁コーチャーをしていたが、後頭部に相手チームの練習ボールが直撃するというアクシデントにあっている。

国士舘大学に進学して3年でレフトのレギュラーとなり、4年では4番打って主将をつとめた。'79年秋にはリーグ戦で初優勝。

卒業後は東京ガスに入社、3年連続して都市対抗に出場を決めたが、3年目は直前に骨折して試合には出られなかった。

'83年1月国士舘高監督に就任、当時はほとんど実績のない高校だった。8年目の'91年選抜で甲子園初出場を果たすと、いきなりベスト4まで進んで注目を集めた。'93年2度目の選抜出場でも再びベスト4まで進む。以後、秋の東京大会では安定した成績を残し、選抜大会での常連校となっている。

主な教え子に、浜名千広(東北福祉大ーダイエーヤクルト)、筒井正也(国士舘大ーヤマハー広島)らがいる。

【甲子園監督成績】(国士舘高)

1991春	1	○	13－0	瓊浦高
	2	○	1－0	瀬戸内高
	準々	○	8－1	坂出商
	準決	●	0－1	松商学園高
1993春	2	○	6－2	東山高
	3	○	8－7	市立船橋高
	準々	○	6－1	鹿児島商工
	準決	●	3－4	大宮東高
1996春	1	○	4－2	高松商
	2	○	5－3	小倉東高
	準々	●	0－3	智弁和歌山高
1997春	1	●	3－5	明徳義塾高
1998春	2	●	2－9	広島商
2000春	1	○	2－0	高岡第一高
	2	●	6－9	智弁和歌山高
2003春	2	●	0－4	愛工大名電高

永田《ながた》 裕治《ゆうじ》(報徳学園高)

報徳学園高校で、選手・監督として全国制覇。

1963年10月18日兵庫県神戸市に生まれる。小学校の低学年から野球を始め、5年生の時にあった選抜大会で報徳学園高が池田高を降して優勝し、同校への進学を目指した。希望通り報徳学園中学に進学して捕手となり、近畿大会にも出場した。同期に金村義明(近鉄ー西武)らがおり、6年間同じチームでプレー。報徳学園高では3年生の'81年に7番・ライトとして春夏連続して出場し、夏は優勝した。

中京大では外野手兼捕手で主将をつとめた。卒業後、大阪の桜宮高コーチを経て、'90年に母校の報徳学園高にコーチとして招聘され、'94年に監督に就任した。翌'95年の選抜に出場。2002年の選抜では優勝した。

主な教え子には、前田智章(同志社大)、鞘師智也(東海大ー広島)、南竜介(横浜)、大谷智久(早大)、尾崎匡哉(日本ハム)らがいる。

【甲子園打撃成績】(報徳学園高)

		対戦相手	打	安	点
1981春	1	大府高	3	1	0
1981夏	1	盛岡工	2	1	0
	2	横浜高	3	0	0
	3	早実	1	0	0
	準々	今治西高	2	1	1
	準決	名古屋電気	未出場		
	決勝	京都商	2	0	0

【甲子園監督成績】(報徳学園高)

1995春	1	○	4－3	北海高
	2	●	2－9	関西高
1997春	1	○	4－3	東海大菅生高
	2	○	5－0	日大明誠高
	準々	○	5－2	平安高
	準決	●	1－5	中京大中京高
1997夏	1	○	7－6	日大東北高

	2	●	5－11	浜松工
1998春	2	●	2－6	横浜高
1998夏	1	●	4－8	富山商
2002春	1	○	3－2	日大三高
	2	○	5－3	広陵高
	準々	○	7－5	浦和学院高
	準決	○	7－1	福井商
	決勝	○	8－2	鳴門工
2002夏	1	●	3－7	浦和学院高
2004春	1	●	2－3	東海大山形高

中西《なかにし》 清起《きよおき》（高知商）

1980年選抜で優勝した高知商のエース。

1962年4月26日高知県宿毛市小筑紫町に生まれる。実家は網元で、父は草相撲で鳴らしていたこともあり、小学校時代は相撲をしていた。小筑紫中で野球を始めると、全く打てない非力なチームだったにもかかわらず、在学中に県大会で2回優勝。うち1回は6試合中5試合完封、1試合はノーヒットノーランという成績を残すなど、高知県中学野球史上で最も完成した名投手といわれた。

高知商に進学するとまもなく控え投手として登録され、1年生の'78年夏に甲子園に出場。エースはのちに阪急に入団する森浩二（当時2年生）であった。この大会では2回戦の倉吉北高戦と準々決勝の報徳学園高戦で、ともに勝負の決した9回に1イニングだけ登板した。この時チームは決勝に進出してPL学園高と対戦、9回裏に逆転サヨナラ負けを喫している。

'79年の選抜ではライトで6番を打ってレギュラーとして出場、エースの森が完投したため、登板の機会はなかった。夏は県大会準々決勝で敗退。

秋の新チームでエースで4番となり、四国大会で優勝。翌年の選抜では優勝候補の筆頭にあげられ、中西も大会No.1投手として注目された。また、水島新司の漫画「球道くん」のモデルとしても有名になった。

初戦の新宮高戦では8安打で1点を失ったが、2回戦の富士宮北高戦は5回2死まで完全試合ペースで4安打完封。しかし、準々決勝の尼崎北高戦は大乱調で、13安打を喫し、奪三振はわずかに3、4－3の辛勝だった。準決勝では復活して広陵高を3安打完封、決勝の帝京高戦は伊東昭光（のちヤクルト）との投手戦となり、延長戦の末に、10回に裏に1－0でサヨナラ勝ちして同校悲願の初優勝を飾った。

続いて夏も甲子園に出場、初戦では松商学園高を3安打完封、投球数わずかに90球という完勝。しかし、2回戦で箕島高の尾藤監督にバント作戦で撹乱されて完敗した。

卒業後はリッカーに入社して通算38勝をあげ、'83年秋のドラフト会議で阪神から1位指名されてプロ入り。'85年に最優秀救援投手となるなどリリーフ投手として活躍した。'96年に引退後は解説者をつとめる。

【甲子園投手成績】（高知商）

		対戦相手	回	安	振
1978夏	1	東海大四高	未	登	板
	2	倉吉北高	1	0	1
	3	仙台育英高	未	登	板
	準々	報徳学園高	1	2	0
	準決	岡山東商	未	登	板
	決勝	PL学園高	未	登	板
1979春	1	八代工	未	登	板
	2	浪商高	未	登	板
1980春	1	新宮高	9	8	6
	2	富士宮北高	9	4	6
	準々	尼崎北高	9	13	3
	準決	広陵高	9	3	5
	決勝	帝京高	10	5	8
1980夏	1	松商学園高	9	3	6
	2	箕島高	9	9	5

【甲子園打撃成績】（高知商）

		対戦相手	打	安	点
1978夏	1	東海大四高	未	出	場
	2	倉吉北高	0	0	0

	3	仙台育英高	未　出　場		
	準々	報徳学園高	0	0	0
	準決	岡山東商	未　出　場		
	決勝	PL学園高	未　出　場		
1979春	1	八代工	5	1	0
	2	浪商高	4	2	0
1980春	1	新宮高	4	2	0
	2	富士宮北高	4	1	0
	準々	尼崎北高	4	2	3
	準決	広陵高	5	0	0
	決勝	帝京高	4	0	0
1980夏	1	松商学園高	3	1	0
	2	箕島高	3	1	0

中西《なかにし》 太《ふとし》（高松一高）

“怪童”と恐れられた高松一高の強打者。

1933年4月11日香川県高松市松島町に生まれる。終戦翌年の'46年春に旧制高松第一中学に入学。3年生に進級した'48年に学制改革があり、翌'49年に新制高校となった高松一高に1年生として進学した。ちょうどこのはざまに学校が選抜に出場、旧制時代から野球部に属していたことから、新制高松一高の選手として出場することができた。今では入学前のために出場できないが、中西はこの時すでに3番を打っていた。同年夏も甲子園に出場し、ベスト4まで進んでいる。

3年生の'51年夏には4番打者として出場。1回戦では岡山東高（現・岡山東商）の秋山登（大洋）から左中間を破る大会第1号のランニングホームランを打っている。中西というと豪快なホームランを連想するが、大きな当たりを打つだけでなく俊足でもあり、プロ入りした後にも1シーズンに30盗塁以上したこともある。

2回戦の福島商戦では、2試合連続となるランニングホームランを今度は右中間に打った。さらに準々決勝の芦屋高戦では、有本投手からセカンドへ痛烈なライナーを打ち、これをとった芦屋高のセカンドが、あまりの打球の速さに後ろにひっくりかえってしまったという逸話が残っている。準決勝で平安高に敗れたが、レフトの頭上を超え、ワンバウンドでラッキーゾーンに入るエンタイトル二塁打を放った。

中西が甲子園で打ったホームランは、2本のランニングホームランだけで、柵超えのホームランは1本も打っていない。しかし、この大会を見ていた飛田穂洲が、中西選手に“怪童”というニックネームをつけ、中西はその名とともに一躍有名になった。

大会後、大学進学を希望していたが、プロ各球団が中西獲得にしのぎを削り、結局西鉄に入団。1年目に新人王を獲得、2年目には早くもホームラン王と打点王の2冠を獲得して、弱冠20歳にして日本を代表するスラッガーに成長した。以後4年連続ホームラン王となり、この間'56年にはMVPに選ばれるなど稲尾、豊田とともに西鉄の黄金時代を支えた。とくにそのホームランは飛距離の大きいことで知られた。28歳で監督を兼任、引退する'69年までつとめた。この間'63年にリーグ優勝。'74年～'75年日本ハム、'80年～'81年阪神の監督をつとめたほか、各球団の打撃コーチなどを歴任した。'99年に殿堂入りしている。

【甲子園打撃成績】（高松一高）

		対戦相手	打	安	点
1949春	1	関西高	4	1	2
	準々	小倉高	4	0	0
1949夏	2	水戸商	4	1	*
	準々	芦屋高	2	0	*
	準決	湘南高	4	2	0
1951夏	1	岡山東高	4	2	*
	2	福島商	3	1	2
	準々	芦屋高	4	1	*
	準決	平安高	4	1	1

注）夏の大会の一部で打点数が不明

仲《なか》根《ね》 政裕《まさひろ》（日大桜丘高）

1972年の選抜で初出場初優勝を達成した日大桜丘高のエース。

1954年９月24日東京都渋谷区に生まれる。日大桜丘高に進学し、'72年の選抜にエースとして出場。初戦で松江商を１安打で完封すると、以後高知商、東北高と降して決勝に進出。決勝では兄弟校の日大三高と対戦、２安打で完封して初出場初優勝を達成。193センチの長身で、「ジャンボ中根」と言われた。

夏は東京大会準決勝の拓大一高戦で延長18回を投げて引き分け、再試合では大差がついたため途中降板。決勝では佼成学園高を降して春夏連続しして甲子園に出場した。甲子園の初戦では選抜で降した高知商と対戦、延長戦の末に敗れた。

同年秋のドラフト会議では近鉄から１位で指名されてプロ入り。初め投手として出場していたが、５年間で２勝しかできず、'81年途中から打者に転向。'88年中日に移籍し、同年退団。その後は、名古屋市郊外で焼き肉レストラン「牛若亭」を経営するかたわら、ＮＨＫ衛星放送の大リーグ中継ゲスト解説もつとめていたが、'95年８月15日肺癌のため40歳で急死した。

【甲子園投手成績】（日大桜丘高）

		対戦相手	回	安	振
1972春	2	松江商	9	1	7
	準々	高知商	9	8	6
	準決	東北高	9	7	4
	決勝	日大三高	9	2	7
1972夏	1	高知商	11	8	8

中《なか》野《の》 真博《まさひろ》（金沢高）

史上２人目の甲子園での完全試合達成者。

1976年6月8日石川県金沢市に生まれる。小３で野球を始め、北鳴中を経て、金沢高に進学した。

金沢高では１年秋にエースとなり、２年生の'93年春には甲子園に出場。夏にも出場したが、ともに初戦で敗れている。

同年秋、樺木監督が退任して、浅井純哉監督が就任、翌'94年の選抜に3季連続で出場した。初戦で島根県の江の川高と対戦。浅井監督の作戦で、序盤・中盤・終盤の3回ずつ配球を変えるという作戦が成功、江の川高打線は内野ゴロの山を築いた。最終回もすべて内野ゴロにとり、前橋高の松本稔投手以来、16年振り２人目の完全試合を達成した。投球数は99球、試合時間はわずか88分であった。27のアウトのうち、三振は6個、内野ゴロは17個を数える。２回戦では徹底的に中野の投球を研究したPL学園高に完敗した。同年夏は県大会で星稜高に敗れた。

卒業後は青山学院大学に進学してプロを目指したが、４年間で東都大学リーグ通算6勝8敗の成績に終わり、東芝に入社した。

【甲子園投手成績】（金沢高）

		対戦相手	回	安	振
1993春	1	関西高	8	10	5
1993夏	1	甲府工	9	7	5
1994春	1	江の川高	9	0	6
	2	ＰＬ学園高	8	8	12

永《なが》野《の》 元玄《もとはる》（土佐高）

1953年夏に準優勝した土佐高の主将で、甲子園大会を代表する審判の一人。

1936年２月26日高知市に生まれる。城西中から土佐高に進学して捕手として活躍。'52年選抜に、池上武雄（慶大－四国銀行常務－土佐高校長）とバッテリーを組んで甲子園初出場を果たした。

翌'53年には主将として春夏連続して出場。選抜で初勝利をあげると、夏には決勝まで進出して空谷投手がエースの松山商と対戦、９回裏に同点に追いつかれれ、延長13回サヨナラ負けを喫した。

慶大では藤田元司（巨人）とバッテリーを組み、東京６大学野球で活躍。'58年に卒業後は住友金属で５年間プレーした。

'64年甲子園の審判となり、以来'93年まで30年間審判をつとめた。'94年からは、審判委員幹事として審判のまとめ役となる。のち日本高等学校野球連盟常任理事。戦後の甲子園を代表する名審判の一人である。

【甲子園打撃成績】（土佐高）

		対戦相手	打	安	点
1952春	1	八尾高	4	1	0
1953春	1	早実	3	1	0
	2	銚子商	3	0	0
1953夏	2	金沢泉丘高	3	2	*
	準々	浪華商	3	1	2
	準決	中京商	2	0	0
	決勝	松山商	5	0	1

注）1953年夏の１回戦の打点数は不明

中村《なかむら》 順司《じゅんじ》（PL学園高）

昭和後半に甲子園で“PL学園時代”を築き上げた名監督。

1946年８月５日福岡県中間市に生まれる。ＰＬ学園高時代は控えの内野手だった。卒業後は名古屋商大、キャタピラー三菱でプレーしたが、選手としてはとくに目立つ存在ではなかった。

'76年母校ＰＬ学園高にコーチとして招聘され、'80年監督に就任。翌'81年選抜で甲子園に出場するといきなり優勝。以後、全国から入学してくる厳選された逸材を縦横につかい、甲子園に“ＰＬ学園時代”とでもいうべき一時代を築き上げることになる。

翌'82年選抜でも優勝して春２連覇を飾ると、'83年に夏の大会に出場して再び優勝。'84年選抜の決勝で岩倉高に０－１で敗れるまで、初出場から甲子園20連勝という空前絶後の偉業を達成した。同年夏も決勝で敗れたのち、翌'85年選抜では準決勝で伊野商の渡辺智男投手（西武）の前に完敗、6回目の甲子園出場で初めて決勝進出を逃した。

以後も、'87年には春夏連覇を達成、'98年選抜の準決勝で横浜高との死闘に敗れて引退するまで、18年間に16回出場、58勝10敗という驚異的な成績をあげている。

同年11月に母校の名古屋商科大学監督に就任した。

教え子にはプロで活躍する著名選手が多く、主な選手だけでも、西川佳明（法政大－南海－阪神）、吉村禎章（巨人）、若井基安（法政大－日本石油－ダイエー）、清原和博（西武－巨人）、桑田真澄（巨人）、内匠政博（近畿大－日本生命－近鉄）、野村弘（横浜）、橋本清（巨人）、立浪和義（中日）、片岡篤史（同志社大－日本ハム－阪神）、松井和夫（稼頭央，西武）、宇高伸次（近畿大－近鉄）、福留孝介（日本生命－中日）、大村三郎（ロッテ）、前田忠節（東洋大－近鉄）、前川克彦（近鉄）、荒金久雄（青山学院大－ダイエー）、田中一徳（横浜）などがいる。

また、岩崎充宏（青山学院大－新日鉄名古屋）、鷲北剛（明大－日本生命）、上重聡（立教大）、古畑和彦（亜細亜大）などアマ球界で活躍した選手も多い。

【甲子園監督成績】（PL学園高）

1981春	1	○	5－0	岡山理大付高
	2	○	1－0	東海大工
	準々	○	8－2	日立工
	準決	○	4－0	倉吉北高
	決勝	○	2－1	印旛高
1982春	1	○	4－1	東北高
	2	○	2－1	浜田高
	準々	○	1－0	箕島高
	準決	○	3－2	横浜商
	決勝	○	15－2	二松学舎大付高
1983夏	1	○	6－2	所沢商
	2	○	7－0	中津工
	3	○	6－2	東海大一高
	準々	○	10－9	高知商
	準決	○	7－0	池田高

	決勝	○	3－0	横浜商
1984春	1	○	18－7	砂川北高
	2	○	10－1	京都西高
	準々	○	6－0	拓大紅陵高
	準決	○	1－0	都城高
	決勝	●	0－1	岩倉高
1984夏	1	○	14－1	享栄高
	2	○	9－1	明石高
	3	○	9－1	都城高
	準々	○	2－1	松山商
	準決	○	3－2	金足農
	決勝	●	4－8	取手二高
1985春	1	○	11－1	浜松商
	2	○	6－2	宇部商
	準々	○	7－0	天理高
	準決	●	1－3	伊野商
1985夏	2	○	29－7	東海大山形高
	3	○	3－0	津久見高
	準々	○	6－3	高知商
	準決	○	15－2	甲西高
	決勝	○	4－3	宇部商
1986春	1	●	1－8	浜松商
1987春	1	○	3－1	西日本短大付高
	2	○	8－0	広島商
	準々	○	3－2	帝京高
	準決	○	8－5	東海大甲府高
	決勝	○	7－1	関東一高
1987夏	1	○	7－2	中央高
	2	○	7－2	九州学院高
	3	○	4－0	高岡商
	準々	○	4－1	習志野高
	準決	○	12－5	帝京高
	決勝	○	5－2	常総学院高
1992春	1	○	14－1	四日市工
	2	○	3－1	仙台育英高
	準々	●	0－2	東海大相模高
1994春	1	○	10－0	拓大一高
	2	○	4－0	金沢高
	準々	○	10－1	神戸弘陵高
	準決	●	4－5	智弁和歌山高
1995春	1	●	7－10	銚子商
1995夏	1	○	12－3	北海道工
	2	○	3－1	城北高
	3	○	10－5	日大藤沢高
	準々	●	6－8	智弁学園高
1996夏	1	○	4－0	旭川工
	2	○	11－4	県岐阜商
	3	●	6－7	高陽東高
1998春	1	○	5－1	樟南高
	2	○	9－0	創価高
	3	○	3－1	敦賀気比高
	準々	○	3－2	明徳義塾高
	準決	●	2－3	横浜高

中村《なかむら》 豪《たけし》（愛工大名電高）

“イチロー”の育ての親として知られる名監督。

1942年6月28日愛知県名古屋市南区に生まれる。桜小で野球を始めて投手となり、桜田中でもエースとして活躍。創部間もない名古屋電気工業に進学して投手兼一塁手となり、2年秋には主将となったが、秋季県大会開幕前夜に伊勢湾台風が直撃して県大会が中止された。3年夏は県大会2回戦で敗退。愛知学院大でも投手兼外野手で主将をつとめ、愛知大学リーグで優勝。卒業後は電電東海（現・NTT東海）に進んだが足を故障して野球を断念した。

その後、専門学校に通ってスポーツマッサージ師の資格を取り、'78年4月に治療院を開業した。直後に母校名古屋電気高（名古屋電気工業が改称）の監督が辞任、後任監督を要請された。治療院開業直後だったため悩んだが、8月に同校の監督に就任、野球部の寮に住みこんでの指導が始まった。この時2年生の鴻野淳基（大洋）を中心にチームをつくり、県大会で準優勝、東海大会進出を果たした。翌'79年夏も県大会決勝まで進むなど、新興強豪校の仲間入りを果たした。

この年、工藤公康（西武－ダイエー－巨人）、山本幸二（巨人）、中村稔の3選手が入学、3年生となった'81年夏に甲子園に出場を果たした。甲子園では工藤投手が初戦の長崎西高をノーヒットノーランに抑え、３回戦の北陽高戦では中村稔が延長12回裏にサヨナラホームランを打つなど、準決勝まで進んで、一躍同校の名は全国に鳴り響いた。

'90年夏に出場した際にはレフトに鈴木一朗（イチロー，オリックス－マリナーズ）がおり、翌'91年の選抜には鈴木をエースとして出場したが、ともに初戦で敗れている。

'97年に愛工大名電高を辞任、のち豊田大谷高の監督に就任した。

教え子は前記のほかに、愛工大名電高時代の高橋雅裕（大洋－ロッテ）、雲宝正善（日産自動車）、伊藤栄祐（近鉄）、豊田大谷高時代の亀浦俊一（日体大）などがいる。

【甲子園監督成績】（名古屋電気）

1981夏	2	○	4－0	長崎西高
	3	○	2－1	北陽高
	準々	○	3－0	志度商
	準決	●	1－3	報徳学園高

（愛工大名電高）

1984春	1	○	8－5	丸亀商
	2	○	7－6	佐賀商
	準々	●	2－3	都城高
1988夏	2	○	3－2	高知商
	3	●	1－4	沖縄水産
1990夏	1	●	1－6	天理高
1991春	1	●	2－3	松商学園高

中村《なかむら》 民雄《たみお》（熊本工）

熊本工業で選手・監督として活躍。

1917年１月16日熊本市に生まれる。熊本工業では田上正人とバッテリーを組んで捕手として活躍、'32年夏の甲子園に初出場してベスト４まで進んだ。卒業後は、実業団の全京城、奉天実業でプレーしたのち、'36年のセネタース結成に参加、４番を打った。応召を経て、'42年は大洋、'43年は西鉄でプレー。プロでは捕手兼一塁手として４年間プレーした。

戦後、'48年に母校・熊本工の監督に就任。'50年選抜で戦後初出場を果たしてベスト８まで進み、'54年と'58年の選抜では連続して準決勝まで進出、熊本工業第二期黄金時代を築いた。'58年選抜の準決勝では済々黌高との同県対決で敗れている。'60年監督を引退。2003年５月20日死去。86歳。

主な教え子に、八浪知行（西鉄－大映－熊本工監督－熊本県議）、添島時人（巨人）、西園寺昭夫（東洋レーヨン－東映－ヤクルト）、成田秀秋（中日）などがいる。

【甲子園打撃成績】（熊本工）

		対戦相手	打	安	点
1932夏	2	台北工	5	3	3
	準々	石川師範	4	0	0
	準決	中京商	3	0	0

【甲子園監督成績】（熊本工）

1950春	1	○	15－9	県尼崎高
	準々	●	3－5	高知商
1954春	2	○	4－2	新宮高
	準々	○	4－3	北海高
	準決	●	0－6	飯田長姫高
1958春	2	○	1－0	多治見工
	準々	○	3－2	海南高
	準決	●	2－5	済々黌高

中村《なかむら》 良隆《よしたか》（佐久長聖高）

長野県高校球界を代表する監督。

1941年12月20日長野県小県郡丸子町に生まれる。東内村小（現・丸子町小）で野球を始め、丸子中を経て、地元丸子実業に進学。センターで１番を打ったが甲子園には出場できなかった。

卒業後、母校の実習助手となって１年間コーチをつとめ、'61年秋に19歳で監督に就任した。２年目の'62年には選抜に選ばれ、

20歳で甲子園初出場を果たして話題となった。この時の二塁手が、のちにライバルとなる山寺昭徳（丸子実監督－長野商監督）であった。'65年夏にはベスト8まで進む。

この間、法政大学の通信教育で教員資格を取得し、'67年4月須坂園芸高に社会科教諭として赴任。全く無名の同校野球部を育てたが、'70年4月に丸子実監督に再び呼び戻された。この年の夏には自ら育てあげた須坂園芸高が丸子実を破って甲子園に初出場している。

'85年に上田東高に転じ、翌'86年に監督に就任すると、'88年夏には再び全く無名だった同校を甲子園初出場に導き、甲子園の初戦では強豪広島商と延長10回の熱戦の末に惜敗、一躍注目を集めた。

この実績をもとに、'91年秋、新進校として注目を集め始めた私立の佐久高（現在の佐久長聖高）に招聘された。この時、県議選への出馬の打診もあったという。

就任3年目の'94年夏、松崎幸二投手を擁して甲子園初出場を達成すると、敦賀気比高、愛知高と破り、準々決勝では9回裏にサヨナラスクイズを決めて水戸商を降し、いきなりベスト4まで進んだ。以後、同校は長野県を代表する強豪校となり、また甲子園の常連校となりつつある。

主な教え子に、丸子実時代の小山健二（駒沢大－日本コロムビア）、堀場秀孝（プリンスホテル－慶大－広島－大洋－巨人）、桃井進（電電信越－ロッテ－パリーグ審判）、佐久高・佐久長聖高時代の松崎幸二（立正大）などがいる。

【甲子園監督成績】（丸子実）

1962春	2	●	1－6	八幡商
1965夏	1	○	3－1	天理高
	2	○	11－3	佐賀商
	準々	●	0－3	銚子商
1972夏	1	●	6－7	高松一高
1973春	1	○	10－3	和歌山工
	2	●	0－1	日大一高
1973夏	1	○	9－4	箕島高
	2	●	0－5	今治西高
1977春	1	●	4－7	岡山南高
1982夏	1	●	2－3	春日丘高

（上田東高）

1988年	2	●	3－4	広島商

（佐久高）

1994夏	2	○	5－0	敦賀気比高
	3	○	5－3	愛知高
	準々	○	2－1	水戸商
	準決	●	2－3	佐賀商

（佐久長聖高）

1995夏	1	○	4－2	長崎日大高
	2	●	2－4	金足農
1997春	1	●	5－6	大分商
1998夏	1	●	2－3	佐賀学園高
2002夏	2	○	11－7	東山高
	3	●	5－12	尽誠学園高

注）'70年夏に出場した須坂園芸高も指導校だが、出場当時は丸子実の監督に転じていた

中山《なかやま》 寿人《ひさと》（徳島商ほか）

平成時代の徳島県高校球界を代表する監督。

1961年12月16日徳島県海部郡牟岐町に生まれる。中学時代に野球を始め、創立50年を迎えて野球部の強化を始めた地元の日和佐高に進学し、百々寿監督の指導を受ける。1年秋には三塁手のレギュラーとなり、四国大会に出場。3年春には県大会で優勝し、チャレンジマッチでは選抜帰りの池田高を降して四国大会に進んだ。この年、徳島県内で池田高を降した唯一のチームであった。四国大会では、決勝で森（阪急）、中西（阪神）の両エースを擁する高知商に敗れたものの準優勝、日和佐高の名は四国中に轟いた。同年夏の県大会では優勝候補にあげられていたものの、準決勝で鳴門商業に敗れ、甲子園初出場

はならなかった。この時の敗戦で高校野球の監督を目指したという。

体育教師を目指して中京大学に進学、1年秋には早くも愛知大学リーグで4番を打ち、在学中にリーグ優勝を3回経験。しかし、けがも多く、4年秋には交通事故で一時意識を失ったこともあるという。

卒業後、非常勤講師として母校・日和佐高に赴任してコーチとなり、以後、徳島水産、鳴門工で指導。'88年に正式に教諭として採用され新野高に赴任。当時、同校は全く無名で部員は十数人、授業の合間に学校の草刈り機でグラウンドの雑草を刈ることから始めるような状況だった。しかし、熱心な指導が評判となり、3年目に地元の中学野球の強豪校・阿南二中の卒業生が入部、'91年秋の四国大会に初出場を決めると、岡豊高、西条高を降して決勝戦まで進み、翌'92年の選抜で甲子園初出場を果たした。甲子園の初戦では部坂(阪神)、平馬(シドニー五輪代表)らのいる優勝候補の横浜高と対戦。6回までノーヒットに抑えられていたが、8回に6点をとって大逆転し、一躍注目を集めた。

'96年4月転勤で名門・徳島商に転じた。徳島商の監督にOB以外が就任したのは長い歴史の中でも2人目という異例の就任だった。当時の徳島商は3年間で4人の監督が就任、部員数もわずかに19人という状態で成績も低迷していたため、新野高校を短期間で強化した実績が買われたものだった。中山は'97年選抜から'98年夏まで4季連続して甲子園に出場させ、'97年夏にはベスト8まで進み、秋の国体では優勝と、強豪校を見事復活させた。

2000年4月、無名の徳島東工に転じると、同校も県内の強豪の仲間入りし、'02年の秋季大会では県大会準決勝まで進んで、徳島県の21世紀枠に選ばれている。

主な教え子に、新野高時代の生田哲也(JR四国)、徳島商時代の中山利隆(青山学院大)、加島正一郎(愛知学院大ー一光)、牛田成樹(明大ー横浜)などがいる。

【甲子園監督成績】(新野高)

1992春	1	○	7－3	横浜高
	2	●	1－3	三重高

(徳島商)

1997春	1	●	4－5	天理高
1997夏	1	○	7－5	新湊高
	2	○	7－3	佐賀商
	3	○	9－8	西京高
	準々	●	1－5	平安高
1998春	2	○	8－4	日本航空高
	3	●	3－7	郡山高
1998夏	1	●	0－1	岐阜三田高
1999夏	1	○	5－1	北海高
	2	●	1－3	滝川二高

中山《なかやま》 裕章《ひろあき》(高知商)

1983年夏の甲子園で1年生ながらPL学園高相手に好投した高知商の投手。3年ではエースとして選抜優勝した渡辺智男(西武ーヤクルト)のいる伊野商を降し、甲子園に出場している。

1967年11月4日高知市愛宕町に生まれる。城北中を経て、高知商に入学。1年の'83年夏には早くもエース津野浩(日本ハムほか)の控え投手としてメンバー入りし、甲子園に出場した。準々決勝のPL学園高で津野が打ち込まれると4回途中からリリーフし、桑田(巨人)・清原(巨人)のいた強打のPL学園高を1安打無失点に抑えて注目された。

秋にはエースとなるが故障が続き、'84年夏は県大会初戦で高知高に敗戦。秋は準々決勝で伊野商の渡辺智男と投げ合って敗れた。

3年生となった'85年は春季大会で優勝、チャレンジマッチで選抜を制した伊野商も降して四国大会に進み、四国大会も圧勝で優勝した。夏の県大会で準決勝で明徳高を完封すると、決勝で再び伊野商と対戦。8回裏に逆転して降し、甲子園に出場した。甲子園の初戦では藤嶺藤沢高に完勝。2回戦の志度商戦では、初回先頭打者から６連続奪三振を記録、結局２安打12奪三振で完封。３回戦では川之江高に立ち上がりの不調をつかれて２点を先制されたものの、８回に追いつき、延長11回サヨナラ勝ち。準々決勝では再びPL学園高と対戦したが、桑田・清原にともにホームランを打たれて敗れた。

秋のドラフト会議では大洋から１位指名されてプロ入り。２年目には先発投手として一軍に定着、翌年からはリリーフエースとして活躍し、オールスターにも出場。'90年から２年連続開幕投手もつとめている。'91年解雇されたが、'94年中日で球界に復帰した。2002年には台湾球界に転じている。

【甲子園投手成績】（高知商）

		対戦相手	回	安	振
1983夏	2	秋田高	未	登	板
	3	箕島高	未	登	板
	準々	PL学園高	5⅔	1	2
1985夏	1	藤嶺藤沢高	9	8	10
	2	志度商	9	2	12
	3	川之江高	11	7	4
	準々	PL学園高	9	9	5

納家《なや》 米吉《よねきち》（浪華商）

浪華商のエースとして甲子園に５回出場。

1914年７月15日和歌山県に生まれる。和歌山高小から浪華商（現・浪商高）に進学して、'30年にエースとなり、北浦三男（セネタース）とバッテリーを組んで甲子園に出場したが、初戦の広島商戦５回表に５点目を失ったところで降板。以後、甲子園に５回出場した。

'33年夏は２回戦で中京商をわずか２安打に抑えながらエラーで敗れた。

'34年選抜では、準決勝で享栄商と対戦。延長15回を完投して０－０で引き分け、再試合で完投勝利をおさめた。決勝では東邦商と対戦し、立谷投手との投手戦で０－０のまま再び延長戦に突入、10回表に自らランニングホームランを打って１点勝ち越したが、すぐにチェンジとなり、息の上がったままで登板。無死二三塁から村上一治（法政大－南海）に右中間に二塁打を打たれて逆転サヨナラ負けを喫した。

卒業後は、法政大を経て、'38年秋に南海に入団して外野手となるが、同年応召し、'44年４月３日フィリピン・バターンで戦死した。

【甲子園投手成績】（浪華商）

		対戦相手	回	安	振
1930夏	1	広島商	4	6	0
1932春	2	大分商	9	5	9
	準々	和歌山中	8	5	7
1933春	1	山口中	7⅓	1	9
	2	明石中	8	5	3
1933夏	1	盛岡中	9	8	4
	2	中京商	9	2	2
1934春	2	中京商	9	3	5
	準々	神戸一中	9	3	8
	準決	享栄商	15	5	8
		享栄商	9	6	4
	決勝	東邦商	9	2	9

南条《なんじょう》 信夫《のぶお》（仙台二高）

1947年夏に準決勝まで進んだ仙台二高の監督。旧姓は川上。

1921年３月31日宮城県に生まれる。仙台二中ではレフトで６番を打ち、1938年夏に県予選を制して東北大会に進出、決勝で山形中学（現・山形東高）に敗れて甲子園出場を逃した。

卒業後は、東北学院を経て、戦後まもなく母校・仙台二中に野球部が復活すると監督に就任。戦後荒廃のなか、用具の調達など、母校野球部の復活に尽力した。'47年夏には東北大会を制して、23年振りに甲子園に出場。初戦で優勝候補の浪華商を降すと、準々決勝では下関商との投手戦を制して準決勝まで進んでいる。同年監督を辞任。'51年～'52年仙台青年会議所常任理事を経て、'55年には第５代理事長をつとめている。

その後も宮城県高野連に審判団を結成するなど、宮城県高校球界に尽くした。'98年12月５日77歳で死去した。

教え子には瀬上典也（仙台工専）、二階堂正（立教大－サッポロビール）などがいる。

【甲子園監督成績】（仙台二中）

1947夏	2	○	4－2	浪華商
	準々	○	1－0	下関商
	準決	●	2－6	岐阜商

に

新《に》浦《うら》 寿《ひさ》夫《お》（静岡商）

1968年夏、甲子園で準優勝した静岡商の“１年生”エース。

1951年５月11日東京都世田谷区に生まれ、のちに静岡県に転じた。安倍川中では一塁手で控え投手だったが、３年の時に御前崎中に転校してエースとなり、'67年に静岡商定時制に入学。１年後、普通科の１年に編入、春から２番手投手として登板し、夏の県予選ではエースとなった。同年県大会を圧勝して制して甲子園に出場、１年生として話題になったが、実質は２年生であった。

甲子園では初戦の伊香高を２安打15奪三振で完封。２回戦の浜田高も６安打に抑えると、３回戦では高松商をわずか１安打に抑えて完封。準々決勝では秋田市立高に９安打を浴びたものの、先発全員奪三振を記録し、自ら３安打２打点の活躍で降した。準決勝は倉敷工を５安打で完封。決勝では興国高のエース丸山朗（早大－大昭和製紙）との投手戦となった。この試合、５回裏１死一塁からの平凡な投手ゴロを二封せずに一塁に送り、直後にタイムリーヒットを打たれて１点を献上、これが決勝点となって敗れた。

大会後、チームは国体に出場したが、韓国籍であったために出場ができず、12月に高校を中退して巨人に入団した。'75年長嶋監督によって先発投手に起用され、'77年からは２年連続して最優秀防御率のタイトルを獲得。

1984年、韓国・三星に移籍、金日融の名前で３年間エースとして活躍した。'87年に大洋に転じて日本球界に復帰、さらにダイエー、ヤクルトと転じて'92年に引退した。糖尿病を克服した選手としても知られる。プロ野球での通算成績は、日本で116勝123敗39Ｓ、韓国で54勝20敗３Ｓ。

【甲子園投手成績】（静岡商）

		対戦相手	回	安	振
1968夏	1	伊香高	9	2	15
	2	浜田高	9	6	6
	3	高松商	9	1	6
	準々	秋田市立高	9	9	9
	準決	倉敷工	9	5	2
	決勝	興国高	8	5	2

仁志《にし》 敏久《としひさ》（常総学院高）

1987年から３年連続して夏の甲子園に出場した常総学院高の内野手。

1971年10月４日茨城県古河市に生まれる。古河三小４年の時に少年野球チームに入って野球を始め、６年ではエースで４番。古河三中（週刊朝日増刊号の名鑑では古河二中となっているが誤り）から常総学院高に進学すると、すぐにショートのレギュラーとなり７番を打つ。

１年生の'87年夏には茨城県大会でホームランも打ち、甲子園に出場。決勝のPL学園高戦では３番も打ち、準優勝。好打者として注目を集めた。

翌'88年夏には三塁手で２番を打って出場。開会式直後の第１試合では１番に入り、第70回の記念大会だったため、浩宮様（現在の皇太子殿下）の始球式に際しバッターボックスに入った。

３年生の'89年夏はショートに戻って１番を打ち、県大会で２本塁打を記録。３年連続して夏の甲子園に出場したが、初戦で敗れている（甲子園では３番を打った）。

'90年特別選抜で早大に進学。４年では主将をつとめ、早慶戦で東京６大学史上４人目のサヨナラ満塁ホームランも打った。卒業時はプロを拒否して日本生命に入社したが、'95年ドラフト直前にアトランタ五輪の凍結選手を辞退して巨人を逆指名し、２位指名でプロ入りした。１年目に新人王に選ばれ、以後、内野手として活躍している。

【甲子園打撃成績】（常総学院高）

		対戦相手	打	安	点
1987夏	1	福井商	4	2	1
	2	沖縄水産	3	2	0
	3	尽誠学園高	4	1	0
	準々	中京高	3	1	2
	準決	東亜学園高	4	0	0
	決勝	PL学園高	4	2	0
1988夏	1	小浜高	5	0	0
	2	浦和市立高	4	2	0
1989夏	1	福岡大大濠高	3	0	0

西井《にしい》 哲夫《てつお》（宮崎商）

1969年に春夏連続して甲子園に出場した宮崎商のエース。

1951年７月７日宮崎県延岡市に生まれる。７歳年上の兄が野球選手だったため、幼稚園のころから野球に親しみ、小４の時に野球チームに入った。延岡南中３年で投手に転向、豪速球で注目を集めて、当時県内最強だった宮崎商に入学した。

宮崎商では２年秋にエースになると、九州大会で５試合連続完封という快挙で優勝し、翌'69年には春夏連続して甲子園に出場した。

選抜では剛腕・西井を擁する宮崎商は優勝候補の一角にもあがった。しかし、初戦の銚子商戦で制球がさだまらずに連打を浴びて０－５で完封負け。夏の甲子園では１回戦で明星高と対戦、８回裏にスクイズで取られた１点が決勝点となって、春夏連続して初戦で敗退した。結局、チームに打撃力がなく、春夏ともに１点もあげることができず敗れた。

同年秋のドラフト会議ではヤクルトが２位で指名して入団。１年目の'70年８月には完封勝利もあげ、'72年からは先発投手として活躍、'74年には11勝をマークした。'83年ロッテに移籍、'84年はリリーフ投手として活躍した。'87年中日に転じ、同年引退。プロ通算63勝66敗20S。その後は「九州ダンオー」の福岡営業所に勤務している。

【甲子園投手成績】(宮崎商)

		対戦相手	回	安	振
1969春	1	銚子商	9	13	4
1969夏	1	明星高	8	6	2

西大立目《にしおおたちめ》 永《ひさし》

甲子園の名審判。1936年7月10日東京都杉並区に生まれる。父は宮城県出身で青梅電機社長をつとめた西大立目信雄。早稲田高等学院時代は投手兼一塁手として活躍。早稲田大学を経て、卒業は1年間の会社勤めを経て、母校・早稲田大学体育局へ助手として復帰。'67年講師、'73年助教授を経て、'79年教授に就任。一方、30歳から審判を始め、甲子園・東京6大学・社会人野球などで活躍した。

'85年夏の甲子園では決勝戦のPL学園高－宇部商業の熱戦の球審をつとめるなど、厳正なジャッジをくだす審判としてファンの間で有名だった。

翌'86年、50歳を期に審判を引退して大学教授に専念、退任後は早稲田大学名誉教授となった。日本アマチュア野球規則委員会委員長などもつとめている。著書に「必携・野球の審判法」がある。2002年12月16日胃癌のため死去。

西垣《にしがき》 徳雄《とくお》 (第一神港商)

第一神港商で5年間甲子園に出場した選手。

1910年兵庫県神戸市に生まれる。第一神港商(現・市立神港高)に入学すると、1年生の'25年選抜に早くも控え選手として出場。翌'26年にはエースとなり、夏初戦の熊本商戦は2安打で完封した。

5年生の'29年選抜では3番を打った。準決勝では先発した投手が1死もとれずに降板したため急遽リリーフし、延長11回まで投げて勝った。決勝では広陵中を3安打に抑えて優勝。

卒業後、法政大、東京鉄道管理局監督、審判を経て、'50年プロ野球の国鉄初代監督に就任。4年間つとめ、この間、金田正一を育てた。'76年～'82年ロッテ代表。'89年5月13日死去。

【甲子園投手成績】(第一神港商)

		対戦相手	回	安	振
1926春	1	松本商	3	3	1
1926夏	1	熊本商	9	2	8
	2	前橋中	*	*	*
1927夏	1	高松商	8	11	2
1929春	1	静岡中	9	6	10
	準々	愛知商	9	6	5
	準決	八尾中	11	4	15
	決勝	広陵中	9	3	10

注)'26年夏の2回戦は小柴投手との継投のため詳細な成績は不明

西田《にしだ》 真二《しんじ》 (PL学園高)

1978年夏に奇跡の逆転優勝をしたPL学園高のエースで4番打者。

1960年8月3日和歌山市に生まれる。河西中3年夏に和歌山県大会で優勝して、PL学園中に転校。PL学園高に進学し、2年夏から2番手投手として登板した。秋の新チーム結成で主将の木戸克彦(阪神)とバッテリーを組み、大阪府大会優勝。近畿大会では決勝で牛島－香川の2年生バッテリーのいた浪商高に敗れた。

翌1978年の選抜では初戦で印旛高を完封。2回戦では南宇和高を6安打に抑える一方、田中富生投手(日本ハム)からホームランを打っている。しかし、準々決勝で石井

（西武）－嶋田（阪神）がバッテリーの箕島高に敗れた。

選抜後、西田は7番打者から4番に昇格、エースで4番の重責を担うことになった。大阪府大会はなんなく乗り切って春夏連続して甲子園に出場した。初戦で石川賢（ロッテ）がエースの日川高を降すと、3回戦では熊本工大高を完封する一方、自ら2ランホームランを打って2－0と完勝。準々決勝でも味方打線が県岐阜商を打ちあぐねたものの、7安打完封で勝利。ここからPL学園高は連続奇跡劇をみせた。準決勝の中京高戦は9回表まで0－4という劣勢にたたされながら、9回裏に一挙に同点に追いついて、延長12回サヨナラ勝ち。決勝でも高知商の森浩二投手（阪急）に9回まで無得点抑えられていたが、9回裏に一挙3点をあげて逆転サヨナラ勝ちで全国制覇を達成した。

卒業後は法政大に進学して外野手に転向、大学通算打率.310、11本塁打をマーク。'82年のドラフト会議で広島から1位指名されてプロ入り。プロでは主に代打の切札として活躍した。'95年で現役を引退、中国放送解説者や広島コーチなどをつとめる。

【甲子園投手成績】（PL学園高）

		対戦相手	回	安	振
1978春	1	印旛高	9	6	7
	2	南宇和高	9	6	1
	準々	箕島高	9	9	6
1978夏	2	日川高	9	8	5
	3	熊本工大高	9	3	7
	準々	県岐阜商	9	7	7
	準決	中京高	12	12	5
	決勝	高知商	9	8	5

【甲子園打撃成績】（PL学園高）

		対戦相手	打	安	点
1978春	1	印旛高	3	1	1
	2	南宇和高	2	1	1
	準々	箕島高	3	1	0
1978夏	2	日川高	4	0	0
	3	熊本工大高	4	1	2
	準々	県岐阜商	3	2	0
	準決	中京高	5	2	0
	決勝	高知商	4	1	1

西原《にしはら》 忠善《ただよし》（酒田南高）

酒田南高校を甲子園の常連校に育てた監督。

1962年8月28日大阪市に生まれる。上宮高ではセンターで3番を打ち、主将もつとめて'80年の選抜に出場した。

中央大では、'84年春に東都大学リーグの首位打者を獲得。卒業後は河合楽器でプレーし、都市対抗に6回、日本選手権に5回出場。

'93年、山形県の私立酒田南高が、同じ宗派の上宮高に指導者の派遣を相談し、'96年に上宮高ＯＢの西原が監督に就任した。以後、同校は強くなり、'97年夏に甲子園初出場を果たした。以後、'99年から4年連続して夏の甲子園に出場するなど、山形県を代表する強豪校に育てている。

主な教え子に、三浦泰揮（関西大）、北川泰俊（立命館大）らがいる。

【甲子園打撃成績】（上宮高）

		対戦相手	打	安	点
1980春	1	富士宮北高	4	1	0

【甲子園監督成績】（酒田南高）

1997夏	2	●	3－12	智弁学園高
1999夏	1	●	4－8	沖縄尚学高
2000夏	1	○	5－3	益田東高
	2	●	1－3	長崎日大高
2001夏	2	●	2－4	平安高
2002春	1	●	5－7	鳴門工
2002夏	1	●	0－5	明徳義塾高

西村《にしむら》 進一《しんいち》（平安高）

左手一本で指導した平安高の監督。

1919年12月30日京都市に生まれる。旧姓は木村。平安中（現・平安高）で内野手として活躍、1936年は補欠として春夏連続出場。翌'37年からショートのレギュラーとなって4季連続して甲子園に出場し、最終学年の'38年夏には3番打者として全国制覇を達成した。

卒業後、立命館大に進学するが、'39年8月中退して名古屋に入団。'42年10月に応召するまで4年間在籍し、186試合に出場した。'45年ラバウルで砲弾を逆に持ったため暴発し、右手首を切断。

復員後、'48年夏に母校・平安高の保井監督から監督就任の要請を受けた。右手が使えなかったが、バットを左の腰に立てかけてボールを拾い、右手にのせて左手一本だけでノックする技を開発。まさに名人芸で、「隻腕監督」として知られた。'51年には同校を12年振りに甲子園で優勝させた。この年、西村姓に改姓。

その後、扇町高、岸和田高の監督を歴任、'62年には龍谷大学の監督に就任。さらに、'71年にはノンプロの西川物産監督となり、都市対抗に2年連続して出場。大阪産業大や、泉州高（現・飛翔館高）の監督もつとめた。'77年、25年振りに平安高監督に復帰して、'80年までつとめ、'85年～'87年には3回目の監督をつとめた。

主な教え子に、平安高時代の清水宏員（毎日）、上市明（大映）、泉州高時代の藤井康雄（プリンスホテル－オリックス）がいるほか、福井商の北野尚文監督は龍谷大学時代の教え子である。

【甲子園打撃成績】（平安中）

		対戦相手	打	安	点
1937春	2	市岡中	5	2	1
	準々	中京商	3	1	0
1937夏	1	浪華商	3	0	0
	2	呉港中	3	0	1
1938春	1	広島商	5	0	0
	2	東邦商	3	0	0
1938夏	1	海草中	4	2	2
	2	大分商	3	1	2
	準々	浅野中	3	1	0
	準決	高崎商	4	2	0
	決勝	岐阜商	4	0	0

【甲子園監督成績】（平安高）

1951春	1	●	0－4	宇都宮工
1951夏	1	○	5－2	希望ヶ丘高
	2	○	1－0	松商学園高
	準々	○	2－1	都島工
	準決	○	4－3	高松一高
	決勝	○	7－4	熊谷高
1980春	1	●	1－2	上尾高

の

野《の》上《がみ》 俊《とし》夫《お》（市立和歌山商）

1967年の選抜でノーヒットノーランを達成した市立和歌山商のエース。

1949年8月3日和歌山県に生まれる。市立和歌山商に進学し、'67年選抜に出場。初戦の三重高戦で4四球を出したが無安打に抑え、史上7人目のノーヒットノーランを達成した。この直前の試合で、甲府商の望月投手が近大付高を相手に7回まで完全試合、9回2死までノーヒットノーランに抑えていながら、最後の打者を内野のエラーで出すと、次の打者に左中間三塁打を打たれて記録を逃していた。その直後だけに甲子園の観客は固唾をのんで見守っていたが、過去に9回までノーヒットに抑えて打たれた経験があるという野上は、最終回も2死一二塁となりながら、最後の打者を一塁ゴロに打ち取り、自らベースに入って快挙を達成した。

準々決勝では甲府商の望月投手との投手戦となり、完封負けした。

続いて夏も甲子園に出場。初戦で宮崎大宮高を4安打で完封。2回戦の今治南高戦は延長10回サヨナラ勝ちし、ベスト4まで進出。

同年秋のドラフト会議では阪神から1位指名されてプロ入りし、のち一塁手に転向。'75年南海に移籍、翌年引退した。

【甲子園投手成績】（市立和歌山商）

		対戦相手	回	安	振
1967春	2	三重高	9	0	9
	準々	甲府商	8	5	2
1967夏	1	宮崎大宮高	9	4	9
	2	今治南高	10	8	5
	準々	大分商	9	11	6
	準決	広陵高	9	9	3

野《の》口《ぐち》 二《じ》郎《ろう》（中京商）

中京商で活躍した野口4兄弟の二男で、1937年夏からの夏春連覇の立役者。

1920年1月6日愛知県名古屋市に生まれる。八熊小時代に、兄・明の影響で野球を始める。熱田高小では捕手。'34年中京商に入学、当初は内野手だった。2年生の'35年8月末、練習中のけがからエースの原田督光が登板できなくなり、急遽投手にコンバートされた。

'37年選抜にエースとして出場すると、慶応商工、平安中と完封、準決勝でも東邦商を破って準優勝。

夏は初戦の竜山中戦でノーヒットノーランを達成。2回戦で慶応商工を2安打17奪三振に抑えると、長野商を1安打、海草中を2安打手連続完封。決勝では川上哲治がエースの熊本工を破って全国制覇した。5試合すべてに完投して打たれたヒットはわずかに9本である。

翌'38年選抜ではエースで4番を打って出場。セカンドには弟の昇（阪神）がいた。初戦の防府商を3安打で完封すると、準々決勝では海草中をノーヒットノーラン。準決勝の海南中も2安打完封、決勝の東邦商も2安打で完封と、全試合完封で優勝。4試合でわずか7安打しか許さないという完璧な投球内容で、夏春連覇を達成した。

在学中甲子園に3回出場して13試合を投げ、ノーヒットノーランを2回達成、1試合で打たれたヒットは4本が最高という驚異的な成績を残している。

法政大に進学したが、中退して、'39年にプロ野球のセネタースに入団。'40年翼、'41年大洋で2年連続防御率1位となり、'42年には40勝17敗、防御率1.19、264奪三振という驚異的な成績で最多勝と奪三振王を獲得。一方、外野手としても活躍し、阪急時代の'46年8月29日～10月26日にマークした31試合連続安打は、'71年長池（阪急）に破られるまで日本記録だった。引退後、近鉄二軍監督などをつとめた。'89年殿堂入り。

プロ通算でも投手として237勝をあげる一方、野手として1000試合以上出場するなど、プロ野球でも投打にわたって中心選手をつとめた稀有な選手である。なお。兄の明も投手と捕手を兼任した選手だった。

【甲子園投手成績】(中京商)

		対戦相手	回	安	振
1937春	2	慶応商工	9	2	14
	準々	平安中	9	3	4
	準決	東邦商	9	4	4
	決勝	浪華商	8	4	3
1937夏	1	竜山中	9	0	9
	2	慶応商工	11	2	17
	準々	長野商	9	1	6
	準決	海草中	9	2	5
	決勝	熊本工	9	4	7
1938春	2	防府商	9	3	10
	準々	海草中	9	0	13
	準決	海南中	9	2	2
	決勝	東邦商	9	2	0

野武《のたけ》 貞治《さだはる》 (鳴尾高)

1951年選抜でノーヒットノーランを達成した鳴尾高の投手。

1951年選抜に鳴尾高のエースナンバーをつけて出場。この大会では2年生で背番号10の中田昌宏(慶大－阪急)と交互に登板するという、当時としては画期的なローテーション制で注目を集めた。

初戦の静岡城内高(現・静岡高)戦に先発すると、ノーヒットノーランを達成。準々決勝は登板せず、準決勝の明治高戦で先発すると4安打1点に抑えて決勝に進出。決勝は予定通り登板しなかった。

卒業後は、法政大、リッカーでプレーした。

【甲子園投手成績】(鳴尾高)

		対戦相手	回	安	振
1951春	1	静岡城内高	9	0	*
	準々	熊本商	未	登	板
	準決	明治高	9	4	*
	決勝	鳴門高	未	登	板

注)奪三振数は不明

野々村《ののむら》 直通《なおみち》 (開星高)

開星高校野球部を創部以来指導。

1951年12月14日島根県大原郡加茂町に生まれる。小学校でソフトボールを始め、加茂中学で野球に入り郡大会で優勝。大東高でも内野手として無名の同校を県大会ベスト8まで進出させた。広島大学教育学部美術科に進学、かたわら硬式野球部で三塁手とし活躍。2年で広島6大学の首位打者を獲得、4年春には主将として神宮大会に初出場。

卒業後、'74年広島県立府中東高に赴任して監督となり、'79年の選抜に初出場を果たした。のち帰郷して私立淞南学園高の監督を2年間つとめ、'88年松江第一高野球部の創部で初代監督に就任し、'93年春の県大会で準優勝、夏には甲子園に初出場を果たした。同校が開星高と改名後も監督をつづけ、2001年夏からは2年連続して甲子園に出場した。

農家の生まれだが、伯父が京都の西陣織の下絵書きをする芸術家で、本人も幼い頃から絵を描いていた。野球部監督としては珍しい美術科の教諭で、中国大会のパンフレットの表紙を描くほか、松江市内で個展を開催、また島根県警鑑識課で似顔絵の講師をつとめるなど、画家としても活躍している。

主な教え子に、府中東高時代の片岡光宏(広島－大洋)、開星高時代の杉原洋(阪神)などがいる。

【甲子園監督成績】(府中東高)

1979春	1	●	0－8	高松商

（松江第一高）

1993夏	1	●	1－3	新潟明訓高

（開星高）

2001夏	2	●	0－10	横浜高
2002夏	1	●	3－6	青森山田高

野村《のむら》 弘《ひろし》（PL学園高）

1987年に甲子園で春夏連覇を達成したPL学園高校のエース。このチームには3人の投手がいて継投でつないだが、エースナンバーをつけたのが野村であった。プロでは弘樹という名前も使用した。

1969年6月30日広島市南区に生まれる。地元の翠町中時代に広島ジャガーズの選手として注目を浴びるようになり、大阪のPL学園高に野球留学。1年の時は最上級生に桑田・清原らがおり、出場の機会はなかった。秋の新チーム結成で2番手投手となり、秋の大阪府大会から登板。近畿大会ベスト4まで進出し、12試合に登板している。しかし、翌年の選抜では、初戦でエース月城が浜松商打線に打ち込まれて敗退、登板することはできなかった。夏の大会も府大会準決勝で泉州高（現・飛翔館高）に敗れている。

2年秋、野村はエースナンバーを貰ったが、橋本清（巨人）、岩崎光宏とともにエースの座を争うという立場には変わりなく、3人の継投で近畿大会でベスト4に進んだ。この大会で、野村が先発して橋本につなぎ、最後を岩崎が占めるという分業体制を確立した。

翌'87年の選抜では、決勝までの5試合全部先発したが、1試合も完投せずすべて橋本にスイッチ。2回戦の広島商戦では7回まで2安打と完璧に抑えていながら、既定方針通りに降板している。

夏の大阪府予選では、接戦となった準決勝の桜宮高、決勝の近大付高をいずれも完封、3投手の中でもエースであることを印象づける活躍をみせた。

甲子園では初戦の中央高戦と2回戦の九州学院高戦は先発して岩崎にスイッチ。3回戦の高岡商は6安打で完封し、甲子園で初めて完投した。続く準々決勝の習志野高戦では投げず、橋本が完投。準決勝では帝京高に大勝し、自らホームランも打っている。決勝での常総学院高戦も7回途中から岩崎につないで降し、春夏連覇を達成した。

秋のドラフト会議では、大洋から3位で指名されてプロ入り。翌年のオープン戦で早くも活躍してルーキー大賞を獲得、シーズン終盤の広島戦（横浜）で初登板完封勝利をあげている。以後、'92年には開幕投手、'93年には17勝をあげて最多勝を獲得するなど、エースとして活躍した。2002年で現役引退、プロ通算101勝88敗の成績を残している。

【甲子園投手成績】（PL学園高）

		対戦相手	回	安	振
1987春	1	西日本短大付高	3	1	4
	2	広島商	7	2	5
	準々	帝京高	6⅓	4	7
	準決	東海大甲府高	2	4	1
	決勝	関東一高	5	4	1
1987夏	1	中央高	4⅓	6	3
	2	九州学院高	5⅓	7	3
	3	高岡商	9	6	7
	準々	習志野高	未登板		
	準決	帝京高	5	7	3
	決勝	常総学院高	6⅔	6	4

野本《のもと》 喜一郎《きいちろう》（上尾高）

上尾高校の名監督で、新興の浦和学院高も強豪校に育てた。

1922年5月5日埼玉県北埼玉郡（現・加須市）に生まれる。不動岡中学では3年生の'37年から投手として活躍。翌'38年には埼玉予選準決勝で川越商から14三振を奪いながら1－3で敗れている。

卒業後は、台北高商を経て、戦後はコロム

ビアで投手としてプレーした。1950年のプロ球団・西日本の結成に参加（翌年西鉄に合併)。'53年近鉄に転じ、同年引退した。

引退後東洋大監督を経て、'57年上尾高に野球部が創部されると監督として招聘された。以後22年間監督をつとめ、この間に6回甲子園に出場、'75年夏にはベスト４まで進出するなど、同校を埼玉県を代表する強豪校に育てた。

'84年、当時は全く無名の新興高校である浦和学院高に転じ、鈴木健（西武ーヤクルト）を育てて、'86年に僅か３年目で甲子園初出場を果たしたが、試合の前々日の８月８日に64歳で死去した。

主な教え子に、上尾高時代の山崎裕之（東京ー西武)、仁村徹（東洋大ー中日)、福田治男（東洋大ー桐生一高監督)、浦和学院高時代の谷口英功（東洋大ー東芝）らがいる。

また、不動岡中学の２年先輩でチームメイトでもあった野本敏は伯父（母の弟）にあたり、'62年秋季埼玉大会決勝戦では、喜一郎が監督の上尾高と、敏が監督の不動岡高が対戦して話題になった。

【甲子園監督成績】（上尾高）

1963春	1	○	3－0	松阪商
	2	●	0－6	東邦高
1974夏	1	○	5－1	三国高
	2	●	4－5	平安高
1975夏	2	○	5－4	小倉南高
	3	○	4－3	土佐高
	準々	○	5－4	東海大相模高
	準決	●	5－6	新居浜商
1979夏	1	●	2－3	浪商高
1980春	1	○	2－1	平安高
	2	●	2－3	帝京高
1982春	1	●	2－6	箕島高

注）1986夏に出場した浦和学院高でも監督だったが、甲子園では実際に指揮を執ることができなかったため割愛

は

灰山《はいやま》 元治《もとはる》（広島商）

広島商で投打に活躍、甲子園で3回の優勝を経験した。プロでは元章という名前でプレーした。

1912年７月17日広島県佐伯郡廿日市町桜尾（現・廿日市市）に生まれる。広島商に進学し、'29年夏にはショートで４番を打って全国制覇、翌'30年夏にはエースで４番を打って２連覇を達成した。

'31年選抜では、初戦の坂出商戦で選抜史上初のノーヒットノーランを達成、準々決勝では松山商を１安打完封。準決勝の八尾中戦では10四死球を出す乱調だったが、決勝では中京商を４安打で完封して、自身３度目の優勝を果たした。

慶大では一塁手として活躍。卒業後は、田村駒商店、太陽レーヨンを経て、'40年ライオンに入団。'50年広島の創設に際し、二軍コーチに就任した。

1987年11月27日75歳で死去。

【甲子園投手成績】（広島商）

		対戦相手	回	安	振
1930春	1	平安中	8	4	5
1930夏	1	浪華商	8	8	5
	2	小倉工	9	2	8
	準々	大連商	9	4	4
	準決	和歌山中	9	3	7
	決勝	諏訪蚕糸	9	4	3
1931春	2	坂出商	9	0	9
	準々	松山商	9	1	8
	準決	八尾中	9	6	6
	決勝	中京商	9	4	1

【甲子園打撃成績】(広島商)

		対戦相手	打	安	点
1929春	1	愛知一中	4	2	0
1929夏	2	関西学院中	4	3	2
	準々	静岡中	4	2	0
	準決	鳥取一中	4	1	1
	決勝	海草中	4	1	0
1930春	1	平安中	4	0	0
1930夏	1	浪華商	2	1	1
	2	小倉工	3	0	0
	準々	大連商	4	0	0
	準決	和歌山中	4	2	3
	決勝	諏訪蚕糸	5	0	0
1931春	2	坂出商	4	1	2
	準々	松山商	3	0	0
	準決	八尾中	3	2	3
	決勝	中京商	4	1	1

萩《はぎ》野《の》 友康《ともやす》 (土佐高)

1967年夏の甲子園で活躍した土佐高のエース。

1950年7月15日高知県安芸市伊尾木に生まれる。伊尾木中(現・清水ヶ丘中)時代に野球を始め、1年秋に一番速い球が投げられるから、と投手になった。伊尾木中は安芸市の郊外にある小さな中学校で、萩野入学まで県大会では1勝しかしたことがない、というチームであった。このチームでエースとなった萩野は、3年夏の県大会ですさまじい記録を樹立している。対清水中10奪三振、対城北中21奪三振、対野根中18奪三振、対仁井田中12奪三振と、4試合で61個の三振を奪ったのである。

土佐高では籠尾監督の指導を受け、2年生の'67年夏に甲子園に出場。浜松商を延長戦で降し、武相高は2安打で完封して、準々決勝まで進んだ。

卒業後は慶大に進学。エースとして活躍し、リーグ戦3連覇を達成した。4年秋のドラフト会議では広島から3位で指名されたが、拒否して新日鉄八幡に入社、'74年の都市対抗で優勝。'91年には監督に就任した。その後は社業に専念して四国営業所長などをつとめるかたわら、全日本チームの強化委員で、2004年のハーレム国際大会では代表監督に就任した。

中学時代にバッテリーを組んでいた小原寛明は高知商－法政大と進んで常にライバルであった。しかし、中学を卒業後、はじめて口をきいたのは、大学4年の秋のシーズンで揃ってベストナインに選ばれた時だという、いかにも“いごっそう”らしい逸話が残っている。

【甲子園投手成績】(土佐高)

		対戦相手	回	安	振
1967夏	1	浜松商	12	9	7
	2	武相高	9	2	6
	準々	中京高	8	4	7

橋《はし》野《の》 純《じゅん》 (観音寺中央高ほか)

観音寺中央高校を初出場初優勝させた監督。

1947年12月16日高知市追手筋に生まれ、のち香川県に転じた。丸亀商(現・丸亀城西高)では内野手として活躍、四国大会に2回出場したが、甲子園には届かなかった。当時東都大学リーグ2部だった国士舘大に進み、二塁手・三塁手としてプレー。'70年に卒業すると地元社会人の大倉工業に入社、後楽園球場で行われていた産別大会にも出場した。

'72年母校の丸亀商の監督が体調を崩して辞任、教員資格を持っていたこともあって監督就任を要請され、24歳で監督に就任した。3年目には夏の甲子園に出場、'77年の選抜ではベスト8、'80年の選抜ではベスト4にまで進むなど、丸亀商を強豪校に育てた。

'91年夏の大会終了後、20年間つとめた監督を辞任、翌'92年には自ら異動を希望して観音寺商(のち観音寺中央高)に転じた。同校は甲子園出場経験もない無名校だったが、

４年目の'95年に選抜に初出場させ、見事初優勝を飾った。同年夏にも出場している。

教え子には、丸亀商時代に後藤祝秀（本田技研－中日）、三野勝大（東北福祉大－巨人－広島）、観音寺中央高時代に久保尚志（中央大－鷺宮製作所）らがいる。

【甲子園監督成績】（丸亀商）

1974夏	1	●	2－4	旭川龍谷高
1977春	1	○	4－1	北海道日大高
	2	○	6－2	東北高
	準々	●	1－2	岡山南高
1980春	1	○	6－1	瀬田工
	2	○	6－5	滝川高
	準々	○	6－5	東北高
	準決	●	1－2	帝京高
1981春	1	●	0－3	秋田経大付高
1982春	1	●	5－10	浜田高
1984春	1	●	5－8	愛工大名電高
1987春	1	●	0－4	八戸工大一高

（観音寺中央高）

1995春	1	○	4－2	藤蔭高
	2	○	6－0	東海大相模高
	準々	○	6－4	星稜高
	準決	○	13－6	関西高
	決勝	○	4－0	銚子商
1995夏	1	○	8－6	宇都宮学園高
	2	●	3－4	日大藤沢高

橋本《はしもと》 武徳《たけのり》（天理高）

天理高校で２回全国制覇した監督。

1944年12月８日奈良県天理市に生まれる。天理小、天理中を経て、天理高に進学し、'62年夏に８番センターとして甲子園に出場。この時は１回戦で敗れた。

法政大に進学したが野球部には入らず、'68年に天理教協会本部に就職。高卒後は野球から遠ざかっていたが、'82年５月木下監督辞任のために急遽監督を要請されて就任した。

翌'83年には甲子園に出場。'86年夏には悲願の全国制覇を達成し、９月に監督を辞任。しかし、'90年５月、部員の不祥事で森川監督が辞任すると再び監督となり、夏に２度目の優勝を飾った。この時も大会後に辞任した。その後は天理リトルシニア相談役などをつとめている。

主な教え子に、南渕時高（青山学院大－東芝－ロッテ－中日）、本橋雅央（早大）、中村良二（近鉄－阪神）、南竜次（日本ハム）、谷口功一（巨人－近鉄）らがいる。

【甲子園打撃成績】（天理高）

		対戦相手	打	安	点
1962夏	1	鹿児島商	3	1	0

【甲子園監督成績】（天理高）

1983夏	1	●	0－7	岐阜第一高
1985春	1	○	2－0	東筑高
	2	○	5－0	津久見高
	準々	●	0－7	ＰＬ学園高
1986春	1	○	5－3	関東一高
	2	●	0－1	尾道商
1986夏	2	○	8－4	新湊高
	3	○	7－2	米子東高
	準々	○	4－2	佐伯鶴城高
	準決	○	8－6	鹿児島商
	決勝	○	3－2	松山商
1990夏	1	○	6－1	愛工大名電高
	2	○	3－2	成田高
	3	○	6－0	仙台育英高
	準々	○	7－0	丸亀高
	準決	○	5－4	西日本短大付高
	決勝	○	1－0	沖縄水産

橋本《はしもと》 将《たすく》（宇和島東高）

1993年から甲子園に４回出場した宇和島東高のスラッガー。

1976年５月１日愛媛県宇和島市に生まれる。小４で野球を始め、宇和島城北中学時代はボーイズリーグ宇和島でエースで４番。宇和島東高に進学し、１年夏に外野手のレギュラーとなって、県大会で満塁ホームランも打った。秋にはセンターで５番を打ち、四国大会決勝の土佐高戦ではホームランも打った。

翌'93年の選抜に出場し、以後４季連続して甲子園に出場。夏にはライトに入り、２回戦の桐生第一高戦ではホームランを打った。

秋の新チーム結成で捕手に転向して４番を打ち、主将となる。選抜では準々決勝まで進出して智弁和歌山高と対戦。３連続四球のあと、９回裏にライト前にタイムリーヒットを打って同点に追いついたものの、延長10回で敗れた。夏は県予選５試合で４本塁打を記録、高校通算40本塁打の強打者として注目を集めたが、甲子園では初戦で北海高に敗れた。

同年秋のドラフト会議ではロッテから３位指名されてプロ入りしている。

【甲子園打撃成績】（宇和島東高）

		対戦相手	打	安	点
1993春	2	常総学院高	4	0	0
1993夏	1	海星高	4	2	2
	2	桐生第一高	4	1	1
1994春	1	東北高	5	1	0
	2	広島商	5	1	0
	準々	智弁和歌山高	2	1	0
1994夏	1	北海高	4	1	0

橋本《はしもと》 実《みのる》（水戸商）

水戸商を甲子園の常連校に復活させた監督。

1947年11月21日茨城県水戸市に生まれる。水戸二中で本格的に野球を始め、緑岡高では入学直後から三塁手のレギュラーとして活躍したが、チームが弱く県大会で目だった成績は残していない。中央大学に進学したが、肩を痛めたため２年で退部して、教職資格を取得。

卒業後、帰郷して茨城県立水城高の教諭となり、'75年岩井高に転じて監督に就任。'84年に佐竹高監督に転じると、無名の同校を県大会ベスト８クラスにまで強化。

この実績を買われて、'87年水戸商に赴任。翌年８月に同校監督に就任した。戦後しばらく県内を代表する強豪校だった同校も、四半世紀以上にわたって甲子園出場はなく、長い低迷に入っていた。ＯＢ以外の監督は歴代で２人目と異例で、名門の立て直しを託されての就任であった。

就任４年目の'91年秋、県大会で準優勝。関東大会でも準々決勝で部坂俊之（亜細亜大－東芝府中－阪神）がエースの横浜高を降してベスト４へ進み、翌'92年春、実に32年振りに甲子園に復活させた。これは同校として初めての選抜出場でもあった。

以後、水戸商は大復活をとげ、再び甲子園の常連校となった。'94年夏にはベスト８まで進み、'99年の選抜では初めて決勝戦に進出、沖縄尚学高に敗れたものの、準優勝を果たしている。

2002年県立八郷高に転じ、'03年には教頭に就任している。

主な教え子に、安潤一（日本通運）、大川健次（中央大）、井川慶（阪神）、三橋孝裕（JR東日本水戸）、田中政則（日立製作所）らがいる。

【甲子園監督成績】（水戸商）

1992春	1	●	1－2	南部高
1994夏	1	○	9－1	九州工
	2	○	1－0	盛岡四高
	3	○	3－1	八頭高
	準々	●	1－2	佐久高
1995夏	1	●	3－8	鹿児島商
1999春	1	○	4－2	岩国高
	2	○	3－0	日大三高
	準々	○	4－3	海星高
	準決	○	11－3	今治西高
	決勝	●	2－7	沖縄尚学高
1999夏	2	○	15－5	浜田高
	3	●	0－6	岡山理大付高

2000夏	2	●	8－14	九州学院高
2001春	2	○	6－4	東海大四高
	3	●	1－6	関西創価高

長谷川《はせがわ》 治《おさむ》（海南高）

1934年夏の甲子園でノーヒットノーランを達成した海南中のエース。戦後は市和歌山商監督として選抜で準優勝している。

1916年６月９日奈良県五条市に生まれる。和歌山県の海南中（現・海南高）でエースとなり、'33年選抜にエースとして出場。翌'34年には春夏連続して甲子園に出場した。選抜の初戦では日新商に11安打されながら、２－１で辛勝。準々決勝では延長13回を８安打１点に抑えて、ベスト４まで進んだ。夏は、初戦の神戸一中戦でノーヒットノーランを達成している。

'35年の選抜にも栗生信夫（南海－海南高監督－大成高監督）とバッテリーを組んで出場。

明大、大連実業団を経て、'46年プロ野球の近畿に入団、４試合だけ登板した。退団後は日本通運でプレーしたのち、'55年～'56年日高高監督。この間、'56年選抜に出場した。

'65年に市立和歌山商監督となると、選抜で準優勝したが、同年だけで辞任。'80年御坊商工監督、'81年那賀高監督もつとめた。'93年５月10日死去。

戦後、海南高監督として甲子園に出場したともいわれるが、和歌山県高校野球連盟発行「和歌山県中等学校高等学校野球史」の海南高の歴代監督一覧には名前が記載されていない。当時は出場資格があいまいなため、甲子園大会期間のみＯＢなどの著名選手がベンチで采配を振るうことも多く、その可能性が高い。

主な教え子に、市和歌山商時代の岡本嘉平（住友金属）、藤田平（阪神－阪神監督）、那賀高時代の横田久則（西武－ロッテ－阪神－台湾）などがいる。

【甲子園投手成績】（海南中）

		対戦相手	回	安	振
1933春	1	高松中	$8\frac{2}{3}$	10	2
	2	海草中	10	5	13
1934春	2	日新商	9	11	4
	準々	小倉工	13	8	6
	準決	東邦商	8	7	1
1934夏	2	神戸一中	9	0	7
	準々	呉港中	8	6	5
1935春	1	下関商	9	6	8

【甲子園監督成績】（日高高）

1956春	1	□	1－1	滑川高
		○	2－0	滑川高
	2	●	2－4	日大三高

（市和歌山商）

1965春	1	○	2－1	小倉高
	2	○	6－2	中京商
	準々	○	5－0	東京農大二高
	準決	○	3－1	高松商
	決勝	●	1－2	岡山東商

長谷川《はせがわ》 滋利《しげとし》（東洋大姫路高）

1985年春から甲子園に３回出場した東洋大姫路高の投手。

1968年８月１日兵庫県高砂市に生まれる。宝殿中時代に全国優勝。東洋大姫路高では'85年選抜に背番号10で豊田次郎（オリックス）の控え投手として甲子園に出場。実際には一塁手として出場した。

夏も初戦では豊田投手が２安打で完封したため、代打として出場。２回戦では全く出場せず、３回戦も代打で出場。結局、この年は甲子園では打者としてしか出場しなかった。

翌'86年夏にはエースとして出場。初戦は学法石川高に大勝したため、７回で降板。３回戦では拓大紅陵高の木村投手との厳しい投手戦となり、７回途中で嶋尾に継投し完封勝ちした。準々決勝の鹿児島商戦も１－１の投手戦を展開、8回2死二塁の場面で捕手が後逸、球がバックネットにまで転がる間に決勝点をあげられて敗れた。

立命館大でもエースとして活躍、通算40勝は関西学生野球（旧関西6大学を含む）歴代2位。'90年秋のドラフト会議でオリックスから1位指名されてプロ入りし、1年目に新人王を獲得。在籍中から大リーグへの移籍を要望しつづけ、'97年にエンゼルスに移籍した。以後、メジャーでリリーフ投手として活躍している。

【甲子園投手成績】（東洋大姫路高）

		対戦相手	回	安	振
1986夏	2	学法石川高	7	7	6
	3	拓大紅陵高	6⅔	5	3
	準々	鹿児島商	8⅔	8	2

長《は》谷《せ》川《がわ》 登《のぼる》（倉敷商）

倉敷商の監督を30年以上にわたってつとめる。

1951年3月30日岡山県倉敷市に生まれる。倉敷商を経て、立命館大に進み、1年春からショートのレギュラーをつとめる。

'73年卒業と同時に母校・倉敷商の商業科教諭となり、監督に就任。以来30年以上にわたって同校監督をつとめる。この間、春夏合わせて7回甲子園に出場し、'89年夏にはベスト8まで進んでいる。

主な教え子に、田頭欣一（立命館大－三菱自動車水島）、岡政裕（三菱自動車水島）、平松一宏（広島経済大－JR西日本－巨人－中日）、葛城育郎（立命館大－オリックス－阪神）、桑原宏弥（同志社大）らがいる。

【甲子園監督成績】（倉敷商）

1979夏	1	○	3－2	桜井高
	2	●	0－4	浪商高
1985春	1	●	0－7	横浜高
1988夏	1	○	4－0	中越高
	2	●	5－7	宇都宮学園高
1989夏	1	○	2－1	東邦高
	2	○	3－2	鶴崎工
	3	○	11－1	吉田高
	準々	●	0－4	尽誠学園高
1990春	1	●	0－2	川西緑台高
1992夏	2	●	4－7	東邦高
1997夏	2	●	2－6	敦賀気比高

枦山《はぜやま》 智博《ともひろ》（樟南高）

戦後の鹿児島県高校球界を代表する名監督。

1944年5月28日鹿児島県垂水市に生まれる。鹿児島商工時代はエースで主将。社会人時代には'63年に山口国体軟式の部で優勝、'65年には岐阜国体の準硬式の部で準優勝している。'71年母校の鹿児島商工監督に就任。当時の鹿児島商工は、前年に甲子園初出場を果たしたばかり、という新進校であった。

就任7年目の'77年夏に甲子園に出場、'82年の選抜では初勝利をあげる。そして、この年以降甲子園の常連となるとともに、着実に成績を残すようになった。また、県内では、鹿児島実業、鹿児島商業とともに3強を形成した。

'94年に校名が樟南高と変わると、同年夏には鹿児島県勢として初めて決勝に進出。'96年選抜で優勝した鹿児島実業と県球界を2分、枦山自身も鹿実・久保監督とともに鹿児島県を代表する指導者となった。

2003年夏は県大会直前に交通事故に遭い頭部を63針縫うという重傷を負ったが、チームは県大会を勝ち抜いて甲子園に出場。甲子園では頭にバンダナを巻いて采配を振るった。

主な教え子は、増永祐一（日本石油）、川名慎一（日本ハム）、福岡真一郎（九州産大－プリンスホテル）、田村恵（広島）、上野弘文（トヨタ自動車）、青野毅（ロッテ）、岩崎司（トヨタ自動車）など好投手が多い。

【甲子園監督成績】（鹿児島商工）

1977夏	2	●	1－3	黒沢尻工
1980春	1	●	1－6	秋田商
1982春	1	○	4－3	鳴門商
	2	●	3－4	二松学舎大付高
1982夏	2	○	5－2	秋田経大付高
	3	●	6－8	比叡山高
1984夏	2	○	5－0	拓大紅陵高
	3	○	2－0	桐蔭学園高
	準々	●	5－7	取手二高
1985春	1	○	5－1	徳島商
	2	●	3－5	伊野商
1985夏	1	○	6－5	北陸大谷高
	2	○	2－1	徳島商
	3	○	6－5	沖縄水産
	準々	●	3－5	宇部商
1987夏	2	○	3－2	足利工
	3	●	1－4	中京高
1989春	1	●	4－7	横浜商
1989夏	1	●	4－7	仙台育英高
1992夏	1	●	2－3	県岐阜商
1993春	1	○	4－2	南部高
	2	○	4－0	東北高
	準々	●	1－6	国士舘高
1993夏	1	○	4－3	東濃実
	2	○	3－0	堀越高
	3	●	0－1	常総学院高

（樟南高）

1994夏	2	○	8－2	秋田高
	3	○	4－1	双葉高
	準々	○	14－5	長崎北陽台高
	準決	○	10－2	柳ヶ浦高
	決勝	●	4－8	佐賀商
1998春	1	●	1－5	ＰＬ学園高
1999夏	1	○	4－0	秋田高
	2	○	10－1	新湊高
	3	○	2－1	都城高
	準々	○	4－0	青森山田高
	準決	●	0－2	桐生第一高
2000夏	1	○	4－1	山梨学院大付高
	2	○	3－0	浜松商
	3	○	11－3	松商学園高
	準々	●	1－2	光星学院高
2001夏	1	●	7－11	日大三高
2002春	1	●	3－6	広島商
2002夏	1	●	0－1	一関学院高
2003夏	2	●	2－3	桐生第一高

畑《はた》 隆幸《たかゆき》（小倉高）

小倉高で甲子園に４回出場した“悲運のエース”。

1937年12月24日大分県日田市に生まれる。日田東部中でエースとして活躍。甲子園出場のために母の実家のあった小倉の工場経営者に引き取られて、小倉高に進学した。２年生の'54年選抜にエースとして出場、以後４季連続して甲子園に出場した。'54年選抜では決勝まで進み、好投したものの飯田長姫高に敗れた。

以後の３回の甲子園はすべて初戦で優勝候補と対戦した。'54年夏は榎本喜八らのいた早実と対戦して完封負け。'55年選抜は１回戦不戦勝のあと、優勝した浪華商に１点差で惜敗。夏も１回戦不戦勝のあと、２回戦で前岡勤也（阪神－中日）がエースで優勝候補筆頭の新宮高に敗れ、結局３季連続して初戦で敗退した。

甲子園ではあまり実績を残すことができなかったが、翌年には契約金800万という当時破格の金額で西鉄に入団した。'60年にはオールスターに出場。'65年中日に移籍し、同年引退。プロ通算56勝50敗をあげた。焼き鳥屋を経て、とんかつ屋を経営している。“ムツゴロウ”こと、動物学者の畑正憲は従兄にあたる。

【甲子園投手成績】（小倉高）

		対戦相手	回	安	振
1954春	2	立命館高	9	3	5
	準々	鳴門高	9	8	9
	準決	泉陽高	9	4	11

	決勝	飯田長姫高	9	7	10
1954夏	1	早実	9	6	4
1955春	2	浪華商	9	8	*
1955夏	2	新宮高	9	6	5

注）1955年選抜の奪三振数は不明

畠山《はたやま》 準《ひとし》（池田高）

1982年夏の甲子園の優勝投手。高校野球界に“池田時代”の幕開けをつげた選手。

1964年6月11日徳島県小松島市和田島町に生まれる。坂野中を経て、蔦監督の誘いで学区外の池田高に進学。蔦は畠山の入学で同校の黄金時代を築き、全国制覇を達成できると考えたという。

1年春から控え投手として登板し、夏の県大会では県大会決勝の鳴門高戦にもリリーフ投手として登板している（試合は2－3で敗戦）。秋の新チームでエースとなったものの、県大会を勝ち抜けず、甲子園に出場できたのは、最終学年の'82年夏だけであった。この時は県大会では初戦から3試合連続完封、通算5試合に登板して32イニングで36三振を奪うなど、完璧な内容であった。また、打っては4番で、3番江上光治（早大－日本生命）、5番でライト兼控え投手の水野雄仁（巨人）と組んだクリーンアップの破壊力は抜群であった。

甲子園の初戦では静岡高と対戦、スコアは5－2だったが、11奪三振で完勝。2回戦は不調で日大二高から2三振しか奪えず辛勝。3回戦でも都城高に10安打されるなど本調子ではなかった。準々決勝では、荒木大輔（ヤクルトほか）がエースで人気・実力ともにNo.1の早実と対戦して14－2と圧勝。この試合を契機に池田高は全国の高校野球の頂点に立つことになった。準決勝も東洋大姫路高に3点を奪われるなど苦戦したが、決勝では広島商を4安打に抑えて圧勝、初めて全国制覇を達成した。

この大会、畠山は投手としては不調なことが多かったが、4番打者としては活躍、パワー野球による池田高全盛時代の幕開けとなった。

秋のドラフト会議では南海から1位指名されてプロ入り。入団2年目の'84年には23試合に先発して5勝12敗の記録を残すが、以後活躍できず、'87年に外野手に転向。'91年大洋に移籍、'93年～'94年にはレギュラーをつとめた。'99年引退後はフロント入りしている。

【甲子園投手成績】（池田高）

		対戦相手	回	安	振
1982夏	1	静岡高	9	9	11
	2	日大二高	9	6	2
	3	都城高	9	10	7
	準々	早実	9	4	9
	準決	東洋大姫路高	9	9	8
	決勝	広島商	9	4	5

【甲子園打撃成績】（池田高）

		対戦相手	打	安	点
1982夏	1	静岡高	4	2	0
	2	日大二高	3	1	0
	3	都城高	4	1	0
	準々	早実	6	1	0
	準決	東洋大姫路高	4	1	0
	決勝	広島商	5	2	2

初鹿《はつしか》 勇《いさむ》（日本航空高ほか）

戦後の山梨県高校球界を代表する監督の一人。

1938年山梨県塩山市に生まれる。幼少より野球を始め、巨摩高では外野手。駒大を経て、7年間社会人野球を経験した。

1970年、当時年弱小チームだった郷里の塩山商（現・塩山高）の監督に就任、1年目にいきなり西関東大会決勝まで進んで注目を集めた。'76年夏に甲子園初出場を果たした。

'94年4月、当時は無名だった日本航空高に転じ、'98年選抜で同校を初出場させた。続いて夏も出場。2001年夏に3回目の甲子園出場を果たして、翌年1月で引退した。

主な教え子に、塩山商時代の松本信二（日本ハム）、鶴田泰（駒沢大－中日）、日本航空高時代の松本拓也（近鉄）などがいる。

【甲子園監督成績】（塩山商）

1976夏	1	●	5－10	天理高

（日本航空高）

1998春	1	○	4－3	仙台育英高
	2	●	4－8	徳島商
1998夏	1	●	2－4	関大一高
2001夏	1	○	11－1	鳴門工
	2	○	4－1	宜野座高
	3	●	1－7	日大三高

服部《はっとり》 茂次《しげつぐ》（熊谷高）

1951年夏にノーヒットノーランを達成した熊谷高の投手。

1934年11月17日埼玉県北埼玉郡北河原村（現・行田市）に生まれる。熊谷高に進学してエースとなり、'51年夏甲子園に出場。初戦で下関西高を3安打で完封すると、準々決勝では大垣北高を延長11回完封勝利。準決勝の県和歌山商戦ではノーヒットノーランを達成し、決勝まで進んだ。

卒業後、プロ野球の洋松に入団。翌年大洋と球団名が変更し、'57年まで在籍、プロ通算5勝をあげた。退団後は、行田市役所に勤務した。'67年7月わずか32歳で死去。

【甲子園投手成績】（熊谷高）

		対戦相手	回	安	振
1951夏	2	下関西高	9	3	6
	準々	大垣北高	11	8	6
	準決	県和歌山商	9	0	4
	決勝	平安高	8	14	4

馬場《ばば》 茂《しげる》（大府高）

大府高校で選手・監督として甲子園で活躍。

1963年8月15日愛知県に生まれる。大府中で本格的に野球を始めて投手となる。大府高に進学、同期に槙原寛己（巨人）がいたため捕手に転向。2年生の'80年夏に9番打者として甲子園に出場。翌年は主将となって2番を打ち、槙原とバッテリーを組んで選抜に出場。

筑波大学に進学して2年から捕手のレギュラーとして活躍し、4年では主将。

'86年卒業と同時に母校・大府高に保健体育の教諭として赴任。同校を創部から34年間にわたって指導した沢正良監督が定年退職したのを受けて後任の監督に就任。'93年選抜に出場、これは自ら出場して以来、12年振りの甲子園だった。以後、3年連続して選抜に出場している。

大府高が甲子園に出場したのは6回だが、このうち選手として2回、監督として3回出場するなど、同校野球部の大黒柱である。

主な教え子に、竹内充（日体大－東芝府中）、宮川修（愛知工大－トヨタ自動車）、赤星憲広（亜細亜大－JR東日本－阪神）、崎尾淳一郎（愛知工大）などがいる。

【甲子園打撃成績】（大府高）

		対戦相手	打	安	点
1980夏	1	浜田高	4	0	0
	2	熊本工	4	2	0
1981春	1	報徳学園高	2	1	0
	2	御坊商工	4	0	0

【甲子園監督成績】（大府高）

1993春	2	●	2－3	駒大岩見沢高
1994春	1	●	3－10	横浜高
1995春	1	○	5－3	城北高
	2	●	3－4	神港学園高

浜崎《はまさき》 満重《みつしげ》 (西日本短大付高)

1992年夏に全国制覇した西日本短大付高の監督。

1948年10月25日福岡県北九州市に生まれる。八幡工から'67年新日鉄堺に入社し、遊撃手として活躍。'79年監督となり、'86年秋に引退するまでに都市対抗に4回、日本選手権に5回出場した。

'87年1月福岡県の西日本短大付高に監督として招聘された。同年選抜では初戦で敗れたが、20年に及ぶ新日鉄堺のルートで大阪から選手が集まり、'90年夏には長男とともに出場してベスト4まで進出。'92年夏には森尾投手を擁して全国制覇を達成した。

主な教え子に、新庄剛志（阪神ー大リーグー日本ハム）、中島博幸（大阪ガス）、森尾和貴（新日鉄八幡）、中村寿博（早大ー日本文理大監督）らがいる。また、野茂英雄（近鉄ー大リーグ）は新日鉄堺時代の教え子である。

【甲子園監督成績】（西日本短大付高）

1987春	1	●	1－3	ＰＬ学園高
1990夏	2	○	8－0	桜井高
	3	○	4－2	宇部商
	準々	○	4－3	鹿児島実
	準決	●	4－5	天理高
1992夏	2	○	2－0	高岡商
	3	○	3－0	三重高
	準々	○	6－1	北陸高
	準決	○	4－0	東邦高
	決勝	○	1－0	拓大紅陵高

浜本《はまもと》 隆一《りゅういち》 (武生高)

武生高校が甲子園に初出場した時の4番打者で、のち監督としても出場。また福井県高野連の要職も歴任した。

武生高では捕手で4番を打ち、1949年夏に甲子園に初出場。3打数2安打と活躍したが、試合には敗れた。

のち、教諭として武生高に赴任し、'56年に監督に就任。17年間の在任中、'61年と'65年に甲子園に出場した。'73年福井商に転じると福井県高野連副理事長に就任、'88年までつとめた。'93年3月敦賀工校長を最後に退職した。

【甲子園打撃成績】（武生高）

		対戦相手	打	安	点
1949夏	1	臼杵高	3	2	＊

注）打点数は不明

【甲子園監督成績】（武生高）

1961夏	1	●	2－3	崇徳高
1965夏	1	●	0－9	徳島商

林《はやし》 菊三郎《きくさぶろう》 (鳥取中)

戦前に鳥取中学黄金期を築いた野球部長。旧姓は猫山。

1885年10月4日鳥取県気多郡下坂本村（現・気高町）に生まれる。実家は農家で、裏山には猫山という山があったという。瑞穂尋常小学校、宝木尋常小学校補習科を経て、1898年鳥取県尋常中学校（現・鳥取西高）に入学。

卒業後、二高を経て、東京帝国大学工科大学電気工学科に進学したが、半年で病気のために帰郷。療養中に母校・鳥取中学校長の要請で在学のまま教師となり、翌年正式に東京帝大を中退。以来54年間にわたって数学を教えた。

在任中、短艇部長、弓道部長を経て、'26年9月野球部長に就任。野球経験はなかったが、練習の環境づくりや、選手の健康管理に気を配ったほか、夏の大会前には自宅を合宿所として提供するなど、野球部の支援に尽くし、9年間の在任中に夏の全国大会に5回、選抜に2回出場、同校野球部の黄金時代を築いた。'63年7月31日77歳で死去。

「鳥取西高等学校野球部史」の巻末には実に

10ページにわたる「林（猫山）菊三郎伝」が掲載されているなど、戦前に山陰の名門として活躍した同校野球部の恩人である。

林《はやし》 勝《まさる》（八幡商ほか）

滋賀県の県立校３校を甲子園に出場させた監督。

1941年７月16日滋賀県に生まれる。中学時代に本格的に野球を始め、伊香高時代は捕手兼外野手として活躍。春季近畿大会ではベスト４まで進んだが、甲子園には出場できなかった。中京大に進学したが１年で退学して、日大に再入学。外野手としてプレーしたがリーグ戦には１試合しか出場できなかった。

’65年卒業と同時に帰郷して創立４年目の県立能登川高に保健体育教諭として赴任。翌年監督に就任すると、’75年選抜で同校を甲子園に初出場させた。この時、先発投手に初球をバックネットにぶつける大暴投を指示、試合は１点差で負けたが、このことで初出場ながら落ち着いて試合ができたという。

’78年４月開校３年目の県立長浜高に転じると、創部直後の野球部監督に就任。１年目は練習試合を含めて18試合全敗というスタートだったが、’84年夏には同校も甲子園に初出場させた。さらに、初戦で選抜ベスト４の大船渡高を降して初勝利もあげている。

’87年４月八幡商に赴任、８月に当時低迷していた同校の監督に就任した。翌’88年夏に26年振りに甲子園に復活させると、以後４年連続して甲子園に出場している。’93年選抜では準々決勝まで進んだ。

主な教え子に、八幡商時代の田中孝明（明大－神戸製鋼）、池川隼人（大阪経大－八幡商監督）、羽田豊（龍谷大）らがいる。

【甲子園監督成績】（能登川高）

1975春	1	●	3－4	掛川西高

（長浜高）

1984夏	1	○	4－3	大船渡高
	2	●	4－7	都城高

（八幡商）

1988夏	1	○	6－0	本荘高
	2	●	4－6	宇部商
1989春	1	●	8－10	東海大四高
1989夏	2	○	6－2	川越商
	3	●	1－15	上宮高
1990夏	2	○	6－5	高田工
	3	●	2－5	沖縄水産
1991夏	1	○	3－2	富山商
	2	●	3－8	松商学園高
1993春	2	○	6－3	氷見高
	3	○	4－2	佐野日大高
	準々	●	4－12	駒大岩見沢高
2000夏	1	●	1－2	浦和学院高

原《はら》 辰徳《たつのり》（東海大相模高）

1974年夏から’76年夏にかけて甲子園に４回出場した東海大相模高のスラッガー。数少ない打者のアイドルでもある。

1958年７月22日福岡県大牟田市に生まれる。父貢は当時東洋高圧大牟田に勤務、社会人野球の現役を引退した直後だった。翌’59年に父が三池工の監督として招聘され、幼い頃から父に連れられてグラウンドに通ったのが野球との出会いであった。７歳の’65年夏に同校が甲子園で全国制覇。以後、本格的に野球を始め、高校・大学を通じて父原貢監督の指導を受けた。

’66年末、父が新設校である東海大相模高の監督に招聘されたのに従って、神奈川県厚木市に移る。のち相模原市に転じ、上鶴間中でエースとして活躍。近くの大野南中のエース村中秀人とはライバルで、かつ親友でもあった。

父が監督をつとめる東海大相模高に進学、同期には村中のほか、熊本から野球留学してきた津末英明（日本ハム）もいた。入学まもなく三塁手に転向してレギュラー入り、村中と津末もベンチ入りして、夏の甲子園に出場。メンバーに１年生が３人もいるチームとして注目を集めた。この時は準々決勝で定岡（巨人）がエースの鹿児島実に敗れたが、３試合すべてで２安打以上を打って、強打の１年生として注目を集めた。

翌'75年選抜には不動の４番打者として出場。すでに高知高の杉村（ヤクルト）とともに東西を代表する強打者といわれ、決勝戦まで進出して、高知高と対戦。この試合は、延長13回の末惜敗したが、ホームランと三塁打を放っている。

同年夏は準々決勝で上尾高に敗退。翌'76年夏にも出場した。

津末、村中と組んだクリーンアップは強力で、原自身も２年春の豊見城高戦以外はすべてヒットを打っている。

卒業後は、村中・津末とともに東海大に進学。三冠王を２回獲得、通算21本塁打を打って、外野手に転向した村中らとともに、東海大学の黄金時代を築いた。

'80年秋のドラフト会議では本人の希望通り巨人の１位指名でプロ入り。'81年打率.268、22本塁打、67打点で新人王を獲得した。'83年には打率.302、32本塁打、103打点をマーク、打点王を獲得し、ＭＶＰに選ばれた。巨人で４番を通算1066試合つとめたが、これは球団史上４位の記録である。'95年10月８日の最終戦の引退試合でも先発４番をつとめ、ホームランを打った。ベストナイン５回。引退後、'96年～'98年ＮＨＫの解説者、「サンデースポーツ」のキャスターをつとめたのち、'99年巨人にコーチとして復帰。2002年には長嶋監督のあとを受けて監督に就任、１年目で日本一となっている。

【甲子園打撃成績】（東海大相模高）

		対戦相手	打	安	点
1974夏	2	土浦日大高	6	2	1
	3	盈進高	5	2	1
	準々	鹿児島実	6	3	2
1975春	2	倉敷工	3	1	0
	準々	豊見城高	4	0	0
	準決	堀越高	3	1	1
	決勝	高知高	5	3	1
1975夏	2	松商学園高	5	1	0
	3	三重高	3	1	2
	準々	上尾高	5	4	2
1976夏	1	釧路江南高	3	1	0
	2	小山高	4	1	0

原《はら》 初《はつ》也《や》（甲府工）

平成時代の山梨県高校球界を代表する監督。

1946年山梨県中巨摩郡竜王町に生まれる。竜王中でエースとして活躍、1961年山梨県中学選抜大会と中学総体をともに制して、好投手として有名だった。甲府工に進学して田名網英二監督の指導を受け、強打者として知られた中沢伸二（阪急）とバッテリーを組んだ。

1963年秋、県大会で優勝、関東大会でも準優勝して、翌'64年選抜に出場。選抜の初戦では市立西宮高と対戦。１－２で迎えた９回表に四球で出塁すると、２死からショートゴロをジャッグル、さらに一塁に低投する間にホームインして同点に追いついた。しかし、13回に１死二塁からセンター前に打たれたテキサスヒットで決勝点を奪われてサヨナラ負けした。夏は県大会２回戦で敗退。卒業後は日産自動車でプレーしたのち、'84年に母校・甲府工のコーチに就任。翌'85年に監督に就任した。

３年目の'87年に２年生エース中込伸を擁して選抜にするといきなり準々決勝まで進出。以後、山梨県を代表する強豪校として活躍をつづけている。

主な教え子には、中込伸（阪神）、星野勲（法政大）、山村宏樹（阪神）、小沢裕昭（日大一日産自動車）など、好投手が多い。

【甲子園投手成績】（甲府工）

		対戦相手	回	安	振
1964春	1	市西宮高	$12\frac{1}{3}$	13	4

【甲子園監督成績】（甲府工）

1987春	1	○	6－1	松山北高
	2	○	2－1	明野高
	準々	●	0－9	池田高
1990夏	1	○	12－7	佐賀学園高
	2	●	5－12	沖縄水産
1993夏	1	○	4－2	金沢高
	2	●	0－2	修徳高
1997夏	1	○	9－0	八頭高
	2	○	4－2	豊田大谷高
	3	●	4－5	市立船橋高
1999夏	1	○	4－3	北陽高
	2	●	2－3	静岡高
2004春	1	○	3－2	日南学園高
	2	●	0－3	秋田商

原《はら》 貢《みつぐ》（東海大相模高ほか）

三池工業と東海大相模高校の２校で全国制覇した監督。

1935年３月30日佐賀県神埼郡三田川町に生まれる。鳥栖工では投手兼一塁手。立命館大に進学したが、中退して'54年に社会人の東洋高圧大牟田に入社した。当時の東洋高圧大牟田は強豪チームで、原は控えの三塁手であった。

'58年に現役を引退、会社には在籍したまま三池工の監督に就任。'65年夏に２年生エースの上田卓三らを擁して甲子園に初出場した。

初戦で小坂敏彦（早大－日本ハム）がエースの優勝候補高松商と対戦、延長13回の末に２－１と振り切って勝利をあげると、２回戦では大勝。準々決勝では報徳学園高と対戦、９回に同点として10回にサヨナラ勝ち。準決勝も４安打で４点を取って辛勝すると、決勝戦では木樽正明（ロッテ）を擁する優勝候補の筆頭・銚子商と対戦、上田が完封して初出場初優勝を達成した。

工業高校の甲子園制覇は史上初のほか、当時の三池地区は、三池争議や炭塵爆発事故などで不況に悩んでおり、、三池工の快挙は大牟田市民に大きな希望を与えた。

この実績で創部間もない東海大相模高に招聘された。原は上田らがチームを去る翌年まで監督をつとめ、'66年末に同校監督に就任。'70年夏には同校で全国制覇を達成。その後、長男・辰徳も入学して、同校の黄金時代を築いた。

'77年、辰徳の東海大進学とともに東海大の監督に転任し、８シーズンで７回首都大学リーグを制している。'81年に辰徳が東海大学を卒業すると、東海大相模高の監督に復帰、３年間つとめた。その後は、'89年～'97年２度目の東海大学監督をつとめ、６回リーグ優勝した。

高校時代の教え子には、三池工時代に苑田聡彦（広島）、上田卓三（南海）、東海大相模高時代には長男辰徳のほか、井尻陽久（東海大－日本生命監督）、大八木治（東海大甲府高監督－相洋高監督）、村中秀人（東海大－東海大相模高監督－東海大甲府高監督）、津末英明（東海大－日本ハム－巨人）らがいる。

【甲子園監督成績】（三池工）

1965夏	1	○	2－1	高松商
	2	○	11－1	東海大一高
	準々	○	3－2	報徳学園高
	準決	○	4－3	秋田高
	決勝	○	2－0	銚子商

（東海大相模高）

1969夏	1	●	0－6	静岡商
1970春	2	●	2－6	箕島高
1970夏	2	○	5－4	唐津商
	準々	○	7－6	滝川高
	準決	○	3－2	岐阜短大付高
	決勝	○	10－6	ＰＬ学園高
1972夏	1	●	0－3	中京高
1974夏	2	○	3－2	土浦日大高

	3	○	13－6	盈進高
	準々	●	4－5	鹿児島実
1975春	2	○	1－0	倉敷工
	準々	○	2－1	豊見城高
	準決	○	6－2	堀越高
	決勝	●	5－10	高知高
1975夏	2	○	5－3	松商学園高
	3	○	7－3	三重高
	準々	●	4－5	上尾高
1976夏	1	○	5－0	釧路江南高
	2	●	0－1	小山高

原田《はらだ》 英彦《ひでひこ》（平安高）

平成時代に平安高を強豪に復活させた監督。

1960年5月19日京都府に生まれる。平安高ではセンターとして活躍。卒業後は日本新薬に入り、外野手として都市対抗野球に10回出場した。'93年、母校・平安高に監督として招聘された。

当時、名門・平安高は低迷期で、'90年夏に甲子園の3回戦まで進んだ以外は、活躍できていなかった。

'95年、入学したばかりの川口知哉をエースに起用、川口が3年生となった'97年に選抜に出場した。選抜だけで30回以上の出場を誇った同校も、この時は実に17年振りの選抜出場であった。この大会では準々決勝で敗れたが、夏には41年振りに決勝まで進出している。

以後、同校は甲子園の強豪として復活、'97年以降の7年間で春夏合わせて7回甲子園に出場、うち5回準々決勝以上に進出するという好成績をおさめている。

主な教え子に、川口知哉（オリックス）高塚雄太（トヨタ自動車）らがいる。

【甲子園監督成績】（平安高）

1997春	1	○	5－3	星稜高
	2	○	2－1	日南学園高
	準々	●	2－5	報徳学園高
1997夏	1	○	8－4	県岐阜商
	2	○	5－0	高知商
	3	○	3－2	浜松工
	準々	○	5－1	徳島商
	準決	○	3－0	前橋工
	決勝	●	3－6	智弁和歌山高
1999春	1	○	5－1	東邦高
	2	○	9－7	駒大高
	準々	●	0－6	ＰＬ学園高
2001夏	2	○	4－2	酒田南高
	3	○	3－1	金沢高
	準々	●	3－4	松山商
2002春	1	●	1－7	浦和学院高
2003春	2	○	4－0	宇部鴻城高
	3	○	3－2	中京高
	準々	●	0－3	横浜高
2003夏	1	○	2－1	日大三高
	2	○	2－1	明徳義塾高
	3	●	0－1	東北高

伴《ばん》 良松《よしまつ》（守山高）

京滋大会で唯一平安高を降して甲子園に出場した監督。

滋賀県は京都府と同じ予選地域であったため、なかなか夏の甲子園に出場することができなかった。とくに平安中学・高校には全く勝てず、滋賀県勢が初めて夏の甲子園に出場したのは、1953年のことである。しかし、この時は平安高が京都府予選で敗れ、京滋大会の相手は丹後地区から初めて勝ち進んだ西舞鶴高であった。その後も、夏の大会には京滋大会のない記念大会だけしか出場できない、という状態が続いていたが、この平安高の壁を初めて破ったのが、'67年夏の守山高であった。

伴は1965年、創部3年目の守山高に赴任し、監督に就任した。着任と同時、部員に向い、「3年後には必ず甲子園に行く」と宣言した。3年後の'67年、伴はOBとともに宿敵平安高の練習を偵察した。2mもある塀をよじ登り、練習方法や監督の指導などをつぶさに観察したという。そして、平安高校との京滋大会では、6回に敵失であげた1点を守り抜き、滋賀県勢として初めて平安高校を降して夏の甲子園に出場を果たしたのである。

1987年～'92年には滋賀県高野連理事長となり、'94年～'98年水口東高校長に就任。この間、'96年～'98年は会長をつとめている。

2003年には滋賀県高野連より地方大会功労者に選ばれている。

【甲子園監督成績】（守山高）

1967夏	2	●	1－3	富山商

板東《ばんどう》 英二《えいじ》（徳島商）

タレントとして著名な板東英二は、高校野球史上に残る"鉄腕"投手である。高校野球に引分け制度が導入されたのも、四国大会での板東の鉄腕ぶりがきっかけである。

板東は1940年4月15日満州の虎林に生まれた。生家は満州の図們で将校相手の高級料理屋を経営していた。終戦直前に父が応召し、戦後母と兄姉とともに、神戸を経て、'47年に徳島県板野郡板東町（現・鳴門市）に引き揚げる。板東中（現・大麻中）2年で野球を始め、3年ではエースで4番を打った。

徳島商に進学して剛腕投手として鳴らし、1年生の'56年夏には甲子園のベンチ入りしたが、試合には未登板。'58年夏にはエースとして甲子園に出場した。

板東を語る最も重要なキーワードは鉄腕である。'58年夏の大会では、初戦の秋田商を1安打17奪三振で完封。2回戦の八女高戦では15三振を奪って完勝すると、準々決勝の対魚津高戦では村椿投手と延長18回引き分け再試合を演じた。翌日の再試合でも完投勝利。さらに準決勝では作新学院高を1安打14奪三振と完璧に抑えている。決勝ではさすがに疲労から柳井高に14安打を浴びて完敗したが、この大会で記録した通算83奪三振は史上最多である。

同年秋には慶大のセレクションを受けていたが、プロ各球団の激しい争奪戦があり、'59年中日に入団、主にリリーフ投手として活躍した。プロ通算11年で、77勝65敗の成績を残している。オールスター出場3回。'70年ＣＢＣの解説者となるが、その後はタレントとして活躍、ＴＢＳ「世界不思議発見」の解答者としても人気が高い。

【甲子園投手成績】（徳島商）

		対戦相手	回	安	振
1958夏	2	秋田商	9	1	17
	3	八女高	9	4	15
	準々	魚津高	18	6	25
		魚津高	9	5	9
	準決	作新学院高	9	1	14
	決勝	柳井高	8	14	3

ひ

秀高《ひでたか》 篤《あつし》

甲子園審判を経て、甲子園に近い網引旅館の経営者。

大阪市に生まれ、関西大学を卒業。1957年から'63年まで夏の甲子園の審判をつとめた。'65年から２年間は、母校・関西大学監督となり、同大野球部ＯＢ会会長もつとめた。

'77年からは甲子園球場から徒歩５分の所にある網引旅館を経営。蔦文也監督が率いた池田高校なども宿泊し、のち徳島県代表の指定宿舎でとして各代表校が宿泊した。近年はホテルに泊まる学校も多いが、網引旅館は昔ながらの家庭的な雰囲気で球児を迎える旅館として有名で、卒業後も球児たちと交流が続くことが多いという。2003年７月27日、74歳で死去した。旅館は妻が引き継ぎ、あいかわらず徳島県代表の定宿である。

尾《び》藤《とう》 公《ただし》 (箕島高)

箕島高校を全国屈指の強豪校に育て上げた名監督。

1942年10月23日和歌山県有田市に生まれる。箕島高では捕手としてプレーしたが、近畿大学に進学後、腰痛のため選手を断念した。

'66年、母校・箕島高の監督に就任。３年目の選抜には早くも初出場し、いきなりベスト４まで進んだ。'70年の選抜では決勝で北陽高と死闘を繰り広げて降し、初優勝、弱冠28歳での全国制覇で一躍注目を集めた。以後、'70年～'80年代に、箕島高校は公立の強豪校として全国に知れわたった。とくに'70年代には決勝戦４回進んで、いずれも優勝している。

尾藤監督の真骨頂は“負けない野球”にあったといってよい。和歌山県の小都市にある県立高校としては、毎年優秀な素材を集めることはできない。そこで、限られた人材の中で、徹底的に負けない野球を追求したのである。そして'79年、石井－嶋田というバッテリーを擁して春夏連覇を達成した。

平成に入ってからは、厳選された人材を集めた智弁和歌山高の台頭によって甲子園に出場できなくなり、'91年選抜を最後に同校は甲子園から遠ざかっている。そして尾藤は'94年に監督を引退した。

主な教え子には、東尾修（西鉄－西武監督）、上川誠二（三協精機－大昭和製紙－中日－ロッテ）、石井毅（住友金属－西武）、嶋田宗彦（住友金属－阪神）、吉井理人（近鉄－ヤクルト－メッツ－オリックス）、山下徳人（東洋大－ロッテ）、嶋田章弘（阪神ほか）、杉本正志（征使，広島－ロッテ）などがいる。

【甲子園監督成績】（箕島高）

1968春	1	○	5－2	苫小牧東高
	2	○	2－1	高知商
	準々	○	7－3	広陵高
	準決	●	3－5	大宮工
1970春	2	○	6－2	東海大相模高
	準々	○	4－1	三重高
	準決	○	3－0	広陵高
	決勝	○	5－4	北陽高
1970夏	1	○	8－0	北見柏陽高
	2	●	1－6	岐阜短大付高
1972春	1	●	1－2	倉敷工
1973夏	1	●	4－9	丸子実
1977春	1	○	1－0	名古屋電気
	2	○	10－0	豊見城高
	準々	○	7－3	県岐阜商
	準決	○	2－0	智弁学園高
	決勝	○	3－0	中村高
1978春	1	○	1－0	黒沢尻工
	2	○	4－1	小倉高
	準々	○	2－0	ＰＬ学園高

	準決	●	3－9	福井商
1978夏	1	○	1－0	能代高
	2	○	6－1	広島工
	3	●	4－5	中京高
1979春	2	○	10－4	下関商
	準々	○	5－1	倉吉北高
	準決	○	4－3	ＰＬ学園高
	決勝	○	8－7	浪商高
1979夏	2	○	7－3	札幌商
	3	○	4－3	星稜高
	準々	○	4－1	城西高
	準決	○	3－2	横浜商
	決勝	○	4－3	池田高
1980夏	1	○	5－0	都立国立高
	2	○	5－0	高知商
	3	○	5－3	美濃加茂高
	準々	●	2－3	横浜高
1982春	1	○	6－2	上尾高
	2	○	4－3	明徳高
	準々	●	0－1	ＰＬ学園高
1983夏	1	○	4－3	吉田高
	2	○	5－3	駒大岩見沢高
	3	●	2－8	高知商
1984夏	2	●	3－5	取手二高
1991春	1	○	5－1	旭川竜谷高
	2	●	4－6	大阪桐蔭高

一言《ひとこと》 多十《たじゅう》（島田商）

戦前に黄金時代を築いた島田商業のエースで4番打者。

1921年5月1日静岡県六合村（現・島田市）のお茶屋に生まれる。2歳の時に関東大震災が起こり、島田の一言家でも保管していたお茶が建物の下敷きになって大打撃を受けたという。そのため、高等小学校を卒業して働きに出る予定だったが、同校のエースで4番打者として活躍している姿をみた島田商業野球部後援会鈴木金苗の支援を得て島田商業に進学した。

島田商では当初は外野手で、'37年はライト、'38年はセンターとして甲子園に出場。４年生の'39年選抜から投手で３番を打ったが、夏の甲子園では主にライトとして出場。準決勝の海草中戦のみ１回２死からリリーフしたが、３回１死満塁で降板した。この試合では嶋精一にノーヒットノーランに抑えられている。

５年の'40年にはエースで４番を打って出場。夏には決勝戦まで進んで再び海草中と対戦、今度は真田重蔵と投げ合って１－２で敗れ、準優勝となった。

'41年５大学リーグ（現・東都大学リーグ）の専修大に進学、１年春からエースとなってノーヒットノーランも記録、１年上の梶岡忠義とともに同リーグで圧倒的な強さを誇った。２年秋には神宮大会に出場、明大に進学していた嶋精一と投げ合って破っている。なお、公式戦で５大学リーグチームが６大学勢を破ったのは史上初めてだったという。

'43年応召、'45年６月には海軍の特攻艇に配属さたれものの出陣しないまま終戦を迎えた。'46年横沢四郎の誘いでプロ野球のセネタースに入団、投手として６勝をあげるかたわら、外野手としても規定打席に到達している。'47年東急、'48年急映でプレーして、'48年末にいったん引退して新田建設に転じたが、'50年に阪急で１年だけプロに復帰した。退団後、石川島重工業に入り、選手・監督をつとめた。引退後は同社の小会社に勤務した。

中学野球選手として甲子園に７回も出場したほか、大学野球、プロ野球、社会人野球とすべて活躍、社会人では監督もつとめたうえ、プロ野球では投手と野手の両方をこなすという、あらゆる野球シーンで活躍した希有の野球人であった。

【甲子園投手成績】（島田商）

		対戦相手	回	安	振
1939春	2	呉港中	9	5	10
	準々	熊本工	9	4	5
	準決	東邦商	8	11	1

1939夏	2	京阪商	未	登	板
	準々	高松商	未	登	板
	準決	海草中	1⅔	3	0
1940春	2	海草中	9	7	8
	準々	岐阜商	8	7	1
1940夏	2	北神商	10	4	3
	準々	千葉商	9	2	5
	準決	市岡中	9	4	6
	決勝	海草中	8	7	4

【甲子園打撃成績】(島田商)

		対戦相手	打	安	点
1937春	1	小倉工	2	0	0
	2	東邦商	3	1	0
1937夏	1	浅野中	3	0	0
1938春	2	甲陽中	2	1	0
1939春	2	呉港中	5	1	1
	準々	熊本工	5	0	0
	準決	東邦商	4	1	0
1939夏	2	京阪商	4	0	0
	準々	高松商	4	0	0
	準決	海草中	3	0	0
1940春	2	海草中	4	1	2
	準々	岐阜商	4	0	0
1940夏	2	北神商	5	1	1
	準々	千葉商	4	1	2
	準決	市岡中	2	0	0
	決勝	海草中	3	0	0

樋野《ひの》 丈夫《たけお》 (松江商)

松江商で監督・部長を21年間にわたってつとめた。

1921年島根県松江市に生まれる。松江商時代は外野手で、'36年夏にレフトで2番を打って、山陰大会に出場している。

'59年母校の松江商監督に就任し、'61年選抜に出場、ベスト8まで進んだ。'66年部長に退いたが、'69年監督に復帰し、'72年から2年連続して選抜に出場した。'74年再び部長となった後、'79年3度目の監督をつとめて同年引退した。'87年1月25日65歳で死去した。

主な教え子に、小室光男(西鉄)がいる。

【甲子園監督成績】(松江商)

1961春	1	○	3－0	尼崎北高
	2	○	4－1	撫養高
	準々	●	3－9	平安高
1972春	1	○	3－1	名護高
	2	●	0－6	日大桜丘高
1973春	1	○	2－1	福井商
	2	●	0－1	広島商

桧物《ひもの》 政義《まさよし》 (新湊高)

新湊高校を強豪校に育てた監督。

1952年8月7日富山県新湊市に生まれる。新湊高時代はショートで主将をつとめた。'71年に卒業すると、家業の仏壇漆塗業を継ぐと同時に、18歳で母校の監督に就任した。

'80年夏には甲子園に初出場、'86年選抜では酒井盛政投手を擁して、富山県勢として初めて準決勝まで進み、甲子園に“新湊旋風”を巻き起こした。'94年に退任するまで、家業に専念した1年間を除いて、22年間無報酬で監督をつとめ、新湊高を県内の強豪校に育て上げた。

退任後は富山県高野連強化委員のかたわら、地元の野球解説者をつとめていたが、'99年に創部された富山国際高に監督として招聘されて2年間だけつとめた。

【甲子園監督成績】(新湊高)

1980夏	1	●	2－7	興南高
1986春	1	○	1－0	享栄高
	2	○	7－4	拓大紅陵高
	準々	○	2－1	京都西高
	準決	●	3－8	宇都宮南高
1986夏	2	●	4－8	天理高

比屋根《ひやね》 吉信《よしのぶ》(興南高)

1980年代に興南高黄金時代を築いた監督。

1951年9月19日兵庫県尼崎市に生まれる。両親は沖縄出身。西宮大社中から報徳学園高に進学し、三塁手・遊撃手としてプレー。大阪体育大に進学して下手投げの投手に転向し、通算31勝をマークした。'74年西濃運輸に入社したが、肩を痛めて翌'75年に退職した。

当時の豊見城高校長が親戚だった関係から同校で1ヶ月間野球を指導。春には興南高の保健体育教諭となり、翌年3月に監督に就任した。'68年夏には甲子園でベスト4まで進んで“興南旋風”を巻き起こした同校も、当時は低迷期で、就任した時には部員数わずかに9人、うち6人は中学時代に野球経験のない選手という状態だった。

'80年夏に甲子園出場を果たすと、ベスト8まで進み、以後4年間で春夏合わせて6回甲子園に出場、黄金時代を築いた。

'97年熊本県の有明高に監督として招聘され、無名だった同校を県内の有力校に育てている。

主な教え子に、興南高時代の前泊哲明（日産自動車横浜－大洋）、竹下浩二（大洋）、仲田幸司（阪神－ロッテ）、仲田秀司（西武）、渡真利克則（阪神－ダイエー－セリーグ審判）らがいる。

【甲子園監督成績】(興南高)

1980夏	2	○	7－2	新湊高
	3	○	14－0	旭川大高
	準々	●	0－3	早実
1981春	1	●	1－3	印旛高
1981夏	1	●	1－5	秋田経大付高
1982夏	1	○	3－2	明野高
	2	○	2－1	熊谷高
	3	●	2－4	広島商
1983春	1	●	1－2	上宮高
1983夏	1	○	2－1	長野商
	2	●	3－4	広島商

平古場《ひらこば》 昭二《しょうじ》(浪華商)

平古場3兄弟の末弟。1928年生まれ。本来は右利きだったが、小学校4年の時に、2人の兄にむりやり左利きにさせられたという。

'46年夏の戦後第1回大会に浪華商業のエースとして広瀬吉治（洲本高監督－大院大監督）とバッテリーを組んで出場。初戦の和歌山中戦は2安打16奪三振を記録。準決勝の対東京高師附属中（現・筑波大附属高）戦では、1試合19奪三振の大会タイ記録をマークした。これは、2000年に浦和学院高の坂本弥太郎投手が記録するまで、戦後唯一の記録だった。決勝戦の対京都二中戦でも、先頭打者から6人連続奪三振という快投を見せ、優勝を果たした。

慶大でもエースとして活躍、鐘紡では都市対抗3連覇に貢献した。のち、パリーグの審判を4年間だけつとめている。引退後は小豆島に在住。

【甲子園投手成績】(浪華商)

		対戦相手	回	安	振
1946夏	2	和歌山中	9	2	16
	準々	函館中	*	*	*
	準決	東京高師付中	9	3	19
	決勝	京都二中	9	5	13

注）準々決勝の詳細な成績は不明

平古場《ひらこば》 正晴《まさはる》(浪華商)

平古場3兄弟の二男。長崎県生まれ。浪華商業では好守好打の遊撃手として活躍、'36年～'38年にかけて甲子園に4回出場。

'36年選抜では9番打者だったが、翌'37年からは2番打者として活躍、同年の選抜では優勝した（決勝戦のみ1番を打っている）。

戦後は上宮高監督、高野連審判部長などを経て、'85年関西6大学野球連盟審判部長、'97年理事長を歴任した。2000年12月5日死去。

【甲子園打撃成績】(浪華商)

		対戦相手	打	安	点
1936春	1	松山商	2	1	0
1937春	2	和歌山商	3	1	0
	準々	下関商	4	3	0
	準決	徳島商	4	1	0
	決勝	中京商	4	0	0
1937夏	1	平安中	3	0	0
1938春	1	横浜商	3	0	0
	2	滝川中	4	2	0
		滝川中	3	0	0
	準々	東邦商	4	1	0

平田《ひらた》 勝男《かつお》 (海星高)

1976年から甲子園に2回出場、守備で注目を集めた海星高の遊撃手。

1959年7月31日長崎県松浦市今福町に生まれる。小学校時代はソフトボールで活躍。今福中で軟式野球を始めると、勝田弘監督にその素質を見抜かれ、1年からショートのレギュラーとして活躍した。

監督の勧めで長崎市の海星高に進学。2年生の'76年夏、2番打者として、1年上のエース酒井圭一(ヤクルト)とともに甲子園に出場、ベスト4まで進出、ショートの名手として注目を集めた。

翌'77年選抜にも出場したが、2回戦で山沖之彦(オリックスほか)がエースの中村高に敗れた。夏は西九州大会の決勝で佐賀商と対戦、9回まで4－1とリードしながら9回に同点に追いつかれ、延長10回に4点を失って甲子園出場を逃している。

明大でもショートとして活躍、日米野球にも出場した。'81年秋のドラフト会議で阪神から2位指名されてプロ入り。2年目にはレギュラーとなり、'84年から4年連続ゴールデングラブ賞を獲得。'94年に引退、毎日放送解説者を経て、阪神コーチ、阪神球団広報課長などを歴任。

【甲子園打撃成績】(海星高)

		対戦相手	打	安	点
1976夏	1	徳島商	3	0	0
	2	福井高	4	4	3
	3	崇徳高	3	0	0
	準々	東北高	2	0	0
	準決	PL学園高	5	2	0
1977春	2	中村高	3	2	1

平原《ひらはら》 美夫《よしお》 (高鍋高)

戦後の宮崎県高校球界を代表する名監督。同県代表が初めて甲子園に出場した際の高鍋高校監督でもある。

1911年宮崎県東郷町に生まれる。姓は正しくは「ひらばる」とよんだ。小学校時代から投手として活躍し、宮崎師範(現・宮崎大学)時代には豪腕投手として活躍した。卒業後2年間都農小学校に勤務したが、師・有田四郎の勧めで上京し、本格的に絵画の勉強に専念。王子中学の美術教師をつとめていた'36年には文展(現日展)に初入選を果たしている。

'39年帰郷し、旧制延岡中学(現・延岡高)に美術教師として赴任、野球部の監督を兼任した。戦後の'47年に旧制高鍋中学(現・高鍋高)に転じ、新制高校となると、宮崎県高野連初代理事長もつとめた。

当時の宮崎県は地方予選を勝ち抜くことができず、全国で唯一甲子園に出場したことのない県であった。'50年秋には九州大会で準優勝しながら、実績不足を理由に選抜に推薦されず、高鍋高に敗れた小倉高が選抜に出場している。そして、'54年夏、高鍋高を率いて初めて南九州予選を制し、甲子園出場を決めた。この時、決勝戦の行われた宮崎市から、学校のある高鍋町までパレードが行われ、宮崎県勢初の甲子園出場を祝った。

'59年夏には2度目の甲子園出場を果たし、初勝利もあげている。

'65年には部長登録で春夏連続出場して、

夏は宮崎県勢として初めてベスト４まで進出。この年を最後に現場から退いた。

定年退職後は、再び絵画制作に没頭。'75年に64歳で死去した。

文展入選作の「ビロー樹」は、宮崎県教育会館講堂に展示してあるほか、'87年に高鍋高校野球OBを中心とした有志によって、高鍋町営野球場に平原美夫胸像が建立されている。

主な教え子には、黒木基康（日大－大洋）、清俊彦（西鉄－近鉄）、牧憲二郎（南海－阪急）や、息子の平原美樹（早大－高鍋高監督）らがいる（部長時代も含む）。

【甲子園監督成績】（高鍋高）

1954夏	1	●	5－16	鶴見工
1959夏	1	○	4－0	中京商
	2	●	0－1	天理高
1962春	1	●	2－3	ＰＬ学園高

注）'61年夏と、'65年春夏は部長登録で出場、'62年選抜では部長と監督を兼任している

平原《ひらはら》 美樹《よしき》（高鍋高）

高鍋高校で選手・監督として甲子園に出場。

1945年宮崎県に生まれる。父は高鍋高野球部育ての親で、宮崎県を代表する名監督の平原美夫。父が監督をつとめる高鍋高に進学し、二塁手として活躍。２年生の'61年夏に甲子園のベンチ入り、'62年選抜にはレギュラーとして出場した。

早大に進学したが、足を故障して選手を断念。在学中から母校・高鍋高で父のもとコーチをつとめた。卒業後帰郷して高鍋石油に勤務するかたわら、同校のコーチをつづけ、'71年に監督に就任。'73年夏には甲子園で２勝をあげた。'79年に引退。

主な教え子に、猪股整（高鍋高監督）、富山晃一（日体大－鵬翔高監督）、池田親興（法政大－日産自動車－阪神ほか）らがいる。

なお、息子の平原義亜は鹿児島商工（現・樟南高）で甲子園に出場、現在は宮崎学園高監督をつとめている。

【甲子園打撃成績】（高鍋高）

		対戦相手	打	安	点
1962春	1	ＰＬ学園高	3	1	0

【甲子園監督成績】（高鍋高）

1973夏	1	○	3－0	金沢市工
	2	○	4－1	日大山形高
	3	●	0－1	北陽高

平松《ひらまつ》 政次《まさじ》（岡山東商）

1965年の選抜で全試合完封で優勝した岡山東商のエース。

1947年9月19日岡山県高梁市鍛冶町に生まれる。高梁中１年の時、妹尾求のアドバイスで投手に転向した。高校進学の際、岡山東商のコーチとなっていた妹尾の誘いで同校に進学。'65年選抜に出場、１回戦対コザ高、２回戦対明治高、準々決勝対静岡高、準決勝対徳島商と４試合連続完封。決勝戦では藤田平（阪神）のいた市立和歌山商と対戦、延長13回サヨナラ勝ちし、岡山県勢として初めて優勝した。この大会でマークした39イニング連続無失点は大会記録である。県勢初の全国優勝に大騒ぎとなり、岡山駅に到着した際に出迎えた市民の数は、8万人近くにも及んだ。加藤知事の挨拶が始まると、市民がステージに殺到して大混乱となり、式とパレードは中止、２選手の優勝メダルも紛失してしまった。結局、翌々日に警察の厳重な警備のもと、優勝パレードが行われた。

同年夏は、平松のほか、倉敷商の松岡弘（ヤクルト）、関西高の森安（東映）と、のちにプロで活躍する投手が揃い踏み、稀に見る高レベルでの県大会を制し、春夏連続して甲子園に出場したが、初戦で敗退。

同年秋のドラフト会議では中日から４位で指名されたが拒否して日本石油に入社。翌

'66年秋の第2次ドラフト2位で大洋に指名されてプロ入りした。以後エースとして活躍し、'69年から12年連続2桁勝利を記録、'70年には25勝19敗、6完封，防御率1.95で最多勝を獲得。翌'71年にも17勝で最多勝を獲得した。また通算本塁打25本もマークしている。'84年に引退するまで、18年間で201勝196敗16Sをマーク。引退後は、フジテレビ解説者となる。地元の高梁市では「平松政次杯争奪学童野球大会」が毎年開催されている。

【甲子園投手成績】（岡山東商）

		対戦相手	回	安	振
1965春	1	コザ高	9	3	11
	2	明治高	9	3	8
	準々	静岡高	9	3	9
	準決	徳島商	9	5	8
	決勝	市和歌山商	13	10	5
1965夏	1	日大二高	8	8	3

広《ひろ》瀬《せ》 吉《よし》治《じ》（浪商高ほか）

浪華商では選手として優勝、洲本高では監督として初出場初優勝。さらに浪商高監督としても選抜準優勝を果たし、大学球界でも活躍した、関西アマ球界の功労者。

1929年3月19日大阪市に生まれる。浪華商業に進学して捕手をつとめ、戦後第1回の'46年夏の大会に3番打者として出場。初戦の和歌山中（現・桐蔭高）戦と、準々決勝の函館中（現・函館中部高）戦で2試合連続ホームランを打つなど活躍し、優勝した。

法政大学に進学して大学日本一。卒業後、洲本高に教諭として赴任、野球部監督に就任すると、'53年の選抜で同校を初出場初優勝させた。当時は弱冠24歳で、これは最年少優勝監督記録である。

'68年、母校・浪商高に監督として迎えられ、以後春4回、夏1回甲子園に出場。とくに'78年からは牛島和彦－香川伸行の強力バッテリーを擁して3回出場し、'79年選抜では準優勝を果たしている。

その後胃潰瘍、ヘルニアなどを患い、'88年に浪商高が大体大浪商高となったのを機に監督を引退、同校の事務長職専任となった。'92年系列の大阪学院大の技術顧問となり、'97年に監督としてアマ球界に復帰したが、病気のため1年で辞任。2001年再度同大学監督に就任、いきなりリーグ優勝した。同年の全日本大学選手権での勝利は最年長勝利記録でもある。2003年秋のシーズン終了後引退、高校・大学を通じて50年以上にわたって関西アマ球界を支えた。

主な教え子に、洲本高時代の北口勝啓（専修大－明電舎）、加藤昌利（近鉄－パリーグ審判）、久下本誠吾（立命館大－洲本高監督）、阿部好佑（慶大）、浪商高時代の上田芳央（明大－三協精機）、牛島和彦（中日－ロッテ）、香川伸行（南海）、山本昭良（南海）らがいる。

【甲子園打撃成績】（浪華商）

		対戦相手	打	安	点
1946夏	2	和歌山中	5	1	1
	準々	函館中	4	2	1
	準決	東京高師付中	3	0	0
	決勝	京都二中	2	0	0

【甲子園監督成績】（洲本高）

1953春	2	○	2－0	中京商
	準々	○	1－0	時習館高
	準決	○	5－1	小倉高
	決勝	○	4－0	浪華商

（浪商高）

1969春	1	○	16－1	日体荏原高
	2	○	4－2	三沢高
	準々	○	3－0	広島商
	準決	●	0－2	三重高
1974春	1	●	0－1	岡崎工
1978春	1	●	0－3	高松商
1979春	1	○	6－1	愛知高

	2	○	3－2	高知商
	準々	○	4－3	川之江高
	準決	○	5－3	東洋大姫路高
	決勝	●	7－8	箕島高
1979夏	1	○	3－2	上尾高
	2	○	4－0	倉敷商
	3	○	9－1	広島商
	準々	○	10－0	比叡山高
	準決	●	0－2	池田高

広永《ひろなが》 益隆《やすたか》（徳島商）

徳島商業で４季連続して甲子園に出場。

1968年３月５日徳島県徳島市に生まれる。応神中を経て、徳島商に進学。２年生の'84年選抜に３番・レフトで出場、以後４季連続して甲子園に出場した。２年秋に投手に転向、３年ではエースとして甲子園に出場したが、選抜では初戦で、夏は２回戦でともに長浜博文がエースの鹿児島商工（現・樟南高）に敗れている。

同年秋のドラフト会議では南海が３位で指名してプロ入りし、まもなく外野手に復帰。４年目の'89年初めて一軍に上がると、開幕試合の対日本ハム戦（東京ドーム）の５回に代打として初出場、初打席で逆転３ランホームランを打った。さらに、'90年９月26日対オリックス戦（西宮）でプロ野球通算60000号本塁打を、'92年６月６日対西武戦（西武）でパリーグ通算30000号本塁打を打つなど、話題性の多い打者として活躍した。'94年ヤクルト、'97年６月オリックスに移籍、主に代打の切り札として活躍した。'99年に引退。

【甲子園打撃成績】（徳島商）

		対戦相手	打	安	点
1984春	1	愛知高	3	1	2
	2	取手二高	4	3	0
1984夏	1	上尾高	5	1	0
1985春	1	鹿児島商工	4	0	0
1985夏	1	東邦高	3	2	0
	2	鹿児島商工	4	1	0

【甲子園打撃成績】（徳島商）

		対戦相手	回	安	振
1985春	1	鹿児島商工	8	7	6
1985夏	1	東邦高	9	13	4
	2	鹿児島商工	9	6	8

ふ

深沢《ふかざわ》 恵雄《よしお》（峡南高）

1972年夏の甲子園に出場した峡南高校のエース。

1955年5月30日山梨県南巨摩郡中富町に生まれる。西島小４年で野球を始め、６年で投手となる。甲南中でもエースとして活躍。

当時全く無名の峡南高に進学してアンダースローに改造、２年生の'72年夏に初めて山梨県代表として西関東大会に出場した。初戦で大宮工を降すと、決勝戦で熊谷商と対戦した。同校は２年生ながら関東屈指の好投手といわれた槍田英男がエースで、戦前の予想では熊谷商の優位は動かないといわれていた。この試合、2回裏に2死二塁で槍田が打席に入った時に事件が起こった。深沢の投げた初球は内角高めに浮き、槍田は避けることができず右側頭部を直撃して、そのまま担架で医務室に運ばれた。熊谷商は槍田のワンマンチームだっただけに球場は騒然とし、5回表に深沢がランナーとして一塁に出ると、スタンドから多くのものがグラウンド内に投げ込まれて、一時試合が中断するという騒ぎになっている。試合は、急遽リリーフした熊谷商の関根英紀投手の力投もあって延長戦となり、10回表に押し出しの四球であげた1点が決勝点となって、峡南高は甲子園に初出場を決めた。

甲子園では柳井高を４安打に抑えたが、初回の3失点で敗れた。

３年生となった翌年の夏は、県大会の初戦で「同好会レベル」といわれていた甲府南高と対戦、深沢の牽制悪送球で取られた1点で敗れてしまい、山梨県高校野球史上に残る大番狂わせとなった。試合後、地元の山梨放送のラジオ番組には、深沢を励ますコメントつきの葉書や、深沢が好きだったという曲のリクエストが多く寄せられたという。

卒業後は日本楽器を経て、'75年ド秋のラフト会議で阪神から5位で指名されてプロ入り。'81年にロッテに転じ、'84年にはオールスターにも出場、15勝8敗をマークした。プロ在籍12年間で、通算51勝53敗２Ｓをマーク。引退後は横浜市弁天通りでパブ「いまいち」を経営している。

【甲子園投手成績】（峡南高）

		対戦相手	回	安	振
1972夏	1	柳井高	8	4	0

深谷《ふかや》 弘次《こうじ》（中京高ほか）

中京商・中京高（現・中京大中京高）で部長・監督を歴任。系列校の三重高監督としても甲子園に出場している。

日大を卒業後、'53年中京商（現・中京大中京高）監督に就任、同年夏にベスト４。翌'54年夏には全国制覇を達成した。'56年選抜でも優勝。'58年夏からは部長となって、若い監督を指導。甲子園での指揮は自ら執っていた。

のち、系列の三重高監督に転じると、'69年夏から甲子園に３回出場。

その後、再び中京高に戻って、杉浦監督から引き継ぎ（杉浦は部長となる）、'74年選抜から４回甲子園に出場した。'78年夏の準決勝でPL学園高に奇跡の逆転で敗れて監督を辞任、自らは部長となって、再び杉浦を監督に就任させている。

監督として14回出場し、２回優勝して、春夏通算27勝をあげているが、部長時代も含むと、甲子園には24回出場している。

監督時代の主な教え子に、中京商時代の中山俊丈（中日）、星山晋徳（阪神－国鉄ほか）、伊藤竜彦（中日－近鉄）、石黒和弘（慶大－東京）、早瀬方禧（中京大－阪急－広島）、三重高時代の宮本四郎（中京大－阪急ほか)、中京高時代の村瀬耕次(中京大－河合楽器監督)、武藤哲裕(明大－日本鋼管)、山中茂直(法政大－本田技研鈴鹿)、栗岡英智(中日)らがいる。

【甲子園監督成績】(中京商)

1953夏	1	○	6－3	下関東高
	2	○	4－1	慶応高
	準々	○	2－0	宇都宮工
	準決	●	0－6	土佐高
1954春	1	●	2－3	浪華商
1954夏	1	○	3－0	水戸一高
	2	○	7－6	松商学園高
	準々	○	14－1	三原高
	準決	○	4－2	新宮高
	決勝	○	3－0	静岡商
1955夏	2	○	5－0	熊本高
	準々	○	6－0	新宮高
	準決	●	1－6	四日市高
1956春	2	○	2－1	大津東高
	準々	○	3－2	桐生高
	準決	○	6－0	芦屋高
	決勝	○	4－0	岐阜商
1956夏	2	○	5－0	千葉商
	準々	●	0－3	米子東高
1958春	1	○	3－1	広陵高
	2	○	7－0	兵庫工
	準々	○	5－1	福岡工
	準決	○	2－1	明治高
	決勝	●	1－7	済々黌高

(三重高)

1969夏	1	●	7－8	広陵高
1970春	1	○	6－3	平安高
	2	○	3－2	堀越高
	準々	●	1－4	箕島高
1971春	1	●	2－7	近大付高

(中京高)

1974春	1	●	0－4	滝川高
1975春	1	●	15－16	倉敷工
1976夏	1	○	1－0	学法石川高
	2	○	7－1	柳ヶ浦高
	3	○	12－1	高田商
	準々	●	3－9	ＰＬ学園高
1978夏	2	○	6－1	佐世保工
	3	○	5－4	箕島高
	準々	○	5－2	天理高
	準決	●	4－5	ＰＬ学園高

福岡《ふくおか》 真一郎《しんいちろう》 (樟南高)

鹿児島県勢として初めて甲子園の決勝に進んだ樟南高工のエース。

1976年8月30日鹿児島県鹿屋市に生まれる。鹿屋東中でエースで4番として活躍。鹿児島商工に進学、1年からベンチ入りし、夏には甲子園のベンチにも入っている。

1年秋から、同学年の田村恵(広島)とバッテリーを組んでレギュラーとなり、2年春から甲子園に3回出場。

'94年夏、校名が樟南高と変わって甲子園に出場。初戦の秋田高戦は、6回と9回にいずれも2死三塁からの暴投で失点したが、この2点のみに抑えて勝利。3回戦は双葉高から12奪三振。準々決勝の長崎北陽台高戦は大量リードのため7回でいったん降板したが、リリーフした投手が1安打2四球で1死もとれずに満塁としたため再登板、残り2回を投げきった。準決勝では柳ヶ浦高を4安打に抑えて、鹿児島県勢として春夏通じて初めて決勝戦に進出した。決勝戦では2年生エース峯謙介(JR九州)の佐賀商と対戦、4－4の同点で迎えた9回表2死満塁から、西原正勝(駒沢大)に満塁ホームランを打たれ、準優勝となった。

九州産大に進学、デビュー戦で福岡6大学リーグ新記録となる11連続奪三振を記録している。卒業後は、プリンスホテルに入社。2000年、同社野球部の廃部とともに引退した。

【甲子園投手成績】（鹿児島商工）

		対戦相手	回	安	振
1993春	2	南部高	9	7	7
	3	東北高	9	4	4
	準々	国士舘高	7⅔	11	6
1993夏	1	東濃実	9	7	5
	2	堀越高	7	3	6
	3	常総学院高	9	5	9

（樟南高）

		対戦相手	回	安	振
1994夏	2	秋田高	9	7	8
	3	双葉高	9	7	12
	準々	長崎北陽台高	9	8	6
	準決	柳ヶ浦高	9	4	9
	決勝	佐賀商	9	11	7

福嶋《ふくしま》 一《かず》雄《お》（小倉高）

戦後、夏の大会２連覇を達成、春夏通算17勝をあげた小倉中・高の投手。

小学校時代に肋膜炎となり、１年間学校を休学。復学後、体力づくりのために野球を始めた。

1946年夏、小倉中の控え投手として、西宮球場で開催された全国大会に出場。翌'47年選抜ではエースとして出場、決勝戦で延長13回の末に徳島商に惜敗して準優勝。以後６回出場した。同年夏には九州勢として初めて全国制覇を達成している。

翌年、学制改革で新制小倉高の２年生となって連続出場。初戦の丸亀高を２安打で完封すると、以後５試合すべてを完封して、夏の大会２連覇を達成した。この大会、45イニングを投げて被安打は16、与えた四死球はわずかに10個という完璧な内容である。

３年生となった'49年夏には校名が小倉北高と改称されていたが、史上初の３連覇の期待を担って出場。しかし、けがをしていたこともあって、準々決勝で倉敷工に敗れた。

試合後、３連覇を逃したことと、初めて甲子園でノックアウトされて降板した悔しさから、無意識のうちに、甲子園の土をポケットに入れて持ち帰った。これが、負けた選手の持ち帰る“甲子園の土”の起源である。

卒業後は早大でもエースとして活躍。その後、八幡製鉄で８年間プレーし、都市対抗でも優勝した。'58年に現役を引退。日本野球九州連盟理事長をつとめた。

【甲子園投手成績】（小倉中）

		対戦相手	回	安	振
1947春	2	京都一商	9	6	*
	準々	岐阜商	9	5	*
	準決	城東中	9	5	*
	決勝	徳島商	13	5	3
1947夏	1	神戸一中	9	8	5
	2	桐生中	9	4	0
	準々	志度商	9	6	6
	準決	成田中	10	6	1
	決勝	岐阜商	9	6	6
1948春	1	京都一商	13	10	*

（小倉高）

		対戦相手	回	安	振
1948夏	1	丸亀高	9	2	5
	2	大分二高	9	2	6
	準々	関西高	9	4	1
	準決	岐阜一高	9	4	5
	決勝	桐蔭高	9	4	4
1949春	1	海南高	9	2	*
	準々	高松一高	9	3	*
	準決	芦屋高	9	9	*

（小倉北高）

		対戦相手	回	安	振
1949夏	1	慶応高	9	9	4
	2	長崎東高	*	*	*
	準々	倉敷工	*	*	*

注）一部の試合で奪三振数が不明。また、'49年夏の２回戦以降は継投のため福嶋のみの詳細な成績は不明

福田《ふくだ》 精一《せいいち》（柳川高）

柳川商（現・柳川高）を全国的な強豪校に育てた監督。

1939年8月20日福岡県柳川市に生まれる。柳川商業（現・柳川高）から福岡大学に進学し、卒業後は福岡大学の監督をつとめる。

'69年母校・柳川商に監督として招聘され、'73年夏に2年生エースの松尾勝則を擁して甲子園に出場した。1回戦で、“怪物”江川投手を擁する作新学院高との対戦が決まると、マスコミに対して「秘策」があることを漏らし、プッシュ打法と5人内野手という奇策を用いて、延長15回まで食い下がった。結局江川投手に23三振を奪われてサヨナラ負けしたものの、当時まだ無名の新進校だった柳川高は一躍その名を知られるようになった。

'94年監督を辞任して校長代理に就任、'97年には福岡大学に監督として復帰した。

主な教え子に、加倉一馬（西武－阪神）、久保康生（近鉄－阪神）、末次秀樹（中央大－ヤマハ－柳川高監督）、立花義家（西武）、平山一雄（明大－朝日生命監督）、中島輝士（プリンスホテル－日本ハム－近鉄）などがいる。

【甲子園監督成績】（柳川商）

1973夏	1	●	1－2	作新学院高
1974春	1	●	0－3	和歌山工
1975春	1	●	1－3	堀越高
1976夏	2	○	4－0	三重高
	3	●	0－1	ＰＬ学園高
1978春	1	●	1－3	早実

（柳川高）

1980春	1	○	3－1	二松学舎大付高
	2	●	1－3	尼崎北高
1988春	2	●	3－7	函館有斗高
1991夏	1	○	6－1	米沢工
	2	○	10－3	専大北上高
	3	○	6－2	佐賀学園高
	準々	●	4－6	沖縄水産

福田《ふくだ》 治男《はるお》（桐生第一高）

1999年夏に全国制覇した桐生第一高校の監督。

1961年11月4日群馬県桐生市に生まれる。小5で野球を始め、中学卒業後、埼玉県の県立上尾高に野球留学。1番・ショートとして活躍し、3年の'79年夏には主将もつとめて甲子園に出場した。東洋大学卒業後は、浦和学院高のコーチとなって野本喜一郎監督のもとで1年間修行。'85年帰郷して桐丘高（現・桐生第一高）の商業科教諭に就任、野球部を創部して監督となった。

'91年選抜で初めて甲子園に出場。'99年夏の大会では正田投手を擁して群馬県勢として初めて全国制覇を達成した。同校は2003年夏にも甲子園でベスト4まで進むなど、群馬県を代表する強豪校となっている。

主な教え子に、酒寄諭（東洋大）、堂前義晴（東洋大）、小林正人（東海大－中日）、正田樹（日本ハム）、一場靖弘（明大）などがいる。

【甲子園監督成績】（桐生第一高）

1991春	1	○	10－6	奈良高
	2	○	8－7	帝京高
	準々	●	2－3	市川高
1993夏	1	○	4－2	光高
	2	○	7－2	宇和島東高
	3	●	6－11	市立船橋高
1994夏	1	●	2－3	城北高
1998夏	1	●	5－6	明徳義塾高
1999夏	1	○	2－0	比叡山高
	2	○	11－2	仙台育英高
	3	○	4－3	静岡高
	準々	○	4－0	桐蔭学園高
	準決	○	2－0	樟南高
	決勝	○	14－1	岡山理大付高
2000夏	2	●	1－5	鳥羽高
2003夏	1	○	9－2	神湊学園高
	2	○	3－2	樟南高
	3	○	6－5	小松島高

	準々	○	5－4	岩国高
	準決	●	2－6	常総学院高
2004春	1	●	0－10	明徳義塾高

福留《ふくどめ》 孝介《こうすけ》（PL学園高）

平成時代の甲子園を代表する強打者の一人。

1977年4月26日鹿児島県曽於郡大崎町に生まれる。大崎小3年でソフトボールを始め、早くも左打者に転向。6年ではエースとして全国大会にも出場した。大崎中ではボーイズリーグ鹿屋に属し、2年の時3番・ショートで日本一となる。

大阪のＰＬ学園高に野球留学、1年秋には4番打者となった。以後、甲子園には3回出場、3年夏の北海道工戦では満塁を含む2本塁打を打つなど、屈指の強打者として注目を集めた。高校通算40本塁打を記録。

'95年秋のドラフト会議に際しては、巨人か中日への入団を希望。実際には7球団が指名し、抽選の結果、近鉄が交渉権を得たため拒否して日本生命に入社した。'96年アトランタ五輪に出場して銀メダルを獲得、'97年には都市対抗優勝。翌'98年の日本選手権では準優勝し、この年の秋のドラフトで中日を逆指名、1位指名で入団した。のち外野手に転向、2002年にはセリーグの首位打者を獲得している。

【甲子園打撃成績】（PL学園高）

		対戦相手	打	安	点
1994春	1	拓大一高	3	1	1
	2	金沢高	3	0	0
	準々	神戸弘陵高	5	2	3
	準決	智弁和歌山高	4	1	2
1995春	1	銚子商	4	1	3
1995夏	1	北海道工	3	3	6
	2	城北高	3	0	0
	3	日大藤沢高	5	1	1
	準々	智弁学園高	4	3	0

冨《ふ》士《じ》井《い》 金雪《かねゆき》（明野高）

ほとんど野球経験がないにもかかわらず、無名の明野高校を三重県を代表する学校にまで育てた異色の監督。

1943年10月10日三重県度会郡二見町に生まれる。中学卒業後、神鋼電機に勤めながら定時制の伊勢実業に通っていたが、プロボクサーを目指して2年で中退し、名古屋のボクシングジムに入門。しかし、2年で辞めて伊勢実業に復学、結局6年間かけて高校を卒業した。卒業後は国士舘大学体育学部に進学、陸上部に所属して箱根駅伝で伴走のジープに乗ったこともある。

26歳で大学を卒業すると、帰郷して小中学校の教師を歴任、サッカー部の監督などをつとめた。1973年、三重国体を控えて、ボクシング強化のために体育科のある明野高に赴任。'75年の三重国体では、ボクシング総監督として三重県チームを優勝させた。

1978年4月同校の野球部監督に就任。全く異質の競技出身ながら、ボクシングの実績で得た人脈をつてに選手を集め、春季大会でいきなりベスト4に進出。就任3年目の'80年夏には甲子園に初出場。以後、同校は甲子園の常連となり、'86年夏には池田高校を破って全国的に注目を集めた。

'88年選抜までに春3回、夏5回の甲子園出場を果たしたが、1990年6月13日、46歳で自殺した。

主な教え子に大道典良（ダイエー）がいる。

【甲子園監督成績】（明野高）

1980夏	2	●	7－9	瀬田工
1982夏	1	●	2－3	興南高
1984夏	2	●	4－5	福岡大大濠高
1985春	1	○	4－2	長野高
	2	●	2－3	東北高
1986夏	1	○	7－2	池田高
	2	○	10－2	甲西高
	3	●	5－8	松山商
1987春	1	○	11－2	大田高

	2	●	1－2	甲府工
1987夏	1	●	3－7	天理高
1988春	2	●	0－8	近大付高

藤《ふじ》井《い》 進《すすむ》 (宇部商)

1985年夏の甲子園でPL学園高の清原和博とホームランを争った宇部商業のスラッガー。

1967年7月25日山口県宇部市笹山に生まれる。常盤中を経て、宇部商に進み、外野手で5番を打って、1985年に春夏連続して甲子園に出場した。

夏の大会、藤井は突然爆発した。大会前の通算本塁打は10本前後でしかなかったが、この大会で個人最多本塁打3本を塗り替えるのである。3回戦で3ランホームランを2本放つと、準々決勝でソロホームラン、準決勝で3ランを打ち、清原が保持していた1大会3本塁打の大会記録をあっさりとぬり替えてしまった。そして、決勝戦でPL学園高校と対戦した。自らは桑田から同点三塁打を放ったもののホームランは打てなかったが、清原はこの試合で2本のホームランを打って1大会5本塁打の新記録をつくり、優勝も果たしたのである。

青山学院大学に進学したがあまり活躍できず、卒業後は川崎市の米穀食糧会社に入社して野球からは離れている。

甲子園では超人的な活躍をみせた清原に対して、ライバルとして脅かした唯一の選手であった。

【甲子園打撃成績】(宇部商)

		対戦相手	打	安	点
1985春	1	熊谷商	4	4	1
	2	PL学園高	4	0	0
1985夏	1	銚子商	4	1	1
	2	鳥取西高	5	3	1
	3	東京農大二高	3	3	6
	準々	鹿児島商工	3	1	2
	準決	東海大甲府高	4	2	3
	決勝	PL学園高	3	1	1

藤王《ふじおう》 康晴《やすはる》 (享栄高)

1983年の選抜で11打席連続出塁の大会記録を樹立した享栄高の打者。

1965年4月13日愛知県一宮市に生まれ、大和中で野球を始める。享栄高では1年秋から4番を打った。

'83年選抜に出場。初戦の高砂南高戦では1回表1死一二塁からライトに3ランホームラン。3回に左中間二塁打、4回にはセンターオーバーの二塁打。6回にはレフト前にヒットを打って4打数4安打とし、最終打席は四球で歩いた。2回戦の泉州高(現・飛翔館高)戦では3回と7回に2本のホームランを打ち、3打数3安打1四球。準々決勝の東海大一高戦も初回にショートへの内野安打、3回には四球で歩き、11打席連続出塁の新記録を樹立した。6回にセカンドゴロに倒れ、甲子園12打席目で初めてアウトになった。

同年秋のドラフト会議では地元中日から1位指名されてプロ入り。'90年に日本ハムに移籍後は5番を打った。'92年に退団して帰郷。

【甲子園打撃成績】(享栄高)

		対戦相手	打	安	点
1983春	1	高砂南高	4	4	5
	2	泉州高	3	3	2
	準々	東海大一高	3	2	0

藤崎《ふじさき》 総三郎《そうざぶろう》 (成田中)

千葉県中等学校野球草創期に活躍した投手。

1913年成田中学の投手としてデビュー。左腕投手だったが、相手打者によって、オーバーハンド、サイドハンド、アンダーハンドを自由に使い分けた。さらに、右投げで投げる時もあつたという。翌'14年には年間全勝を記録、1年間でわずかに3安打しか打たれなかったといわれている。

在学中に早大のコーチを受けていたことから、早大にスカウトされたが、断って拓殖大学に進学して中国語を学び、卒業後は大阪商船に入社してアジア各地で勤務した。

戦後、母校・成田高に教師として迎えられ、野球部長に就任。'52年夏には甲子園に出場してベスト4まで進んでいる。1978年3月に82歳で死去した。

藤沢《ふじさわ》 新六《しんろく》（倉敷工）

1949年夏に1大会3本塁打の大会記録を樹立した倉敷工の強打の捕手。

1931年岡山県に生まれる。倉敷工では捕手で5番を打ち、小沢馨（倉敷工監督）とバッテリーを組んだ。'49年夏に甲子園に初出場。初戦の熊谷高戦でホームランを打つと、準々決勝の小倉北高戦では福島一雄からの2回と6回に2本塁打を打ち、1大会3本塁打の新記録を樹立した。これはPL学園高の清原和博（巨人）に破られるまで大会記録だった。

'50年阪神に入団したが、1年で退団している。

当時、圧倒的に投手優位の時代だったにもかかわらず3本塁打を打てたのは、使用した球が飛距離の出やすいボール（ラビットボール）だったからといわれている。そのためか、プロでは全く出場することもできなかった。

【甲子園打撃成績】（倉敷工）

		対戦相手	打	安	点
1949夏	1	熊谷高	4	2	*
	2	高津高	2	0	*
	準々	小倉北高	4	3	*
	準決	岐阜高	4	0	0

注）準々決勝までの打点数は不明

藤《ふじ》田《た》 平《たいら》（市和歌山商）

1965年選抜で、選抜史上初の1試合2本塁打を記録した市和歌山商のスラッガー。

1947年10月19日和歌山市に生まれる。和歌山中を経て、市立和歌山商に進学、2年選抜にはショートで4番を打って出場した。この大会では初戦で敗れたためあまり話題にならなかったが、翌年の選抜にも連続出場して好打者として注目を集めた。

初戦の小倉高戦では安田猛（ヤクルト）から決勝二塁打を打ち、中京商戦ではランニングホームランを含む2本塁打を記録。これは、選抜史上初の1試合2本塁打であった。さらに、東京農大二高戦、高松商戦でも長打を連発、決勝でも岡山東商の平松政次投手（大洋）から2安打を放っている。

同年秋のドラフト会議では阪神から2位指名されてプロ入り。'78年に記録した208打席連続無三振は、'97年にイチローに破られるまで、19年間日本記録だった。'81年には打率.358で首位打者を獲得している。'84年で現役引退。'95年阪神の二軍監督となり、オールスター後に一軍監督に就任、'96年までつとめた。

【甲子園打撃成績】（市和歌山商）

		対戦相手	打	安	点
1964春	1	金沢高	4	1	0
1965春	1	小倉高	4	1	0
	2	中京商	4	3	4
	準々	東京農大二高	5	2	1
	準決	高松商	5	2	1
	決勝	岡山東商	6	2	0

藤村《ふじむら》 富《ふ》美《み》男《お》（呉港中）

昭和初期に黄金時代を築いた呉港中学（現・呉港高）の投打の中心選手。

1916年8月14日広島県呉市下山手町に呉の海軍工廠の工員だった藤村鉄次郎の三男

（姉が４人）として生まれる。高等小学校を経て、1931年に大正中学（のち呉港中学と改称）に入学した。中学２年の時エースとなり、同年夏の甲子園に初出場、以来、35年まで４年連続して甲子園に出場した。

'34年夏は初戦で長野商を２安打17奪三振に抑え、２回戦では桐生中を完封。準々決勝でも海南中を４安打に抑えた。準決勝は７回まで１安打に抑えて、８回から柚木投手に継投したが、９回無死満塁のピンチとなって再度登板した。決勝では熊本工の川上哲治と投げ合って完封。この試合、川上を３打席３三振に打ちとっている。

'35年夏は初戦の飯田商（現・飯田長姫高）戦で１試合19奪三振の大会タイ記録をマークした。

卒業後は、創立したばかりの大阪タイガース（阪神）に入団。エースで６番を打つが、肩を壊して野手に専念。ゴルフクラブにヒントを得たという“物干し竿”と呼ばれた38インチ（97センチ）の長いバットで阪神の４番打者として活躍した。戦後も、'49年には打率.332、46本塁打、142打点という当時としては驚異的な成績で本塁打王と打点王の２冠を獲得し、ＭＶＰに選ばれた。翌'50年にも打率.362、39本塁打、147打点をマーク、“ミスタータイガース”と呼ばれた。'46年と'55年～'57年監督を兼任。'58年引退。プロ通算で224本塁打をマークしている一方、投手としても34勝をあげている。ベストナイン６回。その後、'63年国鉄、'64年～'65年東映コーチをつとめ、'66年評論家に転じたが、晩年は球界から離れ不遇だった。'74年殿堂入り。1992年5月28日腎不全ため75歳で死去した。

藤村富美男は本人だけでなく、一族も次々と甲子園の土を踏んだ。1939年に弟の降男が出場したのを皮切りに、'65年には富美男の長男哲也が育英高の三塁手として出場。'67年の選抜には次男雅美が三田学園高の三塁手として出場した。さらに'96年夏には哲也の長男・一仁が三重県の海星高の三塁手として、'98年夏と'99年選抜には、その弟賢も捕手として出場している。2000年選抜には、雅美とその長男の光司が、育英高の監督と選手として出場するなど、一族だけで実に７人が４つの高校から甲子園に出場しているのである。

【甲子園投手成績】（大正中）

		対戦相手	回	安	振
1932夏	1	大連商	9	6	10
	2	明石中	9	2	6
1933春	1	松山中	12	10	8
	2	京都商	9	9	5
1933夏	2	松本商	9	3	5
	準々	中京商	9	7	2

（呉港中）

		対戦相手	回	安	振
1934春	1	岐阜商	9	5	12
1934夏	1	長野商	9	2	17
	2	桐生中	9	5	9
	準々	海南中	9	4	4
	準決	秋田中	8	1	13
	決勝	熊本工	9	2	14
1935夏	1	飯田商	9	3	19
	2	日新商	9	9	7
	準々	早実	9	11	4

藤本《ふじもと》 定義《さだよし》（松山商）

プロ野球草創期から29年間にわたって監督をつとめた藤本定義は、昭和初期に松山商の名監督でもあったことはあまり知られていない。

1904年12月20日愛媛県松山市三番町に生まれる。父は呉服屋の大番頭をつとめていた。

松山商に進学して近藤兵太郎の指導を受ける。当初は捕手だったが、２年生の'20年に三塁手に転向してレギュラーとなり、同年夏に甲子園に出場。翌'21年には投手に転じエースとなり、１年下の森茂雄らとともに同校の第一次黄金時代の幕をあけた。'23年まで４年連続して夏の甲子園に出場。

早大でも投手として活躍する一方、'28年に松本商（現・松商学園高）の要請で監督となり、春夏連続して甲子園に出場。夏には全国制覇した。

'30年早大を卒業すると同時に、近藤監督が辞任して低迷していた母校・松山商の監督（当時の名称ではコーチ）に就任。同年選抜に出場すると準優勝、以後７季連続して甲子園に出場。この間、'32年には選抜で優勝、夏は準優勝するなど、同校の第２次黄金時代を築いた。

'34年、後輩の森茂雄に監督を譲って東京鉄道管理局の監督となり、'35年巨人創立の際、伊藤健太郎投手、前川八郎外野手を率いて監督に就任。この年の夏、森監督率いる松山商は、藤本の手がけた選手を率いて３回目の優勝を飾っている。

巨人でも９シーズンで７回優勝し、第１期黄金時代を築いた。戦後は、パシフィック、太陽、金星、大映、阪急を経て、'61年阪神の監督となり、'62年15年振りの優勝を果たした。投手のローテーション制を日本で初めて導入した監督といわれる。監督年数29年は史上最多、優勝は９回を数え、'74年に殿堂入り。'81年２月18日76歳で死去した。

選手として第１次黄金時代を築いたあと、監督として第２次黄金時代を築き、プロに転じる前には後輩の森茂雄に託して全国制覇させるなど、松山商草創期を代表する野球人である。

主な教え子に、松本商時代の中島治康（早大－藤倉電線－巨人－大洋）、佐藤茂美（早大－日東紡－新潟交通監督）、松山商時代の高須清（早大－大日本ビール－イーグルス）、尾茂田叶（明大－セネタース）、景浦将（立教大中退－阪神）らがいる。

【甲子園打撃成績】（松山商）

		対戦相手	打	安	点
1920夏	1	鴻城中	4	1	＊
	準々	明星商	4	2	＊
	準決	慶応普通部	5	1	＊
1921夏	2	明倫中	5	3	＊
	準々	京都一商	3	0	＊
1922夏	1	市岡中	2	0	＊
	準々	広島商	3	0	＊
	準決	神戸商	4	0	＊
1923夏	2	甲陽中	3	3	1

注）'20年～'22年の打点数は不明

【甲子園投手成績】（松山商）

		対戦相手	回	安	振
1921夏	2	明倫中	9	5	11
	準々	京都一商	8	7	4
1922夏	1	市岡中	9	2	12
	準々	広島商	9	6	10
	準決	神戸商	9⅓	4	11
1923夏	2	甲陽中	9	4	11

【甲子園監督成績】（松本商）

1928春	1	○	7－1	高松中
	準々	●	0－9	和歌山中
1928夏	1	○	3－2	広陵中
	2	○	3－2	鹿児島商
	準々	○	5－0	愛知商
	準決	○	3－0	高松中
	決勝	○	3－1	平安中

（松山商）

1930春	1	○	3－2	諏訪蚕糸
	準々	○	10－0	明石中
	準決	○	9－2	平安中
	決勝	●	1－6	第一神港商
1930夏	1	○	8－1	甲陽中
	2	○	4－2	大邱商
	準々	●	2－4	諏訪蚕糸
1931春	2	○	5－2	平安中
	準々	●	0－3	広島商
1931夏	2	○	3－0	第一神港商

	準々	○	3－0	桐生中
	準決	●	1－3	中京商
1932春	2	○	8－0	岐阜商
	準々	○	8－0	八尾中
	準決	○	3－2	中京商
	決勝	○	1－0	明石中
1932夏	2	○	2－1	静岡中
	準々	○	8－0	早実
	準決	○	3－0	明石中
	決勝	●	3－4	中京商
1933春	1	●	0－3	一宮中

二木《ふたつぎ》 茂益《しげます》（長野商）

戦前戦後に活躍した長野県野球界の功労者。

梓小学校時代にすでに硬式野球を始め、1925年に長野商業に入学すると、いきなり7番レフトとして名古屋・山本球場で開催された第1回選抜大会に出場（当時は1年春から出場できた）。夏には正捕手となって5番を打ち、春夏連続出場を果たした。'29年には4番・捕手で主将つとめている。

明大に進んで、2年で捕手のレギュラーとなり、3番を打つ。'34年満州中央銀行に入行、野球部のなかった同行の重役を説得して野球部を創部し、自ら主将で4番を打った。

戦後は帰郷して高校野球の審判をつづけ、NTT信越の初代監督などもつとめた。また多くの指導者を育て、のちに長野県を代表する名監督の一人となる中村良隆も教え子の一人である。

【甲子園打撃成績】（長野商）

		対戦相手	打	安	点
1925春	1	第一神港商	3	1	0
1925夏	2	大連商	3	2	*

注）夏の大会の打点数は不明

降旗《ふりはた》 英行《ひでゆき》（松商学園高）

1969年夏の甲子園でノーヒットノーランを達成。長野県南安曇郡三郷村に生まれる。三郷中から1967年に松商学園高に進学、1年秋にはエースとなった。189cmの長身から投げ下ろす速球には威力があったが、普通の人より30%も血が少ないという極度の貧血症に悩まされていた。それでも3年夏にはエースとして甲子園に出場、初戦で三笠高と対戦した。1回に2四球を出したものの、このピンチを切り抜けると、3四球を出しただけで無安打に抑え、史上16人目のノーヒットノーランを達成した。2回戦では5回無死一二塁で降板。

卒業後は社会人の三協精機に入社したが、貧血症のため活躍できず、プロからも声がかからないまま3年で現役を引退した。のち三郷村に帰郷している。

【甲子園投手成績】（松商学園高）

		対戦相手	回	安	振
1969夏	1	三笠高	9	0	3
	2	玉島商	4	3	1

古屋《ふるや》 文雄《ふみお》（横浜商）

戦前の強豪だった横浜商を復活させ、昭和後半から平成にかけて黄金時代を築いた監督。

1944年5月3日山梨県一宮町に生まれ、のち横浜市に転じた。吉田中で野球を始め、横浜商を経て、横浜市大に進学。卒業後高校教師となり、'71年10月に27歳で母校・横浜商の監督に就任。大正から昭和の初めにかけて活躍した古豪も、当時は部員わずか9人で、長い低迷時期だった。

監督に就任すると、猛烈な練習をつづけ、4年目には春季県大会で優勝、関東大会でも準優勝して、古豪復活と話題になった。しかし、直後に1年生部員のほとんどが退部するという事件がおこり、以後スパルタ指導を改めた。

　その結果、'77年夏に戦後初めて県大会決勝に進出。翌年夏も決勝で１年生の愛甲がエースの横浜高に敗れたが、'79年夏、宮城投手を擁して、実に41年振りに甲子園に復活した。'83年には三浦投手を擁して、春夏連続して準優勝、さらに国体でも準優勝するなど、同校の黄金時代を築き上げた。

　'90年秋で監督を辞任、'92年からは総監督をつとめる。その後、同校副校長となり、'97年横浜南高副校長、'98年鶴見工定時制校長代理を経て、2001年４月横浜商の校長に就任した。

　主な教え子に、宮城弘明（ヤクルト－韓国ピングレ）、三浦将明（中日）、荒井幸雄（ヤクルト）、中村大伸（日体大－NTT東京）、河原隆一（関東学院大－横浜）、神尾幸和（関東学院大）、武藤孝司（創価大－近鉄）らがいる。

【甲子園監督成績】（横浜商）

1979夏	2	○	6－1	八幡大付高
	3	○	14－4	豊浦高
	準々	○	6－3	大分商
	準決	●	2－3	箕島高
1982春	1	○	2－1	八幡大付高
	2	○	6－2	愛知高
	準々	○	3－1	早実
	準決	●	2－3	ＰＬ学園高
1983春	1	○	7－2	広島商
	2	○	1－0	星稜高
	準々	○	2－0	駒大岩見沢高
	準決	○	4－0	東海大一高
	決勝	●	0－3	池田高
1983夏	1	○	5－4	鹿児島実
	2	○	6－0	佐世保工
	3	○	19－3	学法石川高
	準々	○	4－1	宇部商
	準決	○	12－2	久留米商
	決勝	●	0－3	ＰＬ学園高
1986夏	1	●	2－3	熊本工
1987夏	1	○	4－0	江の川高
	2	○	1－0	天理高
	3	●	0－1	帝京高
1989春	1	○	7－4	鹿児島商工
	2	○	5－1	東海大四高
	準々	○	13－2	竜谷高
	準決	●	0－9	上宮高
1990夏	1	○	5－1	津和野高
	2	○	4－1	日大東北高
	3	○	3－2	秋田経法大付高
	準々	●	5－8	沖縄水産

へ

別所《べっしょ》 昭《あきら》（滝川中）

戦時中の1941年、選抜大会で試合中に左肩を骨折しながら、登板しつづけた滝川中のエース。プロ入り後は別所毅彦（たけひこ）の名前で著名。

1922年10月1日兵庫県神戸市長田に生まれる。旧家の末っ子だが、父がおらず苦しい生活を余儀なくされる。名倉小５年のとき軟式野球チームを結成、チームメイトの兄であった島秀之助（当時は法大選手）に指導を受けた。楠木高小でエースとして活躍し、近畿大会などで優勝、滝川中学に２年遅れで特待生として入学した。

滝川中では'40年から２年連続して選抜に出場。'41年の選抜では、初戦で桐生中から16三振を奪うと、２回戦の岐阜商戦で、今では信じられないような体験をしている。この試合、ランナーとしてホームに突っ込んだ際に左肩を骨折したのである。そのまま救急車で運ばれて欠場となるのが普通だが、別所はベンチで左手を吊ると、そのまま登板したのである。そして、12回途中まで投げたのである。左手を吊っているわけだから、捕手からの返球をキャッチすることはできない。やむなく、捕手はゴロで別所に球を返した。しかし、岐阜商業のランナーは誰も盗塁をしなかった。また、それだけでなく、バントすらしなかったのである。翌日の新聞には「泣くな別所、選抜の花」と報じらなど、当時は美談として報道されている。

'42年卒業後、慶大受験に失敗、徴兵猶予のために日大専門部に籍をおいたまま、南海に入団。'43年には対大和戦（神戸，２－０）ではノーヒットノーランを達成、以後エースとして活躍。同年12月応召。高知県後免（現在の南国市）で終戦を迎え、'46年南海に復帰。'49年には巨人に引き抜かれ、この年２ケ月間出場停止を受けた。'52年33勝13敗で最多勝を獲得し、ＭＶＰに選ばれる。以後は巨人のエースとして活躍し、20勝を８回マーク。'59年４月29日対阪神戦でスタルヒンのもつ日本記録（当時301勝とされていた）を破る通算302勝をあげた。その後310勝（178敗）まで延ばし、これは金田正一に破られるまで日本記録だった。また投手として打った31本塁打は史上３位。'61年に引退するまで、ベストナインに６回選ばれている。その後は、'68年～'70年８月産経・ヤクルトの監督をつとめたほか、豪快な語り口の解説者としても人気があった。'79年殿堂入り。1999年6月24日死去した。

【甲子園投手成績】（滝川中）

		対戦相手	回	安	振
1940春	2	下関商	9	3	10
	準々	福岡工	9	4	6
1941春	1	桐生中	9	3	16
	2	岐阜商	11⅓	5	＊

注）1941年選抜の２回戦の奪三振数は不明

ほ

本多《ほんだ》 利治《としはる》（春日部共栄高）

高知高校で主将として選抜優勝、指導者としては春日部共栄高校の育ての親である。

1957年９月30日高知県中村市に生まれる。高知市に下宿して私立高知中学に進学して野球を始めた。中学時代は二塁手として四国大会で優勝。

そのまま高知高に進学、岡本道雄監督の指導を受け、'74年選抜でベンチ入り。夏の初戦では代打として出場した。

翌'75年の選抜には主将として出場。決勝では東海大相模高を延長戦の末に降して優勝した。

卒業後は日体大に進み、３年でレギュラーとなったが、当時の首都大学リーグは、東海大相模高から進学した原辰徳、津末英明、村中秀人らのいた東海大学の黄金時代で、リーグ優勝することはできなかった。

'80年、日体大卒業と同時に、開校したばかりの春日部共栄高に体育教師として赴任し、同時に野球部監督に就任した。当初は新設校のため選手も集まらず、練習相手にも事欠くありさまだったが、やがて新進校として注目を集めるようになり、就任８年目の'88年秋に初めて県大会で優勝、関東大会に出場した。この時は１回戦で敗退したが、翌年秋の関東大会では準決勝まで進出した。しかし、準決勝でコールド負けしてことと、同県の伊奈学園総合高もベスト４まで進んでいたことから、翌年の選抜大会には選ばれなかった。

３年連続で進んだ'90年秋の関東大会では逆に準々決勝で敗れたものの、チーム力を認められ、'91年の選抜に初出場を果たした。創部以来12年目のことであった。この大会では初戦で尽誠学園高を破って甲子園初勝利をあげ、夏にも甲子園に出場した。'93年には２年生エースの土肥義弘を擁して準優勝、'97年にも春夏連続して甲子園に出場している。

主な教え子に、欅渕聡（明大－日立製作所－ヤクルト）、城石憲之（青山学院大中退－日本ハム）、土肥義弘（プリンスホテル－西武）、長峯悟（立正大）などがいる。

【甲子園打撃成績】（高知高）

		対戦相手	打	安	点
1974夏	2	中京商	1	0	0
1975春	2	熊本工	5	1	0
	準々	福井商	4	1	1
	準決	報徳学園高	4	1	2
	決勝	東海大相模高	5	1	1

【甲子園監督成績】（春日部共栄高）

1991春	1	○	10－3	尽誠学園高
	2	●	2－4	広陵高
1991夏	1	●	2－3	佐賀学園高
1993春	1	○	12－0	近江兄弟社高
	2	○	3－2	日大山形高
	準々	○	11－4	徳島商
	準決	○	5－3	常総学院高
	決勝	●	2－3	育英高
1997春	1	○	8－1	城北高
	2	○	8－1	函館大有斗高
	準々	●	2－4	中京大中京高
1997夏	1	○	5－2	比叡山高
	2	○	2－0	函館大有斗高
	3	●	4－7	浦添商

ま

前岡《まえおか》 勤也《きんや》（新宮高）

1954年から甲子園にエースとして３回出場した新宮高のエース。県大会で驚異的な成績をあげ、甲子園でも当時無敵といわれた浪華商を抑えて注目された。

1937年８月13日三重県亀山市布気町に生まれる。亀山中時代から好投手として知られた。当時の三重県には強豪校がなかったため、甲子園出場を目指して和歌山県新宮の前岡家の養子となって新宮高に進学、古角俊郎監督の指導を受けた。

２年生の'54年春から３回甲子園に出場。選抜では初戦で10四死球を出して熊本工に敗れた。夏は県大会準決勝の田辺高戦では延長13回ノーヒットノーランを達成。甲子園では初戦で武生高を完封した後、準々決勝で北海高を延長17回で完封し、ベスト４まで進んだ。

翌'55年夏は県大会でノーヒットノーランを２回達成、５試合で被安打５という驚異的な成績をあげて甲子園に出場。初戦で坂崎一彦（巨人）、山本八郎（東映）らがいて選抜で優勝した浪華商（現・大体大浪商高）を破って注目され、２回戦では小倉高を完封してベスト８まで進んだ。準々決勝でも中京商（現・中京大中京高）を４安打14奪三振に抑えながら、バント攻めにあって敗れた。

卒業後、当時としては破格の契約金800万で阪神に入団。１勝しただけで、'61年中日移籍し、外野手に転向したが、大成しなかった。'64年に引退した。この間、'59年に井崎姓に戻している。

【甲子園投手成績】（新宮高）

		対戦相手	回	安	振
1954春	2	熊本工	8	5	8
1954夏	2	武生高	9	5	12
	準々	北海高	17	6	15
	準決	中京商	8	5	6
1955夏	1	浪華商	9	4	10
	2	小倉高	9	2	12
	準々	中京商	8	4	14

前田《まえだ》 三夫《みつお》（帝京高）

帝京高校野球部の育ての親。

1949年６月６日千葉県君津郡袖ヶ浦町（現・袖ヶ浦市）に生まれる。木更津中央高を経て、帝京大に進学、４年間補欠で主に一塁コーチャーをつとめた。

'72年卒業と同時に、それまでは都大会のベスト８が最高だったという帝京高の監督に就任した。就任７年目の'78年選抜で甲子園に初出場。２度目の出場となった'80年選抜では伊東昭光を擁していきなり決勝戦にまで進んで、一躍注目を集めた。

以後、帝京高は東京を代表する強豪となった。'85年の選抜ではエース小林昭則を擁して２度目の決勝に進出。以後は毎年のように強力チームを率いて甲子園に出場、東京だけではなく、全国屈指の強豪校に成長させた。'89年夏にはエースで４番を打つ吉岡雄二が５試合通じてわずかに１失点という好投をみせて、悲願の全国制覇を達成。'92年には選抜を制し、'95年夏に２度目の全国制覇を達成した。

甲子園では一定の成績を残しつづけるが、春夏連続出場しながら春と夏でレギュラーメンバーががらりと変わっていることがあったり、試合の進め方やプレーをめぐって相手チームから批判されることも度々あるなど、話題の多い監督である。

教え子の数は多いが、主な選手に、川島浩（帝京大－住友金属鹿島監督）、伊東昭光

(本田技研－ヤクルト)、小林昭則(筑波大－ロッテ)、河田雄祐(広島－西武)、芝草宇宙(日本ハム)、奈良原浩(青山学院大－西武－日本ハム)、吉岡雄二(巨人－近鉄)、三沢興一(早大－巨人)、本家穣太郎(早大－安田生命)らがいる。

【甲子園監督成績】(帝京高)

1978春	1	●	0－3	小倉高
1980春	1	○	2－0	北陽高
	2	○	3－2	上尾高
	準々	○	2－0	秋田商
	準決	○	2－1	丸亀商
	決勝	●	0－1	高知商
1983春	1	●	0－11	池田高
1983夏	2	●	5－6	宇部商
1985春	1	○	2－0	広島商
	2	○	2－0	東海大五高
	準々	○	7－2	報徳学園高
	準決	○	1－0	池田高
	決勝	●	0－4	伊野商
1986春	1	●	0－3	高知高
1987春	1	○	3－2	金沢高
	2	○	3－0	京都西高
	準々	●	2－3	ＰＬ学園高
1987夏	1	○	6－1	明石高
	2	○	3－0	東北高
	3	○	1－0	横浜商
	準々	○	5－0	関西高
	準決	●	5－12	ＰＬ学園高
1989春	1	●	6－7	報徳学園高
1989夏	2	○	3－0	米子東高
	3	○	10－1	山口桜ケ丘高
	準々	○	11－0	海星高
	準決	○	4－0	秋田経法大付高
	決勝	○	2－0	仙台育英高
1990春	1	●	3－4	北陽高
1991春	1	○	3－2	熊本工
	2	●	7－8	桐生第一高
1991夏	1	○	8－5	福井高
	2	○	13－0	坂出商
	3	○	8－6	池田高
	準々	●	2－11	大阪桐蔭高
1992春	1	○	1－0	日高高
	2	○	5－1	佐賀商
	準々	○	3－2	三重高
	準決	○	3－1	浦和学院高
	決勝	○	3－2	東海大相模高
1992夏	1	●	0－1	尽誠学園高
1995春	1	●	0－1	伊都高
1995夏	2	○	2－1	日南学園高
	3	○	8－6	東海大山形高
	準々	○	8－3	創価高
	準決	○	2－0	敦賀気比高
	決勝	○	3－1	星稜高
1996春	1	●	5－6	岡山城東高
1998夏	2	○	4－1	長崎日大高
	3	●	2－3	浜田高
2002夏	1	○	11－8	中部商
	2	○	5－0	光泉高
	3	○	17－7	福井高
	準々	○	5－4	尽誠学園高
	準決	●	1－6	智弁和歌山高

前田《まえだ》 祐吉《ゆうきち》 (城東中)

高知県勢として初めて全国大会に出場した城東中学のエース。

1930年９月22日高知市に生まれる。城東中(現・高知追手前高)でエースとなり、戦後第１回の'46年夏、四国大会を制して高知県勢として初めて全国大会に出場した。初戦では芦屋中を降して初勝利もあげると、翌'47年の選抜ではベスト４まで進んでいる。

慶大ではリーグ戦で１勝しかできなかったが、社会人の日本ビールで活躍し、のち監督に就任。'60年には母校・慶大に監督として招聘され、７年間で３回優勝した。なかでも、'60年秋の伝説の早慶６連戦の３戦目、慶大スタンドから早大の三塁手・徳武選手に缶や瓶が投げ込まれると、自ら三塁コーチボックスに入って、一色即発の危機を防いだことは有名。

'66年に辞任したが、'82年、低迷する慶大から再び監督を要請されて就任すると、'85年秋に実に26シーズン振りのリーグ優勝。'91年には春秋連覇も達成した。'93年秋のシーズンを最後に引退。

スポ根を排した“エンジョイ・ベースボール”を掲げ、甲子園球児の進学先として高い支持を得た。その後はアジア野球連盟事務局長などもつとめている。

戦後、全国有数の強豪県となった高知県高校球界の基礎を築いた選手である。

【甲子園投手成績】（城東中）

		対戦相手	回	安	振
1946夏	1	芦屋中	9	4	9
	2	松本市中	8	7	12
1947春	1	神戸一中	9	2	*
	2	田辺中	11	8	*
	準々	下関商	9	7	*
	準決	小倉中	8	5	*

注）'47年選抜の奪三振数は不明

前田《まえだ》 幸長《ゆきなが》（福岡第一高）

1988年に春夏連続出場して注目を集めた福岡第一高校のエース。

1970年8月26日福岡県筑紫郡那珂川町に生まれる。岩戸北小3年で野球を始め、5年でエースとなる。那珂川中でも2年秋からエースだった。福岡第一高では今任靖之監督の指導を受け、1年秋にはエースとなり、同期のスラッガー山之内健一（のちダイエー）とともに投打の両輪として活躍した。

2年生の'87年秋には県大会で準優勝、九州大会でも準優勝し、翌'88年の選抜に出場が決まった。新チームになって31試合に登板、226イニングを投げて278奪三振を記録、1試合の平均奪三振は11にのぼるなど、大会屈指の好投手になる、と注目されていた。しかし、出場決定直後の体育の授業でのサッカー中に右足を骨折、選抜にはぎりぎり間に合ったものの、初戦で岡幸俊（ヤクルト）、岡林洋一（専修大－ヤクルト）の2枚エースを擁する高知商に延長戦の末に敗れた。

選抜直後、部員の不祥事が発覚して春の県大会を辞退、対外試合禁止の処分が下され、今任監督も辞任した。夏の大会も絶望視されていたが、予選開始前日に処分が解除されると、県大会を圧勝で勝ち抜いて奇跡の春夏連続して甲子園出場を果たした。甲子園では大会前からNo.1投手として注目されていた。

初戦の法政二高戦は先発して6回で控えの古里泰隆（阪神）にマウンドを譲ったが、1死後再登板した。2回戦では福井商を延長戦の末に、自らのタイムリーで4－3で破り、3回戦も米子商に3－2と辛勝した。準々決勝では1回裏に3失点したが、大量リードを奪って6回で降板。準決勝も沖縄水産を1点に抑えて決勝戦に進出。決勝では広島商の上野投手と投手戦を展開。0－0で迎えた9回表、2死から連続ヒットを許して1点を失い、これが決勝点となって準優勝に終わった。この試合、捕手がけがをして途中から控え捕手に変わったことも不運であった。

同年秋のドラフト会議では、ロッテが1位で指名してプロ入り。ルーキーで17試合に登板、いきなり2勝をあげ、翌年からは先発投手としてローテーション入りした。'96年中日、2002年巨人に移籍して活躍。

【甲子園投手成績】（福岡第一高）

		対戦相手	回	安	振
1988春	1	高知商	12	15	14
1988夏	1	法政二高	8⅔	9	9
	2	福井商	13	14	11
	3	米子商	9	6	9
	準々	江の川高	6	7	5
	準決	沖縄水産	9	7	7
	決勝	広島商	9	6	7

牧野《まきの》 直隆《なおたか》（高野連）

日本高校野球連盟第４代会長。

1910年10月６日鹿児島市山下町に生まれる。３歳の時に一家で上京、以後、東京・虎ノ門に住んだ。鞆絵小学校時代に、４歳上の兄がつくったチームで野球を始める。慶応商工を経て、慶大に進学。予科３年でショートのレギュラーとなり、本科２年から２年間主将をつとめた。三遊間を組んだ水原茂とは同期である。在学中に東京６大学リーグで優勝。'34年卒業後は鐘紡に入社、都市対抗には全大阪の三塁手として出場して優勝。秋には全日本のメンバーとして、大リーグ選抜チームと対戦した。しかし、翌'35年に応召したため野球を離れ、'38年には転勤で上海に移った。'44年現地で再び応召している。

戦後、'46年１月に復員し、まもなく鐘紡淀川に野球部を創部。また、自ら世話役となって近畿社会人野球連盟を創設し、会長に宮原清、副会長に佐伯達夫を迎えた。'49年には関東地域と合併して日本社会人野球協会が設立され、常任理事に就任。'50年鐘紡全社から選手を選抜した全鐘紡チームが編成されて総監督となり、同年から都市対抗３連覇を達成。'55年にはノンプロ世界野球選手権大会の日本チーム総監督をつとめた。

一方、'37年から中等学校野球の審判をつとめるようになり、戦後は、'47年に復活した選抜大会の選考委員に就任。'60年日本高野連理事となり、'69年副会長に就任。佐伯達夫会長とともに高校野球発展の基礎を築いた。'81年４代目会長に就任。2001年のセンバツから“21世紀枠”を導入するなど、高校野球の発展と育成に努めた。'03年93歳で退任するまで、春夏の甲子園では閉会式で講評を行っていた。８年には野球殿堂特別表彰を受けている。

又吉《またよし》 民人《たみと》（首里高）

1963年夏に沖縄県勢として甲子園初勝利をあげた首里高校の実質エース。

1946年１月15日台湾の台北に生まれる。沖縄に戻って中学時代から野球を始め、首里高に進学した。'63年の選抜には補欠として出場。初戦のＰＬ学園高戦では９回に代打で出場して、戸田投手から、甲子園新記録となる20個目の三振を喫した。

夏の県予選前にエース玉那覇が肩を痛めたため、県予選ではほとんど又吉が投げて勝ち抜き、春夏連続して甲子園出場を果たした。甲子園では初戦で日大山形高と対戦、玉那覇が先発し、又吉は５番ライトで出場。５回表に玉那覇が２点を奪われて降板、６回からリリーフすると、三者三振に切ってとった。その後チームは逆転に成功し、又吉は４回を投げて２安打１失点と好投、甲子園での沖縄県勢初勝利に大きく貢献した。勝利のあとナインは号泣、「１回戦に勝って泣くのは珍しい」と新聞にかかれるほどであった。続く３回戦では池永投手を擁して圧倒的な力を誇る下関商と対戦した。この試合、池永は登板せず、控えの坂本投手が投げたが、わずか４安打で完封された。又吉は１回途中からロングリリーフしている。

卒業後はいくつかの大学から誘われたが、母子家庭だったこともあり、野球を断念して早大に進学した。帰郷して琉球石油（現・りゅうせき）に入社して準硬式で野球を再開。'71年には常陸宮杯に県代表として出場した。沖縄県経営者協会の広報部長をつとめるかたわら、'98年には沖縄県野球連盟理事長に就任。2003年には全野連理事に沖縄から初めて就任している。

【甲子園投手成績】（首里高）

		対戦相手	回	安	振
1963夏	2	日大山形高	4	2	5
	3	下関商	7⅔	9	3

松《まつ》井《い》 栄造《えいぞう》 (岐阜商)

戦前の岐阜商業伝説の名投手。静岡県浜松市に生まれる。当時岐阜商の後援会長をつとめていた遠藤健三にスカウトされて岐阜商に入学、遠藤家に下宿して通学した。2年の1933年選抜にセンターとして出場。1回戦で1イニングだけ登板すると、2回戦の鳥取一中戦では完投。準々決勝と準決勝では再びセンターを守ったが、決勝で先発すると明石中を完封、同校の初優勝を達成した。

翌'34年の選抜もセンター兼投手で出場。'35年選抜からはエースとして出場。初戦で徳島商を2安打16奪三振と完璧に抑え、準々決勝では島田商を2安打完封。準決勝では5回コールドによる引分けと、再試合の延長10回をともに完投、さらに決勝でも広陵中を降して2度目の優勝。

'36年は背番号1ながら、主にセンターとしてプレーした。選抜では初戦の広島商戦で3イニング投げたのみ、夏も準々決勝まではセンターとして先発した(2回戦は途中からリリーフ)。準決勝と決勝は先発して完投し、最後の大会を自ら3回目の優勝で飾った。

卒業後は早大に進学して活躍したが、'42年応召、翌'43年5月に中国で戦死した。なお、'42年12月2日に育ての親でもある遠藤健三宛に書いた手紙が残されている。手紙では、岐阜での生活を振り返りながら、戦地に赴く決意が、達筆の美文で綴られている。同手紙は'98年に岐阜市で公開され、その後凛心会館(岐阜商業同窓会館)に寄贈されている。

【甲子園投手成績】(岐阜商)

		対戦相手	回	安	振
1933春	1	静岡中	1	1	0
	2	鳥取一中	9	6	11
	準々	海草中	未 登 板		
	準決	広島商	未 登 板		
	決勝	明石中	9	3	7
1934春	1	呉港中	未	登	板
	2	小倉工	5⅔	2	*
1935春	2	徳島商	9	2	16
	準々	島田商	9	2	9
	準決	愛知商	5	3	5
		愛知商	10	2	11
	決勝	広陵中	9	5	4
1936春	1	広島商	3	2	5
	2	松山商	未 登 板		
1936夏	1	盛岡商	未 登 板		
	2	鳥取一中	5	1	6
	準々	和歌山商	未 登 板		
	準決	育英商	9	3	7
	決勝	平安中	9	8	5

注)'34年春の2回戦の奪三振数は不明

松《まつ》井《い》 和夫《かずお》 (PL学園高)

大リーグ・メッツでプレーする"リトル松井"こと松井稼頭央は、PL学園高時代はエースで、2年の時に選抜に出場している。稼頭央という名前はプロ入りした際に自らつけたもので、本名は和夫である。

1975年10月23日大阪府東大阪市に生まれる。小阪小3年の時にボーイズリーグ若江で野球を始める。投手ながら足が速いため、1番を打つことが多かった。若江中を経て、PL学園高に進学、1年秋にはエースとなって鷲北剛(明大－日本生命)とバッテリーを組み、翌年の選抜出場を決めたが、肘を痛めたため、選抜では児島投手が実質エースとして登板。準々決勝の東海大相模高戦では先発したが、3回途中で降板した。

翌年夏は大阪府大会決勝で、近大付高の金城龍彦(横浜)と投げ合って逆転負けし、甲子園には出場できなかった。

同年秋のドラフト会議では、西武から3位で内野手として指名されてプロ入り、登録名を稼頭央とした。2年目の'95年には一軍に上がってショートのレギュラーとなり、'97年から3年連続して盗塁王を獲得、'98年にはMVPに選ばれている。

2003年オフにＦＡ宣言してメッツに移籍、オープン戦では不調だったが、開幕戦では１回表に先頭打者として打席に入り、初球をホームランしている。

【甲子園投手成績】（PL学園高）

		対戦相手	回	安	振
1992春	1	四日市工	未	登	板
	2	仙台育英高	未	登	板
	準々	東海大相模高	$2\frac{2}{3}$	2	2

松《まつ》井《い》 秀《ひで》喜《き》（星稜高）

平成時代を代表するスラッガー。

1974年6月12日石川県能美郡根上町に生まれる。浜小４年で柔道、５年で野球を始めた。根上中学では１年から捕手となり、２年秋からはエースで４番を打つ。また、相撲選手として郡大会で優勝したこともある。

星稜高に進学して１年春から４番を打ったが、同校のように名門私立高校で入学早々から4番を打つことは非常に珍しい。山下監督も、松井を得たことで北陸初の全国制覇は可能と考えたという。夏には4番打者として甲子園に出場し、1年生の4番打者として早くも注目を集めた。この時は３打数無安打に終わっている。

以後、２年春を除き、４回甲子園に出場。'91年夏の２回戦で甲子園初ホームランを打ち、'92年選抜では開幕試合の宮古高戦で２打席連続本塁打。この試合で桑田（ＰＬ学園高ー巨人）と並ぶ１試合７打点のタイ記録を樹立した。２回戦の堀越高戦で３本目（タイ記録）を打っている。

最後の出場となった3年夏は、明徳義塾高戦の５打席連続敬遠抜きでは語れない。このことの是非はおくとして、松井の態度は立派であった。高校最後となる試合で全打席敬遠されながら、怒ることもなく、淡々とバットをおいて一塁に歩いた。そこにあったのは“王者の風格”であり、グラウンドに物を投げ入れ、宿舎にいやがらせの電話をするといった心ないファンと対比をなすものであった。

結局試合には敗れ、不本意な形で甲子園を去ったが、この事件を契機に松井の名前は高校野球ファンにとどまらず、全国民の間に知れわたることになる。高校時代の通算ホームランは60本、うち甲子園で打ったものは４本である。

同年秋のドラフト会議では４球団が１位で競合し、抽選の結果巨人に入団。２試合目で初ホームランを打ち、シーズン後半には早くも３番を打った。以後巨人の４番打者として活躍、10年間の在籍期間で首位打者を１回、本塁打王と打点王を3回ずつ獲得、MVPにも3回選ばれたが、三冠王は達成できなかった。

2002年シーズン終了後、松井はＦＡを行使してメジャー行きを表明した。獲得したのはヤンキースで、３年契約で総額2100万ドルという破格の契約であった。この時、松井は都内のホテルで記者会見を設定、単独でメジャー入りに関する経過の説明と、自らの心境を語った。その真摯な態度は国民の共感を呼び、松井の大リーグでの成功を願ったのである。

翌'03年３月31日の対ブルージェイズ開幕戦（トロント）には5番レフトとして初出場、２死一三塁で迎えた第１打席でレフト前タイムリーヒットを打ってメジャーデビューした。以後はメジャーリーグを代表する選手の一人として活躍をつづけている。

ちなみに、日米を通じてあだ名は「ゴジラ」である。

【甲子園打撃成績】（星稜高）

		対戦相手	打	安	点
1990夏	2	日大鶴ヶ丘高	3	0	0
1991夏	2	市立沼津高	4	2	0
	3	竜ヶ崎一高	5	2	2
	準々	松商学園高	2	0	0
	準決	大阪桐蔭高	4	0	0
1992春	1	宮古高	4	4	7
	2	堀越高	4	1	2

	準々	天理高	2	1	0
1992夏	1	長岡向陵高	4	1	2
	2	明徳義塾高	0	0	0

松尾《まつお》 洋和《ひろかず》 (長崎北陽台高)

1994年夏の甲子園で無名の長崎北陽台高をベスト8まで進出させた投打の中心選手。

1976年9月23日長崎県西彼杵郡長与町に生まれる。長崎市の長崎大附属中に進んでエースとなるが、チームが弱く目立った成績は残していない。

地元の進学校である長崎北陽台高に進学、1年の時から注目されていたが制球が悪く、実際に試合に登板したのは2年夏からである。3年生の'94年夏にはエースで4番を打って甲子園初出場を果たした。初戦で強豪・関東一高と対戦、この試合7回までノーヒットノーランに抑えた。8回裏の先頭打者に100球目をセンター前に打ち返されたものの、完封勝ち。2回戦では大会最速の144kmをマークした藤村投手を擁する宿毛高と対戦。初回先頭打者を四球で歩かせると、バントとライト前ヒットで先取点を奪われた。しかし、以後は完璧に抑えて逆転勝ち。3回戦では3者連続三振という立ち上がりで、中越高を5安打に抑えてベスト8まで進出。準々決勝では樟南高に完敗したが、全く無名の長崎北陽台高をベスト8まで進出させて、注目を集めた。

慶大に進学、1年春からリーグ戦に登板。2年の時に故障して1年間リハビリ生活を送ったのち、3年からは復活してエースとして活躍した。卒業後は大阪ガスでプレー。

【甲子園投手成績】(長崎北陽台高)

		対戦相手	回	安	振
1994夏	1	関東一高	9	3	7
	2	宿毛高	9	3	6
	3	中越高	9	5	9
	準々	樟南高	6	10	4

松岡《まつおか》 英孝《ひでたか》 (北陽高)

北陽高校を甲子園の強豪に育てた監督。

1937年10月14日高知県高知市に生まれる。城東高(現・高知高)に進学し、左翼手・2番打者として'55年の選抜で甲子園に初出場、夏の甲子園にも出場した。

卒業後は、近畿大を経て、'60年北陽高監督となり、'70年の選抜で2度目の甲子園に出場させた。以来、同校は甲子園の常連校となり、'73夏の甲子園ではベスト8。'90年に引退するまで、甲子園春夏通算10回出場している。

教え子には、園田喜則(ロッテ)、永井春夫(西川物産ー大阪学院大監督)、有田二三男(近鉄)、慶元秀章(近鉄)、岡田彰布(早大ー阪神監督)、高木宣広(広島)、寺前正雄(近鉄)らがいる。のち日本高等学校野球連盟技術振興員となる。

【甲子園打撃成績】(城東高)

		対戦相手	打	安	点
1955春	2	高田高	4	1	2
1955夏	1	静岡高	4	1	0
	2	伊那北高	4	2	1
	準々	四日市高	2	0	0

【甲子園監督記録】(北陽高)

1966夏	1	○	6－2	福島商
	2	●	1－10	桐生高
1970春	2	○	5－0	江津工
	準々	○	4－3	岐阜短大付高
	準決	○	6－2	鳴門高
	決勝	●	4－5	箕島高
1973春	1	●	0－2	作新学院高
1973夏	2	○	1－0	秋田高
	3	○	1－0	高鍋高
	準々	●	2－6	今治西高
1976春	1	○	2－1	函館有斗高
	2	○	5－1	鹿児島実
	準々	●	2－8	日田林工

1980春	1	●	0－2	帝京高
1980夏	1	●	0－6	早実
1981夏	1	○	7－3	海星高
	2	○	2－1	浜松西高
	3	●	1－2	名古屋電気高
1988春	2	●	2－7	東邦高
1990春	1	○	4－3	帝京高
	2	○	4－3	玉野光南高
	準々	○	4－3	三重高
	準決	●	3－4	新田高

松《まつ》木《き》 謙《けん》治《じ》郎《ろう》（敦賀商）

戦前の福井県中等学校球界を代表する強打者。

1909年1月22日福井県敦賀市に生まれる。'23年敦賀商に入学、2年生で野球部に入り、外海省三監督の指導を受ける。3年生となった'25年には一塁手で3番を打ち、甲子園初出場に貢献した。準々決勝の早実戦ではマウンドにも上っている。翌'26年にも出場。

'27年特待生として明治大学に進学、春のリーグ戦にいきなり一塁手のレギュラーとして出場、打率.346でベストテンの4位に入る活躍をみせた。以後、東京6大学を代表する選手として活躍。

卒業後は名鉄を経て、大連実業団に入り、都市対抗で活躍。'36年にプロ野球の阪神が結成されると、初代主将として参加した。'37年春のリーグ戦では、首位打者と本塁打王を獲し、'40年監督に就任。

戦後は、阪神・大映・東映の監督を歴任、NHKの解説者もつとめた。'78年に野球殿堂入りしている。1986年2月21日死去。

【甲子園打撃成績】（敦賀商）

		対戦相手	打	安	点
1925夏	2	秋田商	4	2	＊
	準々	早実	4	2	＊
1926夏	2	大連商	3	0	＊

注）打点数は不明

松坂《まつざか》 大輔《だいすけ》（横浜高）

1998年に、空前絶後の年間無敗を達成した横浜高校のエース。

1980年9月13日東京都江戸川区に生まれる。この年は早実の荒木大輔が3年生で最後の甲子園に出場した年で、荒木ファンの母によって、大輔と名づけられた。南陽小3年で野球を始め、東陽中時代は江戸川南シニアでプレーし、中3春に全国準優勝した。

神奈川県の横浜高に進学したが、この世代はシニアリーグで好成績を収めた選手が揃っていたため、松坂は入学当時全く目立つ選手ではなかったという。渡辺監督によれば、「肥満体で球は速いもののコントロールがなく」、外野手も検討したという。2年生の1997年夏の神奈川県大会準決勝で横浜高は横浜商と対戦、9回まで2－1と1点リードしていた。しかし、9回裏に同点にされてさらに一死一三塁で迎えた次の打者の初球、捕手の小山はウェストボールを要求した。外角に外そうとした球は、右バッターボックスのはるか右上にはずれ、三塁ランナーがホームイン。サヨナラ暴投となり、わずか5安打の横浜商に敗れてしまった。この試合を、以後無敗を築いた松坂大輔の原点という人が多い。

秋の関東大会では優勝、準決勝の浦和学院高戦では1安打完封でホームランも打っている。この大会を制して、松坂は初めて甲子園という大舞台に登場することになった。前哨戦となった明治神宮大会1回戦対豊田西高戦でも14三振を奪うなど、3試合完投で優勝している。決勝戦の沖縄水産戦、松坂は初めて公式戦で150kmをマーク、翌日のスポーツ紙で、初めて松坂が全国に紹介されることになった。松坂ほどの大記録を打ちたてた選手は下級生の頃から有名である場合が多い。しかし、松坂が全国デビューしたのは最終シーズンを迎えた2年の秋のことである。

1998年選抜、初戦の報徳学園高戦で松坂は150kmをマーク。沖縄水産の新垣渚とともに、甲子園の試合で正式に150kmをマークした投手となった。この試合は9回表に併殺くずれ（エラーにはならなかった）の2失点のみで事実上の完封勝利だった。続いて東福岡高、郡山高と完封。準決勝ではPL学園高と対戦、8回表に同点に追いつき、9回に決勝スクイズで勝ち越した。決勝でも関大一高を4安打で完封、PL学園高以外には圧勝しての優勝だった。春の県大会で優勝、関東大会では決勝で同県の日大藤沢高を延長戦の末に降して制した。

この年の夏の県予選は、記念大会のために東西に分割され、横浜高は東神奈川大会に出場。ライバル日大藤沢高が西神奈川だったこともあり、準決勝では25点、決勝では14点を取るという圧勝で制した。松坂自身3本塁打もマークしている。

夏の甲子園では初戦で柳ヶ浦高と対戦、松坂は自責点こそ0ながら、6四球で1失点という滑り出しだった。2回戦では初戦でノーヒットノーランを達成した杉内投手の鹿児島実業と対戦、松坂が完封する一方、自ら2ランホームランを打って完勝した。松坂は3回戦の星稜高も完封すると、準々決勝で再びPL学園高との対戦となった。この試合、三塁コーチャーに球種を読まれていた松坂は2回裏に3点を失うなど、波乱の幕開けとなった。8回表に追いつき、以後延長戦に入って2度先行しながら追いつかれるという展開で17回に勝利を得たが、この試合を一人で投げきった松坂は250球を投げていた。試合後のインタビューで、翌日の準決勝での登板を聞かれた松坂は「登板しません」と答えている。

準決勝の明徳義塾高戦では先発を回避したが、控え投手では強打の明徳義塾高打線を抑えることはできず、8回表で0－6となっていた。ここで最終回での登板に備えて松坂がブルペンで投球練習を開始した。その時、球場全体から、「うぉー」というどよめきの声が地鳴りのように響いた。この声を聞いた明徳義塾高の選手はブルペンの松坂を見て、突然萎縮してしまったのである。8回裏に4点を返すと、9回裏には3点をとって、7－6と逆転サヨナラ勝ちを収めた。決勝戦では復活した松坂が京都成章高をノーヒットに抑え、春夏連覇を伝説の投手・嶋清一以来となる決勝戦ノーヒットノーランで達成した。さらにAAA選手権でもエースとして優勝、国体でも優勝し、史上初の年間無敗を達成している。

同年のドラフトでは横浜球団以外の場合は日本石油入りを表明していたが、横浜・日本ハム・西武の3球団で抽選となり、西武が交渉権を獲得、交渉の結果入団した。'99年春季キャンプでは一軍に帯同、オープン戦の3月28日対横浜戦（西武ドーム）では先発投手として6イニングを投げ、11奪三振を記録。高卒ルーキーのオープン戦2桁奪三振は史上初。開幕直後の4月7日日本ハム戦（東京ドーム）に先発投手として初登板、8回を投げて勝ち投手となった。この試合、1回にいきなり155kmの快速球を投げたほか、6回1死まではノーヒットと完璧なデビューだった。以後先発投手として活躍、オールスターにはファン投票で選ばれた。9月にはシドニー五輪予選に参加。この年16勝をマークして最多勝を獲得、MVPは優勝したダイエーの工藤公康に敗れたものの、新人王とベストナインに選ばれた。その後は、日本プロ球界を代表する投手として活躍している。

【甲子園投手成績】（横浜高）

		対戦相手	回	安	振
1998春	2	報徳学園高	9	6	8
	3	東福岡高	9	2	13
	準々	郡山高	9	5	7
	準決	PL学園高	9	5	8
	決勝	関大一高	9	4	7
1998夏	1	柳ヶ浦高	9	3	9
	2	鹿児島実	9	5	9
	3	星稜高	9	4	13
	準々	PL学園高	17	13	11
	準決	明徳義塾高	1	0	1
	決勝	京都成章高	9	0	11

【甲子園打撃成績】（横浜高）

		対戦相手	打	安	点
1998春	2	報徳学園高	4	0	0
	3	東福岡高	4	1	1
	準々	郡山高	3	2	1
	準決	PL学園高	4	1	0
	決勝	関大一高	5	2	0
1998夏	1	柳ヶ浦高	4	2	1
	2	鹿児島実	4	1	2
	3	星稜高	3	0	0
	準々	PL学園高	8	3	0
	準決	明徳義塾高	4	2	1
	決勝	京都成章高	4	2	0

松《まつ》田《だ》 昇《のぼる》（高知商）

高知県高校野球界最大の功労者。

1905年5月18日高知市弥生町の農家に生まれる。高知商、関西大学を経て、中国に渡り、蒙彊電業に勤務するかたわら、天津商業の監督をつとめた。

戦後、'47年8月に母校・高知商の教師となり、同時に部長兼監督に就任。翌'48年選抜に初出場を果たして準々決勝まで進むと、夏にも連続出場して準々決勝に進出。以後、同校は高知県高校野球界の牽引車となった。さらに'50年の選抜では準優勝を果たして、全国的な強豪校に仲間入りを果たした。以後、'57年の選抜では2回目の準優勝をするなど高知商の黄金時代を築き、'64年に引退するまで、春夏合わせて12回甲子園に出場、プロ野球にも多くの選手を送り込んだ。この間、'48年には高知県高校野球連盟を発足させて初代理事長に就任、マスコミとの協力をはかって、戦前には野球不毛の地とまでいわれた高知県を、一躍強豪県に変貌させた功労者である。

'78年新興の私立明徳中（現・明徳義塾中）の監督に就任。'81年生徒の進級とともに明徳高監督となり、翌'82年には早くも選抜に出場を果たした。甲子園では初戦で瀬田工に大勝して初勝利をあげ、2回戦では優勝候補の箕島高校と対戦。延長戦に入ってから両チーム点を取り合う激しい展開となり、延長14回の死闘の末に敗れたが、当時無名だった同校の名を一躍全国的に有名にし、のちの明徳義塾高隆盛の基を築いた。'82年11月20日、秋季四国大会に出場して高松市に遠征中に結腸癌のため死去した。

教え子には、高知商時代の弘瀬昌彦（土佐電鉄－広島－阪神）、片田謙二（広島－高岡高宇佐分校監督）、須藤豊（毎日－巨人－大洋監督）、小松敏広（俊広，巨人－巨人スコアラー）、森光正吉（阪神）、山崎武昭（法政大－東映ほか）、高橋善正（中央大－巨人－東映）、谷脇一夫（鐘ヶ淵化学－高知商監督）、明徳高時代の弘田旬（東洋大）などがいる。

【甲子園監督成績】（高知商）

1948春	2	○	5－2	桐生工
	準々	●	1－7	下関商
1948夏	2	○	8－4	柳井高
	準々	●	6－8	岐阜一高
1950春	1	○	4－2	海南高
	準々	○	5－3	熊本工
	準決	○	13－9	長良高
	決勝	●	1－4	韮山高
1951夏	1	○	9－3	静岡城内高
	2	●	4－6	敦賀高
1954春	2	○	1－0	湘南高
	準々	●	1－2	飯田長姫高
1954夏	1	○	5－4	平安高
	2	○	8－3	鶴見工
	準々	○	5－4	早実
	準決	●	1－3	静岡商
1957春	2	○	5－1	小倉高
	準々	○	7－1	八幡商
	準決	○	3－1	倉敷工
	決勝	●	3－5	早実
1958春	1	○	1－0	和歌山工
	2	●	3－4	海南高
1958夏	1	○	6－3	東奥義塾高

	2	○	5－0	松阪商
	3	○	4－1	銚子商
	準々	○	2－0	平安高
	準決	●	0－1	柳井高
1959春	1	○	2－1	膳所高
	準々	●	0－1	県尼崎高
1959夏	1	○	3－0	新庄北高
	2	○	1－0	川越高
	準々	●	0－1	宇都宮工
1961夏	1	○	5－0	高田高
	2	●	7－8	中京商

（明徳高）

1982春	1	○	11－0	瀬田工
	2	●	3－4	箕島高

松《まつ》田《だ》 瑞《みず》雄《お》（大分商）

大分県高校野球界の重鎮。

1937年7月1日朝鮮忠清南道瑞山（現在の韓国）に生まれる。父、兄、姉が教師という家庭であった。戦後、熊本県豊川村（現・松橋町）に引き揚げる。生家は土地の豪農であった。

豊川中で本格的に軟式野球を始めたが、走り高跳びやソフトテニスの選手としても活躍するなどスポーツ万能の選手だった。中学2年の時に外野手から捕手に転向したが、肋膜炎のため活躍はできなかった。松橋高では捕手兼一塁手。学校が弱かったため、とくに目立った成績は残していない。日体大に体操選手として進学、かたわら休暇には帰郷して、母校・松橋高のコーチをしていた。

'60年大学卒業と同時に高校野球の指導者をめざしたが、熊本国体の余波で地元に採用枠がなく、大分県の中津北高に講師として赴任、当時創部3年目の同校のコーチとなり、大分県高校球界にデビューした。翌'61年には鶴崎工の臨時講師となり、ここで初めて監督をつとめた。'62年、大分商業からコーチとして招聘されて、同時に正式教諭となり、志手清彦監督のもとでコーチをつとめた。

'67年秋に志手監督が引退、志手の指名により大分商の監督に就任した。'69年夏には甲子園に出場。翌'70年夏にはベスト8まで進んだ。'74年の選抜でもベスト8に進んでいる。

'78年春に竹田高に転勤。同校の野球部は前年に軟式から硬式に転じたばかりで、秋の新チームから監督に就任。翌年秋には県大会でベスト8に進み、'80年夏には準決勝に進出して注目された。この活躍で松田の名監督としての地位が築かれてといえる。'83年春には県大会で準優勝した。

直後に新設校の大分南高に転任。無名選手ばかりにもかかわらず、翌年夏には2年生だけのチームでベスト4入りを果たし、松田監督の手腕が再認識された。甲子園を狙った翌年はエースの萱島投手が初戦で指にけがをしたため2回戦で敗れた。

'88年大分県高野連理事長に就任。'92年に高野連理事長のまま大分商に復帰。高野連の理事長は部長が就任する規則のため、同校では部長に就任。翌'93年に監督となると、'97年には低迷していた同校を17年振りに甲子園に復帰させている。2001年に引退。

主な教え子に、大分商時代の小川清一（阪神－ロッテ）、安達公則（九州国際大－東京ガス）、大分南高時代の藤沢賢二（大分南高監督－宇佐高監督）などがいる。

名門・大分商の監督として甲子園で活躍しただけでなく、無名の新設野球部を短期間で次々と県内の強豪校に育て上げた実績は高く評価されている。

また、試合前のノック名人としても有名であった。捕手のトスする球を内外野に次々と打ち分ける技術は絶品で、松田のノックが終わるとスタンドから拍手が沸いたという。

【甲子園監督成績】（大分商）

1969夏	1	●	2－3	三沢高
1970夏	1	○	5－1	九州工
	2	○	5－2	日大一高

	準々	●	0－7	ＰＬ学園高
1974春	2	○	3－2	広島商
	準々	●	1－3	平安高
1997春	1	○	6－5	佐久長聖高
	2	●	3－4	西京高
1997夏	2	○	4－0	桑名西高
	3	●	1－4	佐野日大高

松永《まつなが》 怜一《れいいち》（法政一高）

甲子園で選手・監督・解説者として活躍。

1931年11月3日福岡県北九州市に生まれる。八幡高時代の'50年選抜に三塁手で3番を打って出場。

法政大学に進むと1年から内野手として東京6大学リーグに出場。4年の時に腰を痛めて試合に出場できず、'55年卒業後は社会人でのプレーを諦めて、当時は無名だった系列の法政一高の監督に就任した。以後9年間同校監督をつとめ、'60年の選抜に甲子園初出場を果たした。

'64年堀越高に監督として招聘され、翌'65年母校・法政大学の監督に就任。以後6年間でリーグ戦に6回優勝、'68年には大学選手権でも優勝。

'71年に住友金属監督に転じると、都市対抗に6回出場し、日本選手権で2回優勝した。'80年第一線を退いたが、'84年にロス五輪の全日本チーム監督となり、金メダルを獲得するなど、高校・大学・社会人のすべてで、指導者として類い稀な力を発揮した。

また、甲子園では解説者としても10年以上にわたって活躍、その理論的な解説で高い人気があった。その後は、ＪＯＣ理事、釜山アジア大会総監督のほか、日本野球連盟・全日本アマチュア野球連盟・全日本大学野球連盟の各常任理事など、野球界の役職を多数つとめている。

主な教え子に、法政一高時代の矢島勝彦（日産自動車－近鉄）、田淵幸一（法政大－阪神－西武）らがいる。

【甲子園打撃成績】（八幡高）

		対戦相手	打	安	点
1950春	1	萩北高	3	1	1
	2	韮山高	5	1	1

【甲子園監督成績】（法政一高）

1960春	2	○	1－0	海南高
	準々	●	0－3	北海高
1961夏	1	●	1－2	銚子商

松本《まつもと》 終吉《しゅうきち》（市岡中）

全国大会初のノーヒットノーラン達成者。

市岡高の野球部史である「青春の三本線」によると、1912年のメンバーにライトで9番を打つ松本（名前なし）の名が見える。おそらく入学まもない松本終吉であろう。翌'13年～'15年は捕手として中島駒次郎（早大－天理高監督）とバッテリーを組み、当時早大生だったＯＢの佐伯達夫の指導を受けた。

1916年、中島の卒業でエースとなると4番も打って選手権大会に出場。初戦で長野師範を3安打に抑えると、続く一関中学戦では、史上初のノーヒットノーランを達成した。準決勝でも鳥取中学を降したが、決勝戦では肩を痛めたために登板せず、レフトの守備に入っていた。

翌年卒業したものの、野球をつづけたくて関西学院中等部に転校。'18年の夏の大会では兵庫県代表として選手権大会出場を決めたが、米騒動のために大会が中止となり、登板することはなかった。

1919年早大に進学して1年から公式戦に登板。'21年には米国遠征にも参加している。その後は内野手に転向、'23年には主将をつとめた。故人。

【甲子園投手成績】（市岡中）

		対戦相手	回	安	振
1916夏	1	長野師範	9	3	14

	準々	一関中	9	0	8
	準決	鳥取中	10	8	10
	決勝	慶応普通部	未　登　板		

松本《まつもと》 正志《しょうじ》（東洋大姫路高）

1977年夏に全国制覇した東洋大姫路高のエース。

1959年4月2日兵庫県赤穂郡上郡町に生まれる。上郡中を経て、東洋大姫路高に進学してエースとなる。同期にはヤクルトで活躍した宮本賢治がいたが、高校時代は松本の控え投手だった。

'77年夏エースとして甲子園に出場。大会No.1の左腕投手として、今治西高の右腕・三谷投手とともに注目されていた。初戦は千葉商を散発4安打で完封。2回戦の浜田高戦では点差が開いたため、7回でいったんマウンドを降りたが、リリーフした宮本が最初の打者のピッチャーライナーを右手中指に受けて3針縫うけがで降板したため、再登板して無失点で投げきった。そのため、この試合は9イニングをなげて4安打無失点だが、完投はしていない。準々決勝の豊見城高戦の初回に三塁打とエラーで甲子園初失点。この試合は不調で3点を奪われたが、8－3と打線の援護で楽勝した。準決勝では今治西高の三谷投手との投手戦になった。5回には先頭打者の打球が軸足の左ひざを直撃してマウンド上に横転（二塁打となる）するというアクシデントもあったが、スクイズを捕手のファウルフライに打ちとって切り抜けた。結局、延長10回を4安打に抑えて完封勝ち。決勝戦では1年生エース坂本佳一（法政大－日本鋼管）を擁して大人気の東邦高と対戦。連投の疲れと左ひざの痛みで10安打を喫したが、要所を抑えた投球で1－1で延長戦に入り、10回裏に捕手・安井のサヨナラ3ランホームランで降して全国制覇を達成した。

同年秋のドラフト会議では阪急から1位指名されてプロ入り。1勝をあげただけで、'88年打撃投手に転向した。

【甲子園投手成績】（東洋大姫路高）

		対戦相手	回	安	振
1977夏	2	千葉商	9	4	10
	3	浜田高	9	4	7
	準々	豊見城高	9	8	7
	準決	今治西高	10	4	3
	決勝	東邦高	10	10	6

松本《まつもと》 貞一《ていいち》（東邦商）

戦前の東邦商（現・東邦高）黄金時代の中心選手。

1919年3月20日静岡県に生まれる。戦後は木下姓を名乗る。浜松一中（現・浜松北高）に入学したが、1年の時に東邦商に転校。翌'36年からエース立谷順市の控え投手として登板した。'37年にはエースとなって選抜に出場。初戦はライトの守りから2回にリリーフしたが、2回戦は先発、準々決勝は完投してベスト4まで進んだ。

'38年選抜では肩を痛めていたことから、中京商からの転校生・久野欽平にエースを譲って、ライトで4番を打って出場し、準優勝を果たした。夏の県予選・東海予選ではエースに復帰したが、東海予選決勝で岐阜商に9回裏逆転サヨナラ負けを喫した。

'39年選抜ではエースに復帰し、3番を打って出場。決勝で岐阜商を降して優勝した。東邦商は同年夏に選手権大会初出場を果たしているが、甲子園出場メンバーに松本の名前はない（おそらく年齢制限のため）。

選抜大会では年齢制限がなかったため、翌'40年の選抜にも出場している。

'41年阪神に入団して一塁手となる。戦後ノンプロでプレーした後、'53年名古屋でプロに復帰。2年間外野手としてプレーした。引退後は妻の実家である三共化学陶磁器製作所を経営した。

【甲子園投手成績】（東邦商）

		対戦相手	回	安	振
1937春	1	丸亀商	1⅓	2	0
	2	島田商	8	9	5
	準々	岐阜商	9	6	3
	準決	中京商	5	7	1
1938春	1	京阪商	未　登　板		
		京阪商	未　登　板		
	2	平安中	未　登　板		
	準々	浪華商	未　登　板		
	準決	岐阜商	未　登　板		
	決勝	中京商	未　登　板		
1939春	1	浪華商	6	1	*
	2	海南中	9	7	2
	準々	北神商	5	2	*
	準決	島田商	8	6	0
	決勝	岐阜商	9	8	1
1940春	1	扇町商	9	6	5
	2	松本商	9	3	9
	準々	高松商	9	4	5
	準決	京都商	8	4	5

注）1939年選抜は一部の試合で奪三振数が不明

松本《まつもと》 弘司《ひろし》（佐野日大高）

佐野日大高校を甲子園の常連校に育てた監督。

1951年10月20日栃木県佐野市に生まれる。佐野日大高では1年から遊撃手として活躍。日大でも遊撃手だったがレギュラーはとれず、在学中から母校のコーチをつとめる。'74年に卒業と同時に母校・佐野日大高に赴任して監督に就任した。就任3年目には春の県大会で初優勝したが、甲子園には出場できないまま、'83年いったんゴルフ部に転じて3年間監督をつとめ、この間全国大会にも出場した。

'85年野球部監督に復帰、'89年には中学時代に全国制覇した経験のある麦倉投手を擁して春の関東大会でベスト4まで進み、同年夏には麦倉の30イニング無失点という快投で甲子園初出場を果たした。'93年選抜からは好投手中村将明を擁して、3季連続して甲子園に出場するなど、同校を甲子園の常連校に育てた。

主な教え子に、戸羽隆（オリックス）、麦倉洋一（阪神）、中村将明（青森大）、亘伸哉（法政大）などがいる。

【甲子園監督成績】（佐野日大高）

1989夏	1	○	1－0	近大福山高
	2	●	2－3	福井商
1993春	2	○	3－2	鳴門商
	3	●	2－4	八幡商
1993夏	1	●	2－7	京都西高
1994春	1	●	4－6	高田商
1997夏	2	○	2－1	宮崎日大高
	3	○	4－1	大分商
	準々	●	4－6	智弁和歌山高
1998夏	2	●	4－5	宇和島東高
2001夏	1	○	4－1	波佐見高
	2	●	3－4	明豊高

松本《まつもと》 稔《みのる》（前橋高）

甲子園史上初の完全試合達成者。

1960年8月18日群馬県伊勢崎市に生まれる。伊勢崎二中から前橋高に進んでエースとなり、'78年の選抜に出場。初戦で比叡山高と対戦し、史上初の完全試合を達成した。投球数は78球、うちボール球は11球しかなく、3ボールになったのも、2回表に6番堀雅人に対して2－3になったときだけである。外野に球が飛んだのはライトフライ3つだけで、センターとレフトには1回も飛んでこなかった。

試合後のインタビューで比叡山高の印象を聞かれた松本は「相手に申し訳ないことをしてしまいました」と答えている。

試合後は殺到するマスコミの攻勢のために宿舎に缶詰状態となり、2回戦の福井商戦では17安打で14失点と大敗を喫した。

卒業後は筑波大学に進んで外野手に転向、４番を打って主将もつとめた。'81年春のリーグ戦では外野手としてベストナインにも選ばれている。その後、筑波大学大学院でスポーツ心理学を専攻、修了後は帰郷して高校教員となった。'85年県立中央高の監督に就任して、'87年夏に甲子園初出場。

'92年には母校・前橋高の監督となり、2002年選抜に出場。これは、自らエースとして出場して以来、24年振りの甲子園であった。

また、夏の甲子園大会の朝日放送解説者もつとめている。

教え子には、前橋高時代の松下繁徳（群馬大）らがいる。

【甲子園投手成績】（前橋高）

		対戦相手	回	安	振
1978春	1	比叡山高	9	0	5
	2	福井商	9	17	5

【甲子園監督成績】（中央高）

1987夏	1	●	2－7	PL学園高

（前橋高）

2002春	1	●	1－2	九州学院高

松本《まつもと》 豊《ゆたか》（秋田経大付高）

秋田経大付高（現・秋田経法大付高）が甲子園に初出場したときのエース。

1963年４月14日秋田県仙北郡角館町西長野町に生まれる。小３で野球を始め、角館中学時代はエースで４番を打って活躍した。親元を離れて、秋田市の秋田経済大附属高（現・秋田経法大附属高）に進学。当時、同校は秋田商から古城監督を招聘して野球に力を入れはじめた新進校で、住友金属和歌山監督の山中正竹も指導に訪れていた。

同校では１年秋にエースとなるが、当初は速球を武器にやたら三振を取りに行く投手だった。しかし、２年夏の県大会で金足農に完敗してコントロール重視に切り替え、秋の東北大会で初優勝。神宮大会では初戦で早実と対戦して０－１で敗れたが、荒木大輔と投げ合っての惜敗が注目された。

翌'81年の選抜に同校は初めて甲子園に出場、初戦の丸亀商戦は継投で完封すると、２回戦では星稜高を３安打で完封し、準々決勝まで進出した。この大会で松本は一躍アイドルとなり、雑誌「セブンティーン」で荒木とともにグラビアを飾ったりしている。地元での試合にはファンが殺到、パトカーの先導で学校に戻ったこともある、というほどの人気だった。

夏も県大会を制して甲子園に春夏連続出場。選抜の活躍から、優勝候補の一角にもあげられた。３回戦の志度商（現・志度高）戦で10回裏１死から、四球のあとバントを自らのフィルダースチョイスで一二塁とし、その後左翼線に二塁打を打たれてサヨナラ負けを喫した。

同年秋にはプロ全球団から勧誘があり、とくに西武からは高い評価を得た。しかし、引き続いて山中正竹の指導を受けるために、プロ入りを拒否して住友金属和歌山に入社した。プロへのステップの予定で身を投じた社会人野球だったが、まったく活躍することができなかったためドラフト会議では指名されず、４年目の'85年秋にドラフト外で大洋に入団した。プロ通算７年在籍して、18勝20敗10Ｓ。'93年に引退後は、島根県松江市の学習塾チェーンに勤務している。

【甲子園投手成績】（秋田経大付高）

		対戦相手	回	安	振
1981春	1	丸亀商	5	10	2
	2	星稜高	9	3	7
	準々	印旛高	10	13	9
1981夏	1	興南高	9	8	4
	2	福島商	9	3	6
	3	志度商	$9\frac{1}{3}$	10	3

松本《まつもと》 善高《よしたか》（高松商）

第１回選抜大会の優勝投手。1920年香川商業に進学、高松商業と校名が変わった'22年、３年生でレフトのレギュラーとなり、夏の四国予選の八幡浜商戦では投手としても登板しているが、決勝で松山商に敗れた試合には出場していない。翌'23年にはエースとなったが、四国予選の２回戦で今治中学に完封負けを喫している。

'24年第１回選抜大会が名古屋の山本球場で開催され、松本はエースで５番を打って生乃徳隣とバッテリーを組んで出場した。初戦では和歌山中学に９安打で６点を奪われながら、９回裏に逆転サヨナラで辛勝。準決勝では愛知一中を８安打１点に抑えて降し、決勝では早実を７安打で完封して初優勝を達成した。

この年を境に高松商は一躍全国的な強豪校として活躍することになる。翌年には春夏連続して決勝まで進み、夏には全国制覇。'27年夏にも全国制覇するなど、第１期黄金時代を築いたが、その基礎を築いたのが松本－生乃のバッテリーであった。

【甲子園投手成績】（高松商）

		対戦相手	回	安	振
1924春	1	和歌山中	9	9	6
	準決	愛知一中	9	8	8
	決勝	早実	9	7	6

的野《まとの》 和男《かずお》（長崎日大高）

長崎県高校球界を代表する監督の一人。

1941年10月10日長崎県五島列島の福江市に生まれる。長崎市の海星高に進学、セカンドで１番打者を打ち主将をつとめていたが、3年生の'59年夏、県大会の直前にエースが故障したために投手に転向。そのまま長崎県大会、、西九州大会を一人で投げぬいて、甲子園初出場を果たした。甲子園では初戦で平安高校と対戦して完敗を喫する。

卒業後は福岡大学に進学、'64年に卒業後は母校・海星高に社会科教諭として赴任し、監督に就任した。'71年で教師を退職、３年間の会社勤務を経て、スポーツ店を経営。この間も海星高のコーチをつとめ、'83年に監督に復帰。結局同校を夏５回、春１回甲子園に導いている。'86年に社会科教諭として復職したが、'91年いったん高校野球指導から手を引いた。

'92年９月、請われて当時まだ無名だった長崎日大高に移り、再び監督に就任。'93年に選抜で同校を初めて甲子園に出場させると、いきなりベスト８まで進出。以後、長崎日大高は海星高にかわって甲子園の常連校となった。

主な教え子には、海星高時代に堀幸一（ロッテ）、浜口宗寛（協和醗酵）、長崎日大高時代に中村隼人（創価大－本田技研－日本ハム）、百武克樹（亜細亜大）、崎田忠寛（国学院大）などがいる。

【甲子園投手成績】（海星高）

		対戦相手	回	安	振
1959夏	2	平安高	9	8	5

【甲子園監督成績】（海星高）

1966夏	1	●	5－8	岡山東商
1967夏	1	●	2－4	小倉工
1968夏	1	○	10－1	新潟商
	2	○	3－1	三沢高
	3	●	0－4	興南高
1971夏	1	○	2－0	高崎商
	2	●	0－6	桐蔭学園高
1984夏	1	○	5－4	学法石川高
	2	●	0－6	桐蔭学園高
1987春	1	●	3－5	京都西高

（長崎日大高）

1993春	2	○	5－3	智弁学園高
	3	○	5－0	鳥取西高
	準々	●	2－5	大宮東高

1993夏	1	○	3－2	松商学園高
	2	●	1－4	小林西高
1995夏	1	●	2－4	佐久長聖高
1998夏	2	●	1－4	帝京高
1999春	1	●	2－3	駒大高
1999夏	1	○	5－0	日大三高
	2	○	6－5	明徳義塾高
	3	●	2－3	滝川二高
2000夏	1	○	5－3	富山商
	2	○	3－1	酒田南高
	3	○	6－2	徳島商
	準々	●	7－8	育英高
2003夏	1	●	4－5	静岡高

馬渕《まぶち》 史郎《しろう》 (明徳義塾高)

明徳義塾高校の監督。

1955年11月28日愛媛県八幡浜市に生まれる。三瓶高、拓殖大学でショートして活躍。卒業後は社会人の阿部企業に入る。'83年にコーチとなり、のち監督に就任、'86年の日本選手権では準優勝した。'87年明徳義塾高にコーチとして招聘され、'90年８月に監督に就任した。翌'91年夏には甲子園に出場。

馬渕監督を語る場合、避けて通れないのが、'92年夏の甲子園での“松井五敬遠”事件である。馬渕監督自身２回目の出場となったこの大会、抽選の結果、49番目の登場となり、初戦で星稜高と対戦することになった。この時の星稜高には１年夏から不動の４番打者として活躍する松井秀喜がおり、優勝候補にもあげられていた。一方、明徳義塾高では本来エースの岡村憲二が故障して打者に専念、センターの河野選手が登板して県予選を乗り切っての出場であった。一般に、「松井を敬遠した河野投手は大学進学後打者に転向した」といわれることが多いが、これは誤りである。おりしも、当時高知県代表は甲子園で初戦敗退が続き、着任まもない馬渕監督としても、絶対初戦敗退だけは避けたい、という状況だったという。だが、急造投手の河野では松井を抑えることはできない。そこで社会人経験も豊富な馬渕監督が指示したのが、全打席敬遠であった。試合ではランナーがいるときはもちろん、走者なしでもすべて敬遠し、３－２の１点差で勝利した。しかし、試合後半から観客が騒ぎだし、グラウンドからは物が投げ込まれ、「帰れ」コールが起こるなど、高校野球の試合とは思えない状態に陥った。試合後も、選手の宿舎にまでいやがらせの電話が殺到、とても野球をつづける環境ではなく、次の試合で完封負けして甲子園を去った。

この事件に対して、当時はマスコミの論調でも一方的に馬渕監督を非難する声が高かったが、現場の監督の間では、賛否両論あい半ばしたという。４番打者を全打席敬遠する、ということは自チームの投手力は明らかに松井よりレベルが下であることを公言するものであり、無条件で一塁に歩かせるというリスクを考えると、果敢な作戦であるとも考えられる。またルールに則った作戦でもあり、現在では、冷静に考えて非難するにはあたらない、という考え方が強い。なお、このことでマスコミから徹底的にたたかれた馬渕監督は、以後マスコミ不信があったらしく、甲子園を取材する記者の間でも評判は芳しくなかった。その一方で、100人を超す部員の面倒をよくみる指導者としてリトルリーグなどの関係者には評判がよく、とくに事件後は部員のマナーも向上したといわれる。

その後、しばらくは甲子園に出場することはできなかったが、'96年の選抜で甲子園に復帰し、ベスト８まで進んで強豪復活ののろしをあげた。以後は、毎年のように甲子園に駒を進め、初戦はかならず突破するものの、２試合目か３試合目で敗れる時期が続いた。'98年夏、剛腕寺本投手と強力打線を擁して甲子園に出場、準々決勝を突破して、準決勝で横浜高と対戦した。横浜高の松坂投手は、前日の試合で17回を完投したため登板できず、控え投手が先発していた。明徳義塾打線は容赦なく打ち込み、勝ったかに思えたが、8回・9回でまさかの大逆転を喫した。その後も、2・3試合目敗れることが続いたが、2002年に、初めてその呪縛を破った。選抜の準々決勝でエースの田辺投手を休ませたがゆえに敗れた馬渕監督は、夏は全試合エース田辺の先発で押し切った。鬼門の3回戦では常総学院高にリードされたが、からくも逆転勝ち。以後は無難に乗り切って、初優勝を達成した。

校歌斉唱を聞きながらグラウンド上で泣く馬渕監督を目にして驚いたファンは多い。それは、松井五敬遠事件、横浜高の奇跡の大逆転など、常に“悪役”の側に立たされた監督の苦悩の深さが感じられた一瞬だった。

主な教え子に、津川力（ヤクルト）、河野和洋（専修大－ヤマハ）、吉川昌宏（亜細亜大－ローソン－ヤクルト）、寺本四郎（ロッテ）、高橋一正（ヤクルト－日立製作所）、田辺佑介（関西大）、森岡良介（中日）などがいる。

【甲子園監督成績】（明徳義塾高）

1991夏	1	○	6－0	市岐阜商
	2	●	5－6	沖縄水産
1992夏	2	○	3－2	星稜高
	3	●	0－8	広島工
1996春	1	○	3－0	福井商
	2	○	6－4	浜松工
	準々	●	1－6	岡山城東高
1996夏	1	○	12－0	常葉菊川高
	2	●	3－4	新野高
1997春	1	○	5－3	国士舘高
	2	●	0－6	上宮高
1998春	2	○	6－0	京都西高
	3	○	5－4	常総学院高
	準々	●	2－3	ＰＬ学園高
1998夏	1	○	6－5	桐生第一高
	2	○	7－2	金足農
	3	○	5－2	日南学園高
	準々	○	11－2	関大一高
	準決	●	6－7	横浜高
1999春	1	○	3－2	滝川二高
	2	●	1－5	海星高
1999夏	1	○	9－1	栃木南高
	2	●	5－6	長崎日大高
2000春	1	○	9－3	上宮太子高
	2	○	8－7	四日市工
	準々	●	5－12	鳥羽高
2000夏	1	○	3－0	専大北上高
	2	●	4－9	ＰＬ学園高
2001夏	1	○	10－0	十日町高
	2	●	1－2	習志野高
2002春	1	○	7－4	金光大阪高
	2	○	7－2	福工大城東高
	準々	●	8－10	福井商
2002夏	1	○	5－0	酒田南高
	2	○	9－3	青森山田高
	3	○	7－6	常総学院高
	準々	○	7－2	広陵高
	準決	○	10－1	川之江高
	決勝	○	7－2	智弁和歌山高
2003春	2	○	6－0	斑鳩高
	3	●	4－8	横浜高
2003夏	1	○	4－1	横浜商大高
	2	●	1－2	平安高
2004春	1	○	10－0	桐生第一高
	2	○	4－2	八幡商
	準々	○	11－6	東海大山形高
	準決	●	6－7	済美高

み

三《み》浦《うら》 広之《ひろゆき》(福島商)

1977年夏の甲子園でアイドルとなった福島商の投手。

1959年6月5日福島市に生まれる。大鳥中、福島四中を経て、福島商に進学し、2年生から登板した。'77年夏はエースとして県大会6試合をすべて完封、四倉高戦で完全試合(8回参考記録)、白河高戦でノーヒットノーラン(7回参考記録)を達成し、44イニングで62奪三振を記録するなど、完璧な投球内容で制して甲子園に出場した。

甲子園では初戦で九州産業高を3安打で完封、同校夏の大会6回目の出場で初勝利も記録した。3回戦の熊本工戦の3回裏に失点、県大会からつづけてきた無失点記録は55イニングでストップした。その後、6回にも2点を失って3－3で延長戦に突入。11回裏、1死満塁で林田に投げた初球がヘルメットを直撃して、サヨナラ負けとなった。

184cm、74kmというスリム体つきから繰り出す速球で本格派好投手として活躍したほか、甘いマスクから“みちのくの玉三郎”といわれてアイドルとなった。

同年秋のドラフト会議では阪急の2位指名でプロ入り。翌年ルーキーで4勝を挙げ、'79年には17試合に先発して、7勝1完封をマーク、オールスターにも出場した。'83年引退。プロ通算14勝14敗。

入学当時から高い素質を持ちながら、あまりにも華奢でスタミナがなかったことから、1年秋に監督からランニングを指示されると、以後、飯坂温泉の自宅から学校まで約8kmを毎日走って通学したという。

【甲子園投手成績】(福島商)

		対戦相手	回	安	振
1977夏	2	九州産	9	3	8
	3	熊本工	$10\frac{1}{3}$	12	2

三《み》浦《うら》 将明《まさあき》(横浜商)

1983年に春夏連続して準優勝した横浜商のエース。

1965年9月17日横浜市鶴見区市場町に生まれる。のち川崎市幸区河原町に移り、河原町小で野球を始める。御幸中ではノーヒットノーランを4回記録し、横浜商では1年秋からエースとなり、2年生の'82年選抜に出場。準決勝まで進み、PL学園高にサヨナラ負けを喫した。

翌年は春夏連続して出場。選抜では初戦で広島商から11三振を奪って降すと、2回戦から3試合連続完封して決勝に進出した。

夏は開幕試合で鹿児島実と対戦。3点リードした9回裏1死無走者からエラーも絡んで一挙に同点にされたが、延長10回で勝利。2回戦では佐世保工・香田投手との投げ合いが注目されたが、4安打完封で完勝。3回戦の学法石川高戦は19点の大差がついたため7回被安打4で降板。準々決勝の宇部商戦は9回裏に3連打で1死満塁とされたものの、次打者をショートフライ、最後の打者は三球三振にとった。準決勝では再び打線が爆発、8回に10点差がついたところで降板、春夏連続して決勝に進出した。決勝では1年生の桑田・清原を擁したPL学園高と対戦。2回裏に清原に先制ホームランを打たれ、被安打7ながら3点を失い、春夏連続して準優勝となった。さらに国体でも準優勝している。

秋のドラフト会議では中日の3位指名でプロ入り。1勝もできないまま'90年に引退した。その後は佐川急便で軟式野球をプレーした。

【甲子園投手成績】（横浜商）

		対戦相手	回	安	振
1982春	1	八幡大付高	9	8	4
	2	愛知高	9	6	11
	準々	早実	9	8	2
	準決	PL学園高	8⅔	5	8
1983春	1	広島商	9	6	11
	2	星稜高	9	3	9
	準々	駒大岩見沢高	9	3	0
	準決	東海大一高	9	6	3
	決勝	池田高	9	12	7
1983夏	1	鹿児島実	10	7	6
	2	佐世保工	9	4	6
	3	学法石川高	7	4	3
	準々	宇部商	9	9	1
	準決	久留米商	8	6	0
	決勝	PL 学園高	8	7	3

三《み》上《かみ》 七郎《しちろう》（山形中）

戦前の山形県中等学校野球界を代表する選手。山形中学（現・山形東高）では内野手で、1936年兄とともに控え選手として出場し、代打で打席に入った。翌年は三塁手で２番を打って出場。以後、'38年は二塁手、'39年はショートで３番を打ち、４年連続して夏の甲子園に出場した。

卒業後は、三高、京都大学でプレーしたのち、八幡製鉄に入社して１番打者として活躍した。現役引退後は、新日本製鉄東京製造所副所長を経て、大平起業社長となった。1988年9月4日死去。

【甲子園打撃成績】（山形中）

		対戦相手	打	安	点
1936夏	2	千葉中	1	0	0
1937夏	2	長野商	4	2	＊
1938夏	2	甲陽中	3	0	0
1939夏	2	高松商	2	0	0

注）'37年度の打点数は不明

三《み》木《き》 忠章《ただあき》（高松商ほか）

香川県高校球界の功労者。

1908年12月6日香川県高松市東田町に生まれる。高松商業時代、二塁手・遊撃手として活躍。'24年の第1回選抜大会では主に二塁手で９番打者として出場し、優勝。

翌'25年にはショートに転じて、選抜で準優勝、夏は全国制覇するなど、同校の第1期黄金時代を築いた。

関西大学法学部を経て、'33年に坂出商業に赴任。以来、'70年に引退するまで、同校の監督・部長を歴任した。のち香川県高野連理事長に就任。また、選抜大会の四国地区選考委員もつとめた。'81年12月3日死去。

主な教え子に、三木為彦（四国鉄道管理局）、香川正（早大－鐘紡－近鉄－坂出商監督）らがいる。

【甲子園打撃成績】（高松商）

		対戦相手	打	安	点
1924春	1	和歌山中	1	0	0
	準決	愛知一中	4	0	0
	決勝	早実	3	1	0
1925春	1	市岡中	4	2	0
	準々	和歌山中	4	1	2
	準決	愛知一中	4	1	0
	決勝	松山商	4	0	0
1925夏	2	東山中	5	1	0
	準々	静岡中	3	0	0
	準決	大連商	3	0	0
	決勝	早実	4	1	1

【甲子園監督成績】（坂出商）

1938夏	1	○	2－0	掛川中
	2	●	0－5	高崎商

水口《みずぐち》 栄二《えいじ》（松山商）

1986年夏の甲子園で大会記録をマークした松山商の打者。

1969年1月9日愛媛県西宇和郡保内町に生まれる。保内中から松山商に進学し、'86年夏にショートで1番を打ち、主将として甲子園に出場。初戦の清水市商戦で6打数5安打4打点という大活躍を見せると、以後全試合で2安打以上して準優勝に大きく貢献した。この大会で8打席連続安打を含む19安打を記録、打率.655は大会記録。

特別推薦枠で早大に進学、主将もつとめ、'90年春リーグ優勝。ベストナイン4回。同年ドラフト2位で近鉄に入団。'94年レギュラーとなり、'97年にはリーグ最多の42犠打を決めた。

【甲子園打撃成績】(松山商)

		対戦相手	打	安	点
1986夏	1	清水市商	6	5	4
	2	土浦日大高	4	2	0
	3	明野高	4	2	1
	準々	沖縄水産	4	2	0
	準決	浦和学院高	6	4	1
	決勝	天理高	5	4	0

水沢《みずさわ》 清《きよし》 (長野商)

1932年夏にノーヒットノーランを達成した長野商の投手。

'28年に長野商に入学、2年生の'29年にショートのレギュラーとなり、1番を打つ。4年生の'31年に投手に転向して夏の甲子園出場を果たすと、初戦で大分商を4安打に抑え初勝利をあげた。2回戦では途中で降板し、二塁を守っている。

翌'32年には春夏連続して甲子園に出場。選抜では初戦で早実を3安打で完封。夏は初戦で千葉中を3安打1点に抑えると、2回戦の遠野中戦ではノーヒットノーランを達成した。

卒業後は明大でプレーした。

【甲子園投手成績】(長野商)

		対戦相手	回	安	振
1931夏	1	大分商	9	4	10
	2	小倉工	*	*	*
1932春	2	早実	9	3	6
	準々	中京商	9	11	0
1932夏	1	千葉中	9	3	12
	2	遠野中	9	0	5
	準々	中京商	9	6	5

注)'31年夏の2回戦は継投のため詳細な成績は不明

水野《みずの》 雄仁《かつひと》 (池田高)

1982年夏〜1983年春にかけて夏春連覇した池田高校の中心選手の一人。甲子園で投打に活躍、"阿波の金太郎"といわれた。

1965年9月3日徳島県阿南市に生まれる。阿南一中を経て、本来は学区外の池田高校に進学。1年上に畠山準(南海ほか)がいたため、1年秋に外野手兼控え投手としてレギュラー入り、5番を打った。

2年生の'82年夏にレフトで5番を打って甲子園に出場、江上−畠山−水野と続く強力打線を形成した。準々決勝の早実戦では、6回に荒木大輔(ヤクルト−横浜)からバックスクリーンにホームラン、8回には石井丈裕(法政大−プリンスホテル−西武−日本ハム)からレフトスタンドに2打席連続の満塁ホームランを打つなど強打者として活躍。勝負のついた8回にはマウンドにも登っている。大会通算して、打率.461を記録、チームも驚異的な破壊力で圧勝して全国制覇を達成、高校野球に"池田時代"をもたらした。

秋の新チームではエースとなり、県大会決勝では小松島西高をノーヒットノーランで降して優勝、四国大会も制した。決勝で尽誠学園高に失点するまで、61イニング連続自責点0という記録もつくっている。

翌'83年の選抜では優勝候補の筆頭に挙げられ、見事その期待に応えた。初戦で帝京高を6安打完封すると、2回戦では岐阜第一高に圧勝。この試合では10点差がついた後で勝ち急いで1点を失っている。準々決勝の大社高戦は7回2死まで完全試合に抑え、2安打完封。準々決勝の明徳高（現・明徳義塾高）戦は投手戦となり、8回に逆転して辛勝。しかし、この試合でも明徳打線を4安打に抑える一方、4番打者として2安打を打っている。決勝では横浜商と対戦、2安打10奪三振で完封し、法政二高以来22年振りの春夏連覇を達成した。

同年夏も県大会を圧勝して甲子園に出場、史上初の3季連続優勝の期待がかかっていた。初戦の太田工戦は7安打されたが、自ら5打数5安打の活躍で8－1と圧勝。2回戦も高鍋高を4安打完封する一方、5打数3安打と投打の大黒柱として活躍した。3回戦の広島商戦では頭部に死球を受けながらも完投、準々決勝では中京高を6安打1点に抑えて破った。

そして、準決勝で1年生の桑田真澄（巨人）、清原和博（西武－巨人）がいるPL学園高と対戦した。水野は桑田のホームランを含めて9安打3本塁打を浴び0－7と大敗、3連覇の夢は破れた。当時頂点に立っていた池田高を破ったPL学園高は、この試合を機に池田高に代わって高校野球の頂点にたち、“PL学園時代”を築くことになる。予想外の大敗の原因は前々日の準々決勝の頭部死球にあるともいわれるが、本人は否定している。

水野は投手としてだけでなく、打者としても甲子園で好成績を残した。'82年夏の早実戦の5打数4安打6打点を筆頭に、出場した16試合すべてにヒットを打ち、通算23打点を記録した。

同年秋のドラフト会議では巨人が1位指名してプロ入り。プロ在籍13年間で39勝29敗17Ｓ。'96年に引退後は、評論家、コーチなどを歴任。

【甲子園投手成績】（池田高）

		対戦相手	回	安	振
1982夏	1	静岡高	未登板		
	2	日大二高	未登板		
	3	都城高	未登板		
	準々	早実	0	0	0
	準決	東洋大姫路高	未登板		
	決勝	広島商	未登板		
1983春	1	帝京高	9	6	8
	2	岐阜第一高	9	5	8
	準々	大社高	9	2	11
	準決	明徳高	9	4	6
	決勝	横浜商	9	2	10
1983夏	1	太田工	9	7	8
	2	高鍋高	9	4	8
	3	広島商	9	7	4
	準々	中京高	9	6	8
	準決	PL学園高	9	9	8

【甲子園打撃成績】（池田高）

		対戦相手	打	安	点
1982夏	1	静岡高	4	3	1
	2	日大二高	4	1	0
	3	都城高	4	2	0
	準々	早実	5	4	6
	準決	東洋大姫路高	4	1	0
	決勝	広島商	5	1	0
1983春	1	帝京高	5	2	2
	2	岐阜第一高	5	2	3
	準々	大社高	5	2	3
	準決	明徳高	3	2	0
	決勝	横浜商	4	2	2
1983夏	1	太田工	5	5	3
	2	高鍋高	5	3	2
	3	広島商	4	2	1
	準々	中京高	4	1	0
	準決	PL学園高	3	1	0

水原《みずはら》 茂《しげる》（高松商）

高松商で投打に活躍。

1909年1月19日香川県高松市に生まれる。プロ野球の監督時代には水原円裕という名前も使用した。

1923年高松商に進学。３年生の'25年に三塁手のレギュラーとなり、春夏連続して甲子園に出場。春は準優勝、夏は全国制覇を達成した。'26年にはショートに転向して２番を打つ。

'27年、エースの宮武三郎が卒業したため投手も兼任して選抜に出場。初戦の松本商戦では井川投手をリリーフしてマウンドにも上がった。夏の甲子園には投手兼ライトで出場。初戦の第一神港商戦では３安打に抑えて完投勝利。２回戦では登板せず、ライトで５番を打って三塁打を含む３安打を放つ。準々決勝もライトで先発したが、途中から井川をリリーフ、準決勝では愛知商を３安打で完封した。決勝の広陵中戦も先発したが、２回途中でライトに退く。その後、９回に再びマウンドに上がり、自ら２回めの全国制覇を達成した。

'28年慶大に進学して三塁手に復帰。'34年全日本の結成に参加し、引き続き巨人に入団した。'42年応召して満州に渡り、戦後シベリア送りを経て'49年７月帰国。翌'50年巨人に監督として復帰し、'60年までの11年間で８回優勝。その後は、'61年～'67年東映監督、'69年～'71年中日監督を歴任した。'77年野球殿堂入り。'82年３月26日死去。

【甲子園打撃成績】（高松商）

		対戦相手	打	安	点
1925春	1	市岡中	4	1	0
	準々	和歌山中	3	0	0
	準決	愛知一中	4	1	1
	決勝	松山商	3	0	0
1925夏	2	東山中	4	2	*
	準々	静岡中	4	0	*
	準決	大連商	5	1	*
	決勝	早実	4	1	*
1926春	1	八尾中	4	0	0
	準々	松本商	5	0	0
1927春	1	松本商	5	0	0
1927夏	1	第一神港商	4	1	0
	2	北野中	6	3	0
	準々	福岡中	3	0	0
	準決	愛知商	3	1	0
	決勝	広陵中	3	0	0

【甲子園投手成績】（高松商）

		対戦相手	回	安	振
1927春	1	松本商	0⅓	0	0
1927夏	1	第一神港商	9	3	4
	2	北野中	未登板		
	準々	福岡中	5	*	*
	準決	愛知商	9	3	11
	決勝	広陵中	2⅓	2	0

注）'27年夏の準々決勝は継投のため詳細な成績は不明

溝渕《みぞぶち》 峯男《みねお》（高知高ほか）

高知県高校球界の功労者。

1913年10月26日高知市浦戸に生まれる。城東中（現・高知追手前高）時代は本格的な野球経験はなかったが、戦前から県内のクラブチームに参加していた。'38年秋から半年間だけ、高知商監督をつとめたこともある。

戦後、'50年に土佐高監督に就任。'51年いったん辞任したあと、'52年復帰して'58年までつとめた。この間'53年夏には決勝戦に進んで松山商と対戦、９回表２死から同点に追いつかれ、延長13回の末に敗れて準優勝に終わったが、試合後の挨拶では“優勝旗のない優勝校”とたたえられた。

'61年安芸高監督となり、'64年選抜で同校を甲子園に初出場させた。同年夏に高知高監督に転じると、有藤通世らを率いて高知県勢として初めて全国制覇を達成。春と夏で違う学校を率いて甲子園に出場した監督は珍しい。

'67年選抜では自身３度目の決勝に進んで準優勝。'68年夏にも甲子園に出場したあと監督を辞任。その後、'70年～'72年には宿毛高監督をつとめている。2001年11月5日88歳で死去した。

本業は運動具店の経営で、通称は“アラ

キ”さん。高知県高校球界の“ドン”的存在で、高校野球に関することは、「アラキを通さないと話はすすまない」といわれた。

主な教え子に、土佐高時代の池上武雄（慶大－四国銀行常務－土佐高校長）、永野元玄（慶大－甲子園審判）、籠尾良雄（早大－土佐高監督）、安芸高時代の門谷昭（広島）、高知高時代の有藤通世（近畿大－ロッテ）、岡本道雄（法政大－高知高監督）、三野幸宏（愛媛相互銀行）、光内数喜（芝浦工大－鐘紡化学－高知中監督）、弘田澄男（四国銀行－ロッテ－阪神）、武市隆（明徳高監督）などがいる。

【甲子園監督成績】（土佐高）

1953春	1	○	6－0	早実
	2	●	0－3	銚子商
1953夏	2	○	15－3	金沢泉丘高
	準々	○	3－0	浪華商
	準決	○	6－0	中京商
	決勝	●	2－3	松山商

（安芸高）

1964春	1	○	7－1	岐阜東高
	2	●	2－7	市西宮高

（高知高）

1964夏	1	○	4－1	秋田工
	2	○	3－2	花巻商
	準々	○	5－2	平安高
	準決	○	1－0	宮崎商
	決勝	○	2－0	早鞆高
1966春	1	○	10－1	県兵庫高
	2	●	0－2	米子東高
1967春	1	○	4－0	仙台商
	2	○	3－2	桐生高
	準々	○	2－0	熊本工
	準決	○	11－1	甲府商
	決勝	●	1－2	津久見高
1968夏	1	○	4－3	北海高
	2	○	1－0	北日本学院高
	3	●	2－9	倉敷工

美田《みた》 康彦《やすひこ》（鳥取西高）

鳥取西高校の監督。

1957年鳥取県に生まれる。鳥取西高では捕手で主将もつとめた。鳥取大学に進んで準硬式に転向し、全日本メンバーにも選ばれている。

'80年、母校に保健体育科教諭として赴任、'82年に監督に就任した。その後、'90年に病気のためいったん退任したが、'92年8月に復帰。その後、'98年には転勤で一度同校の監督を離れている。

主な教え子には、長谷川裕城（早大）などがいる。

【甲子園監督成績】（鳥取西高）

1985夏	1	○	7－4	日大三高
	2	●	0－8	宇部商
1990春	1	●	1－4	高松商
1993春	2	○	9－4	秋田経法大付高
	3	●	0－5	長崎日大高
1993夏	2	○	11－1	不二越工
	3	●	1－2	京都西高

光沢《みつざわ》 毅《つよし》（飯田長姫高）

1954年の選抜で優勝した飯田長姫高校の“小さな大投手”。

1936年9月13日長野県飯田市箕瀬町に生まれる。終戦翌年の'46年、小学4年生で野球を始め、中学時代は投手のほか、いろいろなポジションをこなした。飯田長姫高に進学、2年春に、3年生のエースが受験勉強のために退部し、代わりにエースとなった。3年生となった'54年、エースで3番を打って選抜に出場。登録身長は160cmだったが、実際は158cmしかなかったという小柄なエースにもかかわらず、1試合平均で12個の三振を奪うなど、剛球投手として注目された。しかし、完全な光沢のワンマンチームで、チーム自体はそれほど注目されているわけではなかった。

甲子園での初戦では、優勝候補筆頭の浪華商（現・大体大浪商高）と対戦。２回に１死二三塁のピンチを迎えると牽制で刺し、内野安打で得た１点を守りきって勝った。続く準々決勝の高知商戦では、７回までノーヒットに抑える一方、自ら２打点を叩きだして完勝。準決勝で熊本工を完封すると、決勝では高校No.１といわれた小倉高の畑隆幸投手との対戦となった。戦前の予想では小倉高の圧倒的優位だった。１回に無死一二塁のピンチを迎え、ここでピッチャー前へのバントが内野安打になると、すかさず二塁に送球してオーバーランしていた走者を刺して事なきを得た。結局５四死球を出しながらも小倉高を完封、４回に得た１点を守りきり優勝した。４試合を戦って打たれたヒットは19本、失点は高知商に取られた１点のみ。味方打線の援護が乏しいなか、自ら打って守っての優勝であった。

準決勝の直後、光沢の右足が化膿して治療。雨で決勝戦が１日延びたため事なきを得たが、予定通り行われていたら、光沢の登板はなかったという。

卒業後は明治大学に進学したが、高校時代の酷使で左肩が故障し、リーグ戦通算７勝して完投はなし。１番センターとしても出場している。

'59年卒業すると、帰郷して三協精機に入社、正式に外野手に転向した。現役引退後は監督となり、'74年の第１回日本選手権で大塚喜代美投手を擁して優勝している。

'78年秋に明大監督に就任したが１シーズンで辞めて三協精機に戻ったものの、まもなく同チームは解散し、社業についた。一方、選抜選考委員やＮＨＫの高校野球解説者を長くつとめた。'87年９月交通事故のために失明。その後は茅野市で会社を経営している。

【甲子園投手成績】（飯田長姫高）

		対戦相手	回	安	振
1954春	2	浪華商	9	4	4
	準々	高知商	9	2	6
	準決	熊本工	9	6	9
	決勝	小倉高	9	7	5

峯《みね》 謙介《けんすけ》（佐賀商）

1994年夏に佐賀県勢として初めて全国制覇を達成した佐賀商の２年生エース。

1977年６月30日佐賀県多久市に生まれる。多久中央中から佐賀商に進学。２年生の'94年夏にエースで７番を打って甲子園に出場した。

甲子園では、開幕試合で浜松工を降すと、以後、関西高・那覇商・北海高・佐久高といずれも３点以内に抑えて決勝に進出。決勝戦では樟南高と対戦、同点で迎えた９回表に主将・西原の満塁ホームランが出て８－４で勝ち、佐賀県勢初の全国制覇を達成した。

同年秋の九州大会は初戦で藤蔭高に敗退。春の九州大会でも初戦で藤蔭高に敗れた。夏は県大会決勝で龍谷高に敗れ、結局甲子園には１回しか出場できなかった。

卒業後はＪＲ九州でプレー。

【甲子園投手成績】（佐賀商）

		対戦相手	回	安	振
1994夏	1	浜松工	9	8	4
	2	関西高	9	6	6
	3	那覇商	9	5	4
	準々	北海高	9	8	8
	準決	佐久高	10	11	2
	決勝	樟南高	9	7	5

三《み》原《はら》 脩《おさむ》（高松中）

1928年に春夏連続して甲子園に出場した高松中の名内野手。

1911年11月21日香川県仲多度郡神野村真野（現・満濃町）に三原一彦の五男（十番目）として生まれる。実家は豪農で、のちに丸亀に住んだ。
丸亀城西尋常小学校から丸亀中学（現・丸亀高）に進学。'25年秋の新チーム結成の際に2年生でレフトのレギュラーとなったが、以後はメンバーに入っていない。これは、大学進学をさせたい父が野球から離したのだといわれている。
'27年9月、4年生の時に高松中学（現・高松高）に転校。夏の大会で高松商業の水原茂投手にノーヒットノーランを喫した同校では、長くチームを支えてきた鈴木義伸・大西禎夫両コーチがチームを離れ、どん底の状態であった。しかし、主将の梶原英夫の奮闘で勢いを取り戻し、三原も父の期待を裏切って野球に入部、翌年にはショートで3番を打って春夏連続して甲子園に出場。夏はベスト4まで進んでいる。秋の神宮大会では優勝した。
早大に進学して二塁手となり、1年からレギュラーとして活躍。卒業後は、全大阪を経て、'34年6月プロ野球第1号選手として大日本東京野球倶楽部と契約。'36年には巨人に選手兼助監督として入団。'38年秋に引退後は、'47年～'49年巨人、'51年～'59年西鉄、'60年～'67年大洋、'68年～'70年近鉄、'71年～'73年ヤクルトの各監督を歴任し、この間'56年からは3連覇を達成している。'83年野球殿堂入り。'84年2月6日72歳で死去した。

【甲子園打撃成績】（高松中）

		対戦相手	打	安	点
1928春	1	松本商	4	0	0
1928夏	2	鳥取一中	3	1	*
	準々	和歌山中	4	0	0
	準決	松本商	1	0	0

注）'28年夏の打点数は不明

三《み》原《はら》 新《しん》二《じ》郎《ろう》（京都西高）

広陵高・福井高・京都西高の3校で甲子園に出場した監督。
1940年7月20日広島市に生まれる。広陵高で三塁手として活躍。明大では4年から三塁手としてプレーした。卒業後、帰郷して電電中国に入社し、3年間プレー、都市対抗にも出場した。
'65年、母校・広陵高のOB会に招聘されて、25歳で監督に就任。'67年夏には甲子園で準優勝した。翌'68年には春夏連続して甲子園のベスト8まで進出したが、秋に監督を辞任。'71年秋福井高監督に転じると、'76年の選抜で初出場、いきなりベスト8まで進んだ。同年夏にも甲子園に出場したが、'79年8月に寮内で暴力事件が起こって、翌年1月から1年間の対外試合禁止処分を受けた。'82年5月に監督を辞任（同校は同年の甲子園に出場している）。
'83年春、京都西高（現・京都外大西高）監督に就任。翌'84年には早くも同校を甲子園に初出場させると、以後6年間に7回甲子園に出場させ、'89年の選抜ではベスト4まで進んでいる。'91年引退したが、2001年に京都外大西高監督に復帰した。
主な教え子には、広陵高時代の宇根洋介（近畿大－電電中国）、福井高時代の前田耕司（のち康伺，阪神－西武ほか）、京都西高時代の真鍋知尚（大阪外大－京都西高監督）、佐々木善丈（明大－三菱自動車川崎）、上羽功晃（駒沢大－神戸製鋼）、上原茂行（龍谷大－ヤクルトスタッフ）らがいる。

【甲子園監督成績】（広陵高）

1967夏	1	○	8－1	北海高
	2	○	2－0	松商学園高
	準々	○	5－0	東奥義塾高
	準決	○	2－1	市和歌山商
	決勝	●	1－7	習志野高
1968春	1	○	3－1	中京高
	2	○	3－1	今治西高
	準々	●	3－7	箕島高
1968夏	2	○	2－1	武相高
	3	○	8－2	岩国商
	準々	●	3－6	倉敷工

（福井高）

1976春	1	○	6－1	東海大一高
	2	○	2－1	天理高
	準々	●	0－4	崇徳高
1976夏	1	○	8－0	市岐阜商
	2	●	0－8	海星高

（京都西高）

1984春	1	○	6－1	明野高
	2	●	1－10	ＰＬ学園高
1984夏	2	●	3－4	新潟南高
1986春	1	○	11－1	甲府商
	2	○	6－4	函館有斗高
	準々	●	1－2	新湊高
1987春	1	○	5－3	海星高
	2	●	0－3	帝京高
1988夏	1	○	7－4	高崎商
	2	●	1－2	大垣商
1989春	1	○	4－1	日立工
	2	○	11－2	苫小牧工
	準々	○	5－2	広島工
	準決	●	2－4	東邦高
1989夏	1	○	6－4	学法石川高
	2	●	0－4	仙台育英高

三村《みむら》 喜代志《きよし》（富士宮西高）

静岡県の公立高校の監督。

1935年1月8日栃木県安蘇郡野上村（現・田沼町）に生まれる。佐野高、東京教育大学（現・筑波大学）を経て、1958年当時の三上正男校長の要請で静岡県立富士高に赴任し、監督に就任。以来、「高校野球は学業の一環」をモットーに地道な指導で、23年間にわたって同校の監督をつとめた。就任21目の'79年夏に甲子園初出場を果たした。甲子園では初戦で高知高と対戦、9回までリードしていたが、1死から2点差を追いつかれ、延長15回の末にサヨナラ負けを喫した。

'81年4月、近くの富士宮西高が開校したのに伴い、「ゼロからのチームつくり」を目指して自ら異動、同校に野球部を創部して監督となると、3年目の秋には東海大会に出場、翌'84年春には東海大会で優勝した。

'86年秋、1年生エース佐藤秀樹を擁して県大会で優勝。東海大会では決勝で教え子の坪田監督率いる富士高に敗れたが、翌年の選抜では両校揃って出場した。

主な教え子に、富士高時代の渡辺秀武（日本軽金属－巨人－広島ほか）、坪内一哲（日体大－富士高監督）、富士宮西高時代の佐藤秀樹（三菱重工横浜－中日）らがいる。

【甲子園監督成績】（富士高）

1979夏	2	●	3－4	高知高

（富士宮西高）

1987春	1	●	3－4	市岡高

宮内《みやうち》 洋《ひろし》（宇部商）

1988年夏の甲子園で史上初の代打逆転ホームランを打った宇部商の1年生。3年生では4番打者としてホームランを打っている。

1973年2月4日山口県防府市に生まれる。桑山中を経て、宇部商に進学。1年生の'88年夏には甲子園メンバーに入り、2回戦の八幡商戦で代打として初出場して二塁打を打った。3回戦の東海大甲府高戦では1－2とリードされた9回表2死二三塁の場面で代打で起用されると、ワンボールからの2球目の直球をフルスイング、打球はセンターの頭上を超えてバックスクリーンに飛び込む、大会史上初の代打逆転ホームランとなった。

3年生の'90年夏には捕手で4番を打って甲子園に出場。初戦の初打席で再び右中間にホームランを打った。

卒業後は住友金属に入社して4番を打ち、'96年の日本選手権でＭＶＰを獲得した。翌'97年8月に退社、同年秋のドラフト会議で横浜から5位で指名されてプロ入り。2001年引退し、スコアラーとなる。

【甲子園打撃成績】（宇部商）

		対戦相手	打	安	点
1988夏	1	日大山形高	未　出　場		
	2	八幡商	1	1	0
	3	東海大甲府高	1	1	3
	準々	浦和市立高	1	0	0
1990夏	1	美濃加茂高	4	1	1
	2	渋谷高	4	1	0
	3	西日本短大付高	4	2	0

宮口《みやぐち》 虎彦《とらひこ》（鹿児島商）

戦前の鹿児島県中等学校野球界を代表する選手。

1908年鹿児島市に生まれる。鹿児島商業に進んで遊撃手となり、'26年は3番ショートとして南九州大会決勝まで進んだが、熊本商業に敗れた。

翌'27年、宮口は1番に入り、南九州予選の決勝で同県の鹿児島実業を降して、鹿児島県勢として初めて甲子園に出場した。甲子園では1番打者として活躍、軽快なフィールディングでベストナインにも選ばれた。

卒業後は門司鉄道管理局にスカウトされて1年在籍、その後ノンプロの鹿鉄で活躍した。'30年に同チームが門鉄を降して初めて全国大会に出場した際には、九州大会で逆転の二塁打を放っている。'41年に引退後は監督をつとめた。

戦後は、'21年に鹿鉄を再建。また鹿児島商業野球部の後援会長をつとめた。1964年12月に胃癌で死去。倒れた時には、鹿児島商業の野球部員がかけつけて献血をしたという。

【甲子園打撃成績】（鹿児島商）

		対戦相手	打	安	点
1927夏	1	和歌山中	3	0	0
	2	鳥取一中	4	2	1
	準々	広陵中	4	0	0

宮武《みやたけ》 三郎《さぶろう》（高松商）

高松商で投打に活躍。

1907年7月23日香川県高松市に生まれる。'22年高松商に進学。4年生の'25年にエースとなって4番を打ち、春夏連続して甲子園に出場。選抜の初戦は一塁手として先発、途中から本田をリリーフして完封する一方、ホームランを打って大勝。準々決勝と準決勝は完投して決勝まで進み、準優勝した。夏は全試合で同学年の本田竹蔵に継投し、全国制覇を達成した。

翌'26年は本田が退部したため名実ともにエースとなり選抜に出場。初戦で八尾中を2安打1点に抑えて降したが、松本商に延長12回サヨナラ3ランホームランを打たれて敗れた。

'27年慶大に進学。春の東大戦に初先発で完封勝利をあげ、8回には神宮球場初のホームランを打った。以来エースとして通算39勝6敗をあげるかたわら、打率.304、7本塁打を記録するなど投打の中心として活躍。'29年春～'30年秋の15連勝は'84年西川佳明（法政大）に破られるまで、また通算7本塁打は'57年に長島茂雄（立教大）に破られるまで東京6大学記録だった。

'36年の阪急結成と同時に入団して一塁手兼投手となり、3年間中心打者として活躍した。戦後は専売公社監督をつとめた。'56年12月11日死去。'65年殿堂入りした。

【甲子園打撃成績】（高松商）

		対戦相手	打	安	点
1925春	1	市岡中	5	2	4
	準々	和歌山中	3	0	1
	準決	愛知一中	4	1	0
	決勝	松山商	4	0	0
1925夏	2	東山中	5	1	*
	準々	静岡中	5	3	1
	準決	大連商	5	2	*
	決勝	早実	4	1	*
1926春	1	八尾中	5	2	0

	準々	松本商	5	3	0

注）'25年夏の2回戦、準決勝・決勝戦の打点数は不明

【甲子園投手成績】（高松商）

		対戦相手	回	安	振
1925春	1	市岡中	4	1	5
	準々	和歌山中	9	5	13
	準決	愛知一中	9	2	3
	決勝	松山商	8	6	4
1925夏	2	東山中	1	0	2
	準々	静岡中	8⅔	6	14
	準決	大連商	7	3	6
	決勝	早実	8⅓	8	8
1926春	1	八尾中	9	2	2
	準々	松本商	11⅔	9	6

宮武《みやたけ》 英《ひで》男《お》（魚津高）

1958年夏の“しんきろう旋風”を巻き起こした魚津高校の監督。福井県敦賀市の生まれで、大学、プロで活躍した宮武三郎のいとこにあたる。

早稲田中学から明大に進んでショートとして活躍し、1928年卒業と同時に満州の大連実業団に入って8年間プレーした。応召後、戦後シベリアから復員したが、敦賀の両親が亡くなっていたため、'48年10月に妻の実家のある富山県魚津市に移り住んだ。宮武の魚津入りを知った魚津高野球部後援会は、早速監督就任を依頼、'51年6月から同校野球部の指導をするようになり、翌'52年に正式に監督に就任した。

'58年夏にエース村椿輝雄（三菱重工）を擁して甲子園に初出場。初戦で強豪浪華商を破ると、2回戦明治高、3回戦桐生高と強豪校を次々と撃破してベスト8まで進んだ。準々決勝では、剛腕板東英二（中日－タレント）を擁する徳島商と対戦、延長18回0－0で引き分け。翌日の再試合では敗れたが、同校の活躍は“しんきろう旋風”と呼ばれた。

初戦で優勝候補の浪華商との対戦が決まった時、宮武は相手チームの練習風景をわざと選手に見せず、自分だけで偵察した。練習で浪華商の選手はものすごて当たりを連発、あきらかに魚津高の選手とは違っており、選手にみせなくてよかったと思ったという。初陣・魚津高の活躍の裏には、こうした名監督の隠れた心づかいがあったのである。

'63年に引退、'78年4月からは魚津市総合体育館の指導員をつとめた。'90年6月23日心不全のため83歳で死去した。

教え子は村椿のほかに、石黒誠作（近鉄）、五島道信（日本カーバイド－近鉄）らがいる。

【甲子園監督成績】（魚津高）

1958夏	1	○	2－0	浪華商
	2	○	7－6	明治高
	3	○	3－0	桐生高
	準々	□	0－0	徳島商
		●	1－3	徳島商
1959夏	1	●	1－3	平安高

三《み》好《よし》 泰宏《やすひろ》（東海大四高）

東海大四高監督として北海道高校球界に一時代を築いた。

1936年5月6日北海道豊頃町に生まれる。道立池田高、日体大ではスキー選手で、野球経験はない。'59年卒業と同時に帰郷して、栗山高の保健体育教諭となる。ここで野球部の副部長をつとめたことから、以後野球の指導を行うようになった。その後、道立千歳高で初めて監督に就任、'69年には札幌地区大会で私立の強豪校を抑えて優勝した。この年ハワイ高校選抜チームが来日すると、対戦する北海道選抜チームの監督もつとめた。

'72年、この実績をもとに、当時は無名だった東海大四高に招聘されて監督に就任。5年目の'76年に甲子園初出場すると、以後6年間に春夏合わせて5回甲子園に出場、北

海道内で一時代を築いた。
'84年春に辞任して北海道教育委員会に戻り、3年間江別市教育委員会の社会教育主事をつとめ、'87年4月道立根室高に赴任して野球部長となる。退職後は、札幌で三好ベールボールアカデミーを主宰。
ホールを借りて野球部弁論大会を行い、優勝者にはベンチ入りを約束するなど、ユニークな指導でも知られた。
主な教え子に、池田隆之(東海大－北海道東海大監督)、佐々木浩正(東海大－東海大四高監督)、西本和人(西武)らがいる。

【甲子園監督成績】(東海大四高)

1976夏	2	●	8－10	崇徳高
1978春	2	●	1－7	南陽工
1978夏	1	●	1－5	高知商
1980春	1	●	5－6	広陵高
1981春	1	●	1－8	延岡工

む

向《むか》井《い》 正剛《まさかた》(岡山東商)

甲子園で優勝したのち、文部官僚に転身した異色の監督。
1935年2月12日岡山県総社市下倉に生まれる。'57年東京教育大学を(現・筑波大学)卒業して、岡山東商監督となり、春2回、夏5回の計7回甲子園に出場。この間、'65年の選抜では平松投手を擁して、岡山県勢として初めて決勝に進出。決勝では市和歌山商を降して全国制覇を達成した。帰郷して岡山駅に着くと、実に8万人近い人が集まった。選手がステージに上がって、県知事の挨拶が始まると、ステージ向かって人が押し寄せて収拾がつかなくなり、式典とパレードが中止されるという騒ぎになった。この大混乱で2選手の優勝メダルも紛失したという。なお、パレードは2日後に行われ、厳戒体制のもと、9万5千人の人出があった。
その後、'71年夏にもベスト4まで進んだのちに監督を退任。'74年には岡山県教育委員会に転勤。そして、'80年にはスポーツ課職員として文部省に入省、高校野球監督から文部官僚という異例の転身を果たして話題になった。'87年スポーツ課長、'88年競技スポーツ課長を歴任、'91年～'95年には日本オリンピック委員会(JOC)事務局長をつとめた。退官後、'97年仙台大学教授に迎えられ、スポーツ行政学、スポーツ文化論などを担当。2001年には副学長、'02年には学長に就任した。選抜選考委員もつとめている。
主な教え子に、平松政次(日本石油－大洋)、奥江英幸(日本石油－大洋－ロッテ)、岡義朗(広島－南海－阪神)、守岡茂樹(広島)、K.H.ライト(阪急)、古市三礼(筑波大－岡山南高監督)などがいる。

【甲子園監督成績】（岡山東商）

1963春	1	●	3－5	早実
1963夏	1	○	2－1	水戸工
	2	○	5－1	能代高
	3	●	0－1	九州学院高
1965春	1	○	7－0	コザ高
	2	○	1－0	明治高
	準々	○	3－0	静岡高
	準決	○	1－0	徳島商
	決勝	○	2－1	市和歌山商
1965夏	1	●	0－4	日大二高
1966夏	1	○	8－5	海星高
	2	●	4－5	中京商
1970夏	1	○	8－1	長岡商
	2	●	1－2	滝川高
1971夏	1	○	3－1	都城農
	2	○	5－3	報徳学園高
	準々	○	1－0	県岐阜商
	準決	●	2－5	桐蔭学園高

宗像《むなかた》 宣弘《のぶひろ》（大宮東高）

大宮東高校の監督。

1947年12月22日埼玉県浦和市に生まれる。浦和高時代は遊撃手で県大会ベスト８が最高。日大では野球部に入らず、体育科で体育学を学ぶ。卒業後中学教師となり、'81年４月創立２年目の大宮東高に体育教諭として赴任し、野球部の創部に伴って監督に就任した。

２年目の'82年秋季県大会で早くも決勝戦に進出、関東大会に出場して一躍注目を集めた。翌'83年夏も県大会決勝まで進んで所沢商に惜敗。'90年の夏に甲子園初出場、２度目の出場となった'93年の選抜では準優勝を果たした。以後は甲子園からは遠ざかっているものの、県内で一定した実力を保ちつづけている。

主な教え子には、山口幸司（中日）、北川博敏（日大ー阪神）、平尾博司（阪神）、吉野誠（日大ー阪神）、酒井泰志（専修大ーいすゞ自動車ーロッテ）など、プロで活躍する選手が多い。

【甲子園監督成績】（大宮東高）

1990夏	1	●	7－11	高知商
1993春	2	○	5－3	崇徳高
	3	○	5－4	浜松商
	準々	○	5－2	長崎日大高
	準決	○	4－3	国士舘高
	決勝	●	0－3	上宮高

宗政《むねまさ》 徳道《とくみち》（高陽東高）

1996年に春夏連続出場した高陽東高のエース。

1978年７月12日広島県東広島市高屋町に生まれる。高屋中３年の時に高陽東高の小川成海監督に出会い、同校への進学を決めた。

同校では１年でエースとなり、'96年選抜に５番を打って甲子園に初出場。この大会初戦で駒大岩見沢高に競り勝つと、２回戦の比叡山高戦は大勝のため５回で降板。さらに大院大高も降して準決勝まで進出、準決勝では智弁和歌山高を８回までリードしながら、二死満塁からの連打で逆転負け、一躍その名が知られた。

大会後、フィリピンで行われたアジアジュニア選手権の日本代表にも選ばれている。夏も県大会を制して春夏連続して甲子園に出場。３回戦では強豪ＰＬ学園高も降して準々決勝まで進んだ。

甲子園で通算６勝を上げる一方、春夏合わせて８打点をマークした打撃でも注目された。日体大に進学、打者転向を期待する声もあったが、投手として出場。２年春からはエースとなって、首都大学リーグで通算18勝を記録した。卒業後は東京ガスでプレーしている。

【甲子園投手成績】(高陽東高)

		対戦相手	回	安	振
1996春	1	駒大岩見沢高	9	10	4
	2	比叡山高	5	6	2
	準々	大院大高	9	9	7
	準決	智弁和歌山高	8	10	2
1996夏	1	愛産大三河高	9	6	5
	2	水戸短大付高	9	7	3
	3	PL学園高	9	15	6
	準々	福井商	8	12	5

村《むら》井《い》 保《やす》雄《お》 (興国高)

1968年夏に全国制覇した興国高校の監督で、同校を41年にわたって指導した。

1935年大阪府に生まれる。興国商(現・興国高)を経て、近畿大学に進学。'57年に卒業すると同時に母校・興国商に社会科教諭として赴任し、監督に就任。以来、'97年夏に引退するまで41年間にわたって指導した。当初は専用グラウンドはなく、学校前の公園のグラウンドで練習をしていた。'68年エース丸山朗を擁して春夏連続して甲子園に出場。選抜では初戦で仙台育英高に負けたが、夏は準々決勝の三重高戦以外はすべて完封して全国制覇を達成した。

引退後、関西学生野球連盟理事をつとめていたが、二男の保信(高津高)が京大で投手として活躍していた縁から、2003年京大監督に就任した。

主な教え子に富田勝(法政大－南海－巨人ほか)、益川満育(近畿大中退－日本熱学－ヤクルト－近鉄)、丸山朗(早大－大昭和製紙)、八木茂(早大－東芝－阪急)、西浦敏弘(近畿大－南海)、湯舟敏郎(奈良産大－本田技研鈴鹿－阪神)らがいる。

【甲子園監督成績】(興国商)

1958春	1	●	3－4	坂出商

(興国高)

1968春	1	●	8－9	仙台育英高
1968夏	1	○	5－0	金沢桜丘高
	2	○	1－0	飯塚商
	3	○	2－0	星林高
	準々	○	5－1	三重高
	準決	○	14－0	興南高
	決勝	○	1－0	静岡商
1975夏	1	○	4－3	仙台育英高
	2	●	4－5	日南高

村《むら》田《た》 栄《えい》三《ぞう》 (福岡高ほか)

東北地方の公立4校を甲子園に出場させた名監督。現役時代、捕手として日本で初めて満塁策をさずけたことでも有名。

1910年8月29日岩手県福岡町(現・二戸市)に生まれる。

福岡中学では捕手として1年下の戸来誠とバッテリーを組んだ。捕手ながら1番を打ち、1927年夏の甲子園に初出場。準々決勝で好投手水原茂のいた高松商と対戦、0－0のまま9回を迎えた。9回裏、先頭打者の水原に二塁打を浴びると、次打者には送りバントを決められ、1死三塁とサヨナラのピンチを迎えた。ここで村田は明大の天知俊一(のち中日監督)に教わった秘策を戸来に指示した。すなわち、「サヨナラ負けなら2点入っても同じだから、満塁であるほうが守りやすい」という満塁策である。戸来は二人を四球で歩かせて満塁とすると、満塁策を知らない球場はどよめいた。1死満塁から初球はストライク。続く2球目で村田はウエストボールを要求。これが見事にあたって三塁ランナーの水原を刺し、さらに打者を三振に打ちとってピンチを切り抜けた。これが、日本で最初にとられた敬遠満塁策であるといわれている。試合後、朝日新聞記者・飛田穂州が絶賛したが、この試合は延長戦の末に敗れている。翌'28年夏にも出場。

日大卒業後は、仙台鉄道管理局、盛岡鉄道管理局で41歳まで捕手として活躍、戦前・戦後を通じて都市対抗に12回出場。鉄道弘済会盛岡福祉事務所長などもつとめた。

この間、'39年～'42年仙台一中、'47年福岡中、'59年～'60年青森高、'67年～'68年と'73年盛岡三高などに監督として招聘されると、そのわずかな在任期間中に、すべての学校を甲子園に導いた。とくに'73年夏の大会では、無名の盛岡三高を3回戦まで進出させ、高知商と延長14回の熱戦の末に惜敗、この活躍で岩手日報体育賞を受賞している。

主な教え子に、仙台一中時代の吉江英四郎（早大－急映－大昭和製紙）、小泉芳夫（東北学院大－仙台一高監督）、青森高時代の工藤浩二（いすゞ自動車）、盛岡三高時代の小綿重雄（慶大－岩手銀行監督）、高屋敷雅実（日体大－盛岡三高監督）らがいる。

【甲子園打撃成績】（福岡中）

		対戦相手	打	安	点
1927夏	2	桐生中	3	2	*
	準々	高松商	5	0	0
1928夏	1	神奈川商工	4	1	*
	2	平安中	4	0	0

注）一部の試合で打点数が不明

【甲子園監督成績】（仙台一中）

1940夏	2	●	0－7	千葉商

（福岡中）

1947夏	1	○	8－7	谷村工商
	2	●	8－9	高岡商

（青森高）

1960夏	1	○	1－0	東北高
	2	●	0－1	大宮高

（盛岡三高）

1973夏	1	○	1－0	八代東高
	2	○	1－0	藤沢商
	3	●	1－2	高知商

村《むら》椿《つばき》 輝《てる》雄《お》（魚津高）

1958年夏の甲子園での“しんきろう旋風”の立役者。

1940年富山県黒部市生地に生まれる。生地中学時代からエースとして活躍し、魚津高でもエースとなった。'58年夏の県大会では宿敵滑川高を降して甲子園初出場を決めた。この時は、２年前の魚津大火から復興したばかりで、県大会決勝戦で勝つと、夜には地元魚津市でパレードが行われ、提灯行列も出たという。

甲子園では初戦で優勝候補の浪華商（現・大体大浪商高）を４安打で完封。２回戦で明治高を降すと、３回戦でも桐生高を４安打で完封した。準々決勝では徳島商の板東英二（中日）と投げ合い、０－０のまま延長18回引分け再試合となった。結局再試合で徳島商に敗れたが、魚津高の健闘と村椿の敢投は高校野球ファンのみならず、全国の共感を呼んだ。

帰郷した村椿らは１万人という驚異的な出迎えを受けた。これは、当時魚津市の旧市内（中心部）の人口の半分以上だったという。

卒業後はプロからの誘いもあったが、拒否して三菱重工に入社。２年後に肩をこわして外野手に転向、のち主将もつとめた。引退後は社業に専念し、北陸支社長代理などもつとめている。

【甲子園投手成績】（魚津高）

		対戦相手	回	安	振
1958夏	1	浪華商	9	4	5
	2	明治高	9	7	5
	3	桐生高	9	4	6
	準々	徳島商	18	7	9
		徳島商	$5\frac{2}{3}$	4	2

村中《むらなか》 秀《ひで》人《と》 (東海大甲府高)

東海大相模高黄金時代を支えたエースで、同大学系列高校の監督を歴任。

1958年9月25日父の転勤先である長崎県に生まれる。小4の時に神奈川県相模原市に落ち着いたため、少年野球を始めた。大野南中ではエースとして活躍、すぐ近く上鶴間中学のエースだった原辰徳とはライバル兼親友でもあった。3年では県大会で優勝したが、この大会で唯一の失点が、初戦で対戦した上鶴間中戦で原辰徳に打たれたものであった。

原とともに東海大相模高に進学して辰徳の父原貢の指導を受ける。1年の春季大会で早くもメンバー入りし、夏には甲子園に出場。初戦の土浦日大高戦では、9回裏2死から同点に追いついて延長戦となったが、エースに代打を出したために、10回から急遽登板した。そして、延長16回まで投げぬいている。続く3回戦の盈進高戦では先発して3回まで投げた。準々決勝では8回途中からリリーフ、この試合も延長戦となり、15回まで好投したが惜敗した。

2年生の'75年選抜では、初戦で倉敷工を完封。準々決勝では豊見城高に13安打されたが、9回裏に逆転サヨナラ勝ちした。準決勝では継投で堀越高を降し、決勝に進出した。夏もベスト8まで進んだ。

翌'76年は名実ともにエースとなり、夏の甲子園に3年連続出場。初戦の釧路江南高戦は大勝したため7回で降板。2回戦では完投したものの小山高に敗れた。

東海大に進学して外野手に転向、引き続き原監督の指導を受け、首都大学リーグで7回優勝。卒業後はプリンスホテルに入社、8年間で都市対抗に6回出場。'86年～'87年には主将もつとめた。

'88年12月プリンスホテルからの出向という形で母校・東海大相模高の監督に就任。'92年エース吉田道(近鉄)を擁して選抜に出場。実に15年振りの甲子園であった。この大会ではいきなり準優勝し、強豪復活を印象づけた。続いて'95年選抜にも出場し、'98年夏に東神奈川大会決勝で松坂大輔擁する横浜高に敗れ、退任した。

同年秋、当時低迷していた山梨県の強豪・東海大甲府高の監督に転じた。'03年夏同校を11年振りに甲子園に復活させた。

教え子には東海大相模高時代の早川健一郎(日産自動車－ロッテ－阪神)、原俊介(巨人)、吉田道(近鉄)、稲嶺茂夫(東海大－横浜)、森野将彦(中日)、東海大甲府高時代の上田長彦(国際武道大)などがいる。

【甲子園投手成績】(東海大相模高)

		対戦相手	回	安	振
1974夏	2	土浦日大高	7	3	2
	3	盈進高	3	2	2
	準々	鹿児島実	$7\frac{1}{3}$	7	2
1975春	2	倉敷工	9	6	6
	準々	豊見城高	9	13	7
	準決	堀越高	5	5	3
	決勝	高知高	5	4	1
1975夏	2	松商学園高	9	10	9
	3	三重高	$3\frac{2}{3}$	4	3
	準々	上尾高	9	9	4
1976夏	1	釧路江南高	7	3	2
	2	小山高	9	8	1

【甲子園監督成績】(東海大相模高)

1992春	1	○	4－1	常磐高
	2	○	4－0	南部高
	準々	○	2－0	ＰＬ学園高
	準決	○	3－2	天理高
	決勝	●	2－3	帝京高
1995春	1	○	15－2	県岐阜商
	2	●	0－6	観音寺中央高

(東海大甲府高)

2003夏	1	●	0－3	広陵高

村松《むらまつ》 幸雄《ゆきお》（掛川中）

戦前の静岡県中等学校球界を代表する選手の一人。

1920年３月６日静岡県志太郡藤枝町（現・藤枝市）に生まれる。実家は“村友”と号した足袋屋で、６人兄弟の二男である。兄の影響で野球を始め、藤枝尋常小５年で選手として正式に登録されると、エースで４番を打った。高小時代には無敵を誇り、大人の大会にも投手として出場したという。在学した２年間、連続して県大会で優勝。当時、甲子園出場を目指して野球部の強化に乗り出していた掛川中学（現・掛川西高）の小宮一夫監督の勧誘で、同校に進学した。

掛川中では１年から登板し、のち投手で４番を打ったが、当時は静岡商や島田商の全盛期で、甲子園初出場を果たしたのは、５年生で主将となった'38年の夏であった。静岡県では大井川以西の学校が甲子園に出場するのは初めてで、出場を決めて掛川に戻ると、駅前には大群集が詰めかけ、夜には提灯行列も出た。

この大会では“東海の速球投手”として注目され、開幕試合で坂出商と対戦。掛川の町に人がいなくなった、といわれる程の応援団も繰り出したが、チームが全く打てず、初戦で完封負けした。

卒業後は慶大から特待生として勧誘されたが、家庭の事情からプロ野球の名古屋軍に入団。２年目の'40年にはエースとして服部受弘とバッテリーを組み、21勝13敗をマークした。'42年２月応召し、豊橋陸軍予備仕官学校に入る。'43年満州を経て、'44年３月グアムに渡り、７月25日戦死した。

【甲子園投手成績】（掛川中）

		対戦相手	回	安	振
1938夏	1	坂出商	9	5	6

室岡《むろおか》 玄悦《げんえつ》（八戸中）

八戸中学の黄金時代を築いた名捕手。

1902年青森県八戸市小中野町に生まれる。八戸中学で野球を始めて捕手となったが、当時は野球に関する情報が少なかったため、自らアメリカの野球雑誌を入手し、独学でルールなどを学んだ。日本医科大学に進学後も野球をつづけ、大下常吉とともに帰省の度に母校・八戸中学に最新の野球知識や技術を教えた。その甲斐あって、戦前だけで３回の甲子園出場を果たしている。

戦後は地元で医師をするかたわら、ノンプロの北洋球団を結成。また、進駐軍から野球用具を調達して母校・八戸高に寄付したり、遠征費用の援助を行ったりした。大下常吉を八戸高校の監督に就任させたのも室岡であり、八戸高野球部が遠征する際には医院を休業にして同行したという。

1956年春、八戸高は戦後初めて甲子園に出場、ベスト４まで進んだ。しかし、この時すでに病に倒れており、同行することはできなかった。まもなく死去、夏の県予選を制した同校野球部員はユニフォームのまま十王院に行き、霊前に優勝の報告を行った。

なお、室岡と大下の功績を称えて、春季八戸地区高校野球大会は室岡杯大下旗争奪戦も兼ねている。

も

望月《もちづき》 省二《しょうじ》 (甲府商)

1967年選抜での“幻のノーヒットノーラン”をマークした甲府商の控え投手。

小学校時代にソフトボールを始め、甲南中学（現・中富中学）ではエースとして活躍、３年では県大会で優勝した。甲府商に進学したが、2年の夏に右足首を骨折。秋の新チームではエース渡辺勉の活躍で、望月は全く登板できないままチームは県大会を勝ち抜き、関東大会でも優勝した桐生高校との試合に大健闘して、翌年の選抜に出場を決めた。この時、右足の負担を軽くするためにサイドハンドに転向している。

翌年2月エースの渡辺が右肩を故障、治療してもよくならず、エース不在のまま選抜大会を迎えた。そのため、初戦の近大付高戦では、控え投手の望月が先発した。そして、7回まで完全試合に抑えたのである。8回裏、22人目の打者となった、4番松井延夫を四球で歩かせた。次打者には死球を出したが、以後は崩れずノーヒットノーランをつづけ、9回裏2死で、1番坂田幹太を迎えた。坂田の打球は三塁手の真正面に転がり、誰もがノーヒットノーラン達成と思った瞬間、三塁手がトンネルしてセーフ。これはエラーとなったが、2番白石勝に左中間を破る三塁打を浴びて初安打で1点を失い、ノーヒットノーランは幻に終わった。エラーした三森三塁手の公式戦でのエラーは唯一この時だけであるという。

準々決勝では、この直後の試合でノーヒットノーランを達成した市和歌山商の野上俊夫と投げあって１－０で完封し、山梨県勢として初めて準決勝まで進んだ。準決勝の高知高戦でも先発したが、４回に四球のあとエラーとバント攻撃で逆転され、５回に連打を浴びたところで本来のエース渡辺と交替した。

その後は、家業の水道工事店を継いでいる。

【甲子園投手成績】（甲府商）

		対戦相手	回	安	振
1967春	2	近大付高	9	1	3
	準々	市和歌山商	9	3	1
	準決	高知高	$4\frac{2}{3}$	6	1

持丸《もちまる》 修一《しゅういち》 (常総学院高)

茨城県を代表する監督一人。1948年４月17日茨城県藤代町に生まれる。小４で野球を始め、藤代中学時代には木内幸男、竜ヶ崎一高では、菅原進監督（のちの土浦日大高監督）の指導を受けた。３年生の'66年夏には６番・二塁手として甲子園に出場。国学院大に進み、４年生の時から母校・竜ヶ崎一高のコーチを始める。卒業と同時に竜ヶ崎一高に赴任、'75年秋に菅原監督から監督を引き継いだ。

'90年夏に監督として甲子園に初出場、就任以来16年目のことであった。翌'91年夏にも連続出場を果たした。その後、同一学校に長期勤務することができなくなり、'96年の人事異動で藤代高に転任、翌'97年に監督に就任した。同校は野球では全く実績がなかったが、またたく間に強豪に育て上げ、'99年秋にはドラフト１位指名選手も出している。2001年の選抜には甲子園に出場して初勝利をあげ、'03年選抜にも出場するなど、県南地区の公立高校の雄となった。選抜敗退直後の３月末に同校を退職。秋には恩師であり、ライバルでもある木内幸男のあとをついで常総学院高監督に就任した。

主な教え子には、竜ヶ崎一高時代の浅見大輔（国学院大－東芝）、藤代高時代の野口祥順（ヤクルト）、鈴木健之（横浜）、井坂亮平（中央大）らがいる。

【甲子園打撃成績】（竜ヶ崎一高）

		対戦相手	打	安	点
1966夏	1	興南高	5	2	0
	2	報徳学園高	4	0	0

【甲子園監督成績】（竜ヶ崎一高）

1990夏	1	○	3－1	大野高
	2	●	1－3	松山商
1991夏	2	○	5－4	益田農林
	3	●	3－4	星稜高

（藤代高）

2001春	2	○	1－0	四日市工
	3	●	1－3	仙台育英高
2003春	2	○	2－1	駒大苫小牧高
	3	●	1－6	徳島商

元木《もとき》 大介《だいすけ》（上宮高）

平成時代を代表する強打者の一人。

1971年12月30日大阪府豊中市に生まれる。高川小２年からボーイズリーグで野球を始め、豊中十二中時代には全国大会にも出場。上宮高に進学して２年生の'88年選抜に４番を打って出場。準々決勝で敗れたが、この試合ホームランを打っている。この年の夏は府大会４回戦で敗れた。

翌'89年選抜では初戦の市柏高戦で２打席連続ホームランを記録。さらに準々決勝では仙台育英高の大越基投手（ダイエー）からホームランを打った。決勝まで進み、延長10回表に先行しながら、その裏逆転サヨナラ負けを喫している。同年夏も初戦の丸子実戦でレフトに本塁打を放ったが、準々決勝で仙台育英高の大越投手に抑えられて敗れた。甲子園通算６本塁打は清原に次ぐ記録である。

同年の秋のドラフト会議では巨人を逆指名していたが、巨人は大森（慶大）を指名し、野茂英雄（新日鉄堺－近鉄）の抽選に外れたダイエーが１位で指名。これを拒否してハワイに渡り、地元のチームに参加するかたわら独りでトレーニングをつづけ、翌'90年希望通り巨人が１位で単独指名して入団した。

【甲子園打撃成績】（上宮高）

		対戦相手	打	安	点
1988春	2	小松島西高	4	1	0
	3	高知商	5	2	0
	準々	宇都宮学園高	6	2	1
1989春	1	市立柏高	4	3	4
	2	北陸高	3	0	0
	準々	仙台育英高	4	2	2
	準決	横浜商	4	2	2
	決勝	東邦高	3	2	0
1989夏	1	丸子実	3	2	4
	2	東亜学園高	4	1	0
	3	八幡商	5	1	1
	準々	仙台育英高	4	1	0

森《もり》 士《おさむ》（浦和学院高）

平成時代の埼玉県高校球界を代表する監督の一人。

1964年６月23日埼玉県浦和市（現・さいたま市）に生まれる。

中学時代エースとして全国３位になり、上尾高、東洋大でも投手としてプレーした。

'87年浦和学院高に赴任してコーチとなるが、チームは低迷。'91年８月に監督に就任すると、翌'92年の選抜で５年振り甲子園出場を果たすと、いきなりベスト４まで進出。以後、埼玉県を代表する強豪に育て上げた。2000年夏には坂元弥太郎投手を擁して、大会タイ記録の19奪三振をマークしている。甲子園では準決勝進出が１回しかないものの、プロ野球に次々と好選手を送り込むなど、その手腕は高く評価されている。

主な教え子には、染谷慶太（創価大）、木塚敦士（明大－横浜）、三浦貴（東洋大－巨人）、石井義人（横浜）、坂元弥太郎（ヤクルト）、大竹寛（広島）、須永英輝（日本ハム）など好投手が多い。

【甲子園監督成績】（浦和学院高）

1992春	1	○	13－5	福井商
	2	○	5－1	東山高
	準々	○	4－2	育英高
	準決	●	1－3	帝京高
1994夏	1	○	4－3	姫路工
	2	●	0－1	中越高
1996春	1	○	9－0	東海大仰星高
	2	●	4－5	岡山城東高
1996夏	2	●	3－9	高松商
1998春	1	○	4－2	沖縄水産
	2	○	7－1	苫小牧東高
	3	○	6－4	岡山理大付高
	準々	●	2－3	関大一高
2000夏	1	○	2－1	八幡商
	2	●	1－5	柳川高
2002春	1	○	7－1	平安高
	2	○	7－0	延岡工
	準々	●	5－7	報徳学園高
2002夏	1	○	7－3	報徳学園高
	2	●	5－6	川之江高
2003春	2	○	15－1	隠岐高
	3	●	6－7	智弁和歌山高

森《もり》 茂《しげ》雄《お》（松山商）

松山商で選手・監督として活躍。

1906年3月18日愛媛県松山市萱町に生まれる。'20年松山商に入学、翌'21年に三塁手のレギュラーとなって選手権大会に出場。翌年からは遊撃手に転じ、'24年夏まで春夏合わせて5回全国大会に出場した。

早大に進学して在学中4回優勝、'30年には主将もつとめた。'34年先輩の藤本定義から、母校・松山商の監督を引き継ぎ、翌'35年春夏連続して甲子園に出場、夏には全国制覇を達成した。

'36年阪神初代監督に就任。その後'37年～'39年イーグルス監督をつとめ、この間自ら4回打席に入った。

戦後、'47年に早大監督となり、10年間で9回優勝、早大助教授もつとめた。'59年大洋球団代表に就任、三原脩を監督に起用してリーグ優勝を果たした。'77年殿堂入り。同年6月24日死去。

松山商時代の主な教え子に、中山正嘉（金鯱－広島）、筒井良武（イーグルス）、菅利雄（黒鷲）、伊賀上潤伍（良平，阪神－大映）、千葉茂（巨人）らがいる。

【甲子園打撃成績】（松山商）

		対戦相手	打	安	点
1921夏	2	明倫中	4	0	*
	準々	京都一商	3	2	*
1922夏	1	市岡中	3	0	1
	準々	広島商	2	0	0
	準決	神戸商	4	0	0
1923夏	2	甲陽中	4	1	0
1924春	1	早実	4	1	1
1924夏	2	秋田中	5	3	*
	準々	松本商	2	2	2

注）夏の大会の一部は打点数が不明

【甲子園監督成績】（松山商）

1935春	2	○	5－0	日新商
	準々	●	0－1	愛知商
1935夏	2	○	3－0	海草中
	準々	○	5－4	嘉義農林
	準決	○	4－0	愛知商
	決勝	○	6－1	育英商

森《もり》尾《お》 和貴《かずたか》（西日本短大付高）

1992年夏の甲子園で5試合すべてに完投、失点わずかに1という快投をみせた西日本短大付高のエース。

1974年7月18日福岡県八女市に生まれる。岡山小3年の時に地元の少年野球チームに入り、投手兼内野手で3番を打った。八女西中では投手専任となり、2年の時に市大会で優勝。

西日本短大付高に進学、1年夏にチームが

甲子園でベスト4まで進出した（スタンドで応援）。2年秋にエースとなり、'92年夏に甲子園に出場。初戦の高岡商戦を2安打12奪三振で完封すると、以後5試合すべてに完投、準々決勝の北陸高戦の最終回に1点を失っただけで、残りの4試合はすべて完封するという完璧なピッチングを見せ、全国制覇を達成した。

卒業後は新日鉄八幡に入社、1年目から先発投手として活躍した。2003年同野球部は解散、現役を退いた。

【甲子園投手成績】（西日本短大付高）

		対戦相手	回	安	振
1992夏	2	高岡商	9	2	12
	3	三重高	9	10	7
	準々	北陸高	9	7	7
	準決	東邦高	9	3	5
	決勝	拓大紅陵高	9	6	0

森田《もりた》 俊男《としお》（海草中）

1933年選抜でノーヒットノーランを達成した海草中（現・向陽高）の投手。

1933年の選抜にエースで9番を打って出場、初戦の桐生中戦でノーヒットノーランを達成した。2回戦では同県の海南中と対戦、延長10回で降してベスト8まで進んだ。同年夏は腰を痛めていたこともあって、県予選準決勝で海南中に敗れた。

戦後、'64年～'65年に母校・向陽高の監督をつとめ、'65年選抜に出場した。

教え子には、野崎恒男（立正大－富士重工－南海－太平洋－近鉄）がいる。

【甲子園投手成績】（海草中）

		対戦相手	回	安	振
1933春	1	桐生中	9	0	9
	2	海南中	10	8	6
	準々	岐阜商	9	12	7

【甲子園監督成績】（向陽高）

1965春	1	○	5－2	高鍋高
	2	●	3－9	静岡高

森光《もりみつ》 正吉《まさよし》（高知商）

1958年夏にノーヒットノーランを達成した高知商のエース。

1941年3月5日高知県須崎市に生まれる。須崎中を経て、高知商に進学。2年生の'57年選抜にチームが出場した時にはメンバーに入っていないが、夏には山崎武昭（ロッテ）とともに投手として活躍、南四国大会決勝で敗れた。

翌'58年はエースとして春夏連続して甲子園に出場。選抜では初戦で和歌山工を2安打で完封したが、2回戦で海南高に延長12回裏サヨナラ負け。

夏の初戦の東奥義塾高戦は不調のため途中降板。2回戦では松阪商相手にノーヒットノーランを達成した。3回戦では銚子商を6安打1点に抑え、準々決勝では平安高をわずか1安打で完封。準決勝では柳井高の友歳投手との投手戦となりと途中降板、結局0－1で惜敗した。

翌'59年阪神に入団、11年在籍したが、プロでは2勝しかできなかった。'70年フロント入り、翌'71年退社した。2003年7月29日死去した。

【甲子園投手成績】（高知商）

		対戦相手	回	安	振
1958春	1	和歌山工	9	2	5
	2	海南高	11⅔	9	9
1958夏	1	東奥義塾高	7	5	2
	2	松阪商	9	0	5
	3	銚子商	9	6	10
	準々	平安高	9	1	10
	準決	柳井高	7⅔	5	5

森本《もりもと》 達幸《たつゆき》（郡山高）

奈良県を代表する監督の一人。

1934年大阪市に生まれる。郡山高ではエースとして活躍し、'52年夏の奈良県大会を制したものの、紀和大会で敗れて甲子園には出場できなかった。関西大を経て、京都大丸でプレー。

'63年、母校・郡山高に監督として招聘された。以来、同校の監督を40年にわたってつとめる。'71年夏には甲子園でベスト4まで進むなど、天理高、智弁学園高の私立2強が圧倒的な力を誇るなかで、公立高校として健闘している。

主な教え子には、福田功（中央大－中日）、竹村誠（同志社大－大阪ガス監督）、中村泰広（慶大－阪神）、宮越徹（中日）、染田賢作（同志社大）などがいる。

【甲子園監督成績】（郡山高）

1966夏	1	○	5－1	小千谷高
	2	●	2－6	横浜一商
1971春	2	●	1－4	深谷商
1971夏	1	○	8－3	ＰＬ学園高
	2	○	6－0	美方高
	準々	○	3－2	銚子商
	準決	●	0－4	磐城高
1974夏	2	○	4－0	秋田市立高
	3	○	5－2	城西高
	準々	●	3－6	防府商
1978春	2	○	5－0	高知高
	準々	●	0－4	桐生高
1982春	2	○	5－1	高知商
	準々	●	3－8	二松学舎大付高
1993夏	1	○	2－1	享栄高
	2	●	2－4	京都西高
1995春	1	●	1－4	熊本工
1997春	1	●	5－6	函館大有斗高
1998春	2	○	3－2	北照高
	3	○	7－3	徳島商
	準々	●	0－4	横浜高
2000夏	1	●	0－12	中京大中京高

や

八重樫《やえがし》 永規《ひさのり》（盛岡一高）

戦後の甲子園出場選手を代表する文武両道選手。

1963年岩手県花巻市に生まれる。盛岡一高に進学、1年夏には三塁手のレギュラーとなって5番を打ち、'78年夏の甲子園に出場した。初戦で報徳学園高と対戦し、手嶋投手の前に完敗。自らも2打数無安打1四球という成績だった。

3年夏は4番を打ち、県内では強打者として注目されたが、夏の県予選4回戦で敗退。

卒業後は、東大文科系学部の中でも最難関の文科Ｉ類（法学部）に現役で進学。東大野球部でもレギュラーとなり、2年の時に二塁手としてベストナインに選ばれ、4年ではセンターで4番を打って、主将もつとめた。大学卒業後は外交官試験に合格して外務省入りした。その後、北海道国際課長などもつとめている。

【甲子園打撃成績】（盛岡一高）

		対戦相手	打	安	点
1978夏	1	報徳学園高	2	0	0

八木沢《やぎさわ》 荘六《そうろく》（作新学院高）

1962年に春夏連覇した作新学院高校のエース。夏は出場していない。

1944年12月1日栃木県今市市に生まれる。父は元今市市長。今市中学時代から投手をつとめ、作新学院高に進学して、山本理監督の指導を受ける。

'61年の選抜にチームが甲子園初出場、登録上は2番手投手だったが、実質的にはエースだった。初戦の柏原高戦では6安打に抑えて完封勝利をあげている。2回戦の高松商戦では2回からロングリリーフ。敗れたものの、準優勝する高松商をわずか2安打打に抑えて注目された。夏は北関東大会で敗れた。

秋の新チームでは名実ともにエースとなり、翌'62年の選抜に連続出場。初戦の久賀高戦は2点を取られたものの6安打に抑えて完投勝利。準々決勝の八幡商戦も無失点に抑えたが、味方打線も得点をあげられず、延長18回0－0のまま引き分け再試合となった。翌日の再試合では先発を回避したものの、先発した熊倉栄一が打ち込まれて1回2死から登板。以後3安打に抑えている。3連投となる準決勝の松山商戦は9回裏に同点のスクイズを決められて降板。延長戦となり、延長16回に敵失で1点をあげて辛勝した。決勝では4連投にもかかわらず7安打で完封して初優勝を達成した。この大会、八木沢はほぼ完璧な投球をつづけたが、味方打線が得点をあげられず、苦しんでの優勝であった。

夏も県大会は無難に勝ち抜き、北関東大会の決勝でも鹿沼農商に圧勝して春夏連続して甲子園出場を決めた。ところが、芦屋の宿舎に入ると下痢を起こしてしまう。当時、大阪では擬似コレラが発生しており、下痢を起こした八木沢は芦屋市立病院に隔離され、検査の結果赤痢と診断されたのである。そのため夏の大会には出場することができなかったが、チームは代役エースの加藤斌の活躍で優勝、春夏連覇を達成した。

早大に進学してエースとして活躍、ベストナインに2回選ばれ、通算24勝12敗をマーク。無四球試合9はリーグタイ記録、56イニング無四球はリーグ記録である。'66年の第2次ドラフト会議で東京オリオンズ（現在の千葉ロッテ）から1位指名されてプロ入り。'73年10月10日の対太平洋第1試合では完全試合を達成した。プロ通算13年間で71勝66敗8S。

'79年に引退後は、西武の投手コーチを経て、'92年～'94年途中ロッテ監督をつとめた。その後も、コーチ、解説者を歴任。

【甲子園投手成績】（作新学院高）

		対戦相手	回	安	振
1961春	1	柏原高	9	6	8
	2	高松商	7	2	1
1962春	2	久賀高	9	6	7
	準々	八幡商	18	8	15
		八幡商	$7\frac{2}{3}$	3	13
	準決	松山商	$8\frac{2}{3}$	8	5
	決勝	日大三高	9	7	6

安《やす》田《だ》 辰昭《たつあき》（新発田農）

戦後の新潟県球界を代表する監督の一人。高校野球関係の著書が多数あることでも有名。

1933年新潟県佐渡郡に生まれる。佐渡農（在学中に旧制から新制に移行）時代は軟式野球選手で、三塁手で3番を打った。東京農大に進学し、'55年卒業と同時に、社会科教師として新潟県の小千谷高定時制に赴任し、野球部を指導。'66年新発田農に転勤した時に小千谷高が甲子園に出場、主力選手は教え子であった。

'80年夏、新発田農監督15年目で甲子園初出場を果たした。この時、初戦で強豪・天理高と対戦、延長10回で惜敗したが、天理高を上まわる8安打を放って注目された。翌'81年夏にも連続出場すると、初戦で強豪・広島商を延長戦の末に降して、一躍全国の注目を集めた。試合終了後、勝利監督インタビューを終えると、校長から父が死去したことを伝えられ、そのまま夜を徹して佐渡に帰郷。葬儀を終えると、トンボ返りで甲子園に戻り、2回戦では東海大甲府高を降し、新潟県勢として初めて甲子園2勝をあげた。

'85年で監督を引退。のち新発田南高に転じ、'87年～'92年には新潟県高野連理事長をつとめた。定年退職後はベースボール・マガジン社に勤務。著書に「心の甲子園」「負けてたまるか」「多摩川晩花」「飯豊に誓う」などがある。

主な教え子に、中野晴彦（日本ハム）がいる。

【甲子園監督成績】（新発田農）

1980夏	2	●	4－5	天理高
1981夏	1	○	3－1	広島商
	2	○	4－3	東海大甲府高
	3	●	1－9	今治西高

八十川《やそがわ》 胖《ゆたか》（広陵中）

1927年夏にノーヒットノーランを達成した広陵中の投手。

1909年長崎県に生まれる。広陵中に進学して2年生の'25年からベンチ入りし、翌年から控え投手として登板。選抜大会にも補欠として出場、初戦の静岡中戦は大勝したため、7回から3イニングだけ登板した。同年夏と'27年選抜では未登板。

'27年夏、選抜準優勝のエース田部武雄が年齢制限で出場できなくなったため、代わりにエースとなって甲子園に出場。初戦の敦賀商戦でノーヒットノーランを達成した。準々決勝でも鹿児島商を3安打に抑え、準決勝では松本商を延長14回7安打に抑える一方、15回裏に1死満塁から自らライト前にヒットを打ってサヨナラ勝ち。翌日の決勝では疲労のため高松商に敗れ、春夏連続準優勝となった。

翌'28年は田部が卒業して名実ともにエースとなり、春夏連続して甲子園に出場したものの、いずれも初戦で敗れている。

卒業後は、明大に進学して投手として活躍。戦後は、'46年から2年間明大監督をつとめた。'90年3月17日80歳で死去。

【甲子園投手成績】（広陵中）

		対戦相手	回	安	振
1926春	1	静岡中	3	1	2
	準々	和歌山中	未 登 板		
	準決	柳井中	未 登 板		
	決勝	松本商	未 登 板		
1927春	1	静岡中	未 登 板		
	準決	松本商	未 登 板		
	決勝	和歌山中	未 登 板		
1927夏	2	敦賀商	9	0	7
	準々	鹿児島商	9	3	6
	準決	松本商	14	7	10
	決勝	高松商	8	5	3
1928春	1	甲陽中	9	10	4
1928夏	1	松本商	8	6	6

柳沢《やなぎさわ》 泰典《やすのり》（学法石川高）

無名の学法石川高校を強豪校に育てた監督。

1945年神奈川県横浜市に生まれる。日大高校では主将をつとめ、日大では外野手として活躍。

'67年卒業と同時に、当時は全く無名だった福島県の学法石川高に赴任し、監督に就任。'76年の選抜で甲子園に初出場させると、同校を甲子園の常連校にまで育て上げた。在任中の31年間、夏の県大会で初戦敗退したことは一度もなく、'88年～'90年には県内公式戦43連勝という記録も作っている。

'97年夏に一線を退いて総監督となったものの、あいかわらず一線で指導をつづけた。'99年8月14日、甲子園に出場した同校の試合をスタンドで観戦中にクモ膜下出血で倒れ、22日に死去した。試合観戦中に54歳で死去するというきわめて異例のでき事に、須賀川労働基準監督署は過労死と認定して労災を適用している。

主な教え子に、遠藤一彦（東海大－大洋）、伊藤博康（東北福祉大－巨人－ダイエー）、諸積兼司（法政大－日立製作所－ロッテ）、川越英隆（青山学院大－日産自動車－オリックス）、志賀英樹（亜細亜大）などがいる。

【甲子園監督記録】（学法石川高）

1976春	1	●	0－2	鹿児島実
1976夏	1	●	0－1	中京高
1983夏	1	○	2－1	米子東高
	2	○	5－2	東山高
	3	●	3－19	横浜商
1984夏	1	●	4－5	海星高
1986夏	2	●	4－10	東洋大姫路高
1987春	1	●	1－6	池田高
1988夏	1	●	0－9	鹿児島商
1989夏	1	●	4－6	京都西高
1991春	1	○	2－0	小松島西高
	2	●	5－7	鹿児島実
1991夏	1	○	3－2	智弁和歌山高
	2	●	3－8	宇部商
1993夏	1	●	3－4	小林西高

矢《や》野《の》 祐弘《すけひろ》（西条高）

西条高校の黄金時代を築いた監督。のちに亜細亜大学監督として同大学の黄金時代も築くなど、高校・大学にわたる名監督である。

1931年1月6日愛媛県西条市に生まれる。西条高を経て立教大学に進学するが、2年で中退。'55年に23歳で母校・西条高監督に就任し、翌'56年選抜で甲子園初出場を果たした。夏にはベスト4まで進み、'59年夏には全国制覇と、西条高の黄金時代を築いた。

'65年春亜細亜大学監督に招聘されて13年間つとめ、'66年秋に東都大学リーグで初優勝。'71年には大学選手権でも優勝している。'78年春、総監督に退いた。'93年6月11日死去。

西条高時代の教え子に、金子哲夫（阪神）、村上唯三郎（三協精機）、森本潔（立教大中退－三協精機－阪急－中日）、村上公康（立教大中退－日本楽器－西鉄－ロッテ）などがいる。

【甲子園監督成績】（西条高）

1956春	2	●	0－2	桐生高
1956夏	1	○	1－0	県尼崎高
	2	○	3－2	伊那北高
	準々	○	2－0	仙台二高
	準決	●	0－1	平安高
1959夏	1	○	6－0	法政二高
	2	○	5－3	松商学園高
	準々	○	2－1	平安高
	準決	○	5－1	八尾高
	決勝	○	8－2	宇都宮工
1960夏	1	●	2－3	浪商高
1962夏	1	○	2－1	平安高
	2	○	4－0	鴻城高
	準々	○	6－4	日大三高
	準決	●	0－3	久留米商

矢《や》野《の》 勝嗣《まさつぐ》（松山商）

1996年夏の決勝戦で奇跡のバックホームを見せた松山商の外野手。

1978年8月24日愛媛県新居浜市に生まれる。久米中を経て、松山商に進学して外野手となり、'96年春夏連続して甲子園に出場。選抜では7番・ライトで先発出場した。

夏は初戦の東海大三高戦は未出場。2回戦の東海大菅生高戦には8番打者として出場したが、3回戦と準々決勝も出場しなかった。準決勝では先発したものの、7回の投手交替の際にベンチに下がる。決勝戦の熊本工戦では、3－3の同点で迎えた10回裏に守備固めとしてライトの守りについた。そして、1死満塁の場面でライトを守っていた矢野のところに打球が飛んだ。定位置より深い場所でフライを掴むと、とっさにワンバウンドでは間に合わないと判断、ホームに向かってダイレクトに返球をした。通常の練習ではノーバウンドでの返球は禁止だったが、この時に投げた球は、一直線で捕手のミットに届き、三塁からタッチアップしたランナーを刺してサヨナラの場面を切り抜けた。誰もが熊本工のサヨナラ勝ちでの初優勝と思った瞬間の見事なプレーに甲子園の観客はどよめき、“奇跡のバックホーム”として甲子園史上に残っている。試合は、松山商が11回表に矢野の二塁打を足がかりに3点をあげて優勝した。

卒業後は松山大でプレーし、2001年地元の愛媛朝日テレビに入社した。

【甲子園打撃成績】（松山商）

		対戦相手	打	安	点
1996春	1	宇都宮工	4	1	0
1996夏	1	東海大三高	未出場		
	2	東海大菅生高	3	1	0
	3	新野高	未出場		
	準々	鹿児島実	未出場		
	準決	福井商	2	1	0
	決勝	熊本工	1	1	0

山岡《やまおか》 嘉次《よしつぐ》（中京商）

戦前の中京商黄金時代の基礎を築いた監督。

1906年神奈川県横須賀市に生まれる。国学院大卒業後、中京商の初代校長・梅村清光に請われて'29年に同校監督に就任。「3年目に全国制覇」を合言葉に選手を鍛え、'31年選抜で甲子園初出場を果たすと、いきなり準優勝。同年夏には宣言通り全国制覇を達成した。その後体調を崩して監督を辞任したが、同校は、以後夏の甲子園3連覇を達成、日本一の強豪校となる下地を築いた。

のち、神戸一中監督を経て、戦後は神奈川県に戻り、横須賀高、緑ヶ丘高などの監督を歴任。また'66年～'68年神奈川県高野連会長をつとめた。2001年2月16日肺炎のため84歳で死去した。

中京商時代の教え子に、吉田正男（明大－藤倉電線）、桜井寅二（慶大）、杉浦清（明大－中日－国鉄）、村上重夫（明大－太陽レーヨン－ライオン）らがいる。

【甲子園監督成績】（中京商）

1931春	2	○	11－0	川越中
	準々	○	3－0	第一神港商
	準決	○	3－0	和歌山中
	決勝	●	0－2	広島商
1931夏	1	○	4－3	早実
	2	○	19－1	秋田中
	準々	○	5－3	広陵中
	準決	○	3－1	松山商
	決勝	○	4－0	嘉義農林

山沖《やまおき》 之彦《ゆきひこ》（中村高）

“二十四の瞳”といわれた中村高校のエース。

1959年7月26日高知県幡多郡大方町出口に生まれる。大方中から中村高に進学。同校は県立の名門校で、入学時にエースだった美口博が中日にドラフト指名されるなど好選手も多く、県大会ではしばしば上位に食い込むが、県代表にはなかなかなれないという学校であった。1年秋からエースとなり、2年秋には5番を打って、190cmの長身から投げ下ろす速球で注目を集め、“ジャンボ山沖”といわれた。この大会では部員わずか12人であったが、山沖が1回戦で大方商、2回戦では明徳高（6回コールド）、準々決勝で宿毛高を完封、準決勝では伊野商をわずか1安打で完封するという活躍で四国大会に出場を決めた。決勝では5回に安芸高に1点を奪われたものの、37イニング連続無失点の県記録を樹立している。四国大会でも初戦の高松工芸高を完封し、新居浜商を降して準優勝、翌'77年の選抜で甲子園初出場を果たした。

“3強”といわれた高知商・高知高・土佐高以外の学校の甲子園出場は、'64年春の安芸高以来13年振り、しかも12人しか部員がいないということで、地元中村市は同校の初出場に沸いた。当初は「なんとか1勝して欲しい」というのが関係者の正直な見方であった。甲子園の初戦は開幕試合で戸畑高と対戦した。初陣で開幕試合を戦うと、プレッシャーからミスを繰り返すものだが、中村高はのびのびとプレー、山沖は戸畑高を２安打完封と完璧に押え込んだのである。２回戦の海星高戦では２点を失ったものの11奪三振で快勝。準々決勝は優勝候補の天理高との対戦であった。試合前、とても勝ち目はないとみたナインは帰り支度をしてから試合に臨んだが、山沖だけはしなかったという。この試合では山沖は最初からとばして天理高から三振の山を築き、終わってみれば13三振を奪って完勝した。続く準決勝でも岡山南高を降し、中村高は初出場で決勝戦まで進出した。決勝では連投のつかれから精彩がなく、箕島高の前に敗れ去ったが、わずか12人の部員での予想外の大活躍に“二十四の瞳”と呼ばれて人気を博した。

帰郷直後の春季大会チャレンジマッチ（県代表決定戦）には女子学生を中心にファンが押しかけ、試合終了後も40分間立ち往生、外野のスコアボード出口から脱出するという騒ぎになっている。夏の県大会では１回戦でいきなり強豪・高知商と対戦、４－５で敗れている。

卒業後は専修大に進学してエースとして活躍し、'81年秋に阪急のドラフト１位指名でプロ入り。'84年に最優秀救援投手となり、'87年には19勝10敗で最多勝を獲得した。'94年ＦＡを宣言し、阪神に移籍したが、同年退団。プロ通算112勝101敗24Ｓ。その後はサンテレビ解説者をつとめる。

【甲子園投手成績】（中村高）

		対戦相手	回	安	振
1977春	1	戸畑高	9	2	11
	2	海星高	9	4	11
	準々	天理高	9	4	13
	準決	岡山南高	9	5	6
	決勝	箕島高	8	11	2

山上《やまがみ》 烈《いさお》（上宮太子高）

上宮高・上宮太子高の監督を歴任。

1948年４月17日大阪府羽曳野市に生まれる。'64年上宮高では投手兼外野手で、日体大では外野手に専念。'71年に卒業と同時に母校・上宮高に保健体育教諭として赴任し、同年８月に監督に就任。当時は全く無名の学校で、最初の公式戦となる同年秋季大会では初戦で城東工にコールド負けを喫している。

'80年選抜で甲子園に初出場。この時は初戦で富士宮北高に敗れたが、翌年の選抜では準決勝まで進み、一躍上宮高の名前を全国に知らしめた。

以来、選抜大会の常連となり、'89年の選抜では４番打者元木を中心として準優勝。同年夏の大会に初出場を果たし、準々決勝まで進んだ。

'97年兄弟校の上宮太子高に移って、'98年に野球部を創部。翌'99年に監督に就任すると、同年夏には３年生のいないチームで大阪府大会決勝まで進んで、全国の高校野球関係者を驚かせた。同年秋には近畿大会でベスト４まで進み、翌2000年の選抜で創部２年半で甲子園出場を果たした。同校では翌'01年夏にも甲子園に出場したが、ともに初戦で強豪校との対戦となり、敗れている。

主な教え子には、上宮高時代の中田宗男（日体大－中日）、笘篠誠治（西武）、宮田元直（ダイエー）、種田仁（中日）、元木大介（巨人）、小野寺在二郎（ロッテ）、上宮太子高時代の亀井義行（中央大）、箸尾谷英樹（日大）らがいる。

【甲子園監督成績】（上宮高）

1980春	1	●	3－4	富士宮北高
1981春	2	○	9－2	東山高
	準々	○	4－0	御坊商工
	準決	●	1－3	印旛高
1983春	1	○	2－1	興南高
	2	●	1－7	明徳高
1986春	1	○	3－1	沖縄水産

	2	○	6－0	松商学園高
	準々	●	3－6	岡山南高
1988春	2	○	5－0	小松島西高
	3	○	7－3	高知商
	準々	●	7－8	宇都宮学園高
1989春	1	○	8－3	市立柏高
	2	○	3－0	北陸高
	準々	○	5－2	仙台育英高
	準決	○	9－0	横浜商
	決勝	●	2－3	東邦高
1989夏	1	○	10－3	丸子実
	2	○	1－0	東亜学園高
	3	○	15－1	八幡商
	準々	●	2－10	仙台育英高

（上宮太子高）

2000春	1	●	3－9	明徳義塾高
2001夏	1	●	4－15	常総学院高

山口《やまぐち》 千万石《せんまんごく》（京都商）

沢村栄治とバッテリーを組んでいた捕手。三重県伊勢市に生まれる。沢村とは幼なじみで、明倫小学校高等科時代から沢村の球を受けていた。

沢村とともに、創部まもない京都商業（現・京都学園高）に進学、'33年春から甲子園に3回出場した。卒業後は社会人でプレーした。

つねに沢村投手の豪速球を受けつづけたため、左手の指の第1関節は曲がっていたという。戦後は伝説の投手となった沢村栄治の語り部として、「天才投手と言われるけど、それ以上に努力家だった」などと話していた。2003年8月9日86歳で死去。

同年11月、母校の京都学園高に沢村の銅像が建立され、その脇には山口の記した「永遠の誇り沢村栄治像を未来の平和に願いを込めて、母校に学ぶ若人諸君に贈る」という碑が設置されている。

【甲子園打撃成績】（京都商）

		対戦相手	打	安	点
1933春	1	関西学院中	4	0	0
	2	大正中	3	1	0
	準々	明石中	4	1	0
1934春	1	堺中	3	1	1
	2	明石中	4	0	0
1934夏	1	鳥取一中	3	0	0

山口《やまぐち》 昇《のぼる》（慶応普通部）

1916年夏の大会で話題になった大学チームの選手。出場校は“慶応普通部”だが、実際には慶応商工の生徒だった。

1897年4月5日愛知県碧南市に生まれる。上京して慶応商工に入学し、野球部に入部。3年生の'15年春、中学生ながら慶応大学チームに抜擢され、春のリーグ戦に遊撃手として出場。当時の慶大チームは学校全体を代表する“全慶応”という位置づけで、大学生に限らず優秀な選手は抜擢されていた。翌年からは外野手のレギュラーとなり、時おり投手としても登板した。

'16年夏、第2回全国中等学校優勝野球大会が開催されるにあたり、第1回で東京代表を早実に奪われた雪辱を果たすべく、慶応普通部と慶応商工の両校から選手を選抜してチームを再編成、山口をエースとした慶応普通部チームとして予選に出場した（当時の出場資格はあいまいであった）。そして、期待にこたえて早実を降し、全国大会に出場したのである。

豊中で行われた全国大会でも山口は注目を集め、慶応普通部の優勝は間違いないとみられていた。初戦では控えの新田恭一が先発し、山口はセンターで3番として出場。4回途中からリリーフしてマウンドにも登った。2回戦の香川商（現・高松商）戦も新田が先発、大勝したため河野元彦がリリーフして山口は登板しなかった。準決勝の和歌山中（現・桐蔭高）戦では3－3の同点に追いつかれた６回裏からリリーフ、相手打線を抑えるとともに、自らホームランも打って降した。決勝で初めて先発、市岡中を３安打に抑えて完投し、全国制覇を達成した。

この大会、先発しない山口に対して、エースの温存作戦を非難する記事が新聞に掲載された。しかし、山口は大会前に体調を崩して２週間ほど練習もできない状態で、エースの温存ではなく、本当に登板できなかったのだという。

その後、慶大理財科に進み、'29年日の出モータースを設立、のち名古屋トヨタ販売と改称。戦後は、愛知トヨタ自動車社長をつとめた。'76年３月20日78歳で死去。

【甲子園打撃成績】（慶応普通部）

		対戦相手	打	安	点
1916夏	1	愛知四中	4	2	0
	準々	香川商	5	1	＊
	準決	和歌山中	5	2	＊
	決勝	市岡中	2	1	＊

注）一部の試合で打点数が不明

【甲子園投手成績】（慶応普通部）

		対戦相手	回	安	振
1916夏	1	愛知四中	5.1	＊	＊
	準々	香川商	未登板		
	準決	和歌山中	＊	＊	＊
	決勝	市岡中	9	3	11

注）１回戦と準決勝は継投のため、詳細な成績は不明

山崎《やまさき》 武彦《たけひこ》（鳥取一中）

大正時代の鳥取一中の名二塁手。

1902年鳥取市に生まれる。修立小学校を経て、'16年に当時全盛期にあった鳥取一中（現・鳥取西高）に進学。２年生の'17年秋の新チームでセンターのレギュラーを獲得、２年生の正選手は山崎のみであった（補欠に２名の２年生がいる）。翌'18年５番を打って山陰予選を勝ち抜き、全国大会出場を決めたが、この年の大会は米騒動のために中止となった。'19年は１番打者となり、鳴尾球場で行われた全国大会に出場した。５年生となった'20年は遊撃手に転じて主将をつとめ３年連続して全国大会に出場。鳴尾球場で行われた全国大会では３番を打ち、準決勝まで進んだ。

早大では二塁手で１番を打ち、'25年の早慶復活戦では主将をつとめた。内野の名手として知られ、「鳥取西高等学校野球部史」には、「山崎の前に山崎なく、山崎の後に山崎なし」という飛田穂州の言葉を紹介している。また、'24年には、母校・鳥取一中の芝田監督と相談して、母校のバッテリーを早大野球部の冬期練習合宿に参加させるなど、母校の指導にも尽くした。

卒業後は安田生命に入社、東京倶楽部の選手として都市対抗にも出場している。故人。

【甲子園打撃成績】（鳥取一中）

		対戦相手	打	安	点
1918夏		中止			
1919夏	1	愛知一中	4	1	＊
	準々	小倉中	6	0	＊
1920夏	1	豊国中	2	0	0
	準々	京都一商	2	1	1
	準決	関西学院中	4	0	0

注）'19年夏の大会の打点数は不明

山崎《やまざき》 慶一《けいいち》（岡山城東高）

新設の県立高校である岡山城東高校を短期間で強豪校に育て上げた監督。

1957年５月３日岡山県邑久郡に生まれる。邑久高校時代は内野手で主将もつとめたが、３年夏の県大会は２回戦で敗退。日体大では控えの内野手二塁手だった。

卒業後、母校・邑久高の講師となって監督に就任。さらに児島第一高で２年間監督をつとめた後、倉敷市立工業で教諭として採用さ

れ、軟式野球の監督を３年間つとめた。

'87年、県立岡山城東高が開校すると同時に同校に赴任して野球部初代監督となる。１期生は部員15人、そのうちの三分の一が未経験者という状態だったが、２年めには20人以上が入部、わずか４年目の'90年夏に甲子園に初出場を果たした。

この甲子園出場を契機として同校には選手が集まり始めた。もともと学区とは関係のない全県募集だったため、県内各地から入学する選手が増え、'94年秋には中国大会で優勝。翌'95年選抜では、帝京高、浦和学院高、明徳義塾高と優勝候補を次々となぎ倒してベスト４まで進み、全国の注目を集めた。

以後も、岡山県を代表する強豪校として活躍をつづけている。

主な教え子に、浦上義信（筑波大－ＪＲ九州－総社南高監督）、坂本憲保（早大）、板野真士（駒大－NKK）、小林基嗣（慶大－東芝）などがいる。

【甲子園監督成績】（岡山城東高）

1990夏	1	●	6－12	浜松商
1996春	1	○	6－5	帝京高
	2	○	5－4	浦和学院高
	準々	○	6－1	明徳義塾高
	準決	●	2－3	鹿児島実
1998夏	1	○	5－4	駒大岩見沢高
	2	●	1－2	ＰＬ学園高
2003春	2	●	2－4	東洋大姫路高
2004春	1	○	3－0	作新学院高
	2	●	2－9	愛工大名電高

山下《やました》 繁昌《しげまさ》（八戸工大一高）

青森県を代表する監督の一人。

1954年４月25日兵庫県氷上郡に生まれる。報徳学園高ではライトで１番を打ち、'71年の秋季県大会では優勝したが、甲子園には出場できなかった。日大に進学して１年からベンチ入り。

1978年、卒業と同時に八戸工大一高に社会科教諭として赴任し、監督に就任。'83年夏に同校を甲子園に初出場させた。'87年選抜では準々決勝まで進むなど、同校を青森県を代表する強豪の一つに育てている。

主な教え子に、河村文利（日大－NTT東北）、立花裕晃（川鉄千葉）らがいる。

【甲子園監督成績】（八戸工大一高）

1983夏	1	●	2－8	中津工
1987春	1	○	4－0	丸亀商
	2	○	4－0	日向学院高
	準々	●	2－3	関東一高
1987夏	1	●	4－5	池田高
1990夏	1	●	2－3	境高
1998夏	1	●	0－4	鹿児島実

山下《やました》 智茂《ともしげ》（星稜高）

星稜高校野球部を名門に育て上げた功労者。松井秀喜の指導者としても有名。

1945年２月25日石川県鳳至郡門前町に生まれる。駒沢大学を経て、'67年星稜高校に赴任し、監督となる。就任４年目の'70年夏には北陸大会決勝まで進み、'72年夏に甲子園初出場を果たした。

星稜高と山下監督の名前が全国に知れわたったのは、２回目の出場となった、'76年夏の大会である。２年生の豪速球投手・小松辰雄を擁して甲子園に出場し、石川県勢として初めて準決勝に駒を進めた。そして、'79年夏の３回戦では箕島高と延長18回に及ぶ死闘を繰り広げ、一躍有名になった。

以後、毎年のように甲子園に出場するようになり、北陸を代表する強豪校となっていった。'90年夏には１年生の松井秀喜を４番に起用、'91年、'92年と優勝候補にあげられながら、最後の夏には２回戦で明徳義塾高の５敬遠にあって敗退した。'95年夏には石川県勢として初めて、北陸勢としても福井商以来２回目（夏は初めて）の決勝戦に進出した。

2000年秋、星稜高に好選手を供給していた星稜中の名監督・山本雅弘が退職。翌年には遊学館高に野球部を創部して監督となり、有力選手が星稜中から遊学館高に進学したため、低迷している。

監督在任期間は35年を超え、卒業後も活躍したＯＢは数多いが、主な選手に、谷内野隆（北陸銀行監督）、小松辰雄（中日）、堅田外司昭（松下電器）、音重鎮（名古屋商大－新日鉄名古屋－中日）、湯上谷宏（ダイエー）、松井秀喜（巨人－ヤンキース）、村松有人（ダイエー）、山口哲治（神戸製鋼）、山本省吾（慶大－近鉄）、多幡雄一（立教大）らがいる。

【甲子園監督成績】（星稜高）

1972夏	1	○	8－3	北見工
	2	●	1－5	柳井高
1976夏	2	○	1－0	日体荏原高
	3	○	3－2	天理高
	準々	○	1－0	豊見城高
	準決	●	1－4	桜美林高
1977春	1	●	0－4	滝川高
1977夏	1	●	1－2	智弁学園高
1979春	1	●	1－3	川之江高
1979夏	2	○	8－0	宇治高
	3	●	3－4	箕島高
1981春	1	○	11－1	高崎高
	2	●	0－4	秋田経法大付高
1981夏	1	●	0－4	和歌山工
1982春	1	●	1－4	日大山形高
1982夏	2	●	1－10	早実
1983春	1	○	11－4	熊本工
	2	●	0－1	横浜商
1984春	1	●	0－4	佐世保実
1984夏	1	●	2－3	別府商
1989夏	2	○	5－1	横浜高
	3	●	1－3	秋田経法大付高
1990夏	2	●	3－7	日大鶴ヶ丘高
1991夏	2	○	4－3	市立沼津高
	3	○	4－3	竜ヶ崎一高
	準々	○	3－2	松商学園高
	準決	●	1－7	大阪桐蔭高
1992春	1	○	9－3	宮古高
	2	○	4－0	堀越高
	準々	●	1－5	天理高
1992夏	1	○	11－0	長岡向陵高
	2	●	2－3	明徳義塾高
1994春	1	●	0－1	桑名西高
1994夏	1	●	2－3	創価高
1995春	1	○	4－0	三重高
	2	○	6－4	伊都高
	準々	●	4－6	観音寺中央高
1995夏	2	○	3－0	県岐阜商
	3	○	4－2	関西高
	準々	○	6－3	金足農
	準決	○	3－1	智弁学園高
	決勝	●	1－3	帝京高
1997春	1	●	3－5	平安高
1998夏	1	○	10－1	日大山形高
	2	○	7－6	海星高
	3	●	0－5	横浜高

山下《やました》 実《みのる》（第一神港商）

甲子園球場の第１号ホームランを打った第一神港商（現・市立神港高）の強打者。戦前を代表する強打者でもある。

1907年３月20日兵庫県神戸市に生まれる。第一神港商で一塁手として活躍、'24年夏に全国大会に初出場を果たした。この年、東洋一といわれた甲子園球場が完成、以後全国大会の開催地は鳴尾から甲子園に変更された。初戦の早実戦で、甲子園球場第１号本塁打を打った。広島商戦ではマウンドにも登っている。

以来５季連続して甲子園に出場。'25年選抜では２試合連続ホームランを記録。以後、甲子園で強打者として活躍する一方、時おり投手としても登板した。

慶大に進学して、４番を打ち、'29年秋東京６大学リーグの首位打者を獲得。豪快な打撃で“和製ベーブ”と呼ばれ、水原茂らと黄金時代を築いた。満州倶楽部を経て、'36年阪急創立と同時に入団、秋には本塁打王を獲得、'38年～'39年には監督を兼任した。'42年は名古屋でプレーしていたが、シーズン途中応召。戦後はセリーグ審判をつとめた。'87年殿堂入り。'95年4月4日88歳で死去した。

【甲子園打撃成績】(第一神港商)

		対戦相手	打	安	点
1924夏	2	早実	5	4	*
	準々	広島商	4	1	*
1925春	1	長野商	3	2	4
	2	甲陽中	2	1	1
1925夏	2	米子中	5	1	*
	準々	柳井中	3	2	*
	準決	早実	3	1	*
1926春	1	松本商	2	1	0
1926夏	1	熊本商	4	3	*
	2	前橋中	3	2	*

注) 夏の大会の打点数は不明

山田《やまだ》 喜久夫《きくお》 (東邦高)

1988年から2年連続して選抜の決勝戦に進んだ東邦高のエース。

1971年7月17日愛知県海部郡十四山村に生まれる。同村の東部小1年で野球を始め、十四山中では東海大会で優勝。

東邦高に進学すると、1年夏には早くもベンチ入りし、県大会にも登板した。秋の新チーム結成でエースとなり、県大会決勝に進んだが、中京高に敗れて準優勝。続く東海大会では決勝で再び中京高と対戦、6－3で降して優勝した。

選抜の初戦では北陽高打線から10三振を奪って勝利。2回戦では西武台高を2安打で完封。準々決勝では津久見高の佐藤裕幸(広島)にホームランを打たれるなど苦戦したが、味方打線が川崎憲次郎(中日)を打ち降して大勝。準決勝では再び宇都宮学園高を完封して、決勝に進出した。決勝では選抜初出場の宇和島東高に10安打を浴びて完敗している。夏は県大会準決勝で敗退、小柄なためスタミナ不足であった。

秋の県大会、東海大会は危なげなく制して、1989年の選抜に出場。旧チームのメンバーが6人も残っており、優勝候補の筆頭にあげられていた。実際、初戦で別府羽室台高を15奪三振で完封すると、2回戦の報徳学園高も2安打完封。準々決勝では、同じく優勝候補にあげられていた近大付高と対戦し、延長10回サヨナラ勝ちで辛勝した。準決勝で京都西高を降すと、2年連続して決勝戦に進んだ。決勝では元木大介(巨人)のいた上宮高と対戦。延長10回表に1点をリードされたが、その裏に1死無走者から内外野のエラーが重なって2点をあげて逆転サヨナラ勝ち、東邦高の48年振り4回目の優勝に貢献した。

同年夏も甲子園に出場しているが、初戦で倉敷商に10安打されて敗退。夏にはいい成績をあげることができなかった。

秋のドラフト会議では地元中日から5位で指名されてプロ入り。1年目から公式戦に登板して、3年目に初勝利をあげたものの、あまり活躍できないまま、'99年に広島に移籍し、同年引退した。プロ通算6勝8敗である。引退後は年横浜の打撃投手をつとめている。

【甲子園投手成績】(東邦高)

		対戦相手	回	安	振
1988春	2	北陽高	9	8	10
	3	西武台高	9	2	1
	準々	津久見高	9	9	8
	準決	宇都宮学園高	9	2	7
	決勝	宇和島東高	8	10	4
1989春	1	別府羽室台高	9	3	15
	2	報徳学園高	9	2	6
	準々	近大付高	10	9	7
	準決	京都西高	9	9	7
	決勝	上宮高	10	10	9
1989夏	1	倉敷商	9	10	4

山寺《やまでら》 昭徳《あきのり》（丸子実）

長野県の県立高校監督を20年間つとめた。

1945年長野県上田市に生まれる。丸子実、中央大学では二塁手としてプレー。卒業後、国語科の教師として帰郷し、'83年母校・丸子実の監督に就任。'85年から３回夏の甲子園に出場した。

'94年古豪・長野商に転じると、2000年選抜に17振りに甲子園出場を果たしている。'03年11月末で引退し、同校顧問となった。

主な教え子に、丸子実時代の岩崎隆一（創価大－明治生命）、室賀正史（法政大）、長野商時代の金子千尋（トヨタ自動車）、小坂一也（新日鉄名古屋）らがいる。

【甲子園監督成績】（丸子実）

1985夏	1	●	0－3	延岡商
1989夏	1	●	3－10	上宮高
1990夏	1	●	2－7	徳島商

（長野商）

2000春	1	○	6－5	岩国高
	2	●	6－8	鳥羽高

山本《やまもと》 理《おさむ》（作新学院高）

1962年に春夏連覇した作新学院高校の監督。

1933年3月13日栃木県に生まれる。'45年下野中学（のちの作新学院高）に入学。神奈川大を経て、'55年母校・作新学院高の監督に就任した。'58年夏エース大島孝で甲子園に初出場し、いきなりベスト４まで進んだ。

'61年夏、北関東大会の決勝で敗れ、徹底的に守備を鍛えて翌'62年の選抜にエース八木沢を擁して出場した。この大会では優勝、優勝旗が初めて利根川を越える、ということで、宇都宮に帰郷すると、10万人のファンが殺到。そうしたなか、市役所、県庁を経て学校まで歩いてパレードをした。夏の大会では八木沢が赤痢となって出場停止処分となったが、代役の加藤の活躍で春夏連覇を達成した。

'73年には怪物・江川卓を擁して甲子園に出場した。のち部長に転じた。

主な教え子に、八木沢荘六（早大－西武）、中野孝征（岩崎電気－日本楽器－ヤクルト）、島野育夫（明電舎－中日ほか）、高山忠克（国鉄ほか）、加藤斌（中日）、江川卓（法政大－巨人）、小倉偉民（のち亀岡姓，早大）、大塚孝（法政大－作新学院高監督）らがいる。

【甲子園監督成績】（作新学院高）

1958夏	2	○	3－2	大分上野丘高
	3	○	2－1	済々黌高
	準々	○	2－1	高松商
	準決	●	1－4	徳島商
1961春	1	○	2－0	柏原高
	2	●	0－2	高松商
1962春	2	○	5－2	久賀高
	準々	□	0－0	八幡商
		○	2－0	八幡商
	準決	○	3－2	松山商
	決勝	○	1－0	日大三高
1962夏	1	○	2－1	気仙沼高
	2	○	7－0	慶応高
	準々	○	9－2	県岐阜商
	準決	○	2－0	中京商
	決勝	○	1－0	久留米商
1964夏	1	○	8－3	小松実
	2	●	2－3	早鞆高
1971春	2	●	0－1	大鉄高
1973春	1	○	2－0	北陽高
	2	○	8－0	小倉南高
	準々	○	3－0	今治西高
	準決	●	1－2	広島商
1973夏	1	○	2－1	柳川商
	2	●	0－1	銚子商
1977春	1	●	6－8	天理高
1978夏	1	●	1－5	福井商
1979春	1	●	1－5	大分商

山本《やまもと》 雅弘《まさひろ》（遊学館高）

創部2年目のチームを夏の甲子園に出場させた監督。

1951年5月23日石川県に生まれる。金沢桜丘高、日体大を経て、'74年に星稜中に赴任。野球部の監督となり、全国大会に9回出場して、うち3回優勝という華々しい成績をあげた。こうして育てた選手は星稜高に進学し、同校の山下智茂監督のもとで甲子園に出場したのである。

2000年10月、女子校の金城高から共学化してまもない遊学館高に招聘され、翌'01年野球部を創部して初代監督に就任した。星稜中時代の主力メンバーに加え、大阪・東淀川ボーイズのエース小嶋達也をはじめ各地の有力選手を集め、夏の大会では1年生だけのチームで県大会準決勝にまで進んで、県内外の関係者を驚かせた。以後、秋春の県大会を連覇、'02年夏に史上初めて3年生のいないチームで甲子園に初出場を達成、いきなり準々決勝まで進出して、遊学館の名を全国に轟かせた。続いて翌年の選抜にも出場、優勝候補にもあげられていたが、3回戦で優勝した広陵高に敗れた。

主な教え子に、行田篤史（明大），小嶋達也（大阪ガス）などがいる。

石川県は星稜高・金沢高の私立2強が、長く県高校球界を2分してきた。しかし、山本の転身によって中学からの好選手の供給が減少した星稜高は弱体化し、勢力バランスが大きく変化しようとしている。

【甲子園監督成績】（遊学館高）

2002夏	2	○	8－3	桐生市商
	3	○	8－4	興誠高
	準々	●	2－3	川之江高
2003春	2	○	16－8	近大付高
	3	●	0－6	広陵高

山本《やまもと》 泰《やすし》（PL学園高）

PL学園高校黄金時代の基礎を築いた監督。

1945年、鶴岡一人の長男として山口県に生まれる。父は翌年に近畿（のちの南海）に復帰、のち23年間にわたって同球団の監督をつとめた。

神奈川県の法政二高に進学、法政大では外野手で主将もつとめた。卒業後は日本楽器、日拓観光でプレー。'73年PL学園高にコーチとして招聘され、'74年に監督に就任。'76年夏準優勝、'78年夏には決勝で高知商を9回裏の逆転サヨナラで降して優勝するなど、PL学園高黄金時代の基礎を築いた。

'81年大阪商大高監督に転じ、'89年には母校・法政大に監督として招聘されている。

教え子には、金森栄治（早大－プリンスホテル－西武ほか）、西田真二（法政大－広島）、木戸克彦（法政大－阪神）、柳川明弘（近畿大－本田技研監督）、山中潔（広島ほか）、小早川毅彦（法政大－広島－ヤクルト）、阿部慶二（ヤマハ発動機－広島）らがいる。

【甲子園監督成績】（PL学園高）

1974夏	2	●	1－5	銚子商
1976夏	2	○	1－0	松商学園高
	3	○	1－0	柳川商
	準々	○	9－3	中京高
	準決	○	3－2	海星高
	決勝	●	3－4	桜美林高
1978春	1	○	4－0	印旛高
	2	○	5－1	南宇和高
	準々	●	0－2	箕島高
1978夏	2	○	5－2	日川高
	3	○	2－0	熊本工大高
	準々	○	1－0	県岐阜商
	準決	○	5－4	中京高
	決勝	○	3－2	高知商
1979春	1	○	6－4	中京商
	2	○	8－6	宇都宮商
	準々	○	7－1	尼崎北高
	準決	●	3－4	箕島高

ゆ

湯《ゆ》浅《あさ》 和《かず》也《や》（海星高）

三重県の海星高校の監督。

1959年9月28日三重県四日市市に生まれる。鈴鹿市の平田中で野球を始め、海星高に進学。3年生の'77年夏にセンターで9番を打って甲子園に出場。日体大では首都大学リーグ戦には一度も出場できなかった。

'82年卒業と同時に母校・海星高に保健体育の教諭として赴任し、'87年10月に監督に就任。'89年夏に甲子園に出場すると、初めてベスト8に進出。以後、同校を三重県を代表する強豪に育てている。'96年夏、'99年選抜でもベスト8まで進んだ。

主な教え子に、広田庄司（立正大－日本通運－ダイエー）、安部伸一（龍谷大）、稲垣正史（愛知学院大）、岡本篤志（明大－西武）、加藤光弘（中央大）らがいる。

【甲子園打撃成績】（海星高）

		対戦相手	打	安	点
1977夏	2	熊本工	3	0	0

【甲子園監督成績】（海星高）

1989夏	2	○	10－2	長崎海星高
	3	○	2－0	智弁学園高
	準々	●	0－11	帝京高
1990夏	1	●	2－4	松山商
1993春	2	●	2－4	東筑紫学園高
1993夏	1	●	1－5	宇和島東高
1994夏	2	●	5－6	小松島西高
1996夏	1	○	5－0	唐津工
	2	○	4－3	早実
	3	○	7－6	仙台育英高
	準々	●	1－2	前橋工
1998夏	1	○	7－1	東洋大姫路高
	2	●	6－7	星稜高
1999春	1	○	5－4	九州産大九州高
	2	○	5－1	明徳義塾高
	準々	●	3－4	水戸商

よ

吉岡《よしおか》 雄二《ゆうじ》（帝京高）

1989年夏に全国制覇した帝京高校のエース。プロ入り後、'94年～'97年は佑弐という名前で登録していた。

1971年7月29日東京都足立区保木間に生まれる。生家は江戸時代から続く豪農で、吉岡が生まれた当時も農家であった。淵江一小3年で少年野球チームに入り、5年で投手となる。足立十四中でも投手として活躍、すでに野球肘になっていたという。そのため帝京高に入学した当初は野手を希望していたが、1年秋に前田監督によって投手に選ばれ、2年夏からは実質的にエースとなった。秋の都大会で4番も打って圧勝で優勝、翌'89年の選抜に出場した。選抜では本格派の投手として注目され、チームも優勝候補の筆頭にあげられていた。しかし、初戦の報徳学園高戦は不調で12安打を浴びて6－7で敗退した。しかし、打撃ではホームランを打っている。

春の都大会は圧勝で制した後、関東大会ではベスト4。夏の東東京大会では準決勝まで完勝して決勝で関根裕之（日本ハム）がエースの岩倉高と対戦した。この試合吉岡は不調で4回で降板、以後一塁手としてプレーし、9－6で降して春夏連続の甲子園出場を決めた。

甲子園では、初戦の米子東高を5安打で完封。続く山口桜ヶ丘高と準々決勝の海星高戦はともに大勝したため途中降板。一方、山口桜ヶ丘高戦では2ラン、海星高戦では満塁ホームランを放っている。準決勝の秋田経法大高戦では中川申也投手と投げあい、わずか2安打で完封した。決勝戦では仙台育英高の大越基（早大中退－ダイエー）と投手戦となり、0－0のまま延長戦に突入。この試合、8回に前田監督は連投の疲労を考慮して交替のサインを送ったものの、吉岡が拒否したという。そして、10回表、鹿野のセンター前タイムリーヒットで2点をあげると、その裏も無失点で切り抜け、全国制覇を達成した。この大会、5試合41イニングを投げて、失点はわずかに1、40奪三振を記録した。

同年秋のドラフト会議では巨人が3位で指名してプロ入り。すでに投手として限界にきており、入団発表の席上で野手転向を表明、入団直後の'90年4月には渡米して右肩の手術を受けた。2年間のリハビリを経て、4年目の'93年10月に一軍に昇格。'97年近鉄に移籍して一塁手のレギュラーとなり、以後中軸打者として活躍している。

【甲子園投手成績】（帝京高）

		対戦相手	回	安	振
1989春	1	報徳学園高	8	12	8
1989夏	2	米子東高	9	5	7
	3	山口桜ヶ丘高	7	4	8
	準々	海星高	6	3	6
	準決	秋田経法大付高	9	2	10
	決勝	仙台育英高	10	9	9

吉田《よしだ》 正男《まさお》（中京商）

夏の甲子園3連覇を達成した中京商業のエース。

1914年愛知県一宮市に生まれる。一宮第四小学校時代に全国大会で優勝し、中京商業に進学。エースとして活躍、'31年選抜で同校を甲子園に初出場させると、以後6季連続して出場し、うち4回決勝に進出。夏の大会では3連覇を達成した。

なかでも'33年はすさまじい成績を残している。選抜で初戦の島田商を1安打に抑えると、2回戦では興国商から延長13回で23三振を奪って完封。

夏には初戦の善隣商戦でノーヒットノーランを達成。準々決勝で大正中を完封したあと、準決勝では明石中学との延長25回を完投している。さらに翌日の決勝では平安中をわずか２安打に抑えて３連覇を達成した。
甲子園通算23勝は史上最多で、学制制度の変更のため、おそらく今後破られることはないであろう。
卒業後は明治大学に進学して東京６大学リーグで５回優勝。卒業後は藤倉電線に入り、'39年に都市対抗で優勝している。小学校、中学校（旧制）、大学、社会人とすべてで優勝を経験している。戦後は野球評論家として活躍した。'96年５月23日胃癌のため死去。'92年に野球殿堂入りしている。

【甲子園投手成績】（中京商）

		対戦相手	回	安	振
1931春	2	川越中	9	2	8
	準々	第一神港商	9	1	10
	準決	和歌山中	9	2	6
	決勝	広島商	9	6	5
1931夏	1	早実	9	7	3
	2	秋田中	4	3	4
	準々	広陵中	9	7	3
	準決	松山商	9	4	5
	決勝	嘉義農林	9	6	9
1932春	1	平安中	9	3	9
	2	坂出商	10	2	8
	準々	長野商	9	3	6
	準決	松山商	10	8	6
1932夏	2	高崎商	9	1	6
	準々	長野商	9	5	6
	準決	熊本工	6	2	8
	決勝	松山商	11	6	8
1933春	1	島田商	9	1	8
	2	興国商	13	1	23
	準々	享栄商	9	3	10
	準決	明石中	8	5	7
1933夏	1	善隣商	9	0	14
	2	浪華商	9	7	3
	準々	大正中	9	4	7
	準決	明石中	25	8	19
	決勝	平安中	9	2	3

吉本《よしもと》 宗泰《むねやす》（滝川高）

滝川高で28年間にわたって監督をつとめた。
1926年９月13日兵庫県神戸市に生まれる。'44年に滝川中を卒業して専修大に進み、戦後は篠崎倉庫でプレー。現役時代は一貫して捕手だった。
その後、'52年から２年間専修大監督をつとめ、同大講師を経て、'57年母校・滝川高の監督に就任。以後、'85年７月まで28年間監督をつとめ、春夏合わせて甲子園に11回出場した。
'85年８月に系列の滝川二高監督となり、'87年の選抜に出場。同年８月総監督に退いたが、なかなか甲子園出場できないため、'94年８月に監督に復帰、'96年の選抜に出場している。同年９月に引退した。
主な教え子に、滝川高時代の芝池博明（専修大－近鉄ほか）、亘栄一郎（日大－滝川高コーチ－滝川二高監督）、中尾孝義（専修大－プリンスホテル－中日ほか）、片山正之（立命館大－トヨタ自動車監督）、石本貴昭（近鉄－中日）、滝川二高時代の森川卓哉（姫路独協大－グローリー工業）らがいる。

【甲子園監督成績】（滝川高）

1959夏	1	●	0－1	八尾高
1960春	2	○	5－2	徳島商
	準々	●	0－2	高松商
1962春	2	●	3－4	日大三高
1962夏	1	○	5－3	佐賀商
	2	●	0－4	中京商
1964夏	1	○	1－0	仙台育英高
	2	●	1－4	宮崎商
1970春	1	●	3－14	千葉商
1970夏	1	○	13－10	北海高
	2	○	2－1	岡山東商
	準々	●	6－7	東海大相模高
1974春	1	○	4－0	中京高
	2	●	1－3	倉敷工
1977春	1	○	4－0	星稜高
	2	●	3－4	岡山南高

1980春	1	○	1－0	鳴門高
	2	●	5－6	丸亀商
1980夏	1	○	7－1	熊谷商
	2	○	6－5	敦賀高
	3	●	2－4	広陵高

（滝川二高）

1987春	1	○	3－0	富士高
	2	●	0－1	東海大甲府高
1996春	1	○	7－1	秋田高
	2	●	0－2	鹿児島実

吉原《よしわら》 正喜《まさき》（熊本工）

熊本工業で川上哲治とバッテリーを組んでいた名捕手。

1919年1月2日熊本県熊本市坪井町に生まれ、以後市内を転々とした。父は福岡県大川出身の指物大工。名前は「まさよし」とルビをふっているものも多いが、「まさき」が正しい。

山崎小４年の時に父が事業に失敗し、転校先の本荘小で野球を始め、捕手で４番をつとめて少年野球で活躍。高等科を経て熊本工に入学し、１歳年下の川上哲治と同じクラスになった。この頃、家族は延岡を経て大牟田に転じたため、おばの家から熊本工に通った。'34年に２年生でレギュラーとなり甲子園に出場、決勝戦まで進んで、藤村富美男（阪神）がエースの呉港中に敗れて準優勝。３年からは川上とバッテリーを組み、'37年主将として再び甲子園に出場。野口二郎（阪急）がエースの中京商に敗れ、２度目の準優勝。

'38年川上とともに巨人に入団。当時は吉原の獲得が主で、川上は「ついで」であったという。強肩、駿足で知られ、'40年には捕手ながら30盗塁をマークしている。'42年４月応召して久留米の野砲兵聯隊に入隊、'44年10月インパール作戦で戦死した。'78年殿堂入りしている。

【甲子園打撃成績】（熊本工）

		対戦相手	打	安	点
1934夏	1	小倉工	4	1	*
	2	鳥取一中	4	0	*
	準々	高松中	4	1	0
	準決	市岡中	2	0	0
	決勝	呉港中	3	0	0
1936春	1	桐生中	4	3	0
1937夏	1	高岡商	2	0	0
	2	浅野中	4	2	1
	準々	呉港中	4	1	0
	準決	滝川中	3	0	0
	決勝	中京商	3	0	0

注）'34年夏の大会では一部で打点数が不明

世《よ》永《なが》 幸仁《ゆきひと》（木造高）

夏の甲子園に代打で出場し、史上初の完全試合を死球で阻止した選手。

青森県生まれ。大戸瀬中ではエースで３番を打ち、'82年木造高に進学。この年、同校は夏の青森県大会を制して甲子園に初出場を果たし、世永は１年生ながら控え選手としてベンチ入りした。初戦で佐賀商と対戦したが、佐賀商のエース新谷は木造高の各打者を全く寄せつけず、９回２死まで完全試合に抑えていた。完全試合達成まであと１人、というところで、外崎監督はまだ公式戦に１度も出場したことのない、１年生の世永を代打に起用したのである。新谷の完璧なピッチングを見ていた観衆は、誰もが完全試合の達成を予感した。ところが、右打席に入った世永は、１－２から新谷が内角に投じた４球目の直球を右肘に受けて死球で出塁、史上初の完全試合を阻止してしまった。新谷は気落ちすることなく、次の打者を打ちとってノーヒットノーランを達成したが、世永は“完全試合を阻止した選手”として注目を集めた。完全試合直前で公式戦初打席の１年生を送る、というのはあまりに無謀のように思われるが、外崎監督は、流れを変えるための作戦だったという。

秋の新チームからは4番を打ったものの、以後甲子園に出場することもなく、卒業後は埼玉県で就職。のち福島県いわき市に移り、ヤマト運輸に勤務するかたら、草野球で活躍している。甲子園でわずか1打席1死球。しかし、夏の大会が来るたびに話題となり、20年たってもなお、しばしば取材を受けるという。

【甲子園打撃成績】（木造高）

		対戦相手	打	安	点
1982夏	1	佐賀商	0	0	0

わ

若宮《わかみや》 誠一《せいいち》（高松商）

戦後、高松商業を強豪校に復活させた監督。

1926年3月1日香川県高松市材木町に生まれる。高松商業学校では外野手として活躍。同志社経済専門学校に進み、'46年に卒業、八幡製鉄広畑に入社した。

同年、母校野球部の大塚監督が退任、翌'47年1月に後援会の要請で母校に監督として赴任した。新制高校に移行後はなかなか県大会を勝ち抜けない時代が続いたが、'54年夏になって戦後初出場を決めた。'57年の選抜では戦後初勝利をあげ、'60年の選抜で優勝、翌'61年の選抜では準優勝するなど、強豪復活を果たしている。

'64年にいったん退いたが、'74年に総監督として迎えられ、翌'75年には再び監督に就任、'76年に春夏連続出場を達成している。しかし、この年限りで引退。監督歴は通算19年間にわたり、この間に甲子園に春8回、夏3回の計11回出場した。

教え子は数多いが、主な選手に田中尊（広島）、関森正治（近鉄）、岡村浩二（立教大－阪急－日本ハム）、石川陽造（立教大－東映）、岡田紀明（早大－河合楽器－高松商監督）、山口富士雄（立教大－阪急）などがいる。

'89年香川県高等学校野球OB連合会の讃球会を結成して理事長に就任、'99年同会長となる。「香川県立高松商業高等学校野球史」の著者でもある。

【甲子園監督成績】（高松商）

1954夏	2	●	3－4	静岡商
1955春	1	●	3－5	若狭高
1956春	1	●	2－5	浜松商
1957春	1	○	3－0	愛知商

	2	○	6－0	甲府工
	準々	●	0－4	倉敷工
1958夏	1	○	4－1	大宮高
	2	○	4－0	金沢桜丘高
	3	○	1－0	水戸商
	準々	●	1－2	作新学院高
1959春	2	○	2－1	天理高
	準々	●	0－1	長崎南山高
1960春	2	○	4－1	平安高
	準々	○	2－0	滝川高
	準決	○	2－0	北海高
	決勝	○	2－1	米子東高
1961春	2	○	2－0	作新学院高
	準々	○	4－2	東邦高
	準決	○	4－1	米子東高
	決勝	●	0－4	法政二高
1963春	2	●	1－9	市立神港高
1976春	1	●	8－11	崇徳高
1976夏	2	●	3－5	銚子商

脇村《わきむら》 春夫《はるお》（湘南高）

1949年夏の甲子園優勝選手にして、日本高校野球連盟第５代会長。

1932年１月15日東京都文京区に生まれる。実家は和歌山県田辺市の山林王として知られる脇村家。同家８代目当主で東大名誉教授の脇村義太郎の甥にあたり、皇后陛下とはいとこ同士である。父礼次郎は三菱銀行監査役などをつとめた。

神奈川県の湘南高に進学して三塁手となり、２年生の1949年夏に２番打者として全国大会に出場し優勝。翌年は１番打者となったが、県大会２回戦で敗れた。

卒業後は東大法学部に進んで主将をつとめた。'55年東洋紡績入社、同年の都市対抗には三重県の東洋紡富田の三塁手として出場した。３年間で現役を引退後は社業に専念、'86年取締役、'90年常務、'93年専務を歴任し、'95年には繊維専門商社の新興産業社長に就任。'98年に取締役相談役に退いた後は、'99年に大阪大学大学院に入り、博士課程で経済学を研究。東大野球部ＯＢ会会長もつとめる。

2002年11月、日本高校野球連盟第５代会長に就任。高野連会長となった脇村は、牧野前会長が手をつけた、連帯責任制度の緩和をいっそう進めた。そして、2004年１月には一定のルールのもとでプロ野球選手が高校野球選手の指導を行うことを認めたのである。これによって、佐伯達夫第３代会長以来続いていたプロ野球と高校野球の異常な関係は改善されることになった。

さらに同年秋からは、プロ志望の高校生はあらかじめ志望書を提出して、退部しないままプロ球団との交渉を受けるよう変更、正攻法での球団との接触を正式に認めることにした。

【甲子園打撃成績】（湘南高）

		対戦相手	打	安	点
1949夏	2	城東高	3	1	1
	準々	松本市立高	4	1	0
	準決	高松一高	4	3	1
	決勝	岐阜高	4	0	0

若生《わこう》 正広《まさひろ》（東北高）

東北高校の監督。

1950年９月17日宮城県仙台市に生まれる。小学校から野球を始め、東北高では１年から活躍。のちに巨人からドラフト１位で指名された佐藤政夫（電電東北－巨人－ロッテほか）と同期だが、若生がエースだった。３年生となった'68年夏には４番を打ち、主将として甲子園に出場。初戦の佐賀工戦では一塁手として先発、途中から佐藤政夫をリリーフしたが、３人の打者に対して２安打されて、再び佐藤と交替した。

法政大を経て、社会人のチャイルドに２年半在籍。その後、運動用品メーカー勤務を経て、'87年当時は無名だった埼玉栄高監督に就任し、翌年には関東大会に出場させた。

'90年コーチとして母校の東北高に戻り、'93年8月監督に就任。'94年選抜に出場するが、翌'95年に退任。'97年再び監督となり、2003年選抜からダルビッシュ投手を擁して3季連続出場、'03年夏には準優勝した。

教え子には、嶋重宣（広島）、後藤伸也（横浜）、高井雄平（ヤクルト）、ダルビッシュ有など好投手が多い。

【甲子園投手成績】（東北高）

		対戦相手	回	安	振
1968夏	1	佐賀工	1/3	2	0

【甲子園監督成績】（東北高）

1994春	1	●	2－11	宇和島東高
1999春	1	●	0－2	玉野光南高
2001春	2	●	1－8	関西創価高
2003春	2	○	2－1	浜名高
	3	●	9－10	花咲徳栄高
2003夏	1	○	11－6	筑陽学園高
	2	○	3－1	近江高
	3	○	1－0	平安高
	準々	○	2－1	光星学院高
	準決	○	6－1	江の川高
	決勝	●	2－4	常総学院高
2004春	1	○	2－0	熊本工
	2	○	3－2	大阪桐蔭高
	準々	●	6－7	済美高

和田《わだ》 明《あきら》（早実）

昭和後半の早実黄金期を築いた監督。

1937年4月15日東京都板橋区に生まれる。早実では166cm、60kgという小柄な体でショートとして活躍、2年生の'54年には春夏連続して甲子園に出場。3年生では主将をつとめた。卒業後は社会人の明電舎でプレーし、'65年1月に母校早実の監督に就任。

'75年夏、早実を12年振りに甲子園に復活させ、'77年には春夏連続してベスト8と、低迷していた早実の立て直しに成功した。

'80年夏、エースだった3年生の芳賀投手が故障したため、1年生の荒木大輔を起用、見事に成功して東東京予選を勝ち抜いて甲子園に出場。さらに甲子園でも準優勝して荒木は爆発的な人気を呼んだ。以後、荒木とともに5季連続して甲子園に出場、12勝をあげている。

その後は、'88年選抜に出場したが初戦で完封負け。'92年3月17日に自宅でクモ膜下出血のために倒れ、21日に54歳の若さで死去した。

名門校に多い専任監督ではなく、早実の教務事務室長として仕事をこなす一方、東京都高野連理事もつとめるなど多忙な生活をつづけており、また、年々入試が難しくなって選手集めに苦労していた。

教え子は、荒木のほかに、大矢明彦（駒沢大－ヤクルト－横浜監督）、石渡茂（中央大－近鉄－巨人）、有賀佳弘（早大－日産自動車－阪急）、川又米利（中日）、清水隆一（早大－熊谷組）、石井丈裕（法政大－プリンスホテル－西武－日本ハム）、小沢章一（早大－千葉英和高監督）、板倉賢司（大洋）らがいる。

【甲子園打撃成績】（早実）

		対戦相手	打	安	点
1954春	2	天理高	5	1	0
	準々	泉陽高	4	2	0
1954夏	1	小倉高	3	1	*
	2	米子東高	2	0	0
	準々	高知商	4	2	0

注）夏の大会の1回戦は打点数が不明

【甲子園監督成績】（早実）

1975夏	1	●	0－5	中京商
1977春	1	○	5－0	瀬戸内高
	2	○	3－1	育英高
	準々	●	2－4	智弁学園高
1977夏	2	○	4－1	桜美林高
	3	○	10－2	柳井商

	準々	●	1－11	今治西高
1978春	1	○	3－1	柳川商
	2	●	4－5	浜松商
1978夏	1	●	2－3	倉吉北高
1980夏	1	○	6－0	北陽高
	2	○	9－1	東宇治高
	3	○	2－0	札幌商
	準々	○	3－0	興南高
	準決	○	8－0	瀬田工
	決勝	●	4－6	横浜高
1981春	1	●	2－6	東山高
1981夏	1	○	4－0	高知高
	2	○	5－0	鳥取西高
	3	●	4－5	報徳学園高
1982春	1	○	3－1	西京商
	2	○	3－0	岡山南高
	準決	●	1－3	横浜商
1982夏	1	○	12－0	宇治高
	2	○	10－1	星稜高
	3	○	6－3	東海大甲府高
	準々	●	2－14	池田高
1988春	2	●	0－4	津久見高

和田《わだ》 毅《つよし》（浜田高）

1997年から2年連続して夏の甲子園に出場した浜田高のエース。早大時代に東京6大学リーグの奪三振記録を大きく塗り替えた剛腕投手だが、甲子園での奪三振数はそれほど多くない。

1981年2月21日愛知県江南市に生まれ、江南藤里小1年で野球を始める。6年の時に島根県出雲市の四絡小に転校し、出雲三中を経て、浜田高に進学した。

同校では1年夏にはベンチ入りし、2年生の'97年夏に同校を15年振りに甲子園に出場させた。甲子園では初戦で秋田商と対戦、3－1とリードしながら、9回裏に無死一二塁から投手前へのバントを一塁に悪送球（記録は内野安打）、さらにエラーもあつて同点。2敬遠で満塁としたのち、押出しの四球を与えて逆転サヨナラ負けを喫した。

秋には左腕上腕筋を断裂したが、翌'98年夏にも甲子園に連続出場。初戦で新発田農と対戦、島根県勢として10年振りに初戦を突破。3回戦では帝京高と対戦。4回裏に2点を先制、8回表に2ランホームランで追いつかれると、その裏に1死満塁からデッドボールで3点目をとり、結局、帝京高をわずか5安打に抑えて準々決勝に進み注目を集めた。

早大では2年でエースとなり、4年春の東大戦での18奪三振を含め、通算476奪三振で、江川卓（法政大－巨人）の持つ東京6大学記録を塗り替えた。大学通算24勝11敗。52⅓イニング連続無失点の記録も持つ。2002年秋、ダイエーの自由獲得枠でプロ入り。1年目から先発投手として14勝をあげて日本一に貢献、木田勇（日本ハム）以来23年振りの満票での新人王に選ばれた。

【甲子園投手成績】（浜田高）

		対戦相手	回	安	振
1997夏	1	秋田商	8	7	2
1998夏	2	新発田農	9	5	9
	3	帝京高	9	5	5
	準々	豊田大谷高	9⅓	8	9

和田《わだ》 友貴彦《ゆきひこ》（大阪桐蔭高）

1991年選抜でノーヒットノーランを達成した大阪桐蔭高の投手。

1974年2月9日和歌山市に生まれる。小2で野球を始め、4年からエースとなる。伏虎中3年のとき近畿大会でベスト8入りし、大阪桐蔭高に進学。同学年の背尾伊洋（近鉄－巨人）とともに2枚エースだったが、背番号1は和田がつけていた。

'91年選抜で甲子園に初出場。初戦の仙台育英高戦では4回にストレートの四球を出しただけでノーヒットノーランを達成。この試合、背尾との継投を予定していた長沢監督は、“初出場校が初戦でノーヒットノーランを達成することはありえない。経験を積むためにも、和田が早く打たれて背尾を登板させたい”と考えていたという。２回戦では６回から背尾をリリーフして登板し、逆転勝ち。準々決勝では先発したが、スクイズで２点を失って敗れた。

続いて夏も甲子園に出場。、初戦の樹徳高戦は大勝したため６回で降板。秋田高戦ではリードされた７回からリリーフ、９回２死から同点に追いついて延長戦となり、11回まで４安打に抑えて降した。準々決勝では先発、帝京高に大差をつけたが、降板せずに完投した。準決勝は背尾が完投したため未登板。決勝の沖縄水産戦は打撃戦となり、12安打を浴びて７回１死で降板したが、打ち勝って同校の初出場初優勝に貢献した。

東洋大に進学し、東都大学リーグで活躍。その後は、東芝府中、東芝でプレーした。

【甲子園投手成績】（大阪桐蔭高）

		対戦相手	回	安	振
1991春	1	仙台育英高	9	0	9
	2	箕島高	4	1	7
	準々	松商学園高	7	8	5
1991夏	2	樹徳高	6	9	3
	3	秋田高	5	4	7
	準々	帝京高	9	8	6
	準決	星稜高	未登板		
	決勝	沖縄水産高	6⅓	12	7

渡辺《わたなべ》 一博《かずひろ》（広陵高）

変則モーションが論議を呼んだ広陵高校のエース。

1962年６月18日愛媛県八幡浜市に生まれる。愛宕中を経て、広島県の広陵高に進み、ロッキングモーションで'80年に春夏連続出場。

選抜では直前に高野連から３段モーションを止めて２段モーションに変えるように指示されたが、２回戦で九州学院高をわずか２安打で完封するなど、ベスト４に進出。夏までには２段モーションを自分のものにし、ベスト８まで進んだ。

ところが、夏の大会で天理高に敗れて整列した際、グラウンド内で審判から、「ごまかしの投球フォームであり、国体では禁止する」と言い渡された。渡辺自身、別に相手を幻惑するつもりでこの投法をとっているわけではなかった。自分にあった投球方法としてやっているたけであり、しかもそれまではルール違反という指摘を受けたこともなかった。

以後、渡辺は悩みつづけた。完全燃焼したはずの甲子園大会のグラウンドで、自分のピッチングを「ごまかし」と決めつけられた悔しさを作文に書き、'81年のNHK青年の主張コンクールに応募、全国大会でも準優勝した。そして、その時に「人の心の痛みがわかる指導者」になることを目指した。

その後は、大阪商業大学を経て、松下電器で５年間プレーし、のちコーチとなる。

【甲子園投手成績】（広陵高）

		対戦相手	回	安	振
1980春	1	東海大四高	9	9	6
	2	九州学院高	9	2	3
	準々	諫早高	9	8	4
	準決	高知商	9	9	0
1980夏	2	黒磯高	9	5	5
	3	滝川高	9	8	4
	準々	天理高	9	10	5

渡辺《わたなべ》 智男《とみお》（伊野商）

1985年の選抜で初出場初優勝を達成した伊野商のエース。

1967年６月23日高知県高岡郡佐川町室原に生まれる。小学校２年から野球を始める。佐川中を経て、伊野商に進学。１年秋にライトのレギュラーとなり、四国大会にも出場した。２年秋にはエースで４番となり、県大会2回戦の宿毛工戦で県記録の18奪三振をマーク。決勝まで進み、明徳高に敗れて準優勝。続く四国大会でも決勝に進んで再び明徳高と対戦し、3－5で敗れた。

翌'85年選抜で甲子園初出場。初戦の東海大浦安高戦では自らのホームランも出て5－1と快勝。2回戦の鹿児島商工戦は不調だったが打ち勝つと、準々決勝では西条高を完封し、準決勝でPL学園高と対戦した。この試合では、146kmの速球を武器に清原和博（西武－巨人）を4打席3三振1四球と完璧に抑えた。決勝でも帝京高を6安打で完封し、初出場初優勝を達成した。夏は県大会決勝で中山裕章（大洋－中日）がエースの高知商に逆転負けした。

卒業後はNTT四国に入社して全日本のエースとなり、'88年ソウル五輪代表。帰国後肘を手術したためプロ入りを拒否していたが、西武がドラフト1位で指名してプロ入りした。'91年最優勝防御率のタイトルを獲得。'94年ダイエーに転じたあと、'98年西武に復帰、翌年スカウトに転じた。

高校時代にすでにプロのトップレベルの実力を誇っていた清原和博を、甲子園で完璧に押え込んだ唯一の投手である。

【甲子園投手成績】（伊野商）

		対戦相手	回	安	振
1985春	1	東海大浦安高	9	6	5
	2	鹿児島商工	9	9	6
	準々	西条高	9	7	6
	準決	PL学園高	9	6	7
	決勝	帝京高	9	6	13

渡辺《わたなべ》 文人《ふみと》（市川高）

山梨県立市川高校野球部の育ての親。

1948年5月25日山梨県西八代郡に生まれる。中学時代から投手として活躍し、3年の時に山梨県大会、関東大会で優勝。市川高進学後は1年からレギュラーになり、3年の時は捕手として活躍した。

'67年卒業と同時に19歳で母校の監督に就任。同年の県大会で優勝して、全国最年少監督の偉業と話題になった。'84年から3年間増穂商の監督をつとめたのち、'87年再び市川高監督に復帰。'91年選抜で甲子園に初出場を果たした。選抜では逆転の連続でベスト4まで進んで注目を集め“ミラクル市川”と呼ばれた。連続出場した夏の甲子園でも8強入りしている。以後、同校を甲子園に5回出場させてすべて初戦突破するなど、山梨県を代表する強豪の一つにまで育てた。

2003年夏の県大会終了後辞任、秋には千葉県の私立横芝敬愛高の監督に招聘された。

主な教え子に、市川高時代の長田克史（日産自動車－中日）、樋渡卓哉（慶大中退）・勇哉（立教大）兄弟らがいる。

【甲子園監督成績】（市川高）

1991春	1	○	3－1	浪速高
	2	○	3－2	宇都宮学園高
	準々	○	3－2	桐生第一高
	準決	●	1－4	広陵高
1991夏	2	○	6－5	瓊浦高
	3	○	2－0	我孫子高
	準々	●	3－7	鹿児島実
1994夏	1	○	4－2	光高
	2	●	2－10	北陽高
1999春	1	○	2－1	鳴門工
	2	○	8－3	駒大岩見沢高
	準々	●	2－4	沖縄尚学高
2001春	2	○	5－2	神戸国際大付高
	3	○	10－1	高知高
	準々	●	1－9	仙台育英高

渡辺《わたなべ》 元智《もとのり》（横浜高）

横浜高校野球部の育ての親で、昭和後半から平成にかけての日本を代表する名監督の一人。

1944年11月3日疎開先で母の実家のあ

る神奈川県足柄上郡松田町に生まれる。本名は渡辺元（はじめ）。中学卒業時には最強を誇っていた法政二高に合格していたが、家庭の事情で進学できず、当時全く無名の横浜高に進学して投手から外野手に転向。渡辺入学と同時に中学野球界で活躍していた笹尾晃平が横浜高監督に就任して強くなり、３年夏には県大会準決勝まで進んだ。

卒業後、神奈川大に進学して内野手に転向したが、肩を痛めて野球を断念し、大学も１年で中退した。１年間千葉でブルドーザーの修理工場でアルバイト生活を送ったのち、20歳に時に母校・横浜高の事務職員兼コーチとなり、'68年に監督に就任した。

就任５年目の'73年選抜では超高校級といわれた永川英植投手を擁して甲子園に初出場（横浜高としては２回目）を果たすと、いきなり優勝。28歳で全国制覇した青年監督として一躍注目を集めた。その後、しばらく低迷した時期があり、この間に関東学院大学の二部に通って教員免許を取得した。'78年夏に１年生エースの愛甲猛投手を擁して出場、２年後には３年生となった愛甲を擁して選手権大会での優勝を達成した。

以後、神奈川だけでなく近県から優秀な選手が集まるようになり、甲子園の常連となったが、いい選手を揃えながら、甲子園ではあっさりと負ける時期が続いた。

しかし、'97年秋から横浜高は球史に残る快進撃をつづけた。松坂大輔投手を擁して、秋季県大会、秋季関東大会、選抜大会、春季県大会、春季関東大会、選手権大会、国体と参加できる７つすべての大会に優勝し、空前絶後の年間無敗を達成したのである。

その後も、2001年夏にベスト４、'03年の選抜では準優勝と、甲子園で活躍しつづけている。

名門校での長い指導実績から教え子の数は多いが、主な選手に青木実（日産自動車－ヤクルト）、永川英植（ヤクルト）、中田良弘（日産自動車－阪神）、愛甲猛（ロッテ－中日）、相川英明（大洋）、鈴木尚典（横浜）、部坂俊之（亜細亜大－東芝府中－阪神）、紀田彰一（横浜）、斉藤宜之（巨人）、矢野英司（法政大－横浜）、阿部真宏（法政大－近鉄）、松坂大輔（西武）、小山良男（亜細亜大－JR東日本）、後藤武敏（法政大－西武）らがいる。

【甲子園監督成績】（横浜高）

1973春	2	○	6－2	小倉商
	準々	○	3－0	東邦高
	準決	○	4－1	鳴門工
	決勝	○	3－1	広島商
1974春	1	○	7－0	御所工
	2	●	0－1	高知高
1978夏	2	○	10－2	徳島商
	3	●	0－3	県岐阜商
1980夏	1	○	8－1	高松商
	2	○	9－0	江戸川取手高
	3	○	1－0	鳴門高
	準々	○	3－2	箕島高
	準決	○	3－1	天理高
	決勝	○	6－4	早実
1981夏	1	○	3－1	徳島商
	2	●	1－4	報徳学園高
1985春	1	○	7－0	倉敷商
	2	●	2－10	報徳学園高
1992春	1	●	3－7	新野高
1993春	1	●	3－4	上宮高
1994春	1	○	10－3	大府高
	2	●	2－10	智弁和歌山高
1994夏	2	●	2－4	那覇商
1996春	1	●	2－4	大院大高
1996夏	2	○	3－1	北嵯峨高
	3	●	4－8	福井商
1998春	2	○	6－2	報徳学園高
	3	○	3－0	東福岡高
	準々	○	4－0	郡山高
	準決	○	3－2	ＰＬ学園高
	決勝	○	3－0	関大一高
1998夏	1	○	6－1	柳ヶ浦高
	2	○	6－0	鹿児島実
	3	○	5－0	星稜高

	準々	○	9－7	ＰＬ学園高
	準決	○	7－6	明徳義塾高
	決勝	○	3－0	京都成章高
1999春	1	●	5－6	ＰＬ学園高
2000夏	2	○	12－1	佐賀北高
	3	○	2－1	鳥羽高
	準々	●	1－2	東海大浦安高
2001夏	2	○	10－1	開星高
	3	○	5－0	秀岳館高
	準々	○	4－2	日南学園高
	準決	●	6－7	日大三高
2003春	2	○	10－0	盛岡大付高
	3	○	8－4	明徳義塾高
	準々	○	3－0	平安高
	準決	○	5－3	徳島商
	決勝	●	3－15	広陵高

注）1989年夏は部長として出場のため除外

森岡　浩
野球史研究家。1961年高知市生まれ。早大政経学部卒。高校野球を中心とした野球史の研究を続け、特に中等学校時代の野球の広がりに興味を持つ。
主な著書に「甲子園全出場校大事典」「全国高校野球史」(ともに東京堂出版)、「まるわかり甲子園全記録」(新潮ＯＨ！文庫)などがある。

甲子園高校野球人名事典　選手・監督から審判・解説者まで

2004年7月　5日　初版印刷
2004年7月15日　初版発行

編　者——森岡　浩
発行者——今泉弘勝
ＤＴＰ——小野坂聰
印刷所——東京リスマチック株式会社
製本所——渡辺製本株式会社

発行所——**株式会社 東京堂出版**
〒101-0051　東京都千代田区神田神保町１－17
電話 03－3233－3741　振替 00130－7－270

ISBN4－490－10650－5

増補改訂 プロで活躍する **甲子園球児の戦歴事典**

恒川直俊編　Ａ５判　320頁　本体2,000円

平成15年３月時点でプロに在籍し甲子園の春か夏のいずれかに出場した342人を収め、甲子園での打順と成績、あるいは投球内容などを克明に記録。ダイエー和田、ヤクルト石川まで興味つきない。

県別 **全国高校野球史**

森岡　浩編　Ａ５判　328頁　本体2,500円

大正４年の全国中等学校大会以来86年間の歴史を各県ごとに戦前・戦後・平成時代・著名選手などの項に分けて解説し、昭和21年以降の県大会決勝戦の一覧を付す。ファンには見逃せない本。

高校野球 **甲子園全出場校大事典**

森岡　浩編　Ａ５判　536頁　本体2,800円

新制高校となった昭和23年夏から平成12年春までの甲子園出場校801校をすべて採録。学校と野球部の歴史、甲子園での全成績、記録にのこる名勝負、主なOBなどの全データを収載した。

プロ野球 **外国人助っ人大事典**

松下茂典編　Ａ５判　336頁　本体2,300円

戦前の選手、戦後の与那嶺・宮本敏雄からローズ、カブレラまで730人の外国人助っ人選手を球団別に収録し、打撃成績や投手成績を掲載。主要な選手については人柄やエピソードなども記述した。

（定価は本体＋税となります）